Sarah Czerney
Zwischen Nation und Europa

Medien und kulturelle Erinnerung

Herausgegeben von
Astrid Erll · Ansgar Nünning

Wissenschaftlicher Beirat
Aleida Assmann · Mieke Bal · Vita Fortunati · Richard Grusin · Udo Hebel
Andrew Hoskins · Wulf Kansteiner · Alison Landsberg · Claus Leggewie
Jeffrey Olick · Susannah Radstone · Ann Rigney · Michael Rothberg
Werner Sollors · Frederik Tygstrup · Harald Welzer

Band 1

Sarah Czerney

Zwischen Nation und Europa

—

Nationalmuseen als Europamedien

DE GRUYTER

Gefördert durch die Gerda-Weiler-Stiftung für feministische Frauenforschung e.V.
D-53894 Mechernich, www.gerda-weiler-stiftung.de

ISBN 978-3-11-076293-8
e-ISBN (PDF) 978-3-11-060378-1
e-ISBN (EPUB) 978-3-11-060390-3
ISSN 2629-2858

Library of Congress Control Number: 2019940712

Bibliografische Information der Deutschen Nationalbibliothek
Die Deutsche Nationalbibliothek verzeichnet diese Publikation in der Deutschen Nationalbibliografie; detaillierte bibliografische Daten sind im Internet über http://dnb.dnb.de abrufbar.

© 2021 Walter de Gruyter GmbH, Berlin/Boston
Dieser Band ist text- und seitenidentisch mit der 2019 erschienenen gebundenen Ausgabe.
Coverabbildung: Ausstellungsraum im Deutschen Historischen Museum, Berlin. Foto: Sarah Czerney.
Druck und Bindung: CPI books GmbH, Leck

www.degruyter.com

Danksagung

Über Jahre an einem selbst gewählten Thema arbeiten zu können, ist ein großes Privileg – es unter guten Bedingungen tun zu können, ein noch viel größeres. Viele wunderbare Menschen und Institutionen haben dazu beigetragen, dass dieses Buch und die Dissertation, auf die es zurückgeht, geschrieben werden konnten: Das Studium der Europäischen Medienkultur an der Bauhaus-Universität Weimar und insbesondere bei Sonja Neef haben mein Interesse für europäische Fragestellungen und meine Freude an komplizierten Denkgebäuden geweckt. Die Bauhaus-Universität Weimar hat außerdem die ersten Jahre dieser Arbeit und die Feldforschung in Berlin finanziert. Meine Studierenden in Weimar haben mir durch ihr ehrliches Feedback gezeigt, welche Ideen und Fragestellungen ich weiterverfolgen sollte und welche besser nicht.

Ich habe außerdem das unfassbare Glück, in Weimar einen Freundinnenkreis zu haben, der mich nicht nur auf persönlicher, sondern auch auf fachlicher Ebene verlässlich durch die Promotionszeit getragen hat. Christiane Lewe, Christin Sirtl, Lisa Conrad, Lena Eckert, Silke Martin, Jeanne Dornow, Nicole Baron, Marie-Luise Birkholz, Dana Horch, Daniela Wentz, André Wendler, Ulrike Hanstein und Jana Mangold – ich weiß nicht, ob ich diese Arbeit ohne unsere ausgiebigen Mittagspausen, Sushi-Treffen, Schreib- und Lesezirkel hätte schreiben können – auf jeden Fall hätte es weniger Spaß gemacht.

Darüber hinaus hat das Mentoring-Programm WISA (Women in Science and Arts) der Bauhaus-Universität Weimar, das aus Geldern des Professorinnenprogramms des Bundesministeriums für Bildung und Forschung finanziert wurde, ermöglicht, dass wir uns als Mentee-Gruppe eigene Workshops organisieren konnten. Vor allem die fantastische Judith Wolfsberger vom writers' studio in Wien hat uns in mehreren großartigen Schreibworkshops gelehrt, unsere eigenen Stimmen zu entwickeln, ihnen zu vertrauen und tatsächlich zu schreiben. Außerdem hat sie die regelmäßigen Schreibtreffen mit Nicole Baron und Marie-Luise Birkholz angeregt, die mich täglich zum (Weiter-)Schreiben motiviert haben. Ohne dieses Training und die Treffen wäre dies eine andere Arbeit und wahrscheinlich keine Doktorarbeit geworden. Die Herzogin-Anna-Amalia-Bibliothek in Weimar und ihr Lesesaal haben ebenfalls dazu beigetragen, diese Arbeit in angenehmer Atmosphäre schreiben zu können.

Ich danke den Mitarbeiter_innen der Museen, die ich untersucht habe, für ihre Bereitschaft, Gespräche mit mir zu führen, mir Informationen zu beschaffen und für Ihre zahlreichen Erklärungen. Besonders gilt das für Jacek Kołtan vom ECS, Karine Bonjour und Mireille Jacotin vom MuCEM und Sabine Beneke und Anne Vitten vom DHM. Sie haben mir kostenlosen und unkomplizierten Zugang zu den Museen und Ausstellungen ermöglicht und mir im Falle des ECS sogar ein eigenes Büro zur Verfügung gestellt. Außerdem danke ich meiner Kollegin Anja Früh für den Austausch in Marseille.

Ich danke auch dem DAAD und der polnischen Regierung, die durch Stipendien die Feldforschungen in Marseille und Danzig ermöglicht haben.

Ungefähr ab der Hälfte des Weges hat mir das Herder-Institut für historische Ostmitteleuropaforschung in Marburg die bestmöglichen Arbeitsbedingungen geboten. Als Mitglied der dortigen Leibniz Graduate School (LGSch) »Geschichte, Wissen, Medien in Ostmitteleuropa« (jetzt: HIRA) hatte ich die Zeit und das Geld, um konzentriert und selbstorganisiert an dieser Studie arbeiten zu können. Darüber hinaus war der interdisziplinäre Austausch in den LGSch-Kolloquien sehr hilfreich für die Schärfung meiner Fragestellung und Methoden. Insbesondere der Direktor des Instituts, Peter Haslinger, hat mir mit seinen stets aufrichtigen Rückmeldungen und seinen direkten Fragen bei der Weiterentwicklung und Präzisierung meiner Konzepte geholfen. Darüber hinaus hat er ohne Zögern meinen Arbeitsvertrag verlängern lassen, als ich schwanger wurde, so dass ich die Arbeit in Ruhe abschließen konnte. Außerdem haben meine Kolleginnen und Freundinnen Victoria Harms und Christina Gorol, sowie meine Mitbewohner_innen[1] Stephen Foose und Joana Amaral dazu beigetragen, dass Marburg für mich ein guter Arbeitsort und ein Zuhause auf Zeit geworden ist.

Dass interdisziplinäres Arbeiten auch Probleme bereiten kann, habe ich auf der Suche nach eine_m_r Betreuer_in für diese Arbeit gemerkt. Astrid Erll von der Goethe-Universität Frankfurt/M. hat sich davon nicht abschrecken lassen und mich durch ihr bestärkendes, verlässliches und immer konstruktives Feedback auf die allerbeste Weise unterstützt. Das war ein unfassbares Glück, denn bevor ich sie traf, hätte ich fast aufgegeben. Ohne sie hätte ich diese Arbeit nicht fertiggestellt. In den Kolloquien und Konferenzen der Frankfurt Memory Studies Platform herrscht eine solch wertschätzende und unterstützende Atmosphäre, dass es Spaß macht, eigene Texte und Ideen einzubringen und weiterzudenken. Astrid Erll ist mir nicht nur die bestmögliche Betreuerin gewesen, sondern auch ein großes Vorbild geworden.

Aleida Assmann von der Universität Konstanz danke ich deshalb für die herzliche Einführung in den Kreis der Memory Studies und für das sehr kurzfristig verfasste Drittgutachten für meine Dissertation. Judith Keilbach von der Universiteit Utrecht hat mich durch Diskussionen, immer verlässliche Rückmeldungen auf meine Texte und das Zweitgutachten unterstützt. Danke!

---

[1] Ich verwende den Unterstrich, um Menschen aller Geschlechter zu benennen. Den männlichen oder weiblichen Plural benutze ich, wenn ausschließlich von Männern oder Frauen die Rede ist.

Für die Hilfe bei der Überarbeitung des ersten Entwurfs danke ich außerdem Julia Czerney, Sophia Krol, Marie-Luise Birkholz, Christiane Lewe, Nicole Baron, Esther Quinlivan, Dana Horch, Tine Haubner, Jeanne Dornow, Silke Martin, Lena Eckert und Ina Voigt. Lena Haubner danke ich sehr für das Setzen des Buches.

Meine Eltern Julia und Uwe Czerney haben mein Studium und auch das letzte Stück dieser Arbeit finanziell unterstützt und mir immer vorbehaltlos vertraut. Ich danke euch!

Sehr großer Dank gilt auch Thomas Lachmund, der zu jeder Zeit bedingungslos hinter mir steht und jahrelanges Pendeln in Kauf genommen hat, damit ich konzentriert arbeiten konnte. Seit anderthalb Jahren übernimmt er den Großteil der Betreuung unseres Sohnes und der Haushaltsarbeit, so dass ich Zeit und Ruhe zum Schreiben und Überarbeiten hatte. Ich danke dir!

Ohne euch wären diese Arbeit und dieses Buch nicht entstanden.

Inhalt

Danksagung —— V

Vorwort: Zwischen Nation und Europa —— XI

1	**Einleitung: Drei museale Szenen** —— 1	
2	**Museen zwischen Nation und Europa: Theoretische Verortung** —— 9	
2.1	Konstruktivistische Museumstheorie: Museen als Orte der Bedeutungserzeugung —— 10	
2.2	Medientheorie: Museen als Medien —— 26	
2.3	Presence of the past: Historisch ausgerichtete Museen —— 36	
2.4	Museale Historiografie —— 47	
2.5	Museum und Nation: Nationalmuseen —— 63	
2.6	Museum und Europa: Museen als Europamedien —— 76	
2.7	Museen zwischen Nation und Europa analysieren: Methodisches Vorgehen —— 93	
3	**Nationalmuseen als Europamedien: Fallstudien** —— 111	
3.1	Europa begrenzen: Das Deutsche Historische Museum Berlin (DHM) —— 112	
3.1.1	Ein nationales Geschichtsmuseum für Deutschland? Entstehungsgeschichte —— 113	
3.1.2	»Ort der Selbstbestimmung und der Selbsterkenntnis«: Konzeptionelle Ausrichtung zwischen nationaler und europäischer Historiografie —— 121	
3.1.3	»Der europäische Charakter der deutschen Geschichte«: Europamedien in der Dauerausstellung des DHM —— 130	
3.1.3.1	Europa und sein Anderes: Texte, Landkarten Bilder —— 133	
3.1.3.2	Vergleichender Blick: Landkarten, Tabellen, PC-Stationen —— 160	
3.1.3.3	»Grenzen in Europa« und »das Gedächtnis der Nation«: Fazit DHM —— 174	
3.2	Europa vereinen: Das Europäische Solidarność Zentrum Gdańsk (ECS) —— 176	
3.2.1	Entstehungsgeschichte des ECS vor dem Hintergrund polnischer Geschichtspolitik seit 1989 —— 177	

3.2.2 »Der polnische Weg zur Freiheit«: Konzeptionelle Ausrichtung zwischen nationaler und europäischer Historiografie —— **194**

3.2.3 Europa teilen, vereinen und universalisieren: Europamedien in der Dauerausstellung des ECS —— **207**

3.2.3.1 Geteiltes Europa und Addition nationaler Geschichte: Landkarte und Tabelle —— **215**

3.2.3.2 Das vereinte Europa als nationales Nebeneinander: Landkarten, tabellarische Touchscreens, filmische Zeitzeug_innen —— **229**

3.2.3.3 Universalisierung nationaler und europäischer Geschichte: leer —— **249**

3.2.3.4 Nationalisiertes und universalisiertes Europa: Fazit ECS —— **252**

3.3 Europa dezentrieren: Das Musée des civilisations de l'Europe et de la Méditerranée Marseille (MuCEM) —— **254**

3.3.1 Von der Nation über Europa zum Mittelmeer: Entstehungsgeschichte —— **257**

3.3.2 »Décentrer notre régard«: Konzeptionelle Ausrichtung des MuCEM —— **266**

3.3.3 Zwischen transnationaler *diversité* und nationaler Zähmung: Europamedien im MuCEM —— **287**

3.3.3.1 Migration und kulturelle Vielfalt: Pflanzen und anthropomorphisierende Texte —— **289**

3.3.3.2 Religiöse Pluralität: Objekte und Touchscreens —— **299**

3.3.3.3 Dezentrierung Europas und *Gender*: Filmische Zeitzeuginnen —— **314**

3.3.3.4 »Circle of confusion«: Transnationale Verwirrung versus nationale Rezentrierung. Fazit MuCEM —— **331**

4 Schluss: Museen zwischen Nation und Europa —— **334**

Literaturverzeichnis —— 345

Abbildungsverzeichnis —— 375

Liste der Interviews —— 377

Einstellungsprotokoll Ausschnitte aus der »mur de portraits« —— 379

Index —— 383

Vorwort: Zwischen Nation und Europa

Als ich im Winter 2008/2009 während eines Auslandssemesters in Polen über den Marktplatz in Kraków spazierte, sah ich eine kleine Ausstellung, die dort gerade aufgebaut worden war. Einfache Tafeln zeigten schwarz-weiße Fotografien von Menschen mit Bündeln und Koffern, auf Pferdewagen und in langen Trecks, dazu Tabellen, die Nummern versammelten, Listen mit Jahreszahlen und Texte, aus denen mir ein Wort ins Auge sprang: »wypędzenie«, Vertreibung. Ich trat näher und sah mir die Ausstellung an. Es ging um die Vertreibung der polnischen Bevölkerung nach dem Zweiten Weltkrieg aus den ehemaligen polnischen Ostgebieten und um deren Ansiedlung im Westen des neu entstandenen polnischen Staates. Die Bilder der Ausstellung berührten mich sofort, denn sie waren mir sehr vertraut. Bevor ich nach Polen ging, hatte ich ein Interviewprojekt mit meinem Großvater gemacht, der als Deutscher in Łódź geboren und aufgewachsen und dessen Familie 1945 nach Westen geflohen war. In den Wochen, als ich ihn täglich mit der Videokamera besuchte und befragte, hatte ich mich intensiv mit der Vertreibung der Deutschen aus Polen und den ehemaligen deutschen Gebieten im Osten beschäftigt. Die Schwarz-Weiß-Bilder von Flüchtlingstrecks, Pferdewagen, Koffern und Bündeln hatten mich begleitet. Doch standen sie für mich für deutsche Geschichte – von den Vertreibungen der polnischen Bevölkerung hatte ich bis dahin wenig gehört.

Hier auf dem Marktplatz wurde mir diese Geschichte nun mit den Bildern erzählt, die ich bisher aus einem anderen nationalen Kontext kannte. Ich begann mich zu fragen, weshalb ich so wenig über polnische Geschichte wusste, und warum die Geschichte von Flucht und Vertreibungen, aber auch allgemeine Geschichte, die ich in meiner Familie und im Schulunterricht gelernt hatte, vor allem als nationale Geschichte gerahmt worden war. Pol_innen war ganz ähnliches geschehen wie meinem Großvater, sie waren sogar oft in genau die Häuser gezogen, die deutsche Familien verlassen hatten. Doch Geschichte hatte ich bis zu diesem Tag vor allem als deutsche Geschichte gelernt. Gleichzeitig war ich, wie Tausende andere, als Erasmus-Studentin in Polen und hörte oft, wir seien in erster Linie nicht Deutsche, Pol_innen, Französ_innen, Spanier_innen und so weiter, sondern Europäer_innen. Nationale Grenzen sollten für uns keine Rolle mehr spielen, wir studierten, reisten, lebten und arbeiteten oft nicht in dem Land, in dem wir geboren worden und zur Schule gegangen waren. Beim Betrachten der Ausstellung kollidierten diese beiden Bilder vor meinem inneren Auge: nationale Vergangenheitsdeutungen und der Anspruch, Europäerin zu sein – die Nation und Europa. Wäre es möglich, fragte ich mich, Geschichte nicht als nationale Geschichte zu erzählen, sondern als eine, die den engen Rahmen der Nation übersteigt und so das Verbindende und Gemeinsame zwischen Menschen zeigt?

Gibt es Bemühungen, Geschichte nicht als deutsche, polnische oder französische, sondern als gemeinsam europäische zu zeigen? Und was würden »Europa« und »europäisch« dann bedeuten? Aus dem Interesse für diese Fragen ist die vorliegende Studie entstanden.

1 Einleitung: Drei museale Szenen

Szene 1: Danzig, Polen 2015. Am Ende der Dauerausstellung des Europäischen Solidarność Zentrum (ECS) werden die Besucher_innen aufgefordert, ihre Eindrücke auf kleinen weißen und roten Karten zu beschreiben und die Karten so an die Wand zu hängen, dass sich der Schriftzug »Solidarność« ergibt (Abb. 1).

Dietmar schreibt am 7. September 2014 »Great exhibition – a must to see [sic] for all Europeans«. Daneben hängt eine Karte von Tomek, der auf Polnisch schreibt »An Orten wie diesen bin ich stolz, Pole zu sein [Übersetzung: S.C.].«

Szene 2: Berlin, Deutschland 1982. Der Berliner Bürgermeister Richard von Weizsäcker fordert, ein nationales Geschichtsmuseum in Berlin zu bauen, das zur Identifikation der Bürger_innen mit dem Nationalstaat beitragen soll. Bundeskanzler Helmut Kohl unterstützt den Plan und eine von der Bundesregierung eingesetzte Expert_innenkommission beschreibt in der ersten Konzeption das Ziel der neuen Institution mit dem Namen Deutsches Historisches Museum (DHM) wie folgt: »Das Museum soll vor allem den Bürgern unseres Landes helfen, sich darüber klarzuwerden, wer sie als *Deutsche und Europäer*, als Bewohner einer Region und als Angehörige einer weltweiten Zivilisation sind, *woher sie kommen, wo sie stehen und wohin sie gehen könnten*« (Stölzl 1988: 310f., Hervorhebung: S.C.).

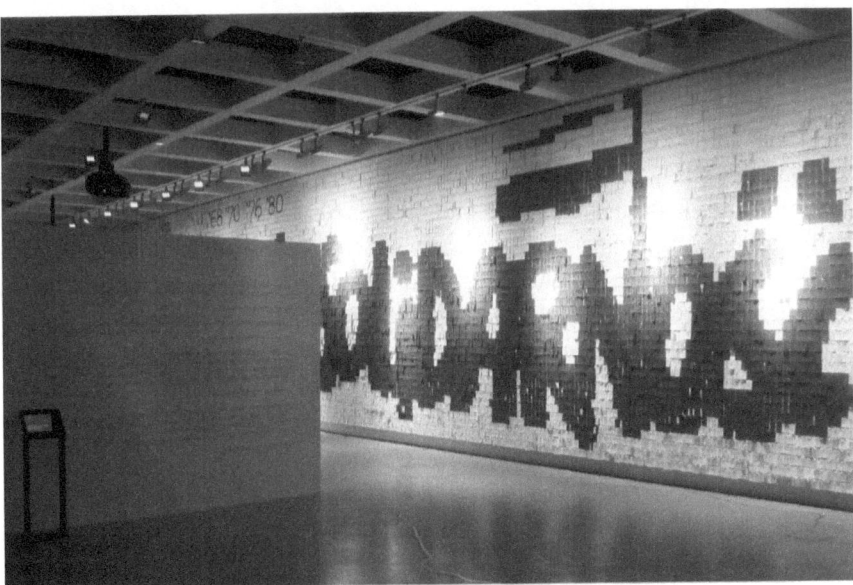

Abb. 1: Schriftzug »Solidarność« am Ende der Dauerausstellung im ECS in Danzig.

https://doi.org/10.1515/9783110603781-001

Szene 3: Paris, Frankreich 1996. Das ethnologische Nationalmuseum Frankreichs, das Musée National des Arts et Traditions Populaires (MNATP), befindet sich, wie viele ethnologische Museen in Europa, in einer Krise: Ethnozentrismus, Rassismus, Nationalismus, Fixierung von Kulturen und allgemeine Verstaubtheit lauteten die Vorwürfe, die sich in sinkenden Besuchszahlen manifestieren. Eine Lösung des Problems sehen die Verantwortlichen in der Europäisierung ihrer Museen und Sammlungen (vgl. Mazé 2013b: 177f.). Auch der damals neue Direktor des MNATP, Michel Colardelle, ruft 1996 dazu auf, das Museum neu zu erfinden: Das Überschreiten nationaler Grenzen und die Öffnung auf Europa und den Mittelmeerraum sind von da an die neuen Ziele der Institution (vgl. Bonnefoy 2013: 40). Als Ergebnis dieser Umwandlung eröffnet im Juni 2013 das Musée des civilisations de l'Europe et de la Méditerranée (MuCEM) in Marseille. »[...] [L]e MuCEM [...] se transforme en profondeur. Il change à la fois de site de Paris à Marseille, de territoire de référence *de la France à la Méditerranée et à l'Europe*, de champ disciplinaire, de l'ethnologie à l'ensemble des sciences humaines et sociales«[2], beschreibt der derzeitige Direktor Bruno Suzzarelli (2012: 7, Hervorhebung: S.C.) die Neuausrichtung des Museums.

Diese Szenen stammen aus ganz unterschiedlichen zeitlichen, politischen und nationalen Kontexten. Die genannten Museen haben sehr verschiedene inhaltliche Ausrichtungen und behandeln unterschiedlichste Themen und Zeiträume. Dennoch einen diese Museen drei Beobachtungen, die die vorliegende Studie motivieren:

Erstens lässt sich an diesen Beispielen eine Entwicklung beobachten, die sich seit rund 30 Jahren in europäischen Museen vollzieht: Museen verschiedener Arten, vor allem aber historisch ausgerichtete Museen, setzen es sich zum Ziel, den Rahmen nationaler Erzählungen zu übertreten und öffnen sich auf Europa und europäische Geschichte (vgl. Kaiser et al. 2012, siehe Kapitel 2.6). Die Europäisierung des Museumsfelds stellt einen fundamentalen Wandel für die Institution des Museums dar, denn diese wurde im achtzehnten Jahrhundert im Dienst der Nation gegründet. Nationalmuseen, und auch hier insbesondere geschichtlich ausgerichtete Museen, dienten dazu, die materiellen Errungenschaften der Nation zu sammeln und vor Augen zu führen und damit die *imagined community* der Nation zu stärken (vgl. Anderson 1996). Die Idee, eine nationale Geschichte, Kultur und Identität zu haben fand im Museum ihre materiellen Beweise (siehe

---

[2] »Das MuCEM verwandelt sich vollkommen. Es verändert gleichzeitig seinen Standort von Paris nach Marseille, seinen Bezugsraum von Frankreich auf den Mittelmeerraum und Europa, und seine disziplinäre Einbindung von der Ethnologie auf die gesamten Sozial- und Geisteswissenschaften.« (Soweit nicht anders angegeben, stammen alle Übersetzungen von mir, S.C.)

Kapitel 2.5). Mit der aktuell zu beobachtenden Öffnung von Nationalmuseen auf Europa entsteht das Phänomen, das diese Studie untersucht: Museen zwischen Nation und Europa. Alle drei hier ausgesuchten Fälle sind nationale Museumsprojekte, die sich gleichwohl nicht mehr nur auf die Nation, sondern auf Europa beziehen. Ich bezeichne sie deshalb als europäisierte Nationalmuseen. Das Museum in Danzig nennt sich selbst europäisch, obwohl es auf den ersten Blick um eine polnische Geschichte geht. Das Deutsche Historische Museum in Berlin möchte den Deutschen ihre Identität als Deutsche und Europäer_innen vor Augen führen und dazu den »europäischen Charakter der deutschen Geschichte« betonen (Stölzl 1988: 312). Und das MuCEM, das aus dem ethnologischen Nationalmuseum Frankreichs hervorgegangen ist, überschreitet nicht nur nationale, sondern auch europäische Rahmungen, indem es die Beziehungen zwischen Europa und dem Mittelmeerraum fokussiert. Es ist das Schwanken nationaler Museen zwischen nationalen und europäischen Ausrichtungen, das die drei Fälle vereint und im Zentrum dieser Studie steht.

Zweitens sind alle drei Museen historisch ausgerichtet (siehe Kapitel 2.3): Sie widmen sich Vergangenem, das in der Gegenwart durch das Sammeln und Ausstellen von materiellen Dingen präsent gemacht werden soll. Das Ziel des ECS ist es, dass sich die Besucher_innen in die Geschichte vertiefen: »[T]he visitors will delve into history told by archival objects, documents, manuscripts, photographs, video footage and interactive installations« (ECS o. J. a).[3] Das DHM macht es sich zur Aufgabe, »Geschichte anhand von historischen Zeugnissen [...] anschaulich zu machen und zu belegen« (Ottomeyer 2009: 5). Und auch das MuCEM, insbesondere seine Dauerausstellung, ist als sogenanntes *musée de société* historisch ausgerichtet. Es möchte die Geschichte von Mittelmeerkulturen und ihren Beziehungen zu Europa von der Vorzeit bis heute ausstellen (vgl. MuCEM o. J. a).

Drittens geht es in den drei Beispielen jedoch nicht nur um Vergangenes, sondern auch um aktuelle Verhandlungen kollektiver Erinnerungen und Identitäten zwischen den beiden Polen Nation und Europa. Dietmar spricht auf seiner Karte am Ende der Ausstellung im ECS von »Europeans« und findet, alle Europäer_innen sollten die Ausstellung des ECS sehen, wohingegen Tomek sich eindeutig als Pole angesprochen und durch die Ausstellung in dieser Identifikation gestärkt fühlt. Offensichtlich bietet das ECS mit seiner Geschichtserzählung der polnischen Solidarność-Bewegung Identitätsentwürfe auf verschiedenen Ebenen

---

3 Die Websites von Museen bilden zentrales Material für die Analyse, weisen aber in der Regel das Datum ihrer Erstellung nicht aus. Ich kennzeichne sie deshalb mit dem Zusatz »o. J.«. Die Buchstaben nach dieser Angabe beziehen sich auf verschiedene Unterseiten der Websites, die im Literaturverzeichnis aufgelistet sind.

an. Auch die Konzeption des DHM spricht von Erinnerung und kollektiven Identitäten: In der ersten Konzeption von 1986 heißt es: »Das Museum soll Ort der Selbstbestimmung und der Selbsterkenntnis durch historische Erinnerung sein« (Stölzl 1988: 311). Der museale Blick in die Vergangenheit soll der »Selbstbestimmung« und »Selbsterkenntnis« in der Gegenwart und für die Zukunft dienen. Durch die als gemeinsam entworfene Geschichte eines »woher sie kommen« sollen verschiedene Gruppen ihre Identitäten erkennen und bestimmen, »wer sie als Deutsche und Europäer [...]« sind (Stölzl 1988: 310f.). Wie die hier angerissenen Beispiele zeigen, liegt die Relevanz und Aktualität von Museen zwischen Nation und Europa darin, dass im Fokus dieser Museen nicht nur Geschichte steht. Museen sind nicht nur Institutionen, die sich mit Vergangenem befassen, sondern auch Medien kollektiver Gedächtnisse und Identitäten, mit und in denen eine Gesellschaft verhandelt, was für sie in der Gegenwart und Zukunft wichtig ist. Kapitel 2.4 entwirft deshalb einen differenzierten Begriff von musealer Historiografie, der auch Verhandlungen kollektiver Identitäten in der Gegenwart einschließt. Deren Brisanz zeigt sich an der Frage, was die untersuchten Museen als Europa und europäisch zeigen und wer dabei als nicht-europäisch konstruiert wird.

Museen zwischen Nation und Europa, so lässt sich einleitend festhalten, eröffnen ein Spannungsfeld zwischen nationaler und europäischer Historiografie, da sie den bisher dominanten Bezugsrahmen der Nation durch die Ausrichtung auf Europa zur Disposition stellen. Innerhalb dieses Spannungsfeldes verhandeln sie jedoch nicht nur Geschichte, sondern auch aktuelle Themen, Identifikationsangebote und Zugehörigkeiten zwischen den beiden Polen Nation und Europa. Ihre Besucher_innen sollen sich nicht nur als Angehörige einer Nation, sondern als Europäer_innen fühlen. Ausgehend von diesen Beobachtungen stellt sich für die vorliegende Studie die Frage, *wie* aktuelle historisch ausgerichtete Nationalmuseen Europa und europäische Geschichte entwerfen. Diese Hauptfrage gliedere ich in zwei Unterfragen: Erstens gehe ich aufbauend auf konstruktivistischen Museumstheorien davon aus, dass Museen Wirklichkeit und Geschichte nicht vorfinden und abbilden, sondern aktiv an ihrer Hervorbringung mitwirken (siehe Kapitel 2.1). Europa und europäische Geschichte sind in dieser Perspektive keine feststehenden, klar definierbaren Größen mit bestimmbaren Wesenszügen, sondern sich stetig wandelnde Konstruktionen, die jedoch den Anschein von Fakten erlangt haben. Da diese Konstruktionen immer abhängig sind von den Medien, die ihnen zur Verfügung stehen, liegt das Augenmerk dieser Studie insbesondere auf den Medien der musealen Historiografie (siehe Kapitel 2.2): Wie, das heißt mit welchen Medien und Medienkonstellationen machen die untersuchten Nationalmuseen Europa und europäische Geschichte in ihren Ausstellungen wahrnehmbar und vorstellbar? Um diese Frage bearbeiten zu können, entwickelt die vorliegende Studie das Konzept der Europamedien (siehe Kapitel 2.6). Als Europamedien bezeichne ich Dinge, die Vorstellungen von Europa und europäisch hervorbringen, verhandeln und verbreiten. Die Bilder und Narrative Europas und europäischer Geschichte, die sie hervorbringen, werden dabei in entscheidender Weise durch ihre je spezifische Medialität geprägt. Europamedien arbeiten mit daran, was und wer als Europa und als europäisch gilt. Dies führt zur zweiten Unterfrage: Welche Narrative, Bilder und Topoi Europas und seiner Geschichte inszenieren aktuelle Nationalmuseen als Europamedien? Was bedeuten »Europa« und »europäisch« in den untersuchten Museen? Was und wen zeigen sie als europäisch? Wer gehört dagegen in den musealen Historiografien nicht zu Europa?

Den Gegenstand der Untersuchung bilden die drei eingangs genannten Beispiele aktueller europäisierter Nationalmuseen in Deutschland, Polen und Frankreich: das Deutsche Historische Museum (DHM) in Berlin, das Europäische Solidarność Zentrum in Danzig (ECS) und das Musée des civilisations de l'Europe et de la Méditerranée (MuCEM) in Marseille. Diese Museen sind sehr verschieden: Sie wurden zu unterschiedlichen Zeiten, in verschiedenen Ländern und politischen Kontexten gegründet. Zudem behandeln sie sehr diverse Themen: deutsche Kulturgeschichte der letzten 2500 Jahre, die Geschichte und Kultur des Mittelmeerraumes von der Antike bis in die Gegenwart, sowie die Geschichte der polnischen Oppositionsbewegung Solidarność vom Ende des Zweiten Weltkriegs bis zu den politischen Umbrüchen 1989/1990. Außerdem sind sie Beispiele verschiedener Museumstypen: Das DHM ist ein allgemeines nationales Geschichtsmuseum, das ECS bezeichnet sich als themenspezifisches Zentrum und das MuCEM ist aus einem ethnologischen Nationalmuseum hervorgegangen und gehört zum neuen Museumstyp der *musées de société* (siehe Kapitel 2.3). Trotz dieser Diversität, so meine Argumentation, lassen sich die drei Museen gemeinsam untersuchen, denn sie können als europäisierte Nationalmuseen beschrieben werden. Als solche erfüllen sie die folgenden drei Kriterien: Erstens sind alle drei Museen Nationalmuseen (siehe Kapitel 2.5). Sie wurden von nationalen Regierungen initiiert oder beschlossen, werden überwiegend aus nationalen Geldern bezahlt und ihre Sammlungen sind zum größten Teil nationale Sammlungen.[4] Zweitens verfolgen alle drei untersuchten Museen das Ziel, den nationalen Bezugsrahmen zu übertreten und Europa und europäische Geschichte zu thematisieren (siehe Kapitel 2.6). Es handelt sich um nationale Institutionen, die sich europäisieren. Sie beziehen sich in verschiedenen Formen auf Europa,

---

4 Was genau die Vorsilbe »National-« in den einzelnen Fällen bedeutet, arbeite ich in den jeweiligen Fallstudien heraus.

indem sie sich zum Beispiel »europäisch« nennen (ECS Gdańsk), »Europa« im Titel führen (MuCEM Marseille), oder es sich in ihren Konzeptpapieren zum Ziel setzen, Nationalgeschichte in ihren europäischen Dimensionen zu zeigen (DHM Berlin). Drittens sind die Museen historisch ausgerichtet (siehe Kapitel 2.3): Sie arbeiten mit der gemeinsamen Grundoperation, Objekte – sogenannte originale oder primäre Museumsdinge – zusammenzutragen und auszustellen, um Vergangenes zu zeigen.

Die Auswahl der drei Länder Deutschland, Frankreich und Polen orientiert sich an folgenden Gründen: Der Prozess der Europäisierung von Museen ging in den 1980er und 1990er Jahren von Deutschland und Frankreich aus und verbreitete sich von dort aus in andere europäische Länder (vgl. Mazé 2013a: 498). Mit einem der zwei großen nationalen Geschichtsmuseen in Deutschland, dem DHM, das 1987 gegründet wurde, und dem europäisierten ehemals ethnologischen Nationalmuseum in Frankreich, dem MuCEM, dessen Pläne bis ins Jahr 1996 zurückgehen, untersuche ich zwei Beispiele dieser ersten Welle.[5] Nach dem Zerfall des kommunistischen Ostblocks 1989 erfasst der Prozess der Europäisierung von Museen inzwischen auch Ostmitteleuropa, wobei dort gleichzeitig starke Renationalisierungstendenzen erkennbar sind.[6] Bisherige Untersuchungen der Europäisierung von Museen, insbesondere die 2012 erschienene grundlegende Studie »Europa Ausstellen« (Kaiser et al. 2012), bleiben jedoch bei der Feststellung dieser – zweifellos vorhandenen – Renationalisierungsbestrebungen in

---

[5] Der Prozess der Europäisierung des MuCEM ist im Kontext mehrerer anderer Museumsneugründungen in Paris zu sehen, die sich ebenfalls einer Dezentrierung nationaler Narrative verschrieben haben: So verfolgt das 2006 eröffnete Musée du Quai Branly das Ziel, den Künsten und Traditionen außereuropäischer Kulturen Anerkennung Teil werden zu lassen und damit auch die Diversität der französischen Gesellschaft positiv darzustellen (vgl. Pippel 2013: 105ff.). Auch die 2007 eingeweihte Cité Nationale de l'Histoire de l'Immigration (CNHI) verfolgt dieses Ziel, indem sie sich der Geschichte der Migration nach Frankreich widmet und die Geschichten von Migrant_innen in die offizielle nationale Historiografie aufnehmen möchte (vgl. Pippel 2013: 171ff.; Neef 2013). Diese Museen und das hier untersuchte MuCEM eint das Konzept der Diversität, dem sie sich verschrieben haben (siehe Kapitel 3.3.2). Einen expliziten Fokus auf Europa und europäische Geschichte legt jedoch nur das MuCEM, weshalb ich es für diese Studie ausgewählt habe.

[6] So inszenierten sich manche osteuropäischen Nationen laut Kaiser et al. (2012: 177ff.) zur Stärkung nationaler Narrative in ihren Museen als Opfer zweier Totalitarismen, ohne ihre eigene Täterschaft zu thematisieren, zum Beispiel Ungarn im House of Terror in Budapest. In Polen bezieht sich die Diagnose der Renationalisierung meist auf das in Warschau geplante Museum der polnischen Geschichte (MHP) (vgl. Porciani 2012; Krankenhagen 2011).

osteuropäischen Museen stehen, da sie ihren Fokus klar auf Westeuropa richten.[7] Europäisierungstendenzen in Museen in Osteuropa wurden daher bisher nicht untersucht. Insbesondere die polnische Museumslandschaft ist seit Beginn der 2000er Jahre von einer sehr dynamischen Entwicklung und einem regelrechten Museumsboom gekennzeichnet (siehe Kapitel 3.2.1). Besonders die Ausrichtung von Museen auf Europa und europäische Verflechtungen von Geschichte ist ein sehr neues Phänomen. Das ECS in Danzig, das im August 2014 eröffnet wurde, ist in dieser Entwicklung das erste und zum derzeitigen Stand einzige europäisierte Nationalmuseum in Polen.[8] Die Erforschung dieses neuen Feldes der polnischen Museumslandschaft beginnt gerade erst und findet in der wissenschaftlichen Beschäftigung mit Museen in Europa bisher wenig Beachtung. Selbst im explizit auf Polen, Deutschland und Frankreich ausgerichteten Sammelband zur Geschichtspolitik in Europa nach 1989 findet sich kein Artikel über europäisch ausgerichtete Museen in Polen (vgl. François et al. 2013). Um dementgegen den neuesten Entwicklungen musealer Europäisierungsprozesse im östlichen Europa

---

7 Siehe auch Colardelle 2002b; Charléty 2004; Beier-de-Haan 2005; Grigoleit 2005; Plessen 2007; Mazé 2008, 2013a, 2013b; Imhof 2008; Rigney 2014; de Cesari 2017. Vereinzelt vergleichen diese Studien westeuropäische Museen mit Beispielen aus Ostmitteleuropa (vgl. Kaiser et al. 2012; Porciani 2012). Die größten Unterschiede in der Europäisierung von Museen in den einzelnen Ländern erkennen bisherige Arbeiten in diesem Vergleich zwischen West- und Osteuropa. So spiele die Beschäftigung mit der kommunistischen Herrschaft in osteuropäischen Erinnerungskulturen und Museen oft eine größere Rolle als die Hinwendung zu Europa und europäischen Narrativen (vgl. Kaiser et al. 2012: 177). Die Frage, wie Museen das kommunistische Regime ausstellen, steht demnach auch im Fokus verschiedener Studien zu Museen in Osteuropa (vgl. Sarkisova/Apor 2008; Knigge/Mählert 2005).
Aufgrund dieser Differenzen in Europäisierungsprozessen zwischen West- und Osteuropa befinden Kaiser et al. (2012: 178) es für schwierig, die Geschichte der europäischen Integration in osteuropäischen Museen zu verankern. So zeige beispielsweise die Überarbeitung der Ausstellung »C'est notre histoire!« des Musée de l'Europe für die Präsentation in Wroclaw 2009, dass es in Ostmitteleuropa »immer noch [...] nötig erscheint, nationale Geschichtserfahrungen in europäische Geschichtsdarstellungen einzuschreiben« (Kaiser et al. 2012: 179). Dass es auch in westeuropäischen Museen, zum Beispiel im DHM Berlin und im MuCEM Marseille, starke nationale Geschichts- und Identitätsentwürfe gibt, und dass sich demgegenüber auch in osteuropäischen Museen zunehmend Entwürfe europäischer Geschichte finden (siehe Kapitel 3.2), übersieht die in bisherigen Studien etablierte Opposition zwischen europäisierendem Westeuropa und renationalisierendem Osteuropa.
8 Ein weiteres europäisiertes Nationalmuseum in Polen, das Museum des Zweiten Weltkriegs, wurde 2007 gegründet, jedoch kurz vor seiner geplanten Eröffnung Anfang 2017 von der national-konservativen Regierung der PiS (Prawo i Sprawiedliwość – Recht und Gerechtigkeit) gestoppt. Nachdem es durch weitreichende nationale und internationale Proteste dennoch eröffnen konnte, wurde es bis heute massiv inhaltlich umgestaltet und das bisherige Museumsteam entlassen. Das Fazit dieser Studie beschäftigt sich ausführlicher mit diesem Fall.

Rechnung zu tragen und die bisher etablierte Opposition von europäisierendem Westeuropa und renationalisierendem Osteuropa zu hinterfragen, untersucht diese Studie Fälle aus west- und ostmitteleuropäischen Ländern.

Des Weiteren fehlt in der bisherigen Forschung zu europäischen Narrativen in Museen die Verbindung der Frage nach der Europäisierung von Museen mit Analysekategorien, die helfen, strukturelle Ein- und Ausschlüsse aufzuzeigen. Wie wird Europa und seine (oder ihre?) Geschichte beispielsweise gegendert, rassifiziert oder religiös markiert? Welche Vorstellungen von Geschlecht, Aussehen oder Religion spielen in musealen Konstruktionen Europas eine Rolle? Es existiert zwar sehr vereinzelt Literatur über die Verknüpfung des europäischen Integrationsprozesses mit der Analysekategorie *Gender* (vgl. Locher/Prügl 2008) sowie zu Rassifizierungsprozessen innerhalb Europas (vgl. El-Tayeb 2015), doch es fehlt bisher der Bezug zu Museen.[9] Deshalb verschränke ich die Frage nach medialen Aushandlungsprozessen Europas in Nationalmuseen mit der Frage danach, wer aufgrund welcher Kategorien darin als Teil Europas gilt und wer nicht.

Ziel der Studie ist es dabei nicht, ein vollständiges Inventar von Europamedien in Nationalmuseen und den von ihnen konstruierten Narrativen Europas und europäischer Geschichte zu erstellen. Statt nach Vollständigkeit und Abgeschlossenheit strebe ich danach, an ausgesuchten Fällen exemplarisch und detailliert zu beschreiben, wie die Konstruktion Europas in den untersuchten Nationalmuseen funktioniert. Dabei geht es nicht um feststehende, allgemeingültige Antworten auf die Frage, wie Museen im Allgemeinen Europa entwerfen. Vielmehr ist das Ziel der Studie, durch das *close reading* ausgesuchter Stellen in den untersuchten Ausstellungen weitergehende Fragen hervorzubringen. Die Leser_innen sollen dazu angeregt werden, auch andere Museen und Ausstellungen nicht als gegebene Fakten anzunehmen, sondern kritisch zu hinterfragen, was auf welche Weise präsentiert wird. Denn nur was hinterfragt wird, kann verändert werden. Insofern ist es auch ein Ziel der Studie, aktuelle museale Konzeptionen Europas und europäischer Identitäten zu kritisieren und alternative Lesarten Europas denkbar zu machen.

---

9 Fatima El-Tayeb (2015: 302ff.) befasst sich in einem kurzen Kapitel mit der Ausstellung »C'est notre histoire!« (2007) des Musée de l'Europe in Brüssel.
Die Museologinnen Roswitha Muttenthaler und Regina Wonisch (2006) leisten die Verschränkung dieser Analysekategorien mit Museen im Rahmen ihrer Untersuchung dreier Wiener Museen, doch liegt ihr Fokus nicht auf Europa und europäischer Geschichte.

2 Museen zwischen Nation und Europa: Theoretische Verortung

Museum und Nation sind eng miteinander verbunden. Seit ihrer Entstehung als moderne, öffentliche Einrichtung in der Französischen Revolution diente die Institution des Museums in Europa dazu, Dinge zu versammeln, zu bewahren, zu erhalten und auszustellen, die als wertvoll für die Nation eingestuft wurden. Museen trugen dazu bei, nationale Bewegungen und deren politische Ansprüche zu legitimieren, da sie die Idee einer nationalen Geschichte und Kultur vor Augen führten. In Museen gesammelte und ausgestellte Dinge konnten so zu materiellen Beweisen für die Idee der Nation werden. Ab Mitte des achtzehnten Jahrhunderts gründete nahezu jede Nation in Europa ein Nationalmuseum (1759 British Museum London, 1793 Louvre Paris, 1809 Prado Madrid, 1852 Germanisches Nationalmuseum Nürnberg, 1860/61 Uffizien Florenz, 1862 Nationalmuseum Warschau, 1891 Kunsthistorisches Museum Wien).[10]

Im Kontext von Globalisierung, Dekolonisierung und weltweiten Migrationen steht diese Ausrichtung von Museen auf den Bezugsrahmen Nation seit Ende des zwanzigsten Jahrhunderts zur Disposition. Aktuelle Museen, so der zunehmende Anspruch, sollen nicht mehr wie ihre Vorfahren des neunzehnten Jahrhunderts die Größe der eigenen Nation verherrlichen, sondern sich auf Themen wie Transnationalität, Pluralität, Hybridität und Vielfalt öffnen. Vor diesem Hintergrund zeichnet sich seit circa 30 Jahren in Europa eine Bewegung ab, die sich als Europäisierung von Museen beschreiben lässt: Verschiedene Museen, insbesondere aber historisch ausgerichtete Nationalmuseen, setzen sich zum Ziel, nicht mehr nur nationale Geschichte zu zeigen, sondern sich auf Europa und europäische Geschichte zu öffnen. Sie tragen »Europa« oder »europäisch« im Titel, wollen nationale Geschichte in ihren europäischen Bezügen zeigen oder sich ganz vom Bezugsrahmen der Nation lösen. Auf diese Weise entstehen Museen zwischen Nation und Europa: Nationalmuseen, die zwischen den beiden Polen Nation und Europa schwanken.

Um dieses Dazwischen analytisch beschreiben zu können, führe ich in diesem ersten Teil entlang der Begriffskette Museum – Medien – museale Historiografie – Nation – Europa die theoretischen Konzepte ein, in denen sich die Studie verortet. Darauf aufbauend entwickle ich das Konzept der Europamedien. Am Ende dieses ersten Teils stelle ich das methodische Vorgehen der Studie vor.

---

10 Für einen Überblick über die Entstehung und Entwicklung von Nationalmuseen in einzelnen europäischen Nationen von 1750 bis 2010 vgl. Aronsson/Elgenius 2015.

Den zweiten Teil bilden drei Fallstudien, die erproben, was der Begriff der Europamedien für die Museumsanalyse leisten kann. Ziel dabei ist es, mit den vorher erarbeiteten theoretischen Werkzeugen zu beschreiben, wie aktuelle europäisierte Nationalmuseen Europa entwerfen.

2.1 Konstruktivistische Museumstheorie: Museen als Orte der Bedeutungserzeugung

New Museology
Museen sind vieles: Lernorte, Musentempel, Erlebnisparks, Touristenfallen, Rumpelkammern, verstaubte Sammlungen, Orte politischer Machtdemonstration, Ziele langweiliger Schulexkursionen, Hüter materieller Schätze. In dieser Studie interessiert das Museum jedoch insbesondere als Ort der Bedeutungserzeugung und der Wissensgenerierung. Dabei liegt der Studie ein konstruktivistisches Museumsverständnis zugrunde. Ich gehe davon aus, dass Museen Realität nicht abbilden, sondern aktiv an der Hervorbringung dessen mitarbeiten, was sie ausstellen. Dieses Verständnis von Museen als zentrale kulturelle Instanzen der Bedeutungsgenerierung setzt sich in der wissenschaftlichen Beschäftigung mit Museen ausgehend vom angloamerikanischen Raum seit den 1980er Jahren durch. In der Fachliteratur wird es seit Beginn der 1990er Jahre unter dem Stichwort *New Museology* gefasst (vgl. Heesen 2012: 156f.; Witcomb/Message 2015: xxxvii). Diese neue Museologie meint keine einheitliche Schule, sondern eher eine gemeinsame Fragerichtung. Im Gegensatz zur sogenannten *Old Museology*, die sich mit praktischen Fragen der Museumsarbeit, also mit Fragen der Museumsverwaltung, der Konservierung, der Selektion, der Präsentation, der Kommunikation und der Finanzierung befasst (vgl. Waidacher 1999), versteht die *New Museology* seit Beginn der 1990er Jahre Museen in einem breiteren geisteswissenschaftlichen Rahmen nicht mehr primär als statische, zu verwaltende Institutionen, sondern als Orte der Generierung von Bedeutungen. Museen stehen demnach nicht in einem Abbildungsverhältnis zu einer außerhalb existierenden Realität, sondern sie konstruieren Wirklichkeit. »[...] [E]very acquisition (and indeed disposal), every juxtaposition or arrangement of an object or work of art, together with other objects or works of art, within the context of a temporary exhibition or museum display means placing a certain construction upon history [...]«, schreibt der Kunsthistoriker Peter Vergo (1989: 2f.) in der Einleitung zum programmatischen Sammelband *The New Museology*, der die vielfältigen neuen Ansätze der Museumsforschung erstmals benennt. Was Vergo für Kunstmuseen feststellt, gilt auch für andere Museen: Sie entwerfen Bilder der Welt, die keine Abbilder sind. Die Museumswissenschaftlerin Barbara Kirshenblatt-Gimblett

(2004: 187) nennt Museen deshalb eine »spezifische Weise der Welterzeugung«. Historische, soziale, kulturelle und politische Phänomene werden im Museum nicht repräsentiert, sondern konstruiert. Indem Museumsschaffende auswählen, was wert ist, im Museum bewahrt und ausgestellt zu werden, indem sie entscheiden, wie, das heißt mit welchen medialen und ästhetischen Mitteln die Objekte der Ausstellung präsentiert werden, entwirft das Museum einen bestimmten Blick auf die Welt, der niemals neutral sein kann. Die Historikerin Susan A. Crane (2000b: 10) spricht in diesem Zusammenhang von einer »edited past«, die im Museum ausgestellt wird. In diesen Bearbeitungs- und Konstruktionsprozessen sind Museen abhängig von den sozialen, historischen, politischen und kulturellen Kontexten, in denen sie entstehen und existieren. Gleichzeitig wirken sie auf diese Kontexte zurück und prägen sie mit (vgl. Baur 2009: 27).

Museen als Effekt des Realen
Von der *New Museology* inspirierte Arbeiten fragen kritisch danach, wie Museen Bedeutungen produzieren und welche unausgesprochenen Annahmen dabei zum Tragen kommen. Damit zielen sie darauf ab, zu dekonstruieren, was die Literatur- und Kulturwissenschaftlerin Mieke Bal (2011: 530) als »realist discourse« des Museums beschreibt. Museen kennzeichnet demnach ein »Effekt des Realen«: »ein [...] Effekt, bei dem die Bedeutung ›realistisch‹ die Oberhand gewinnt über die spezifischen Bedeutungen« (Bal 2006: 76). Durch die Sammlung und Ausstellung materieller Dinge sagen Museen unabhängig von ihren thematischen Ausrichtungen vor jeder inhaltlichen Bedeutung zunächst: Das ist real. Was Museen zeigen, wirkt real im Sinne von nicht konstruiert und echt, denn sie scheinen nur zu zeigen, was da ist. Dieser »realist discourse« überdeckt nach Bal die Konstruiertheit musealer Ausstellungen und verschleiert, dass Museen keine Tatsachen präsentieren, sondern Bedeutungen erst im Ausstellungsakt selbst erzeugen.[11] Die Kuratorin und Museumstheoretikerin Gaby Porter (2004: 106) bringt diesen Gedanken auf den Punkt:

> Museums claim to show the past as it really was – to re-present history. In this simple claim, the medium of the museum and the process of making collections and displays are rendered invisible in a relationship of authenticity and truth. Many museum workers believe that the ›real thing‹ they are dealing with carries intrinsic, essential and universal truths – material facts.

---

11 Die Kuratorin und Museumstheoretikerin Gaby Porter (2004: 106) bezeichnet das als »realist text«.

Die sogenannten echten und authentischen Dinge des Museums machen demnach seinen realistischen Diskurs aus, da sie als materielle Beweise dessen fungieren, was das Museum sagt (siehe Kapitel 2.3). Die Bedeutung der ausgestellten Dinge liegt nach den Ansätzen der *New Museology* jedoch nicht in den Dingen selbst, sondern wird im Akt des Sammelns und Ausstellens erst erzeugt.

> In the acquisition of material, [...] let alone in putting that material on public display or making it publicly accessible, museums make certain choices determined by judgments as to value, significance or monetary worth, judgments which [...] are also rooted in our education, our upbringing, our prejudices. (Vergo 1989: 2)

Sammeln und Ausstellen sind in dieser Lesart keine neutralen Praktiken, sondern immer auch Äußerungen über Werturteile und Vorannahmen der Ausstellungsmachenden, die im Ausstellungsprozess selbst meist verschleiert werden (vgl. Witcomb/Message 2015: xxxvii).

Museen als Diskurse

Um diesen musealen »Effekt des Realen« problematisieren zu können, haben sich innerhalb der *New Museology* Ansätze durchgesetzt, die Museen in Rückgriff auf die Arbeiten Michel Foucaults als Diskurse untersuchen (vgl. Hooper-Greenhill 1992; Bal 2006; Bennett 1995, 2011).[12] Auch wenn ich in dieser Analyse Museen primär als Medien untersuche und nicht explizit mit dem Diskursbegriff arbeite, baut mein Verständnis von Museen auf diesen Arbeiten zu Museen als Diskursen auf, weshalb ich zwei zentrale Gedanken hier kurz vorstelle.

Den Begriff »Diskurs« hat Foucault zwar nie eindeutig definiert, und er läuft Gefahr, zu einem »wenig reflektierten Passepartout« (Landwehr 2009: 15) zu avancieren, aber für die vorliegende Studie kann der Begriff zweierlei leisten: Museen als Diskurse im Foucaultschen Verständnis zu denken, lenkt erstens den Blick auf das oben skizzierte konstruktivistische Verständnis von Museen. In *Archäologie des Wissens* (orig.: *L'archéologie du savoir*, 1969) schreibt Foucault (2005: 74), Diskurse seien »als Praktiken zu behandeln, die systematisch die Gegenstände bilden, von denen sie sprechen«. Er untersucht, durch welche Konstitutionsregeln Diskurse Wissen hervorbringen und strukturieren. Diskurse

---

12 Mieke Bal bezeichnet Museen explizit als Diskurse, verweist dabei aber nicht auf Foucault. Ihre Verwendung des Begriffs legt jedoch nahe, dass sie mit seinem Diskursbegriff arbeitet (vgl. Bal 2006: 35). Eilean Hooper-Greenhill (1992) und Tony Bennett (2005, 2011) stellen sich explizit in Foucaultsche Tradition und analysieren Museen als Diskurse. Einen Überblick über die Rezeption Foucaults in den *Museum Studies* bietet Hetherington 2015.

können demnach vereinfacht verstanden werden als sämtliche Praktiken zur Produktion und Strukturierung von Wissen über einen bestimmten Gegenstand, im Fall der vorliegenden Untersuchung über Europa und europäische Geschichte. Wenn ich die hier untersuchten Museen als Diskurse bezeichne, möchte ich damit auch betonen, dass im Mittelpunkt der Studie nicht Geschichte und Europa steht, sondern museale Diskurse über Geschichte und Europa: Mein Interesse gilt nicht der Frage, ob das, was die Museen ausstellen, wahr ist oder tatsächlich so stattgefunden hat. Genauso wenig möchte ich die in den untersuchten Museen ausgestellten Narrative und Bilder Europas in Hinblick auf eine etwaige richtigere Darstellung Europas korrigieren. Stattdessen untersuche ich, wie Museen Geschichte und Europa erst hervorbringen (siehe Kapitel 2.6).

Museen als Diskurse zu lesen und zu analysieren, lenkt zweitens den Blick auf ein machtkritisches Verständnis von Museen: Die museale Wissensproduktion ist, wie verschiedene Theoretiker_innen in Anlehnung an die Arbeiten Michel Foucaults zeigen, immer durch Machtbeziehungen strukturiert, die bestimmen, was als museumswürdiges Wissen gilt und was nicht (vgl. Lidchi 1997; Hooper-Greenhill 1992; Bennett 1995, 2011; Bal 2006, Duncan 1995).[13] Das Verhältnis zwischen Diskurs und Macht arbeitet Foucault in seinen späteren Werken, vor allem in *Die Ordnung des Diskurses* (2007, orig.: *L'ordre du discours*, 1971) und *Der Wille zum Wissen* (2003, orig.: *La volonté de savoir*, 1976) heraus. Dabei zeigt er, dass Diskurse in einer Gesellschaft nicht unkontrolliert und frei entstehen, sondern dass Machtbeziehungen bestimmen, was in einer Gesellschaft zu einem spezifischen Zeitpunkt als Wissen gilt, und was nicht. Wichtig ist dabei, dass es nach Foucault nicht eine zentrale Macht gibt, die den Diskurs kontrolliert. Stattdessen zeichnen sich Diskurse durch eine Pluralität von Machtstrukturen aus und eine Vielzahl von Akteur_innen kämpft darum, den Diskurs zu beherrschen (vgl. Foucault 2007: 11). Diese Aushandlungskämpfe stützen sich nach Foucault (Foucault 2007: 13) auf ein »Netz von Institutionen«, wie zum Beispiel Wissenschaftsdisziplinen,

---

[13] So konzipieren Eilean Hooper-Greenhill (1992), Carol Duncan (1995) und Tony Bennett (2011) den Gang durch das Museum als machtvolles staatsbürgerliches Ritual, das seit der Aufkärung der Einübung bestimmter Verhaltensregeln, der Disziplinierung von Körpern und der Hervorbringung von Staatsbürgern diente. Dabei richteten sich die neuen öffentlichen Museen seit der Französischen Revolution ausschließlich an Männer, – Frauen, Arbeiter_innen und Immigrant_innen waren als Publikum ausgeschlossen (Bennett 2011: 263). Andere Autor_innen, zum Beispiel Joachim Baur (2009: 33f.) oder Thomas Thiemeyer (2010: 118ff.), kritisieren diesen Ansatz als zu mechanistisch gedacht: Besucher_innen seien keine passiven Empfänger_innen von Bedeutungen, sondern diese entstehe erst durch ein komplexes Wechselspiel zwischen Ausstellung und Rezipient_innen im Kopf der Besucher_innen. Museen seien demnach eher als Arenen von Bedeutungsaushandlungen zu verstehen.

Bibliotheken, Verlage, Laboratorien und andere (vgl. Foucault 2007: 15) Diese Liste lässt sich um Museen ergänzen, die ebenfalls mächtige Institutionen der Wissensproduktion sind: »They are historical, social and political events. [...] [T]he practices of collecting and exhibiting are powerful activities [...]« (Lidchi 1997: 185).

Museen als Diskurse lassen sich folglich als machtdurchwirkte, machtreproduzierende und normalisierende Praktiken der Hervorbringung, Ordnung und Verbreitung von Wissen beschreiben, die in spezifischen historischen, politischen und institutionellen Strukturen verankert sind.[14] Diesen Strukturen geht jeweils der erste Schritt der Fallanalysen nach, der die Entstehungsgeschichten und -kontexte der einzelnen Museen rekonstruiert. In einem zweiten Schritt untersuche ich, angelehnt an die hier dargestellte diskursanalytische Haltung, welche Bedeutungen die Dauerausstellungen der Museen selbst produzieren (siehe Kapitel 2.7).

Museen als Sprechakte
Neben dem dargelegten Verständnis von Museen als Diskursen baut die vorliegende Studie auf dem Konzept von Museen als Sprechakten auf. Dieses entwickelt Mieke Bal in ihrem 1996 erschienenen Buch *Double Exposures*, um zu zeigen, dass Museen (und alle Akte des Zeigens) immer von einer bestimmten gesellschaftlichen und historischen Position aus sprechen. In Bezug auf den Philosophen John L. Austins konzipiert sie Gesten des Zeigens und des Ausstellens (*gestures of exposure*) als Sprechakte, an denen drei Positionen beteiligt sind: »In expositions a ›first person‹, the exposer, tells a ›second person‹, the visitor, about a ›third person‹, the object on display, who does not participate in the conversation« (Bal 1996: 3f.). Die von Bal identifizierte erste Person im Akt des Ausstellens ist ihr zufolge eine kulturelle Autorität, die jedoch in der Ausstellung selbst nicht sichtbar ist – »das unsichtbare ›Ich‹ des Texts« (Bal 2006: 77) – und deshalb in der Analyse freigelegt werden muss. Dabei betont sie, dass die erste Person des

---

[14] Gleichzeitig bieten Museen jedoch genau wegen ihrer Einbettung in gesellschaftliche Machtstrukturen Gelegenheit, hegemoniale Diskurse zu stören und marginalisierten gesellschaftlichen Gruppen zu Anerkennung zu verhelfen. Viele Museumsneugründungen aus den 1980er und 1990er Jahren spiegeln weltweit den Anspruch wieder, bis dahin in Museen diskriminierte Gruppen, wie zum Beispiel indigene Bevölkerungen in ehemaligen Kolonialstaaten, einzubeziehen. Als Beispiele hierfür nennen Witcomb und Message (2015: xxxvii) das National Museum of Australia in Canberra, das Museum of New Zealand Te Papa Tongarewa in Wellington sowie das National Museum of the American Indian in Washington.

Sprechakts nicht mit den Kurator_innen identisch ist und nicht mit der Intention des Einzelnen gleichgesetzt werden darf (vgl. Bal 2006: 39, 77).

Diese erste Person sagt einer zweiten Person, den Besucher_innen, in der Ausstellungsgeste etwas über eine dritte Person, das anwesende, aber stumme Objekt (vgl. Bal 2006: 36). Da das ausgestellte Objekt selbst stumm ist, tritt es zurück und macht Platz für die Aussage über es. Es dient als materieller Beweis für den vorgeblich »realistischen Diskurs« des Museums (vgl. Bal 2006: 36, 2011: 531; Porter 2004: 106). Da auch die erste Person des musealen Sprechakts in der Ausstellungssituation selbst meist nicht anwesend ist und sich nicht sichtbar macht, wirkt die Ausstellungsgeste rein konstativ (vgl. Bal 2011: 530). Sie scheint lediglich etwas außerhalb Existierendes festzustellen. »Die expositorische Geste des Museums ist unmissverständlich: es dokumentiert, es authentifiziert, es konstatiert diese eine unumstößliche Wahrheit, und lässt dabei keine alternativen Lektüren zu«, fasst die Kultur- und Medienwissenschaftlerin Sonja Neef (2008: 240) diesen zentralen Gedanken Bals zusammen.

Auch die Ausstellungsgesten der hier untersuchten Museen sind unmissverständlich konstativ: Sie zeigen, wie etwas war und ist – nationale Geschichte in ihren europäischen Verflechtungen, Bezügen und Dimensionen. Dabei konstruieren sie jedoch auch ein bestimmtes limitiertes, selektives, situiertes Bild dieser Geschichte, das abhängig ist von den Urteilen der ersten Person des musealen Sprechaktes. Deshalb sagen diese Museen nicht nur etwas über die Nation und nationale Geschichte, Europa und europäische Geschichte, sondern auch über diejenige Person, die ausstellt – die erste Person des musealen Sprechakts. Museale Historiografie zwischen den beiden Polen Nation und Europa wird damit zu einer doppelten Exposition (*double exposure*) im Sinn Mieke Bals (1996): Zur Schau gestellt wird nicht nur das Objekt (die dritte Person), sondern auch das Subjekt (die erste Person) des Sprechakts. »Exposition is always also an argument. Therefore, in publicizing these views the subject [...] exposes himself as much as the object; this makes the exposition an exposure of the self« (Bal 1996: 2). Dabei ist noch einmal daran zu erinnern, dass »Person« nicht ein Individuum meint, sondern die Position, von der aus die Ausstellung spricht. Ein Ziel meiner Studie ist es deshalb, diese verschiedenen Schichten der Ausstellungsgesten freizulegen: Wer spricht, wer ist also die unsichtbare erste Person? Was wird wie ausgestellt (zweite Person), für wen (dritte Person)? Welche Annahmen und Urteile liegen den konstruierten Narrativen zugrunde? Und was sagt das über den aktuellen Umgang mit dem Spannungsfeld zwischen nationaler und europäischer Geschichte in den untersuchten Ländern?

Feministische und postkoloniale Museumskritik: Verantwortlicher Blick
Eine dritte Perspektive, die für das hier zugrundeliegende Museumsverständnis zentral ist, lässt sich unter dem Begriff der feministischen und postkolonialen Museumskritik fassen.[15] Diese Perspektive schließt an das Konzept von Museen als Sprechakte an, indem sie die Positionierung der ersten Person des musealen Sprechakts innerhalb sozio-historischer Machtkonstellationen herausarbeitet. Der konstruierte und selektive Charakter der musealen Bedeutungsproduktion wird, wie einleitend beschrieben, in Museen und Ausstellungen selbst selten reflektiert (vgl. Bal 2006: 116; Kazeem et al. 2009: 181f.; Porter 2004: 106). So erfahren Museumsbesucher_innen in den seltensten Fällen, wer in den Ausstellungen spricht, mit welchen Zielen und von welcher Position aus. Museen kennzeichnet im Gegenteil ein »realistischer Diskurs« (Bal 2011: 530f.; 2006: 83), der seine eigene Gemachtheit verschleiert und nur zu zeigen scheint, was tatsächlich da ist. Der Museumswissenschaftlerin Sharon Macdonald (2000: 132) zufolge seien Museen deshalb so geeignet für diesen »realistischen Diskurs«, weil sie daran mitarbeiteten, »eine ›wissenschaftliche‹, ›objektive‹ Weise des Sehens zu begründen, einen Blick, der seine eigene Fixiertheit ›vergessen‹ konnte«.

»Fixiertheit« meint, was die Wissenschaftshistorikerin und Biologin Donna Haraway und im Anschluss daran die feministische Standpunktepistemologie als Situiertheit (*situatedness*) bezeichnet (vgl. Haraway 1988; Singer 2008, siehe Kapitel 2.7): Wie jede Wissensproduktion ist auch die im Museum arrangierte Blickbeziehung historisch, politisch, kulturell, sozial situiert. Das bedeutet, dass Museen nicht von nirgendwo aus sprechen, obwohl sie durch den objektiven Blick und den realistischen Diskurs meist genau diesen »god trick« (Haraway 1988: 581) glauben machen. Museale Arrangements scheinen aufgrund der Verdinglichung von Ideen und Konzepten in sogenannten echten und authentischen Dingen neutral zu zeigen, was ist. Dabei ist, wie vor allem feministische und

---

15 Ich spreche hier von »Perspektive« und nicht von einem theoretischen Ansatz, weil es eine Vielzahl feministisch und postkolonial orientierter Museumstheorien gibt. Als Perspektive eint sie jedoch die hier vorgestellte Frage nach der Situierung und Selektivität des musealen Sprechakts. Die Vorsilbe »Post-« bedeutet dabei nicht, dass der Kolonialismus und koloniale Machtbeziehungen vorüber und abgeschlossen wären. Es geht postkolonialen Theorien nicht darum, Kolonialismus als vergangene historische Erfahrung zu analysieren, sondern die noch immer bestehende Präsenz kolonialer Strukturen und Hegemonien zu kritisieren. In diesem Sinn beschreiben Sandra Ponzanesi und Bolette B. Blaagaard (2012: 4) das postkoloniale Europa wie folgt: »To read Europe as a postcolonial place does not imply that Europe's imperial past is over, but on the contrary that Europe's idea of self, and of its polity, is still struggling with the continuing hold of colonialist and imperialist attitudes« (vgl. auch Dietrich 2000: 50; El-Tayeb 2015, 2016).

postkoloniale Museumstheoretiker_innen seit den 1970er Jahren vom angloamerikanischen Sprachraum ausgehend gezeigt haben, das Sprechen von einer neutralen Position aus ein Mythos (vgl. Haraway 1989; Simpson 1996; Hauer et al. 1997; Porter 1991, 2004; Clark Smith 1994; Muttenthaler/Wonisch 2002a, 2006, 2010; Kazeem et al. 2009; Thomas 2010; El-Tayeb 2015: 302ff.; Pippel 2013): Museumsverantwortliche wählen aus und bewerten nach zumeist unbewussten Strukturkategorien, was als museumswürdiges Wissen gilt und was nicht, doch legen sie die Kategorien dieser Selektion und Konstruktion selten offen. Die Kritik am »god trick« des Sprechens von nirgendwo, von einer unmarkierten und nichtpositionierten Perspektive mündet in der feministischen und postkolonialen Museumstheorie in der Forderung nach einem »verantwortlichen Blick«: einem Blick, der die Verantwortung für die Situiertheit, Limitiertheit und Selektivität der musealen Wissensproduktion übernimmt, indem er die Strukturkategorien offenlegt, die zu dieser Positionierung geführt haben (vgl. Muttenthaler/Wonisch 2002a: 106, 2007: 15).[16]

Das Konzept des »verantwortlichen Blicks« entwickelt die Kunsthistorikerin Irit Rogoff (1993) nicht explizit für Museen, sondern für das Sehen allgemein. Der »verantwortliche Blick« ist einer, der erkennt, dass Sehen niemals neutral ist, sondern Machtbeziehungen impliziert, die darüber bestimmen, wer sehen kann, wer gesehen wird und wer unsichtbar bleibt. Um einen verantwortlichen Blick einzulösen, ist es notwendig, die Betrachter_innenpositionierung zu reflektieren, also sowohl die Positionierung des betrachtenden Subjekts, als auch des betrachteten Objekts (vgl. Rogoff 1993: 42). Diese Positionierung ergibt sich aus verschiedenen miteinander verschränkten Strukturkategorien wie zum Beispiel *Gender, Race*, Alter, Religion, *Class*, deren Thematisierung und Offenlegung dazu führen, dass »[...] nicht länger ein universaler Standort angenommen werden [kann, Anmerkung: S.C.], der für ein nicht existierendes ›wir‹ spricht« (Rogoff 1993: 45).

Die Analyse der Wirksamkeit und Gewalt dieser Strukturkategorien mündet in der feministischen und postkolonialen Museumskritik in der Forderung nach selbstbestimmten Repräsentationen, sowie nach der Offenlegung der

---

16 Postkoloniale Museologien thematisieren zudem, wie eng Museen mit Kolonialismus und kolonialen Blickgewohnheiten verwoben sind und fordern, dass diejenigen, die bisher als die anzuschauenden Anderen gesammelt wurden, selbstbestimmt repräsentiert werden. Außerdem führt die postkoloniale Beschäftigung mit Museen dazu, dass europäische Museen sich vermehrt mit Rückgabeforderungen von Objekten auseinandersetzen, die im Zuge des Kolonialismus als Zeichen von Macht und Deutungshoheit gesammelt wurden (vgl. Thomas 2010: 5). Verschiedene Initiativen, wie »#decolonizethemuseum« (Tropenmuseum Amsterdam 2015/2016), »#Decolonizethisplace« (American Museum of Natural History 2016) oder »#thepastisnow« (Birmingham Museum and Art Gallery 2017/2018) führen dies beispielhaft vor Augen.

Konstruktionsmechanismen von Ausstellungen (vgl. Rogoff 1993: 14ff.; Hauer et al. 1997: 17ff.). Dabei finden – mit Berufung auf die vergleichsweise kurze und dadurch vermeintlich »harmlose« deutsche Kolonialgeschichte – im Gegensatz zu feministischen Ansätzen postkoloniale Theorien bisher kaum Eingang in deutschsprachige Museumsdebatten (vgl. Muttenthaler/Wonisch 2006: 15ff.).[17] In Frankreich ist das anders: Dort verfolgt das 2006 eröffnete Musée du Quai Branly das Ziel, außereuropäische Kulturen in das Zentrum der Hauptstadt zu integrieren, wird jedoch aufgrund seiner exotisierenden Strategien eher kritisch analysiert (vgl. Sternfeld 2009).[18] Ein wichtiger Punkt feministischer und postkolonialer Museumskritik besteht nämlich darin, nicht einfach nur die Addition bisher marginalisierter Gruppen in bestehende Sammlungen und Ausstellungen zu fordern oder Differenzen an sich zu hinterfragen. Es geht nicht darum, von Museen zu verlangen, keine Ein- und Ausschlüsse mehr zu produzieren. Stattdessen ist das Anliegen feministischer und postkolonialer Museumskritik, die Konstruktionsmechanismen und Strukturkategorien musealer Ausstellungen selbst zu problematisieren und die erste Person des musealen Sprechakts offenzulegen, also zu fragen, wer was weshalb wie für die Präsentation ausgewählt hat und wie es ausgestellt wird. Denn das simple Hinzufügen, wie es zum Beispiel seit den 1970er Jahren in mehreren deutschen Museen in sogenannten »Frauenecken« passiert ist, oder das Auslagern der Repräsentation bisher ausgeschlossener Gruppen oder Themen in zeitlich begrenzte Sonderausstellungen

---

17 Eine Ausnahme bilden aktuelle Debatten um das Humboldt-Forum in Berlin, das zukünftig die außereuropäischen Sammlungen des Ethnologischen Museums und des Museums für Asiatische Kunst beherbergen soll (vgl. Bose 2016: 51ff.). Allmählich zeichnet sich in diesen Debatten eine Öffnung zu postkolonialen Theorien ab, die unter dem Begriff des »shared heritage« verhandelt wird. Dieser bezeichnet einen Paradigmenwechsel in den *Museum Studies*, der die Herkunft europäischer Sammlungen und damit oftmals Kolonialgeschichten thematisiert (vgl. Fischer 2016). In Frankreich werden die 2007 eröffnete CNHI und das 2006 eingeweihte Musée du Quai Branly aus dieser theoretischen Richtung untersucht (vgl. Sternfeld 2009; Neef 2013). In Polen ist mir ein feministisches Projekt zu Museen bekannt (vgl. Metropolitanka o. J.), eine postkoloniale Auseinandersetzung fehlt bisher. Diese müsste die spezifische Situation Polens berücksichtigen, das kein Kolonialreich war, sondern vielmehr selbst derzeit als Kolonie in den Fokus der Forschung rückt (vgl. Cavanagh 2004).

18 Neben dem Musée du Quai Branly wird auch die 2007 eröffnete Cité nationale de l'histoire de l'immigration (CNHI) in dieser Richtung auf die Konstruktion eines nichteuropäischen »Anderen« untersucht (vgl. Sternfeld 2009; Neef 2013). Nadine Pippel (2013) untersucht beide Museen auf ihre jeweiligen Konzeptionen französischer nationaler Identität. Postkoloniale Museologie bedeutet in Frankreich jedoch nicht nur die Frage nach dem Umgang mit der kolonialen Vergangenheit und dem materiellen Erbe des Kolonialismus in französischen Museen, sondern auch die Untersuchung von Museen in den ehemaligen französischen Kolonien (vgl. Bodenstein 2011: 303f.; Oulebsir 2004; Wright 1996).

kann für Museen eine Entlastungsfunktion haben: Kritische Theorien werden so in den Mainstream hineingeholt, bestehende Machtbeziehungen und strukturelle Benachteiligungen jedoch nicht reflektiert oder aufgedeckt (vgl. Muttenthaler/Wonisch 2006: 20; Kazeem et al. 2009: 174).[19] Statt einer simplen Addition fordert das Konzept des verantwortlichen Blicks, Museen und Ausstellungen als Orte der Auseinandersetzung zu verstehen, wo Geschichtsnarrative und Identitätskonzepte nicht feststehen, sondern immer wieder neu verhandelt werden können (vgl. Muttenthaler/Wonisch 2006: 24).

Für das Thema dieser Studie bedeutet das zweierlei: Einerseits etablieren die untersuchten Museen in ihren Dauerausstellungen von einer bestimmten Subjektpositionierung (der ersten Person des Sprechakts) Blickbeziehungen auf ein bestimmtes Objekt (hier: Europa und europäische Geschichten). Um einen verantwortlichen Blick einzulösen, sollten sowohl das ausstellende Subjekt als auch das ausgestellte Objekt nicht als neutral gegebene Tatsachen gesehen werden, sondern ihre spezifischen, auf Strukturkategorien aufbauenden Positionierungen sichtbar gemacht werden: Wer spricht? Von welcher historischen, politischen Position aus? Worüber? Und wie ist das, worüber gesprochen wird, zum Beispiel durch die Kategorien *Gender, Race, Class* strukturiert? Wie beeinflussen also beispielsweise Vorstellungen von Geschlecht aktuelle museale Verhandlungen Europas und europäischer Geschichte? Mit diesen Fragen versuche ich einerseits, einen verantwortlichen Blick auf das Analyseobjekt Museen einzuüben. Andererseits hat die Forderung nach einem verantwortlichen Blick noch eine weitere Ebene: mich als die Museen und die darin ausgestellten Geschichten betrachtendes Subjekt. Um Verantwortung für meine eigene Wissensproduktion zu übernehmen, ist es notwendig, auch mich selbst zu situieren. Das tue ich einerseits mit der theoretischen Verortung im ersten Teil dieser Studie und andererseits in Kapitel 2.7 zum methodischen Vorgehen.

Strukturkategorien *Gender, Race, Class*, Religion und das Museum
Wie bisher dargelegt, sind Ein- und Ausschlüsse für das Museum konstitutiv und unumgehbar: Indem es etwas zeigt, schließt es anderes aus, das nicht gezeigt wird. Die Selektivität des musealen Sprechakts baut dabei, wie insbesondere Untersuchungen zu Museen aus feministischer und postkolonialer Perspektive

---

19 Als Beispiel hierfür kann die Wechselausstellung des DHM »Deutscher Kolonialismus. Fragmente seiner Geschichte und Gegenwart« (14. Oktober 2016 – 14. Mai 2017) gelten. Mit ihr thematisierte das DHM erstmals öffentlichkeitswirksam die deutsche Kolonialgeschichte, während dessen hochproblematische Darstellung in der Dauerausstellung unverändert blieb (vgl. Kolonialismus im Kasten o.J., Czerney 2015a).

gezeigt haben, seit der Entstehung des modernen Museums im achtzehnten und neunzehnten Jahrhundert auf verschiedenen miteinander verwobenen Strukturkategorien auf (vgl. Haraway 1989; Hauer et al. 1997; Porter 1991, 2004; Muttenthaler/Wonisch 2002a, 2006, 2010; Clark Smith 1994; Kazeem et al. 2009; Thomas 2010; Pippel 2013; El-Tayeb 2015: 302ff.). Diese Kategorien wie *Gender*, *Race*, *Class* oder Religion führen dazu, dass marginalisierte gesellschaftliche Gruppen, wie zum Beispiel Migrant_innen, Frauen, People of Color oder Arbeiter_innen, in Museen oftmals nicht vorkommen oder beispielsweise auf sogenannten Völkerschauen in Völkerkundemuseen als »Andere« markiert,[20] exotisiert und herabgesetzt wurden (vgl. Muttenthaler/Wonisch 2006: 13f.).

Der Begriff »Strukturkategorie« beschreibt sozial und kulturell konstruierte Kategorien, die Gemeinsamkeiten und Differenzen zwischen Menschen(gruppen) hervorbringen und damit Gesellschaften, ungleiche Ressourcenverteilung und Zusammenleben strukturieren: Wer als Mehrheit und wer als Minderheit angesehen wird, wer Chancen auf dem Arbeitsmarkt bekommt, wer öffentlich repräsentiert wird und gesellschaftliche Anerkennung erfährt (vgl. Smykalla 2006: 5f.; Villa 2006: 28f.).[21] In Bezug auf diese Studie meint »Strukturkategorie« Kategorien, die die museal produzierten Bilder und Narrative Europas und europäischer Geschichte strukturieren, regulieren und organisieren. Sie bestimmen, wer als Teil des museal inszenierten Europas angesehen wird, und wer nicht. In der wissenschaftlichen Beschäftigung mit strukturellen Ungleichheiten und Diskriminierungen haben sich ausgehend vom US-amerikanischen Diskurs die drei Kategorien *Gender*, *Race* und *Class* als klassische Kategorien herausgebildet. Manche Studien ergänzen vierte oder fünfte Kategorien wie Sexualität oder Alter (vgl. Muttenthaler/Wonisch 2006: 25).[22]

---

[20] »Eigen«, »Selbst« und »Andere_r« setzte ich bei erstmaliger Nennung in Anführungszeichen, um den Konstruktionscharakter dieser Konzepte zu betonen. Es gibt nach dem konstruktivistischen Verständnis, das dieser Studie zugrunde liegt, keine feststehenden Kulturen, Geschichten, Identitäten, sondern diese werden in medialen Prozessen konstruiert. Um den Text lesbarer zu gestalten, verzichte ich bei Wiederholungen der Begriffe auf die Anführungszeichen. Sie sind aber weiterhin mitzudenken.

[21] In der wissenschaftlichen Beschäftigung mit strukturellen Ungleichheiten hat sich der Begriff »Strukturkategorien« durchgesetzt, um zu beschreiben wie verschiedene, miteinander verwobene Kategorien (zum Beispiel *Gender*, *Race*, *Class*) Gesellschaften strukturieren (vgl. Smykalla 2006: 5f.). Es finden sich jedoch auch andere Begriffe, die das gleiche Phänomen beschreiben. So spricht Stefan Lorenz (2008: 31) von »codes of differences« und Regina Muttenthaler und Roswitha Wonisch (2006: 25) von »Differenz-« oder »Identitätskategorien«.

[22] Andere Wissenschaftler_innen schlagen 13 verschiedene Strukturkategorien vor, um möglichst viele marginalisierte Gruppen berücksichtigen zu können. Zu viele Kategorien bergen jedoch die Gefahr, in der Analyse keine verallgemeinerbaren Aussagen mehr treffen zu können

Um zu untersuchen, wie Museen als Sprechakte Bedeutungen produzieren, ist es sinnvoll, Struktur- oder Differenzkategorien auch als Analysekategorien fruchtbar zu machen (vgl. Scott 1986: 1074; Smykalla 2006: 6). Als Analysekategorien für die Museumsanalyse helfen *Gender, Race, Class* und Religion zu verstehen, wie Museen Ein- und Ausschlüsse entlang dieser Kategorien produzieren, und wie das museal hervorgebrachte Wissen durch diese Kategorien strukturiert ist. Ziel dieser Studie ist es zu untersuchen, wie Nationalmuseen Europa und europäische Geschichten konstruieren und welche Kategorien dabei wichtig sind. Ich konzentriere mich deshalb zunächst auf die Kategorie Europa/europäisch und verschränke sie mit den Analysekategorien *Gender, Race, Class* und Religion, da diese vier Kategorien für die Konstruktion von Nationen und nationalen Geschichten essentiell waren und sind (vgl. Berger/Lorenz 2008; siehe Kapitel 2.5).[23] Für meine Studie ergeben sich daraus die folgenden Fragen: Welche dieser Strukturkategorien sind in Nationalmuseen wirksam, die nicht mehr nur die Nation und nationale Geschichten zeigen wollen, sondern sich Europa und europäischen Geschichten zuwenden? Wie sind Narrative europäischer Geschichten zum Beispiel gegendert, das heißt geschlechtlich codiert? Welche Ideen von Männlichkeit und Weiblichkeit produzieren sie? Wie sind diese Ideen mit Vorstellungen von *Race*, Religion oder *Class* verknüpft? Führt das Übertreten des nationalen Referenzrahmens zur Hinterfragung bisher dominanter Strukturkategorien? Und welche anderen Kategorien des Ein- und Ausschlusses sind neben *Gender, Race, Class* und Religion für die Konstruktion Europas in Nationalmuseen wichtig?

Im Gegensatz zu *Sex*, was das biologische Geschlecht meint, beschreibt *Gender* ausgehend von feministischen Bewegungen seit den 1980er Jahren in angloamerikanischen akademischen Diskussionen das soziokulturelle Geschlecht. Seit dem Ende der 1980er Jahre erreichte der Begriff auch den deutschsprachigen Raum (vgl. Stephan/Braun 2006: 4). Mit *Gender* meine ich die Konstruktion von Geschlecht im Kontext sozialer Machtverhältnisse (vgl. Scott 1986: 1074). Ich gehe davon aus, dass Geschlecht nicht natürlicherweise gegeben ist, sondern sozial und kulturell hergestellt wird (vgl. Braun/Stephan 2006: 3; Wende 2002: 141). Da der deutsche Begriff »Geschlecht« oft an die essentialistische Vorstellung eines biologischen Geschlechts gekoppelt ist, verwende ich den englischen Begriff

---

(vgl. Muttenthaler/Wonisch 2006: 25).

23 Die Relevanz der klassischen Trias *Gender, Race und Class* für heutige Museen haben zudem die beiden Museumswissenschaftlerinnen Roswitha Muttenthaler und Regina Wonisch (2006) herausgestellt. Die drei Kategorien sind ihnen zufolge deshalb für Museen relevant, weil die Institution Museum in der bürgerlichen Gesellschaft des neunzehnten Jahrhunderts entstand und auch die drei Kategorien in dieser Zeit in Erscheinung traten (vgl. Muttenthaler/Wonisch 2006: 26).

Gender (vgl. Stephan/ Braun 2006: 3f.). *Gendern/Gegendert* bezeichnet demnach den Prozess der Vergeschlechtlichung, in dem Vorstellungen von Geschlecht und den Beziehungen von Geschlechtern untereinander konstruiert und symbolisch kodiert werden (vgl. Pilcher/Whelehan 2005: 60f.). Wie museale Inszenierungen Europas und europäischer Geschichte mit Vorstellungen von Geschlecht verbunden sind und auf ihnen aufbauen, ist die leitende Analysefrage in Bezug auf die Kategorie *Gender*.

Dabei gehe ich aufbauend auf postkolonialen feministischen Diskursen davon aus, dass die Kategorie *Gender* nicht unabhängig von anderen Strukturkategorien wie *Race, Class* oder Religion zu denken ist, sondern im Gegenteil untrennbar mit ihnen verwoben ist (vgl. Wollrad 2009; Muttenthaler/Wonisch: 25; Daum et al. 2005: 6f.). Vor allem Arbeiten aus dem angloamerikanischen Raum und vereinzelt auch aus Deutschland zeigen, wie stark sich Konstruktionen von *Gender und Race* wechselseitig beeinflussen (vgl. Anthias/Yuval-Davis 1992).[24] So würde eine ausschließliche Analyse nach der Kategorie *Gender* Gefahr laufen, von einem Kollektivsubjekt »Frau« auszugehen und Differenzen in den Machtverhältnissen zwischen Frauen auszublenden. Auf diese Gefahr weisen insbesondere Frauen, die nicht der weißen Dominanzkultur angehören, seit den 1980er Jahren immer wieder hin (vgl. hooks 1981; Collins 1990, Arndt et al. 2009; Knapp 2005; Lorey 2008; Sow 2009; El-Tayeb 2016). Women of Color werden beispielsweise anders diskriminiert als weiße Frauen, die oftmals Nutznießerinnen von rassistischen Strukturen sind. Wenn ich also von gegenderten Narrativen Europas und europäischer Geschichten spreche, schließt das auch die Untersuchung anderer Kategorien wie *Race, Class* oder Religion ein. Damit meine ich keine Gleichsetzung der Kategorien oder der durch sie produzierten Ein- und Ausschlüsse, sondern eine intersektionale Perspektive, die in den konkreten Fallstudien herausstellt, welche Kategorien auf welche Weise wirksam sind.

Den Begriff *Race* verwende ich ebenfalls als soziokulturelles Konstrukt, das nicht eine Hautfarbe oder andere körperliche Eigenschaften, sondern eine soziale Positionierung und/oder Zuschreibung meint, sich aber auf vermeintlich neutral beschreibbare körperliche Eigenschaften stützt (vgl. Anthias/Yuval-Davis 1992: 2; El-Tayeb 2015: 18; Chancer/Watkins 2006: 49f.; Dietze 2014: 9; Muttenthaler/Wonisch 2006: 26). Es gibt keine »Menschenrassen«, wohl aber Rassismus, also die Einteilung und Abwertung von Menschen aufgrund vermeintlich biologischer Merkmale wie Hautfarbe, Kopfform oder Haare (vgl. Anthias/Yuval-Davis

---

24 Daum et al. (2005: 6) nennen einschlägige Veröffentlichungen im angloamerikanischen Raum und in Deutschland zur wechselseitigen, verbundenen Konstruktion von *Gender* und *Race*.

1992: 12f.; Sow 2009: 71ff., 77). *Race* als Konstrukt zu verstehen, bedeutet aber in keinem Fall, die realen und zum Teil sehr gefährlichen Effekte dieser Konstruktion in Frage zu stellen: Positionierungen und Zuschreibungen nach *Race* sind Machtausübung, Privilegierungen und Diskriminierungen.

Seit den 1960er Jahren wird der Begriff *Race* im englischen und zunehmend auch im deutschen und französischen Sprachraum oft durch die Begriffe »Ethnicity«, »Ethnizität«, »Ethnicité« oder durch »Kultur« ersetzt, um sich von rassistischen Theorien zu distanzieren, die den Begriff der »Rasse« erst erfunden hatten (vgl. Daum et al. 2005: 5; Lorenz 2008: 35ff.; Muttenthaler/Wonisch 2006: 27f.). Ethnizität/Kultur und *Race* sind dabei nicht klar voneinander abgrenzbar. Ersteres ist aber meist weiter gefasst als *Race*: Die Einteilung von Menschen in Kulturen oder ethnische Gruppen und oftmals die Abwertung von als ethnisch oder kulturell anders markierten Gruppen umfasst Kriterien wie Sprache, das Gefühl einer gemeinsamen Herkunft, Kultur oder Religion. Die Strukturkategorie, entlang der Zugehörigkeiten zu Gruppen strukturiert werden, ist in diesem Fall nicht mehr *Race*, sondern eine diffuse Kultur (vgl. Anthias/Yuval-Davis 1992: 11f.). Dieser »Rassismus ohne Rassen« (Balibar 1990a: 28; Hall 2000: 7) oder »kulturelle Rassismus« (Hall 2000: 11) verhandelt Zugehörigkeiten zu Gruppen wie zum Beispiel zu Europa oder Nationen nicht mehr aufgrund vermeintlich biologischer Merkmale, sondern aufgrund sogenannter kultureller Unterschiede. So ist in aktuellen politischen und massenmedialen Diskursen in Europa, gerade im Zuge der sogenannten »Flüchtlingskrise« seit Sommer 2015 immer öfter die Rede von verschiedenen Kulturen oder Kulturkreisen (zum Beispiel »die islamische Kultur«), in die Menschen eingeteilt werden (vgl. El-Tayeb 2016: 10f., 37ff., 157f.). »The notion of cultural difference has largely displaced the notion of biological difference, as a basis for excluding or inferiorizing, both in discourse and in practice«, fassen die Soziologinnen Floya Anthias und Nira Yuval-Davis (1992: 14) diesen kulturellen Rassismus zusammen, deren Studien zu rassifizierten Grenzziehungen (*racialized boundaries*) für die Analyse wichtig sein werden (siehe Kapitel 3.1.3.1).[25] Die Historikerin Fatima El-Tayeb (2015, 2016) arbeitet daran anschließend heraus, dass ein solcher Diskurs der »politischen Rassenlosigkeit« insbesondere in Europa wirksam ist: die Existenz und Wirksamkeit der Strukturkategorie *Race* wird hier in akademischen und populärkulturellen Diskursen mit

---

25 Auf diese Weise werden insbesondere Muslime als Andere Europas konstruiert (vgl. Yuval-Davis 1992b: 11f.). Nach den Anschlägen von 9/11 hat sich dieser antimuslimische kulturelle Rassismus weiter gesteigert (vgl. Vieten 2012), eine Entwicklung, die sich insbesondere in Europa im Zuge der sogenannten »Flüchtlingskrise« und vermehrter islamistischer Anschläge zunehmend verschärft.

dem Argument verleumdet, im Gegensatz zu den USA spiele »Rasse« in Europa keine Rolle. El-Tayeb zeigt hingegen, dass diese »Ideologie der ›Rassenlosigkeit‹« unter dem Deckmantel der Begriffe Kultur oder Ethnizität ebenso Ein- und Ausgrenzungen nach *Race* bedeutet, diese nur zugleich unsichtbar und damit unangreifbar für Kritik macht (vgl. El-Tayeb 2015: 24, 36, 43).

Da die Vermeidung des Begriffs *Race* also rassistische Strukturen verschleiert, anstatt sie zu benennen, entscheide ich mich in dieser Studie für den Begriff *Race*. Weil der deutsche Begriff »Rasse« vor dem Hintergrund der nationalsozialistischen Rassenpolitik zudem eine zusätzlich menschenverachtende Bedeutung bekommen hat und deshalb im Deutschen stark negativ konnotiert ist, verwende ich hier den englischen Term (vgl. Muttenthaler/Wonisch 2006: 27f.; Daum et al. 2005: 5). In den einzelnen Analysen arbeite ich heraus, nach welchen Strukturkategorien Europa und europäische Geschichte jeweils organisiert sind: So verwendet keines der untersuchten Museen explizit das Wort »Rasse/*Race*«, was aber nicht bedeutet, dass die Strukturkategorie *Race* in der musealen Inszenierung Europas keine Rolle spielt. *Racialized boundaries* (vgl. Anthias/Yuval-Davis 1992) haben viele Facetten und können sich auf *Race*, Ethnizität, Kultur oder Religion berufen. So zeigt beispielsweise das DHM Europa in seiner Dauerausstellung in konsequenter Abgrenzung zu einem als nicht-europäisch, nicht-weiß und muslimisch markierten Anderen (siehe Kapitel 3.1.3.1). Das MuCEM wiederum versucht, die Idee eines christlichen Europas zu dekonstruieren und Einflüsse des Islam und dessen Verflechtungen mit Europa zu zeigen (siehe Kapitel 3.3.3.2).

Museale Konstruktionen Europas und europäischer Geschichte werden darüber hinaus nicht nur gegendert und rassifiziert, sondern auch durch die Kategorie Religion strukturiert, indem diese mit beeinflusst, wer als zu Europa gehörend gezeigt wird. Deshalb beziehe ich auch Religion als Analysekategorie in die Untersuchung ein. Zudem hat eine Studie, die verschiedene Nationalgeschichtsschreibungen in Europa vergleicht, gezeigt, dass nationale Geschichten und damit auch Konzepte nationaler Identitäten im neunzehnten und zwanzigsten Jahrhundert auch durch die Kategorie Religion bestimmt waren (vgl. Berger/Lorenz 2008; Kennedy 2008). So spielte Religion für Nationen eine Rolle, indem sich neu geschaffene nationale Geschichtsnarrative als überkonfessionell und säkularisiert gaben, um sich damit von früheren religiösen Vergangenheitsdeutungen abzusetzen, oder indem Religion im Gegenteil hervorgehoben wurde, um die Nation zu sakralisieren. Religion strukturierte neu entstehende nationale Gemeinschaften und nationale Geschichtsschreibungen deshalb auch oftmals in Hinblick auf die Frage, wer als Teil dieser Gemeinschaft angesehen, und wer als religiös Anderer ausgeschlossen wurde, wie zum Beispiel Muslime_a (vgl. Kennedy 2008: 105ff., 124f.). Es stellt sich deshalb die Frage, welche Rolle

Religion in Museen spielt, die es sich zum Ziel setzen, den Bezugsrahmen der Nation zu überschreiten.

Mit dem Begriff *Class* meine ich die Stellung eines Individuums oder einer Gruppe in der historisch bedingten sozialen Schichtung der Gesellschaft und die durch diese Schichtung geregelte Verteilung von Ressourcen, wie zum Beispiel den Zugang zum Arbeitsmarkt (vgl Muttenthaler/Wonisch 2006: 27).[26] Meinte der Begriff *Class* in der Wissenschaftstradition des neunzehnten Jahrhunderts eine fixierte Struktur, die die Eigentums- und Produktionsverhältnisse der Zeit fasste, so setzte sich im zwanzigsten Jahrhundert ein Verständnis der Kategorie als prozesshaftes, nicht feststehendes historisches Phänomen durch (vgl. Muttenthaler/Wonisch 2006: 27). In Bezug auf Museumsanalyse ist die Kategorie *Class* von Bedeutung, da auch sie, neben *Gender* und *Race*, hilft, strukturelle Ein- und Ausschlüsse in Museen zu beschreiben. So wurden beispielsweise in der zweiten Hälfte des zwanzigsten Jahrhunderts im Zuge der Entwicklung von der Industrie- zur Dienstleistungs- und Informationsgesellschaft vielerorts stillgelegte Industrieanlagen in Museen verwandelt und Arbeitsweltmuseen gegründet, allerdings ohne den darin präsentierten sozialen Schichten eine Stimme zu geben. Sie wurden lediglich zu stummen angeschauten Objekten (vgl. Muttenthaler/Wonisch 2006: 27: 14). Welche sozialen Schichten in den hier untersuchten als Teil Europas und europäischer Geschichte gezeigt werden, ist deshalb die leitende Frage in Bezug auf die Kategorie *Class*.

Kategorien wie Nation, *Race*, *Class*, Religion oder *Gender* sind zwar sozial und kulturell konstruiert, beziehen sich also nicht auf biologische Eigenschaften wie beispielsweise Geschlecht oder Hautfarbe (vgl. Anthias/Yuval-Davis 1992: 18). Doch bedeutet der Hinweis auf ihre Konstruiertheit nicht, dass diese Kategorien erfunden und daher nicht real wären. Als Strukturkategorien sind sie wirkungs- und oftmals gewaltvoll, denn sie strukturieren Gesellschaften, ungleiche Ressourcenverteilung sowie öffentliche Repräsentationen und Deutungsmacht zum Beispiel in Museen. Es ist deshalb sinnvoll, sie als Analysekategorien in diese Untersuchung einzubinden.

Museen als Performativ

Die bisher vorgestellten Ansätze problematisieren den realistischen Diskurs, der Museen kennzeichnet, indem sie zeigen, dass Museen Realitäten nicht abbilden, sondern entlang struktureller Differenzierungen hervorbringen. Hinter der offensichtlichen konstativen Dimension des Museums gibt es demnach eine weitere

---

26 Zur Geschichte der Kategorie *Class* vgl. Lorenz 2008: 46ff.

Dimension, die ein letzter hier vorzustellender Ansatz auf den Punkt bringt. In ihrer Studie des Anne-Frank-Hauses in Amsterdam entwickelt Sonja Neef (2008) in Rückgriff auf Jacques Derridas Aufsatz zum Archiv (1995) und auf Mieke Bals Theorie der *gestures of exposure* (1996) die These, das Museum arbeite im Kern theatralisch oder performativ. In seinen Ausstellungen zeigt es Neef (2008: 253ff.) zufolge nicht nur etwas, sondern es bringt etwas hervor; es konstatiert nicht ein Ereignis, eine Geschichte, eine Kultur, sondern es erzeugt sie. Diese performative Dimension des Museums macht Neef (2008: 256) mit dem Neologismus »Musealisieren« deutlich: »Musealisieren bedeutet, wie Austin es für performative Sprechakte ausgedrückt hat, ›to do‹: das Objekt ›tun‹, es erhandeln oder verhandeln«. Das Objekt »tun« bedeutet, es in eine lesbare, wiederholbare Form zu bringen, es wahrnehmbar und ausstellbar zu machen. Die Wirkung des Museums gründet sich also nicht auf Abbildung, sondern auf seiner Kraft als Sprechakt, der nicht konstatierend etwas repräsentiert, sondern konstituiert. Indem die hier untersuchten Museen also Geschichte ausstellen und damit musealisieren, bringen sie diese auch erst hervor. Europa und europäische Geschichte sind in dieser Lesart keine stabilen Realitäten, die im Museum abgebildet oder repräsentiert werden könnten, sondern sie werden museal inszeniert (siehe Kapitel 2.6).

Der Begriff der Inszenierung ist dabei in seinem wörtlichen Sinn aus dem Bereich des Theaters zu verstehen: kennzeichnete der Begriff der *Skene* zunächst den Bereich hinter der Bühne, wo die Schauspieler_innen ihre Masken und Kostüme wechselten, so verschob sich später die Bedeutung des Begriffs und die Bühne selbst wurde *Skene* genannt (vgl. Früchtl/Zimmermann 2001: 31). In-Szenierung heißt also wörtlich »auf die Bühne bringen« und betont – im Gegensatz zum Begriff des Diskurses – den performativen, ereignishaften Charakter von Museen. Außerdem lenkt er den Blick auf die materiellen und medialen Bedingungen des musealen Ausstellens. Jede Inszenierung braucht Medien, die den Blick organisieren: Arrangements von Objekten, Dingen, Gegenständen im Raum, Lichtinstallationen, leitende Texte, Audiokommentare usw. Um diese medialen Bedingungen ernst zu nehmen, ist es sinnvoll, Museen als Medien zu denken und sie medientheoretisch zu untersuchen.

2.2 Medientheorie: Museen als Medien

Im Gegensatz zur jungen akademischen Disziplin Medienwissenschaft wird Medientheorie seit mindestens 2500 Jahren in verschiedensten Wissensdomänen wie Philosophie, Naturwissenschaft und in den Künsten praktiziert, so der Medienwissenschaftler Claus Pias (2011: 28). Inzwischen kann man an vielen deutschen Hochschulen Medienwissenschaften studieren. Doch auch die Institutionalisierung des Fachs in Deutschland seit den 1970er Jahren (vgl. Hickethier 1999: 203) bedeutet nicht, dass die wissenschaftliche Beschäftigung mit Medien zu einer einheitlichen Disziplin mit einem feststehenden Kanon geworden ist (vgl. Engell/Vogl 2004: 9). Dies zeigt sich einerseits in nationalen Unterschieden (Medienwissenschaft meint nicht das gleiche wie *Media Studies*) und andererseits an verschiedenen Benennungen deutscher Medientheorie: die Gesellschaft für Medienwissenschaft spricht von Medienwissenschaft, der deutsche Wissenschaftsrat (2007: 76) von kulturwissenschaftlicher Medialitätsforschung, der Medienwissenschaftler Geert Lovink (2007) von *German Media Theory* und die vom Massachusetts Institute of Technology (MIT) herausgegebene Zeitschrift *Grey Room* von *New German Media* Theory (vgl. Horn 2007). Ich habe Medienkultur studiert, einen Studiengang, der kürzlich in Medienwissenschaften und nach kurzer Zeit wieder zurück in Medienkultur umbenannt wurde. Trotz dieser Uneinigkeit in der Benennung lassen sich in der Beschäftigung mit Medien fünf entscheidende innovative Merkmale der deutschen Medientheorie herausarbeiten, die diese Studie entschieden inspirieren.

Was Medien tun
Erstens gibt es keinen gemeinsamen Forschungsgegenstand und keine gemeinsame medientheoretische Methodologie (vgl. Pias 2011: 15ff.; Horn 2007: 7; Vogl 2001: 121). Autor_innen der Medientheorien, die die Grundlagen dieser Studie bilden, verweigern konsequent eine Definition dessen, was Medien sind und wie man sie untersuchen kann: »[...] [E]in erstes medientheoretisches Axiom [könnte, Anmerkung: S.C.] lauten, daß es keine Medien gibt, keine Medien jedenfalls in einem substanziellen und historisch stabilen Sinn« (Engell/Vogl 2004: 10). In dieser anti-ontologischen Hinwendung zu Medien werden so disparate Phänomene und Gegenstände wie Türen, Spiegel und Glühbirnen, Computer und Grammophone, Elektrizität und Zeitungen, Fernsehen und Teleskope, Archive und Autos, Zahlen und Kalender, Schrift und Stimme zu Objekten medientheoretischer Untersuchungen (vgl. Horn 2007: 7).

Die Verweigerung einer Definition, was Medien *sind*, führt zweitens zu einer gemeinsamen medientheoretischen Fragerichtung, nämlich danach, was Medien *tun* – und damit nach den materiellen Grundlagen und Bedingungen kultureller Produktionen (vgl. Horn 2007: 8ff., 11). Im Unterschied zu eher kommunikationswissenschaftlich geprägten Theorien verstehen Medientheoretiker_innen Medien nicht nur als Speicher, Verarbeiter oder Vermittler von Informationen, die je nach ihrer Funktion einteilbar wären in Wahrnehmungs-, Speicher- und Übertragungsmedien (vgl. Hickethier 2010: 20ff.). Medien sind nicht simple Hüllen, durch die Daten übertragen werden. Vielmehr ist Kennzeichen von Medien,

»daß sie das, was sie speichern, verarbeiten und vermitteln, jeweils unter Bedingungen stellen, die sie selbst schaffen und sind« (Engell/Vogl 2004: 10). Der berühmte Satz des kanadischen Kommunikationstheoretikers Marshall McLuhan (1992: 17ff.) »Das Medium ist die Botschaft« in diesem Sinn verstanden heißt nichts anderes, als dass es ohne Medien keine Botschaft gibt, dass Wissen von und Wahrnehmung der Welt ohne Medien nicht möglich sind (vgl. Engell/Vogl 2004: 10). So untersucht der Wirtschaftswissenschaftler und Mentor McLuhans Harold A. Innis (2008, orig.: 1951), dessen Rezeption am Anfang der deutschen Medientheorie steht, die Auswirkungen von Transportwegen auf staatliche Organisation und Machtausweitung. Der Medientheoretiker Friedrich Kittler (2003, orig.: 1985) sieht die Literatur als Produkt ihrer »Aufschreibesysteme«. Der Philosoph Jacques Derrida (1995) zeigt, dass die materielle und technische Struktur von Archiven mit darüber entscheidet, was überhaupt archivierbar ist. Und der Politikwissenschaftler Benedict Anderson (1996) arbeitet die zentrale Funktion des Buchdrucks in der Herausbildung von Nationen heraus.

An diesen Beispielen zeigt sich ein drittes Kennzeichen medientheoretischen Arbeitens: das Überschreiten disziplinärer Grenzen. Nach Claus Pias (2011: 25) ist Medienwissenschaft keine Disziplin mit einem oder mehreren Forschungsobjekten und Methoden, sondern eine »Fragestellung, die quer zu den Disziplinen verläuft«. Das radikale Hinterfragen disziplinärer Grenzen sieht die Kulturwissenschaftlerin Eva Horn (2007: 9f.) gar als das größte Verdienst der deutschen Medientheorie. Indem sie die Technikvergessenheit der Geisteswissenschaften als deren *blind spot* erkannte und die materiellen und technischen Grundlagen von Kommunikation, Wissen und Macht herausarbeitete, näherte sie Natur- und Geisteswissenschaften einander an. Gemeinsam ist den disparaten und heterogenen medientheoretischen Ansätzen das Interesse für und die Fragerichtung nach Technologien, Materialien und Apparaten, mit ihnen verbundene Praktiken und deren Effekte auf Kultur, staatliche Organisation, die Art des Zusammenlebens und menschliche Wahrnehmung.

Aus den ersten drei Grundsätzen – der Verweigerung einer stabilen Definition von Medien und stattdessen der gemeinsamen transdisziplinären Fragerichtung nach dem Funktionieren und den Effekten von Medien – ergibt sich viertens ein Verständnis von Medien als spezifische Konstellationen aus technischen Apparaturen und Artefakten, Praktiken, institutionellen Bedingungen und dadurch erzeugten Wissensformen, die meist in konkreten und begrenzten Fallanalysen untersucht werden (vgl. Vogl 2001: 121ff.; Horn 2007: 8). »Die Medien-Funktion lässt sich nur als Zusammentreten heterogener Momente begreifen, zu denen technische Apparaturen oder Maschinen genauso gehören wie Symboliken, institutionelle Sachverhalte, Praktiken oder bestimmte Wissensformen« (Vogl 2001: 122). Diese je spezifischen Konstellationen aus Apparaturen, Institutionen und

Praktiken sind keine ahistorischen, stabilen Gebilde, die man Medien nennen könnte, sondern in den Worten des Medienwissenschaftlers Joseph Vogl (2001: 122) »Medien-Ereignisse«: Netzwerke aus heterogenen Bedingungen, die in einer bestimmten Situation zusammentreffen und zu Medien werden.

Medien sind jedoch nicht nur selbst Ereignisse im Sinne nicht feststehender und nicht definierbarer Größen, sondern sie arbeiten mit daran, was überhaupt als Ereignis gelten kann: Die Übertragung einer Nachricht, das Zeigen vergangener Dinge, das Entstehen eines visuellen Objekts – dies hängt von medialen Bedingungsgefügen ab (vgl. Vogl 2001: 122; Horn 2007: 8). Medienwissenschaftlichen Untersuchungen geht es dabei nicht um kausale oder deterministische Begründungen, sondern um heterogene Konstellationen, die historisch und kulturell spezifische Praktiken, Wissensformen und Narrative hervorbringen. Das Ziel ist nicht, festzustellen, welche Medien erwartbar welche Effekte haben, und dies auf andere Kontexte zu verallgemeinern. Es geht vielmehr darum, in je spezifischen Situationen zu untersuchen, wie verschiedene Konstellationen zu Medien werden, und als solche handeln. Dabei gehen medientheoretische Arbeiten, inspiriert von der Wissenschaftsforschung (vgl. Serres 2002; Latour 2002; Rheinberger 2006) davon aus, dass innerhalb dieser Strukturen sowohl menschliche als auch nicht-menschliche Akteur_innen Handlungsmacht haben (vgl. Engell 2010: 138f.). In dieser Perspektive stellen die Fallstudien dieser Studie nicht die Museums- und Ausstellungsmachenden oder die Besucher_innen, sondern zum Beispiel Konstellationen aus Landkarten, Tabellen, Pflanzen, Touchscreens und Filmen in den Mittelpunkt der Untersuchung.

Mediale Historiografie
Ein fünfter und für die vorliegende Studie zentraler Punkt hat sich innerhalb der Medientheorie unter dem Stichwort der medialen Historiografie herausgebildet. Wenn Medien das, was sie speichern, verarbeiten und vermitteln unter Bedingungen stellen, die sie selbst erschaffen, kann auch Geschichtsschreibung nicht als Prozess des Sammelns, Speicherns und Deutens von Überresten der Vergangenheit gedacht werden. Stattdessen gehen Ansätze der medialen Historiografie von Geschichtsschreibung als medialem Prozess aus, der Vergangenheit nicht auffindet und konstatierend dokumentiert, sondern vielmehr produziert und durch seine mediale Bedingtheit mit daran arbeitet, was als Geschichte gelten kann und was nicht:

> [...] [A]lle Geschichtsschreibung [ist, Anmerkung: S.C.] ihrerseits medienabhängig [...]. Ohne Medien des Beobachtens, Archivierens, Sortierens, Erschließens, ohne Medien der Codierung und Darstellung in Bild, Wort und Zahl, ohne Medien der Verbreitung schließlich ist Geschichtsschreibung (und somit Geschichte überhaupt) nicht möglich. (Engell/Vogl 2001: 7)[27]

Dass Geschichte ein Produkt der Geschichtsschreibung ist, dass die sogenannten historischen Fakten hergestellt werden, darauf hat der Historiker Hayden White (1991a, orig.: 1986) schon in den 1980er Jahren aufmerksam gemacht. Ansätze der medialen Historiografie lenken den Blick darüber hinaus auf die Medien dieser Konstruktionen und gehen von einem »medialen Apriori« aus: »[...] ein wie immer paradoxes Apriori der Vermitteltheit, das heißt der Nicht-Unmittelbarkeit, Nicht-Ursprünglichkeit und Nicht-Gegebenheit des Realen« (Engell/Vogl 2001: 6). Dies bedeutet, dass es keinen unmittelbaren Zugang zu Vergangenem geben kann, sondern immer nur medial verfasste Versionen von Vergangenheit.

Mediale Historiografien verstehen die Medienwissenschaftler Lorenz Engell und Joseph Vogl (2001: 6) als Bedingungsgefüge, die durch die Beschreibung von (Medien)Geschichte diese erst mit produzieren. Die Bedingungsgefüge, also die Medien, die Geschichte »schreiben«, werden dabei weit gefasst und umfassen auch andere Medien als Schrift und akademische Abhandlungen, so zum Beispiel Film (vgl. Wendler 2008) und Fernsehen (vgl. Engell 2001, 2003), mündliche, bildliche oder performative Formen (vgl. Rau/Studt 2010). Jedes dieser Medien formt das, was als Geschichte gilt, auf seine eigene Art und Weise. So bildete sich nach Lorenz Engell (2003: 26) beispielsweise das klassisch-moderne Geschichtsbewusstsein in Abhängigkeit vom Medium der Schrift heraus. Das Fernsehen dagegen funktioniere anders als schriftlich-linear und schreibe seine eigene Geschichte im Medium des Fernsehens (vgl. Engell 2003: 28f.). Historiografie, also das »Schreiben« von Geschichte, verstehe ich diesen Ansätzen folgend in einem weiten Sinn als die notwendigerweise medial bedingte Konstruktion von Geschichte, die auch in anderen Medien als Schrift passiert. Die Medien der -grafie, also diejenigen, die an der Konstruktion von Geschichte mitarbeiten, bedingen dabei durch ihre medialen Eigenschaften, was als Geschichte gelten kann.

Museen sind bisher meines Wissens noch nicht als Gegenstand medialer Historiografien untersucht worden.[28] Die Ansätze der medialen Historiogra-

---

27 Vgl. zu diesem Punkt auch Wendler 2008: 96; Engell 2001: 34, 2003; Crivellari et al. 2004: 20.
28 Auch in den Medienwissenschaften insgesamt gibt es wenig Arbeiten zu Museen. Lediglich das Teilgebiet Medienarchäologie beschäftigt sich aufbauend auf den Arbeiten Friedrich Kittlers und Michel Foucaults im Zuge der Konzeption von Gedächtnisformen als Funktionen des Spei-

fie sollen in dieser Studie den Blick dafür schärfen, wie, das heißt in und mit welchen medialen Konstellationen aktuelle Nationalmuseen Europa und europäische Geschichte entwerfen. Worin besteht die spezifische Medialität von Europahistoriografie in Nationalmuseen? Der Begriff der Medialität steht dabei für die oben dargelegte Abkehr von der Idee von Medien als feststehende, vermittelnde Objekte. Die Medialität von Medien liegt demnach nicht in ihrer Vermittlungsleistung, sondern darin, dass sie etwas hervorbringen und das Hervorgebrachte formen (vgl. Krämer 2004: 22ff.). Die Medialität eines Mediums, so fasst der Medienwissenschaftler Dieter Mersch (2004: 76) diesen Punkt zusammen, ist »seine Struktur und Materialität sowie die Prozesse der Erzeugung von Medieneffekten«. Die oben skizzierte Verschiebung der Frage von einer Definition von Medien hin zu ihrer Handlungsmacht und ihren Effekten bringt die Medialität in die Diskussion: Worin besteht die Medialität der jeweiligen Medien und wie arbeiten sie dadurch mit an der Geschichtsschreibung? Ich untersuche Museen als Medien, um genau diese Frage zu stellen: Was macht die Medialität der hier untersuchten Museen aus, das heißt, wie schreiben sie europäische Geschichte?

Die Medialität von Museen
Bisherige Arbeiten zur Medialität von Museen finden sich in den Kultur- und Geschichtswissenschaften, sowie in den englischsprachigen *Museum Studies* (vgl. Korff/Roth 1990; Korff 1995; Thiemeyer 2010a; Wohlfromm 2002; Henning

---

cherns, Verarbeitens und Übertragens auch mit Museen (vgl. Ernst 2001: 250). Medien werden hier verstanden als technisch-elektronische Apparate und Museen analog dazu als Prozesse der Informationsverarbeitung und -auffindung (vgl. Ernst 2001: 250; Henning 2015c). Des Weiteren existieren medienwissenschaftliche Studien, die einzelne Medien in Museen untersuchen, so zum Beispiel die Fotografie (vgl. Tschirner 2011; Ernst 1990; Frecot 1990).
Ein weiterer zentraler Bereich des Themas Museum und Medien lässt sich unter dem Stichwort »Museum und neue Medien« zusammenfassen. Es beschreibt den zunehmenden Einsatz elektronischer und digitaler Medien in Museen und Ausstellungen. Dabei überwiegen medien- und geschichtsdidaktische (vgl. Oswalt 2008), erziehungs- (vgl. Beise et al. 2005) und kommunikationswissenschaftliche (vgl. Wohlfromm 2002) Ansätze, sowie Arbeiten aus einem Teilgebiet der Informatik, der Human-Computer-Interaction (vgl. Damala et a. 2016; Clarke/Hornecker 2013; Witcomb 2011), die vor allem die Wirkung neuer Medien auf Besucher_innen untersuchen. Auch finden sich zunehmend Arbeiten zu Social Media oder Web 2.0 und Museen, die ihren Schwerpunkt ebenfalls auf die Museumskommunikation legen. Social Media werden dabei unter dem Stichwort »partizipatives Museum« als Chance gesehen, mit Besucher_innen jenseits des Ausstellungsbesuchs in Dialog zu treten und auch Nicht-Besucher_innen zu erreichen (vgl. Schweibenz 2011; Vogelsang et al. 2011; Vogelsang 2012). Gemeinsam ist diesen Arbeiten, dass sie Museen als medienausstellende Institutionen, nicht aber selbst als Medien untersuchen.

2015).²⁹ Der zentrale Unterschied des Mediums Museum – und hier insbesondere historisch ausgerichteter Museen – zu anderen Medien besteht diesen Arbeiten zufolge darin, dass Museen Originalobjekte ausstellen und damit eine andere Art der Geschichtserfahrung ermöglichen, als zum Beispiel Filme oder Bücher. Der Kulturwissenschaftler Gottfried Korff, der als zentraler Theoretiker dieser Tradition innerhalb der Museumsforschung gilt, thematisiert in seinen Schriften immer wieder die Aura originaler Museumsobjekte. Seiner Ansicht nach ermöglichen Geschichtsmuseen historisches Lernen, weil sie authentische Originalobjekte als »unmittelbare Zeugen der Vergangenheit« ausstellen (Korff 2000: 42). Diese seien gleichzeitig fremd, da sie aus einer anderen Zeit stammten, und nah, nämlich physisch vor Augen gestellt. Dieser Status von Museumsobjekten zwischen Anwesenheit und Abwesenheit mache ihre Aura aus und begründe die Faszination von Museen als Orte des Authentischen und der Anwesenheit von Vergangenem (vgl. Korff 2000: 42f.).³⁰ Neben dieser materiellen Dimension – der physischen Anwesenheit authentisch-auratischer Originalobjekte – habe das Museum, so Korff, auch eine mediale Seite. Diese bestehe darin, dass die Objekte nicht nur materiell anwesend sind, sondern auch Informationen über Vergangenes geben können. Die Medialität von Museen liege demnach darin begründet, dass sie Objekte ausstellen, die »als Kommunikationswerkzeuge« und als »Zeichenträger [...] zwischen Vergangenheit und Gegenwart vermitteln« (1995: 22).

Trotz dieser medialen Dimension schreibt Korff Museen schließlich einen »antimedialen Authentizitätseffekt« zu, da sie entgegen anderen Medien vor allem durch Materialität, Unmittelbarkeit und Originalität gekennzeichnet seien:

> Sowohl die Beobachtung, daß der kulturelle Wandel das Museum [...] in seiner Bedeutung aufwerte und ausweite wie auch die These, daß das heutige Museumsrenommée von einem *antimedialen Authentizitätseffekt* herrühre, gründen in der zentralen Rolle des Objekts, des musealen Gegenstands, der materiellen Überlieferung. (Korff/Roth 1990: 16, Hervorhebung: S.C.)

Hier zeigt sich ein Verständnis von Medien als Vermittler, das sich in Arbeiten zu Museen als Medien immer wieder findet.³¹ Medien, so dieses Verständnis, schöben sich zwischen Realität und Erfahrung, und lieferten, im Gegensatz zu

---

29   So widmet sich beispielsweise der dritte Band der aktuellen *International Handbooks of Museums Studies* »Museums Media« (vgl. Henning 2015).
30   Korff bezieht sich hier auf den von Walter Benjamin entwickelten Aurabegriff (vgl. Benjamin 1972).
31   Vgl. beispielsweise den Titel der Museumskunde 1/2012 »Medien für Museen – Mittel der Kommunikation und Vermittlung«

sogenannten authentischen Originalobjekten, nur vermittelte Erfahrungen. Das Museum wiederum sei im Gegensatz zu allen anderen Medien ein Medium, das diese unmittelbare, »antimediale« Erfahrung ermögliche:

> Das Originalobjekt unterscheidet das Museum nämlich von allen anderen Massenmedien und ihrer Welt des Scheins. Stimmt die These, ›[...] dass das heutige Museumsrenommée von einem antimedialen Authentizitätseffekt herrühre [...]‹, das Museum also gerade deshalb so gut besucht ist, weil es echte Relikte aus fernen Zeiten zeigt, dann würde das Museum mit einem Verzicht auf Original-Exponate seine wichtigste Attraktion verlieren. Weniger spekulativ ist, dass authentische Exponate Glaubwürdigkeit garantieren, weil sie als Spur aus einer fernen Zeit bezeugen, dass bestimmte Dinge sich tatsächlich zugetragen haben. Diese Zeugenschaft begründet die Aura des Originals, seine besondere ›Anmutungsqualität‹. (Thiemeyer 2010a: 123)

Es sei die angenommene Authentizität und »Anti-Medialität« der in Museen gesammelten und ausgestellten Objekte, die die Autorität, Objektivität und Glaubwürdigkeit der in Museen gezeigten Geschichte garantiere (vgl. Thiemeyer 2010a: 17).[32] Die Medialität des Museums liegt diesem Ansatz zufolge in der Vermittlungsleistung der Originalobjekte. Diese gehe jedoch »antimedial«, unmittelbar vonstatten, und mache sich selbst somit unsichtbar. Die Medialität des Museums bestehe demzufolge paradoxerweise in seiner Anti-Medialität: in der angenommenen Unmittelbarkeit, die es durch die Ausstellung von Originalobjekten ermögliche. Darüber hinaus impliziert diese Konzeption von Museen als antimedial eine strickte, hierarchische Trennung zwischen Objekten und Medien. Medien werden Objekten hierbei nachgeordnet, wie auch die museologische Einteilung in primäre und sekundäre Dinge zeigt (siehe Kapitel 2.3).[33]

Im Gegensatz dazu erweitert das hier entwickelte Medienverständnis den Analyseblick: Medien sind demnach nicht nur Vermittler, sondern hervorbringende,

---

[32] Zu diesem Schluss kommt auch das europäische Forschungsprojekt *Eunamus*, das Nationalmuseen in 37 europäischen Ländern miteinander vergleicht. Museen werden hier als Medien bezeichnet, als deren zentrale Eigenschaften Besucher_innen Objektivität, Unmittelbarkeit und Autorität sehen, da Museen nur das auszustellen scheinen, was sich tatsächlich zugetragen hat (vgl. Eunamus o. J.).

[33] So schreibt der ehemalige Vorsitzende des Deutschen Museumsbundes Volker Rodekamp (2012: 5) im Vorwort zu »Medien für Museen«: »Medien im Museum sind integraler Bestandteil der Ausstellungsgestaltung geworden. Sie werden in den Dienst des Objekts gestellt, ohne dem Besucher eine Entscheidung zwischen Objekt und Medium abzuverlangen. [...] Der technische Fortschritt ermöglicht gestalterisch klug eingesetzte Medien, die das Objekt nicht überlagern und ihre Informationen dem Besucher aufdrängen [...].« Medien dienen demnach in Ausstellungen der Einbettung, Erklärung oder Kontextualisierung von Objekten, die davon entweder bedroht oder – bei zurückhaltendem Einsatz – bereichert werden. Hauptaufgabe von Museen,

aktive Instanzen, die etwas tun: Sie erzeugen bestimmte Vorstellungen dessen, was Museen zeigen, und verunmöglichen andere.[34] Des Weiteren schlage ich in Erweiterung der vorgestellten Ansätze vor, alles, was in einer Ausstellung zur Bedeutungsproduktion beiträgt, als Medien zu denken. Museen sind multimediale Medien. In ihren Sammlungen, Ausstellungen und Gebäuden integrieren sie verschiedenste Dinge, die als Medien untersucht werden können, wie zum Beispiel historische Objekte (siehe Kapitel 2.3), Naturalia, Kunstwerke, Texte, aber auch Besucher_innenführung und Lichtsetzung in den Ausstellungen. Die Frage nach Museen *als* Medien schließt deshalb die Frage nach Medien *in* Museen ein. Aus diesem Grund umfassen meine Untersuchungen zwei Aspekte: Als Medien verstehe ich sowohl die jeweiligen Museen, als auch konkrete Medienkonstellationen, die Europa und europäische Geschichte in deren Dauerausstellungen musealisieren. Dazu gehört alles, was in den Dauerausstellungen zur Bedeutungsproduktion beiträgt: die Besucher_innenlenkung, die Lichtsetzung, die ausgestellten Dinge, Texte, Filme, Bilder, Installationen und so weiter. Dabei unterscheide ich nicht, wie in Museumstheorien üblich, in Objekte und Medien: Alles, was in der Ausstellung Bedeutung erzeugt, fasse ich als Medium. Mehr als für diese Einzelmedien interessiere ich mich jedoch für Konstellationen aus verschiedenen Medien in je spezifischen musealen Situationen. Museen als Medien

---

so der Tenor, sei weiterhin das Sammeln und Ausstellen von primären Dingen; »neue Medien« könnten allenfalls unterstützend, wenn nicht gar ablenkend oder bedrängend wirken. In jedem Fall seien Medien traditionellen Museumsobjekten nachgeordnet.

Auch der Band der aktuellen *International Handbooks of Museum Studies*, der Museen und Medien gewidmet ist, arbeitet mit der Unterscheidung in Objekte und Medien (vgl. Henning 2015). So plädiert beispielsweise der Medienwissenschaftler Wolfgang Ernst im Interview mit der Museums- und Medienwissenschaftlerin Michelle Henning (2015c: 8) dafür, Museen nicht als Medien zu konzipieren, da ihre Kernfunktion die Ausstellung echter, materieller Objekte sei: »[...] the museum has a strength that so far no other medium is able to provide, and that is the material object«. Andere Beiträge dergleichen Sektion in diesem Band, die mit »Museums as Media« überschrieben ist, kommen zu einem ähnlichen Befund. Museen seien zwar Medien, ihre Medialität liege aber in der physischen Präsenz echter Dinge, die selbst keine Medien seien (vgl. Hoskins/Holdworth 2015).

34 Dieser Ansatz ist inspiriert von den konstruktivistischen Arbeiten, die ich in Kapitel 2.1 vorgestellt habe. Diese ließen sich als medienwissenschaftlich orientierte Museumsanalysen beschreiben, obwohl sie selbst nicht von Medien sprechen, so vor allem die Arbeiten Mieke Bals (2006) zu Museen als Sprechakten und genauer ihre Studie des American Museums of Natural History in New York und Sonja Neefs (2008) Analyse des Anne-Frank-Hauses in Amsterdam.

zu untersuchen, bedeutet für mich nach den konkreten Medienkonstellationen der musealen Historiografie in den jeweiligen Ausstellungskontexten zu fragen.[35]

Diese Hinwendung zu den materiellen Grundlagen der musealen Historiografie lenkt den Blick erstens auf die Produktivität von Medien und zweitens auf ihre Medialitäten, die mit daran arbeiten, welche Narrative konstruiert werden. Des Weiteren möchte ich, wenn ich auch sogenannte Originalobjekte als Medien bezeichne, den »antimedialen Effekt« (Korff/Roth 1990: 16) der Unmittelbarkeit, der ihnen zugeschrieben wird, hinterfragen. Ich gehe davon aus, dass es keine antimediale Unmittelbarkeit gibt. Objekte, auch sogenannte Originalobjekte bedeuten nicht von sich aus, sondern sie stellen, wie die Fallstudien zeigen werden, ihre Bedeutung im Zusammenhang mit anderen Medien in der Ausstellungssituation her. Alle Dinge einer Ausstellung als Medien zu bezeichnen, löst somit die Hierarchisierung von Originalobjekten und medialen Hilfsmitteln auf und ebnet den Weg für Analysen, die alle Dinge einer Ausstellung und eines Museums sowie ihre für die entworfenen Geschichten zentralen Eigenschaften im Blick haben.

Was Medien sind, lässt sich, wie in diesem Kapitel gezeigt, nicht allgemeingültig und generell sagen. Stattdessen geht es in dieser Studie darum, den hier entworfenen Medienbegriff in detaillierten Fallstudien für die Analyse von Museen zu erproben. Im Gegensatz zu anderen Begriffen, wie zum Beispiel dem des Zeichens (vgl. Scholze 2010) kann der Begriff für die Museumanalyse zwei Dinge leisten: Erstens konzipiere ich Museen als Medien, um beschreiben zu können, was sie tun. Museen als Medien zu denken, lenkt den Blick darauf, dass Museen Geschichte nicht vorfinden und vermitteln, sondern herstellen. Museen sind Medien, weil sie etwas tun, handeln und produktiv sind, wie es auch

---

35 Dies meint keine Gleichsetzung der Begriffe »Museum« und »Ausstellung«, die unterschieden werden sollten (vgl. Scholze 2004: 11; Heesen 2012: 14f.). Die beiden Aspekte – Museen als Medien, die andere Medien in ihren Ausstellungen integrieren – lassen sich jedoch nicht voneinander trennen, da Ausstellungen nicht im luftleeren Raum entstehen und existieren. Sie sind eingebunden in komplexe Zusammenhänge aus politischen Akteur_innen, Zielsetzungen, lokalen und nationalen Kontexten und materiellen Dimensionen, wie das Gebäude und die Umgebung des Museums, die beeinflussen, was im Museum zu sehen ist und wie das Museum als Medium handelt. Das Zusammentreffen dieser Bedingungen, die zur Entstehung des Museums beigetragen haben, analysiert jeweils der erste Abschnitt der Fallstudien. Die leitende Frage ist dabei die nach den Hauptakteur_innen in der Entstehung des Museums und nach deren politischen, historischen und institutionellen Positionen. Der zweite Teil der Fallstudien widmet sich der Untersuchung ausgewählter Stellen der Dauerausstellungen, an denen ich analysiere, welche konkreten Medienkonstellationen wie Europa und europäische Geschichte entwerfen (siehe Kapitel 2.7 zum methodischen Vorgehen).

konstruktivistische Museumstheorien herausgearbeitet haben (siehe Kapitel 2.1). Im Gegensatz zu Ansätzen, die Museen als Diskurse, Sprechakte oder Zeichen konzipieren, steht hier zweitens die Medialität der musealen Bedeutungsproduktion im Fokus und damit die Frage nach der medialen Hervorbringung und Formung von Bedeutungen in Museen. Die Medialität von Museen liegt demnach nicht darin, dass sie vermitteln, wie Museumstheoretiker_innen wiederholt betont haben, sondern darin, dass sie hervorbringen, was sie lediglich zu zeigen scheinen, und dabei das Hervorgebrachte unter Bedingungen stellen, die sie selbst sind. Dieser Ansatz nimmt den konstitutiven Beitrag von Medien in der musealen Historiografie in den Fokus und fragt danach, wie diese bestimmte Bilder, Topoi und Narrative produzieren. Da es in dieser Studie spezifisch um Europa und europäische Geschichte geht, konzipiere ich Museen in Erweiterung zu dem in diesem Kapitel entwickelten Medienbegriff als Europamedien – ein Konzept, das ich in Kapitel 2.6 entwickle. Vorher fragt das folgende Kapitel zunächst danach, was Museen als Medien – im Gegensatz zu anderen historiografischen Medien – ausmacht. Dazu beschäftigt es sich mit der Entstehung historisch ausgerichteter Museen in Europa im achtzehnten und neunzehnten Jahrhundert.

2.3 Presence of the past: Historisch ausgerichtete Museen

Nur zwei der hier untersuchten Museen bezeichnen sich selbst als Museen: das Deutsche Historische Museum Berlin (DHM) und das Musée des civilisations de l'Europe et de la Méditerranée (MuCEM) in Marseille. Das ECS in Gdańsk nennt sich in expliziter Abkehr vom Museumsbegriff »Zentrum« und will nicht nur Museum, sondern Kulturinstitution, Bildungs- und Forschungszentrum, Archiv sowie Bibliothek sein und über die Vermittlung von historischem Wissen hinaus als »öffentlicher Ort für die Entwicklung der Demokratie« fungieren (ECS 2015, Übersetzung: S.C.). Darüber hinaus sind die drei Museen Vertreter unterschiedlicher Museumstypen: zwei Geschichtsmuseen und ein ehemaliges ethnologisches Museum, das in ein *musée de société* transformiert wurde. Schließlich behandeln die untersuchten Museen sehr disparate Themen: Das DHM zeigt deutsche Geschichte »von den Anfängen bis zur Gegenwart« (Stölzl 1988: 311), das MuCEM stellt die Geschichte von Mittelmeer- und Europakulturen vom Neolithikum bis heute aus, und das ECS präsentiert die Geschichte der polnischen Solidarność-Bewegung sowie anderer antikommunistischer Widerstandsbewegungen in Ostmitteleuropa nach dem Zweiten Weltkrieg bis 1989/90.

Trotz dieser Diversität, so argumentiert dieses Kapitel, lassen sich die genannten Museen gemeinsam untersuchen, denn es einen sie drei Punkte: Erstens die gemeinsame Grundoperation historisch ausgerichteter Museen, Dinge zu sammeln und auszustellen, die in der Gegenwart Vergangenheit anwesend machen sollen, zweitens ihr Status als Nationalmuseen, und drittens die Ausrichtung auf Europa und europäische Geschichte. Bevor Kapitel 2.5 und 2.6 die zwei letztgenannten Aspekte behandeln, dient dieses Kapitel dazu, die gemeinsame Grundoperation historisch ausgerichteter Museen zu erklären. Denn es ist diese gemeinsame Operation – das Sammeln und Ausstellen von Dingen und Objekten, um Abwesendes präsent zu halten – die Museen als historiografische Medien ausmacht.

Historisch ausgerichtete Museen
Alle drei in dieser Studie untersuchten Museen sammeln Dinge, um sie öffentlich auszustellen und Wissen über die Vergangenheit und Gegenwart zu vermitteln.[36] Das DHM versteht sich als »Ort lebendiger Vermittlung und Diskussion von Geschichte« und versammelt zu diesem Zweck rund 900 000 Objekte in seinen Depots (DHM o. J. a). Über 8000 dieser Objekte sind in der Dauerausstellung zu sehen (vgl. Czech 2009: 14). »Diese überlieferten Objekte und die Tatsache ihrer bewussten oder zufälligen Erhaltung beinhalten das Potenzial, das die museale Darstellung von deutscher Geschichte von den anderen Formen der historischen Erörterung am deutlichsten unterscheidet«, heißt es im Katalog zur Dauerausstellung (Czech 2009: 14). Es sind demnach die materiellen Dinge, die den Kern des Museums bilden, und es als historiografisches Medium ausmachen. Denn das Potenzial der gesammelten und ausgestellten Objekte, so der Katalog weiter, liege darin, »als authentische Zeugnisse einer gelebten Wirklichkeit« zu fungieren und so Vergangenheit in der Gegenwart präsent zu halten (Czech 2009: 14). Auch die Selbstbeschreibungen und Konzeptionen des MuCEM in Marseille arbeiten mit dieser Rhetorik der Bewahrung von Vergangenem durch die Sammlung und Ausstellung materieller Dinge. Die zentrale Aufgabe des Museums, so der Gründungsverein, bestehe darin, »[...] de conserver, restaurer, étudier, enrichir et rendre accessibles au public le plus large les collections [...] témoignant

---

36 Für in Museen gesammelte und gezeigte Dinge gibt es keine einheitliche Bezeichnung. »Ding«, »Objekt«, »Gegenstand« und »Artefakt« sind mögliche Begriffe (vgl. Scholze 2004: 15f.). Ich spreche hier zunächst allgemein von Dingen und Objekten, um das Konzept des »historischen Objekts« zu erklären, auf dem historisch ausgerichtete Museen aufbauen. In den Fallstudien, wo es darum geht, was genau gezeigt wird, unterscheide ich die ausgestellten Dinge auch in der Benennung.

des civilisations de l'Europe et de la Méditerranée« (Suzzarelli 2012: 108)[37]. Die Dinge, die das Museum sammelt, beschreiben die Konzeptionen wiederholt als »témoins«, als Zeugen, deren Bewahrung und Ausstellung deshalb notwendig sei, weil sie als »traces matérielles«, als materielle Spuren, für vergangene und aktuelle Entwicklungen stünden (Suzzarelli 2012: 102, 105, siehe Kapitel 3.3.2). Deshalb seien sie dafür geeignet, Wissen über Mittelmeer- und Europakulturen zu vermitteln (vgl. MuCEM o. J. a). Und auch das dritte hier untersuchte Museum, das ECS Gdańsk, setzt sich zum Ziel, historisches Wissen zu verbreiten und baut deshalb eine Sammlung von Objekten und Dingen »mit historischem Wert« auf, die Geschichte dokumentieren sollen (ECS o. J. b), so zum Beispiel die Holztafel mit den 21 Forderungen der streikenden Arbeiter_innen von 1980 oder die Lederjacke eines getöteten Aktivisten, auf der Einschusslöcher zu sehen sind. Diese Dinge beschreibt das ECS als »originale, authentische Objekte«, die es Besucher_innen der Ausstellung erlauben, in Geschichte »einzutauchen« (ECS o. J. a, Übersetzung: S.C.).

An diesem kurzen Einblick in die Selbstbeschreibungen und Ziele der drei Museen[38] lässt sich eine gemeinsame Grundidee erkennen: die Sammlung, Bewahrung und Ausstellung von Dingen, die als historisch wertvoll erachtet werden. Diese Grundidee entspricht den Kernaufgaben eines Museums, die der Internationale Museumsrat (International Council of Museums, ICOM 2010) wie folgt definiert:

> Ein Museum ist eine gemeinnützige, auf Dauer angelegte, der Öffentlichkeit zugängliche Einrichtung im Dienste der Gesellschaft und ihrer Entwicklung, die zum Zwecke des Studiums, der Bildung und des Erlebens materielle und immaterielle Zeugnisse von Menschen und ihrer Umwelt beschafft, bewahrt, erforscht, bekannt macht und ausstellt.

Die Definition dessen, was Museen sammeln und ausstellen, umfasst, wie hier angedeutet, seit 2005 auch nichtmaterielle Objekte, um beispielsweise Rituale, Traditionen und virtuelle Objekte erfassen zu können (vgl. Vieregg 2006: 19). Dennoch bleibt die Idee der Sammlung und Ausstellung materieller Objekte und Originale, wie in den angeführten Zitaten aus den untersuchten drei Fällen ersichtlich, zentral für die hier untersuchten Museen. Denn ihnen kommt aufgrund ihres Status als authentische Originale, als Spuren und Zeugen, die Aufgabe zu, in ihrer materiellen Präsenz und Sichtbarkeit für etwas Abwesendes,

---

37 »[...] die Sammlungen, die von den Kulturen Europas und des Mittelmeerraumes zeugen, zu bewahren, zu restaurieren, zu studieren, zu vergrößern und dem größtmöglichen Publikum zugänglich zu machen.«
38 Ausführlicher behandeln jeweils die ersten Kapitel der Fallstudien dieses Thema.

ansonsten Unsichtbares zu stehen: Vergangenheit. Ich bezeichne sie deshalb als historisch ausgerichtete Museen.

Historisch ausgerichtete Nationalmuseen stellen in der aktuellen Museumstypologie, wie sie 1974 von der Deutschen Forschungsgemeinschaft herausgegeben wurde, keine eigene Kategorie dar, sondern sie gehören zu den kunst- und kulturgeschichtlichen Museen und zeichnen sich gerade nicht durch einheitliche Merkmale, sondern durch eine Vielzahl verschiedener Ausprägungen aus (vgl. Vieregg 2008: 94f., 101ff.). Diese Typologisierung ist nicht abgeschlossen, sondern entwickelt sich weiter und weist zudem länderspezifische Unterschiede auf (vgl. Vieregg 2008: 94f.). Während in Deutschland mit dem Deutschen Historischen Museum in Berlin und dem Haus der Geschichte der BRD in Bonn seit den 1980er Jahren zwei nationale Geschichtsmuseen existieren, die deutsche Geschichte ausstellen und diese in ihren europäischen und internationalen Bezügen zeigen wollen, gibt es weder in Frankreich noch in Polen eine solche Institution. Zwar erlebt Polen seit den politischen Umbrüchen von 1989 einen Boom an Neugründungen von Museen, insbesondere von historischen Museen, doch ein Nationalmuseum, das sich der gesamten Geschichte der polnischen Nation widmet, existiert bisher nicht.[39] Deshalb untersuche ich mit dem Europäischen Solidarność Zentrum ein historisch ausgerichtetes Nationalmuseum, das sich auf einen kurzen Zeitraum polnischer Geschichte beschränkt und sich mit der Namensgebung explizit auf Europa bezieht. Auch in Frankreich gibt es kein nationales Geschichtsmuseum, das sich mit der Geschichte der französischen Nation beschäftigt und Europa-Bezüge aufweist. Zwar wurden mit der Cité Nationale de l'Histoire de l'Immigration (CNHI, 2007) und dem Musée du Quai Branly (2006) Anfang der 2000er Jahre in Paris zwei Museen gegründet, die nationale und eurozentrische Narrative hinterfragen wollen, doch es ist das ehemalige ethnologische Nationalmuseum Musée des Arts et Traditions Populaires (MNATP), das zum Musée des civilisations de l'Europe et de la Méditerranée (MuCEM) und damit explizit europäisiert wurde.

Das MuCEM bezeichnen die Macher_innen entschieden nicht mehr als ethnologisches Museum, sondern als *musée de société* (vgl. Suzarelli 2012: 6f.) und als *musée de civilisations* (vgl. Suzarelli 2012: 9). Diese Kategorien wurden Anfang

---

39 Um das zu ändern, wurde 2006 unter der nationalkonservativen Regierung der PiS (Prawo i Sprawiedliwość – Recht und Gerechtigkeit) das Projekt eines Museums der polnischen Geschichte (Muzeum Historii Polski, MHP) gegründet, das die polnische Geschichte vom zehnten Jahrhundert bis heute zeigen soll (vgl. Loew 2008: 100; Pufelska 2010: 48ff.; Politt 2010). Bisher wurden von diesem Museum einige temporäre Ausstellungen zu einzelnen Themen der polnischen Geschichte realisiert. Darüber hinaus gibt es online-Ausstellungen zu historischen Persönlichkeiten. Ein Gebäude für das Museum ist in der Warschauer Zitadelle geplant (vgl. MHP o.J.).

der 1990er Jahre in die französische Museologie eingeführt und bezeichnen nicht so sehr einen neuen Museumstyp, als einen Zusammenschluss verschiedener Museumsarten: Ecomuseen, ethnologische und historische Museen, Industrie- und Freilichtmuseen können unter den Begriffen *musées de société* und *musées de civilisations* gefasst werden. Gemeinsam ist ihnen, dass sie die historische und soziale Entwicklung des Menschen in seiner Gesellschaft zeigen wollen (vgl. Barroso/Vaillant 1993). Zwar betonen die Verantwortlichen des MuCEM, die Präsentationsweise des Museums sei keine rein historische, sondern eine anthropologische, insofern sie thematisch und kulturvergleichend aufgebaut ist (vgl. Suzzarelli 2012: 31). Dennoch geht es vor allem darum, die gemeinsame Geschichte der Mittelmeer- und Europakulturen zu erzählen (vgl. MuCEM o. J. a), weshalb die Dauerausstellung des MuCEM, die hier untersucht wird, chronologisch aufgebaut ist (vgl. Suzzarelli 2012: 105). Es handelt sich bei den *musées de société* und den *musées de civilisations* demnach um historisch ausgerichtete Museen, insofern sie eine vergangene Entwicklung ausstellen, um die Gegenwart erklären zu können (siehe Kapitel 3.3.2).

Um die Selbstbezeichnung des MuCEM als *musée de société* und als *musée de civilisations* ernst zu nehmen und Unterschiede in der Museumstypologie der drei Länder nicht zu verwischen, bezeichne ich die hier untersuchten Museen nicht als Geschichtsmuseen, sondern als historisch ausgerichtete Museen. Was sie jedoch eint und worauf ich mich konzentriere, ist die gemeinsame Praktik des Ausstellens von Dingen und Objekten, um etwas Abwesendes zu zeigen: Vergangenheit im Spannungsfeld zwischen Nation und Europa. »Historisch ausgerichtete Museen« meint also keine Kategorie mit einheitlichen Merkmalen, sondern eine gemeinsame Operation: das Zusammentragen und Ausstellen von Dingen, denen die Aufgabe zukommt, in ihrer Materialität und Sichtbarkeit auf etwas Unsichtbares zu verweisen und etwas Abwesendes (die Vergangenheit, eine Kultur) sichtbar zu machen.

»Historischer Sinn«: Die Entstehung historisch ausgerichteter Museen

Wegen dieser Funktion des Verweisens nennt der Historiker Krzysztof Pomian (1990: 42ff., 1988: 10) die Objekte einer Ausstellung »Semiophoren«: Aus ihrem Herkunftskontext entfernt haben sie keinen »Nutzwert« mehr, sondern bekommen in der Ausstellung die neue Funktion, auf das nicht (mehr) Vorhandene zu zeigen. Auch Mieke Bal (1996: 4) geht auf den Zeichencharakter ein, den Objekte in der Ausstellungssituation bekommen, und schreibt: »The thing on display comes to stand for something else, the statement about it. It comes to *mean*. The *thing* recedes into invisibility as its *sign* status takes precedence to make the statement [kursiv im Original].« Diese Grundoperation historisch ausgerichteter

Museen, mithilfe ausgestellter materieller Objekte etwas Vergangenes zu zeigen, entwickelte sich in Europa zu Beginn des neunzehnten Jahrhunderts (vgl. Bennett 1995: 76; Heesen 2012: 54). Zwar existierten Sammlungen und Museen als kulturelle Institutionen schon in der Antike, im Mittelalter und in der Renaissance, und auch sie sammelten Objekte und stellten sie sichtbar aus, damit sie angesehen wurden.[40] Doch dienten die Objekte dieser Arten von Museen vor allem als Beleg des Reichtums und des Ruhmes der Besitzer_innen, zum Beispiel der Fürsten (vgl. Sheehan 2002: 38f.), oder, im Falle der Raritäten- und Wunderkammern der Renaissance, der Hervorrufung von Staunen und Sensationsgefühlen bei den Besucher_innen (vgl. Evans/Boswell 2002: 7). Was moderne historische Museen seit Anfang des neunzehnten Jahrhunderts von früheren Formen von Sammlungen und Museen unterscheidet, ist erstens ihr öffentlicher Charakter,[41] zweitens das historisch-chronologische und als rational und wissenschaftlich angesehene Ordnungsprinzip (vgl. Evans/Boswell 2002: 7)[42] und drittens die historische Qualität, die den gesammelten und ausgestellten Objekten zugeschrieben wurde: die Fähigkeit der Objekte, aufgrund ihrer Materialität und Sichtbarkeit eine ansonsten unsichtbare Vergangenheit zu zeigen.

Diese Grundrhetorik historisch ausgerichteter Museen setzte, wie der Historiker James Sheehan (2002: 12) zeigt, die Entstehung eines »historischen Sinns« voraus. Aufgrund weitreichender gesellschaftlicher und politischer Umbrüche entwickelte sich in Europa im neunzehnten Jahrhundert ein vollkommen neuer Umgang mit der Vergangenheit: die Überzeugung, dass die Kenntnis der Vergangenheit für das Leben in der Gegenwart und die Gestaltung der Zukunft von existentieller Bedeutung sei (vgl. Sheehan 2002: 131). Der Bildungswissenschaftler

---

40 Zur Geschichte des Begriffs und der Institution Museum vgl. Baur 2010: 15–34, Vieregg 2008 und 2006: 63–92. Für die Entwicklung von Museen im Zeitraum von 1800 bis 1914 vgl. Hochreiter 1994. Empfehlenswert für eine kritischere Lektüre des Museumsbegriffs, die sich gegen eine bruchlose Museumsgeschichtsschreibung richtet, ist darüber hinaus Blank/Debelts 2002.
41 Auf diesen Aspekt geht vor allem James J. Sheehan (2002: 15f., 100ff.) ein: entscheidendes Merkmal des modernen Museums ab dem achtzehnten Jahrhundert ist für ihn seine öffentliche Zugänglichkeit. Erste Kunstgalerien und Museen entstanden, weil Fürsten ihre Sammlungen öffentlich zugänglich machten. In Deutschland waren dies die Glyptothek München (1830) und das Schinkel Museum in Berlin (Altes Museum, 1830) (vgl. auch Pomian 1990: 50). Jessica Evans und David Boswell (2002: 7) weisen jedoch darauf hin, dass die öffentliche Zugänglichkeit der modernen Museen im neunzehnten Jahrhundert nicht für alle Gesellschaftsschichten galt. So gab es beispielsweise in vielen Museen eine Kleiderordnung, die deutlich machte, dass nur Mitglieder der gebildeten aristokratischen Schicht Zugang hatten (vgl. auch Bennett 2011).
42 Die ersten Museen, in denen die Ausstellungsobjekte chronologisch angeordnet wurden, waren die Kunstmuseen in Frankreich nach der Französischen Revolution (vgl. Bennett 1995: 76ff.).

Erhard Wiersing (2007: 317) nennt das neunzehnte Jahrhundert deshalb das »historische Jahrhundert«, das Geschichtlichkeit als wichtigstes Deutungsprinzip alles Kulturellen begriff. Der »historische Sinn« äußerte sich laut Sheehan in einem extrem gesteigerten Interesse an der Vergangenheit und ergriff im neunzehnten Jahrhundert sämtliche Disziplinen von der Kunst, der Philosophie, der Theologie und den Wirtschaftswissenschaften bis hin zu den Naturwissenschaften, die seitdem von einer historischen Verstehensweise geprägt waren. Die Gegenwart, so diese sich im neunzehnten Jahrhundert durchsetzende Überzeugung, lasse sich nur durch historische Kenntnis der Vergangenheit verstehen und meistern (vgl. Sheehan 2002: 131; Porciani 2012: 134). Der Philosoph Friedrich Nietzsche (1998: 246, orig.: 1874) beobachtete diese historisierende Entwicklung bereits 1874 kritisch und bezeichnete sie als »historisches Fieber«, das sämtliche Zeitgenossen und Disziplinen ergriffen habe und dazu führe, dass die Bewahrung von Vergangenem die höchste Priorität bekomme, so dass die Vergangenheit die Gegenwart schließlich zu erdrücken drohe (vgl. Nietzsche 1998: 246). In der Entwicklung dieses »historischen Fiebers« kam der Institution des Museums laut Sheehan (2002: 131) große Bedeutung zu, da sie der Bewahrung von Objekten der Vergangenheit und deren öffentlicher Ausstellung diente. In einer Zeit weitreichenden gesellschaftlichen und politischen Wandels antworteten die im neunzehnten Jahrhundert in Massen entstehenden modernen historisch ausgerichteten Museen somit dem gesellschaftlichen Bedürfnis nach geschichtlicher Kontinuität; in ihnen wurde die Gegenwart als kontinuierliche Entwicklung aus der Vergangenheit erfahrbar (vgl. auch Porciani 2012: 134ff.).

***Presence of the past* durch historische Objekte**
Die gemeinsame Grundoperation historisch ausgerichteter Museen, Objekte auszustellen, um Vergangenes in der Gegenwart präsent zu halten, bezeichnet die Historikerin Susan A. Crane (2000a: xf., 105ff.) als Rhetorik einer *presence of the past*. Sie zeigt, dass die historische Qualität den Objekten einer Ausstellung nicht natürlicherweise innewohnt, sondern dass sie selbst eine Geschichte hat und vor rund 250 Jahren entstand. Der Entstehung historischer Museen ging die Erfindung »historischer Objekte« und eines vollkommen neuen Geschichtsbewusstseins voraus. Dieses neue Geschichtsbewusstsein etablierte Crane zufolge überhaupt erst unsere heutige Sicht auf die Vergangenheit als von der Gegenwart verschiedene Zeit und somit als Geschichte – Vergangenheit, die mittels historischer Objekte in Sammlungen und Ausstellungen präsent gehalten werden kann (vgl. Crane 2000a: 105ff.).

Träger_innen dieser Erfindung eines neuen Geschichtsbewusstseins und des »historischen Objekts« waren nach Crane (2000a: x, 19ff.) die ersten historischen

Sammler_innen der Romantik, die meist dem Bürgertum angehörten. Diese Sammler_innen des frühen neunzehnten Jahrhunderts, wie zum Beispiel die Gebrüder Grimm oder Hans von Aufsess, der spätere Gründer des Germanischen Nationalmuseums in Nürnberg, berichten in ihren Schriften und Briefen oftmals von einer plötzlichen »historischen Erweckung« beim Betrachten von sogenannten Überresten der Vergangenheit, zum Beispiel Ruinen. Die Vergangenheit erschien den Sammler_innen beim Anblick dieser Überreste trotz ihrer unwiederbringlichen Abwesenheit plötzlich als im Hier und Jetzt präsent und gleichzeitig dennoch entfernt. Crane (2000a: 3, 176) nennt dieses Erlebnis eines neuartigen historischen Bewusstseins der ersten Sammler die Erfahrung eines »historical sublime« – eine romantisch-verklärte erhabene Erfahrung beim Betrachten von Überresten, die von da an als auratische historische Objekte galten, da sie, in den Augen der Betrachter_innen die Fähigkeit hatten, die abwesende Vergangenheit in der Gegenwart erfahrbar und anwesend zu machen.

Angespornt von der Erfahrung dieses »historischen Sinns« nach Sheehan (2002: 12) oder, wie Crane (2000a: 3, 176) es nennt, eines »historical sublimes«, machten es sich die ersten historisch »Erweckten« zur Aufgabe, ihre Erfahrungen mit anderen zu teilen und gründeten vermehrt Geschichtsvereine oder gaben historische Publikationen heraus, die der Sammlung, der Kategorisierung und dem Austausch von historischem Material und der Verbreitung des Interesses an der Vergangenheit dienten (vgl. 2000a: 38ff.; Vierhaus 1977). Oftmals bildeten diese Geschichtsvereine und die historischen Zeitschriften, die sie herausgaben, die Grundlage für die Einrichtung erster historischer Museen, und förderten die Verbreitung des in Nietzsches Worten »historischen Fiebers« – der Überzeugung, dass die Kenntnis der Vergangenheit für die Gegenwart essentiell sei. So verfolgte zum Beispiel das 1852 gegründete Germanische Nationalmuseum in Nürnberg kein geringeres Ziel, als ein »Generalrepertorium« sämtlicher Quellen zur deutschen Geschichte zu erstellen und öffentlich verfügbar zu machen, um die »gründliche Kenntniß der vaterländischen Vorzeit zu verbreiten« (o. V. 1853: 1).[43]

In den Bestrebungen des neunzehnten Jahrhunderts, möglichst vollständige Inventarien historischer Objekte anzulegen, das heißt von Objekten, denen die

---

[43] Den Grundstock des Museums bildete die private kunst- und kulturgeschichtliche Sammlung von Hans von Aufsess und der von ihm ab 1832 herausgegebene »Anzeiger für Kunde des deutschen Mittelalters«, der die Bestände mittelalterlicher Denkmale in Deutschland inventarisieren sollte (vgl. Hampe 1902: 13). Auch das Bayerische Nationalmuseum, das 1855 gegründet wurde, geht auf ein solches Inventar zurück: 1853 legte Karl Maria Freiherr von Aretin im Auftrag des Bayerischen Königs Maximilian 2. eine Publikation sämtlicher Kunstdenkmäler in Bayern vor, die als Grundlage für die Errichtung des Museums diente (vgl. Eikelmann 2000: 7).

Fähigkeit zugesprochen wurde, die Vergangenheit in der Gegenwart präsent zu halten, erkennt Susan A. Crane (2000a: 38ff.) eine Rhetorik des Rettens (»rhetorics of saving«), die darauf abzielte, die als historisch bezeichneten Objekte vor dem Verfall zu bewahren und für nachfolgende Generationen zu erhalten. Diese Rhetorik des Retten und Bewahren Wollens erklärt Crane zufolge die massenhafte Entstehung von Museen im neunzehnten Jahrhundert: Angespornt von der individuellen Erfahrung eines »historical sublimes« beim Betrachten beispielsweise einer Ruine, machten es sich die ersten historischen Sammler_innen zur Aufgabe, die vom Verfall bedrohten historischen Objekte an eigens dafür errichteten Orten zu bewahren und zur Förderung des historischen Bewusstseins öffentlich auszustellen; sie initiierten erste Pläne für historische Museen und entwickelten Programme zum Denkmalschutz (vgl. 2000a: 60ff.; Hubel 2006: 142ff.; Speitkamp 1996: 83ff.).

Historisch ausgerichtete Museen dienen seit ihrer Entstehung dem Sammeln, der Bewahrung und dem öffentlichen Ausstellen historischer Objekte. Materielle Überreste der Vergangenheit wurden als historisch und damit als erhaltenswert qualifiziert, in Inventarien oder historischen Zeitschriften der Geschichtsvereine aufgelistet und in ersten historischen Ausstellungen versammelt. Immobile Objekte, wie Ruinen, wurden zu Denkmälern erklärt, kleinere bewegliche Objekte in Sammlungen (Archive, Bibliotheken, Museen) gebracht. Diese Sammlungs- und Rettungsbewegung, die im historischen Museum kulminiert, brachte nach Crane (2000a: 106) Anfang des neunzehnten Jahrhunderts eine vollkommen neue Vorstellung von Geschichte hervor: die nämlich, dass es möglich sei, Vergangenheit durch die Ausstellung sichtbarer, physischer Objekte in der Gegenwart präsent zu halten und somit eine *presence of the past* zu erlauben.

Die historische Qualität, die den Objekten einer Sammlung ab Anfang des neunzehnten Jahrhunderts zugesprochen wurde, das heißt, die Fähigkeit, Vergangenes in der Gegenwart anwesend zu machen, begründet sich laut Crane (2000a: 110) dabei jedoch nicht in dem Alter der Objekte, sondern »in its capacity to bear the meanings attached to the perception of the object in the present. The object must exite a sense of history in the viewer«. Objekte einer Ausstellung gelten als historische, wenn sie in der Gegenwart angesehen werden, der »sense of history« wohnt ihnen nicht natürlicherweise inne, sondern entsteht erst in der und durch die Ausstellungssituation. Indem gesammelte Objekte seit dem neunzehnten Jahrhunderts an eigens dafür errichteten Orten sichtbar ausgestellt werden, gewinnen sie die Fähigkeit, Vergangenes präsent zu machen und die Bedeutung als historisches Objekt.

Mit der Historisierung der Sammlungs- und Ausstellungsobjekte im neunzehnten Jahrhundert ging auch die Entwicklung der Idee authentischer Originalobjekte einher, die ebenfalls prägend für das moderne Museum wurde. Nur

Objekte, die als originale und echte Überreste der Vergangenheit angesehen wurden, fanden Eingang in historische Sammlungen, da nur ihnen die Fähigkeit zugesprochen wurde, Vergangenes in der Gegenwart präsent zu machen (vgl. Vieregg 2006: 44ff.). Diese Idee von Museen als Orte der Authentizität, Anwesenheit und Originalität wird auch von aktuellen Museumstheoretiker_innen und -verantwortlichen meist übernommen. Die Faszination von Museen, so diese Lesart, liegt darin begründet, dass sie Originalobjekte ausstellen, die durch ihre Materialität und physische Anwesenheit, durch ihre »Aura« die Vergangenheit unmittelbar »erlebbar« oder »spürbar« machen (vgl. Thiemeyer 2010a: 123; Korff/Roth 1990: 16; Korff 1995: 24, 2000: 42f., 2002: 141f.; Fayet 2007). Der Kulturwissenschaftler Gottfried Korff (2000: 42f.), der als zentraler Theoretiker dieser Auffassung gilt, sieht Museen als Orte einer »Ästhetik der Anwesenheit« und der »Faszination des Authentischen«, wo »mittels Reliktauthentizität Begegnungen mit den unmittelbaren Zeugen der Vergangenheit möglich sind«. Auch wenn Museumstheoretiker_innen angesichts der zunehmenden Ausstellung virtueller Displays vereinzelt die herausgehobene Stellung sogenannter authentischer Originalobjekte für Museen hinterfragen (vgl. Porciani 2012: 134), bleiben diese doch essentiell für die Rhetorik besonders von historisch ausgerichteten Museen. So stellt die Museologin Hildegard K. Vieregg (2006: 44) in einer Einführung in Museumswissenschaften fest: »Museen stellen ihrer Aufgabe gemäß Originale aus.«

Die »unmittelbaren Zeugen der Vergangenheit« (Korff 2000: 42f.), also die sogenannten Originalobjekte, bezeichnet die Museologie auch als »primäre Dinge«: die »materiellen Zeugen genau jener Wirklichkeit, auf die durch die Ausstellung verwiesen werden soll« (Fayet 2007: 16; vgl. auch Fayet 2005; Waidacher 1999: 174). Im Gegensatz zu den sogenannten originalen, primären Dingen gelten Modelle, Rekonstruktionen, Texte, Bilder und Filme als »sekundäre Dinge«, die als »deutungsrelevante Zusatzelemente« eingestuft werden und lediglich dazu dienen, die primären Originalobjekte zu erklären, zu ergänzen oder zu kontextualisieren (vgl. Fayet 2007: 24, 2005: 23ff.). Das *Handbuch der Allgemeinen Museologie* (Waidacher 1999: 176) nennt sekundäre Museumsobjekte auch »Ersatzobjekte« und »Substitute«, die »unter Originalen so fremd und fehl am Platz [sind, Anmerkung: S.C.] wie eine künstliche Blume in einem Strauß lebender Blumen«.[44] Was hier mitschwingt, ist eine klare Trennung in originale,

---

44 Neben primären und sekundären Museumsdingen nennt Fayet (2007: 27) auch »tertiäre Musealia«. Dies sind Dinge, die weder Sammlungsgegenstände noch »deutungsrelevante Zusatzelemente« sind und ihm zufolge keine Bedeutung für Ausstellungen haben, wie zum Beispiel Überwachungskameras. Ob solche Dinge tatsächlich keine Bedeutung für das Erleben einer Aus-

authentisch-auratische Objekte und ihnen nachgeordnete, sekundäre Kopien, die die sogenannten echten Museumsdinge lediglich ergänzen, die eigentliche Aufgabe des Museums, eine *presence of the past*, jedoch nicht erfüllen können. Die Institution Museum inszeniert Echtheit und Authentizität mithilfe sogenannter authentischer primärer Originalobjekte, die, wie Sonja Neef (2008: 240) herausstellt, »als unverfälschte, gesiegelte Abdrücke einer ursprünglichen Vergangenheit« fungieren.

Wie eingangs dargelegt, arbeiten alle der hier untersuchten Museen mit dieser Rhetorik der auratischen Echtheit und Originalität der ausgestellten Objekte, die Vergangenes anwesend machen sollen, ungeachtet ihrer unterschiedlichen thematischen Ausrichtung und politisch-historischen Gründungskontexten. Die drei Museen verbindet deshalb nicht so sehr eine Museumskategorie, als vielmehr eine gemeinsame Grundoperation: das Ausstellen von sogenannten authentisch-auratischen Originalobjekten, um Vergangenes oder vom Verschwinden Bedrohtes in der Gegenwart präsent zu halten. Was Museen als historiografische Medien ausmacht, sind genau diese als historisch, original und authentisch ausgestellten Objekte. Sie sind es, die das Museum verschiedenen Museumstheoretiker_innen zufolge von anderen Medien unterscheidet. »Museen sind [...] Orte einer authentischen Konträrfaszination in einer Welt, in der Medien ubiquitär, in der Second-Hand-Informationen und vermittelte Erfahrungen die Regel geworden sind« schreibt beispielsweise Gottfried Korff (1990: 15; vgl. auch Fayet 2007: 16; Thiemeyer 2010a: 265).

Im Gegensatz zur Geschichte der Nation, die in Nationalmuseen in Form von solchen sogenannten primären Originalobjekten gesammelt wurde, haben Europa und europäische Geschichte in den untersuchten Museen keine solchen Objekte. Wie die Fallstudien zeigen werden, findet die museale Historiografie Europas stattdessen in anderen Medienkonstellationen statt, die ich als Europamedien bezeichne (siehe Kapitel 2.6): in Texten, Tabellen, Filminstallationen, auf Touchscreens, Landkarten und durch Pflanzen. Deshalb stellt sich die Frage, welche dieser Europamedien es in Nationalmuseen gibt und wie sich die museale Historiografie in Abhängigkeit von den medialen Spezifika verändert, wenn nur wenig oder gar keine historisch-authentische Objekte ausgestellt werden.

Das Konzept historischer Objekte, die in Museen bewahrt werden, um Vergangenes präsent zu halten, entstand im achtzehnten und neunzehnten Jahrhundert nicht zufällig in einer Zeit weitreichender sozialer, politischer und ökonomischer Umbrüche, in der die Zukunft ungewiss schien. Der Wandel politischer Systeme zu Nationalstaaten, Industrialisierung und die Napoleonischen Kriege

---

stellung haben, klären die einzelnen Fallstudien in Teil 2.

mit ihren Feldzügen in ganz Europa führten zu der Überzeugung, Wissen über die Vergangenheit sei für die Gegenwart und die Gestaltung der Zukunft wesentlich. Dieser »historische Sinn« (Sheehan 2002: 12), aus dem heraus historisch ausgerichtete Museen entstanden, richtet sich demnach nicht nur auf die Vergangenheit, sondern auch auf die Gegenwart und Zukunft. Historisch ausgerichtete Museen schreiben folglich nicht nur Geschichte, sondern prägen auch Gegenwart und Zukunft. Das folgende Kapitel entwirft deshalb einen Begriff musealer Historiografie, der diesen Aspekt berücksichtigt.

2.4 Museale Historiografie

Ansätze der medialen Historiografie arbeiten heraus, dass Geschichtsschreibung nicht nur durch Historiker_innen und nicht nur in Büchern und Schrift geschieht. Mit dieser theoretischen Erweiterung geraten auch andere als klassische historiografische Medien in den Blick, so zum Beispiel das Fernsehen und das Kino. Zentraler Gedanke für diese Ansätze ist, dass Medien Geschichte nicht vorfinden, dokumentieren, abbilden oder speichern, sondern durch ihre medialen Spezifika aktiv mit daran arbeiten, was überhaupt als Geschichte gilt. Diese performative Dimension von Medien hat Sonja Neef (2008: 256) für das Museum mit dem Neologismus »musealisieren« beschrieben. Vergangenes zu musealisieren bedeutet, Geschichte(n) zu verhandeln, auszuhandeln und ähnlich dem Theater zur Aufführung zu bringen. Indem Museen Geschichte musealisieren, treffen sie aber nicht nur Aussagen über die Vergangenheit, sondern vor allem auch, wie Mieke Bal (2006: 32) betont, über die Gegenwart: darüber, was in der Gegenwart für verschiedene Gruppen wichtig und erhaltenswert erscheint.

Dies trifft auch für die hier untersuchten Museen zu: Sie entwerfen und verhandeln nicht nur geschichtliche Narrative zwischen den beiden Polen Nation und Europa, sondern auch aktuelle Vorstellungen kollektiver Gedächtnisse und Identitäten. Die erste Konzeption des DHM von 1986 führt den Zusammenhang zwischen Historiografie, kollektivem Gedächtnis und kollektiver Identität verschiedener Gruppen beispielhaft vor:

> Das Museum soll Ort der Selbstbestimmung und der Selbsterkenntnis durch historische Erinnerung sein. [...] Das Museum soll vor allem den Bürgern unseres Landes helfen, sich darüber klarzuwerden, wer sie als Deutsche und Europäer, als Bewohner einer Region und als Angehörige einer weltweiten Zivilisation sind, woher sie kommen, wo sie stehen und wohin sie gehen könnten. (Stölzl 1988: 312)

Dazu verfolgt das Museum das Ziel, »Gegenstände aus der Vergangenheit zu sammeln und so darzubieten, daß sie den Besuchern Einsichten in Verlauf und

Probleme der deutschen Geschichte vermitteln können« (Stölzl 1988: 314). Mit dem Sammeln und Ausstellen von Dingen verfolgt das DHM das Ziel, Geschichte zu zeigen. Dies geschieht vom Standpunkt der Gegenwart aus und dient gegenwärtigen Bedürfnissen: Durch den Blick in die Geschichte soll sich eine Gruppe (»die Bürger unseres Landes«) ihrer verschiedenen kollektiven Identitäten als Deutsche, Europäer_innen und als Weltbürger_innen bewusst und dadurch für die Zukunft gestärkt werden. Die museale Historiografie verfolgt hier das Ziel, angenommene kollektive Identitäten auf verschiedenen Ebenen zu bestärken.

Dies lässt sich ebenfalls in den Konzepten des Europäischen Solidarność Zentrums in Gdańsk beobachten. Seinem Direktor Basil Kerski (2012: 113) zufolge ist es »nicht nur ein Museum, sondern auch eine Bildungs- und Forschungseinrichtung, die das Wissen über die *Solidarność* sowie antikommunistische Bewegungen in Polen und Europa popularisieren will [kursiv im Original].« Neben der Stärkung von Demokratie und Zivilgesellschaften ist ein erklärtes Ziel der Institution, durch die Vermittlung von Wissen über Geschichte aktiv am »Aufbau einer europäischen Identität und einer neuen internationalen Ordnung« mitzuarbeiten (Kerski 2012: 116; ECS o. J. c). Auch hier wird die museale Historiografie mit Konzepten kollektiver Identität verknüpft: Sie soll der Schaffung einer europäischen Identität dienen.

Und auch in den Konzeptionen und Selbstbeschreibungen des MuCEM in Marseille findet sich der Gedanke kollektiver Gedächtnisse und Identitäten, die über das Ausstellen einer gemeinsamen Geschichte thematisiert werden sollen. Im Unterschied zu den zwei anderen Fällen kritisiert das MuCEM den Begriff der Identität jedoch, und spricht stattdessen von »civilisations de l'Europe et de la Méditerranée«. Auf das Konzept der »civilisations«, seine Bedeutungen und mögliche Übersetzung werde ich in der Fallstudie näher eingehen. Hier sei es nur eingeführt, weil das MuCEM die verschiedenen »civilisations« als plural, offen und hybrid konzipiert und nicht eindeutig als national oder europäisch benennt. »[...] [L]e monde méditerranéen [...], sans véritables frontières, sans unité politique, religieuse ou linguistique, échappe à la notion d'identité culturelle sousjacente au terme d'Europe, jadis assimilé à l'Occident et à la chrétienté«, heißt es in einer Broschüre zum MuCEM (Bonnefoy 2013: 41).[45] Das Konzept einer kollektiven, kulturellen Identität wird hier als eurozentristisch, christlich und abendländisch kritisiert und für die Ausstellung pluraler und hybrider »civilisations

---

45 »Die Mittelmeerwelt [...] hat keine wirklichen Grenzen, bildet keine politische, religiöse oder sprachliche Gemeinschaft und lässt sich deshalb nicht mit dem Begriff der kulturellen Identität fassen, der im ehemals mit Abendland und Christentum gleichgesetzten Begriff Europa mitschwingt.«

de l'Europe et de la Méditerranée« abgelehnt. Doch trotz dieser Kritik und trotz der Verweigerung kollektiver Identitätsfeststellungen geht es im MuCEM auch um das vor Augen Führen singulärer Merkmale von Europa- und Mittelmeerkulturen. So widmet sich die Dauerausstellung des MuCEM in chronologischer Reihenfolge Merkmalen, die die »civilisations méditerranéennes« auszeichnen und möchte die »traits de personnalités singuliers des cultures nées sur le pourtour de la mer Méditerranée« zeigen (MuCEM 2013a: 1; vgl. auch Bonnefoy 2013: 43; Suzzarelli 2012: 6).[46] Und die Internetseite des Museums (o. J. a) fügt hinzu, dass es auch um das Ausstellen einer gemeinsamen Geschichte geht: »[...] [I]l [le MuCEM, Anmerkung: S.C.] est une manière nouvelle de considérer la Méditerranée comme espace d'ouverture et de partage, d'envisager *une histoire commune*, de percevoir le dialogue des civilisations, d'en expliquer les enjeux, [...] et de façonner un nouvel espace public (Hervorhebungen: S.C.).«[47]

Der Zusammenhang zwischen musealer Historiografie und Entwürfen kollektiver Gedächtnisse und Identitäten erklärt auch die zum Teil jahrelangen heftigen politischen Debatten um die Museen, die die einzelnen Fallstudien näher ausführen. Denn die Fragen, ob es eine europäische Geschichte und Identität gibt, und wenn ja, wer dazugehört und wer nicht, sind hochaktuelle, brisante Fragen. Museale Historiografie ist deshalb, so argumentiert dieses Kapitel, Teil übergeordneter Erinnerungskulturen: Museen sind nicht nur historiografische Medien, sie schreiben nicht nur Geschichte, sondern sie sind auch Medien kollektiver Gedächtnisse und Identitäten und deshalb Orte politischer Deutungskämpfe. Um einen Begriff musealer Historiografie zu entwickeln, der diese Aspekte berücksichtigt, werden im Folgenden die Konzepte kollektives Gedächtnis, kollektive Identität und Erinnerungskultur aus dem Bereich der kulturwissenschaftlichen Erinnerungs- und Gedächtnisforschung (*Memory Studies*) eingeführt und auf ihr Potential zum Verständnis musealer Historiografie hin befragt.

Maurice Halbwachs: Gedächtnis versus Geschichte
In der Gedächtnisforschung und Geschichtswissenschaft werden Gedächtnis und Geschichte traditionellerweise als konzeptuelle Opposition gedacht (vgl. Assmann, A. 1999: 130ff.). Der französische Soziologe Maurice Halbwachs (1985a: 66ff., orig.: 1967), auf den die kulturwissenschaftliche Gedächtnisforschung zurückgeht, entwarf in den 1920er Jahren ein Konzept der *mémoire collective*, des

---

46 »die einzigartigen Merkmale der Kulturen, die um das Mittelmeer herum entstanden sind«
47 »[...] das MuCEM stellt eine neue Art dar, den Mittelmeerraum als Raum der Öffnung und des Teilens zu betrachten, den Dialog der Kulturen wahrzunehmen, die daraus erwachsenden Herausforderungen zu erklären [...] und einen neuen öffentlichen Raum zu gestalten.«

kollektiven Gedächtnisses, das er strikt von der Geschichte unterschied. Während die Geschichte im Singular nach Halbwachs dazu dient, Vergangenes aus der wissenschaftlichen Distanz heraus in seiner Totalität zu erfassen und wertfrei darzustellen, existieren kollektive Gedächtnisse im Plural (vgl. Halbwachs 1985a: 71ff.). Jede_r ist Teil mehrerer Gruppen und jede Gruppe bildet ein kollektives Gedächtnis heraus (vgl. Halbwachs 1985a: 64). Den entscheidenden Unterschied zwischen Geschichte und Gedächtnis sieht Halbwachs (Halbwachs 1985a: 71ff., 1985b: 7) darin, dass kollektive Gedächtnisse im Gegensatz zur Geschichte gruppenspezifisch sind, sich an Bedürfnissen in der Gegenwart orientieren und dazu dienen, kollektive Identitäten von Gruppen in der Gegenwart zu festigen (vgl. auch Assmann, A. 1999: 43). Sie bilden sich vom Standpunkt der Gegenwart aus und sind auf Kontinuität und Ähnlichkeit mit der Gegenwart angelegt. »Es fällt uns jedoch auf, daß im Gedächtnis die Ähnlichkeiten gleichwohl in den Vordergrund treten. In dem Augenblick, in dem die Gruppe auf ihre Vergangenheit zurückblickt, fühlt sie wohl, daß sie dieselbe geblieben ist und wird sich ihrer zu jeder Zeit bewahrten Identität bewußt« (Halbwachs 1985a: 74). Der Blick in die Vergangenheit dient nach Halbwachs der Selbstversicherung einer Gruppe in der Gegenwart. Kollektives Gedächtnis und kollektive Identitäten werden also von Beginn der kulturwissenschaftlichen Gedächtnisforschung als eng miteinander verbunden gedacht.

Aleida und Jan Assmann: Kollektive Gedächtnisse und Identitäten
Den Zusammenhang zwischen kollektiven Gedächtnissen und Identitäten betonen auch Jan und Aleida Assmann (1994), die Ende der 1980er Jahre das für die deutschsprachige kulturwissenschaftliche Gedächtnisforschung zentrale Konzept des kulturellen Gedächtnisses geprägt haben (vgl. auch Erll 2005: 27ff.). Der Kulturwissenschaftler und Ägyptologe Jan Assmann (1988: 10ff.) unterscheidet dabei zwei verschiedene Formen des kollektiven Gedächtnisses: das kommunikative und das kulturelle Gedächtnis. Während das kommunikative Gedächtnis die mündliche, unorganisierte Alltagskommunikation einer Gruppe beschreibt, deren Gedächtnis deshalb meist nur drei bis vier Generationen überdauert, meint das kulturelle Gedächtnis organisierte, zeremonialisierte Kommunikation in symbolträchtigen kulturellen Formen, wie Jahrestagen, Denkmälern oder Riten. In dieser Studie spreche ich im Folgenden vom Oberbegriff des kollektiven Gedächtnisses und nicht von kulturellen Gedächtnissen, weil die untersuchten Museen auch mit Formen des kommunikativen Gedächtnisses arbeiten, indem sie beispielsweise Zeitzeug_innen-Interviews ausstellen, und damit auch die Grenzziehung zwischen kommunikativem und kulturellem Gedächtnis neu verhandeln. Assmann (1988: 15) definiert das kulturelle Gedächtnis als

> [...] den jeder Gesellschaft und jeder Epoche eigentümlichen Bestand an Wiedergebrauchs-Texten, -Bildern und -Riten [...], in deren ›Pflege‹ sie ihr Selbstbild stabilisiert und vermittelt, ein kollektiv geteiltes Wissen vorzugsweise (aber nicht ausschließlich) über die Vergangenheit, auf das eine Gruppe ihr Bewußtsein von Einheit und Eigenart stützt.

Die als gemeinsam vorgestellte Vergangenheit dient Assmann zufolge sozialen Gruppen dazu, sich in der Gegenwart ihrer Identität zu versichern; kulturelle Gedächtnisse sind »identitätskonkret«, wie er an verschiedenen Stellen betont (Assmann 1988: 11f., 1992: 39). Des Weiteren verfahren kulturelle Gedächtnisse rekonstruktiv und sind in hohem Maße institutionell organisiert und geformt (vgl. Assmann 1988: 13ff.). Um in der Zeit zu überdauern, brauchen sie Medien, die Assmann (1988: 12) »Erinnerungsfiguren« nennt: Texte, Riten, Denkmäler, Jahrestage, Museen und so weiter. Diese sorgen nach Assmann für die Fixierung und Stabilisierung des Gedächtnisses und damit auch der Gruppenidentitäten. An anderer Stelle bezeichnet Assmann (1992: 139) diese Medien kollektiver Identitäten als »kulturelle Formationen«: »Die kulturelle Formation ist das Medium, durch das eine kollektive Identität aufgebaut und über die Generationen hinweg aufrechterhalten wird.«

Erinnerungskulturen: Dynamik und Konkurrenz kollektiver Gedächtnis- und Identitätsentwürfe

Problematisch ist an diesem Konzept kollektiver Gedächtnisse und Identitäten, dass Assmann (1992: 139) sie als statisch, »über Generationen hinweg« gleichbleibend und in Medien fixierbar konzipiert. Auf diese Kritik reagiert der Begriff der Erinnerungskulturen, der Ende der 1990er Jahre in einem Sonderforschungsbereich der Universität Gießen geprägt wurde (vgl. Erll 2005), und den die Kulturwissenschaftlerin Katrin Pieper (2010) für die Museumsanalyse fruchtbar gemacht hat. In Erweiterung des eher statisch und überhistorisch angelegten Assmannschen Modells betont das Konzept der Erinnerungskulturen die Dynamik, Prozesshaftigkeit und Pluralität kollektiver Gedächtnisse (vgl. Erll 2005: 34; Pieper 2010: 196ff.).

> Der Begriff [Erinnerungskulturen, Anmerkung: S.C.] verweist auf die Pluralität von Vergangenheitsbezügen, die sich nicht nur diachron in unterschiedlichen Ausgestaltungen des kulturellen Gedächtnisses manifestiert, sondern auch synchron in verschiedenartigen Modi der Konstitution der Erinnerung, die komplementäre ebenso wie konkurrierende [...] Entwürfe beinhalten können. (Sandl 2005 zit. nach Erll 2005: 34)

Die Betonung der Existenz diverser Vergangenheitsentwürfe, die zum Teil miteinander konkurrieren, ist in Bezug auf Museen besonders wichtig. Museen sind machtvolle Institutionen symbolischer Repräsentationen von Geschichte, Kunst,

Kulturen, Identitäten. Jede museale Repräsentation beruht auf Ein- und Ausschlussmechanismen, denn sie entscheidet sich für eine Variante und schließt andere mögliche Varianten aus. Inklusion und Exklusionen sind deshalb konstitutiv für Museen, wie insbesondere feministische und postkoloniale Theoretiker_innen herausgearbeitet haben (siehe Kapitel 2.1). Die machtvollen symbolischen musealen Repräsentationen und ihre Exklusionen werden, ausgehend vom anglo-amerikanischen Raum, seit den 1970er Jahren auch im deutschsprachigen Raum vermehrt von jenen gesellschaftlichen Gruppen kritisiert, die sich nicht in ihnen wiederfinden (vgl. Muttenthaler/Wonisch 2006: 14ff.; Hauer et al. 1997: 17ff.). »Do women have to be naked to get into the Met. Museum?« lautete 1989 die provokante Frage der *guerillagirls*, die beispielhaft auf die Auslassung von Künstlerinnen bei gleichzeitiger Präsenz von Frauen als (nackte) Objekte eines männlichen Blicks in Kunstmuseen aufmerksam machte (vgl. National Gallery of Art o. J.).

Auch in Deutschland gibt es zahlreiche Bemühungen, auf die Selektivität musealer Repräsentationen aufmerksam zu machen. So entwickeln feministische Theoretikerinnen seit den 1970er Jahren Strategien, um Museen neu zu denken (vgl. Hauer et al. 1997: 17ff.). 1990 wurde die Initiative Dokumentationszentrum und Museum über die Migration in Deutschland e.V. (DOMiD) gegründet, die sich für die museale Repräsentation von Migrant_innen in Deutschland und für die Gründung eines Migrationsmuseums einsetzt (vgl. DOMiD o. J.). Seit 2010 führt ein alternativer Audioguide unter dem Titel »Kolonialismus im Kasten?« die Exklusion Schwarzer Menschen und der deutschen Kolonialgeschichte im größten deutschen Geschichtsmuseum, dem DHM in Berlin, vor Augen (vgl. Kolonialismus im Kasten o. J.). Diese Beispiele führen die Selektivität und Begrenztheit musealer Repräsentationen vor Augen und sie zeigen, dass Museen wichtige und umkämpfte Orte kollektiver Gedächtnis- und Identitätskonstruktionen sind. Wie jede Wissensproduktion ist auch der museale Sprechakt situiert: niemals universell oder komplett, sondern immer limitiert, selektiv und abhängig von der Sprecher_innenposition und ihren Kontexten (vgl. Haraway 1988). Die Situiertheit der musealen Wissensproduktion wird jedoch in Museen selbst meist von einem »realistischen Diskurs« (Bal 2011: 530, siehe Kapitel 2.1) verdeckt: Museen scheinen lediglich zu zeigen, was da ist – die materiellen Überreste der Vergangenheit, die als gemeinsame einer Gruppe inszeniert wird und so der kollektiven Identitätsstiftung in der Gegenwart dienen kann. So will zum Beispiel das DHM in Berlin »die komplette deutsche Geschichte von den Anfängen bis zur Gegenwart« zeigen (Czech 2009: 12), und damit eine »Stätte der Selbstbesinnung und der Selbsterkenntnis [schaffen, Anmerkung: S.C.], wo nicht zuletzt junge Bürger unseres Landes etwas davon spüren können […], woher wir kommen, wer wir als Deutsche sind, wo wir stehen und wohin wir gehen werden« (Stölzl 1988:

641). Dass diese Universalität und Komplettheit der musealen Historiografie und kollektiven Identitätsinszenierung ein Mythos ist und dass es konkurrierende Ansätze gibt, führen feministische und postkoloniale Initiativen, wie die der *guerrillagirls* und von »Kolonialismus im Kasten« vor Augen, indem sie deutlich machen, was nicht gezeigt wird.[48] Damit machen sie deutlich, dass es musealer Historiografie nicht nur um Geschichte geht, sondern dass sei Teil von dynamischen Erinnerungskulturen ist. Museale Historiografie betrifft immer auch die Verhandlung kollektiver Gedächtnisse und Identitäten in der Gegenwart.

New Transcultural Memory Studies

Der Begriff der Erinnerungskulturen betont die Prozesshaftigkeit und Dynamik kollektiver Gedächtnis- und Identitätskonstruktionen. Aktuelle Entwicklungen in den *Memory Studies* gehen noch einen Schritt weiter: Unter dem Einfluss eines weitreichenden *transnational turns* in den Geistes- und Sozialwissenschaften (vgl. Beck 2004: 131)[49] rücken sie seit Beginn der 2000er Jahre vor allem die grundsätzliche Transnationalität und Transkulturalität von kollektiven Erinnerungen und Vergangenheitskonstruktionen in den Fokus der Forschung (vgl. Erll 2017: 5; 2011; Engel et al. 2012; de Cesari/Rigney 2014; Bond/Rapson 2014; Crownshaw 2011).[50] Nachdem Erinnerungskulturen und kulturelle Gedächtnisse bis dahin vor allem national gedacht worden waren (vgl. vor allem die einflussreiche Studie *Les lieux de mémoire* von Pierre Nora (1990)), steht für Forscher_innen der sogenannten *New Transcultural Memory Studies* die Frage im Mittelpunkt, wie Vergangenheit unter Bedingungen der Globalisierung erinnert wird, und wie Vergangenheitsdeutungen zwischen verschiedenen Orten und Zeiten wandern.

---

48 Für eine weitergehende Lektüre des alternativen Audioguides vgl. Czerney 2015a.
49 Dieser sei dadurch gekennzeichnet, dass nationale Perspektiven in verschiedensten Forschungen kritisch hinterfragt, historisiert und deontologisiert werden (vgl. Beck 2004: 131). In der Geschichtswissenschaft wird dies unter dem Begriff der transnationalen Geschichte und der transnationalen Historiografie verhandelt (vgl. Haupt/Kocka 2009; Berger 2006; Pernau 2011; Middell 2007). »Transnational« meint dabei nach der Historikerin Margit Pernau (2011: 18f.) das Über- oder Unterschreiten des nationalen Bezugsrahmens. Dies umfasst die Untersuchung von Geschichte, die sich nicht in nationalen Grenzen erfassen lässt, weil sie sich auf größere oder kleinere Einheiten bezieht, sowie das Infragestellen der Selbstverständlichkeit der Kategorie Nation in der Forschung. Ein Beispiel der geschichtswissenschaftlichen Auseinandersetzung mit transnationaler Geschichte bildet daher die Forschung zu europäischer Geschichte und Historiografie (vgl. Arndt et al. 2011).
50 Die Forschungsrichtung der *New Transcultural Memory Studies* baut auf Arbeiten zu *Global Memory* auf, die danach fragen, welche Ereignisse Bestandteil einer globalen Erinnerungskultur sein sollten (vgl. Levy/Sznaider 2006, 2010; Assmann, A./Conrad 2010).

In Abkehr von früherem Container-Denken, also der Vorstellung, eine – zumeist national gedachte – Gruppe habe ein, und nur ein einziges kulturelles Gedächtnis, betonen Arbeiten dieser Forschungsrichtung die grundsätzliche Pluralität, Wandelbarkeit und Beweglichkeit von Kulturen, Erinnerungen und Gedächtnissen. *New Transcultural Memory Studies* konzipieren Kulturen, inspiriert von postkolonialen Studien zum Beispiel von Homi Bhabha (2000) und aufbauend auf dem Konzept der Transkulturalität des Philosophen Wolfgang Welsch (2005), als fluide, nicht feststellbare Aushandlungen, die sich maßgeblich durch Deutungen der Vergangenheit konstituieren (vgl. Erll 2011). *New Transcultural Memory Studies* bezeichnet dabei eine breit angelegte Forschungsrichtung oder eher eine Forschungsperspektive, die kollektive Vergangenheits- und Identitätsentwürfe als heterogene Prozesse denkt, in denen Erinnerungspraktiken, Narrative und Bilder über nationale und kulturelle Grenzen hinweg wandern (vgl. Erll 2011: 9).[51] Astrid Erll prägte hierfür den Begriff der »travelling memories«. Dieser fragt danach, wie Narrative, Bilder und Erinnerungen über Zeit und Raum, über soziale, sprachliche und politische Grenzen hinweg zirkulieren (vgl. Erll 2011: 11f.). So hat beispielsweise der US-amerikanische Mythos des »Wilden Westens« durch Literatur und Fernsehadaptionen auch Menschen in Europa geprägt oder führen deutsche Filmproduktionen zu DDR-Geschichte zu einer Welle der »Ostalgie« in anderen europäischen Ländern (vgl. Erll 2016: 29). Der Begriff der »travelling memories«

---

51 In Abgrenzung zum Begriff der *Transcultural Memory* sprechen die Anthropologin Chiara de Cesari und die Literaturwissenschaftlerin Ann Rigney (2014: 3) von *Transnational Memory*. Transnational ausgerichtete Forschung in den *Memory Studies* fragt ihnen zufolge danach, welche neuen Rahmen kollektiver Vergangenheitsdeutungen jenseits der Nation entstehen, wie die verschiedenen Ebenen (*scales*) des Lokalen, Nationalen und Globalen miteinander interagieren, welche Inklusions- und Exklusionsmechanismen wirken (vgl. Rigney 2014: 2–3.). Eine wichtige Beobachtung ist dabei, dass zirkulierende oder wandernde Vergangenheitsdeutungen zwar zeitliche und räumliche Grenzen überwinden, diese dabei aber nicht auslöschen. Globale Vergangenheitsdeutungen treten demnach nicht an die Stelle von nationalen, lokalen oder anderen, sondern treten in Beziehung zu ihnen (vgl. Rothberg 2009). Diesen Befund bezeichnen de Cesari und Rigney (2014: 5f.) als »multi-scalarity«: Transnationalisierung bedeutet demnach nicht einen linearen Prozess vom Lokalen und Nationalen zum Transnationalen, sondern die gleichzeitige Konstruktion dieser Ebenen. Dabei bleiben, wie de Cesari und Rigney (2014: 4) betonen, nationale Grenzen zentral für Vergangenheitsentwürfe. Sie lösen sich nicht auf, sondern werden durch transnationale Phänomene entweder übertreten oder bestärkt. Um die Zentralität nationaler Bezugsrahmen zu betonen, wählen de Cesari und Rigney anstelle des ihrer Ansicht nach unpräzisen Begriffs der *Transcultural Memory* das Konzept der *Transnational Memory*.

hilft dabei, Vergangenheitsdeutungen und kulturelle Gedächtnisse als Aushandlungsprozesse zu denken.[52]

Der Gedanke, dass Erinnerungen und Vergangenheitsdeutungen über zeitliche, nationale und kulturelle Grenzen hinweg wandern, reformuliert auch die enge Verbindung zwischen kollektivem Gedächtnis und kollektiver Identität, die frühere Arbeiten der kulturwissenschaftlichen Gedächtnisforschung betont hatten (vgl. Halbwachs 1985a: 74; Assmann, A.: 1999: 43; Assmann, J.: 1988: 15). So arbeiten beispielsweise der Literaturwissenschaftler Michael Rothberg (2009) und die Geschichts- und Kulturwissenschaftlerin Alison Landsberg (2004) heraus, dass Erinnerungen nicht einer Gruppe gehören, die daraus eine stabile Identität ableiten könnte, sondern dass sie in sozialen Interaktionen entstehen und von anderen Gruppen zu anderen Zeiten angeeignet werden können. Mit dem Begriff der »multidirectional memory« beschreibt Rothberg am Beispiel globalisierter Erinnerungen an den Holocaust, dass kulturelle Gedächtnisse nicht in Konkurrenz zueinander stehen müssen. So habe die Erinnerung an die eine Katastrophe, den Holocaust, nicht die an andere traumatische Erfahrungen, wie zum Beispiel den Kolonialismus, verdrängt, sondern sie im Gegenteil erst ermöglicht. Gleichzeitig entstand die frühe Holocausterinnerung Rothberg zufolge in Interaktion mit Dekolonisierungskämpfen. Kulturelle Gedächtnisse und Vergangenheitsdeutungen löschten sich demnach nicht gegenseitig aus, sondern interagierten miteinander, was zu einem »thickening«, also einer Vielschichtigkeit und Anreicherung der Erinnerungen führe (vgl. Rothberg 2014: 136).

Dies betont auch Alison Landsberg (2004: 2) mit dem Begriff der »prosthetic memory«. Er beschreibt, dass Menschen sich dank gegenwärtiger Massenmedien, zum Beispiel des Kinos, an Dinge erinnern können, die sie nicht selbst erlebt haben. Die Idee, dass Gruppen kollektive Erinnerungen exklusiv haben oder besitzen, wird damit verkompliziert: Erinnerungen und Vergangenheitsdeutungen gehören demnach nicht einer Gruppe, sondern sie können auch von anderen angeeignet werde, die die historischen Ereignisse nicht selbst erlebt haben. Nach Landsberg (2004: 143) bilde dies die Grundlage für Empathie, Solidarität und Allianzen verschiedener Gruppen untereinander, so zum Beispiel Überlebender des Holocaust, die in die USA ausgewandert sind, mit Schwarzen Nachfahren von Überlebenden der Sklaverei, oder von Deutschen, die nach dem Zweiten Weltkrieg Flucht und Vertreibung erfahren haben, mit aktuell nach Deutschland kommenden Geflüchteten (vgl. Erll 2016: 31). Diese politische Implikation neuerer

---

52 Zugleich legen aktuelle Arbeiten der *Memory Studies* einen klaren Fokus auf ihre Verortung (locatedness), indem sie räumlich und zeitlich begrenzte Fallstudien untersuchen und auch ihre Forscher_innen klar situieren (vgl. Radstone 2011, Dorr et al. 2019).

Forschungen zum kulturellen Gedächtnis betont auch Michael Rothberg mit dem Begriff des »implicated subject« (vgl. NIMTES 2016). Er beschreibt, wie moderne Subjekte mit vergangenen und aktuellen Gewalterfahrungen verstrickt sind, mögen sie auch noch so weit entfernt scheinen. »Implication« meint beispielsweise die Beziehung, die ein_e Deutsche_r drei oder vier Generationen nach dem Holocaust zu damaligen Ereignissen hat, oder die, in die der globalisierte Kapitalismus Bewohner_innen der westlichen Industriestaaten zu Textilarbeiter_innen in Bangladesch stellt. Es ist diese Betonung der Komplexität der Beziehung zwischen kollektiven Gedächtnissen und Identitäten unter den Bedingungen der Globalisierung, die neuere Ansätze in den *Memory Studies* vereint: Erinnerungen oder Vergangenheitsdeutungen gehören nicht exklusiv einer Gruppe, die daraus eine stabile kollektive Identität ableiten könnte. Stattdessen sind sie ständig in Bewegung, wandern, werden angeeignet und verändern sich.

Medien kollektiver Gedächtnisse und Identitäten

Ein Verständnis von kollektiven Gedächtnissen und Identitäten als exklusiv, singulär, statisch und in Medien oder »kulturellen Formationen« (Assmann, J. 1992: 139) fixierbar greift folglich zu kurz. Es gibt nicht ein feststehendes kollektives Gedächtnis einer Gruppe, das zu einer kollektiven Identität führt, sondern beide werden in nicht abschließbaren Prozessen und in oftmals konkurrierenden Entwürfen immer wieder neu ausgehandelt. Entgegen der Vorstellung von kollektiver Identität als etwas Feststehendes, Originäres oder Wesenhaftes, das in Medien fixiert und abgebildet werden könnte, folge ich in dieser Studie der Konzeption kollektiver Identitäten des Soziologen Stuart Halls (1990: 225):

> Far from being eternally fixed in some essentialised past, they [kollektive Identitäten, Anmerkung: S.C.] are subject to the continous ›play‹ of history, culture and power. Far from being grounded in a mere ›recovery‹ of the past, which is waiting to be found, and which, when found, will secure our sense of ourselves into eternity, identities are the names we give to the different ways we are positioned by, and position ourselves within, the narratives of the past.

Kollektive Identitäten sind keine dauerhaften Essenzen, die durch das Darstellen von Vergangenheit gestärkt werden können. Sie stattdessen als Positionierungen[53] zu begreifen, nimmt den Standpunkt in den Blick, von dem aus kollektive

---

53 Das Konzept von Identitäten als Positionierungen entwickelt Stuart Hall in Auseinandersetzung mit der Theoriebildung Jacques Derridas. Dieser hinterfragt die Idee feststehender, kohärenter und stabiler Identitäten, indem er Identitäten als niemals mit sich selbst identisch konzipiert: »*Es ist einer Kultur eigen, daß sie nicht mit sich selber identisch ist.*« (Derrida 1992: 12f.,

Identitäten entworfen werden, sowie die gesellschaftlichen Machtbeziehungen, in die dieser Standpunkt eingebettet ist: Wer spricht für wen? Aus welcher gesellschaftlichen Position, von welcher politischen und historischen Situation aus? Mit welchen Zielen? Hall (1990: 222) begreift kollektive Identitäten als Produktionen und Positionierungen: »[...] [I]dentity as a ›production‹, which is never complete, always in process, and always constituted within, not outside representation«.

Mit dem Hinweis auf Repräsentationen, innerhalb derer kollektive Identitäten als Prozesse ausgehandelt werden, ruft Hall auch die Frage nach den Medien dieser Repräsentationen auf: Inszenierungen kollektiver Vergangenheiten und Identitäten brauchen Medien, um wahrnehmbar und wirksam zu werden und auch um zu »travelling memories« werden zu können, also um zirkulieren und wandern zu können (vgl. Erll 2011: 11f.). Auf diesen zentralen Punkt geht auch der französische Anthropologe Joël Candau (1998) ein. Wie Hall und Vertreter_innen neuerer kulturwissenschaftlicher Gedächtnisforschungen weist er auf die Prozesshaftigkeit und Nichtessentialisierbarkeit kollektiver Gedächtnisse und Identitäten hin und spricht sich wie dieser dezidiert gegen eine essentialistische Konzeption der beiden Begriffe aus. Stattdessen denkt er kollektive Gedächtnisse und Identitäten als dynamische Prozesse der Inklusion und Exklusion, die immer im Werden begriffen sind und sich nicht auf Wesensmerkmale festlegen lassen (vgl. Candau 1998: 18f.). Des Weiteren, und das ist für diese Studie entscheidend, macht Candau (1998 29) mit dem Begriff der »actes de mémoire collective« deutlich, dass kollektive Gedächtnisse und Identitäten nicht als feste Größen außerhalb von medialen Manifestationen, wie Gedenkfeiern, Denkmälern oder Museen, existieren: »[...] [L]'existence d'actes de mémoire collective n'est pas suffisante

---

kursiv im Original). Aus der Beschäftigung mit der strukturalistischen Sprachtheorie Ferdinand de Saussures heraus entwickelt Derrida den Gedanken, dass sprachliche Zeichen (Signifikanten, *signifiants*) nicht auf einen außerhalb ihrer existierenden Sinn rekurrieren (Signifikate, *signifiés*), sondern aus einer endlosen Kette von Bedeutungsverschiebungen (der *différance*) besteht, in der sich sprachliche Signifikanten immer nur auf andere Signifikanten beziehen. Sinn existiert somit nach Derrida nicht außerhalb von Sprache, sondern wird innerhalb von Sprache erzeugt (vgl. Derrida 2001). Analog dazu verhalte es sich mit Identität: Auch Identität beziehe sich nicht auf außerhalb von Sprache existierende Essenzen oder Wesensmerkmale, sondern werde durch ständige Aushandlungsprozesse performiert. Hall setzt dem entgegen, die Übertragung von Derridas sprachtheoretischen Überlegungen auf eine gesellschaftspolitische Ebene sei problematisch, denn dort gäbe es Ungleichheiten und Machtverhältnisse, die Derrida nicht beachte. Das Konzept von Identitäten als Positionierungen reagiert auf diese Kritik, indem es die soziale und politische Position der Identitätskonstruktion in den Blick nimmt (vgl. Dietrich 2000: 23ff.).

pour attester la realité d'une mémoire collective«.⁵⁴ Kollektive Gedächtnisse und Identitäten gibt es Candau zufolge nicht als definierbare, feststellbare Entitäten außerhalb von medialen Inszenierungen in kollektiven Erinnerungsakten.⁵⁵ Dies bedeutet für Candau (1998: 28) jedoch nicht, dass kollektive Gedächtnisse und Identitäten erfundene und daher nicht reale Gebilde sind, denn ihre Verhandlungen in verschiedenen Medien haben durchaus reale Effekte auf Gruppen und Individuen. Insbesondere diejenigen, die aus kollektiven Vergangenheits- und Identitätsentwürfen ausgeschlossen werden, spüren reale Folgen dieser Konstruktionen, wie die oben angeführten Beispiele zeigen.

Die zentrale Frage nach den Medien stellt in der kultur- und medienwissenschaftlichen Beschäftigung mit kollektiven Gedächtnis- und Identitätsentwürfen mittlerweile eine Schlüsselfrage dar (vgl. Erll 2005: 123, 2017: 6ff.). Auch wenn Medien nicht im Zentrum der Gedächtnistheorien von Halbwachs, Nora, Assmann und Candau stehen und sie ihnen jeweils verschiedene Wichtigkeiten einräumen, so lässt sich anhand dieser Theorien doch zeigen, dass Kollektivgedächtnisse und -identitäten immer nur in und durch Medien vermittelt existieren, dass sie vielmehr erst durch Medien entstehen. »Medien sind keine neutralen Träger von vorgängigen gedächtnisrelevanten Informationen. Was sie zu enkodieren scheinen – bestehende Wirklichkeits- und Vergangenheitsversionen, Werte und Normen, Identitätskonzepte – konstruieren sie vielmals erst« fasst Astrid Erll (2004: 5, vgl. auch 2017: 6) diesen Punkt zusammen.

Für diese Studie sind vor allem zwei Punkte der hier referierten Theorien kollektiver Gedächtnisse und Identitäten wichtig: Erstens gibt es eine enge Verbindung zwischen kollektiven Gedächtnis- und Identitätsentwürfen. Wie Maurice Halbwachs und darauf aufbauend Jan und Aleida Assmann gezeigt haben, hält nichts eine Gruppe so sehr zusammen, wie die Vorstellung, eine gemeinsame Vergangenheit zu teilen. Unter dem Einfluss von Globalisierung, weltweiten Migrationen und zunehmender Transnationalität betonen neuere Ansätze der *Memory Studies* folgerichtig, dass diese Verbindung zwischen geteilten Erinnerungen und kollektiven Identitätsentwürfen keine exklusive und statische ist, sondern dass kollektive Vergangenheitsdeutungen wandern können und von anderen Gruppen in anderen Kontexten angeeignet werden können. Wie die Fallstudien in Teil 2 zeigen werden, wirken geteilte Vergangenheitsbezüge dennoch in je spezifischen Situationen verbindend und gemeinschaftsstiftend. Deshalb schließen sich

---

54 »Die Existenz von kollektiven Erinnerungsakten reicht nicht aus, um die Realität einer kollektiven Erinnerung zu bestätigen.«
55 Der Gedanke der Mediengebundenheit kollektiver Gedächtnis- und Identitätsinszenierungen findet sich auch bei Mieke Bal (Bal et al. 1999: vii), die von »acts of memory« spricht.

Theorien zum kollektiven Gedächtnis auch Erklärungsansätze zur Konstruktion und Aushandlung kollektiver Identitäten an (vgl. Neumann 2005: 72ff.).

Zweitens sind beide, kollektive Gedächtnis- und Identitätsaushandlungen, auf Medien angewiesen, ohne die es kein geteiltes Wissen oder Bewusstsein von gemeinsamen Vergangenheits- und Identitätsentwürfen geben kann. Dabei ist es noch einmal wichtig zu betonen, dass diese nicht in einem Abbildungsverhältnis zu einer außerhalb ihrer existierenden Vergangenheit stehen, sondern durch ihre Medialität mit daran arbeiten, was sie zeigen (vgl. Erll 2004: 4f.).

Im Anschluss an die vorgestellten Theorien verstehe ich den Begriff des kollektiven Gedächtnisses als rekonstruktiv verfahrende, selektive mediale Aushandlungen von kollektiv geteiltem Wissen und Vergessen über Vergangenes, die dazu dienen, dass sich eine Gruppe ein Bild von sich selbst macht. Dabei sind sie prozesshaft und divers und zum Teil konkurrierend. Kollektive Identität begreife ich als in und durch Medien performativ hervorgebrachte Konstruktionen, die außerhalb dieser medialen Manifestationen keine Essenz, kein Wesen haben. Gruppen »haben« deshalb keine eindeutig definierbaren Identitäten, sondern sie »tun« sie: sie erhandeln Identitäten in nicht abschließbaren, oftmals widersprüchlichen und notwendig medial bedingten Prozessen.

Museum und kollektive Identitäten: Identitätsfabrik Museum?
Als ein sehr wirkmächtiges Medium kollektiver Gedächtnisse und Identitäten kann das Museum gelten. Wie im vorangegangenen Kapitel gezeigt, wurde es in einer Zeit weitreichender historischer Umbrüche gegründet, um Vergangenes festzuhalten und in eine Kontinuität mit der Gegenwart zu stellen. Dabei wurde die gesammelte und ausgestellte Vergangenheit als kollektive gerahmt, die meist der Identitätskonstruktion einer bestimmten Gruppe, oftmals der Nation, dienen sollte. Die identitätsverhandelnde Funktion von Museen ist seit den 1990er Jahren ein zentraler Punkt in der kulturwissenschaftlichen Forschung zu Museen. So bezeichnen Gottfried Korff und Martin Roth (1990) Museen als »Identitätsfabriken« und Susan A. Crane (2000a: 148) macht auf den (nicht nur etymologischen) Zusammenhang zwischen *collection* und *collective (memory/identity)* aufmerksam: Indem Museen materielle Dinge sammeln, um Geschichte auszustellen, inszenieren sie auch Gruppen und verhandeln deren kollektive Gedächtnisse und Identitäten in der Gegenwart.

Das Verdienst neuerer Ansätze der *Memory Studies*, die Beziehung zwischen kollektiven Gedächtnissen und Identitäten zu verkomplizieren, findet seit einigen Jahren auch in den *Museum Studies* Anklang. So stellen Forscher_innen zunehmend die Frage, wie Museen Gedächtnisse und Identitäten unter Bedingungen der Globalisierung, weltweiter Migration infolge historischer Traumata wie dem

Holocaust oder dem Kolonialismus verhandeln, und wie das Konzept der »Identitätsfabrik« folglich weiterzuentwickeln wäre (vgl. Fackler/Heck 2018). Auch das Thema der Transkulturalität hat Eingang in die *Museum Studies* gefunden. So untersucht beispielsweise der Kulturwissenschaftler Joachim Baur (2009), wie Museen globale Migrationen sammeln und ausstellen. Er beschreibt, wie Museen zeigen, dass nicht nur Menschen migrieren, sondern auch Erinnerungen, und wie sie als stabile und sichernde Orte mit instabilen, brüchigen Erinnerungen an Migration umgehen.[56] Einen weiteren Strang der transkulturellen Museumsforschung bilden bereits angeführte postkoloniale Museumskritiken, die insbesondere im englischsprachigen Raum, aber zunehmend auch in Frankreich vertreten sind (vgl. Sternfeld 2009, Pippel 2013). Besonders Museen in ehemaligen britischen Kolonien werden in dieser Hinsicht untersucht. So bemüht sich beispielsweise das Australian National Museum in Canberra seit 2001 darum, die indigene Geschichte in die Nationalhistoriografie zu integrieren. Die Schwierigkeit dessen wurde vor allem an der Frage der Benennung von Ereignissen deutlich: War die Ankunft der ersten Weißen eine Invasion oder eine Besiedlung? Wurden indigene Kinder von weißen Familien adoptiert oder gestohlen? (vgl. Thomas 2010: 5)

In Folge dieser Weiterentwicklung der Gedächtnis- und Identitätskonzepte auch in den *Museum Studies* werden Museen nicht mehr als Identitätsfabriken, sondern als »Arenen« bezeichnet (Baur 2009: 33). Sie versammeln demnach nicht ein exklusives, stabiles Gedächtnis, aus dem heraus eine Gruppe eine kollektive Identität konstruieren könnte. Stattdessen werden sie zunehmend als Orte der Aushandlung und von nicht abgeschlossenen Deutungskämpfen beschrieben. Die Museumswissenschaftlerin Sharon Macdonald (1996: 2) bezeichnet Museen deshalb als »key cultural loci of our times«, die Fragen von Wissen und Macht, Identität und Differenz verhandeln. »In many ways« schreibt Macdonald (2011: 4), »the museum is an institution of recognition and identity par ›excellence‹. It selects certain cultural products for official safe-keeping, for posterity and public display – a process which recognizes and affirms some identities, and omits to recognize and affirm others.«

Die Überzeugung, dass Museen keine Identitätsfabriken sein, sondern sich stattdessen als selbstreflexive Prozesse verstehen sollten, ist mittlerweile auch

---

56 Einen anderen Zugang hierzu bilden Online-Museen, die das Spannungsfeld zwischen »travel und locatedness« (Dorr et al. 2019) umgehen, indem sie von überall und jederzeit zugänglich sind. Zentral ist hierbei die Frage, wie Affekte und Empathie in solchen online-Museen geschaffen werden können (vgl. Trezise 2011; Doss 2008).

in der Museumspraxis angekommen.⁵⁷ So hat interessanterweise die EU im Rahmen ihres Förderprogramms für Forschung und Innovation *Horizon 2020* zwei Projekte ausgerufen, die selbstreflexive Museen und Ausstellungen entwickeln sollen. *CoHERE (Critical Heritages performing and representing Identities in Europe)* und *Traces (Transmitting Contentious Cultural Heritages with the Arts)* sollen ein Nachdenken darüber anstoßen, wie Identitäten durch die Praktiken des Sammelns und Ausstellens hergestellt und geformt werden. Ein wichtiges Thema sind dabei Bestände europäischer Museen, die aus kolonialen Kontexten stammen.⁵⁸

Eine zentrale Frage in der museumswissenschaftlichen Forschung zu transkulturellen Phänomenen ist die, wie Besucher_innen angesprochen werden können, die die ausgestellten Ereignisse nicht selbst miterlebt haben, wie Museen also »prothetic memory« (Landsberg 2004) schaffen können.⁵⁹ Museumswissenschaftliche Forschungen behandeln diese Frage meist am Beispiel traumatischer historischer Erfahrungen wie des Holocaust oder auch den Anschlägen von 9/11 in New York (vgl. Arnold de Simine 2013; Sodaro 2017). Die Literaturwissenschaftlerin Silke Arnold-de Simine (2013) erkennt in diesen Bemühungen einen neuen Museumstypus: den der *memory museums*. In diesen Museen stehe ihr zufolge nicht mehr Geschichte im Vordergrund, sondern Erinnerungen und Gedächtnisse. Es ginge diesen Museen nicht mehr vorranging um Wissensvermittlung, sondern um Emotionen und Empathie. Die Abkehr von traditionellen Museen schlägt sich ihr zufolge auch medial nieder: So stellten *memory museums* weniger traditionelle Museumsobjekte aus und wendeten sich zunehmend sogenannten neuen Medien wie zum Beispiel filmischen Zeitzeugenberichten zu (vgl. Arnold de Simine 2013: 10).

Im Gegensatz zu diesem Ansatz konzipiere ich in dieser Studie alle historisch ausgerichteten Museen als historiografische Medien. Der hier entwickelte Begriff der musealen Historiografie beschreibt, dass es für die Beschäftigung mit Museen

---

57 Wobei sich der Transfer von kritischen Konzepten aus den *Memory* und *Museum Studies* in die Praxis gerade in Hinblick auf die beschriebene Nicht-Feststellbarkeit und Nicht-Essentialisierbarkeit von Gedächtnissen und Identitäten als sehr schwierig herausstellt, wie die Fallstudien in Teil 2 zeigen werden.
58 Die EU reagiert damit auf die zahlreichen aktuellen Krisen und das drohende Auseinanderfallen des Staatenbundes. Angesichts dieser Bedrohung ist das Ziel der Programme bei aller Kritikfähigkeit und Selbstreflexivität doch ein konservatives Gedächtnis- und Museumsverständnis: über das gemeinschaftstiftende Potential der Vergangenheit soll ein »more coherent Europe« geschaffen und der europäische Zusammenhalt gestärkt werden (vgl. CoHERE o.J.)
59 Landsberg (2004: 2) selbst spricht von Museen als einem der zentralen Orte, neben dem Kino, an dem »prothetic memories« entstehen können.

nicht sinnvoll ist, die strikte Opposition von Geschichte und Gedächtnis, wie sie Halbwachs (1985a) eingeführt und Pierre Nora (1990) popularisiert hat, aufrecht zu erhalten. Auch den ersten Museen im Zeitalter der Französischen Revolution ging es nicht nur um Geschichte im Halbwachsschen Verständnis.[60] Wie im vorangegangenen Kapitel gezeigt, wurden sie aus einem Gefühl der Bedrohung heraus gegründet (durch Zerstörung, Plünderung, Verfall) und dienten Interessen in der Gegenwart. Insbesondere Nationalmuseen kam die Aufgabe zu, durch das Versammeln von vom Verschwinden bedrohten Dingen, in der Gegenwart kollektive Gedächtnisse und Identitäten zu inszenieren und zu stabilisieren. Museen wurden als Stifter kollektiver Gedächtnisse und Identitäten gegründet.[61] Der hier entwickelte Begriff der musealen Historiografie denkt diese Dimension von Museen mit: Historiografie verstehe ich nicht als Gegensatz von kollektiven Gedächtnis- und Identitätsentwürfen, sondern, wie die Historikerin Susanne Rau (2007: 138f.) formuliert, »als Teil eines größeren kulturellen Gedächtnisses [...], weil die historiographischen Texte nicht in einem luftleeren Raum stehen, sondern weil es meist konkrete (Hinter-)Gründe gibt, weshalb ein Ereignis wie erinnert wird«. Rau (2007: 169) betont die kulturelle Dimension von Historiografie und ihre Bedeutung für die Entstehung und Stabilisierung von Gruppen und schreibt weiter,

> [...] dass die Historiographie auch nur ein [...] Teil einer umfassenderen schriftlichen, bildlichen oder symbolischen (Erinnerungs-)Kultur ist, mit deren Hilfe Gesellschaften ›zusammengehalten‹ werden, weil sie gemeinsame Werte oder symbolische Ordnungen repräsentiert und diese das Zusammenleben stabilisieren können.

Rau und Vertreter_innen der kulturwissenschaftlichen Gedächtnisforschung (vgl. Erll 2005: 45) verstehen unter Historiografie den geschichtswissenschaftlichen Bezug auf Vergangenheit. Geschichte wird hier verstanden als das, was Historiker_innen schreiben. Doch auch die Geschichte, die in und durch Museen verhandelt wird, auch die museale Historiografie ist Teil von umfassenderen

---

60 Nach Halbwachs (1985a: 71ff.) zeichnet sich Geschichte im Gegensatz zum Gedächtnis durch wissenschaftliche Distanz, Totalität, Wertfreiheit und Objektivität aus.
61 Der Beobachtung Arnold-de Simines, dass Museen zunehmend versuchen, sich auf Alltagsgeschichte und damit auf diverse Standpunkte zu öffnen, die frühere Meistererzählungen aufbrechen sollen, stimme ich hingegen zu. Auch dass diese Öffnung mit medialen Neuerungen (zum Beispiel dem zunehmenden Einsatz von interaktiven Displays mit Touchscreenoberfläche oder filmischen Zeitzeug_inneninterviews) einhergeht, bestreite ich nicht. Allerdings arbeite ich in meinen Fallstudien auch eine starke Gegenbewegung zurück zu den sogenannten primären und authentischen Originalobjekten heraus, die je stärker überwiegt, desto bedrohter diese Dinge von sogenannten »neuen Medien« erscheinen.

Erinnerungskulturen, da sie nicht nur Vergangenes zeigt, sondern in diesem Zeigen auch Fragen aktueller Zugehörigkeiten verhandelt. Museale Historiografie als Teil kollektiver Gedächtnisse und Erinnerungskulturen zu befragen, lenkt deshalb den Blick auf ihren Gegenwarts- und Zukunftsbezug: Welche Themen sind in einer Gesellschaft wichtig und werden als für die Zukunft bewahrenswert angesehen? Welche Entwürfe kollektiver Identitäten werden durch das Ausstellen von Vergangenem inszeniert?

Den dominanten Rahmen musealer Historiografie stellte seit der Entstehung moderner Museen in Europa im achtzehnten und neunzehnten Jahrhundert die Nation dar: Museen wurden gegründet, um die materiellen Errungenschaften der Nation vor Augen zu führen und die entstehenden Nationalstaaten zu legitimieren. Mit dieser historischen Verflechtung der Institution Museum und der Nation beschäftigt sich das folgende Kapitel. Leitende Frage ist, weshalb Museen so geeignete Medien für die Inszenierung und Popularisierung nationaler Vergangenheits- und Identitätsentwürfe waren und noch immer sind.

2.5 Museum und Nation: Nationalmuseen

Die vorangehenden Kapitel haben erklärt, was Museen als historiografische Medien ausmacht: In den sogenannten primären Objekten, authentisch-originalen Exponaten, materialisiert sich die Idee einer gemeinsamen Geschichte und Identität; sie scheinen die Existenz dieser zu beweisen. Der »realistische Diskurs« (Bal 2011: 530) der musealen Historiografie macht Museen zu wichtigen Medien in der Konstruktion kollektiver Vergangenheits- und Identitätsentwürfe. Diese werden in Museen in unterschiedliche Rahmungen gestellt: Es gibt lokalgeschichtliche, stadtgeschichtliche und regionalgeschichtliche Museen, Museen größerer Kulturräume (wie zum Beispiel Europas und des Mittelmeerraumes im MuCEM) sowie Museen, die sich in globaler Perspektive sogenannten Weltkulturen widmen (zum Beispiel das British Museum oder das Weltkulturen Museum Frankfurt/Main). Den dominanten Bezugsrahmen der musealen Historiografie bildet in Europa seit dem achtzehnten Jahrhundert jedoch die Nation, denn die ersten modernen Museen wurden im Namen der neu entstehenden Nationen gegründet. Auch alle drei hier untersuchten Museen sind Nationalmuseen, wenngleich unterschiedlicher Ausprägungen. Dieses Kapitel dient dazu, den Begriff des Nationalmuseums zu entwickeln, mit dem ich in der Analyse arbeite. Dazu erklärt es das Verständnis von Nationen, das dieser Studie zugrunde liegt, untersucht die Rolle von Museen in der Herausbildung von Nationen und befragt sie auf ihre Ein- und Ausschlussmechanismen.

Imagined communities: Nationen als medienkulturelle Produkte

Der Begriff »Nationalmuseum« ist am Beginn des einunzwanzigsten Jahrhunderts nicht einfach einzugrenzen, denn er bezeichnet eine große Bandbreite von sehr unterschiedlichen Museen (vgl. Dori 2010: 216; Pomian 1992: 19f.). Dazu kommen national verschiedene Traditionen des Begriffs, die sich aus den unterschiedlichen Entwicklungen von Nationalmuseen in den einzelnen Ländern ergeben.[62] So sind beispielsweise Museen in Polen, die Nationalmuseen heißen, im Gegensatz zu Deutschland und Frankreich ausschließlich Kunstmuseen. »National« bedeutet in Polen auch nicht, dass diese Museen vom Kulturministerium finanziert werden – sie können ebenso private Einrichtungen sein (vgl. Mazan 2011: 670). Ich bezeichne die hier untersuchten Museen als Nationalmuseen, weil sie eines oder mehrere der folgenden Kriterien erfüllen: Sie wurden von nationalen Regierungen initiiert oder beschlossen, es handelt sich um nationale Prestigeprojekte, sie werden teilweise oder komplett aus nationalen Geldern finanziert, befinden sich in nationaler Trägerschaft und ihre Sammlungen sind zum großen Teil im Besitz des Nationalstaates. Was genau der Begriff Nationalmuseum für die jeweiligen Museen bedeutet, klären die einzelnen Fallstudien.

Wie zahlreiche Autor_innen in den vergangenen 25 Jahren herausgearbeitet haben, spielen Nationalmuseen eine zentrale Rolle in der Etablierung, Konsolidierung und Legitimierung von Nationen und Nationalstaaten (vgl. Pomian 1992; Kaplan 1994; Bennett 1995; Macdonald 2000; Evans/Boswell 2002; Baur 2009; Knell 2011).[63] Dabei hat sich kulturwissenschaftlichen Forschungen zu Natio-

---

[62] Der Historiker Miroslav Hroch (2005: 245ff.) versammelt eine kommentierte Bibliografie zu Nationsbildungen in verschiedenen europäischen Ländern, die Standardwerke der jeweiligen Nationalhistoriografie auflistet. Das dreijährige von der EU finanzierte Forschungsprojekt Eunamus (2010-13) bietet in seinen frei verfügbaren Publikationen einen Überblick über die Entstehung und Entwicklung von Nationalmuseen in 37 europäischen Ländern (vgl. Eunamus o. J.). In kondensierter Form stellt die Historikerin Ilaria Porciani (2012) einen Überblick über die Entwicklung und aktuelle Tendenzen europäischer Nationalmuseen dar. Nationalmuseen in globaler Perspektive untersucht der Historiker Simon Knell (2011).

[63] Die Begriffe »Nation« und »Nationalstaat« meinen verschiedene Dinge und sollten daher unterschieden werden. Dennoch sind sie miteinander verbunden, wie die Forschung zu Nationen, Nationalismus und Nationalstaaten seit den 1980er Jahren gezeigt hat. »Nation« bezeichnet demnach eine Gemeinschaft, die auf der Vorstellung einer gemeinsamen Geschichte und Kultur aufbaut (vgl. Anderson 1996). Um den Begriff »Staat« zu definieren, greift die Nationenforschung auf die Begriffsbestimmung des Soziologen Max Webers von 1921/22 zurück. Ihm zufolge ist ein Staat die gesellschaftliche Institution oder das Ensemble der gesellschaftlichen Institutionen, die das Monopol legitimer Gewalt innehaben (vgl. Gellner 1995: 11f.). Die »vorgestellte Gemeinschaft« der Nation (Anderson 1996) war, wie der Historiker Eric J. Hobsbawm (1991: 28ff.) zeigt, erst ab dem achtzehnten Jahrhundert mit politischen Forderungen verbunden. National-

nen seit den 1980er Jahren folgend, ein Verständnis von Nationen durchgesetzt, das Nationen und das Gefühl der Zugehörigkeit zu ihnen nicht als ursprüngliche, natürliche, immer schon dagewesene Gebilde begreift. Stattdessen werden Nationen als kulturelle Produkte verstanden, die im achtzehnten Jahrhundert in Europa aus dem Zusammentreffen verschiedener Faktoren entstanden (vgl. Anderson 1996, orig.: 1983; Gellner 1995, orig.: 1983; Hobsbawm 1991; Renan 1996, orig.: 1882). Die weitverbreitete Annahme, »ein Mensch braucht eine Nationalität, so wie er eine Nase und zwei Ohren haben muß [...]« (Gellner 1995: 15) ist diesen Forschungen zufolge falsch. »Der Tatbestand, eine Nation(alität) zu besitzen, ist kein inhärentes Attribut der Menschlichkeit, aber er hat diesen Anschein erworben« fasst der Soziologe und Anthropologe Ernest Gellner (1995: 15) die Erkenntnisse der Nationenforschung zusammen. Nationen und die Zugehörigkeit zu diesen Gebilden sind demnach historisch gewachsene Phänomene, kulturelle Produkte des Menschen und nicht unhinterfragbare Gewissheiten der heutigen Zeit (vgl. Gellner 1995: 15; Anderson 1996: 14f.; Renan 1996: 14; Hobsbawm 1991: 8).

Der Politikwissenschaftler Benedict Anderson (1996: 15) bezeichnet Nationen in seinem einflussreichen Buch *Die Erfindung der Nation*, auf das die wissenschaftliche Beschäftigung mit Nationen seit den 1980er Jahren zurückgeht, als »vorgestellte Gemeinschaften«. Diese entstanden Anderson zufolge durch das Zusammentreffen des aufkommenden Kapitalismus, der Vielfalt menschlicher Sprachen und der Erfindung des Buchdrucks (vgl. Anderson 1996: 49f.). Erst die Möglichkeit der Fixierung und massenhaften Verbreitung von Zeitungen, Romanen und anderen Schriftstücken durch Gutenbergs Erfindung machte nach Anderson das Bewusstsein für eine nationale Gemeinschaft möglich. Die Benennung von Nationen als vorgestellt (*imagined*) bedeutet jedoch nicht, dass es sich bei Nationen um frei erfundene Konstruktionen handelt, denen gegenüber es

---

bewegungen strebten ab dieser Zeit danach, die vorgestellte kulturelle Gemeinschaft auch politisch in einem Staat zu einigen und die angenommene kulturelle Einheit zur Grundlage von Nationalstaaten zu machen. Nationalismus bezeichnet dem Anthropologen und Soziologen Ernest Gellner zufolge dieses Prinzip, nach dem nationale und politische Einheit übereinstimmen sollen (vgl. Gellner 1995: 8f.).

In diesem Kapitel geht es um die Rolle von Museen in der Entstehung von Nationen als vorgestellten kulturellen Gemeinschaften und nicht so sehr um die Entstehung von Nationalstaaten. Da diese vorgestellten Gemeinschaften, jedoch wie Gellner und Hobsbawm zeigen, seit dem achtzehnten Jahrhundert zunehmend der Legitimierung politischer Forderungen nach der Errichtung von Nationalstaaten dienten, spielen Museen auch in der Gründung und Legitimierung von Nationalstaaten eine Rolle. Die Forderung nach Nationalstaatlichkeit kann demnach als ein Aspekt in der Gründung von Nationalmuseen angesehen werden.

echtere oder realere Formen des Zusammenlebens geben würde, wie die deutsche Übersetzung von Andersons Buch fälschlicherweise nahelegt (vgl. Evans/Boswell 2002: 1). Als vorgestellt bezeichnet Anderson nationale Gemeinschaften, weil ihre Mitglieder niemals alle anderen Mitglieder kennen und sie sich dennoch aufgrund verschiedener Faktoren mit ihnen verbunden fühlen, ja sogar bereit sind, für diese Gemeinschaft zu sterben (vgl. Anderson 1996: 15ff.).

Als Faktoren, die Nationen zusammenhalten, untersucht die Forschung Eigenschaften, wie eine gemeinsame Sprache, eine gemeinsame Kultur, Vergangenheit, Religion oder gemeinsame Interessen, die es erlauben könnten, Menschen einer Nation zuzuordnen. Dem Historiker Eric J. Hobsbawm (1991: 205) zufolge ist eine Nation der Zusammenschluss von Menschen, »von denen man annimmt, sie hätten eine gemeinsame Herkunft, Sprache, Kultur, historische Vergangenheit usw.«. Auf die Zentralität einigender Merkmale geht der Historiker Ernest Renan (1996) schon 1882 in seiner Rede »Was ist eine Nation?« ein, deren Gedanken Nationentheoretiker_innen in den 1980er Jahren aufgriffen. Ihm zufolge bestehen Faktoren, die Nationen zusammenhalten, nicht in ethnischer Zugehörigkeit, einer gemeinsamen Sprache, Religion oder Interessen, sondern in zwei Dingen: »Das eine ist der gemeinsame Besitz eines reichen Erbes an Erinnerungen, das andere ist das gegenwärtige Einvernehmen, der Wunsch zusammenzuleben, der Wille, das Erbe hochzuhalten, welches man ungeteilt empfangen hat« (Renan 1996: 34).[64] Es ist das »reiche Erbe an Erinnerungen«, also die Vorstellung einer gemeinsamen Vergangenheit, und der daraus erwachsende Wille, die Zukunft gemeinsam zu gestalten, die nach Renan dazu führen, dass Menschen sich Nationen zugehörig fühlen.

Auch Benedict Anderson (1996: 51) greift diesen Punkt auf, betont aber im Gegensatz zu Renan, dass das nationale Erbe der Vergangenheit nicht einfach

---

64 Die Auffassung Renans ist unter dem Begriff der »Staatsnation« im Gegensatz zur »Kulturnation« in die Nationenforschung eingegangen, da sie Prinzipien, wie Staatsbürgerschaft, Patriotismus, Souveränität des Volkes und die politische Partizipation jede_s_r Einzelnen, als wichtigste Eigenschaft der Nation betont. Sogenannte Staatsnationen bildeten sich im achtzehnten. und neunzehnten Jahrhundert in Frankreich und Großbritannien heraus (vgl. Kristeva 2001: 188ff.). Im Gegensatz zur Staatsnation definiert sich die Kulturnation mit Johann Gottfried Herder als ihrem Vorreiter über eine mythische Verklärung der angeblich gemeinsamen Vergangenheit eines Volkes, über physische Verwandtschaft, die sich vor allem in der Hervorhebung einer gemeinsamen Sprache manifestiert (vgl. Kristeva 2001: 194ff.). Diese Konzeption eines kulturellen Ursprungs der Nation herrschte vor allem in Deutschland vor, wo die Zersplitterung in Partikularstaaten die Herausbildung einer politischen Vorstellung der Nation erschwerte (vgl. Kristeva 2001: 191ff.). Die Nation, der »Volksgeist« im Sinne Herders, ist in der Kulturnation nicht politisch, sondern mythisch, spirituell und kulturell in der Sprache verankert, und wird mit moralischen Implikationen gedacht (vgl. Kohn 1950: 597ff.; Kristeva 2001: 192; Anderson 1996: 72ff.).

existiert, sondern in und durch Medien hergestellt wird. Anderson zufolge machte erst die Erfindung des Buchdrucks es möglich, Ereignisse aus der Vergangenheit festzuhalten, in eine standardisierte Sprache und Form zu bringen, massenhaft zu verbreiten und damit das Bewusstsein für eine gemeinsame Vergangenheit zu stiften. Anhand des Beispiels der Französischen Revolution beschreibt Anderson (1996: 85f.) dies wie folgt:

> Einmal geschehen eroberte sich die Revolution schnell einen Platz im guten Gedächtnis des Buchdrucks. Die überwältigende Verkettung von Ereignissen, wie sie ihre Vollstrecker und Opfer erfuhren, wurde zu einem ›Ding‹ - mit einem eigenen Namen: die Französische Revolution. Wie ein ungefügter Felsbrocken vom Wasser eines Flusses zu einem runden Stein geschliffen wird, so formten Millionen gedruckter Worte diese Erfahrung zu einem ›Begriff‹ auf den Seiten eines Buches und später dann zu einem Modell. [...] An ihrer ›Dinghaftigkeit‹ konnte danach niemand mehr ernstlich zweifeln.

Durch die gedruckte schriftsprachliche Fixierung im »guten Gedächtnis des Buchdrucks« wurden aus lose verketteten, ungefügten Ereignissen Dinge und Begriffe, auf die sich die nationale Historiografie als gemeinsames Erbe berufen konnte. Die Möglichkeit der Fixierung und massenhafter Verbreitung von Sprache durch Gutenbergs Erfindung machte nach Anderson (1996: 51ff.) das Bewusstsein für eine sprachliche Gemeinschaft erst möglich und schuf darüber hinaus eine »historische Tiefensicht«, da ab der Erfindung des Buchdrucks Ereignisse aus der Vergangenheit festgehalten, in eine standardisierte Form gebracht und Ereignisse einer als zum nationalen Ursprung erhöhten Vergangenheit werden konnten. So konstruierten beispielsweise deutsche Gelehrte bereits im Humanismus unter Berufung auf antike Mythen eine Geschichte der als einheitlich vorgestellten Gemeinschaft der Deutschen, die es als so bezeichnetes Volk noch gar nicht gab. Doch erst der Buchdruck ermöglichte es, diese verklärten Geschichtsdarstellungen in einer einheitlichen Landessprache zu fixieren und zu verbreiten. Als Beispiel sei an dieser Stelle das Buch *Germania* des römischen Schriftstellers Tacitus (1982, orig.: 1470) erwähnt, das 1455 wiederentdeckt wurde und in der deutschen Nationalbewegung für Begeisterung sorgte, da Tacitus darin die Sitten und Gebräuche der Germanen beschreibt. Dadurch galt das Werk als Beweis einer gemeinsamen Abstammung aller Deutschen und wurde mittels des Buchdrucks entsprechend oft vervielfältigt (vgl. Schwarz 2007).[65] Nationen und aus nationalen Bewegungen entstehende Nationalstaaten brauchten folglich die mediale Revolution des Buchdrucks, um ihre Existenz und Geltungsansprüche durch

---

65 Heute wird die Rezeptionsgeschichte kritischer gesehen (vgl. Mertens 2004).

sprachlich fixierte und gedruckte Nationalgeschichten legitimieren zu können. Nationen wurden in und durch Medien vorgestellt.[66]

Wie Anderson (1996: 51) zeigt, sind folglich zwei Faktoren entscheidend in der Herausbildung von Nationen und Nationalstaaten: die Konstruktion einer als gemeinsam gedachten Vergangenheit und Medien, die die Berufung auf eine gemeinsame nationale Vergangenheit erst möglich machen. »[...] [D]er Buchmarkt [verlieh, Anmerkung: S.C.] der Sprache eine neue Fixierung, die auf lange Sicht jenes Bild vergangener Zeiten zu errichten half, das für die subjektive Vorstellung der Nation von zentraler Bedeutung ist.« Neben der Sprache und dem Buchdruck nennt Anderson (1996: 163ff.), nun auf Kolonialstaaten bezogen, drei weitere Medien, die für die Konstruktion von Nationen entscheidend sind: Zensus, Landkarte und Museum. Während Zensus und Landkarte dazu dienten, die beherrschten Menschen und die Geografie des Herrschaftsgebietes zu erfassen, habe das Museum die Aufgabe, »die Legitimität seiner Herkunft (des Staates, Anmerkung: S.C.)« zu sichern (Anderson 1996: 163f.). Indem es Objekte sammelte, kategorisierte und ausstellte, schuf das Museum zusammen mit Landkarte und Zensus »Klassifikationsraster«, deren Wirkung darin bestand, »immer von etwas sagen zu können, daß es dieses und nicht jenes ist, daß es hier an diese Stelle gehört, und nicht an jene« (Anderson 1996: 85). Dadurch produzierte das Museum »eine historische Tiefe« – die Vorstellung einer gemeinsamen Vergangenheit, die die Existenz und Macht von Nationalstaaten legitimieren sollte (Anderson 1996: 187). Dieses Modell historisierender Nationalmuseen verbreitete sich nach der Französischen Revolution von Frankreich ausgehend in Europa, wo es verschiedene Formen annahm (vgl. Poulot 2009: 40ff.; Porciani 2012: 134ff.).[67] Trotz der großen Vielfalt, die Nationalmuseen seit dem neunzehnten Jahrhundert in Europa kennzeichnet, eint sie nach der Historikerin Ilaria Porciani (2012: 130f.) eine

---

[66] Auch Ernest Gellner (1995: 32ff.) formuliert den Gedanken einer kollektiven Identitätsbildung von Nationen durch Medien, ohne den medialen Aspekt explizit zu benennen. Ihm zufolge brachte die gedruckte Schriftsprache eine gemeinsame Kultur hervor, die nicht mehr dem Klerus und dem Adel vorbehalten war, sondern die gesamte politische Gemeinschaft durchdrang und somit ein Gefühl der Zusammengehörigkeit etablierte. Eine wichtige Rolle spielte dabei auch die Einrichtung eines unabhängigen und zentralisierten Bildungssystems durch den Staat, das die entstandene gemeinsame Kultur standardisiert vermittelte. Die Bindung an diese gemeinsame Kultur und über den Mittler des Bildungssystems an den Staat ersetzte Gellner (Gellner 1995: 52ff.) zufolge vorherige Bindungen an Familie, Monarchen und die Feudalgesellschaft, was den Beginn des »Zeitalters des Nationalismus« signalisierte.

[67] Das 1795 gegründete Musée des Monuments Français gilt in der französisch-, englisch- und deutschsprachigen Forschung zu Museen als Modell für nationale Kunst- und Geschichtsmuseen (vgl. Bennett 1995; Poulot 2005a; Carter 2011).

Gemeinsamkeit: die Herstellung einer emotionalen Verbindung zwischen der Vergangenheit und der Gegenwart der Nation und die dadurch erreichte Identifikation mit der Nation.

Verdinglichung nationaler Geschichten und Identitäten im Museum
Die Rolle von Museen in der Herausbildung und Stabilisierung von Nationen und nationalen Identitäten, die Anderson nur kurz und auf den Kolonialstaat bezogen anreißt, führt Sharon Macdonald (2000) weiter aus. Ihr zufolge eignete sich das Museum im neunzehnten Jahrhundert in besonderem Maße für die nationale »Identitätsarbeit« (Macdonald 2000: 126), weil es die Idee einer eigenen Geschichte, Kultur und Identität materialisierte und im wahrsten Sinne des Wortes vor Augen stellte. »Das Museum, das sich bereits als ein Ort zur Zusammenführung bedeutender ›Kulturgegenstände‹ etabliert hatte, wurde prompt vereinnahmt als Ausdruck ›nationaler‹ Identität und des damit verbundenen Begriffs einer ›eigenen Geschichte‹ [...]« (Macdonald 2000: 127). Da sich die vorgestellte Gemeinschaft der Nation nicht auf soziale Beziehungen stützen kann (da, wie Anderson aufzeigt, kein Mitglied alle anderen Mitglieder persönlich kennen kann), muss sie kulturell fundiert sein – in verbindenden symbolischen und medialen Formen, wie Traditionen, Jahrestagen, Monumenten oder Museen (vgl. Macdonald 2000: 126; Evans/Boswell 2002: 2). Insbesondere Museen waren in der Herausbildung des Konzepts einer eigenen nationalen Identität wichtig, weil sie laut Macdonald (2000: 132) daran mitarbeiteten, eine wissenschaftliche und scheinbar objektive Weise des Sehens zu begründen (siehe Kapitel 2.1). Indem sie Dinge zusammentragen, kategorisieren, ordnen und ausstellen, tragen Museen dazu bei, was der Anthropologe Richard Handler (1988: 14, 1985: 195) »objectivation of culture« nennt: die Verdinglichung der Idee, dass Gemeinschaften von Menschen eine eigene Kultur, Geschichte oder Identität haben, deren Existenz durch den Besitz und die Ausstellung von Dingen bewiesen werden kann.[68] Sharon Macdonald (2000: 128) fasst diesen Vorgang der Verdinglichung nationaler Identitäten im Museum zusammen:

> Gegenstände oder Materialien erscheinen uns [...] ganz unmittelbar und sachlich – ›real‹. Kultur und Identität auf diese Weise zu präsentieren – wie es Museen so hervorragend und unter Aufbietung des gesamten Apparates von Provenienzkunde und Expertenwissen tun –, verleiht ihnen eine Selbstverständlichkeit, lässt sie schlichtweg wie Tatsachen erscheinen.

---

68 Der Anthropologe James Clifford (1997: 218f., 1994: 259) beschreibt diese Idee, eine kollektive Identität oder Kultur »zu haben«, die durch gesammelte Dinge bewiesen werden kann, als »having a culture«.

Den Prozess der Verdinglichung trieben Nationalmuseen im neunzehnten Jahrhundert jedoch nicht nur für die als eigen gedachte Kultur und Geschichte voran, sondern auch für als »anders« Konstruierte, von dem sich die europäischen Nationen als überlegen abgrenzten. Das Sammeln und der Besitz von Dingen anderer Kulturen, vor allem in ethnologischen Museen, dienten der Machtdemonstration europäischer Nationen, denn sie zeigten damit, dass sie auch jenseits ihrer Grenzen Herrschaft und Kontrolle ausüben konnten (vgl. Macdonald 2000: 127f.; Clifford 1988, 1994). Die Institution Museum ist deshalb, wie verschiedene Theoretiker_innen unter dem Stichwort der postkolonialen Museologien herausgearbeitet haben, nicht nur mit der Konstruktion nationaler Geschichten und Identitäten verbunden, sondern auch in (post)koloniale Machtbeziehungen eingebettet (vgl. Simpson 1996: 1f.; Martinz-Turek 2009: 157; Kazeem et al. 2009: 172; Thomas 2010: 3). Im Prozess der Entstehung europäischer Nationen spielten Museen neben der Inszenierung der eigenen Kultur und Geschichte auch deshalb eine zentrale Rolle, weil sie der geopolitischen Macht- und Überlegenheitsdemonstration der neu entstehenden Nationalstaaten im Kolonialismus dienten (vgl. Thomas 2010: 3). Nationalmuseen definierten nicht nur, was als das Eigene galt, sondern konstruierten auch davon abgegrenzt Andersheit von Dingen, Praktiken, Kulturen und Menschen. Koloniale Aneignung von Objekten und der Deutungsmacht über Menschen stellen deshalb nach der Kulturtheoretikerin Belinda Kazeem (Kazeem et al. 2009: 172) bis heute einen integralen Bestandteil der Institution (National) Museum dar.

Die Institution des Museums eignete sich also aus zwei Gründen für die Denkbarkeit nationaler Identitäten: Zum einen stattete sie die neu entstehenden Nationen mit einer als eigen gedachten Geschichte und Kultur aus, die durch die physische Präsenz materieller Objekte, sogenannter historischer Objekte (siehe Kapitel 2.3), verdinglicht und damit objektiviert wurden (vgl. Knell 2011: 8ff.). »Das Museum konnte [...] ein steingewordenes Denkmal sein für die Vorstellung von einer eigenen Identität, welche sich nicht zuletzt in einer Sammlung von Objekten manifestierte [...]« (Macdonald 2000: 129). Zum anderen grenzte das Museum im Kontext des Kolonialismus die eigene Nation von einem konstruierten Anderen ab und stellte sie meist als überlegen dar, »als triumphales Endstadium eines stetigen Fortschreitens« (Macdonald 2000: 128). Dabei erzeugte die separierende Darstellung von Kulturen in Ausstellungen ein »Schubladendenken«: »die Vorstellung, dass sich Kulturen fein säuberlich voneinander trennen ließen« (Macdonald 2000: 128).

The contested nation: **Strukturkategorien in Nationalmuseen**
Diese Kategorisierung des museal hervorgebrachten Wissens ist, wie Kapitel 2.1 eingeführt hat, entlang verschiedener mit einander verschränkter Strukturkategorien organisiert. *Gender, Race, Class*, Religion und andere Kategorien beeinflussen, wer als Teil des museumswürdigen Wissens gilt, und welche Menschen, Geschichten, Objekte, Praktiken und Körper unsichtbar bleiben. Auf diese Weise strukturieren sie die Bedeutungsproduktion des Museums. Was feministische und postkoloniale Theorien für Museen allgemein formulieren, lässt sich am Beispiel von Nationalmuseen zuspitzen, denn – wie verschiedene Studien aus Politik- und Geschichtswissenschaften in den letzten Jahrzehnten gezeigt haben – sind die Konzepte Nation und nationale Geschichte selbst entlang verschiedener, miteinander verbundenen Strukturkategorien organisiert. So haben feministische Historiker_innen und Politikwissenschaftler_innen unter dem Stichwort der *Gender History* den gegenderten Charakter der Konzepte Nation und nationale Geschichte herausgearbeitet. Die Herausbildung von Nationen und nationalen Geschichten sind demnach geschlechtlich codiert, das heißt sie bauen auf Vorstellungen von Geschlecht auf (vgl. Smith 1998; Medick/Trepp 1998; Appelt 1999; Epple/Schaser 2009; Hagemann/Quartaert 2008).[69] Andere Studien gehen darüber hinaus und untersuchen, wie auch die Kategorien *Ethnicity/Race, Class* und Religion Vorstellungen von Nationen und nationalen Geschichten organisieren und strukturieren (vgl. Berger/Lorenz 2008; Hogan 2008; El-Tayeb 2016).

Der Studie *Geschlecht, Staatsbürgerschaft, Nation* der Politikwissenschaftlerin Erna Appelt (1999) zufolge war die Voraussetzung für die Entstehung von modernen Nationen die Konstruktion zweier voneinander getrennten Sphären, die geschlechtlich kodiert waren und oftmals heute noch sind: eine männlich konnotierte Öffentlichkeit und eine weiblich besetzte Privatheit (vgl. Appelt 1999: 135). Das hierarchisch verfasste und dichotom gedachte Geschlechterverhältnis ist demnach ein zentrales Organisationsprinzip des politischen Konzepts Nation (vgl. Appelt 1999: 12f.). Für die Herausbildung von Nationen und nationalen Zugehörigkeitsgefühlen spielte, wie von Anderson und anderen Nationstheoretiker_innen herausgearbeitet, die Vorstellung einer gemeinsamen nationalen Geschichte eine zentrale Rolle. Dabei gab sich Nationalhistoriografie meist den

---

69 *Gender History* meint keine einheitliche Schule, sondern eine gemeinsame Fragerichtung nach gegenderten Narrativen und Praktiken, nach Machtbeziehungen innerhalb von Geschichtsschreibung. Karen Hagemann und Maria Teresa Fernández-Aceves (2007) geben einen Überblick zu nationalen Gemeinsamkeiten und Unterschieden im Feld der *Gender History* und beziehen dabei explizit auch oftmals marginalisierte nicht-amerikanische und nicht-englischsprachige Theoretiker_innen ein.

Anschein, die allgemeine Geschichte der gesamten Nation darzustellen. Diese Erzählung einer allgemeinen nationalen Geschichte zu dekonstruieren und auf ihren selektiven und partiellen Charakter hinzuweisen, ist seit rund 35 Jahren das Ziel der *Gender History* (vgl. Epple/Schaser 2009: 7). Für die deutsche Nationalhistoriografie stellt die Historikerin Angelika Schaser (2008: 72f.) fest:

> Was in den Synthesen zur deutschen Geschichte als ›allgemeine Geschichte‹ präsentiert wird, ist Männergeschichte [...]. Geschichtsschreibung hat ein Geschlecht, auch wenn Generationen von Historikern dieses Geschlecht hinter einer vermeintlichen Überparteilichkeit, hinter dem vermeintlich Allgemeinen unsichtbar zu machen suchten.

Die US-amerikanische Historikerin Bonnie G. Smith (2009: 27) erweitert diesen Befund auf Europa und Nordamerika und fügt in intersektionaler Perspektive hinzu:

> By the end of the nineteenth century, modernizing and professionalizing historians first in Europe and then in the United States created historical procedures and theories that privileged white male practitioners and tended to exclude women and minorities.

Wie die Historikerin Maria Grever (2009: 49) zusammenfasst, führte erst die allmähliche Fokussierung von Geschichtsschreibung auf die politische Geschichte des Nationalstaates ab Mitte des neunzehnten Jahrhunderts dazu, dass sich das bis dahin existierende europäisch geteilte Wissen in miteinander konkurrierende nationale Narrative auflöste, die sich zudem meist auf politische Geschichte konzentrierten. Diese Narrative präsentierten sich als »allgemeine« und unparteiliche Erzählungen, waren aber *gender biased*, also nach *Gender* und damit verwobenen Strukturkategorien codiert: Die Professionalisierung der Geschichtswissenschaft und die zunehmende Ausrichtung auf den nationalen Bezugsrahmen führte zum weitgehenden Ausschluss und zur Abwertung von anderen als weißen und männlichen Stimmen und Erfahrungen in der Geschichtswissenschaft (vgl. auch Kraft 2009: 98; Epple/Schaser 2009: 8). Dabei war nicht nur *Gender* eine ordnende Kategorie, sondern auch *Race*. So ist beispielsweise die Idee eines bestimmten eigenen Charakters verschiedener Nationen weit verbreitet. Diese Idee begründeten Nationalhistoriografien des neunzehnten Jahrhunderts auf dem Konzept einer gemeinsamen Abstammung der Nation von vorhistorischen Stämmen, wie zum Beispiel den Germanen, die rassisch-ethnisch gedacht wurden (vgl. Leerssen 2008: 81). »As European historians turned towards national histories [...] they embedded that nation's identity increasingly in tribal roots and cultures [...]. Historians became the avant-garde of racial thought« (Leerssen 2008: 79). *Ethnicity/Race* stellt damit nach dem Historiker Joep Leerssen (2008: 76) eine fundamentale

Ordnungskategorie für Nationen und nationale Geschichten dar.[70] »Dieser nationalgeschichtlichen Ausrichtung lag bis in die 1970er Jahre unwidersprochen [...] die historiographische Zentralperspektive weißhäutiger Mittelschichtsmänner zugrunde«, spitzt die Historikerin Karin Hausen (1998: 34) diesen Befund zu.

Dass, wie Vertreterinnen der *Gender History* bewusst provokant formuliert haben, allgemeine Geschichte weiße Männergeschichte sei, bedeutet jedoch nicht nur, dass sie vor allem von Männern geschrieben wird und darin überwiegend weiße Männer als Akteure vorkommen. Strukturkategorien wie *Gender* und *Race* sind nicht nur wirksam in Bezug auf die Frage, wer Geschichte schreibt und wer darin vorkommt, sondern sie prägen dadurch auch Vorstellungen der Nation in der Gegenwart. Das zeigt sich beispielsweise an der konsequenten Auslassung von Schwarzen Deutschen und anderen People of Color aus Darstellungen deutscher Geschichte, sowie an der daraus resultierenden, bis heute weit verbreiteten Annahme, deutsch sein hieße weiß sein (vgl. El-Tayeb 2016; Oguntoye 1997).

Auf die Bedeutsamkeit der Strukturkategorie *Race* für die Herstellung nationaler Gemeinschaften weist der Philosoph Étienne Balibar (1990b: 118f.) mit dem Konzept der *fiktiven Ethnizität* hin. Damit beschreibt er, dass nationale Gemeinschaften nichts Natürliches, Ursprüngliches sind, sondern durch eine gemeinsame Sprache und Rassifizierungsprozesse hergestellt werden. *Rassifizierung* ist die deutsche Übersetzung des englischen Begriffs *Racialization*, der auf den Soziologen Robert Miles zurückgeht. Dieser verwendet den Term »to refer to those instances where social relations between people have been structured by the signification of human biological characteristics in such a way as to define and construct differentiated social collectivities« (zitiert nach Anthias/Yuval-Davis 1992: 11). Die Begriffe *Rassifizierung* und *Racialization* machen deutlich, dass es keine »Rassen« von Menschen gibt, sondern dass *Race* ein soziales Konstrukt benennt. Dieses dient dazu, aufgrund vermeintlich neutral beschreibbarer körperlicher Merkmale Zugehörigkeiten zu einer Gruppe zu definieren oder zu rechtfertigen (vgl. Anthias/Yuval-Davis 1992: 2; El-Tayeb 2015: 18, siehe Kapitel 2.1). Der Begriff betont weiterhin die Prozesshaftigkeit dieser Konstruktion: Er bezeichnet den Prozess der *Rassifizierung*, in dem Menschen und Gruppen aufgrund der Strukturkategorie *Race* als Andere markiert werden (vgl. El-Tayeb 2015: 7). So hat zum Beispiel das DHM in Berlin den Anspruch, »einen möglichst umfassenden Überblick über die ganze deutsche Geschichte von den Anfängen bis zur Gegenwart«

---

70 Leerssen (2008: 80) spricht von *Ethnicity* und folgt damit dem Trend im Wissenschaftsdiskurs, *Race* mit *Ethnicity* zu ersetzen (siehe Kapitel 2.1). Er stellt aber klar, dass die Begriffe »Nation«, »Volk«, »Ethnie« und »Rasse« im neunzehnten Jahrhundert fast synonym verwendet wurden, er also mit der Kategorie *Ethnicity* auch *Race* meint.

(Stölzl 1988: 311) darzustellen, zeigt aber fast ausschließlich Politikgeschichte und deshalb kaum andere Akteur_innen als weiße Männer. Andere Menschen, wie Frauen, Muslime_a oder People of Color, werden aufgrund körperlicher Merkmale oder Religion rassifiziert und aus der inszenierten Gemeinschaft ausgeschlossen (siehe Kapitel 3.1.3). Auf diese Weise strukturieren Kategorien wie *Gender* und *Race* nicht nur Konstruktionen nationaler Vergangenheiten, sondern auch Vorstellungen nationaler Gemeinschaften in der Gegenwart. Nationen sind deshalb, so die Soziologin Jacqueline Hogan (2008: 1)

> [...] almost inevitably gendered and racialized. That is, the icons, experiences, traits, and contexts central to notions of nation-ness come to be symbolically linked to individuals and groups with distinct gender and ethnoracial identities. The imagined community is, in other words, a community of flesh and blood.

Neben *Gender* und *Race* sind für die Konstruktion von Nationen und nationaler Geschichten in Europa der breit angelegten Studie *The Contested Nation* der Historiker Stefan Berger und Chris Lorenz (2008) auch die Kategorien *Class* und Religion essentiell, da sie mitbestimmen, wer zur sogenannten allgemeinen nationalen Geschichte gehört und wer nicht. Auch wenn die Beziehungen zwischen diesen Kategorien und der Vorstellung von Nationen hochkomplex und divers sind und man kaum verallgemeinernde Aussagen über alle europäischen Nationen treffen kann, arbeiten die Einzelstudien in diesem auch gemeinsame Tendenzen heraus und zeigen, dass diese vier Kategorien (*Gender, Race, Class,* Religion) für die Entstehung der vorgestellten Nationalgemeinschaften fundamental waren.[71] So waren beispielsweise, vereinfacht gesprochen, europäische Nationen oftmals christlich gedacht und grenzten sich von anderen Religionen nach außen (Islam) und innen (Judentum) ab (vgl. Kennedy 2008: 124f.). Ebenso dienten nationale Narrative einer gemeinsamen Geschichte oft dazu, soziale Ungleichheiten, Brüche und Kämpfe zu glätten. Arbeiter_innen waren lange Zeit nicht Teil des nationalen Narrativs einer gemeinsamen Geschichte, denn sie stellten aufgrund des Kampfes gegen herrschende Klassen und aufgrund des alternativen Konzepts für Gemeinschaft, das sie jenseits der Nation anboten, eine potentielle Bedrohung der einigenden nationalen Meistererzählung dar. Stattdessen wurden sie als Negativfolie für die integrierende Nationalerzählung benutzt. Erst später wurden sie in die Erzählung der nationalen Geschichten integriert (vgl. Deneckere/Welskopp 2008).

---

71 Auch die Historikerin Fatima El-Tayeb (2015) zeigt, dass es europaweit wirksame Exklusionsmechanismen gibt. Sie konzentriert sich vor allem auf die Kategorien *Race* und *Gender*.

Für die Vorstellbarkeit von Nationen und nationalen Geschichten spielen Museen, wie zu Beginn dieses Kapitels gezeigt, eine zentrale Rolle. Die Nationalmuseen des neunzehnten Jahrhunderts materialisierten und legitimierten mit ihren Sammlungen und Ausstellungen die Idee einer gemeinsamen nationalen Geschichte. Diese Idee einer gemeinsamen Geschichte der Nation ist jedoch, wie weiter gezeigt, entlang verschiedener, miteinander verflochtener Strukturkategorien (*Gender, Race, Class* und Religion) organisiert und produziert entlang dieser Kategorien Ein- und Ausschlüsse. Auch wenn heutige Nationalmuseen weit entfernt sind von der selbstgewissen Feier der Größe, des Ruhmes und der Überlegenheit der Nation, die ihre Vorgänger im neunzehnten Jahrhundert kennzeichnete (vgl. Baur 2009: 60), so sind diese Strukturkategorien auch heute noch wirksam in Museen (vgl. Muttenthaler/Wonisch 2006). Das lässt sich insbesondere in Nationalmuseen beobachten, denn die Nation und nationale Geschichte beruhen, wie oben gezeigt, auf dichotom und hierarchisch gedachten Vorstellungen von Männlichkeit und Weiblichkeit, Eigenem und Anderem, die entlang der genannten Kategorien konstruiert werden.

In Bezug auf zunehmende Bemühungen, Geschichte nicht mehr vorwiegend als nationale, sondern als transnationale zu erzählen, äußern feministische Historiker_innen wie Angelika Epple und Angelika Schaser die Hoffnung, das Überschreiten des nationalen Rahmens in der Geschichtsschreibung könne zu einer Neuverhandlung der genannten Ein- und Ausschlüsse führen. Durch die Öffnung des historiografischen Bezugsrahmens könnten sich Historiker_innen Kategorien, nach denen (National-)Geschichte organisiert ist, bewusst werden, und sie in transnationalen Historiografien offenlegen, das heißt zur Diskussion stellen: »Transnational [...] history should not, however, deal only with anonymous structures and processes that again claim to be ›general‹ and gender neutral [...]. Transnational history [...] that emphasizes the structuring power of gender and other historical categories seems to offer a promising challenge.« (Epple/Schaser 2009: 15)

Für die vorliegende Studie stellen sich deshalb die folgenden zwei Fragen: Welche Strukturkategorien sind erstens in Nationalmuseen wirksam, die sich zum Ziel setzen, den nationalen Bezugsrahmen zu übertreten? Wenn der Konstruktion von Nation und nationalen Geschichten »die historiographische Zentralperspektive weißhäutiger Mittelschichtsmänner« (Hausen 1998: 34) zugrunde liegt – nach welchen Kategorien sind dann Europa und seine (oder ihre?) Geschichten organisiert? Und zweitens: Wie dieses Kapitel gezeigt hat, waren die in Museen gesammelten und gezeigten Dinge zentral für die Denkbarkeit von Nationen, nationalen Geschichten und Identitäten. Das Konzept originaler, authentischer, historischer Dinge, das Kapitel 2.3 erarbeitet hat, war fundamental für die Entstehung von Nationen als vorgestellten Gemeinschaften, da sich die Idee, eine nationale Identität zu haben, in diesen Dingen materialisierte. Es stellt sich deshalb die Frage, was Nationalmuseen ausstellen, die es sich zum Ziel setzen, den Bezugsrahmen der Nation zu überschreiten und neue, europäisch ausgerichtete Narrative zu schaffen und zu legitimieren. Bevor die Fallstudien diese Fragen untersuchen, schildert das folgende Kapitel diese Öffnung von Nationalmuseen auf Europa und konzipiert sie als Europamedien.

2.6 Museum und Europa: Museen als Europamedien

»Als eine Gemeinschaft demokratischer Nationen stützt sich die EU auf grundlegende Werte, Normen und Überzeugungen, die auf dem Weg gemeinsamer historischer Erfahrungen erarbeitet worden sind«, schreibt der Direktor des Europäischen Solidarność Zentrum in Gdańsk Basil Kerski (2012: 115f.) zwei Jahre vor der Eröffnung des Museums, und fügt hinzu: »Aus der europäischen Perspektive ist das ECS eines der wichtigsten Projekte, die den Beitrag Polens zum Aufbau [...] einer gemeinsamen historischen Erfahrung dokumentieren«. Europa, hier verstanden als die EU, ist in dieser Sichtweise nicht nur eine politische und ökonomische, sondern eine Gemeinschaft mit kollektiven historischen Erfahrungen und geteilten Werten. Erklärtes Ziel des neuen Museums ist es, den Beitrag Polens zu dieser Gemeinschaft zu zeigen, und mehr noch: Die polnische Gewerkschaft Solidarność wird als Teil des »Gründungsmythos Europas« verstanden und soll deshalb im »Gedächtnis der Europäer_innen« verankert werden, so der Direktor im Katalog zur Dauerausstellung: »We want to keep the Solidarity experience well within the memory of Poles and Europeans, so that in the community of European democracies it is seen as an important part of Europe's founding myth« (Kerski et al. 2014: 4). Europa hat in dieser Perspektive nicht nur ein kollektives Gedächtnis, sondern auch eine Identität, an der das ECS mitarbeiten will. Ziel des ECS sei es, so seine Website (ECS o. J. c) »to actively take part in the building of the European identity and new international order«.

Die museale Historiografie wird hier als Mittel zur kollektiven Identitätsstiftung und -stärkung verstanden (siehe Kapitel 2.4) und sogleich europäisch gerahmt. Die ausgestellte Geschichte wird als Teil einer gemeinsamen europäischen Geschichte inszeniert, die laut dem Museumsdirektor dazu führe, dass Europa keine rein wirtschaftliche und politische, sondern auch eine Werte- und Normengemeinschaft mit einer gemeinsamen Identität sei. Osteuropäische und insbesondere polnische Erfahrungen, so Kerski, fehlten bisher meist im »Gedächtnis der Europäer_innen«, weshalb es neuer Einrichtungen wie dem ECS bedürfe, um diesen Erfahrungen einen Platz im »Gründungsmythos Europas« zu verschaffen. Das ECS soll mit seiner Arbeit und seinen Ausstellungen den Beitrag

Polens zu dieser gemeinsamen Geschichte Europas hervorheben und damit die angenommene europäische Identität stärken.

Auch wenn die hier untersuchten Museen sehr unterschiedliche Versionen von Europa, europäischer Geschichte und europäischer Identität entwerfen, so eint sie doch die oben skizzierte Europäisierungsrhetorik: Es handelt sich um Nationalmuseen – jene Institutionen, die in Europa seit dem neunzehnten Jahrhundert gegründet werden, um die Idee von nationalen Geschichten und Identitäten in materiellen Dingen vor Augen zu führen (siehe Kapitel 2.5) –, die den bisher dominanten Bezugsrahmen der Nation übertreten und Europa als weiteren Rahmen der musealen Historiografie wählen. Als historiografische Medien entwerfen sie damit Bilder, Topoi und Narrative europäischer Geschichte und des heutigen Europas, seiner Kultur und Identität. Sie sind Medien, die Vorstellungen von Europa erschaffen. Um diese Medienabhängigkeit von Europäisierungsprozessen herauszustellen, entwirft das folgende Kapitel Europäisierung als mediale Praxis und entwickelt darauf aufbauend den für diese Studie zentralen Begriff der Europamedien. Um die drei in dieser Studie untersuchten Fälle in einen weiteren Kontext einordnen zu können, beschreibt das Kapitel darüber hinaus die zunehmende Europäisierung von Museen in Europa sowie Diskurse zur europäischen Identität, auf die sich die drei Museen beziehen. Schließlich geht es in diesem Kapitel darum, das konstruktivistische und nicht-essentialistische Verständnis von Europa, europäischer Geschichte und Identität zu erklären, das dieser Studie zugrunde liegt.

Europamedien: Europäisierung als mediale Praxis

Der Begriff »Europäisierung« kommt aus der Politikwissenschaft und bezeichnet die Auswirkungen der Politik der europäischen Institutionen und ihrer Gesetzgebung auf die EU-Mitgliedsstaaten (vgl. Radaelli 2000: 8; Schuppert 2005: 24f.; Kaiser et al. 2012: 12). Entgegen diesem politik- und rechtswissenschaftlichen Verständnis des Begriffs, der Europäisierung als Top-Down-Prozess begreift, folge ich in dieser Studie einem Ansatz, der Europäisierung als kulturelle Praxis des »europäisch Machens« entwirft (vgl. Kaiser et al.: 2012: 13; Shore 2000: 1ff.). Dieser Ansatz geht davon aus, dass nicht nur Gesetzestexte und politische Vorschriften Vorstellungen von Europa und europäisch entwerfen und verbreiten, sondern auch kulturelle Diskurse und Praktiken. Arbeiten, die Europäisierung als kulturelle Praxis verstehen, fragen nach der Konstruktion einer spezifisch europäischen Kultur und Geschichte durch verschiedene Akteur_innen, wie zum Beispiel EU-Beamt_innen, Politiker_innen auf europäischer, staatlicher und regionaler Ebene, Historiker_innen, NGOs, Schulbücher, Schulbücher oder die gemeinsame Währung (vgl. Kaiser et al. 2012: 14f.). Europäisierung meint in dieser Perspektive einen multidirektionalen Prozess mit verschiedenen staatlichen, gesellschaftlichen, individuellen und medialen Akteur_innen.[72]

Auf der Basis dieses Ansatzes und gleichzeitig über ihn hinausgehend verstehe ich Europäisierung nicht nur als kulturelle, sondern vor allem als mediale Praxis. Denn jeder Entwurf dessen, was Europa und europäisch ist, braucht notwendigerweise eine mediale Grundlage, um überhaupt wahrnehmbar und wirksam zu sein, so zum Beispiel Schulbücher, Landkarten oder die gemeinsame Währung der EU. Dinge, Akteur_innen und Institutionen, die Bilder oder Narrative von Europa entwerfen, bezeichnet der Anthropologe Cris Shore (2000: 26) als *agents of European consciousness*: »[...] all those actors, actions, artefacts, bodies, institutions, policies and representations which, singularly or collectively, help to engender awareness and promote acceptance of the ›European idea‹.« *Agents of European consciousness* sind nach Shore alle diejenigen Akteur_innen, Institutionen und Repräsentationen, die Ideen von Europa entwerfen, sichtbar machen und in Umlauf bringen, so zum Beispiel EU-Institutionen, EU-Beamt_innen, das einheitliche Maßsystem, die gemeinsame Währung, Austauschprogramme für Studierende, Städtepartnerschaften oder Symbole wie eine gemeinsame Flagge oder Hymne. All diese *agents* tragen dazu bei, wie Menschen Europa wahrnehmen und wie sie sich selbst dazu verorten: als Teil der inszenierten Gemeinschaft oder nicht.

Das Konzept der *agents of European consciousness* betont, dass Prozesse der Europäisierung symbolische und materielle Manifestationen brauchen, um wahrnehmbar, kommuniziert und wirksam werden zu können. So tragen nach Shore (2000: 13ff.) beispielsweise die Motive auf den Münzen und Geldscheinen der gemeinsamen Währung Euro, die offizielle Hymne der EU sowie die standardisierte Gestaltung der Pässe von EU-Bürger_innen dazu bei, die Idee Europa greifbar zu machen, zu verbreiten und zu legitimieren. Europäisierung ist deshalb, so mein Argument, nicht nur eine kulturelle, sondern eine mediale Praxis: Sie braucht Medien, die Ideen von Europa schaffen und zirkulieren lassen. Was Shore *agents of European consciousness* nennt, bezeichne ich deshalb als

---

[72] Dabei ist es wichtig, in der Analyse von Europäisierungsprozessen Europa und europäisch nicht synonym mit der EU zu verwenden. Europäisierung kann zwar nicht abseits der politischen und wirtschaftlichen Integration von Nationalstaaten in der Europäischen Union gedacht werden, sie geht aber nicht in ihr auf (vgl. Kaiser et al. 2012: 13). Die analytische Differenzierung zwischen Europa und EU ist für die Analyse von Europäisierungsprozessen essentiell, weil sie erlaubt, auch Europakonzepte in den Blick zu nehmen, die nicht die EU thematisieren oder über sie hinausgehen. So können Konstruktionen Europas und europäischer Geschichte über die Grenzen der EU hinausgehen und in Zeiten zurückreichen, in denen die EU noch nicht existierte, wie sich in allen drei Fallstudien zeigen wird.

Europamedien: all jene Akteur_innen, Institutionen und Dinge, die Vorstellungen von Europa und europäisch hervorbringen, verhandeln und verbreiten.[73] Europamedien sind Medien, die – meist im Zusammenspiel mit anderen Medien – etwas als europäisch entwerfen und damit Narrative Europas schaffen. Da die hier untersuchten Museen das Ziel eint, den nationalen Referenzrahmen zu übertreten und sich auf Europa und europäische Geschichte zu öffnen, bezeichne ich sie als Europamedien und frage danach, wie sie Europa entwerfen. Dabei konzipiere ich die untersuchten Museen als multimediale Europamedien, da sie in ihren Ausstellungen selbst mit verschiedenen Medien arbeiten (siehe Kapitel 2.2). Als Europamedien bezeichne ich also sowohl die untersuchten Museen, als auch die Dinge, die in den Dauerausstellungen Europa inszenieren. Ich untersuche Nationalmuseen *als* Europamedien, und Europamedien *in* Nationalmuseen: all jene Dinge, die in Konstellationen mit anderen Europa und europäische Geschichte inszenieren.

Aufbauend auf dem dieser Studie zugrunde liegenden Medienbegriff (Kapitel 2.2) richtet sich die Frage nach Nationalmuseen als Europamedien, nicht primär danach, was Europamedien im Sinne einer stabilen Definition sind, sondern darauf, was sie tun: Europamedien bilden Europa nicht ab, sondern sie bringen Vorstellungen von Europa und europäisch Sein erst hervor. Europamedien eint, dass sie Europa performativ inszenieren. Welche medialen Konstellationen als Europamedien arbeiten, lässt sich deshalb nur in konkreten Situationen analysieren, die nicht ohne weiteres auf andere Kontexte übertragbar sind. Europamedien sind keine ahistorischen Gebilde, die in jeder Situation dieselben Effekte haben, sondern etwas wird zum Europamedium, weil es in einer konkreten Situation Vorstellungen von Europa formt. In diesem Sinne geht mir beispielsweise nicht darum, Landkarten generell als Europamedien in Museen zu konstatieren, sondern darum, zu zeigen, wie spezifische Landkarten in konkreten Ausstellungssituationen und medialen Kontexten als Europamedien handeln, indem sie im Zusammenspiel mit anderen Medien, wie zum Beispiel Tabellen,

---

73 Was die beiden Begriffe *agents of European consciousness* und »Europamedien« eint, ist die Einsicht in die Handlungsmacht nicht-menschlicher Akteur_innen (siehe Kapitel 2.2). Dieser Gedanke geht auf die Akteur-Netzwerk-Theorie zurück, die sich seit den 1980er Jahren entwickelt hat (vgl. Schüttpelz 2013: 9ff.). Auch wenn Shore (2000) sich nicht explizit auf die Akteur-Netzwerk-Theorie bezieht, lässt sich sein Begriff der *agents of European consciousness* und insbesondere die Betonung der Handlungsmacht von nicht-menschlichen Akteur_innen wie Flaggen, Hymnen, Währungen oder Schulbüchern, als von dieser Theorie beeinflusst verstehen. Wie sich die Ansätze der Akteur-Netzwerk-Theorie für medienwissenschaftliche Forschungen nutzen lassen, untersucht die sogenannte Akteur-Medien-Theorie, die beide Begriffe – *agents* und Medien – zusammendenkt (vgl. Thielmann/Schüttpelz 2013).

bestimmte Bilder, Topoi und Narrative Europas hervorbringen und Europa damit wahrnehmbar machen.

Im Gegensatz zum Begriff der *agents of European consciousness* hebt der Begriff Europamedien erstens die Medienabhängigkeit jeglicher Europakonstruktion hervor. Aufbauend auf dem in Kapitel 2.2 entwickelten Medienbegriff betont er zweitens, dass die medialen Eigenschaften von Europamedien mit daran arbeiten, was überhaupt als Europa und europäisch gelten kann. So erzeugen beispielsweise Landkarten und Tabellen oftmals ein Bild von Europa, das Europa zunächst als Ganzes, als Einheit vorstellt, die bei näherer Betrachtung jedoch in einzelne nationale Einheiten zerfällt, die miteinander verglichen werden (siehe Kapitel 3.1.3.2).

Europa existiert damit nicht als stabile Größe mit bestimmten, definierbaren Eigenschaften, sondern wird in Europamedien immer wieder neu hervorgebracht und ausgehandelt. Um diesen nicht-essentialistischen, medialen Konstruktionsprozess zu beschreiben, verstehe ich »Europa« und »europäisch« in Anlehnung an Astrid Erll als Schemata.[74] Der Begriff kommt aus der kognitiven Psychologie und meint »patterns and structures of knowledge on the basis of which we make assumptions regarding specific objects, people, situations and the relations between them. Schemata reduce real-world complexity and guide perception and remembering« (Erll 2014: 31f.). Das Schema »Europa« organisiert demnach, woran Menschen denken, wenn sie das Wort »Europa« hören oder lesen, welche Bilder, Geschichten oder Personen ihnen in den Kopf kommen. Schemata entstehen nach Erll (2014: 32) in komplexen, multimedialen und kulturspezifischen Prozessen aus verschiedenen Elementen.

Es gibt sowohl visuelle als auch sprachliche Schemata. Visuelle Schemata entstehen durch Visualisierungen, die durch weite Verbreitung und Reproduktionen zu wiedererkennbaren, ikonischen Bildern werden (Ikonisierung).[75] So folgt

---

[74] In der bisherigen Forschung zu Museen und Europa finden sich hierfür verschiedene Termini: Die Museologin Marie Louise von Plessen (2007) spricht von der »Idee Europa« im Museum, der Historiker Georg Kreis (2008) von »Europa als Museumsobjekt«, und das bisher größte Forschungsprojekt zur Europäisierung von Museen in Europa, die Studie von Kaiser et al. (2012), verwendet die Begriffe »Europakonstruktionen« (Kaiser et al. 2012: 13) und »Narrative« (Kaiser et al. 2012: 138ff.). Ich wähle den Begriff des Schemas, weil er im Gegensatz zu den anderen Termini wiederum in visuelle und sprachliche Schemata unterteilt wird und damit die verschiedenen Medien und ihre Medialitäten in den Blick nimmt, die zur Entstehung eines Schemas beitragen (siehe folgender Abschnitt).

[75] Der Politikwissenschaftler Claus Leggewie (nach Erll 2014: 42–43) definiert Ikonisierung wiefolgt: »Ikonisierung stellt eine zugespitzte Visualisierung dar: Ein Sachverhalt oder Vorgang wird besonders prägnant und nachhaltig dargestellt, womöglich mit einer Aura umgeben. Dar-

beispielsweise die Darstellung Europas auf Landkarten in den hier untersuchten Museen einer weit verbreiteten und bekannten Form, die Europa auf den ersten Blick wahrnehmbar und wiedererkennbar macht, ohne dass dies sprachlich gerahmt sein muss (siehe Kapitel 3.1.3.1 und 3.2.3). Sprachliche Schemata unterscheidet Erll (2014) wiederum in Topoi und Narrative, die durch Topisierung und Narrativisierung entstehen.[76] Der Begriff Topoi meint feste Denk- und Ausdrucksschemata, die oftmals die Form von Phrasen oder Metaphern annehmen und damit ein bestimmtes Thema so verdichten, dass es schnell begreifbar wird (vgl. Erll 2014: 43).[77] So endet beispielsweise die Dauerausstellung des Europäischen Solidarność Zentrums in Danzig mit dem Topos von Europa als »Triumph der Freiheit« (siehe Kapitel 3.2.3.2). Das Narrativ schließlich bezeichnet die Erzählung, die durch das Zusammenfügen heterogener Elemente (zum Beispiel Bilder und Topoi) zu einem kontinuierlichem Ganzen entsteht (vgl. Erll 2014: 43f.; Fulda 2014: 1). »Unter dem Begriff der ›Narrativisierung‹ ist jener Prozess zu verstehen, durch den aus der Vielfalt des unübersichtlichen Geschehens Gegenstände ausgewählt und in einer temporalen und kausalen Sequenz verortet werden. Diese Operationen reduzieren Komplexität und stiften Sinn.« (Erll 2007: 27)[78] Im Zuge

---

auf deutet die Herkunft des Begriffs Ikone hin, die ursprünglich ein transportables Kultbild mit biblischen Szenen war [...]. Ikonen mobilisieren Affekte, binden öffentliche Aufmerksamkeit und modellieren individuelle und kollektive Erinnerungen. Sie können dies, weil sie besonders intensiv, häufig, dauerhaft und breit gestreut gezeigt werden, sich damit auf Grund ihres raschen Wiedererkennungspotenzials aus einer gewaltigen Menge von Bildern herausheben und dabei auch soziale, politische und kulturelle Grenzen überschreiten.«

76 »Die Begriffe der ›Topisierung‹ und ›Ikonisierung‹ beschreiben in gewisser Weise eine Gegenbewegung zum Prozess der Narrativisierung: Beide Formungsverfahren stellen den erzählerisch konstruierten zeitlichen Ablauf still und komprimieren die in der Narration potentiell weit entfaltbaren Zusammenhänge, die ein Ereignis konstituieren. Topisierung bezeichnet die äußerste begriffliche Verdichtung des Geschehens zu Gemeinplätzen; der Begriff der Ikonisierung bezieht sich auf die Generierung visueller Topoi. Ikonen und Topiken können als narrative Abbreviaturen oder als kulturelle *cues* (Abrufhinweise) begriffen werden, die zwar einerseits komplexe Erzählungen verdichten, jedoch auch andererseits die mit den kulturellen Narrativen vertrauten Rezipienten dazu anregen können, diese Kerne erzählerisch zu entfalten.« (Erll 2007:27f.)

77 Zur Geschichte des Begriffs »Topos« und seiner Wiederentdeckung in der neueren kulturwissenschaftlichen Gedächtnisforschung vgl. Erll 2005: 64ff.

78 Narrative stellen seit ungefähr 70 Jahren einen Forschungsgegenstand dar, werden jedoch insbesondere seit des *narrative turns* in den 1980er Jahren in verschiedenen wissenschaftlichen Disziplinen vermehrt untersucht (Ethnologie, Jura, Medizin und anderen) (vgl. Ryan 2005: 344). Insbesondere in der Geschichtswissenschaft haben Narrativitätstheorien, vor allem die von Hayden White (1991b, orig: *Metahistory. The Historical Imagination in Nineteenth-Century Europe*, 1973), zu Debatten um das Ziel von Geschichtsschreibung, um Objektivität und Geltungsanspruch historischer Forschung geführt (vgl. Lorenz 1997: 127ff.).

des *narrative turns* der 1980er Jahre in den Geisteswissenschaften, also der Einsicht in die zentrale Stellung von Erzählungen für menschliche Erfahrungen, Wirklichkeitskonstruktionen und Geschichtsbewusstsein,[79] erfuhr der Begriff eine semantische Erweiterung. Narrative finden sich demnach nicht nur in literarischen Formen und nicht nur in Texten, sondern auch in anderen Formen wie zum Beispiel in Denkmälern oder Symbolen (vgl. Rüsen 1994: 10; Ryan 2005: 344). Auch museale Ausstellungen sind narrativ verfasst, insofern sie verschiedene Elemente auswählen und so anordnen, dass sich eine mehr oder weniger kontinuierliche Geschichte mit Anfang und Ende ergibt. Die Elemente, die Ausstellungen zu einem oder mehreren Narrativen zusammenfügen, können dabei sowohl bildlicher, sprachlicher als auch nicht-bildlicher und nicht-sprachlicher Art sein; Ikonisierung, Topisierung und Narrativisierung finden somit in Museen gleichzeitig statt. So entsteht das Schema Europa in den hier untersuchten Museen dadurch, dass in den Ausstellungen unterschiedliche Europamedien wie Landkarten, Tabellen, filmische Bilder, Texte, Pflanzen und Touchscreens zusammengestellt werden, die jeweils eigene Bilder, Topoi und Narrative Europas hervorbringen.

Der in diesem Abschnitt entwickelte Begriff der Europamedien dient dazu zu beschreiben, was diese heterogenen Dinge und die Museen, die sie ausstellen, tun: Sie bringen Bilder, Topoi und Narrative Europas hervor, aus denen die Schemata Europa und europäisch entstehen. Durch ihre Medialität arbeiten sie mit daran, was als europäisch gilt. Als zentral für die mediale Inszenierung Europas in und durch Europamedien erweisen sich Geschichte und Historiografie, da, wie in Kapitel 2.4 ausgeführt, die Vorstellung einer gemeinsamen Vergangenheit fundamental ist für die Konstruktion von Gemeinschaft. So schenkt auch Cris Shore (2000: 56ff.) in seiner Studie zur Kulturpolitik der EU denjenigen *agents of European consciousness* besondere Aufmerksamkeit, die sich mit Geschichtsschreibung aus europäischer Perspektive befassen. »But what exactly does history look like from the ›European perspective‹?«, fragt er und untersucht von der EU subventionierte Geschichtsbücher und Videos zur europäischen Geschichte (vgl. Shore 2000: 57). Neben allgemeinen Geschichtsbüchern stehen insbesondere Schulbücher zur Geschichte Europas im Zentrum der Forschung zu kulturellen Europäisierungsprozessen (vgl. Pingel 1995; Sakki 2014). Doch auch Museen sind wichtige Europamedien, da sie, wie in Kapitel 2.4 gezeigt, nicht nur Deutungen

---

[79] Der Geschichtstheoretiker Hayden White (1990: 11) bezeichnet aufbauend auf Roland Barthes Erzählungen als »menschliche Universalie« und der Historiker Jörn Rüsen (1994: 10) hält den Befund fest: »Geschichtsbewußtsein äußert sich daher immer in narrativ verfaßten sprachlichen Gebilden.«

der Vergangenheit anbieten, sondern kollektive Identitäten für die Gegenwart und Zukunft entwerfen. Damit handeln sie auch aus, was Europa heute heißen könnte.

Europa ausstellen. Die Europäisierung von Museen
Wie in Kapitel 2.5 herausgearbeitet, sind die Institution des Museums und die Nation eng miteinander verbunden: Im neunzehnten Jahrhundert wurden Museen gegründet, um die *imagined community* (Anderson 1996) zu stärken und ihre materiellen Errungenschaften vor Augen zu führen. In Museen materialisierte sich die Idee, eine nationale Geschichte und Kultur zu haben. Das Überschreiten dieses nationalen Bezugsrahmens stellt nicht nur eine aktuelle Herausforderung für die Geschichtswissenschaften dar,[80] sondern auch für die zeitgenössische europäische Museumslandschaft. Die Europäisierung von Museen bedeutet deshalb eine fundamentale Wende in der Museumsgeschichte, die sich in Europa seit Ende der 1980er Jahre beobachten lässt (vgl. Mazé 2013a: 491). Der Begriff »Europäisierung« meint dabei, wie im vorangegangenen Abschnitt entwickelt, das »europäisch Machen« von Museen, Sammlungen und Ausstellungen in Wechselwirkung mit Diskursen über Europa in anderen Bereichen wie Politik, Wirtschaft und Wissenschaft (vgl. Kaiser et al. 2012: 17).

Dabei umfasst die Europäisierung von Museen sowohl die Neugründung von sogenannten Europamuseen (vgl. Mazé 2008, 2013a; Beier-de-Haan 2005; Grigoleit 2005; Colardelle 2002b; Imhof 2008; von Plessen 2007; Charléty 2004; Rigney 2014; de Cesari 2017) wie zum Beispiel des House of European History (2017) oder des Musée de l‹Europe in Brüssel (2007), als auch die Überarbeitung oder Transformation bestehender Museen, wie beispielsweise des ethnologischen Nationalmuseums Frankreichs in das MuCEM in Marseille. Die Europäisierung von Museen meint darüber hinaus auch die Vernetzung europäischer Museen in transnationalen Netzwerken, zum Beispiel im 2000 gegründeten Netzwerk der Europamuseen (vgl. Mazé 2008: 110f.).[81] Europäisierung betrifft

---

80 Vgl. beispielsweise Pernau 2011; Arndt et al. 2011; Stourzh 2002; Werner 2002; Berger 2006; Patel 2010; Middell 2007.
81 Es existiert keine einheitliche Definition des Begriffs »Europamuseum«, sondern mehrere Varianten, die sich ähneln. So bezeichnet »Europamuseum« nach dem Historiker Georg Kreis (2008: 9) einen Museumstypen, der Nationalmuseen auf supranationaler Ebene reproduziert, »als Ort, der in verdichteter Weise Europa zum Ausdruck bringt, erfahrbar macht und so die europäische Identität stärkt«. Der Politikwissenschaftlerin Camille Mazé (2008: 110) zufolge sind Europamuseen »neu geschaffene Museumsstätten, bei denen die Idee von europäischen Kulturen bzw. Zivilisationen im Vordergrund steht«. Mazé untersucht sowohl neu entstehende Museen als auch Neukonzeptionen von bestehenden ethnologischen und historischen Natio-

unterschiedlichste Museumstypen auf verschiedenen Ebenen: Bilder, Topoi und Narrative Europas und europäischer Geschichte finden sich in regionalen, lokalen, themenspezifischen, europäischen und nationalen Museen (vgl. Kaiser et al. 2012: 138ff.). Am stärksten sind jedoch ethnologische und geschichtliche Nationalmuseen von dieser Entwicklung betroffen (Mazé 2013a: 493, 2008: 110), weil in ihnen der nationale Rahmen dominant war, der nun zur Disposition steht. Deshalb bilden das Korpus dieser Studie nicht neu gegründete Europamuseen, sondern Museen, die ich als »Museen zwischen Nation und Europa«, als europäisierte Nationalmuseen bezeichne (siehe Kapitel 1.): Nationalmuseen, die sich in verschiedenen Formen auf Europa beziehen und damit zwischen nationaler und europäischer Historiografie schwanken.

Die Europäisierung von Museen ging der Politikwissenschaftlerin Camille Mazé (2013a: 498) zufolge in den 1990ern von Deutschland und Frankreich aus und hat sich inzwischen auf viele Länder Europas ausgeweitet (vgl. Kaiser et al. 2012). So nehmen seit den 1990er Jahren deutsche Geschichtsmuseen wie das Haus der Geschichte der BRD in Bonn und das Deutsche Historische Museum in Berlin verstärkt europäische Perspektiven ein, und das ethnologische Museum für Volkskunde wurde 1999 in das Museum Europäischer Kulturen umgewandelt (vgl. Karasek 1999; Früh 2010). In Frankreich richtete sich ebenfalls das ethnologische Nationalmuseum, das Musée des Arts et Traditions Populaires (MNATP), seit 1996 auf europäische Perspektiven aus und wurde zum MuCEM (siehe Kapitel 3.3).[82] Auch in Italien gab es in den 1990er Jahren Ideen für ein Museum für Europa in Turin, die allerdings nicht umgesetzt wurden. 2005 wurde

---

nalmuseen als Europamuseen, so zum Beispiel das MuCEM in Marseille. Da die Erweiterung des Begriffs Europamuseum auf Nationalmuseen jedoch deren – oftmals immer noch starke nationale Dimension außer Acht lässt, begreife ich als Europamuseen nur diejenigen neu eingerichteten Museen, die sich ausschließlich Europa und europäischer Geschichte widmen, zum Beispiel das House of European History in Brüssel (vgl. Europäisches Parlament o. J. a; Rigney 2014). Nationalmuseen, die Europa thematisieren – wie die hier untersuchten drei Fälle – nenne ich hingegen »europäisierte Nationalmuseen« und »Museen zwischen Nation und Europa«, um das Schwanken der musealen Historiografie zwischen den beiden Polen Nation und Europa zu beschreiben (siehe Kapitel 1.). Wie die Fallstudien zeigen werden, bleibt die nationale Rahmung bei allen Bemühungen um Transnationalität und Europäisierung eine zentrale Dimension, die der Begriff »Europamuseum« verdeckt.

82 Camille Mazé (2008, 2013a, 2013b) und Anja Früh (2010) untersuchen die Europäisierung französischer ethnografischer Museen im deutsch-französischen Vergleich anhand der Beispiele des MNATP und des MEK in Berlin. Das Überblickswerk über die Europäisierung von Museen in Europa, *Europa Ausstellen* (Kaiser et al. 2012), fragt nach der Inszenierung Europas in der CNHI, im Musée de l'Armée Paris, im Musée du Quai Branly, im Institut du Monde Arabe und im MuCEM.

das Projekt eines Europamuseums »Bauhaus Europa« in Aachen geboren, das jedoch nach einem Referendum und massivem Protest der Bevölkerung aufgegeben wurde. Auch in Straßburg kämpft seit über zwanzig Jahren ein von Vereinen getragenes Vorhaben eines »Eurodom« (auch »Cité des Étoiles« oder »Lieu d'Europe« genannt) um politische Anerkennung, bisher jedoch auch ohne Erfolg (vgl. Mazé 2013: 497). Schließlich lancierte auf der Ebene der EU der damalige Präsident des Europäischen Parlaments Hans-Gert Pöttering 2007 die Idee eines Hauses der Europäischen Geschichte in Brüssel, das nach dem Modell des Hauses der Geschichte in Bonn konzipiert wurde und im Mai 2017 eröffnet wurde (vgl. Europäisches Parlament o. J. a.; Rigney 2014).

Die Europäisierung von Museen kann als Teil einer weitreichenden Transnationalisierung von Museen gesehen werden, die sich nicht auf Europa beschränkt. Seit den 1980er Jahren setzen sich Museen weltweit das Ziel, die Nation als zentrale Ordnungskategorie zu hinterfragen. So beschäftigt sich beispielsweise das Musée de l'Amérique francophone seit 1983 mit der französischen Kultur Nordamerikas, auf La Réunion versuchte das Maison des Civilisations et de l'Unité Réunionnaise ab Mitte der 2000er Jahre, kreolische Geschichte und Kultur zu sammeln und auszustellen,[83] und im Westjordanland wurde 2006 ein Palästinensisches Museum gegründet, das vor allem die Exilgemeinde der Palästinenser_innen erreichen möchte und daher verstärkt auf digitale Angebote setzt. Darüber hinaus gibt es zunehmend Bemühungen, Museen in dem Sinne zu transnationalisieren, dass sie die kolonialen Geschichten und damit auch transnationale Verstrickungen von Nationen reflektieren, so zum Beispiel im Australian National Museum in Canberra[84] oder im Musée de la civilisation Québec.

Als eine Ausprägung dieser weltweiten Entwicklung wurde die Europäisierung von Museen bisher ausschließlich als westeuropäisches Phänomen beschrieben (Mazé 2008, 2013a, Kaiser et al. 2012). Wie meine Studie hingegen zeigen wird, beschränkt sich dieses Phänomen nicht auf Westeuropa. Auch in Polen ist seit Mitte der 2000er Jahre eine Tendenz der Europäisierung von Museen zu bemerken, wobei in Ostmitteleuropa generell auch starke Renationalisierungstendenzen zu beobachten sind. So gibt es in Polen seit 2006 das Projekt eines Museums der polnischen Geschichte (Muzeum Historii Polski, MHP), das

---

83 Das Projekt wurde 2011 wegen des Vorwurfs der Verschwendung öffentlicher Gelder gestoppt (vgl. Martinz-Turek 2009).
84 Nachdem ab 2001 unter einer neuen Direktorin versucht wurde, indigene Geschichte in die Narration des Museums zu integrieren (zum Beispiel indem die umstrittene Benennung von Ereignissen wie settlement/invastion sichtbar gemacht wurde), sorgte ein erneuter Wechsel der Führungsspitze des Museums ab 2004 für die Rückkehr zu traditionellen weißen Narrativen (vgl. McLeod 2010).

trotz seiner stark nationalen Ausrichtung auch europäische Perspektiven betont (vgl. Loew 2008: 100; Pufelska 2010: 48ff.). Im August 2014 wurde das Europäische Solidarność Zentrum in Danzig eröffnet (siehe Kapitel 3.2). In Danzig steht außerdem das derzeit am stärksten umstrittene Museum Polens, das Museum des Zweiten Weltkriegs, das exakt wegen seiner europäischen Ausrichtung von der national-konservativen Regierung Polens zunächst kurz vor der Eröffnung gestoppt und inzwischen auch inhaltlich massiv verändert wurde (siehe Kapitel IV, Machcewicz 2018).

Als Gründe für die Europäisierung von Museen nennen Forscher_innen die generelle Krise nationaler Narrative, das Auslaufen des Modells Nationalmuseum aus dem neunzehnten Jahrhundert (vgl. Mazé 2013a: 492, 2008: 112), gesellschaftliche Pluralisierung, Globalisierungsprozesse (vgl. Baur 2009), die Wende der EU-Politik von der politischen und ökonomischen, hin zur kulturellen Integration seit den 1970er Jahren, sowie der damit einhergehenden Geschichtspolitik der EU, die zentral auf dem Diskurs einer gemeinsamen Geschichte und Identität Europas aufbaut (vgl. Kaiser et al. 2012: 11ff.).[85] Europäisierung von Museen meint dabei keinen von oben zentral gesteuerten, einheitlichen Prozess, sondern ein unordentliches Gemenge verschiedener Ziele, Vorstellungen und Strategien der einzelnen Akteur_innen (vgl. Kaiser et al. 2012: 46ff.; Mazé 2013a: 503ff.).[86] Dennoch kann die Europäisierung von Museen nicht abseits der ökonomischen, politischen und kulturellen Integration Europas seit dem Zweiten Weltkrieg gedacht werden, weil die Politik der EU maßgeblich, wenn auch nicht allein, Ideen und Bilder von Europa konstruiert, kommuniziert und finanziell fördert (vgl. Kaiser et al. 2012: 13f.). So findet sich seit den 1970er Jahren im kulturpolitischen Diskurs der EU das Konzept einer europäischen Identität, auf die die hier untersuchten Museen in verschiedener Weise Bezug nehmen.

»Cultural roots and currents common to all Europeans« – Das Konzept einer europäischen Identität

Während die europäischen Staaten seit dem Ende des Zweiten Weltkriegs in der Europäischen Union ökonomisch und politisch immer stärker zusammenwachsen, wird von Politiker_innen und Beamt_innen der EU oft das sogenannte Demokratiedefizit der Union bemängelt: Die Bewohner_innen der Mitgliedsstaaten nehmen die EU als abstraktes, elitäres System wahr, das nichts oder kaum

---

[85] Zur Geschichtspolitik der Europäischen Union vgl. Eder 2005; Macdonald 2013; Sierp 2014a, 2014b.
[86] Einen Überblick über die verschiedenen Akteur_innen in der Europäisierung von Museen geben Kaiser et al. 2012: 46ff., 67ff.

etwas mit ihrem alltäglichen Leben zu tun hat. Daher beteiligen sie sich kaum an seinem Aufbau, zum Beispiel an Wahlen zum Europäischen Parlament (vgl. Shore 2000: 1). Um dieses Defizit zu beheben, betonen Publikationen der EU und ihrer Vorgängerinstitutionen seit den 1970er Jahren die Existenz einer gemeinsamen europäischen Identität und Kultur, die aus einer gemeinsamen Vergangenheit gewachsen sei (vgl. Strath 2001: 20f.; Shore 2000: 1f., 15f.; Kaiser et al. 2012: 11f.).[87]

Das Konzept einer europäischen Identität ist jedoch, wie der Historiker Bo Strath (2001: 18ff.) betont, eine Erfindung der 1970er Jahre.[88] Das »Dokument über die europäische Identität« von 1973 ist das erste offizielle Dokument der EU (damals noch Europäische Gemeinschaft), das den Begriff einer »europäischen Identität« verwendet (vgl. o. V. 1973). Darin heißt es, um den Zusammenhalt und das Überleben der Gemeinschaft zu sichern, sei es notwendig, die europäische Identität zu bestimmen (vgl. o. V. 1973: 2). Diese ergebe sich aus dem »gemeinsamen Erbe«, aus der »Vielfalt der Kulturen im Rahmen einer gemeinsamen europäischen Zivilisation«, sowie aus dem »Bekenntnis zu gemeinsamen Werten und Prinzipien« (o. V. 1973: 2f.).[89] Der Vertrag von Maastricht hält 1992 erstmals die Absicht fest, Kultur als Mittel zur europäischen Integration zu stärken und überträgt der EU eigene Zuständigkeiten für kulturelle Belange (vgl. Europäische Kommission 2002; Bogdany 2005). Der »First report on the consideration of cultural aspects in european community action«, der 1996 von der Europäischen Kommission herausgegeben wurde, nennt demzufolge als wichtigste Aufgabe der EU-Kulturpolitik »the enhancement of the cultural roots and currents common to all Europeans« (Europäische Kommission 1996: 92). Und das Europäische Parlament hält 2009 fest: »Europe [will] be united only if it is able to reach a common view of its history« (Europäisches Parlament 2009). Die Betonung von gemeinsamen Wurzeln, eines gemeinsamen Erbes und einer kollektiven Geschichte bei gleichzeitiger Vielfalt werden hier als politische Ziele definiert, um eine angenommene europäische Identität zu stärken. Auch in der Präambel des Entwurfs für einen Vertrag über eine Verfassung für Europa dient die angenommene gemeinsame Herkunft der Europäer_innen als Identifikationsangebot (vgl. Bogdany 2005: 344f.).

---

87 Einen Überblick über die Identitätspolitik der EU geben Bogdany 2005 und Sassatelli 2009.
88 Zur Geschichte des Konzepts vgl. auch Strath 2002 und Schmale 2008. Zur Verbindung zwischen Kolonialismus, europäischer Integration und dem Konzept der europäischen Identität vgl. Hansen 2002, Bhambra 2009 und Schulze-Engler 2013.
89 Für eine ausführlichere Lektüre des Dokuments vgl. Passerini 2002: 195f.

Die dieser Argumentation zugrunde liegende Rhetorik ist in den meisten Fällen die einer kollektiven Vergangenheit, die – bei aller Vielfalt verschiedener europäischer Kulturen – die heutige europäische Identität ausmache. Eine Publikation der Europäischen Kommission (2002: 3) zur europäischen Kulturpolitik fasst diesen Punkt zusammen:

> Über geografische, religiöse und politische Unterschiede hinweg haben sich die künstlerischen, wissenschaftlichen und philosophischen Strömungen in Europa im Laufe der Jahrhunderte gegenseitig beeinflusst und befruchtet und so das gemeinsame Erbe geschaffen, auf das sich die verschiedenen europäischen Kulturen heute beziehen. Bei allen Unterschieden haben die europäischen Völker doch eine gemeinsame Geschichte, die Europas Standort in der Welt definiert und seine Eigenart ausmacht.

Der Diskurs eines gemeinsamen Erbes und einer europäischen Identität findet sich jedoch nicht nur in Publikationen der EU oder in Äußerungen von EU-Politiker_innen. Auch Beiträge in den Massenmedien gehen regelmäßig von einer existierenden europäischen Kultur und Identität aus, die es oftmals gegen als Andere Markierte zu verteidigen gelte.[90] So ist beispielsweise nach den Anschlägen auf die Redaktion der französischen Satirezeitung Charlie Hebdo in Paris im Januar 2015, nach Terroranschlägen in Paris im November 2015, in Brüssel im März 2016, in Nizza im Juli 2016, sowie im Zuge der sogenannten »Flüchtlingskrise« seit Sommer 2015 vermehrt die Rede von »den Werten Europas« (oftmals gleichgesetzt mit »westlichen Werten«), die von einem, in den meisten Fällen als muslimisch markierten, Anderen angegriffen worden seien.[91] Und auch in der

---

[90] So behauptete zum Beispiel Umberto Eco Anfang 2012 in einem Interview, das gleichzeitig in der Süddeutschen Zeitung, La Stampa, Le Monde, El Pais und Gazeta Wyborcza veröffentlicht wurde, dass einzig die »gemeinsame europäische Kultur« Europa verbinde. Diese, so Eco, solle anstelle der wirtschaftlichen und politischen Streitereien stärker hervorgehoben werden, damit die Bürger_innen Europas sich ihrer bewusst werden und sich europäischer fühlen (vgl. Riotta 2012)

[91] So bezeichnete die Zeit online die Anschläge auf die Redaktion von Charlie Hebdo als »brutalen Angriff auf *unsere Grundwerte*« (o. V. 2015a), die Zeitung La Stampa aus Italien schrieb: »Während Frankreich dieses Buch [*Unterwerfung* von Michel Houllebecq, Anmerkung: S.C.] diskutierte, haben die Soldaten Allahs nicht bis 2022 gewartet, bis dem Buch zufolge in Paris der erste muslimische Präsident gewählt wird. Die Geschichte ist schneller, die Schüsse der Kalaschnikows hallen *im ganzen Westen* nach als wären sie die Flugzeuge des 11. Septembers. Heute sind wir alle Frankreich« und in der NZZ aus Zürich hieß es: »Der Angriff auf ›Charlie Hebdo‹ ist darum ein Angriff auf *unsere Zivilisation*. Wir müssen ihn mit Konsequenz, Mut und Ausdauer abwehren« (o. V. 2015b). EU-Parlamentspräsident Martin Schulz appellierte nach den Anschlägen, die »*europäischen Werte* zu verteidigen« (Riedel 2015), ebenso sprachen andere Politiker_innen von einem »Angriff gegen *europäische Werte*« (o. V. 2015c). In der FAZ war zu lesen

wissenschaftlichen Beschäftigung mit Europa finden sich Beispiele dieses Diskurses einer existierenden und bedrohten europäischen Identität. So argumentiert beispielweise der Historiker David Engels (2014), Europa müsse sich auf seine angebliche historisch gewachsene Identität besinnen, wolle es nicht untergehen wie das römische Reich. Die Europawissenschaftler Hans Joas und Christof Mandy (2005: 551) sprechen von Europa als »Kultur- und Wertegemeinschaft« mit einer »vorpolitischen europäischen Identität« und für Krzysztof Pomian (2009) ist die europäische Identität eine »historische Tatsache«, die sich aufgrund kultureller Gemeinsamkeiten von nicht-europäischen Anderen, beispielsweise Muslim_innen und Chines_innen abgrenze. Ein von der EU gefördertes Forschungsprojekt zu Nationalmuseen in Europa kommt darüber hinaus zu dem Schluss, dass Nationalmuseen in Europa aufgrund ihrer Gemeinsamkeiten zur Stärkung einer europäischen Identität und zur europäischen Versöhnung beitragen können (Eunamus 2012: 10f.).

Eng mit diesem Diskurs verbunden sind Konzepte eines europäischen Gedächtnisses. Wie in Kapitel 2.4 herausgearbeitet, arbeiten Entwürfe kollektiver Identitäten meist mit der Idee einer gemeinsamen Vergangenheit. So ist in Konzepten europäischer Identität auch oft die Rede von einem gemeinsamen europäischen Gedächtnis, das es zu erarbeiten und zu stärken gelte, um die unterschiedlichen und oft gegensätzlichen Erfahrungen der verschiedenen Nationen einer europäischen Versöhnung zuzuführen und so die angenommene kollektive Identität zu stärken. Ein Beispiel bildet die Zusammenstellung europäischer Erinnerungsorte (vgl. den Boer et al. 2012) nach dem Vorbild nationaler *lieux de mémoire* (vgl. Nora 1984–1992).

Wissenschaftlich erforscht wird die Idee eines europäischen Gedächtnisses im Zuge des *transnational* oder *transcultural turns* in den Memory Studies (siehe Kapitel 2.4). Der Historiker Stefan Troebst (2012) erarbeitet anhand der Feierlichkeiten zum 60. Jahrestag des Endes des Zweiten Weltkriegs im Jahr 2005 den Befund, dass es derzeit noch kein gemeinsames europäisches Gedächtnis gebe. Stattdessen existierten Konfliktlinien, die die europäische Erinnerungskultur in vier Regionen einteilten: Westeuropa, Ost- und Westzentraleuropa, Osteuropa. Auch der Politikwissenschaftler Claus Leggewie erkennt keine gemeinsame europäische Vergangenheitsdeutung und spricht vom »Schlachtfeld« der

---

»Wir werden *unsere Werte* verteidigen« (o. V. 2015d). Nach einem Anschlag in Brüssel im 2016 schrieb die Zeit online, dies sei ein »Angriff auf Europa gewesen« (Musharbash 2016). Den Anschlag zum französischen Nationalfeiertag in Nizza im Juli 2016 benannte der NDR als Anschlag auf die »Seele Europas« (Dieckmann 2016), und die TAZ als Angriff auf »*uns heilige Grundwerte*« (Balmer 2016, alle Hervorhebungen: S.C.).

europäischen Erinnerungen. Deshalb plädiert er für die Anerkennung umkämpfter und oftmals gegenläufiger nationaler Vergangenheitsdeutungen (Leggewie 2011). Entsprechend der Aufteilung in verschiedene erinnerungskulturelle Regionen Europas ist die Forschung zu europäischem Gedächtnis oft auf Ebenen verankert, die zwischen dem Regionalen und Europäischen angesiedelt sind.[92] So thematisiert ein von dem Kulturwissenschaftler Jacques Le Rider (Le Rider et al. 2002) herausgegebener Sammelband transnationale Gedächtnisorte in Zentraleuropa, Troebst et al. (2009) untersuchten transnationale Erinnerungsorte in Nord- und Südeuropa und ein weiterer Sammelband untersucht Erinnerungsorte in Ostmitteleuropa (vgl. Weber 2011). Auch der exemplarische Vergleich verschiedener nationaler Erinnerungskulturen wird in diesem Forschungsfeld oft verwendet, um größere Entwicklungen aufzuzeigen. So untersucht beispielsweise Aline Sierp (2014b) am Beispiel von kollektiven Erinnerungen an den Zweiten Weltkrieg in Deutschland und Italien, ob nationale Vergangenheitsdeutungen konvergieren und sich allmählich europäisieren.[93] Das von der EU-finanzierte Forschungsprojekt »In Search of Transnational Memories in Europe« (ISTME) beschäftigt sich darüber hinaus mit genau dieser Spannung zwischen national geprägten Erinnerungskulturen und Bemühungen um eine gesamteuropäische Erinnerung (Sindbaek Andersen/Törnquist-Plewa 2017).

Nomadisierung Europas: Kritik am Konzept der europäischen Identität
Auch wenn oben genannten Beispiele die Identität und das Gedächtnis Europas auf verschiedene Arten und zum Teil als vielfältig und veränderbar entwerfen, so gehen sie doch davon aus, eine europäische Identität existiere. Demgegenüber folge ich in dieser Studie einem konstruktivistischen Verständnis von Europa, europäischer Identität und Geschichte. So begreift beispielsweise Bo Strath (2001) europäische Identität nicht als feststehende Tatsache, sondern als Diskurs, der von verschiedenen Akteur_innen immer wieder neu hervorgebracht wird. Eine Geschichte Europas untersucht in dieser Perspektive der Historiker Wolfgang Schmale (2001) als Geschichte der Diskurse, die Europa konstruieren. Europa ist ihm zufolge nichts Feststehendes, sondern das Ergebnis von vielfältigen Diskursen und performativen Aushandlungen in verschiedenen Medien, die ich Europamedien genannt habe (vgl. Schmale 2001: 19). Dies bedeutet jedoch nicht, wie auch schon in Kapitel 2.5 für die *imagined community* der Nation (Anderson 1996) herausgearbeitet, dass es außerhalb von medialen Produktionen Europas realere

---

92 Troebst (2012) nennt das »meso-regionale« Ebenen.
93 Vgl. auch Kowalski/Törnquist-Plewa 2017 für einen schwedisch-polnischen Vergleich.

Existenzen Europas gäbe – im Gegenteil: Wahrnehmbar und untersuchbar ist Europa nur in medialen Inszenierungen. Die Fragen, der sich Forscher_innen deshalb widmen sollten, sind nach Strath (2001:14), nicht, ob es eine europäische Identität gibt, oder was sie ausmacht, sondern wie und von wem in welchen historischen Konstellationen Ideen Europas, seiner Identität und Geschichte produziert werden. Diesen Fragen widmet sich die vorliegende Studie für den Fall dreier aktueller Museen.

Europa hat in diesem konstruktivistischen Verständnis keine stabile, feststellbare Identität, sondern diese wird in nicht abschließbaren Prozessen immer wieder neu verhandelt. Der Philosoph Jacques Derrida fasst dies in seinem Essay »Das andere Kap« (1992: 12f.) wiefolgt:

> *Es ist einer Kultur zu eigen, daß sie nicht mit sich selber identisch ist.* Nicht, daß sie keine Identität haben kann, sondern daß sie sich nur insoweit identifizieren, ›ich‹, ›wir‹ oder ›uns‹ sagen kann und die Gestalt des Subjekts annehmen kann, als sie mit sich selber nicht identisch ist, als sie, [...] mit sich differiert (*différance avec soi*). Es gibt keine Kultur und keine kulturelle Identität ohne diese Differenz *mit sich selbst* [kursiv im Original, Anmerkung: S.C.].

Die paradoxe Formulierung »nicht mit sich selbst identisch« zu sein macht deutlich, dass es keine stabile Essenz europäischer Identität geben kann, die sich definieren ließe und an die sich Hinzukommende, wie beispielsweise Migrant_innen oder Geflüchtete anpassen müssten. Alles, was es gibt, sind Entwürfe europäischer Identität und Geschichte in verschiedenen Europamedien, die es auf ihre Konstruktionsmechanismen hin zu untersuchen gilt. Für meine Studie bedeutet das, danach zu fragen, wie die untersuchten Museen als Europamedien wirksam werden und welche Narrative sie hervorbringen.

Des Weiteren ist, wie im vorangegangenen Kapitel eingeführt, die Frage nach den Strukturkategorien, die in Entwürfen europäischer Identität und Geschichte wirksam sind, für diese Analyse zentral: Entlang welcher Kategorien wie *Gender, Race, Class*, Religion entwerfen die untersuchten Museen Bilder und Narrative Europas? Wer gehört aufgrund welcher Kategorien nicht dazu? Und was sagt das über das entworfene Europa? Wie Theoretiker_innen in postkolonialer Perspektive herausgearbeitet haben, brauchen Konstruktionen europäischer Identität ein Anderes, das aufgrund verschiedener, miteinander verbundener Strukturkategorien wie *Race, Gender* oder Religion als nichteuropäisch konstruiert wird (vgl. Bhabha 2000: 97; Balibar 2011: 12ff.; Bhambra 2009: 70; Frevert/Pernau 2009; El-Tayeb 2015). Die Historikerinnen Margrit Pernau und Ute Frevert (2009: 6ff.) arbeiten beispielsweise heraus, dass Vorstellungen von Europa im neunzehnten Jahrhundert das koloniale Andere brauchten, das als weiblich konnotiert und damit abgewertet wurde, um selbst als überlegen, kraftvoll und männlich gelten zu können. Die Soziologin Ulrike M. Vieten (2012: 2, 15ff.) zeigt für das heutige Europa, wie sich seit 9/11 und vermehrten Terroranschlägen in Europa ein *racialising discourse* herausgebildet hat, der insbesondere Muslime_a zu Europas Anderen macht.[94] Und die Historikerin Fatima El-Tayeb (2015) analysiert, wie People of Color europaweit als nicht zu Europa gehörend markiert werden.

Konstruktionen von Europa und seinem Anderen werden folglich durchzogen von *Gender, Race* und anderen, damit verbundenen Strukturkategorien.[95] Die Analyse dieser Strukturkategorien zielt darauf ab, herauszufinden, auf welchen Kategorien Entwürfe europäischer Identität und Geschichte in den untersuchten Museen aufbauen, und damit die meist unmarkierte Sprecher_innenposition offenzulegen. So entwirft beispielsweise das DHM in Berlin Osmanen, Türken, den Islam, People of Color sowie Weiblichkeit als Andere Europas und zeigt damit gleichzeitig, dass Europa christlich, weiß und männlich konzipiert wird (siehe Kapitel 3.1.3.1). Entwürfe europäischer Identität und Geschichte in der hier entworfenen Perspektive zu befragen, bedeutet, die Idee einer existierenden europäischen Identität zu hinterfragen und zu zeigen, entlang welcher Grenzziehungen und Kategorien diese Idee konstruiert wird. Es bedeutet auch, Entwürfe europäischer Identität und Geschichte für Kritik und alternative Lesarten Europas zu öffnen. So ruft die Philosophin Rosi Braidotti (2014: 58) dazu auf, Europa zu nomadisieren:

> Die Nomadisierung Europas beinhaltet Widerstand gegen Nationalismus, Xenophobie und Rassismus, die Laster des alten, imperialen Europa. Insofern ist sie das Gegenbild zum selbstherrlichen, aggressiven Universalismus der Vergangenheit, an dessen Stelle eine situierte, verantwortungsbewusste Sicht tritt.

---

94 Vieten (2012) unterscheidet zwischen »accepted difference« und »targeted otherness«: Erstes bedeutet tolerierte Differenzen im Sinne einer als modern geltenden Diversity (zum Beispiel die rechtliche »Gleichstellung« Homosexueller), während letzteres die Konstruktion eines verfolgten und oftmals kriminalisierten Anderen meint (zum Beispiel Asylsuchender, Refugees, Roma). Dass diese Kategorien von Andersheit auch gegendert sind, zeigt beispielsweise die Debatte um muslimische Frauen, die in der Öffentlichkeit Kopftuch tragen (vgl. Vieten 2012: 23f.).
95 Europas Andere können dabei sowohl externe, als auch interne Andere sein: Menschen, die in Europa leben, aber nicht als europäisch gelten, wie zum Beispiel Rromn_ja, Jüd_innen (vgl. Balibar 2011: 15), Muslime_a (vgl. Asad 2002; Vieten 2012), Asylsuchende (vgl. Ponzanesi/ Blaagaard 2012: 3) oder People of Color (vgl. El-Tayeb 2015, 2016). Die Definitionsmacht darüber, was als Anderer gilt, liegt dabei Vieten (2012: 23f.) zufolge aber immer in Europa. Das europäische Selbst hingegen bleibt meist unmarkiert von *Gender* und *Race* und somit die universelle Norm, an der Abweichungen gemessen werden: »The European is what the other is not, therefore unmarked by race, ethnicity and religion [...]« (Ponzanesi/Blaagaard 2012: 3).

Europa zu nomadisieren bedeutet für meine Analyse, Europa, europäische Identität und Geschichte nicht als universale, neutrale, unmarkierte Konzepte zu verstehen, sondern als mediale Konstruktionen. Als solche werden sie in Europamedien von je spezifischen historischen, kulturellen Positionen aus entworfen. Außerhalb dieser Aushandlungen in Europamedien haben sie keine stabilen Essenzen oder Wesensmerkmale. Wenn Europa in diesem Sinne nicht als gegebene, feststehende Größe mit bestimmten Merkmalen, sondern als performativ-mediale Aushandlung verstanden wird, kann es im übertragenen Sinne nomadisch werden: Es kann sich bewegen, wird verhandelbar und veränderbar. Die »situierte Sicht« auf Europa und europäische Identität, die Braidotti fordert, meint für mich das Herausarbeiten der Kategorien, nach denen Entwürfe europäischer Identität strukturiert sind – es meint ein Markieren der oft als unmarkiert und essentialistisch gebrauchten Konzepte Europa, europäische Identität und europäische Geschichte. Ziel dieser Studie ist es deshalb zu erproben, was der hier entwickelte Begriff der Europamedien für die Analyse musealer Europäisierungsprozesse in diesem Sinne leisten kann: Anhand der Momentaufnahme aus drei aktuellen Museen soll Europa als Universalismus dekonstruiert und als vielfältiges, gewordenes und situiertes Konzept befragt werden.

2.7 Museen zwischen Nation und Europa analysieren: Methodisches Vorgehen

Wie Museen zu analysieren sind, dafür gibt es keine feststehende Methode. Museumsanalyse ist erst im Entstehen begriffen und zeichnet sich durch eine Pluralität verschiedener Ansätze aus.[96] Diese Studie verstehe ich deshalb durch ihre

---

96 Im englischsprachigen Raum setzen Arbeiten zur Museumanalyse Ende der 1980er, Anfang der 1990er Jahre ein. Die Studie »Teddy Bear Patriarchy« der Wissenschaftshistorikerin Donna Haraway (1989) untersucht aus feministischer Perspektive das American Museum of National History. Dasselbe Museum ist auch das Objekt von Mieke Bals 1996 erstmals erschienener Analyse »Telling, Showing, Showing Off«, die aus semiotischer, ideologiekritischer und dekonstruktivistischer Perspektive das Verhältnis zwischen ausgestellten Objekten und Texten untersucht (vgl. Bal 2006). Ein von der Museumswissenschaftlerin Flora E.S. Kaplan 1994 herausgegebener Sammelband thematisiert das Verhältnis von Objekten und der Inszenierung nationaler Identitäten in außereuropäischen Museen. Gleichwohl diese Arbeiten die kritische Beschäftigung mit Museen und Ausstellungen inspirieren, machen sie dennoch das methodische Vorgehen der Forschenden bei der Analyse selten explizit. Der 1997 erschienene Aufsatz »The poetics and the politics of exhibiting other cultures« der Ethnologin Henrietta Lidchi ändert dies. Darin stellt sie eine zweistufige Methode zur Analyse von Museen vor, die auch in aktuellen deutschsprachigen Arbeiten zur Museumsanalyse rezipiert, angewendet und weiterentwickelt wird (vgl. Baur 2009).

medienwissenschaftliche Perspektive auf Museen sowie durch die Verschränkung der Analysekategorien Europa, *Gender, Race* und damit verwobenen Strukturkategorien auch als Beitrag zur Diskussion um verschiedene Arten, Museen zu analysieren. In der Untersuchung meiner Fallstudien kombiniere ich Ansätze der Diskursanalyse, der Museumsanalyse, der medialen Historiografie und der Feldforschung. Zentrale Impulse für mein Vorgehen ziehe ich außerdem aus der feministischen *Standpoint Theory*. Das mich inspirierende gemeinsame Ziel dieser heterogenen Ansätze ist es, scheinbar Selbstverständliches durch eine genaue Beobachtung und Beschreibung der Befragung und Analyse zugänglich zu machen.

Analysehaltung: Diskursanalyse und mediale Historiografie
Wie in Kapitel 2.1 dargelegt, baut der hier verwendete Museumsbegriff auf der Idee von Museen als Diskursen auf, die diskursanalytisch untersucht werden können (vgl. Hooper-Greenhill 1992; Bal 2006; Bennett 1995, 2011). Dabei stütze ich mich auf das von den Historikern Achim Landwehr (2009) und Philipp Sarasin (2003) entwickelte diskursanalytische Vorgehen. Diskursanalyse ist nach Sarasin (2003: 8) keine feststehende Methode mit klar voneinander abgrenzbaren Analyseschritten, sondern eher eine Haltung. Die diskursanalytische Haltung geht davon aus, dass Diskurse Ordnung schaffen, und fragt danach, wie sie das tun (vgl. Sarasin 2003: 40). Diskursanalyse untersucht, welches Wissen zu einer bestimmten Zeit über einen bestimmten Gegenstand hervorgebracht wird, zirkuliert, welche Machtbeziehungen dabei wirken, und in welchen Institutionen und Praktiken dies geschieht. Sie richtet sich

---

Deutschsprachige Arbeiten zur Museumsanalyse finden sich seit Ende der 2000er Jahre, wobei der Begriff »Museumsanalyse« auch hier irreführend ist, weil er eine einheitliche Methodologie suggeriert. Dass dem nicht so ist, zeigen die bisherigen Versuche, verschiedene Ansätze zu versammeln. Regina Wonischs und Roswitha Muttenthalers aus einem Workshop hervorgegangener Sammelband *Grammatiken des Ausstellens* stellt 2003 einen semiotischen, einen psychoanalytischen und einen textanalytischen Ansatz vor. Diese Ansätze kombinieren Muttenthaler und Wonisch in ihrer 2006 erschienenen Monografie *Gesten des Zeigens* und ergänzen sie um die ethnografische Methode der dichten Beschreibung nach Clifford Geertz (2003, orig.: 1973). Eine weitere Sammlung verschiedener Ansätze zur Museumsanalyse, stellt der 2010 von dem Kulturwissenschaftler Joachim Baur herausgegebene Sammelband *Museumanalyse* dar. Darin finden sich Zugänge aus der Ethnologie (vgl. Gable 2010), der Geschichtswissenschaft (vgl. Thiemeyer 2010), der Semiotik (vgl. Scholze 2010), aus der Erzähltheorie (vgl. Buschmann 2010) und dem Feld der Erinnerungskultur (vgl. Pieper 2010). Nützlicher als diese disziplinär beschränkten Ansätze erweist sich für meine Analyse der kombinierte Zugang, den Joachim Baur in seiner 2009 erschienenen Studie *Musealisierung der Migration* erarbeitet.

auf Untersuchung des Sprach- und Zeichengebrauchs, ob es sich dabei nun um mündliche oder schriftliche Aussagen, konkrete Kommunikationsprozesse, die Analyse größerer Textkorpora oder die Untersuchung bildlicher und akustischer Medien handelt. Dabei ist es üblicherweise das Ziel, formale oder inhaltliche Strukturierungen aufzudecken- (Landwehr 2009: 15f.)

Das Korpus, den ich diskursanalytisch untersuche, bilden erstens Selbstbeschreibungen der Museen in Konzeptpapieren, Ausstellungskatalogen, Pressemitteilungen, in veröffentlichten Reden, Interviews und auf ihren Websites, sowie im Fall des MuCEM und des ECS von mir geführte Interviews mit Museumsmitarbeiter_innen. Zweitens analysiere ich die Dauerausstellungen der Museen. Das Korpus bilden hier Fotos und Notizen, die ich während der Feldforschungen gesammelt habe.

Wichtig für das diskursanalytische Vorgehen ist, dass es nicht darum geht, zu fragen, weshalb etwas geäußert wurde, wie es geäußert wurde. Analysiert werden nicht die Intentionen hinter den Aussagen des Diskurses, sondern die Aussagen selbst (vgl. Landwehr 2009: 70).[97] Ich untersuche nicht, *warum* Europa und europäische Geschichte in einer bestimmten Weise ausgestellt werden, sondern *wie* sie gezeigt werden. Statt auf die Gründe für die Europäisierung der Museen achte ich auf das, was zu sehen ist – was die Ausstellungen selbst zu sehen geben. Im Fokus der Untersuchung stehen nicht Menschen und ihre Beweggründe, die darüber bestimmen, wie eine Ausstellung aussieht, sondern Medien als nicht-menschliche Akteur_innen. Deshalb führe ich keine Interviews mit Verantwortlichen der Museen oder Kurator_innen, außer wenn Primärquellen wie Konzeptpapiere fehlen oder nicht zugänglich sind, und beschränke mich auf Selbstdarstellungen der Museen in Konzeptpapieren, Pressemitteilungen und auf Websites, sowie auf das, was in den Ausstellungen gezeigt wird. Da die untersuchten Ausstellungen jedoch nicht im luftleeren Raum entstehen, sondern, wie in Kapitel 2.1 gezeigt, von einer bestimmten historischen, sozialen, kulturellen Position aus sprechen, kläre ich in einem ersten Analyseschritt die Gründungsgeschichte, die Hauptakteur_innen in der Entstehung sowie die Ziele des Museums.

---

97 Foucault, auf den sich Landwehr hier bezieht, grenzt sich damit in poststrukturalistischer Tradition von Ansätzen der Textauslegung ab, die davon ausgehen, um einen Text oder andere kulturelle Produktionen verstehen zu können, müsse der_die Autor_in, seine_ihre Biografie und Intention freigelegt werden. Im Gegensatz dazu lehnt Foucault die Frage nach der Autorität hinter dem Text ab, weil nie final geklärt werden kann, was der_die Autor_in mit einem Text sagen wollte. Die diskursanalytische Frage zielt stattdessen darauf, was der Analyse zugänglich ist – auf den Text und die Aussagen, die einen Diskurs bilden. Die Tatsache ihrer Existenz, also die Tatsache, dass etwas gesagt wurde, wie es gesagt wurde, reicht nach Foucault als Begründung für die Analyse aus (vgl. Landwehr 2009: 70).

Dies ist jedoch nicht gleichzusetzen mit der oben abgelehnten Frage nach dem Warum des Diskurses: Mich interessiert nicht, warum Europa in den untersuchten Museen präsent ist, sondern dass es präsent ist, und wie es hervorgebracht wird.

Da jede diskursive Aushandlung von Wissen mediale Apparate und Techniken braucht, ist es sinnvoll, die Diskursanalyse mit medienwissenschaftlichen Ansätzen zu ergänzen, spezifischer mit Ansätzen der medialen Historiografie (siehe Kapitel 2.2).[98] Auch mediale Historiografie meint wie Diskursanalyse keine Methode mit festgelegtem Vorgehen, sondern eher eine Fragerichtung. Diese versteht Historiografie zum einen in einem weiteren Sinne als nicht nur die Schriften von Historiker_innen umfassend, sondern fragt auch danach, wie andere Medien, beispielsweise das Fernsehen, Geschichte schreiben. Zum anderen stellen Ansätze der medialen Historiografie die Medien der Geschichtsschreibung in den Mittelpunkt der Untersuchung und fragen danach, wie deren Medialitäten daran mitarbeiten, was als Geschichte gilt. Durch den in Kapitel 2.4 entworfenen differenzierten Begriff von Historiografie ist es mir möglich, mit den Ansätzen der medialen Historiografie auch Konstruktionen kollektiver Identitäten zu untersuchen. Denn die hier untersuchten Museen sagen nicht nur etwas über die Vergangenheit, sie schreiben nicht nur Geschichte, sondern indem sie die ausgestellten Geschichten als gemeinsame (nationale, europäische) Geschichten rahmen, verhandeln sie auch kollektive Identitäten in der Gegenwart.

Museumsanalyse
Neben der theoretischen Verortung besteht diese Studie aus drei Fallstudien, die ich jeweils auf zwei Ebenen untersuche. Damit orientiere ich mich am Vorgehen Joachim Baurs, der in seiner Studie *Die Musealisierung der Migration* (2009) Migrationsmuseen in den USA, Kanada und Australien untersucht. Aufbauend auf der Arbeit der Ethnologin Henrietta Lidchi (1997) entwickelt er darin eine zweistufige Methode der Museumsanalyse. Diese nimmt zunächst die *Politics*, den Entstehungsprozess des Museums als Institution, und anschließend die *Poetics*, den Prozess der internen Bedeutungsproduktion in Ausstellungen, in den Blick (vgl. Baur 2009: 69ff.).

---

98 Foucault selbst deutet in *Archäologie des Wissens* (2005: 15) die Medialität von Diskursen an: Geschichte sei »die Arbeit und Anwendung einer dokumentarischen Materialität (Bücher, Texte, Erzählungen, Register, Akten, Gebäude, Institutionen, Regelungen, Techniken, Gegenstände, Sitten usw.).« Deutlicher ausformuliert findet sich dieser Punkt bei Landwehr (2009: 106f.) und Sarasin (2003: 40).

Die erste Stufe, die Nachzeichnung der Entstehungsgeschichte des Museums, hat in meiner Studie den Zweck, herauszustellen, wer die Akteur_innen des Museums sind, wer also die erste Person des expositorischen Sprechakts nach Mieke Bal (1996: 3f.) einnimmt, und in welchem politischen Kontext die Dauerausstellungen konzipiert wurden. Des Weiteren kläre ich in diesem Schritt, welche Motive und Zielstellungen zwischen nationaler und europäischer Ausrichtung das Museum verfolgt, um diese später mit den Aussagen kontrastieren zu können, die die Ausstellungen selbst treffen. Wer spricht in welchem Kontext und mit welchen Zielen, ist die leitende Frage in diesem Untersuchungsschritt. Damit legt dieser Untersuchungsschritt den Fokus auf die politische, soziale und historische Einbettung der untersuchten Ausstellungen und untersucht sie als »powerful activities« (Lidchi 1997: 185). Quellen dafür sind Sekundärliteratur zur Entstehungsgeschichte der Museen, sowie die Selbstbeschreibungen der Museen in Konzeptpapieren, Ausstellungskatalogen, auf ihren Internetseiten, in veröffentlichten Interviews mit Verantwortlichen und in Pressemitteilungen. Da es im Fall des MuCEM und des ECS aufgrund ihrer Aktualität bisher nur wenig Literatur zur Entstehung und für das MuCEM keinen Katalog zur Dauerausstellung gibt, habe ich in beiden Museen auch Interviews mit Museumsmitarbeitern geführt. Das Analysekorpus bilden hier zusätzlich zu den schriftlichen Quellen der Audiomitschnitt eines sechzehnminütigen Gesprächs mit dem Sammlungsdirektor des MuCEM Zeev Gourarier am 15. Oktober 2013, Notizen zu einer Führung mit der Mitarbeiterin des MuCEM Mireille Jacotin am 10. Oktober 2013 sowie 26 Seiten handschriftlicher Mitschriften aus insgesamt sechs Interviews mit dem Direktor des ECS Basil Kerski am 31. März 2015, dem Verantwortlichen für die Dauerausstellung Konrad Knoch am 24. März und am 31. März 2015, mit dem Abteilungsleiter Jacek Kołtan am 9. März und am 31. März 2015, sowie mit den beiden letztgenannten zusammen am 9. März 2015.

Auf einer zweiten Stufe konzentriere ich mich in jeder Fallstudie auf die *Poetics* der Dauerausstellungen, also auf »the practice of producing meaning through the internal ordering and conjugation of the separate but related components of an exhibition« (Lidchi 1997: 168). Die Art und Weise der Bedeutungsproduktion untersuche ich in den Dauerausstellungen der drei Museen, da diese das Kernstück der musealen Präsentation bilden.[99] Die Ebenen der *Politics* und der *Poetics* sind dabei nicht als Dichotomie zu verstehen, sondern, wie Baur (2009:

---

99 Es ist hierbei wichtig, zwischen Museum und Ausstellung zu differenzieren (vgl. Heesen 2012: 14f.): Das Museum meint die Institution und das Gebäude und geht über die einzelnen Ausstellungen hinaus, die ungleich ephemerer sind als das Museum selbst. Den Schwerpunkt dieser Studie bilden die Analysen der Dauerausstellungen. Da ich diese jedoch im Kontext der

75) es formuliert, als zwei Perspektiven, die miteinander verschränkt werden: Die Präsentationsweise ist beeinflusst von der Geschichte des Entstehungsprozesses und wirkt ihrerseits auf die Museumsentwicklung ein. Des Weiteren gehe ich Lidchi (1997: 184f.) und Baur (2009: 75) folgend nicht von einem linearen oder kausalen Verhältnis zwischen der Ebene der *Politics* und der der *Poetics* aus. Museen sind keine simplen Instrumente einzelner Personen, Regierungen oder Staaten, sondern komplexe und oftmals undurchsichtige Aushandlungsprozesse. Es existiert keine zentrale Autorität, nicht eine einzelne Person, die im Museum spricht, sondern eine Vielzahl an Akteur_innen, die dazu beitragen, dass eine Ausstellung aussieht, wie sie aussieht. Ziel der Studie ist nicht, final und kleinteilig zu klären, welche Einzelperson wie zur Konzeption beigetragen hat, sondern herauszustellen, wer Hauptinitiator_innen und Entscheidungsträger_innen waren und damit die Specher_innenposition offenzulegen, die in Ausstellungen selbst meist durch den realistischen Diskurs des Museums verschleiert wird (vgl. Bal 2011: 530). Deshalb liegt der Hauptfokus der Analyse darauf, was tatsächlich in der Ausstellung zu sehen ist, und nicht so sehr auf der Frage, welche Prozesse dazu geführt haben. Ich frage also nicht nach den Intentionen, sondern nach den Effekten – danach, was die Ausstellung selbst sagt und wie sie diese Aussagen produziert.[100] Um diese Konzentration auf die Rezeptionssituation ernst zu nehmen, führe ich auch keine Interviews mit Verantwortlichen, außer wenn wie oben dargestellt, Literatur zur Entstehungsgeschichte fehlt.

Inspiriert ist diese Analyseebene der *Poetics* von der literaturwissenschaftlichen Methode des *close readings*. Diese Methode ist geprägt von einem mikroskopisch genauen Blick auf das Untersuchungsphänomen oder auf ausgewählte Ausschnitte. *Close readings* untersuchen Texte auf ihre Strukturen, Bestandteile und darauf, wie sich im Prozess des Lesens Bedeutung konstruiert. Fragen nach Autor_in und Kontext treten dagegen in den Hintergrund (vgl. Baur 2009: 68). Auch Museen können als Texte gelesen werden (vgl. Bal 2006; Baur 2009: 72f.). Das *close reading* der *Poetics* einer Ausstellung zielt auf die Fragen ab, wie eine

---

Entstehungsgeschichte und der historischen und politischen Situierung der Institution, sowie ihrer Anordnung in den Gebäuden untersuche, spreche ich von Museums- und nicht von Ausstellungsanalyse.

100 In der Literaturwissenschaft hat Roy Sommer (2000: 328f.) das als »Wirkungspotential« eines Textes beschrieben: »Im Gegensatz zur Wirkungsabsicht handelt es sich hierbei um eine vom Text her begründbare Annahme über die möglichen Effekte der narrativen Strategien, die den [...] Inhalt eines literarischen Textes strukturieren und organisieren und damit für den Sinn entscheidend sind. [...]. Auch wenn die durch den Einsatz narrativer Strategien erzeugte Struktur eine konstruktive Leistung der Autorin oder des Autors ist, läßt sie sich ohne Rückgriff auf Spekulationen über die Wirkungsabsicht aus dem Text selbst rekonstruieren.«

Ausstellung heterogene Elemente zu einer oder mehreren Erzählungen anordnet und somit Bedeutung produziert, welche Deutungsangebote die Arrangements machen und welche Lektüren sie nahelegen. Dabei mache ich das, was ich Europamedien genannt habe, zum Ausgangspunkt des *close readings*: Welche Medienkonstellationen bringen in den Ausstellungen Bilder, Topoi und Narrative Europas hervor? Wie tun sie das? Ziel meiner Studie ist ein nicht vollständiges, schlaglichtartiges Repertoire verschiedener Europamedien in Nationalmuseen und davon ausgehend die Analyse der so produzierten Narrative.

Den Analyseschritt, der die *Poetics* der Ausstellungen untersucht, unterteile ich wiederum in vier Schritte, die zum Teil vom Vorgehen Baurs (2009: 71ff.) inspiriert sind. Da ich mich auf die Stellen konzentriere, an denen die Ausstellungen Europa und europäische Geschichte thematisieren, trage ich diese zunächst in einer Tabelle zusammen. Die Grundlage hierfür bilden, so sie vorhanden sind, die Kataloge oder Begleitpublikationen der Dauerausstellungen. Für das MuCEM in Marseille ist bisher kein Katalog zur Dauerausstellung erschienen, so dass ich diesen vorbereitenden Schritt während des ersten Ausstellungsbesuchs erledige. In diesem Schritt der Analyse frage ich danach, wo die Begriffe »Europa« und »europäisch« erwähnt werden und was als Europa und europäisch bezeichnet wird, und notiere dies in der linken und mittleren Spalte der Tabelle.

Feldforschung

Nachdem ich die Liste der Stellen zusammengetragen habe, an denen Europa in den Ausstellungen erwähnt wird, folgt der zweite Schritt in der Analyse der *Poetics*: die Besuche der Ausstellungen. Während des ersten Rundgangs laufe ich die gesamte Ausstellung einmal ab und betrachte sie im Ganzen, ohne auf Details zu achten. Es geht dabei um den Gesamteindruck, die Stimmung, den Aufbau und die Struktur der Ausstellung, die ich direkt im Anschluss in einem Feldtagebuch festhalte.

In einem dritten Schritt gehe ich Abschnitt für Abschnitt mit der vorbereiteten Tabelle durch die Ausstellung und wähle einzelne Displays aus, die mir im wahrsten Sinne des Wortes merkwürdig erscheinen und meine Aufmerksamkeit auf sich ziehen. Dabei ist festzuhalten, dass ich bei aller Mühe um breitestmögliche Aufmerksamkeit von meiner Fragestellung und den gewählten Analysekategorien beeinflusst bin. Zudem spielen meine Tagesform und die Anzahl der anderen Besucher_innen eine Rolle für meine Aufmerksamkeitslenkung. Die so ausgesuchten Displays betrachte ich detailliert und mehrmals und achte dabei vor allem darauf, was dort wie ausgestellt wird: Welche Dinge kommen zum Einsatz? Wie sind sie zueinander angeordnet? Gibt es erklärende Texte? Was beschreiben sie? Wieviel Raum nimmt das Display ein? Wie wird meine Aufmerksamkeit gelenkt? Diese Beobachtungen halte ich in Form von handschriftlichen Notizen und Fotografien fest. Was als europäisch gezeigt wird und mit welchen Medien das geschieht, ergänze ich zudem in der mittleren und rechten Spalte meiner vorbereiteten Tabelle.

Der letzte Schritt meines methodischen Vorgehens besteht in der Zusammenführung der beiden Ebenen der *Politics* und der *Poetics*. Hier werte ich die im Museum gesammelten Daten aus, versuche Kategorien für die Beobachtungen zu finden und führe sie mit den auf der Ebene der *Politics* herausgearbeiteten Zielstellungen zusammen: Welche Europamedien gibt es in den untersuchten Museen? Was stellen sie als europäisch aus? Und in welchem Verhältnis stehen die proklamierten Ziele zu dem, was die Ausstellung selbst sagt?

Diese Schritte der Untersuchung beschreibe ich als Feldforschung. Feldforschung ist eine Methode, die aus der Ethnologie kommt, heute aber auch in anderen Disziplinen Anwendung findet. Maßgeblich geprägt wurde sie durch den Ethnologen Bronisław Malinowski, der zwischen 1914 und 1918 das Leben der Einheimischen auf den Trobriand-Inseln vor Papua-Neuguinea erforschte und seine Ergebnisse sowie sein Vorgehen in der Studie *Argonauten des westlichen Pazifik* (Malinowski 2001, orig.: *Argonauts of the Western Pacific*, 1922) veröffentlichte. Feldforschung zeichnet nach Malinowski (2001: 28) der intensive Kontakt, möglichst als einziger Forscher seiner Art, mit dem Objekt der Forschung (»den Eingeborenen«) über einen langen Zeitraum hinweg aus (vgl. auch Kaschuba 2012: 66). Neben der genauen Beobachtung und Gesprächen besteht sie aus der Sammlung und Analyse von »Belegmaterial« (Malinowski 2001: 28) sowie aus einem Tagebuch, in dem die Beobachtungen so detailliert wie möglich festgehalten werden (vgl. Malinowski 2001: 45). Feldforschung verfolgt nach Malinowski (Malinowski 2001: 32f.) das Ziel, die Ordnung und Strukturen aufzudecken, nach denen die Stämme der »Eingeborenen« organisiert sind und dadurch auch auf größere Kontexte wie Gesellschaften oder Kulturen schließen zu können (vgl. Gable 2010: 96f.; Kaschuba 2012: 67). Darüber hinaus geht es Feldforschungen im Allgemeinen darum, das Vorgehen, die technischen Hilfsmittel sowie die Bedingungen darzulegen, unter denen die Beobachtungen zustande gekommen sind:

> Niemandem würde es einfallen, einen Experimentalbeitrag auf den Gebieten der Physik oder Chemie zu schreiben, ohne detailliert über alle Anordnungen der Versuche zu berichten: ohne eine exakte Beschreibung zu geben aller benutzen Apparate, der Art und Weise, in der die Beobachtungen zustande kamen; ihrer Anzahl; der Zeit, die auf sie verwendet wurde [...]. (Malinowski 2001: 24)

Der Bericht über die Versuchsanordnung stellt einen zentralen Punkt ethnologischer Forschung dar, der mein Vorgehen inspiriert hat.

Der Fokus ethnologischer Forschungen auf entlegene, ferne Orte und fremde Kulturen verschob sich ab den 1980er Jahre hin zu Forschungen »zu Hause« (vgl. Gable 2010: 99). Untersucht werden seitdem auch eigene, gegenwärtige Kulturen, wobei Kultur verstanden wird als der »Modus der materiellen wie ideellen Daseinsbewältigung« oder als das »Normale, Alltägliche, Erfahrene, Wahrgenommene« (Kaschuba 2012: 94). Seit den 1950er Jahren findet zudem innerhalb der Ethnologie eine breite Reflektion der eigenen Prämissen und Vorgehensweisen statt. Verschiedene Studien (vgl. Rabinow 1977; Lévi-Strauss 1988) stellen in Weiterentwicklung von Malinowskis Ansatz (2001: 46), ein »vollständiges, adäquates Bild zu geben«, die Kontingenz und Variabilität der Ergebnisse von Feldforschungen heraus. Diese sind demnach in hohem Maße abhängig von den Fragestellungen, Perspektiven und dem Vorgehen der Forscher_innen (vgl. Conrad 2017: 40f.). In der Folge entwickelt sich »eine dem gesamten Forschungsprozess gegenüber sensible Haltung«, die auch die strikte Trennung in Forschungsobjekt und Forscher_in zurückweist (Conrad 2017: 40). Das Feld wird demnach erst durch die Fragen, Perspektiven und durch die Auswahl der Forschenden konstruiert und verändert sich durch deren Aktivitäten. So zeigt beispielsweise der Ethnologe Paul Rabinow (1977: 39), dass die Bewohner_innen eines marokkanischen Dorfes im Laufe der Feldforschung begannen, erwünschte Antworten zu antizipieren und sich den Erwartungen des Forschenden entsprechend zu verhalten.

Durch diese starke Selbstreflektion ist die ethnologische Feldforschung zu einem Modell für die Thematisierung der Entstehung von Ergebnissen in anderen wissenschaftlichen Disziplinen geworden. So untersucht beispielsweise die Wissenschaftsforschung seit den 1980er Jahren Wissen als Ergebnis aus konkreten, lokalen und materiellen Forschungskontexten (vgl. Latour/Woolgar 1986; Rheinberger 2006). Forschung wird hier als Prozess verstanden, »an dessen Herausarbeitung der Erkenntnisgegenstand ebenso beteiligt ist wie die Forschenden und die technischen Dinge, die Aufschreibesysteme und Techniken der Darstellung« (Deuber-Mankowsky 2008: 154). Fakten werden demnach nicht entdeckt, sondern im Zusammenspiel aus Forschenden, Technologien, Materialitäten und Medien erzeugt. Die Verschiebung der Feldforschung von Malinowski und der Ethnologie hin zu vermehrter Selbstreflexivität und anderen Wissenschaftsgebieten fasst die Medienwissenschaftlerin Lisa Conrad (2017: 42) zusammen: Feldforschung sei heute eine Methode, »die die Materialität, Körperlichkeit und Kontingenz des Forschungsprozesses reflexiv integriert«.

In dieser Erweiterung der Gebiete, die durch Feldforschung untersucht werden können, werden seit den 1990er Jahren auch Museen zu einem Feld (vgl. Gable 2010: 102f.). Dabei liegt der Fokus bisheriger Untersuchungen oft auf ethnologischen Museen, die es sich zum Ziel machen, diejenigen, die bisher nur als Objekte ausgestellt wurden (sogenannte »primitive Völker« und deren Traditionen), an den Prozessen der Ausstellungsgestaltung zu beteiligen.[101] Zunehmend werden aber auch andere Museumstypen, wie zum Beispiel Geschichtsmuseen, Kunstmuseen oder Wissenschaftsmuseen mit der Methode der Feldforschung untersucht (vgl. Macdonald 2002). Feldforschungen in Museen »verfolgen so genau wie möglich die Art und Weise, wie die tägliche Arbeit in den Museen dazu führt und das formt, was ausgestellt wird, und wie solche Ausstellungen interpretiert werden« (Gable 2010: 107). Dazu begleiten Forscher_innen Angestellte und Kurator_innen des Museums in ihrem Alltagsgeschäft, lassen sich von deren Interessen leiten und beobachten deren Arbeit, um »hinter die Kulissen« eines Museums zu blicken (vgl. Gable 2010: 108). Darauf aufbauend kontrastieren sie die Ziele der Kurator_innen mit der Wirkung der Ausstellungen auf das Publikum (Gable 2010: 104). Dieses Vorgehen impliziert meist die Durchführung von Interviews mit Ausstellungsmachenden und Besucher_innen (vgl. Gable 2010: 108).

Da der Fokus meiner Untersuchung nicht auf den Prozessen, die zu Ausstellungen führen, und nicht auf Rezeptionsforschung, sondern auf den Medien in Ausstellungen liegt, weicht mein Vorgehen von den oben beschriebenen Punkten ab. Die Datengrundlage für meine Analyse besteht nicht aus Beobachtungen der alltäglichen Arbeit von Museumsverantwortlichen »hinter den Kulissen« und auch nicht vorrangig aus Interviews mit Kurator_innen und Besucher_innen. Dennoch bezeichne ich den in diesem Abschnitt erklärten Teil meines Vorgehens als Feldforschung. Dies hat vier Gründe:

Erstens besteht dieser Untersuchungsschritt aus längeren Aufenthalten von mehreren Tagen oder Wochen in den Museen und intensivem Kontakt mit dem Forschungsobjekt, den Dauerausstellungen. Diese Aufenthalte fanden zwischen Sommer 2012 und Winter 2014/15 statt. Das DHM besuchte ich am 5. Juli 2012, vom 25. bis 27. Juli 2012 und am 7. und 8. August 2012, was durch Besuche am 16. Oktober 2014 sowie am 28. September 2015 und am 2. Juni 2018 ergänzt wurde. Die Feldforschung im MuCEM habe ich vom 30. September bis 17. Oktober 2013 durchgeführt. Das ECS Danzig besuchte ich vom 1. März bis 4. April 2015. Dieser zeitliche Abstand ist dem Umstand geschuldet, dass zwei der drei untersuchten Museen (das ECS und das MuCEM) sehr aktuelle Projekte sind, deren Eröffnungstermine im Laufe des Forschungsprozesses wiederholt verschoben wurden. Wichtig für die zeitliche Verortung dieser Studie ist, darauf hinzuweisen, dass auch Dauerausstellungen sich verändern und überarbeitet werden. So ist zum Beispiel für die Dauerausstellung des DHM Berlin eine Modifizierung angekündigt, während diese Studie veröffentlicht wird. Meine Analysen beschränken

---

101 Diesen Ansatz verfolgen beispielsweise das Australian National Museum Canberra oder das Museum Te Papa Tongarewa in Neuseeland (vgl. Gable 2010: 103f.; Kaplan 1994).

sich auf die Präsentationen, die zu den genannten Zeitpunkten zu sehen waren. Dennoch gebe ich, wenn es für die Analyse wichtig ist, Ausblicke auf vorherige, nicht mehr existierende Displays oder auf geplante Überarbeitungen. Feldforschung beschreibt die genannten Aufenthalte in den Museen sowie die Datensammlung. Diese besteht aus der oben beschriebenen Tabelle (je einer pro Museum), insgesamt 195 Tagebuchseiten (40 für das DHM, 65 aus dem MuCEM und 89 aus dem ECS) sowie aus 3786 Fotografien (1355 aus dem DHM, 1048 aus dem ECS und 1383 aus dem MuCEM).

Das geschilderte Vorgehen verfolgt zweitens das Ziel, anhand der genauen Beobachtung ausgewählter Ausschnitte Strukturen aufzuzeigen, nach denen Vorstellungen von Europa und europäischer Geschichte in Museen organisiert sind. Feldforschung meint hier nicht die Erforschung entfernter Kulturen, sondern die Untersuchung gegenwärtiger und naheliegender kultureller Produktionen.

Drittens beschreibt Feldforschung, wie oben dargelegt, die Reflektion der eigenen Vorgehensweise, ihrer medialen Bedingungen, der Verwobenheit der_ des Forschenden mit dem Untersuchungsgegenstand sowie der Variabilität und Kontingenz der Ergebnisse. So sind Museen im Gegensatz zu anderen Medien nicht mobil, der Aufenthalt muss lange vorher geplant werden und kostet Geld. Zudem sind mehrtägige oder mehrwöchige Besuche in Museen körperlich anstrengend, da man sich, ebenfalls im Gegensatz zu anderen Medien, das Narrativ erlaufen muss. Wenn mir im Nachhinein eine Stelle besonders interessant erscheint, kann ich sie nicht ohne Weiteres noch einmal ansehen. Deshalb bin ich bemüht, während der Feldforschung so viele Beobachtungen, Fragen, spontane Eindrücke und erste Analyseideen wie möglich in Form eines Tagebuchs sowie in Fotografien festzuhalten. Doch auch die Möglichkeiten dieser Medien sind begrenzt. Sie speichern nur eine Auswahl und versuchen, eine dreidimensionale Raumerfahrung zweidimensional festzuhalten, die mehr Sinne anspricht als die medialen Speicherungen. Diese medialen Mittel arbeiten also mit daran, wie dieses Buch geschrieben wird. Ich schreibe nicht in den Museen selbst und habe im Moment des Schreibens nur die Fotos der Ausstellungen sowie meine ersten spontanen Notizen vor Augen, die im Nachhinein jedoch oft leitend für die Analyse werden.

Des Weiteren ist viertens die von Feldforscher_innen herausgearbeitete Verwicklung von Forscher_in und Untersuchungsobjekt wichtig. Auch wenn ich im Gegensatz zu Ethnolog_innen vor allem nicht-menschliche Akteur_innen beobachte, wird das Untersuchungsobjekt auch hier maßgeblich durch meine Fragen und Perspektiven, sowie durch meinen Standpunkt konstruiert. Europa und europäische Geschichte existieren in den Museen nicht als aufzudeckende, feststehende Fakten, sondern mein Blick auf sie sowie der Text dieser Studie tragen zu ihrer Konstruktion bei. Deshalb ist die hier versuchte Beschreibung der

Versuchsanordnung wichtig. Der Ansatz der Feldforschung hilft dabei, sowohl mein Vorgehen, als auch mich selbst als Teil des Forschungs- und Analyseprozesses sichtbar zu machen. Dass das Bestehen auf der Standortgebundenheit jeder Wissensproduktion kein Nachteil ist, zeigen Ansätze der feministischen *Standpoint Theory*, die im Folgenden eingeführt werden.

Situierte Wissenschaft: Feministische *Standpoint Theory*

Die Analyse der drei Museen nach dem oben dargestellten Vorgehen verfolgt nicht das Ziel, eine allgemeingültige, repräsentative Lesart zu präsentieren. Ich stelle eine von vielen möglichen Analysen vor, die ich aufgrund der in diesem ersten Teil eingeführten Begriffe und Kategorien entwickelt habe. Beides, sowohl die Nicht-Universalisierbarkeit meiner Aussagen, als auch die Verortung, die zu diesen Aussagen führt, ist von der feministischen Standpunkttheorie (*Feminist Standpoint Theory*) inspiriert. Ansätze, die zu dieser Theorieströmung gezählt werden, sind in der feministischen Wissenschaftskritik und Epistemologie verortet (vgl. Singer 2008).[102] Entgegen herkömmlicher Erkenntnistheorien, die dem Subjekt der Erkenntnis – also der Frage, wer Wissen und Erkenntnis produziert – keine Beachtung schenken, zeigt feministische Wissenschaftskritik seit den 1980er Jahren, dass Erkenntnis und Wissen nicht jenseits von Körperlichkeit, Geschichtlichkeit und konkreten gesellschaftlichen Machtverhältnissen denkbar sind (vgl. Singer 2008: 285). Zentral für feministische Epistemologien ist die Einsicht in die Situiertheit jeglichen Wissens, die die Wissenschaftshistorikerin Donna Haraway (1988) als *situated knowledges* bezeichnet. Situiertes Wissen bedeutet, die Position anzuerkennen und offenzulegen, von der aus Wissen produziert wird – also sowohl das Subjekt der Erkenntnis, als auch dessen historische, soziale, ökonomische, kulturelle und technologisch-mediale Position (vgl. Haraway 1988: 581ff.). Der Ort, von dem aus Subjekte sprechen und Wissen produzieren, wird geformt durch die Positionierung innerhalb gesellschaftlicher Machtstrukturen, von kulturellen Werten und Normen, spezifischen Erfahrungen, körperlicher Verfasstheit, materiellen Bedingungen sowie, im Falle akademischer Wissensproduktionen, disziplinären Sozialisationen (vgl. Singer 2008: 286).

Diese Positionierung wissensgenerierender Subjekte beschreibt der Begriff des Standpunkts (*standpoint*), der auf Philosophin Nancy Hartsock (1983) zurückgeht. Aufbauend auf marxistischer Theorie zu einem proletarischen Standpunkt

---

[102] Mona Singer (2008: 287) betont jedoch, dass es keine feministische Epistemologie im Singular, sondern viele unterschiedliche Ansätze und Positionen gibt, die unter diesem Begriff gefasst werden.

fordert Hartsock die Entwicklung eines feministischen Standpunkts, der die Position derer einnimmt und anerkennt, die ihr zufolge in gesellschaftlichen Machtverhältnissen strukturell benachteiligt werden: Frauen (vgl. Hartsock 1983: 285ff.). Daran anknüpfend haben verschiedene Theoretikerinnen den Begriff des feministischen Standpunkts weiter ausdifferenziert, indem sie beispielsweise darauf hingewiesen haben, dass das Kollektivsubjekt Frau, von dem Hartsock ausgeht, nicht existiert und die Erfahrungen und Perspektiven anderer als weißer Frauen negiert (vgl. Collins 1990; Harding 1993, 2006).[103] Gemeinsam ist den vielfältigen Ansätzen der feministischen *Standpoint Theory* die Absicht, verallgemeinernde und von konkreten Situierungen abstrahierende Wissensproduktionen zu hinterfragen. Stattdessen verfolgen sie das Ziel, Verantwortung für Wissensproduktionen zu übernehmen, indem der Standpunkt – also die historische, soziale, ökonomische und kulturelle Positionierung – offengelegt wird, von dem aus Subjekte sprechen, wenn sie Wissen schaffen.

Universalisierenden Texten, die vorgeben, alles sehen und neutral beschreiben zu können, ohne das schreibende, forschende, denkende Subjekt dahinter sichtbar zu machen, stellt Donna Haraway (1988: 581) eine andere, bessere Art der Wissensproduktion entgegen. Diese nennt sie *feminist objectivity*: »Feminist objectivity means quite simply situated knowledges«. Dieser Ansatz des situierten Wissens produziert der *Standpoint Theory* zufolge bessere Ergebnisse, weil er die Bedingungen offenlegt, die zu den Ergebnissen geführt haben, und sich nicht den Anschein köperloser, transzendenter Objektivität und Repräsentativität gibt: »Feminist objectivity is about limited location and situated knowledge, not about transcendence and splitting of subject and object. It allows us to become answerable for what we learn how to see« (Haraway 1988: 583).

Für mein eigenes Vorgehen ziehe ich aus der feministischen *Standpoint Theory* zwei entscheidende Punkte: Erstens kann diese Studie wie jede Wissensproduktion nicht nach Repräsentativität, Verallgemeinerbarkeit und Vollständigkeit streben. Sie tut dies in einem doppelten Sinne nicht. Die hier beobachteten Phänomene lassen sich einerseits nicht problemlos auf andere Museen übertragen. Ich kann und möchte nichts über Europa und europäische Geschichte im Museum allgemein sagen, sondern einzelne Fälle ausschnitthaft untersuchen. Dies ist ein Weg, um mit der Überforderung umzugehen, die sich angesichts der Komplexität von Museen und Ausstellungen oft einstellt. Die Komplexität besteht in der Gleichzeitigkeit vieler verschiedener Eindrücke, der Vielzahl an möglichen Wegen durch Museen und Ausstellungen, sowie in der Wirkung externer

---

103 Einen Überblick über feministische Epistemologien und Standpunkttheorien geben Singer 2008 und Harding 2004.

Faktoren, wie zum Beispiel der eigenen körperlichen Verfasstheit am Tag des Museumsbesuchs oder der Anzahl der anderen Besucher_innen. Wie kann ich diese Komplexität anerkennen, ohne sie zu reduzieren, sie aber gleichzeitig in eine lesbare Form bringen? Und welche Berechtigung haben meine Beobachtungen, wenn sie nicht den Anspruch erheben, repräsentativ für ein größeres Phänomen zu sein?

Als einen Weg, um mit Komplexität des Untersuchungsphänomens sowie mit dem Dilemma zwischen detaillierter Beobachtung und Repräsentativität umzugehen, schlagen die Philosophin Annemarie Mol und der Soziologe John Law (2002: 15) die Arbeit mit Fällen vor. Fälle nicht repräsentativ oder illustrativ zu verwenden, öffnet ihnen zufolge neue Möglichkeiten: »Because they are not, so to speak, representative of something larger (a ›theory‹), cases are able to do all kinds of other work«. Begreift man Fälle nicht als Repräsentanten für eine sie umgebende Gesamtheit, können sie andere Arbeit leisten: Sie erkennen Komplexität an, schlagen anhand der Beschreibung kleiner Ausschnitte einen von vielen möglichen Wegen durch komplexe Phänomene vor, sie sprechen von einer bestimmten Zeit und von einem bestimmten Ort aus. Das bedeutet jedoch nicht, dass Fallstudien keinerlei Aussagen zulassen, die über sie selbst hinausgehen. Denn indem sie Komplexität ausschnitthaft detailliert beschreiben, können sie zum einen allgemeinere Tendenzen aufzeigen, die sich bei aller Vorsicht vor Verallgemeinerungen in größere Kontexte stellen lassen. So beschreibe ich anhand meiner Fallstudien Tendenzen der Europäisierung von Nationalmuseen, die sich auch in anderen Museen finden lassen, so zum Beispiel die Persistenz starker nationaler Narrative trotz Europäisierungsbemühungen, Inklusions- und Exklusionsprozesse aufgrund hierarchisierender Differenzierungen nach *Gender*, *Race* etc. Zum anderen können Fallstudien zur Einübung eines kritischen Blicks und zur Sensibilisierung der Leser_innen beitragen, indem sie durch das Vorführen einer bestimmten Perspektive Anschlüsse für die Beobachtungen Anderer eröffnen (vgl. Mol/Law 2002: 16).[104] Die hier behandelten Fälle sind verschieden von

---

[104] »For instance, they may sensitize the reader to events and situations elsewhere [...]. They may seduce the reader to continue to read, to ask what is going to come next. They may suggest ways of thinking about and tackling other specificities, not because they are ›generally applicable‹ but because they may be tranferabel, translatable. They may condense [...] a range of experiences, relations of a variety of different kinds. They may ad as an irritant, destabilizing expectations.« (Law/Mol 2002: 15).

allen anderen Museen und können dennoch Anregungen bieten für die Betrachtung anderer Ausstellungen und Museen.[105]

Die hier untersuchten Fälle streben andererseits nicht nach Repräsentativität und Verallgemeinerbarkeit, weil meine Analysen der Ausstellungsdisplays zudem nicht auf die Reaktionen des Publikums verallgemeinerbar sind. Mir geht es nicht darum, zu zeigen, wie Besucher_innen die Ausstellungen wahrnehmen, sondern wie die Ausstellungen selbst Bedeutungen konstruieren. Deshalb grenzt sich diese Studie von Besucher_innenforschung ab. Mit dieser Fokussierung auf Medien ist jedoch keine mediendeterministische Perspektive gemeint. Medien sind ohne menschliche Akteur_innen wirkungslos; ihre konkrete soziale, historische und politische Einbettung ist wichtig für die Untersuchung medialer Historiografien. Diese »social arena« (Erll 2017: 7f.) untersuche ich jeweils im ersten Teil der Fallstudien (*Politics*): Akteur_innen, Entstehungskontexte und die sozio-historische Situierung der Museen. Die Wirkung der Ausstellungen auf Besucher_innen hingegen beziehe ich nicht in die Analyse ein, weil es nicht Rezeptionsforschung ist, die im Feld der Museumsanalyse bisher fehlt, sondern Untersuchungen, die Medien in Ausstellungen in den Fokus stellen, und untersuchen, wie diese zur musealen Historiografie beitragen. Dennoch bin ich natürlich nicht vollkommen unabhängig von den Reaktionen anderer in Form von Rezensionen, Presseartikeln über die Ausstellungen oder das Verhalten anderer Besucher_innen in den Ausstellungen.

Zweitens bedeutet *Standpoint Theory* aber nicht nur, dass ich um die Kontingenz meiner eigenen Wissensproduktion weiß. Sie meint auch, dass ich meine Autorinnenposition und die Verortung meiner Analyse reflektiere. Wie jede Wissensproduktion ist diese Studie sozial und historisch situiert (vgl. Haraway 1988): Ich spreche von einer spezifischen Position aus. Nach der Kunsthistorikerin Irit Rogoff (1993: 45) »kann nicht länger ein universaler Standort angenommen werden, der für ein nicht existierendes ›wir‹ spricht«. Standpunkttheoretikerinnen fordern deshalb, die Verantwortung für die eigene Wissensproduktion zu übernehmen, indem der Standpunkt offengelegt wird, von dem aus sie geschieht. Ein Standpunkt ist dabei nicht gleichzusetzen mit subjektiven Erfahrungen. Ein Standpunkt oder eine politische Positionierung ergibt sich nicht automatisch aus individuellen Erfahrungen, sondern aus der kritischen Auseinandersetzung mit theoretischen Konzepten und gesellschaftlichen Verhältnissen. Deshalb ist der

---

105 Wobei dabei wieder die Spezifizität des Falles berücksichtigt werden sollte: »[...] the lesson it [the case, Anmerkung: S.C.] holds always come with the condition that, elsewhere, in others cases, what is similar and different is not to be taken for granted. It remains to be seen, to be experienced, to be investigated« (Law/Mol 2002: 15).

im Folgenden dargestellte Standpunkt auch nicht mein persönlicher oder subjektiver, sondern ein gewählter und erarbeiteter (vgl. Singer: 2008: 288).

Vier Punkte erscheinen mir für den Standpunkt wichtig, von dem aus diese Studie geschrieben wird: erstens die theoretische Verortung, die dieser erste Teil zu leisten versucht. Die Herleitung und Darlegung der Kategorien und Begriffe, die meine Analysen leiten, stellt eine erste Schicht meiner Verortung dar. Zweitens wähle ich für meine Analysen eine Position, die die Museologin Gaby Porter (2004: 107) eine *position of otherness* nennt:

> I read ›as a woman‹, not with reference to any essential qualities or experiences of women, nor in the belief that my conclusions were limited to women; rather, as a position of otherness, at the margins of the text, to explore what is not represented, not shown, not said.

Wie Porter betont, ist es zentral, die Bezeichnung »as a woman« nicht als biologische Beschreibung zu lesen, oder zu denken, dass nur Frauen kritische Fragen stellen könnten. Es geht vielmehr um eine Positionierung am Rand, die es wahrscheinlicher macht, Beobachtungen zu machen, die von einer Positionierung im Zentrum nicht sofort auffallen würden, wie zum Beispiel die, dass in Geschichtsmuseen sehr selten Frauen oder *People of Color* als Akteurinnen vorkommen oder die, dass die museale Historiografie Europas durch Strukturkategorien wie *Gender* und *Race* organisiert ist.[106] »This position« schreibt Porter (2004: 107) weiter, »reverses the usual hierarchy of dominant/masculine and subordinate/feminine to demonstrate that conventional interpretations are limited and limiting«. Analysen, die von einer privilegierten Position aus sprechen, ohne diese zu reflektieren, sind nach den Ansätzen der *Standpoint Theory* begrenzt und begrenzend, weil sie gesellschaftliche Machtbeziehungen und die daraus folgenden strukturellen Ein- und Ausgrenzungen oftmals nicht wahrnehmen und damit Machtverhältnisse reproduzieren. Eine *position of otherness* einzunehmen, hilft dabei, dies zu vermeiden. Weshalb die Frage nach der Verortung der eigenen Wissensproduktionen zunehmend relevant wird, erklärt Irit Rogoff (1993: 45).

---

[106] Das Bestehen auf einem marginalisierten Standpunkt gehört zu den zentralen Elementen der feministischen *Standpoint Theory*. So schrieb Nancy Hartsock (1983: 285ff.), auf die der Begriff des feministischen Standpunkts zurückgeht, nur der Standpunkt der Unterdrückten könne die realen gesellschaftlichen Verhältnisse zum Vorschein bringen und sie verändern. Die, die im gesellschaftlichen Kräfteverhältnis oben stünden, seien weder in der Lage noch hätten sie Interesse daran, ihre eigene Privilegiertheit in Frage zu stellen. Auch nach der Philosophin Sandra Harding (1993: 54f.) ist es sinnvoll, marginalisierte Standpunkte einzunehmen, da nur sie relevante und kritische Fragen stellen könnten, die von privilegierten und dominanten Standpunkten aus als nicht relevant eingestuft würden, weil sie deren Privilegien in Frage stellen.

Ihr zufolge wird die Verortung des forschenden und sprechenden Subjekts erst notwendig, wenn diejenigen, die im kulturellen und visuellen Mainstream als Akteur_innen bisher kaum vorkamen, kulturelle Produktionen untersuchen. Erst eine »problematische Beziehung zwischen ihnen und dem Forschungsgegenstand« (Rogoff 1993: 45) (also beispielsweise die Feststellung, dass Frauen in Museen größtenteils abwesend oder nur als passive Objekte anwesend sind) macht die Reflektion des Standpunktes nötig.

Drittens ist meine *position of otherness* jedoch auch recht brüchig, weil ich gleichzeitig von einer sehr privilegierten Position aus schreibe. Mein Pass weist mich als Bürgerin der Europäischen Union aus, ich bin weiß und werde deshalb auch als Europäerin gelesen. Ich werde also als Teil der in den Museen inszenierten Gemeinschaft und ihrer Geschichte wahrgenommen. Zudem verfüge ich über genügend finanzielle und soziale Ressourcen, um problemlos Zugang zu den Museen zu haben und Zeit vor Ort zu verbringen, was ebenfalls nicht allen Menschen zuteil wird. Die Untersuchung sähe vom Standpunkt einer Nicht-EU-Bürgerin, eines_r Migrant_in oder Geflüchteten anders aus; sie würde andere Dinge sehen und andere Fragen stellen. Dennoch bin ich darum bemüht, im Sinne der oben beschriebenen politischen Wählbarkeit und Erarbeitbarkeit eines Standpunktes diese Perspektiven mitzudenken. Im Sinne der in Kapitel 2.1 beschriebenen Intersektionalität zielen meine Analysen nicht nur auf Ausschlüsse nach Geschlecht, sondern sie versuchen, damit verbundene Rassismen, Klassismen und Differenzierungen nach Religion einzubeziehen.

Schließlich untersuche ich Museen, die hauptsächlich mit drei verschiedenen Sprachen arbeiten. Nur eine davon ist meine Muttersprache, die beiden anderen, Französisch und Polnisch sind Fremdsprachen für mich, wobei ich Französisch besser beherrsche als Polnisch. Dies erlaubt es mir, in den deutschen Museen und ihren Texten sprachliche Feinheiten und subtile Bedeutungen eher zu verstehen, als in den französischen und polnischen Fall. Andererseits ermöglicht das Lesen in einer Fremdsprache eine größere Distanz, aus der heraus Merkwürdigkeiten eventuell eher irritieren und Fragen veranlassen können.

In dieser Selbstverortung bin ich mir der möglichen Kritik daran bewusst. Indem ich mich selbst positioniere, wiederhole ich Kategorien, die damit gestärkt statt hinterfragt werden (vgl. Lorey 2008). So kritisiert insbesondere die Soziologin Patricia Hill Collins (1990), die feministische *Standpoint Theory* gehe von einem Kollektivsubjekt »Frau« aus, das für kritische Analysen prädestiniert sei, und stärke damit eine Kategorie, die wegen der Ausschlüsse, die sie produziert, besser dekonstruiert werden sollte. Solange jedoch Faktoren wie *Gender, Race* oder *Class* menschliches Zusammenleben, Erziehung und Sozialisation sowie den Arbeitsmarktzugang und damit auch Wahrnehmung und ebenso akademische Wissensproduktionen regulieren, halte ich es für wichtig, meine Positionierung in diesen Strukturen zu reflektieren. Diese hat Auswirkungen auf die Art, wie ich die hier untersuchten Museen sehe, welche Fragen ich stelle und was mir auffällt. Sie führt zu einer partialen, begrenzten und unvollständigen Perspektive, die nach der *Standpoint Theory* jedoch keinen Mangel, sondern im Gegenteil eine Ressource darstellt. Sandra Harding (1993: 57f.) zufolge produziert verortete, das heißt sich ihres begrenzten und unvollständigen Standpunkts bewusste Wissenschaft zuverlässigere, ehrliche Ergebnisse, da sie mit anderen Untersuchungen in Dialog treten kann. Analysen von möglichst vielen verschiedenen Standpunkten aus können sich so zu einem umfassenderen Bild zusammenfügen, als Studien, die vorgeben, universell und allgemeingültig zu sprechen.[107] Donna Haraway (1988) bezeichnet dies als das »privilege of partial perspective« und Sandra Harding (1993) als »strong objectivity«. Gerade weil meine Beobachtungen nur von mir gemacht werden, nicht die Reaktionen des allgemeinen Publikums beschreiben, nur auf die untersuchten Fälle zutreffen und keinen Anspruch auf Vollständigkeit erheben, können sie anschlussfähig sein – indem sie hoffentlich Fragen provozieren, Denkprozesse anstoßen und helfen, andere oder auch die hier untersuchten Ausstellungen von diversen Standpunkten aus in neuem Licht zu sehen.

Zusammenfassend verstehe ich diese Studie als situierte, selektive, partiale, begrenzte und nicht ohne Weiteres verallgemeinerbare Analysen von Momentaufnahmen aktueller musealer Historiografien Europas. Gerade wegen ihrer Begrenztheit, Unvollständigkeit und Aktualität können sie instruktiv sein, denn sie hinterfragen erstens in Ausstellungen scheinbar Gegebenes und öffnen sie damit für Kritik und Veränderungen. Zweitens provozieren sie im besten Fall Fragen statt Antworten und sind deshalb anschlussfähig im Sinne von erweiterbar, befragbar, streitbar.

---

[107] Diesen Ansatz beschreibt innerhalb der *Standpoint Theory* die »dialogische Standpunkttheorie«. Anstatt für einen für kritische Analysen prädestinierten Standpunkt (den Hartsock zu Beginn der *Standpoint Theory* als den von Frauen beschrieben hat) plädiert diese für einen Dialog unter vielen marginalisierten Standpunkten (vgl. Collins 1990; Singer 2008: 290f.).

3 Nationalmuseen als Europamedien: Fallstudien

Nach der theoretischen Verortung dieser Studie im ersten Teil erprobt der zweite Teil die entwickelten Begriffe und Konzepte in der Analyse von drei aktuellen Museen in Deutschland, Polen und Frankreich: das Deutsche Historische Museum (DHM) Berlin, das Europäische Solidarność Zentrum (ECS) Gdańsk und das Musée des civilisations de l'Europe (MuCEM) Marseille. Das DHM wurde 1987 gegründet und ist neben dem Haus der Geschichte der BRD in Bonn eines der zwei nationalen Geschichtsmuseen in Deutschland. Sein Schwerpunkt liegt auf deutscher Kulturgeschichte von der Frühzeit bis in die Gegenwart. Neben dieser nationalen Rahmung ist jedoch auch eine europäische Ebene zentral für das DHM, denn es setzt sich zum Ziel, deutsche Geschichte in ihren europäischen Bezügen zu zeigen und damit auch Identifikationsangebote auf europäischer Ebene zu schaffen. Das Europäische Solidarność Zentrum stellt das neueste hier untersuchte Museum dar, es wurde im August 2014 eröffnet. Es steht beispielhaft für eine Welle an Museumsneugründungen in Polen seit Beginn der 2000er Jahre und für polnische Geschichtspolitik zwischen nationaler und europäischer Ausrichtung. Inhaltlich behandelt es die Geschichte antikommunistischer Oppositionsbewegungen in Polen und anderen ostmitteleuropäischen Staaten vom Ende des Zweiten Weltkriegs bis zu den politischen Umbrüchen von 1989/90. Neben der Nation bildet auch hier, wie bereits im Namen der Institution ersichtlich, Europa einen zentralen Bezugsrahmen der musealen Historiografie. Das dritte hier analysierte Museum, das MuCEM, ist aus dem ethnologischen Nationalmuseum Frankreichs entstanden und wurde im Sommer 2013 in Marseille eröffnet. Damit war es die erste nationale Kulturinstitution Frankreichs außerhalb von Paris. Mit dieser räumlichen Verlagerung ging auch eine inhaltliche Verschiebung einher: Das MuCEM widmet sich nicht mehr, wie seine Vorgängerinstitution, französischer Kultur und Geschichte, sondern stellt diese in europäische Bezüge. Doch im Gegensatz zu den beiden anderen hier untersuchten Museen bleibt das MuCEM nicht bei diesem europäischen Bezugsrahmen stehen: In den Fokus seiner Aktivitäten stellt es Europa- und Mittelmeerkulturen. Neben die nationale und transnationale Ebene der musealen Historiografie (die Nation und Europa) tritt damit eine weitere – transeuropäische – Rahmung: der Mittelmeerraum.

Trotz dieser offensichtlichen Unterschiede der drei Museen eint sie ihr Status als Museen zwischen Nation und Europa, als europäisierte Nationalmuseen. Alle drei schwanken zwischen nationaler und europäischer Historiografie, indem sie sich als Nationalmuseen auf Europa und europäische Geschichte ausrichten. Es stellt sich deshalb die Frage, was Europa und europäisch in den einzelnen Museen bedeuten und wie diese Bedeutungen hergestellt werden. Dieser Frage gehen die folgenden Kapitel jeweils anhand eines Museums nach. Darin arbeite ich drei Tendenzen in der aktuellen musealen Historiografie Europas heraus, die ich Europa begrenzen, Europa vereinen und Europa dezentrieren nenne. Diese drei Kapitel beschreiben Entwicklungen, die für gegenwärtige Verhandlungen Europas, europäischer Geschichte und Identität in Museen zentral sind.

Dabei ist einleitend festzuhalten, dass Museumsrundgänge in hohem Maß durch Komplexität und Gleichzeitigkeit von Eindrücken gekennzeichnet sind, die das Medium Text nur reduziert und nacheinander wiedergeben kann. »[...] [A] single text cannot be everywhere at once. It cannot do everything all at the same time nor tell all« schreiben die Philosophin Annemarie Mol und der Soziologe John Law (2002: 6). Die Wahl des Mediums bedeutet notwendigerweise Selektion und Reduktion, da sie zu einer Auswahl und zu einem Nacheinander dessen zwingt, was sich mir im Museum als Fülle von Eindrücken gleichzeitig und ungeordnet darbietet. »The question is how a text might be where it is, while also acknowledging that it is not everywhere. How might a text make room within for whatever it also necessarily leaves out, for what is not there, not made explicit? How might a simple text respect complexities?« fragen Law und Mol (2002: 6) weiter. Eine Möglichkeit, Komplexität in einem Text nicht zu reduzieren, sondern anzuerkennen, besteht, wie im Kapitel zum methodischen Vorgehen dargelegt, nach Law und Mol in der Arbeit mit Fällen, die beispielhaft aber nicht allgemeingültig etwas zeigen. Die folgenden Rundgänge durch die Museen fokussieren deshalb ausgewählte Stellen der Dauerausstellungen, die exemplarisch mediale Mechanismen der Historiografie Europas in Nationalmuseen vorführen, ohne Anspruch auf Gültigkeit außerhalb der analysierten Situation zu erheben. Dennoch kann das *close reading* der hier ausgewählten Stellen instruktiv sein für die Analyse anderer Ausstellungen, da es eine Methode und Fragerichtung vorführt, die sich auch an anderen Orten durchführen lässt.

3.1 Europa begrenzen: Das Deutsche Historische Museum Berlin (DHM)

> [...] [W]ir, die Deutschen, müssen uns unserer Geschichte stellen, mit ihrer Größe und ihrem Elend, nichts wegnehmen, nichts hinzufügen. Wir müssen unsere Geschichte nehmen, wie sie war und ist: ein Kernstück europäischer Existenz in der Mitte des Kontinents. Der jungen Generation muß die deutsche Geschichte in ihren europäischen Bezügen und Bedingungen wieder geistige Heimat werden. (Stölzl 1988: 249)

Mit diesen Worten sprach sich der damalige Bundeskanzler Helmut Kohl in seiner Regierungserklärung am 4. Mai 1983 vor dem Deutschen Bundestag für die Errichtung eines nationalen Geschichtsmuseums in Berlin aus. Er befeuerte damit eine extrem aufgeladene geschichtspolitische Debatte über den Umgang mit deutscher Geschichte nach 1945, die bereits in den 1960er Jahren begonnen hatte. Das Deutsche Historische Museum (DHM) wurde im Oktober 1987 in Berlin gegründet und ist, neben dem Haus der Geschichte der BRD in Bonn, eines der zwei nationalen Geschichtsmuseen in Deutschland. Neben dieser nationalen Ebene ist, wie in der Erklärung Kohls anklingt, auch die europäische Rahmung für das Museum zentral: Das DHM wurde nicht nur gegründet, um deutsche Geschichte zu zeigen, sondern auch um sie »in ihren europäischen Bezügen und Bedingungen« zu präsentieren. Mit dieser doppelten Zielsetzung zwischen nationaler und europäischer Historiografie bildet das DHM die erste Fallstudie dieser Studie.

Um die Entstehung und die inhaltliche Ausrichtung des DHM einordnen zu können, stellt der erste Abschnitt des Kapitels den Prozess dar, der 1987 zur Gründung des DHM geführt hat. Wie sich zeigen wird, war die Entstehungsgeschichte des Museums kein ordentlicher, linearer Prozess, sondern ein komplexes Gemenge, das sich aus den Ideen, Plänen und Vorstellungen unterschiedlicher Akteur_innen ergeben hat. Der folgende Bericht ist der Versuch, einen Weg durch dieses Gemenge zu schlagen. Ziel dieses Abschnitts ist, die Akteur_innen in diesem Prozess herauszuarbeiten, um die Frage zu klären, wer im und mit dem DHM spricht und von welcher politischen, historischen Position aus. Der zweite Abschnitt arbeitet die Zielstellungen des DHM und seiner Dauerausstellung zwischen nationaler und europäischer Ausrichtung heraus. Der dritte Teil schließlich untersucht, wie die Dauerausstellung des DHM Europa und europäische Geschichte inszeniert, welche Medien hierfür verwendet und welche Europanarrative entworfen werden.

3.1.1 Ein nationales Geschichtsmuseum für Deutschland? Entstehungsgeschichte

Die Gründung eines nationalen Geschichtsmuseums 1987 war eines der umstrittensten kulturpolitischen Projekte der Bundesrepublik Deutschland und muss im Kontext der jüngeren deutschen Geschichte gesehen werden. Vor dem Hintergrund des Nationalsozialismus und Holocaust einerseits und der Existenz zweier deutscher Staaten andererseits waren die Diskussionen um ein deutsches Nationalmuseum hochgradig aufgeladen.[108] Die Gründung des DHM im Oktober

---

108 Ausführlich sind die Debatten über die Gründung des DHM in Stölzl 1988 und Mälzer 2005 dokumentiert. Die Regierungserklärungen, Konzeptionen und Denkschriften, die im Folgenden zitiert werden, sind ebenfalls in Stölzl 1988 abgedruckt.

1987 war das Ergebnis eines Prozesses, der mit der Gründung der BRD 1949 eingesetzt hatte. Geschichtspolitische Überlegungen zur öffentlichen Präsentation deutscher Geschichte fanden auf Bundesebene ab Anfang der 1950er Jahre statt, wobei sich Politiker_innen in den ersten Nachkriegsjahren eher verhalten zu der Frage nach dem Umgang mit der deutschen Geschichte äußerten (vgl. Trotnow 1988a: 21). Aufgrund der dezentralisierten Kulturpolitik der BRD (Kulturpolitik fällt in den Hoheitsbereich der Bundesländer) fand Museums- und Ausstellungsarbeit in der Nachkriegszeit vor allem auf regionaler und lokaler Ebene statt (vgl. Beier-de-Haan 2012: 57).[109] Auf Bundesebene regten ab Anfang der 1960er Jahre insbesondere die Bundespräsidenten Gustav Heinemann (1969–1974) und Walter Scheel (1974–1979) Initiativen zur Schaffung von Geschichtsmuseen an (vgl. Trotnow 1988a: 21f.).[110] Den Gedanken eines nationalen Geschichtsmuseums erwähnte der damalige Bundespräsident Walter Scheel erstmals 1973. Anlässlich eines Besuchs im Bundesarchiv sagte er, er wünsche sich eine Stätte in Bonn, an der Besucher_innen die Geschichte des Staates anschauen können (vgl. Trotnow 1988a: 23).

Auch in Berlin diskutierten ab Ende der 1970er Jahre Politiker_innen und Vertreter_innen aus dem Kulturbereich über das Projekt eines nationalen Geschichtsmuseums. Den Hintergrund der Debatte bildeten zwei Dinge: einerseits die Gründung des Museums für Deutsche Geschichte (MfDG) 1952 in Ost-Berlin, das ausgewählte Teile der Geschichte als »nationales Erbe« der DDR aneignete und in marxistisch-leninistischer Lesart zur sozialistischen Erziehung der DDR-Bürger_innen instrumentalisierte (vgl. Asmuss 2007: 1; Trotnow 1988b: 55). Ein wichtiges Motiv für die Gründung des DHM war die Abgrenzung zu diesem als ideologisch wahrgenommenen Museum (vgl. Beier-de-Haan 2012: 57). Andererseits verlor die Stadt Berlin aufgrund der Teilung zunehmend an Attraktivität

---

109 Ein Beispiel dafür stellt das 1972 gegründete Historische Museum Frankfurt dar. Es war das erste Museum, das sich nach dem Zweiten Weltkrieg deutscher Geschichte widmete. Am Beispiel Frankfurts stellte es deutsche Sozialgeschichte aus und reagierte damit auf die zunehmende Kritik an der als elitär wahrgenommenen Institution Museum und auf die Forderungen nach Demokratisierung (vgl. Trotnow 1988a: 23; Aronsson/Bentz 2011: 337).

110 So zum Beispiel die Gründung der Stiftung Preußischer Kulturbesitz (1962) zur Bewahrung und Pflege der Kulturgüter des ehemaligen preußischen Staates, die von Bund und Ländern getragen wird, oder die erste Initiative der Bundesregierung zur Gründung eines Geschichtsmuseums: die Stiftung-Bundeskanzler-Adenauer-Haus bei Bonn 1967. 1972 regte Willy Brandt die Gründung einer Nationalstiftung an, die das »kulturelle Erbe der deutschen Nation« sammeln und aufarbeiten sollte, vor allem aus den im Krieg verloren gegangenen Gebieten. 1974 wurde in Rastatt eine Erinnerungsstätte für die Freiheitsbewegung des Vormärz und der deutschen Geschichte eingeweiht, die von Gustav Heinemann initiiert worden war (vgl. Trotnow 1988a: 21f.).

für Bewohner_innen und Tourist_innen, so dass Lokalpolitiker_innen in den 1970er Jahren verstärkt überlegten, wie dieser Entwicklung vorzubeugen wäre. Als ein Mittel zur Attraktivitätssteigerung der Stadt sah der Berliner Senat unter dem damaligen Bürgermeister Dietrich Stobbe (SPD) eine Ausstellung zur deutsch-preußischen Geschichte, die 1981 unter dem Titel »Preußen – Versuch einer Bilanz« im Martin-Gropius-Bau gezeigt wurde (vgl. Trotnow 1988b: 55). Zusammen mit anderen großen Ausstellungen zur deutschen Geschichte, die in den 1970er Jahren in verschiedenen Bundesländern gezeigt worden waren,[111] wurde die Preußen-Ausstellung ein spektakulärer Erfolg. Den Grund für diesen Erfolg sehen zeitgenössische Kommentator_innen sowie aktuelle Wissenschaftler_innen in einem allgemein gesteigerten öffentlichen Interesse an deutscher Geschichte (vgl. Stölzl 1988: 51, 69; Aronsson/Bentz 2011: 338; Asmuss 2007: 1). Aufgrund des Erfolgs der Preußen-Ausstellung beauftragte der damalige Berliner Bürgermeister Richard von Weizsäcker eine Kommission aus vier Historikern[112] damit, zu prüfen, ob und wie in Berlin ein historisches Museum aufgebaut werden könnte. In einer Denkschrift von 1982 befürwortete die Kommission die Idee des Museums und sah Berlin als einzig möglichen Standort. Als Sitz für das neue Museum schlug sie den Martin-Gropius-Bau direkt an der Berliner Mauer vor (vgl. Stölzl 1988: 61ff.).

Museum versus Forum – die erste Debatte
Das Projekt des Berliner Senats löste Anfang der 1980er Jahre die erste heftige öffentliche Debatte um ein Museum zur deutschen Geschichte aus, die vorwiegend in den Berliner Zeitungen ausgetragen wurde (vgl. Stölzl 1988: 66ff.). Vor allem ging es in dieser Debatte um den Standort und die inhaltliche Ausrichtung der Einrichtung: Der Berliner Senat und die Bundesregierung sprachen sich aufgrund der Denkschrift von 1982 für ein historisches Museum mit eigener Sammlung und Dauerausstellung im Martin-Gropius-Bau aus. Die Akademie der Künste forderte dagegen, das Gebäude nicht dem Museumsprojekt zur Verfügung zu stellen, sondern es als Forum für wechselnde Ausstellungen unterschiedlicher Träger zu Kunst und Geschichte zu nutzen. In einem Museum mit ständiger

---

111 »Bayern – Kunst und Kultur« (1972 München), »Die Zeit der Staufer« (1977 Stuttgart), »Tendenzen der zwanziger Jahre« (1977 Berlin), »Wittelsbach und Bayern« (1980 Landshut), »Preußen-Versuch einer Bilanz« (1981 Berlin) (vgl. Trotnow 1988a: 23). Für eine Zusammenstellung historischer Ausstellungen in der BRD 1960-90 vgl. Müller 1992.
112 Hartmut Boockmann, Eberhard Jäckel, Hagen Schulze und Michael Stürmer.

Dauerausstellung sahen die Anhänger_innen der Forum-Idee die Gefahr eines geschlossenen, fixierten Geschichtsbildes (vgl. Asmuss 2007: 3).[113]

Diese Bedenken wurden noch verschärft, als Bundeskanzler Helmut Kohl in seiner Regierungserklärung im Mai 1983 ankündigte, zwei Museen zur deutschen Geschichte errichten zu wollen: das Haus der Geschichte der BRD in Bonn (HDG) und das Deutsche Historische Museum in Berlin. Während das HDG in der damaligen Bundeshauptstadt Bonn entstehen und seinen Schwerpunkt auf die politische Geschichte der BRD seit 1945 legen sollte, sahen die Pläne für das DHM vor, dass dieses deutsche Kulturgeschichte vom ersten vorchristlichen Jahrhundert bis in die Gegenwart in Berlin zeigen sollte (vgl. Stölzl 1988: 249). Mit der Regierungserklärung Kohls wurde das Projekt des DHM auf die bundespolitische Agenda gehoben. Kritiker_innen des Projekts, insbesondere aus der politischen Opposition zur CDU/FDP-Regierung, sahen darin die Gefahr eines staatlich verordneten, konservativen Geschichtsbildes, das die Zeit des Nationalsozialismus und des Holocaust als historische, abgeschlossene Vorgänge relativieren und damit Fundamente für einen neuen Nationalismus legen könnte (vgl. Czech 2009: 9; Asmuss 2007: 1). Zudem war Bundeskanzler Kohl einer der wenigen, die das geplante Museum als »Nationalmuseum« bezeichneten und damit den revanchistischen, ideologischen Beigeschmack aufrufen, den der Begriff »national« wegen der nationalsozialistischen Vergangenheit in der BRD der 1980er noch hatte (vgl. Beier-de-Haan 2012: 58).[114]

Die Debatte um das DHM als Museum oder Forum wurde entschieden, als Bundeskanzler Kohl im Februar 1985 den Vorschlag eines Neubaus für das geplante Museum machte und damit die Idee eines traditionellen Museums mit Sammlung und Dauerausstellung durchsetzte. Gleichzeitig erklärte er, das Museum solle 1987 anlässlich des 750jährigen Stadtjubiläums Berlins als »Geburtstagsgeschenk« an die Stadt gegründet werden, um die Einheit der Stadt und der Nation zu betonen (vgl. Stölzl 1988: 247). Die Bundesregierung und der Bürgermeister von Berlin entschieden außerdem, das neue Museum solle im Regierungsviertel in unmittelbarer Nähe des Reichstages entstehen (vgl. Hannesen 1988: 666). Im Oktober 1985 berief die Bundesregierung eine Sachverständigenkommission aus 16 Akademikern[115] aus Geschichts- und Politikwissenschaft, Kunstgeschichte und

---

113 Das Protokoll einer Diskussionsveranstaltung zu diesem Thema im September 1983 ist abgedruckt in Stölzl 1988: 101ff.
114 Wohl aus diesem Grund führt keines der beiden nationalen Geschichtsmuseen in Deutschland »national« im Titel.
115 Ich verwende hier die männliche Form, weil der Kommission ausschließlich Männer angehörten.

Museumswesen mit dem Auftrag, eine Konzeption für das DHM und die Dauerausstellung zu erarbeiten. Bis auf den Namen »Deutsches Historisches Museum« bekam die Kommission von der Regierung keine Vorgaben (vgl. Trotnow 1988c: 247f.). Ein halbes Jahr später, im April 1986, legte die Kommission einen ersten Entwurf für die Konzeption des DHM vor (vgl. Stölzl 1988: 310ff.), die im Frühjahr 1986 an Politiker_innen auf Bundes- und Länderebene, Vertreter_innen gesellschaftlicher Gruppen, Historiker_innen, Universitäten in Deutschland und Nachbarländern und an interessierte Kulturinstitutionen mit der Bitte um Stellungnahme verschickt wurde. Daraufhin fanden zwischen Dezember 1986 und März 1987 drei Anhörungen durch die Sachverständigenkommission statt, in der Vertreter_innen aus Wissenschaft, dem Museumsbereich, Politik und Gesellschaft über die Konzeption diskutierten. Zusätzlich gingen bei der Kommission über 250 schriftliche Stellungnahmen ein, die ebenfalls bei der Überarbeitung der Konzeption berücksichtigt wurden (vgl. Trotnow 1988c: 248; Stölzl 1988: 609f.).

»Nationale Selbsterkenntnis« versus staatlich verordnetes Geschichtsbild – die zweite Debatte

Die Protokolle der Anhörungen (vgl. Stölzl 1988: 387ff., 518ff.) zeugen vom Bemühen der Kommission um Transparenz des Planungsprozesses und um größtmöglichen gesellschaftlichen Konsens. Dies war eine der Lehren, die die Kommission und die Bundesregierung aus den Debatten um die Gründung des anderen deutschen Geschichtsmuseums, des Hauses der Geschichte der BRD in Bonn (HDG), gezogen hatten. Dort war der Planungsprozess sehr schnell und unter fast komplettem Ausschluss der Öffentlichkeit vonstatten gegangen (vgl. Mälzer 2005: 92ff.). Befürworter_innen beider Projekte, des HDG sowie des DHM, insbesondere die Bundesregierung unter Helmut Kohl, betonten, das DHM sei nötig, um das Geschichtsbewusstsein, vor allem der jungen Generation zu stärken und damit auch einen Beitrag zur nationalen Identitätsstiftung zu leisten. So sagte Kohl in einem Bericht zur Lage der Nation 1985 »Es geht um die Schaffung einer Stätte der Selbstbesinnung und der Selbsterkenntnis, wo nicht zuletzt junge Bürger unseres Landes etwas davon spüren können [...], woher wir kommen, wer wir als Deutsche sind, wo wir stehen und wohin wir gehen werden« (Stölzl 1988: 641). Darüber hinaus sei es wichtig, mit dem DHM in Berlin deutsche Geschichte in Abgrenzung zum MfDG in Ost-Berlin sachlich und »ideologiefrei« zu zeigen (vgl. Czech 2009: 9).

Kritiker_innen (Teile der Opposition, vor allem aus SPD, Grünen/Alternativer Liste und einige westdeutsche Historiker und Intellektuelle, zum Beispiel Jürgen Habermas und Günter Grass) warfen dem Projekt vor allem in Bezug auf NS-Zeit und Holocaust eine unkritische Haltung zur deutschen Geschichte vor und mahnten, das geplante Museum verordne ein konservatives, einheitliches Geschichtsbild zur unreflektierten nationalen Identitätsstärkung (vgl. Asmuss 2007: 5).[116] Den Kontext dieser Auseinandersetzung bildete der sogenannte Historikerstreit, in dem westdeutsche Historiker 1986/87 um die Singularität der NS-Verbrechen und um die Rolle stritten, die der Holocaust für das Geschichtsbewusstsein in Deutschland spielen sollte (vgl. Czech 2009: 9; Asmuss 2007: 5; Trotnow 1988c: 248). Dem Vorwurf der Relativierung von NS-Zeit und Holocaust entgegnete der Kommissionvorsitzende Werner Knopp in den Anhörungen der Sachverständigenkommission zum DHM wiederholt, die Regierung habe keinerlei inhaltliche Vorgaben gemacht und die Konzeption des Museums sei vom Gedanken einer pluralistischen Darstellung deutscher Geschichte geprägt (vgl. Stölzl 1988: 609ff.).

Im Juni 1987 legte die Kommission die überarbeitete, endgültige Fassung der Konzeption für das DHM und seine Dauerausstellung vor, die ebenfalls die pluralistische Ausrichtung des Museums betont und inhaltliche Vorgaben für die Dauerausstellung präzisiert (siehe Kapitel 3.1.2). Neben chronologisch gegliederten Epochenräumen waren darin auch Vertiefungsräume für »historische Knotenpunkte« und Themenräume für epochenübergreifende Aspekte vorgesehen (vgl. Stölzl 1988: 609ff.). Am 28. Oktober 1987 wurde das DHM als GmbH von der Bundesregierung und dem Land Berlin in Berlin gegründet. Zum ersten Direktor wurde der Historiker Christoph Stölzl benannt (vgl. Czech 2009: 9). Die Finanzierung stellten der Bund und das Land Berlin mit je 50.000 DM sicher (vgl. Trotnow 1988d: 639).

Das DHM nach 1989
Zwei Jahre nach seiner Gründung wurde das DHM von seinem eigenen Objekt, der Geschichte, überholt: Mit dem Mauerfall 1989 und dem Inkrafttreten des Vertrags zur deutschen Wiedervereinigung vom 3. Oktober 1990 gingen die Gebäude und Sammlungen des MfDG in den Besitz des DHM über. Das Projekt, das gerade erst Büros in West-Berlin bezogen und mit dem Aufbau einer Sammlung begonnen hatte, zog in das Zeughaus Unter den Linden in Ost-Berlin und verfügte plötzlich über eine Sammlung von 500.000 Objekten (vgl. Beier-de-Haan 2012: 59; Czech 2009: 10). Im Zeughaus, das ab 1730 als Waffenarsenal, ab 1871 als Ruhmeshalle der brandenburgisch-preußischen Armee und unter den Nationalsozialisten als Heeresmuseum gedient hatte, war bis 1990 das Museum für Geschichte der DDR

---

116 Eine Streitschrift der Grünen zum Thema ist abgedruckt in Stölzl 1988: 482ff.

untergebracht (vgl. DHM o. J. b). Der Umzug des DHM stellte deshalb auch eine symbolische Neubewertung älterer, ideologiebeladener Geschichtsversionen dar.

Aus diesem Grund widmeten sich die Wechselausstellungen, die das DHM in den 1990er Jahren im Zeughaus zeigte, unter anderem der jüngsten deutsch-deutschen Geschichte (vgl. Beier-de-Haan 2012: 61f.). Darüber hinaus entwickelte das DHM in dieser Zeit mehrere temporäre Ausstellungen in Kooperation mit Museen aus anderen europäischen Ländern, um die transnationale und europäische Ausrichtung des Museums zu verwirklichen, so zum Beispiel »Die Elbe – ein Leben« (1992 in Kooperation mit dem Nationalmuseum Prag), »A Bitter Truth. The Avant-Garde and the Great War« (1994 in Kooperation mit dem Imperial War Museum London und der Barbican Art Gallery London) (vgl. Beier-de-Haan 2012: 63ff.). Die europäische Ausrichtung des DHM betonte auch die erste Wechselausstellung in der neuen, vom chinesisch-amerikanischen Architekten I.M. Pei konzipierten Ausstellungshalle: »Idee Europa« (25. Mai bis 25. August 2003) zeigte die Geschichte von Entwürfen und Utopien zur Gestaltung Europas von der Pax Romana bis zur Europäischen Union (vgl. Plessen 2007).

Die Dauerausstellung des DHM »Deutsche Geschichte in Bildern und Zeugnissen aus zwei Jahrtausenden«[117] hingegen konnte erst fast 19 Jahre nach dessen Gründung im Juni 2006 eröffnet werden. Die notwendige Sanierung des Zeughauses, Mittelkürzungen und bauliche Auflagen hatten die Eröffnung verzögert (vgl. Czech 2009: 10). Die Architekturbüros Jürg Steiner und Christian Axt übernahmen die Entwurfs- und gestalterische Planung der Dauerausstellung, die bauliche Umsetzung lag beim Bundesamt für Bauwesen und Raumordnung (vgl. Czech 2009: 10). Neben den Architekturbüros waren der Direktor des DHM Christoph Stölzl und ab 2000 Hans Ottomeyer, die Sachverständigenkommission, die das Konzept erarbeitet hatte, und neun wissenschaftliche Mitarbeiter_innen an der Planung der Dauerausstellung beteiligt (vgl. Czech 2009: 10; Asmuss 2007: 7f.). Grundlage der inhaltlichen Ausrichtung bildete die Konzeption von 1987 (vgl. Czech 2009: 10).

Im Jahr 2008 übernahm der Bund die alleinige Trägerschaft des DHM, als die Institution von einer GmbH in eine vom Bund getragene Stiftung des öffentlichen Rechts umgewandelt wurde (vgl. DHM o. J. c) Das oberste Gremium des DHM bildet das Kuratorium, in dem je fünf Vertreter_innen der Bundesregierung, des Bundestages und der Landesregierungen sitzen. Das Kuratorium beschließt alle grundsätzlichen Fragestellungen des DHM, insbesondere über die Grundzüge der Programmgestaltung und hat die Aufgabe, die Stiftungsleitung zu kontrollieren. Darüber hinaus beruft es den Präsidenten und den wissenschaftlichen Beirat

---

117 Seit 2017 heißt die Dauerausstellung »Deutschland von allen Zeiten«.

(vgl. DHM o. J. c). Der wissenschaftliche Beirat berät die Stiftung zu konzeptionellen Vorbereitungen von Sonderausstellungen und für die Weiterentwicklung der Dauerausstellung. Der Beirat setzt sich zusammen aus Akademiker_innen aus Geschichts- und Sozialwissenschaften, Kunstgeschichte und dem Museumswesen (vgl. DHM o. J. c). Die Sammlung des DHM umfasst derzeit ungefähr 900.000 Objekte, von denen mehr als 7 000 in der Dauerausstellung gezeigt werden (vgl. DHM o. J. a). Das DHM ist eins der populärsten Museen in Deutschland, es zählt 800 000 Besucher_innen im Jahr (vgl. Beier-de-Haan 2012: 67). Das DHM ist international gut vernetzt und Mitglied verschiedener internationaler Museumsverbände, zum Beispiel des International Council of Museums (ICOM). Neben der Dauerausstellung bietet das DHM ein reiches Programm an Veranstaltungen, Vorträgen, Podiumsgesprächen und Tagungen. Zum Museum gehören außerdem eine öffentliche Präsenzbibliothek und ein Bildarchiv. Darüber hinaus bietet das DHM gemeinsam mit dem Haus der Geschichte der BRD Bonn im »Lebendigen Museum Online (LeMO)« eine große Sammlung an Text- und Bildquellen zur europäischen Geschichte von 1815 bis zur Gegenwart (vgl. DHM o. J. a; LeMO o. J.).

In meiner Analyse konzentriere ich mich auf die Dauerausstellung. Diese wurde während der Arbeit an dieser Studie im Jahr 2014 unter der Leitung des damals neuen Direktors Alexander Koch (2011–2016) modifiziert. Welche Folgen das für meine Analyse hat, schildert Kapitel 3.1.3. Darüber hinaus hat der aktuelle Direktor des DHM, Raphael Gross, im Frühjahr 2017 die komplette Überarbeitung der Dauerausstellung, insbesondere des Abschnitts zur DDR-Geschichte angekündigt, die jedoch bisher nicht realisiert wurde (vgl. o. V. 2017, Stand: September 2018). Meine Analysen beziehen sich auf den Stand von Juli 2012, Oktober 2014 und Juni 2018, den ich mit Fotografien der einzelnen Ausstellungsdisplays dokumentiere.

Die Entstehungsgeschichte des DHM zeigt, dass die Gründung des DHM kein ordentlicher, linearer, zentral gesteuerter Prozess war, sondern sich aus verschiedenen Faktoren, Initiativen und Plänen ergeben hat. Die erste Person des musealen Sprechakts nach Mieke Bal (1996: 3f.) ist nicht ein bestimmbares Individuum oder eine einzelne Körperschaft wie der Staat oder die Regierung, sondern ein unübersichtliches Gemenge aus verschiedenen politischen und gesellschaftlichen Akteuren, insbesondere auf nationaler und lokaler Ebene. Dennoch lassen sich Hauptakteure benennen, die die Gründung mitbestimmt haben und daher an der ersten Person des Sprechakts beteiligt sind: Auf nationaler Ebene die Bundesregierung aus CDU/CSU und FDP unter Bundeskanzler Helmut Kohl, der das Projekt maßgeblich vorangetrieben hat. Auf lokaler oder städtischer Ebene zählen der Berliner Senat und die zwei Bürgermeister Dietrich Stobbe (SPD) und der spätere Bundespräsident Richard von Weizsäcker (CDU) dazu. Darüber hinaus trieben westdeutsche Historiker und andere Akademiker in der Sachverständigenkommission, die die Konzeptionen für das Museum entwickelten, die Entstehung des DHM voran und erarbeiteten die Ausrichtung der Dauerausstellung. Festzuhalten ist, dass an der Gründung des DHM ausschließlich westdeutsche Männer (Politiker und Akademiker) beteiligt waren.[118]

»Das Deutsche Historische Museum ist Deutschlands nationales Geschichtsmuseum« stellt die aktuelle Website des Museums klar. Neben der Herausarbeitung der Akteur_innen zeigen die Gründungsgeschichte und die aktuelle Struktur des DHM des Weiteren, was »national« im Falle des DHM bedeutet: Obwohl das Grundgesetz Kulturpolitik föderal regelt, wurde die Gründung des DHM maßgeblich von Bundeskanzler Kohl und seiner Regierung vorangetrieben und finanziert. 2008 wurde das DHM zudem in eine Stiftung des öffentlichen Rechts in staatlicher Trägerschaft umgewandelt, was bedeutet, dass allein der Bund für die Finanzierung des Museums zuständig ist (vgl. Czech 2009: 7). Im Kuratorium, dem höchsten Gremium der Stiftung, sitzen je fünf Vertreter_innen der Bundesregierung und des Bundestages. Für die Gründungssituation des Museums waren außerdem zwei spezifisch nationale Themen entscheidend: Einerseits die Frage nach dem geschichtspolitischen und historiografischen Umgang mit der deutschen Geschichte nach 1945 und nach der Singularität von Holocaust und NS-Zeit, und andererseits die Beziehung zur beziehungsweise Abgrenzung von der Geschichtspolitik der DDR. Die Beschreibung des DHM als Nationalmuseum kann also als Kennzeichnung der Sprechposition des DHM gelesen werden, da diese national besetzt ist. Die erste Person des musealen Sprechakts spricht von einer nationalen Positionierung aus.

3.1.2 »Ort der Selbstbestimmung und der Selbsterkenntnis«: Konzeptionelle Ausrichtung zwischen nationaler und europäischer Historiografie

> Das Museum soll Ort der Selbstbestimmung und der Selbsterkenntnis durch historische Erinnerung sein. Es soll informieren, die Besucher darüber hinaus zu Fragen an die Geschichte anregen und Antworten auf ihre Fragen anbieten. Es soll zur kritischen Auseinandersetzung anregen, aber auch Verstehen ermöglichen und Identifikationsmöglichkeiten bieten. Vor allem soll das Museum den Bürgern unseres Landes helfen, sich darüber klar zu werden, wer sie als Deutsche und Europäer, als Bewohner einer Region und als Angehörige einer weltweiten Zivilisation sind, woher sie kommen, wo sie stehen und wohin sie gehen könnten. (Stölzl 1988: 611)

---

118 Dieser Befund bezieht sich auf die Gründungsgeschichte. Mittlerweile gibt es auch Frauen im Team des DHM.

So beschreibt die Sachverständigenkommission das übergeordnete Ziel des DHM in der finalen Konzeption von 1987, das auch die aktuelle Website als wichtigstes Ziel des Museums herausstellt (vgl. DHM o. J. a).[119] An dieser Zielsetzung lassen sich für die Analyse der Dauerausstellung vier wesentliche Punkte herausarbeiten: das Bestreben, eine *Presence of the past* durch primäre Objekte zu schaffen, die Rhetorik einer kollektiven Identitätsinszenierung, die Rahmung musealer Historiografie auf nationaler und europäischer Ebene und die angestrebte Selbstreflexivität des Museums.

Presence of the past durch primäre Objekte

Zunächst möchte das DHM informieren, »Antworten auf [...] Fragen anbieten« und »Verstehen ermöglichen« (vgl. Stölzl 1988: 611); es wurde mit einem klaren Bildungsauftrag gegründet. Sowohl die Sachverständigen der Kommission, die die Konzeptionen erarbeitete, als auch Bundeskanzler Helmut Kohl betonten im Planungsprozess wiederholt, das DHM solle dem mangelnden Wissen über und fehlenden Interesse der Deutschen an Geschichte entgegenwirken (vgl. Stölzl 1988: 311, 641, 652; Ottomeyer 2009: 5). Deshalb versteht es sich als »ein Ort lebendiger Vermittlung und Diskussion von Geschichte« (vgl. DHM o. J. a): Es soll Wissen über Geschichte vermitteln. Den Schwerpunkt legt die Dauerausstellung dabei auf Politikgeschichte mit Ergänzungen durch Alltags- und Sozialgeschichte (vgl. Stölzl 1988: 612, DHM o. J. d). Ein weiteres leitendes Prinzip der Konzeptionen des DHM und seiner Dauerausstellung ist Vollständigkeit der dargestellten Geschichte: »Es geht um einen möglichst umfassenden Überblick über die ganze deutsche Geschichte von den Anfängen bis zur Gegenwart« halten beide Konzeptionen fest (Stölzl 1988: 311, 611).[120]

Um diese Wissensvermittlung leisten zu können, besteht die Konzeption des Museums auf dem Aufbau einer eigenen Sammlung von »Gegenständen aus der Vergangenheit«, die so darzubieten sind, »daß sie den Besuchern Einsichten in Verlauf und Probleme der deutschen Geschichte vermitteln können« (Stölzl 1988: 314). Besonderen Wert legen die Konzeptionen und auch schon die Denkschrift, mit der Historiker 1982 erstmals die Idee des DHM konkretisierten, auf die Sammlung und Ausstellung von »authentischen Objekten« (Stölzl 1988: 64), da es eben diese »Überreste aus der Vergangenheit« und »Originale« seien, die

---

119 Die im folgenden zitierten Konzeptionen von 1986 und 1987, sowie die Denkschrift von 1982 sind in Stölzl 1988 abgedruckt.
120 Siehe auch Rede des Bürgermeisters von Berlin, Eberhard Diepgen, zur Eröffnung des DHM: »Das Museum stellt sich der gewiß nicht leichten Aufgabe, die ganze deutsche Geschichte zu erfassen und im besten Sinne des Wortes verstehbar zu machen.« (Stölzl 1988: 650)

Wissensvermittlung im Museum ermöglichten (Stölzl 1988: 314; 614).[121] Allerdings sei es, so argumentiert die Konzeption weiter, um historische Zusammenhänge darzustellen und dort, wo Objekte nicht verfügbar sind, oftmals nötig, »andere Hilfsmittel« wie Rekonstruktionen, Modelle, Karten, Fotografien, Grafiken und so weiter zu zeigen. Diese seien aber in jedem Fall sparsam zu verwenden und unbedingt als Nicht-Originale zu kennzeichnen, da es genau die Originalität und Authentizität der ausgestellten Objekte sei, die im Gegensatz zu schriftlichen Geschichtsdarstellungen den besonderen Status des Museums in Hinblick auf die Vermittlung von Wissen über die Vergangenheit ausmache (vgl. Stölzl 1988: 314, 614). »[...] [D]ie spezifisch geschichtliche Anmutungsqualität, die nur in der Authentizität des ausgestellten Gegenstands besteht, muß unter allen Umständen erhalten bleiben« betont auch die Denkschrift von 1982 diesen Punkt (Stölzl 1988: 65).

Mit der Betonung der »authentischen Originalobjekten« greifen die Konzeptionen des DHM auf die Grundrhetorik historischer Museen zurück, die im achtzehnten und neunzehnten Jahrhundert entstand (siehe Kapitel 2.3). Die ersten historisch ausgerichteten Museen wurden gegründet, um sogenannte historische Objekte vor dem Verschwinden zu retten, zusammenzutragen und auszustellen. In der Ausstellungssituation hatten die Objekte die Aufgabe, eine *presence of the past* zu ermöglichen, also die Vergangenheit zu vergegenwärtigen (vgl. Crane 2000a: 105ff.). Dabei wurde nur den als original und authentisch eingestuften Objekten die Fähigkeit zuerkannt, zwischen Vergangenheit und Gegenwart zu vermitteln. Sogenannte sekundäre Dinge dienen, wie im Fall der Konzeptionen des DHM lediglich dazu, Originale zu ersetzen, wenn sie nicht verfügbar sind, oder dazu, sie zu kontextualisieren und zu erklären. Das Bestehen auf originalen, authentischen Objekten ist insbesondere in Hinblick auf die Frage nach der europäischen Ausrichtung des DHM und seiner Dauerausstellung interessant, denn wie der Rundgang durch die Ausstellung zeigen wird, hat Europa im DHM keine solchen Objekte. Die museale Historiografie Europas findet deshalb in anderen medialen Konstellationen statt (siehe Kapitel 3.1.3).

---

121 »Ein historisches Museum hat zu dokumentieren. Eine seiner besonderen Chancen gegenüber geschriebenen Darstellungen besteht darin, daß es mit Überresten aus der Vergangenheit selbst bekanntmacht, aus ihnen Deutungen gewinnt und zum Umgang mit ihnen kritisch anleitet.« (Stölzl 1988: 314, 614)

»Selbstbestimmung und Selbsterkenntnis« – das DHM als Medium kollektiver Identitätsinszenierung

Zweitens hat das DHM laut seiner Konzeptionen jedoch nicht nur die Aufgabe, mittels der Sammlung und Ausstellung sogenannter originaler, authentischer Objekte Wissen über die Vergangenheit zu vermitteln, sondern auch die, durch den Blick in die Vergangenheit »Selbstbestimmung und Selbsterkenntnis« zu ermöglichen (Stölzl 1988: 611). Der musealen Historiografie wird hier eine identitätsstiftende Funktion zugeschrieben, die Bundeskanzler Kohl anlässlich der Eröffnung des DHM 1987 wie folgt ausdrückte:

> Erst durch die Auseinandersetzung mit unserer Geschichte werden wir fähig, Gegenwart zu begreifen und Zukunft zu gestalten. Wir können weder den früheren noch den künftigen Generationen gerecht werden, wenn wir nicht wissen, woher wir kommen, wenn wir die Geschichte des eigenen Volkes nicht kennen oder sie uns nicht vergegenwärtigen – in ihren Höhen wie in ihren Tiefen. Zur Ehrlichkeit gehört, daß wir uns der ganzen Wahrheit und damit der ganzen Geschichte stellen. Nur so finden wir zu uns selbst [...]. (Stölzl 1988: 651f.)

Eine als gemeinsam inszenierte Geschichte (»unsere Geschichte«) soll im DHM durch die Ausstellung von Objekten vergegenwärtigt werden, damit ein kollektives »Wir« in der Gegenwart »zu sich selbst finden« und die Zukunft gestalten kann. An anderer Stelle betonte Kohl wiederholt, Wissen um die »gemeinsame Geschichte« sei deshalb so wichtig, weil es eine »geistige Heimat« biete (Stölzl 1988: 249). Das Beharren Kohls auf der gemeinsamen Geschichte der Deutschen während der Planungen und Gründung des DHM ist dabei im Kontext der deutschen Teilung zu sehen: Die Regierung unter Kohl war bestrebt, zum Stadtjubiläum Berlins 1987 die Einheit der Stadt und Deutschlands zu demonstrieren und die Teilung nicht zu vertiefen (vgl. Stölzl 1988: 642, 51).[122] Die erste Leitfrage, die die Konzeption von 1987 für die Dauerausstellung erarbeitet, ist deshalb die »nach den Gemeinsamkeiten, welche die deutsche Geschichte in all ihrer inneren Vielgestaltigkeit als solche konstituieren« (Stölzl 1988: 612). Doch auch 25 Jahre nach der deutschen Wiedervereinigung ist der Topos der gemeinsamen Geschichte der

---

[122] »Bei den Geburtstagsfeiern soll und muß die Einheit der Stadt zum Ausdruck kommen. Diese Feiern sollten die Teilung nicht vertiefen« sagte Kohl in seiner Regierungserklärung 1987 (Stölzl 1988: 642) Und in einem Artikel aus der FAZ hieß es 1981: »Historisches Museum in Berlin soll Beitrag leisten »zur Aufrechterhaltung und Festigung der Geschichts-, Gefühls-, Sprach- und Kulturgemeinschaft aller Deutschen, kurz: der Einheit der deutschen Nation« (zitiert nach Stölzl 1988: 51).

Deutschen nicht obsolet geworden: Der Flyer der Dauerausstellung von 2014 verwendet ebenfalls das kollektive »unsere Vergangenheit«.[123]

Hier zeigt sich deutlich, was Kapitel 2.3 herausgearbeitet hat: Historisch ausgerichtete Museen stellen nicht nur Vergangenes aus, sondern sie verhandeln kollektive Identitäten in der Gegenwart – sie sind Medien, in denen kollektive Identitäten inszeniert und wirksam werden. Der Topos der »Identitätsbestimmung« durch das Ausstellen von Geschichte zieht sich durch die gesamte Gründungsdebatte des DHM. Die Denkschrift von 1982 hält beispielsweise fest:

> Gesteigerte Unsicherheit über die deutsche Ortsbestimmung in neuester Zeit führt zur Suche nach Befestigung politischer und gesellschaftlicher Identität, und hier kommt der Geschichte eine wichtige Aufgabe zu. Die Identitätsbestimmung kann indes nicht nur politisch-historischer Art sein, sie muß vielmehr die Geschichte der Sachkultur einbegreifen. (Stölzl 1988: 61).[124]

Museale Historiografie schließt Konzepte kollektiver Identitäten ein, denn der Blick in eine als gemeinsam vorgestellte Geschichte soll der »Selbsterkenntnis« dienen: der Inszenierung einer kollektiven Identität in der Gegenwart.

Dabei ist zu betonen, dass sich sowohl die Sachverständigenkommission, die die Konzeptionen für das DHM erarbeiteten, als auch der aktuelle Katalog zur Dauerausstellung gegen den Vorwurf wehren, das DHM und seine Dauerausstellung verordneten ein einheitliches Geschichts- und Identitätsbild. Das DHM dürfe keine »Identitätsfabrik« sein, sondern müsse selbstkritisch und nüchtern die innere Vielfalt der deutschen Geschichte zeigen und konkurrierende Geschichtsbilder anbieten, heißt es in der Konzeption von 1987 (vgl. Stölzl 1988: 611f.; Czech 2009: 13; Beier-de-Haan 2012: 58f.). Mit der Betonung der Nüchternheit und der Multiperspektivität richtet sich die Kommission vor allem gegen das Ost-Berliner

---

123 »Mehr als 7.000 prägende Objekte vermitteln in einem einzigartigen Rundgang ein lebendiges Bild unserer Vergangenheit.« (DHM 2014a) Im aktuellen Flyer von 2017 wurde die Formulierung »unsere Vergangenheit« ersetzt durch »die Vergangenheit Deutschlands« (vgl. DHM 2017).
124 Auch in der zeitgenössischen Presseberichterstattung über das DHM findet sich wiederholt der Topos der Identitätsbestimmung, so zum Beispiel in der FAZ vom 15. August 1981: »Die Einrichtung eines historischen Museums in Berlin wäre ein Beitrag zur Aufrechterhaltung und Festigung der Geschichts-, Gefühls-, Sprach- und Kulturgemeinschaft aller Deutschen, kurz: der Einheit der Nation.« (zitiert nach Stölzl 1988: 51) Die Berliner Morgenpost schrieb am 14. Februar 1982: »Mit einemmal begreift man in Deutschland, daß man mit dem Verzicht auf Geschichte auch den Verlust an Identität heraufbeschworen hat. Eine Nation ohne politische und gesellschaftliche Identität ist aber nicht lebensfähig. Eine Nation ohne Identität wirkt wie der Mann, der seinen Schatten verkauft hat, wie ein Mensch, der sein Gedächtnis verlor. Ein Mensch, der ohne Vergangenheit lebt, kann über sich keine Rechenschaft ablegen. Ein Mensch, der nicht weiß, woher er kommt, verfehlt die Dimension zur Zukunft.« (zitiert nach Stölzl 1988: 67)

MfDG, das seit 1952 deutsche Geschichte in marxistischer Lesart präsentierte (vgl. Czech 2009: 9), und gegen Kritiker_innen des DHM, die darin die Gefahr eines staatlich verordneten Geschichtsbildes sahen. So sagte der Bürgermeister von Berlin Eberhard Diepgen anlässlich der Eröffnung des DHM am 28. Oktober 1987:

> [...] nach dem Selbstverständnis dieses Museums im Ostteil der Stadt geht es gerade um die Vermittlung eines einseitigen, eines ›parteilichen‹ Geschichtsbildes. Was hier, bei uns, entsteht, ist kein Gegenmuseum in dem Sinne, daß einer geschlossenen Ideologie eine andere gegenübergestellt wird. Wohl aber wollen wir im Gegensatz zu dem Museum Unter den Linden deutlich machen, daß nach unserem Verständnis Geschichte ein offener Prozeß ist und Geschichtswissenschaft in einer freien Gesellschaft pluralistisch sein muß. (Stölzl 1988: 651)

Das DHM solle deshalb seiner Konzeption zufolge nicht versuchen, »eine Botschaft zu vermitteln« und stattdessen mehrere Geschichtsbilder zeigen, um Besucher_innen »selbständige Urteile [zu] erleichtern« (Stölzl 1988: 311f., 611f.).

Die Prinzipien der Multiperspektivität, Pluralität und Nüchternheit schließen, wie dieser Abschnitt gezeigt hat, jedoch nicht aus, dass das DHM und seine Dauerausstellung durch das Ausstellen einer als gemeinsam gedachten Geschichte kollektive Identitäten thematisieren und inszenieren, ja sogar stiften sollen. Das DHM solle ein »Ort für eine ideologiefreie, diskursive aber dennoch identitätsstiftende Annäherung an die gesamtdeutsche Geschichte« sein, schreibt beispielsweise der Kunsthistoriker Hans-Jörg Czech (2009: 9) im aktuellen Katalog zur Dauerausstellung.

Museale Historiografie zwischen Nation und Europa
Drittens wird diese Rhetorik einer als gemeinsam inszenierten Geschichte, die der kollektiven »Selbsterkenntnis« dienen soll, von Beginn des Planungsprozesses an in den Konzeptionen des DHM in verschiedene Rahmungen gestellt. »Vor allem soll das Museum den Bürgern unseres Landes helfen, sich darüber klar zu werden, wer sie als Deutsche und Europäer, als Bewohner einer Region und als Angehörige einer weltweiten Zivilisation sind, woher sie kommen, wo sie stehen und wohin sie gehen könnten« heißt es in den Konzeptionen von 1986 und 1986 (Stölzl 1988: 311, 611). Von den hier genannten Ebenen (national, europäisch, regional, global) schwankt die Ausrichtung des DHM insbesondere zwischen einer nationalen und europäischen Rahmung. Einerseits handelt es sich um ein nationales Geschichtsmuseum, das von der deutschen Regierung initiiert wurde, um den Deutschen durch das Ausstellen nationaler Geschichte klar zu machen, »wer sie als Deutsche (...)« sind. Bundeskanzler Kohl sah in der Präsentation der »gemeinsamen Geschichte« eine »Quelle der Selbstvergewisserung«, weshalb

»die Pflege von Kultur und Geschichte auch eine nationale Zukunftsaufgabe« sei. Dem DHM ginge es deshalb Kohl zufolge »im Kern um unsere nationale Identität« (Stölzl 1988: 641f.).

Neben dieser klaren Ausrichtung auf nationale Geschichte, die den Deutschen vor Augen gestellt werden soll, damit sie sich ihrer angenommenen nationalen Identität bewusster werden, betonen die Konzeptionen und Selbstbeschreibungen andererseits auch immer wieder, der nationale Bezugsrahmen müsse gebrochen werden. Schon die Denkschrift von 1982, die erstmals die Pläne zur Gründung des DHM konkretisiert, hält fest, es sei »unbedingt notwendig, die herkömmliche Verengung der historischen Perspektive auf die ausschließlich deutsche Nationalgeschichte zu überwinden [...]« (Stölzl 1988: 64). Die finale Konzeption von 1987 präzisiert: »Der europäische Charakter der deutschen Geschichte ist zu betonen« (Stölzl 1988: 612). Mit dem »europäischen Charakter der deutschen Geschichte« meint die Konzeption einerseits »die Frage nach den Beziehungen zu den europäischen Nachbarn, nach Wechselwirkungen und gegenseitigen Beeinflussungen, nach Kooperationen und Konkurrenz, nach Kriegen und Bündnissen [...]« (Stölzl 1988: 612)[125]. Andererseits betont Gründungsdirektor Christoph Stölzl (1997: 21), es gehe auch darum, die gemeinsame europäische Geschichte zu zeigen:

> Central to the debate concerning the establishment of a national history museum [...] was desire to communicate the European aspects of German history. [...] [I]n a time of increasing European integration, the new museum was to be oriented toward the future and transmit knowledge of the close connection between the history of Germany and that of other nations on the Continent as well as prompt insights concerning their *common European history* [Hervorhebung: S.C.].

Und auch nach der Kuratorin Rosemarie Beier-de-Haan (2005: 84f.) bestehe die Modernität des DHM darin, dass es die Grenzen der nationalen Erzählung überschreite und die »gemeinsamen Traditionen« in Europa vor Augen führe. Das DHM strebe danach, Europa als kulturellen, rechtlichen und wirtschaftlichen seit langem bestehenden Verbund zu zeigen. Ziel dieser Herausstellung des »europäischen Charakters der deutschen Geschichte« sei nach Stölzl (1997: 24) »to build new identities without demanding the sacrifice of deeply rooted ties«. Und auch Beier-de-Haan (2005: 85) hebt die identitätsstiftende Funktion des Museums auf

---

125 Auch die Satzung der 2009 errichteten Stiftung Deutsches Historisches Museum greift diesen Punkt auf. Hier heißt es: »(1) Zweck der Stiftung ist die Förderung von Kunst und Kultur. (2) Hierzu stellt die Stiftung die gesamte deutsche Geschichte in ihrem europäischen Zusammenhang dar.« (DHM 2010: 1)

europäischer Ebene hervor: nationale Identitäten sollen im DHM als transnationale, europäische ausgelegt werden.[126] Neben kollektive Identitäten auf nationaler (und regionaler) Ebene sollen neue, europäische Identitäten treten, ohne die anderen zu verdrängen. Ziel dieser europäischen Ausrichtung kollektiver Identitätsinszenierungen durch das Ausstellen gemeinsamer Traditionen und Geschichten sei nach Beier-de-Haan (2005: 85) ein nationale Grenzen überschreitendes Gefühl der Gemeinschaft und der Verständigung. Das HDG und das DHM bezeichnet sie deshalb als »Nationen verbindendes Nationalmuseum« (Beier-de-Haan 2005: 85).

In den Gründungsdokumenten wird die Stellung des DHM als historisch ausgerichtetes Museum zwischen Nation und Europa, als europäisiertes Nationalmuseum (siehe Kapitel 2.7) deutlich: Einerseits wurde es gegründet, um in Zeiten der deutschen Teilung durch das Ausstellen einer als national gerahmten Geschichte die Einheit der Nation zu festigen. Andererseits betonen die Gründungsväter unablässig die europäische Dimensionen dieser Geschichte, die es ebenfalls auszustellen gelte, um neben einer nationalen und eine angenommene europäische Identität zu festigen. Die Denkfigur der »Selbsterkenntnis durch historische Erinnerung«, also der kollektiven Identitätsstiftung durch das Ausstellen einer als gemeinsam inszenierten Geschichte, schwankt von Beginn der Planungen des Museums an zwischen nationaler und europäischer Historiografie. Bundeskanzler Kohl bezeichnete das DHM zu seiner Eröffnung deshalb auch als »nationale Aufgabe von europäischem Rang und europäischer Dimension« (Stölzl 1988: 651).

Selbstreflexivität, verantwortlicher Blick

Ein vierter Punkt, der in der konzeptionellen Ausrichtung des DHM für diese Analyse wichtig ist, ist die angestrebte Selbstreflexivität der Institution und der Dauerausstellung. Insbesondere die überarbeitete Fassung der Konzeption von 1987 hebt diesen Punkt heraus und betont, die Dauerausstellung solle die »Perspektivität historischer Auffassungen und Urteile zum Darstellungsprinzip machen« (Stölzl 1988: 612). Doch nicht nur historische Auffassungen und Urteile sind von bestimmten Perspektiven geprägt, sondern auch die Ausstellung selbst. Die Konzeption schlägt deshalb einen Orientierungsraum am Beginn der Ausstellung vor, in dem die Besucher_innen auf die Selektivität und potentielle

---

126 »Insofern haben beide Häuser [HDG und DHM] auch eine identitätsstiftende Funktion, die sie auf die schon seit Jahrhunderte auszumachende Mobilität der Menschen in Europa ebenso gründen wie auf gemeinsame Traditionen.« (Beier-de-Haan 2005: 85)

Multiperspektivität der musealen Darstellung aufmerksam gemacht werden sollen:

> An einem oder zwei Beispielen soll dem Besucher vorgeführt werden, daß Darstellung immer Auswahl unter leitenden Gesichtspunkten bedeutet, daß es durchweg mehrere Deutungen gibt, daß trotz gründlicher Forschung meist Restbestände an Unsicherheit und Unkenntniß zurückbleiben und daß der Gefahr der Verzerrung, der Einseitigkeit und der Ideologisierung aufmerksam begegnet werden muß. (Stölzl 1988: 615)

Mit dieser selbstreflexiven Ausrichtung auf Fragen nach dem Entstehen und Funktionieren der Ausstellung selbst greift die Konzeption eine der Hauptforderungen feministischer Museumskritik auf (siehe Kapitel 2.1): die nach einem »verantwortlichen Blick« im Museum (vgl. Rogoff 1993); einem Blick, der Verantwortung für die unvermeidliche Selektivität und Perspektivität musealer Ausstellungen übernimmt und Entscheidungen, Kategorien und Prinzipien offenlegt, die dazu geführt haben, dass die Ausstellung so aussieht, wie sie sich Besucher_innen schließlich präsentiert. Für Museen gelte es nach dieser Kritik, »nicht die Fiktion universeller Identitäten und den Anspruch auf neutrale Allgemeingültigkeit aufrechtzuerhalten, sondern Raum für Auseinandersetzungen um konkurrierende Entwürfe zu geben.« (Muttenthaler/Wonisch 2006: 3) Indem die Konzeption des DHM die Existenz konkurrierender Geschichtsbilder betont und vorschlägt, in der Ausstellung einführend die leitenden Gesichtspunkte und Unsicherheiten und Unkenntnisse zu thematisieren, die zu einer von vielen möglichen Perspektiven geführt hat, schlägt sie vor, Verantwortung für die Repräsentation zu übernehmen. Der Vorschlag lautet, den »realistischen Diskurs«, die »Wahrheitsrede« des Museums (Bal 2006, 2011) zu brechen und stattdessen offenzulegen, von welchen Vorannahmen ausgegangen wird. Die Ausstellung würde dieser Konzeption folgend sich selbst und die von ihr inszenierten Geschichten und kollektiven Identitäten als veränderbare Konstruktion und nicht als unumstößliche Wahrheit begreifbar machen.

Doch was wird in der Dauerausstellung des DHM ausgestellt, um den nationalen Bezugsrahmen zu durchbrechen und »den europäischen Charakter deutscher Geschichte« (Stölzl 1988: 612) zu zeigen? Welche medialen Konstellationen fungieren also im DHM als Europamedien? Und worin besteht der »europäische Charakter« inhaltlich? Auf welchen Strukturkategorien baut er auf? Und werden diese Strukturkategorien im Sinne der von der Konzeption geforderten Selbstreflexivität in der Ausstellung thematisiert? Um diese Fragen geht es im folgenden Rundgang durch die Dauerausstellung.

3.1.3 »Der europäische Charakter der deutschen Geschichte«: Europamedien in der Dauerausstellung des DHM

Annäherung

Die Dauerausstellung des DHM ist im Zentrum Berlins in unmittelbarer Nachbarschaft mit der Museumsinsel und dem neu entstehenden Humboldt-Forum in einem der ältesten Barockbauten der Stadt untergebracht: dem Zeughaus Unter den Linden, das ab 1730 als preußisches Waffenlager und Militärmuseum diente und von 1952 bis 1990 das Museum für deutsche Geschichte der DDR beherbergte (vgl. DHM o. J. b) (Abb. 2).

Der imposante Barockbau mit seinem weitläufigen Foyer konnotiert eine gewichtige und autoritäre Stimmung. Die Dauerausstellung zeigt mehr als 7000 Objekte auf 8000 m², die in neun Abschnitte vom ersten vorchristlichen Jahrhundert bis 1994 aufgeteilt sind (vgl. DHM 2012).[127] Die ersten fünf Kapitel bis zum Ersten Weltkrieg befinden sich im ersten Obergeschoss des Zeughauses und formen ein Viereck, das im Erdgeschoss mit den Abschnitten von 1918 bis 1994 wiederholt wird. Vom Hauptweg gehen Vertiefungsräume ab, die verschiedene Themen eingehender behandeln (DHM 2012). Die einzelnen Abschnitte werden im Obergeschoss durch farblich verschieden gestaltete Wände markiert (Abb. 3).

Besucher_innen betreten die Dauerausstellung vom Foyer aus über eine breite Treppe mit rotem Teppich, was die wichtige und getragene Stimmung unterstreicht, die das Gebäude inszeniert. Überschrieben ist der Aufgang mit der Zeile »Deutsche Geschichte von den Anfängen bis 1918« – ein Schriftzug, der noch vor Beginn der eigentlichen Ausstellung die lineare und auf ein Ziel ausgerichtete Ordnung des musealen Narrativs begründet. Zudem inszeniert der Schriftzug die Idee eines klar feststellbaren und ausstellbaren Ursprungs der Geschichte und rahmt diese von Beginn an als dominant national: Zu sehen ist deutsche Geschichte. Auch die Periodisierung, die die Ausstellung trifft und die durch farblich unterschiedlich gestaltete Räume angezeigt wird, ist eine nationale Periodisierung. Die Eckdaten, nach denen die einzelnen Ausstellungsabschnitte eingeteilt sind, orientieren sich an Ereignissen, die für die deutsche Geschichte bedeutsam waren, so beispielsweise die Gründung des deutschen Nationalstaats

---

127 Während der Arbeit an dieser Studie wurde der Zeitpunkt, mit dem das Ausstellungsnarrativ einsetzt, verändert: Begann die Ausstellung bis zu ihrer Überarbeitung im Jahr 2014 mit dem ersten vorchristlichen Jahrhundert, bildet nun das 2. Jahrhundert nach Christus den Anfang. Was diese Überarbeitung für die Frage nach der europäischen Ausrichtung der Ausstellung bedeutet, zeige ich später in der Fallstudie.

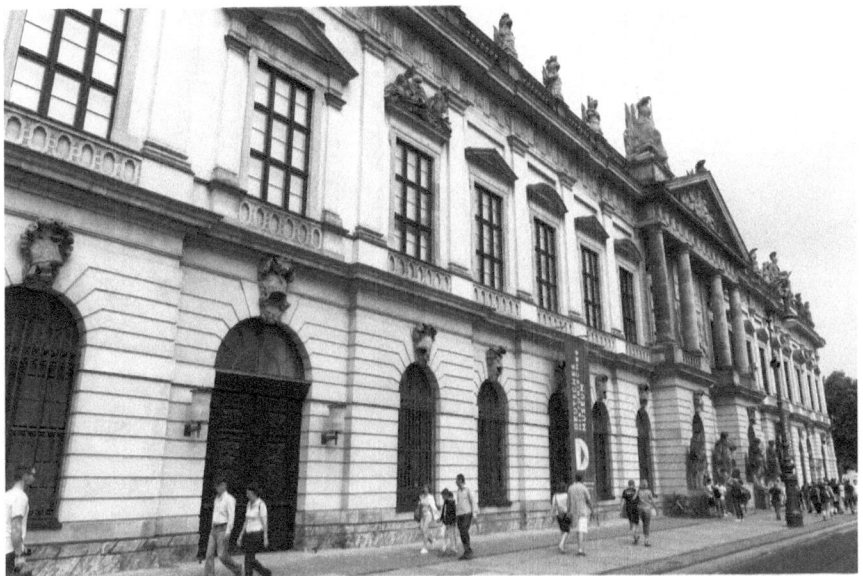

Abb. 2: Das Deutsche Historische Museum (DHM) in Berlin

1871, die Ernennung Hitlers zum Reichskanzler 1933 oder die Gründung der BRD und der DDR 1949 (Abb. 7).

Auf der Hälfte der Treppe zeigt eine Wand ein großes Verxierbild, das »Was von damals übrig bleibt I« betitelt ist. Je nach Standpunkt sehen die Betrachter_innen eine Gruppe von Menschen mit Waffen in einem Wald oder nur Zifferntafeln und Gegenstände, die anstelle der Menschen übrig bleiben. Mit diesem Bild thematisiert die Ausstellung gleich zu Beginn die Perspektivität und Standortgebundenheit der musealen Darstellung und setzt damit, wie in der Konzeption geplant, Selbstreflexivität an den Anfang der Ausstellung (siehe Kapitel 3.1.2).[128] Ein erklärender Text allerdings nennt die Objekte, die auf dem Bild zu sehen sind, wenn man den Standpunkt ändert, »Objekte, an Hand derer wir Geschichte rekonstruieren können« und schränkt damit die Reflektion der musealen Grundsätze ein, denn er benennt nicht, wer mit diesem »Wir« gemeint ist. Das Bild weist zwar allgemein auf die Perspektivität musealer Inszenierungen hin, thematisiert jedoch weder den Standpunkt, von dem aus die Ausstellung selbst spricht, noch

---

[128] Auch auf der Hälfte des Rundgangs werden die Besucher_innen noch einmal an diesen Punkt erinnert: Steigt man in den zweiten Teil der Ausstellung hinunter, sieht man das Vexierbild »Was von damals übrig bleibt II«.

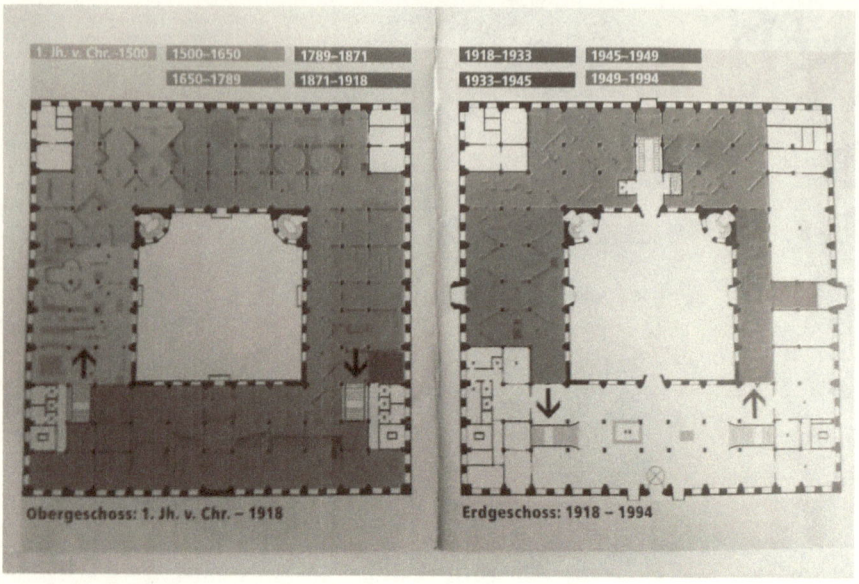

Abb. 3: Aufbau der Dauerausstellung des DHM (vgl. DHM 2012)

leitende Vorannahmen, die diesen Standpunkt bestimmen. Einen die Ausstellung bestimmenden Grundsatz benennt allerdings der 2014 überarbeitete erste Raum der Ausstellung: Ein einführender Text expliziert die politikwissenschaftliche Ausrichtung der Dauerausstellung und erklärt, der Anspruch sei keine umfassende Darstellung der Lebensbedingungen und Alltagsgeschichten.

Die museale Historiografie im DHM ist bestimmt von den Prinzipien der Chronologie, Linearität und Gerichtetheit auf ein Ziel – die Gegenwart –, die der Schriftzug »Deutsche Geschichte von den Anfängen bis 1918« zu Beginn der Ausstellung markiert. Der Rundgang durch die farblich als verschieden markierten Epochen ist chronologisch aufgebaut und durch Metallplatten in Pfeilform auf dem Boden vorgegeben. Verlaufen ist in der gesamten Ausstellung nicht möglich. Ein zentrales Gestaltungselement der Ausstellung bilden Lichtsäulen, die jeweils den Beginn einer neuen Epoche signalisieren (Abb. 4).

Neben Texten, Jahreszahlen, Bildern und Landkarten zeigt jede Säule einen Zeitstrahl von 0 bis ins Jahr 2000, der ein klares kontinuierliches Nacheinander der ausgestellten Ereignisse impliziert. Die Lichtsäulen bilden eine Blickachse, da die Besucher_innen von einer Lichtsäule aus immer schon die nächste sehen können, so dass nicht nur die Gehrichtung, sondern auch der Lauf der Geschichte vorgegeben scheint.

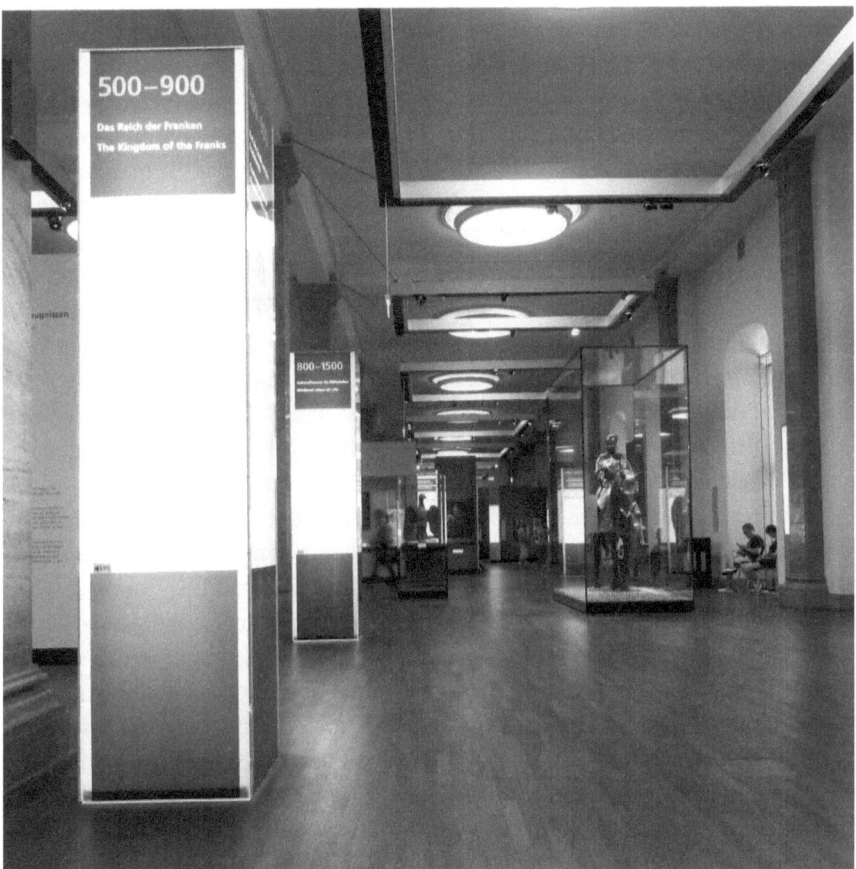

Abb. 4: Lichtsäulen in der Dauerausstellung des DHM

3.1.3.1 Europa und sein Anderes: Texte, Landkarten Bilder

Das DHM setzt es sich zum Ziel, durch das Ausstellen von Geschichte zur Selbsterkenntnis der Besucher_innen beizutragen – die museale Historiografie soll der Versicherung einer kollektiven Identität dienen, und das nicht nur auf nationaler, sondern auch auf transnational europäischer Ebene (siehe Kapitel 2.1.2): Angesprochen werden Deutsche und Europäer_innen. Doch nicht jede_r gilt in der Dauerausstellung des DHM als Teil Europas. Vielmehr konstruiert die Ausstellung entlang verschiedener struktureller Kategorien ein sehr exklusives Europa, das sich von als nichteuropäisch markierten Menschen, Gruppen und ihren Geschichten abgrenzt. Um herauszufinden, wie die Dauerausstellung Europa inszeniert, ist es deshalb sinnvoll, nach diesen Anderen Europas zu fragen: danach, wen und was die Dauerausstellung als nichteuropäisch entwirft.

Europa erfassen und begrenzen: Texte und Landkarten
Der erste Raum der Dauerausstellung des DHM wurde während der Arbeit an dieser Analyse vollkommen umgestaltet. Zeigte er bei meinen ersten Besuchen im Juli und August 2012 unter der Überschrift »Germanen, Kelten und Römer« die frühen Anfänge deutscher Geschichte und Kultur anhand von Vitrinen mit einer großen Menge an Objekten, so beginnt der Ausstellungsrundgang nun in einem fast komplett leeren Raum zu den Themen »Grenzen in Europa« und »die deutsche Sprache«. Einführende Texte erklären die verschiedenen Bedeutungen des Begriffs Grenze, die Herkunft des Wortes deutsch und die allgemeine Ausrichtung der Ausstellung.[129] Der Raum wird von einer imposanten Projektion auf eine Reliefplatte dominiert, die die Entwicklung von Grenzen in Europa von 117 bis 2000 zeigt.[130] Europa und »der europäische Charakter der deutschen Geschichte«, die das DHM laut seiner Konzeption (Stölzl 1988: 612) zeigen möchte, begegnen dem_r Besucher_in damit schon im ersten Raum der Ausstellung (Abb. 5).

Mit der überarbeiteten thematischen Ausrichtung auf Grenzen in Europa, auf die deutsche Sprache und mit der Installation einer raumdominierenden Landkarte nimmt der überarbeitete Raum die Hauptthesen dieser Studie vorweg: Erstens schwankt das DHM, wie der erste Raum seiner Dauerausstellung vorführt, zwischen einer nationalen und einer europäischen Ausrichtung. Die Überarbeitung legt einerseits mit »Grenzen in Europa« den Schwerpunkt auf einen klaren europäischen Bezug, stellt aber andererseits gleichzeitig mit der deutschen Sprache das Thema an den Anfang der Ausstellung, das neben der Vorstellung einer gemeinsamen Herkunft für die deutsche Nationalbewegung und die Konstruktion einer deutschen Kulturnation zentral war (vgl. Gellner 1995: 69; Anderson 1996: 44ff.; Hobsbawm 1991: 205). Diese Rhetorik der deutschen Sprache als einigendes Merkmal der Nation wird durch die räumliche Anordnung in der Ausstellung verstärkt. Das Display zur deutschen Sprache ist auf zwei dunkelroten Wänden angeordnet, die in der Mitte den Blick auf den vorläufigen Höhepunkt des Ausstellungsrundgangs freigeben: den Raum zur Gründung des deutschen Nationalstaats 1871. Die Blickachse suggeriert so eine kausale Verbindung zwischen der deutschen Sprache und der Gründung des deutschen Nationalstaates. Damit unterstreicht sie das starke nationale Narrativ des DHM, das schon in der

---

129 Insbesondere mit der Erklärung und Historisierung der Bezeichnung »deutsch« leistet die Ausstellung nun einen wichtigen Beitrag zur Selbstreflexivität, hinterfragt sie damit doch eine ihrer wichtigsten Kategorien. Vor der Überarbeitung wurde die Bezeichnung »deutsch« in den Texten der Ausstellung einfach gesetzt, ohne kritisch hinterfragt oder erklärt zu werden.
130 Die Idee dieser Landkartenprojektion findet sich schon in der ersten Konzeption von 1986 (vgl. Stölzl 1988: 311ff.). Bisher war die Installation im Foyer des DHM auf dem Boden ausgestellt, wo sie jedoch nicht gut zu sehen war.

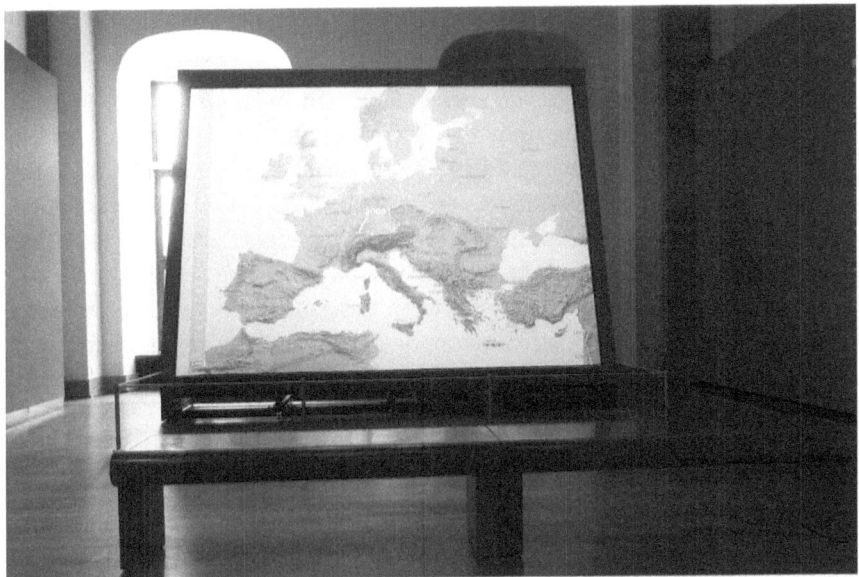

Abb. 5: Landkartenprojektion »Grenzen in Europa«

Ausstellungsarchitektur angelegt ist: es läuft alles darauf hinaus, dass die in der Sprache und Kultur vereinte Nation auch territorial geeinigt wird.

Zweitens meinen »Europa« und »europäisch«, wie in Kapitel 2.6 eingeführt, keine feststehende, stabile Einheit mit fixierten Bedeutungen, sondern hochgradig selektive Konzepte, die drittens aufgrund von strukturellen Grenzziehungen immer wieder neu verhandelt werden. Wer und was im DHM als europäisch gilt, bestimmen, wie der Gang durch die Ausstellung zeigen wird, Differenzierungen nach Religion, *Race*, *Gender* und *Class*. Mit dem einleitenden Schwerpunkt auf Grenzen in Europa thematisiert der erste Raum als Auftakt der Ausstellung diese Zentralität von Grenzen und Grenzziehungen für Vorstellungen von Europa und europäischer Geschichte.

Schließlich brauchen diese Ver- oder Erhandlungen Europas und europäischer Geschichte Medien, die ich Europamedien genannt habe (siehe Kapitel 2.6). Historisch ausgerichtete Museen kennzeichnet als Medien die Anwesenheit sogenannter authentischer Originalobjekte, die aufgrund ihres Status als historische Objekte Vergangenes in der Gegenwart erfahrbar machen sollen (siehe Kapitel 2.3). Europa und europäische Geschichte haben jedoch, wie der erste Raum der Dauerausstellung im DHM vorführt, keine solchen Objekte: Der erste Raum ist nach der Überarbeitung hin zu einer europäischeren Ausrichtung leer.

Museale Inszenierungen Europas und europäischer Geschichte finden in anderen Medien als sogenannten primären Dingen statt.

Als ein erstes dieser Europamedien etabliert der Anfangsraum des DHM die Konstellation aus Landkarte und Text. Dieser Mechanismus lässt sich auf der Suche nach dem »europäischen Charakter deutscher Geschichte« überall in der Ausstellung beobachten: Es sind immer Texte, die Europa erwähnen (Texttafeln, einführende Texte auf Lichtsäulen oder Objektbeschreibungen), und es findet sich an all diesen Stellen Landkarten, die Europa in verschiedenen Formen und Ausdehnungen visualisieren. Im Folgenden untersuche ich deshalb, wie diese Konstellation in verschiedenen Situationen der Ausstellung als Europamedium wirksam wird.

Innere Grenzen: nationalisiertes Europa
Unter der Überschrift »Grenzen in Europa« leitet ein Text, der neben der Landkarteninstallation auf einer Leuchttafel angebracht ist, die Ausstellung wie folgt ein: »Europas innere Grenzen haben sich im Lauf der Zeit immer wieder verändert«. Die Projektion der Landkarte auf das Relief greift diesen Gedanken auf und führt ihn visuell vor Augen: Sie zeigt die Entwicklung von politisch-territorialen Grenzen von 117 bis 2000 in einem Gebiet, das die heutige EU, Nordafrika, die Türkei, das östliche Mittelmeerufer und Westrussland umfasst. Die Historisierung und Veränderlichkeit von politischen Grenzverläufen innerhalb Europas stellt damit eine zentrale Aussage der Installation dar. Darüber hinaus visualisiert die Karte auf einer allgemeineren Ebene auch erst einmal grundsätzlich das Schema Europa, das der Text einführt, und macht es auf einen Blick erfassbar: So sieht Europa aus. Den Blick, den Landkarten seit ihrer Entstehung im Kontext der europäischen Überseeexpeditionen im sechzehnten Jahrhundert hervorbringen, bezeichnet der Kunsthistoriker Laurent Golay (2004: 13) als »regard zénithale« – als Über-Blick, dem sich das auf der Landkarte Präsentierte ausgebreitet, auf einen Blick erfassbar, verfügbar und kontrollierbar darbietet. Europa bekommt so schon im ersten Raum der Ausstellung eine Form, die sich leicht erfassen und wiedererkennen lässt.

Landkarten stehen jedoch, wie verschiedene Theoretiker_innen gezeigt haben, nicht in einem Abbildungsverhältnis zur Welt, sondern sie generieren und verbreiten bestimmte Weltbilder, Raumvorstellungen, Werte und Normen (vgl. Haslinger/Oswalt 2012: 9; Schneider 2004: 9). So zeigt die Kartenprojektion nicht nur »Das ist Europa«, sondern sie inszeniert auch ein bestimmtes Bild dieses Europas, das sich als ein Leitmotiv der musealen Historiografie Europas im DHM herausstellen wird: das Bild eines nationalisierten Europas. Europa zerfällt darin in verschiedene nationale Einheiten, die durch die Farbgebung der Territorien und weiß markierte Grenzen voneinander unterschieden werden. Diesen vergleichenden Blick auf ein nationalisiertes Europa greift die Ausstellung wiederholt an verschiedenen Stellen auf, an denen »die europäische Dimension deutscher Geschichte« verhandelt wird. Europa bedeutet darin nicht ein transnationales Gemeinsames, sondern das vergleichende Nebeneinander Setzen nationaler Einheiten (siehe Kapitel 3.1.3.2).

Darüber hinaus thematisiert die Karte nicht nur Grenzverläufe innerhalb Europas. Durch das, was auf der Karte nicht gezeigt wird, inszeniert sie gleichzeitig auch Abgrenzungen nach außen. So fehlen darauf, einer gängigen Darstellung Europas folgend, sämtliche Überseegebiete, die im Verlauf der Geschichte entweder von europäischen Staaten kolonisiert wurden oder als Teil der EU heute politisch zu Europa gehören, zum Beispiel die französischen Überseedépartements Réunion, Guyana, Martinique und Guadeloupe (vgl. Hansen 2002). Die Ausstellung legt damit gleich zu Beginn die Lektüre nahe, dass diese Gebiete sowie deren Bewohner_innen und ihre Geschichten nicht als Teil des hier gezeigten Europas gelten. Diese Abgrenzung des museal inszenierten Europas nach außen erweist sich im Laufe des Ausstellungsrundgangs als zentral für die Frage, wie das DHM Vorstellungen von Europa und europäischer Geschichte entwirft.

Äußere Grenzen: Europas Andere
Das Thema der Außengrenzen greift auch der Text »Grenzen in Europa« auf, der links neben der Landkartenprojektion zu lesen ist. Ebenso wie die Innengrenzen stünden auch die Außengrenzen Europas nicht fest, sondern veränderten sich beispielsweise durch den Beitritt ostmitteleuropäischer und baltischer Länder in die EU im Jahr 2004. Hier zeigt sich, dass Europa in der Ausstellung, je näher der behandelte Zeitraum an der Gegenwart liegt, zunehmend mit der EU gleichgesetzt wird. Während die inneren Grenzen im Zuge der europäischen Integration immer durchlässiger würden und dadurch »wirtschaftlichen und kulturellen Austausch« beförderten, sei die Wahrnehmung der Außengrenzen der EU dagegen »vor allem durch die nach Europa drängenden Flüchtlingsströme aus Afrika und Asien geprägt«. Der Text etabliert hier eine Trennung zwischen gewünschter und politisch geförderter Diversität und Pluralität innerhalb der EU (»kultureller Austausch«) versus einer Andersheit, die von außen in die EU »drängt« (vgl. Vieten 2012: 17f.). Dies zeigt, dass die Frage nach Grenzen und Grenzziehungen in Europa, die die Ausstellung zum Auftakt stellt, nicht nur politische Grenzen meint. Wie Theoretiker_innen in postkolonialer Perspektive herausgearbeitet haben (vgl. Bhabha 2000; Bhambra 2009; Balibar 2011; Vieten 2012; Frevert/Pernau 2009, siehe Kapitel 2.6), brauchen Konstruktionen Europas und europäischer Geschichte notwendigerweise eine_n Andere_n, der_die als

nicht-europäisch markiert wird. Die Frage danach, was die Ausstellung des DHM als nicht-europäisch inszeniert, ist daher – wie der erste Text der Ausstellung vorführt – zentral für die Analyse der Historiografie Europas im DHM.

Mit der Historisierung der Innen- und Außengrenzen Europas machen Text und Kartenprojektion klar, dass die Kategorien Europa und europäisch keine universellen, statischen Bezeichnungen mit feststehenden Bedeutungen benennen. Sie stellen Europa und europäisch vielmehr gleich zu Beginn der Ausstellung als veränderbare Größen dar, über die anhand von Grenzziehungen immer wieder neu verhandelt wird. Diese Grenzziehungen bauen, wie die Analyse zeigen wird, auf verschiedenen, miteinander verbundenen Strukturkategorien wie *Gender*, *Race*, Religion und *Class* auf – Europa wird in der Ausstellung rassifiziert und gegendert.[131] Die Frage nach den Grenzen Europas, die die Ausstellung in ihrem ersten Raum einleitend stellt, bedeutet für die folgende Analyse also nicht nur die Frage danach, wo die Ausstellung diese Grenzen festlegt, wer also im geografisch-politischen Sinn als nicht-europäisches Anderes gilt, sondern auch die Frage nach den Strukturkategorien, die Europa und europäische Geschichte organisieren, und damit die Frage nach aktuellen Zugehörigkeiten zu Europa.

Christlich-westliches Europa versus Islam

Ein für diese Frage erster entscheidender Abschnitt findet sich wenige Schritte nach dem Anfangsraum in einem Vertiefungsraum zum Thema »Christliches Europa und abendländisches Kaisertum«. Um Europa zu zeigen, greift eine beleuchtete Tafel die im ersten Raum etablierte Medienkonstellation aus Landkarte und Text auf. Sie zeigt einen einführenden Text sowie eine kolorierte Landkarte Europas und an das Mittelmeer grenzender Länder. Die Überschrift »Christliches Europa und abendländisches Kaisertum« konnotiert Europa mit »christlich« und »abendländisch«, wobei jedoch nicht erklärt wird, was mit den Begriffen »Abendland« und »Europa« gemeint ist. Stattdessen setzt der Text sie als feststehende Größen, deren implizite Bedeutung sich erst in einem *close reading* des daran anschließenden Ausstellungsraums erschließt.

Darin ist die erste Vitrine den Kreuzzügen gewidmet, die durch die textuelle und bildliche Rahmung als europäische Bewegung dargestellt werden. Neben der Vitrine hängt eine Tafel, die eine weitere Landkarte und einen Text zu den Kreuzzügen zeigt (Abb. 6).

---

[131] Dass »racialized« und »gegendert« nur die zwei Kategorien *Gender* und *Race* explizit benennen, bedeutet nicht, dass der Blick auf rassifizierte und gegenderte Abgrenzungen andere Strukturkategorien wie *Class* oder Religion ausklammert (siehe Kapitel 2.1). Die Analyse wird vielmehr die grundsätzliche Intersektionalität dieser Differenzierungen zeigen.

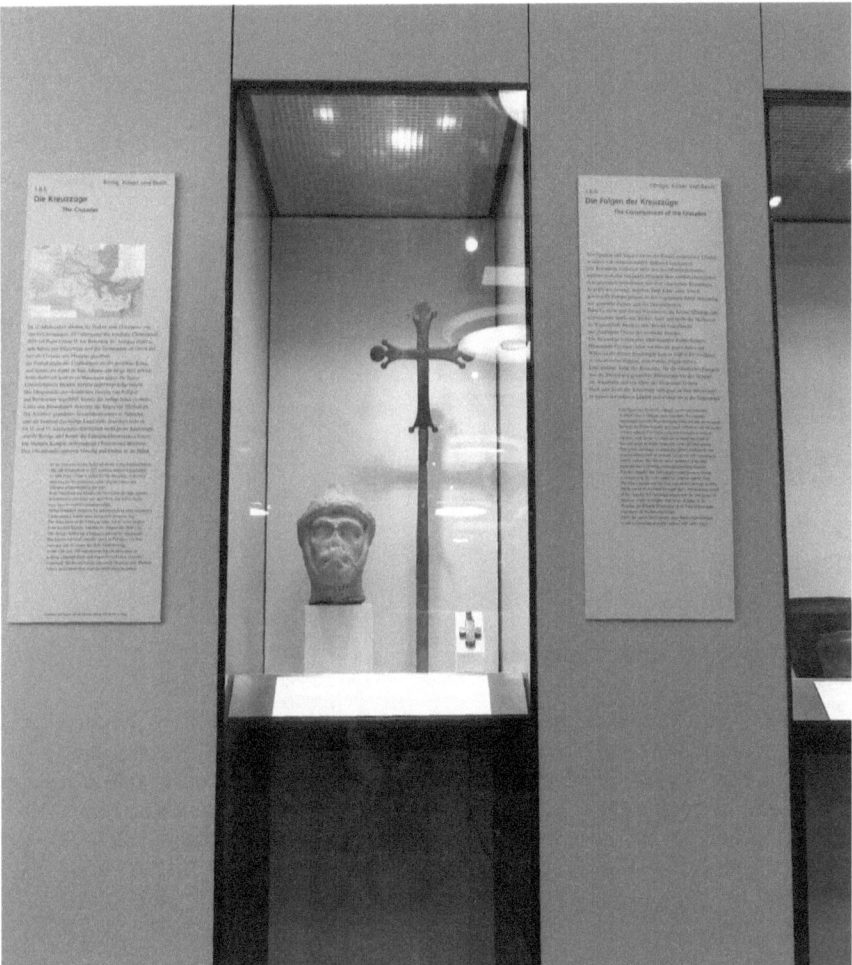

Abb. 6: Vertiefungsraum »Die Kreuzzüge«

In dem Text heißt es: »Im elften Jahrhundert stießen die Türken zum Mittelmeer vor. Der Fall Jerusalems 1077 alarmierte die westliche Christenheit. 1095 rief Papst Urban 2. zur Befreiung der heiligen Stätten [...] auf.« Objekte, die in der Vitrine daneben ausgestellt werden, sind die steinerne Büste eines Kreuzfahrers und zwei Kreuze aus Bronze. Die Beschriftung der Büste lautet »Die Kreuzzugsbewegung ging von ganz Westeuropa aus« und die Kreuze erklärt ein Text als Teil der Beute der Kreuzzüge, die »die künstlerische Entwicklung im Westen« beeinflusst haben. Diese Konnotation von Europa und Westen greift ein weiterer Text zu den Folgen der Kreuzzüge auf, der die Idee eines westlichen Europas festigt:

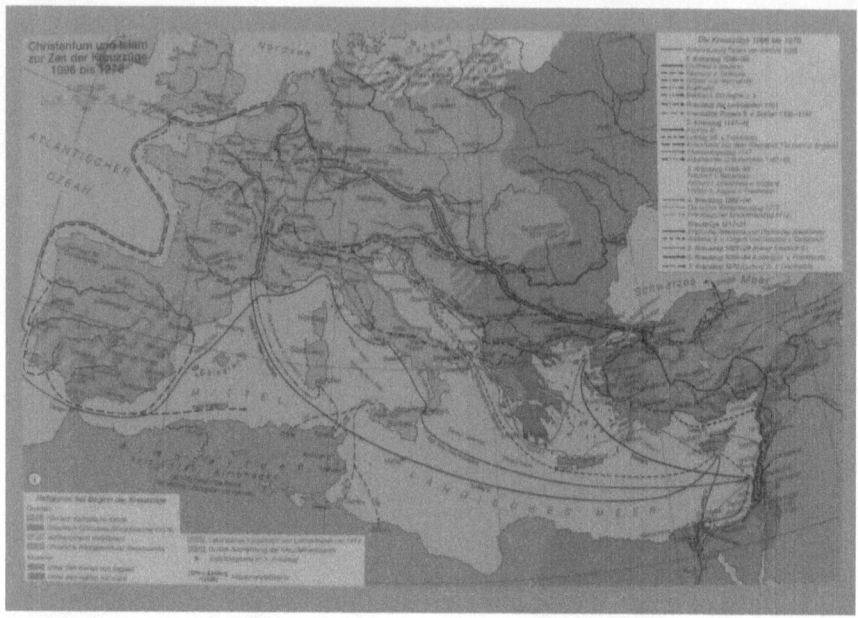

Abb. 7: Landkarte »Die Kreuzzüge«

> Die Kreuzzüge förderten nicht nur den Mittelmeerhandel, sondern auch den Austausch zwischen dem westlich-lateinischen, dem griechisch-orthodoxen und dem islamischen Kulturkreis. Begriffe wie Arsenal, Algebra, Tarif, Bazar oder Scheck gehören für Europa genauso zu den Ergebnissen dieser Begegnung wie arabische Zahlen und das Dezimalsystem. Feine Gewürze und Zucker bereicherten die Küche, Elfenbein und orientalische Stoffe wie Brokat, Samt und Seide die Hofkultur. In Wissenschaft, Medizin und Technik beeinflusste der überlegene *Orient* das *westliche Europa* [Hervorhebung: S.C.].

Neben der Etablierung der Synonyme »Europa« und »Westen/westlich« konstruiert der Text in einem weiteren Schritt ein nicht-europäisches Anderes Europas: den »islamischen Kulturkreis« und den »überlegenen Orient«. Dessen einziges Merkmal besteht laut Text darin, Europa zu bereichern. Diese Darstellung des Islams als Bereicherung Europas hat dem Anthropologen Talal Asad (2002: 217) zufolge eine lange Tradition. Muslime werden demzufolge in historischen und aktuellen Europakonstruktionen oft als »carrier civilization« dargestellt, die kein Wesen an sich haben, sondern deren einziges Merkmal darin besteht, Europa etwas zu liefern, wie zum Beispiel Ideen, Rohstoffe und so weiter.

Die Landkarte auf der ersten Tafel lokalisiert Europa und diesen Anderen geografisch (siehe Abb. 7).

Verschiedene Farben markieren nicht wie im ersten Raum politische (National-)Territorien, sondern Religionen: Christen sind in Orange (römisch-katholisch) und Lila (griechisch-orthodox), Muslime in Grün gekennzeichnet, wie eine Legende unter der Karte erklärt. Die einzelnen Religionen sind durch Grenzziehungen voneinander getrennt, Überlappungen am Rand durch Schraffierungen gekennzeichnet. Verschiedenfarbige Pfeile und Linien durchkreuzen den Kontinent und das Mittelmeer und zeigen den Verlauf der Kreuzzüge an. »Das westliche Europa« erscheint auf dieser Karte als christliche Einheit, die sich sowohl vom griechisch-katholischem Osten, als auch von »dem islamischen Kulturkreis« und »dem Orient« absetzt. Durch die Farbgebung in Orange wird das als christlich markierte »westliche Europas« zudem als Eigenes konnotiert, das sich vom grün dargestellten Anderen abgrenzt, denn der eigene Standort wird in der Kartografie bevorzugt in Rottönen festgehalten (vgl. Schneider 2004: 125). Landkarte und Text produzieren damit eine klare Grenzziehung zwischen dem abendländisch-christlich-westlichen Europa und seinem Anderen, dem Orient. Zudem generieren die im Text verwendeten Kategorien christliches, westliches Europa und muslimischer Kulturkreis/der Orient den Eindruck homogener Einheiten ohne Binnendifferenzierungen – zwei Blöcke, die sich gegenüber stehen.[132] Die Karte verstärkt diesen Eindruck durch die einheitliche Farbgebung.

Während die Karte die Idee eines einheitlichen westlich-christlichen Europas, seines nicht-europäischen muslimischen Anderen und der Grenzziehung zwischen beiden auf einen Blick erfassbar macht, beschreibt der Text diesen Anderen als expansiven und aggressiven Gegner. Demgegenüber erscheint Europa in diesem Abschnitt der Ausstellung als defensives Opfer, das sich gegen einen überlegenen Gegner verteidigen müsse. Als Andere inszenieren die verschiedenen Texte und die Landkarte »die Türken«, »den islamischen Kulturkreis« und »den überlegenen Orient«. Dass es sich bei diesem Europabild um ein kulturelles und historisch gewachsenes Konstrukt handelt, das in der spezifischen historischen Situation der Frühen Neuzeit entstand (vgl. Schmale 2001,2007), thematisiert die Ausstellung nicht. Stattdessen präsentiert sie Europa als christlich-abendländisch-westliche Einheit und sein Anderes als überzeitliche Konstanten. Die Ausstellung von sogenannten Originalobjekten zu den Kreuzzügen stützt zudem den realistischen Diskurs des Museums, der vorgibt, nur zu zeigen, was tatsächlich passiert ist (vgl. Bal 2011: 530, siehe Kapitel 2.1).

---

132 Darüber hinaus wird das dargestellte Europa auch vom römisch-katholischen Byzantinischen Reich abgegrenzt. Da »der muslimische Andere« jedoch die bedeutendere Rolle in der weiteren Inszenierung Europas spielt, konzentriere ich mich darauf.

Racialized boundaries: Bilder, Allegorien, Texte

Die Dichotomie zwischen Europa und seinem Anderen greift die Ausstellung auch im nächsten Abschnitt wieder auf. Aus dem mit hellen Wänden gestalteten Abschnitt des Mittelalters treten die Besucher_innen in den in Dunkelrot gehaltenen Abschnitt zur Zeitspanne 1500 bis 1650 ein und laufen auf den Raum zu, der die europäischen Überseeexpeditionen im fünfzehnten Jahrhundert behandelt. Ausgestellt werden ein Globus in einer Vitrine, ein freistehendes steinernes Kreuz, ein Wandteppich, Gemälde, zeitgenössische Weltkarten und Reiseberichte in Büchern und Kupferstichen von europäischen Autoren. Unter der Überschrift »Die Entdeckung der Welt« leitet ein Text auf einer Lichttafel den Raum wie folgt ein: »Um das Jahr 1500 erweiterte sich der Horizont der Europäer«. Damit setzt er eine eurozentrische Sicht, der die Ausstellung treu bleibt, wann immer es um die Begegnung mit außereuropäischen Völkern geht. Im Abschnitt zur »Entdeckung der Welt« findet sich beispielsweise kein Hinweis auf die Perspektive der Menschen, die in den von Europäern eroberten Gebieten gelebt haben. Die Reiseberichte und Kupferstiche zeigen stattdessen eine ausschließlich europäische Sicht. Der einleitende Text führt weiter aus, die »Entdeckung der Welt« durch Europa sei durch die Eroberungen der Osmanen im östlichen Mittelmeer und die dadurch abgeschnittenen Handelswege angetrieben gewesen, was auf die bereits etablierte Dichotomie »defensives Europa« versus »aggressiv-expansive Osmanen/Türken/muslimischer Kulturkreis/Orient« rekurriert.

Mit den Entdeckungen von Christoph Kolumbus und Vasco da Gama, so der Text, habe die »Europäisierung der Erde« begonnen und Europa sei zur Weltmacht aufgestiegen. »Der europäische Reichtum vermehre sich stetig, während die Kolonialherrschaft in weiten Teilen der Welt Ausplünderung, Entrechtung und Armut bedeutete« stellt der er eingangs fest. Für Europa habe die Entdeckung der Welt neben der Vermehrung von Reichtum »Verwandlung [...] durch die Begegnung mit dem Fremden« gebracht. Im Laufe mehrerer Jahrhunderte hätten »die neuentdeckten Länder und ihre Kulturen [...] das europäische Weltbild« verändert. Die Architektur der Ausstellung unterstützt an dieser Stelle des Rundgangs die Idee eines Wandels oder Umbruchs: Der Abschnitt zur »Entdeckung der Welt« liegt an der ersten Ecke des Rundgangs, so dass die Besucher_innen zum ersten Mal ihre Gangrichtung ändern müssen.

Neben »den Osmanen/dem Orient« inszeniert die Ausstellung hier einen weiteren nicht-europäischen Anderen, von dem sich Europa abgrenzt: den unbestimmten Fremden, durch den sich das europäische Weltbild veränderte, der aber im Text nicht näher erklärt wird. Auf einem hinter Glas ausgestellten Wandteppich jedoch, der das größte Exponat in diesem Raum ist, findet sich eine explizite Darstellung dieses nichteuropäischen Fremden. Der Teppich »Der Triumphmarsch« aus der Serie »à la manière de Portugal et de Indye« von 1504 zeigt einen Festzug anlässlich der Rückkehr einer der ersten Indienexpeditionen, wie der darunter angebrachte Text erklärt. Auf dem unübersichtlichen Bild ist eine Prozession von Kamelen, einem Pferd und weißen Menschen in festlichen Gewändern, die Instrumente, Waffen und Zepter tragen, zu sehen. In den beiden unteren Ecken sind zwei Schwarze Jungen[133] zu sehen, die im Verhältnis zu den restlichen Figuren deutlich kleiner dargestellt sind und den Festzug trommelnd begleiten. Unter der Vitrine können Besucher_innen eine Schublade aufziehen, in der auf kleinen Texten Erklärungen zu Details des Teppichs angebracht sind. Auf einem Zettel zu den Trommlern heißt es:

> Links und rechts im Bild schlagen zwei dunkelhäutige Trommler den Rhythmus, der den portugiesischen Triumphzug begleitet. Sie sind als exotische Elemente des Festumzugs dargestellt und verweisen auf die Weltläufigkeit ihrer Herren und auf die Expeditionen in andere Kontinente. Im 16. Jahrhundert gab es in Portugal freie und unfreie Musiker aus Afrika und Asien. Gerne schmückten sich europäische Fürstenhöfe mit Menschen aus fernen Ländern.

Die Funktion des nicht-europäischen Fremden besteht laut den rahmenden Texten darin, das europäische Weltbild zu verändern und als »exotischer« Schmuck auf den Reichtum und die Weltläufigkeit europäischer Herrscher zu verweisen. Anstatt die zeitgenössische Darstellung auf dem Wandteppich als solche aufzuzeigen, sie in ihren historischen Kontext einzuordnen und aus heutiger Perspektive zu hinterfragen, reproduzieren die Texte hier die koloniale Subjekt-Objekt-Beziehung, die der Teppich aus dem sechzehnten Jahrhundert etabliert: Europa ist Subjekt der Handlung, entdeckt und europäisiert die Welt, während die Anderen reine Objekte Europas sind. Sie werden ausschließlich in Relation zu Europa dargestellt und beschrieben – als diejenigen, die Europa verwandelten, bereicherten und schmückten. Über diese eurozentristische Definition als Objekt in Relation zu Europa hinaus hat das Andere Europas keine weiteren Merkmale aus sich selbst heraus. Auch eine eigene Perspektive als Subjekt steht die Ausstellung ihm nicht zu. Der außereuropäische Fremde wird somit im Zusammenspiel aus historischen Darstellungen und rahmenden Texten als »Europe's Silent Other« konstruiert, der lediglich dazu dient, Europa zu bereichern und zu faszinieren (vgl. Said 1985: 93). Die rahmenden Texte der Ausstellung brechen

---

133 Mit dieser Schreibweise orientiere ich mich am einschlägigen Band zur Rassismus -und Kritischen Weißseinsforschung im deutschsprachigen Raum (vgl. Arndt et al. 2009). Die Autorinnen plädieren dafür, Schwarz groß zu schreiben, um das Widerstandspotential, das dieser Kategorie von Schwarzen und People of Color eingeschrieben wurde, zu markieren (vgl. Arndt et al. 2009: 13).

die eurozentristische und exotisierende Darstellung des Wandteppichs nicht, sondern wiederholen und bestärken im Gegenteil die Beschreibung der Trommler als »exotische Elemente«, deren einziges Merkmal es ist, als stummer Anderer auf den Reichtum und die Expeditionen Europas zu verweisen.

Mit dieser eurozentristischen Perspektive einher geht eine weitere Auslassung der in diesem Raum inszenierten »europäischen Charakters deutscher Geschichte« (Stölzl 1988: 612): Kolonialismus, Sklaverei, Entrechtung, wirtschaftliche Ausbeutung und Gewalt gegen indigene Bevölkerungen werden nur in einem Satz erwähnt und es finden sich keine Objekte, die dieses Thema aufgreifen oder materiell greifbar machen. Sklaven werden im Gegenteil als schmückende Elemente ausgestellt, die laut der rahmenden Texte nicht für Entrechtung, Menschenhandel und Folter stehen, sondern für den Reichtum und die »Weltläufigkeit« ihrer europäischen Herren. Auch der Begriff »Entdeckung« unterstützt diese eurozentristische und gewaltverherrlichende Perspektive, da er impliziert, dass etwas gänzlich Unbekanntes entdeckt wurde. Die Perspektive außereuropäischer Menschen auf diese »Entdeckung« findet keinen Raum in der Ausstellung.[134]

Weißes Europa versus rassifiziertes Anderes
Durch die explizite Benennung der Trommler als »dunkelhäutig« markiert der Text, der den Wandteppich erklärt, des Weiteren die Grenzziehung zwischen Europa und seinem Anderen als rassifizierte Grenze.[135] Der Begriff der *racialized boundaries* wurde Anfang der 1990er Jahre von den Soziologinnen Floya Anthias und Nira Yuval-Davis (1992) geprägt. *Racialized boundaries* strukturieren ihrer Studie zufolge Gesellschaften, denn sie entscheiden im Zusammenspiel mit anderen Differenzkategorien wie *Gender* oder *Class* darüber, wer als Teil einer Gemeinschaft angesehen wird, und wer Zugang zu materiellen und symbolischen Ressourcen erhält (vgl. Anthias/Yuval-Davis 1992: 11). Die Bezeichnung dieser Grenzziehungen als *racialized*/rassifiziert, weist auf den Konstruktionscharakter der Strukturkategorie *Race* hin, die keine »natürlichen« oder »biologischen« Grundlagen hat: Menschen gehören nicht unterschiedlichen »Rassen« an, sondern werden aufgrund vermeintlich neutral wahrnehmbarer physiognomischer Merkmale, wie der Hautfarbe oder der Kopfform, als Zugehörige oder Andere von Gruppen

---

134 Für eine gründlichere Beschäftigung mit dem *blind spot* Kolonialgeschichte im DHM vgl. die Initiative »Kolonialismus im Kasten?« (vgl. Kolonialismus im Kasten o. J.) sowie die Rezension des alternativen Audioguides, den die Initiative für die Dauerausstellung des DHM entwickelt hat (vgl. Czerney 2015a).
135 Die Übersetzung »rassifiziert« des englischen Begriffs »racialized« (Anthias/Yuval-Davis 1992: 11) übernehme ich von Fatima El-Tayeb (2015: 7).

markiert (vgl. Anthias/Yuval-Davis 1992: 2.; El-Tayeb 2015: 18). Diesen Prozess benennt der Begriff der »Rassifizierung« (vgl. El-Tayeb 2015: 7, siehe Kapitel 2.1 und 2.5). *Racialized boundaries* beschreiben als analytisches Konzept die Strukturierung der Zugehörigkeit zu verschiedenen sozialen Gruppen, zum Beispiel zu Nationen oder zu Europa aufgrund vermeintlich neutral wahrnehmbarer körperlicher Merkmale (vgl. Anthias/Yuval-Davis 1992: 2).

Der Text beschreibt die Trommler auf dem Wandteppich als »dunkelhäutig« und »exotische Elemente«, die »auf die Weltläufigkeit ihrer Herren und auf die Expeditionen in andere Kontinente« verweisen. »Gerne schmückten sich europäische Fürstenhöfe mit Menschen aus fernen Ländern« heißt es dort weiter. Die anderen auf dem Teppich dargestellten Menschen werden nicht als Weiße benannt, sondern sind einfach »Rückkehrer einer der ersten Indien-Expeditionen« und »europäische Kaufleute«. Weiß wird damit als unmarkierte Norm etabliert, »dunkelhäutig« als Abweichung und exotisierter Fremder markiert, der, wie oben herausgearbeitet, nur in Abhängigkeit zur weißen Sprecher_innenposition und nicht als Subjekt definiert wird: er dient als Schmuck und Verweis auf europäischen Reichtum. Um europäische Geschichte und Europa zu zeigen etablieren die Texte der Ausstellung im Zusammenspiel mit der historischen Darstellung auf dem Teppich eine rassifizierte Grenze zwischen Europa und seinem Anderen, die sich auf vermeintliche biologische Tatsachen stützt: Europa und europäisch wird als das gezeigt, was der Fremde nicht ist – die von *Race* unmarkierte Norm. Die Rassifizierung des nicht-europäischen Fremden sagt jedoch im Umkehrschluss auch etwas über das Bild Europas aus, das hier entworfen wird: Europa ist weiß.

Die Positionierungen entlang der hier entworfenen Dichotomie weiß = europäisch versus »dunkelhäutig« = fremd werden durch das Ausstellungsdisplay außerdem mit weiteren Attributen konnotiert: Während der Fremde als stummes, passives Objekt konstruiert wird, erscheint Europa aktiv handelnd, erobernd und das Andere definierend. Die Ein- und Ausschlüsse entlang der Strukturkategorie *Race* sind zudem mit anderen Strukturkategorien verwoben (vgl. Anthias/Yuval-Davis 1992: 96ff.): Der »europäische Charakter der deutschen Geschichte« erscheint im Abschnitt »Die Entdeckung der Welt« als von weißen Akteuren vorangetriebenes Unterfangen, denn auf den Erklärungstexten, in den Reiseberichten in Büchern, Kupferstichen und einer Computer-Station kommen ausschließlich männliche Akteure vor. *Gender* und *Race* erweisen sich in diesem Abschnitt als dominante Strukturkategorien für die Inszenierung Europas und seiner Geschichte.

»Die osmanische Bedrohung Europas«

Der Prozess der Rassifizierung von Menschen und Gruppen und die Etablierung von *racialized boundaries* baut nach Floya Anthias und Nira Yuval-Davis (1992: 11f.) nicht nur auf wahrgenommenen körperlichen Merkmalen auf, sondern kann sich auch auf religiöse oder kulturelle Unterschiede stützen. Die Strukturkategorie, entlang der Zugehörigkeiten zu Gruppen strukturiert werden, ist in diesem Fall nicht mehr *Race*, sondern Religion oder eine diffuse Kultur.[136] Auch eine solche religiös-kulturelle Grenzziehung ist, wie zu Beginn dieses Kapitels herausgearbeitet, in der Inszenierung Europas und europäischer Geschichte im DHM wirksam: Der Abschnitt zum »christliches Europa« und zu den Kreuzzügen konstruiert in Texten und einer Landkarte den Islam als aggressiv-expansiven Anderen Europas. Wie im Abschnitt »Die Entdeckung der Welt« besteht deren einzige Funktion laut der musealen Inszenierung auch hier darin, Europa mit Gewürzen, wissenschaftlichen und technischen Errungenschaften zu bereichern.

Diese Dichotomie zwischen einem als christlich inszenierten Europa und seinem aggressiven muslimischen Anderen greift die Ausstellung direkt nach dem Abschnitt »Die Entdeckung der Welt« wieder auf: Eine Lichtsäule leitet unter der Überschrift »1600–1650 Krisen und Krieg in Deutschland« einen Vertiefungsraum zum Dreißigjährigen Krieg 1618–1648 ein. Direkt neben der Lichtsäule findet sich ein Display aus einem Gemälde, einer Vitrine und einem Text unter der Überschrift »die osmanische Bedrohung«. Ausgestellt werden ein Gemälde, ein Kupferstich und ein Buch, die aus europäischer Perspektive die Belagerung Wiens im Jahr 1529 sowie das osmanische Reich beschreiben. Durch diese räumliche Zusammenstellung entsteht der Eindruck, die Belagerung Wiens durch Truppen des Osmanischen Reiches sei die Ursache für einen innereuropäischen Krieg gewesen, der jedoch erst knapp 90 Jahre später begann. Der Text zur »die osmanische Bedrohung« rekurriert auf das bereits etablierte Andere Europas:

> Das osmanische Reich war durch seine expansive Politik zu einer gewaltigen Militärmacht aufgestiegen und bedrohte die östlichen Erblande der Habsburger. [...]. Die Türken waren nicht nur eine militärische Bedrohung, sie wurden auch als Feinde des Christentums verstanden. Die Abwehr des Islams war damit eine der Hauptaufgaben Kaiser Karls V. und seiner Nachfolger. [...]. Doch bis in die Mitte des 18. Jahrhunderts blieben die Osmanen und ihre Heere eine Bedrohung für Europa.

---

136   In eine ähnliche Richtung argumentieren Étienne Balibar (1990a: 28), der von »Rassismus ohne Rassen« spricht, und Stuart Hall (2000: 11), der das Phänomen »kulturellen Rassismus« nennt (siehe Kapitel 2.1).

Der Islam und die Osmanen werden hier als nicht-europäische Andere wiederholt und als aggressive Feinde und dauerhafte Bedrohung Europas konnotiert, wohingegen Europa als christliches Opfer erscheint. Auch der bereits etablierte eurozentristische Blick auf die Anderen wird aufrecht erhalten, denn auch an dieser Stelle steht die Ausstellung den Anderen keine eigene Perspektive zu.

Den Dreißigjährigen Krieg, den das Display über »die osmanische Bedrohung« einleitet, beschreibt ein Text auf der Lichtsäule als Krieg zwischen mehreren europäischen Mächten, »der Westfälische Friede von 1648 schuf eine neue europäische Ordnung, die über ein halbes Jahrhundert Frieden garantierte.« Auf einer Texttafel wird das Europäische dieser Friedensverhandlungen noch stärker betont: Sie werden als »erste(r) große(r) europäische(r) Friedenskongress« bezeichnet, der dazu führte, dass »Religion als Kriegsgrund in Europa diskreditiert« wurde. Die räumliche Zusammenstellung des Displays zu der »osmanischen Bedrohung« und des Raumes zu einem Krieg, der als europäischer gezeigt wird, verstärkt die Grenzziehung, die hier aufgrund der Strukturkategorie Religion inszeniert wird: Auf der einen Seite stehen die aggressiven Gegner Europas – der Islam, die Osmanen – auf der anderen ein bedrohtes Europa, das sich nach außen verteidigt und im Inneren nach Konflikten zu Frieden und religiöser Toleranz findet. Europa und europäische Geschichte werden hier mithilfe zweier Mechanismen konstruiert: einerseits über Abgrenzung nach außen aufgrund verschiedener Strukturkategorien (*Race* und Religion), und andererseits über die Inszenierung gemeinsamer Merkmale nach innen, wie an dieser Stelle die Überwindung von Konflikten und die Durchsetzung von Frieden und religiöser Toleranz.

Entgegen den unbestimmten Fremden, die die Ausstellungstexte im Abschnitt zur »Entdeckung der Welt« aufgrund körperlicher Merkmale konstruieren, dient in den Abschnitten »christliches Europa/Kreuzzüge« und »die osmanische Bedrohung« die Strukturkategorie Religion und religiös definierte Kultur als Grundlage für die Inszenierung eines außereuropäischen Anderen. Die Grenzziehungen zwischen Europa und seinem Anderen inszeniert die Ausstellung also auf verschiedene Arten als *racialized boundaries*: Die Anderen/Fremden werden entweder aufgrund vermeintlich neutral beschreibbarer biologischer Merkmale oder mit dem Hinweis auf religiös-kulturelle Unterschiede rassifiziert und als nicht-europäisch markiert. Europa und europäisch dagegen erscheint als das, was die als anders Etablierten nicht sind: weiß und christlich. Darüber hinaus sind die Strukturkategorien, auf denen die Inszenierung nicht-europäischer Andere aufbaut, miteinander verwoben: So zeigen alle bisher behandelten Displays eine rein männlich konnotierte Sicht auf »den europäischen Charakter der deutschen Geschichte«, da sie sich auf Erfahrungswelten, wie Kriege, Kreuzzüge oder Entdeckerfahrten konzentrieren, die Männern vorbehalten waren. Im Raum zum Dreißigjährigen Krieg sind beispielsweise neben Rüstungen, Kanonen und anderen Waffen vor allem gemalten Portraits europäischer Fürsten und Herrscher ausgestellt. Wegen der politikgeschichtlichen Ausrichtung des DHM kommen Frauen und andere als die herrschenden Klassen als handelnde Akteur_innen der Geschichte nur sehr marginal vor.[137] Die inszenierten *racialized boundaries* zwischen Europa und seinem Anderen bauen also auf den Strukturkategorien *Race* und Religion auf, sind aber nicht eindimensional durch sie bestimmt, denn wer als Teil Europas und seiner Geschichte gezeigt wird, ist ebenso abhängig von den Kategorien *Gender* und *Class*. Ein Beispiel solcher *gendered boundaries* behandelt der nächste Abschnitt.

Gendered boundaries: **Europa und ihre Anderen als weibliche Allegorien**
Im Abschnitt der Ausstellung, der das siebzehnten und achtzehnten Jahrhundert behandelt, findet sich ein weiterer Bezug auf »den europäischen Charakter der deutschen Geschichte«. In einem Vertiefungsraum zur wirtschaftlichen Entwicklung in Deutschland[138] und Europa geht es am Ende in einer Ecke um Überseehandel, wie eine Texttafel anzeigt. Diese informiert in nüchternem Ton über den Handel verschiedener europäischer Länder mit ihren Überseekolonien. Zucker und Sklaven, so ist zu lesen, garantierten die höchsten Gewinne, gefragt waren außerdem Güter wie Gewürze, Kaffee und Tee. Die Gewalt und Entrechtung, die Sklavenhandel und Kolonialismus bedeuteten, werden nicht erwähnt. Neben der Tafel hängen in einer Vitrine verschiedene zeitgenössische Landkarten und Bilder, die den Handel mit Kolonien und »die Entdeckung« Amerikas illustrieren. Wie die Exponate im Abschnitt »Die Entdeckung der Welt« zeigen auch diese Darstellungen ausschließlich eine europäische Perspektive auf den Kolonialismus. So beschreibt beispielsweise ein Text eine der Karten folgendermaßen: »Seit dem 16. Jahrhundert ging die kartographische Erschließung des amerikanischen Kontinents mit der Besitznahme des Landes und der Anlage von Kolonien einher.« Dass das Land bereits bewohnt war und die Besitzer_innen oftmals gewaltsam enteignet wurden findet keine Erwähnung. Die im Abschnitt »Die Entdeckung

---

137 Die erste Frau, die in der Ausstellung als handelnde Akteurin vorkommt, ist Lieselotte von der Pfalz, die im siebzehnten Jahrhundert in ihren Briefen das Leben am französischen Hof beschrieb und dadurch bekannt wurde. Während Männer überall in der Ausstellung zu sehen sind, werden die Briefe dieser Frau jedoch nur sehr versteckt in einer Schublade unter einem Gemälde ausgestellt.

138 Auch für die Zeit vor der Gründung des deutschen Nationalstaats 1871 verwendet die Ausstellung in verschiedenen Situationen das Wort »Deutschland«. Ich folge deshalb hier der Benennung in der Ausstellung.

der Welt« eingeführten nicht-europäischen Fremden kommen hier nicht einmal als stumme Andere (Silent Other, vgl. Said 1985: 93) vor, sie sind vielmehr zu ganz und gar abwesenden Anderen geworden.

Wiederholung kolonialer Blickbeziehungen
In dieser Abwesenheit drängt sich ein Exponat auf, das vor der Texttafel und den Landkarten in einer frei stehenden Vitrine gezeigt wird, und in dem sich eine weitere Art der Inszenierung von Grenzziehungen zwischen Europa und seinem Anderen beispielhaft beobachten lässt: das Ensemble »Die vier Erdteile« aus Porzellanfiguren von Johann Joachim Kaendler von 1745/46 sowie ein kurzer Text, der das Exponat erklärt (Abb. 8).

Vier weibliche Porzellanfiguren »verkörpern die Erdteile Europa, Asien, Afrika und Amerika«, wie der Text ausführt. Alle vier Frauengestalten sitzen auf Tieren und haben verschiedene Dinge in der Hand oder auf dem Kopf: Die Figur, die Europa symbolisiert, ist weiß und blond, sie sitzt auf einem weißen Pferd, trägt eine Krone auf dem Kopf und in den Händen ein Zepter und eine blaue Kugel mit einem Kreuz, die die Assoziation einer Weltkugel unter christlicher Vorherrschaft erlaubt. Die Figur trägt einen Umhang mit goldenem Schmuck und einen Rock mit Blumendruck. Zu ihren Füßen steht ein Globus und liegt ein aufgeschlagenes Buch, das geometrische Formen zeigt. Europa ist die größte Figur der Gruppe und sie blickt auf die Erdkugel, die sie in den Händen hält, und die ihr als Globus zu Füßen liegt. Amerika wird rechts davon von einer Frauenfigur verkörpert, die auf einem Krokodil sitzt, und bis auf einen Umgang und einen Kopfschmuck aus Federn nackt ist. Laut Erklärungstext handelt es sich um eine »Indianerin«. Sie hat langes dunkles Haar, das im Vergleich zu Europas geordneter Frisur unordentlich wirkt. Ihre Haut ist dunkler als Europas und insbesondere ihre nackten Füße sind dunkel eingefärbt. In der Hand hält sie einen Blumenstrauß und auf ihrem Schoß sitzt ein bunter Papagei. Die Figur, die für Afrika steht, ist Schwarz und sitzt auf einem Löwen, sie trägt ein buntes Gewand, das ihr nacktes Knie frei lässt, und auf dem Kopf als eine Art Hut einen Elefantenkopf mit Rüssel, der sie eher als Tier denn als Mensch erscheinen lässt. In den Händen hält sie ein Zepter und eine Banane. Asien wird als weiße Frau auf einem Kamel sitzend dargestellt. Die Figur ist in eine Pluderhose und einen Umgang gekleidet, an den Handgelenken und um den Hals trägt sie Schmuck. Ihren Kopf besetzt eine Krone, die mit einem goldenen Halbmond dekoriert ist. In den Händen hält sie ebenfalls ein Zepter und eine Teekanne. Der Text beschreibt diese Figur als »orientalische Fürstin«.

Die museale Inszenierung Europas und seines Anderen bedient sich hier neben Landkarten, Texten und einem Bild auf einem Wandteppich einer weiteren

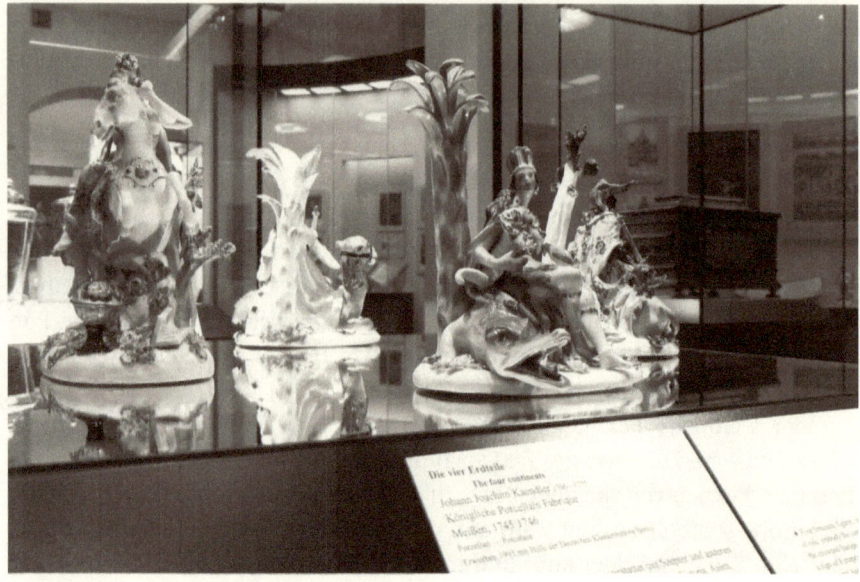

Abb. 8: Allegorie »Die vier Erdteile«

medialen Konstellation: weiblicher Allegorien in Kombination mit einem Text. Diese Kombination erweist sich, wie im Folgenden argumentiert wird, in der Dauerausstellung des DHM als ein Europamedium. Eine Allegorie ist »eine gleichnishafte, sinnbildliche Darstellung abstrakter Begriffe, Vorstellungen und gedanklicher Zusammenhänge« in Menschengestalt (Alscher et al. 1968). Indem etwas als Allegorie ausgedrückt oder gezeigt wird, werden andere als sofort offensichtliche Bedeutungen kommuniziert (vgl. Warner 1985: xix). Dafür rekurrieren Allegorien auf weit verbreitetes Vorwissen, das sie nicht erklären oder wiederholen müssen (vgl. Schmale 2001: 67). Das Vorwissen, auf das sich die hier präsentierte Allegorie bezieht, stammt aus dem Kontext des europäischen Kolonialismus, was der rahmende Ausstellungstext jedoch gänzlich unerwähnt lässt. Stattdessen bestärkt er durch diese fehlende Einordnung Lesarten aus dem achtzehnten Jahrhundert: So zeigen die vier Porzellanfiguren nicht nur vier Frauen, die auf Tieren sitzen, sondern sie stehen, wie der Text erklärt, auf einer symbolischen Ebene für vier Erdteile:

> Vier weibliche Figuren, ausgestattet mit Szepter und anderen Herrschaftssymbolen, verkörpern die Erdteile Europa, Asien, Afrika und Amerika. Die bekrönte Europa sitzt hoch zu Ross. Vor ihr steht ein Globus als Zeichen des Machtanspruchs. Eine orientalische Fürstin, auf einem Kamel sitzend, repräsentiert Asien. Das Sinnbild Afrikas thront auf einem Löwen. Amerika ist als Indianerin auf dem Rücken eines Krokodils dargestellt.

Die Beziehung zwischen Text und Exponat ist hier eine rein illustrative: Der Text wirkt wie eine sachliche Beschreibung von Fakten, die das Exponat durch diese Rahmung lediglich zu illustrieren scheint. Dazu trägt auch der durchgängige Gebrauch des Präsens bei. Über diese Beschreibung hinaus leistet der Text keine Einordnung, Kontextualisierung oder Befragung der Darstellung aus dem achtzehnten Jahrhundert. Dadurch übernimmt er Deutungen Europas und ihrer Anderen sowie gegenderte und rassifizierte Abgrenzungen, die auf kolonialen Beziehungen beruhen, in die Gegenwart und perpetuiert sie. So sagen das Exponat und die fehlende Einordnung durch den Text auch etwas über die Beziehung der Erdteile untereinander aus: Europa ist als größte der Figuren dargestellt und mit Gegenständen ausgestattet, die Macht über die gesamte Welt, Reichtum und Vernunft konnotieren, während die anderen Figuren auf Stereotype reduziert werden und »typische« Dinge wie eine Banane und eine Teekanne tragen.

Die Beziehung zwischen Europa und seinem nicht-europäischen Anderen, die die Allegorie und der Text etablieren, ist zudem auch hier entlang *racialized boundaries* organisiert – Grenzziehungen, die auf rassifizierten Markierungen des Anderen aufbauen: Europa wird als weiß dargestellt, während Afrika Schwarz ist und auch Amerika als Woman of Color gezeigt wird. Der Text benennt sie zudem als »Indianerin« und bedient sich damit einer rassistischen und eurozentristischen Bezeichnung. Die Dichotomie zwischen europäisch = weiß versus nicht-europäisch = of Color, die die Figurengruppe und der rahmende Text entwerfen, wird außerdem von einer weiteren Gegenüberstellung überlagert: So ist nur Europa mit Attributen ausgestattet, die Kultur konnotieren (ein Buch, ein Globus). Die Anderen dagegen sind in »naturnahen« Umgebungen vor Bäumen und Tieren sitzend dargestellt. Amerika und Afrika sind gar halbnackt und mit Tieren geschmückt, die sie im Fall von Afrika selbst in ein »wildes Tier« zu verwandeln scheinen. Die Figurengruppe samt rahmendem Text stellen damit nicht nur die vier Erdteile aus, sondern auch einen kolonialen Blick der Europäer_innen, der seit der Zeit des Kolonialismus nicht-europäische Fremdheit mit »wild« und »naturnah« assoziiert (vgl. Schülting 1997). Europa wird anhand dieses Exponats als weiß und kulturvoll positioniert, während nicht-europäisch mit nicht-weiß und Natur assoziiert wird. Problematisch an diesem Ensemble ist dabei nicht die historische Darstellung des Exponats, sondern die fehlende Einordnung durch den rahmenden Text in der Gegenwart als eben solche. Der Text, der die Figurengruppe beschreibt, bricht die eurozentristische, exotisierende und koloniale Darstellungsweise aus dem achtzehnten Jahrhundert nicht. Durch die Erklärung der Figurengruppe aus einem kolonialen Blickwinkel des achtzehnten Jahrhunderts (»Die bekrönte Europa sitzt hoch zu Ross. Vor ihr steht ein Globus als Zeichen des Machtanspruchs«) und durch die Verwendung diskriminierender

Bezeichnungen aus dem kolonialen Kontext (»Indianerin«) wiederholt und bestärkt er sie im Gegenteil.

Neben der Strukturkategorie *Race* wird an dieser Stelle auch die Kategorie Religion wiederholt, entlang der Europa und sein Anderes inszeniert werden: Während die Figur, die Europa symbolisiert, eine Weltkugel mit einem Kreuz in der Hand hält, schmückt den Kopf der Figur, die für Asien steht, ein Halbmond. Der Text benennt diese Figur als »orientalische Fürstin«, wodurch die bereits etablierte Trennung in christliches Europa und muslimischer Orient wiederholt wird. Muslime_a und andere als weiße Menschen sind, wie anhand der bisherigen Ausstellungslektüre deutlich geworden ist, nicht Teil der europäischen Geschichte im DHM.

Europa und ihre Anderen
Doch die *boundaries*, die die Ausstellung zwischen Europa und Nicht-Europa inszeniert, sind nicht nur rassifiziert und durch Religion organisiert, sondern auch gegendert, also geschlechtlich codiert: von Vorstellungen von Geschlecht und dem Verhältnis von Geschlechtern untereinander durchzogen (siehe Kapitel 2.1). Die nicht-europäischen Anderen, die im Einleitungstext zum Überseehandel und in den Exponaten in der Vitrine nicht vorkommen, zeigt die Ausstellung hier, ebenso wie Europa, als Allegorie. Da Allegorien als personifizierende Darstellungen eines abstrakten Begriffs mit der Darstellung von Körpern arbeiten, transportieren sie auch Vorstellungen von Männlichkeit und Weiblichkeit– sie sind, wie im Fall der hier untersuchten Erdteilallegorie, klar gegendert: Europa und ihre Andere werden als weibliche Körper ausgestellt. Es ist an dieser Stelle die Kombination aus historischer weiblicher Allegorie und rahmendem Ausstellungstext, die als Europamedium Europa und ihre Andere fassbar macht. Zeitgenössischen Konventionen der Frühen Neuzeit folgend, steht der weibliche Körper dabei als Allegorie einerseits für ein Europa, das als kulturelle Einheit gedacht wird, und andererseits für Fremdheit, von der sich Europa abgrenzt. Diese Fremdheit ist zudem nicht nur geschlechtlich, sondern auch rassifiziert und über Religion markiert: Die Andere Europas wird als nicht weiß, naturnah und orientalisch/muslimisch inszeniert. Die Texte, die diese historischen Darstellungen in die heutige Ausstellung einbetten, verlängern diese Deutung in die Gegenwart. Europa erscheint dadurch als das, was das Andere nicht ist: weiß, christlich, zivilisiert, kulturvoll. Doch warum ist es der weibliche Körper und was sagt das über die Vorstellung von Europa aus, die hier behauptet wird?

Europa als »weibliche Form« darzustellen, hat nach Wolfang Schmale (2001: 74f.) eine lange Tradition, die im sechzehnten Jahrhundert, also zur Zeit der europäischen Überseeexpansion aufkam, und sich auf ältere Vorbilder wie den antiken Mythos über Europas Entführung durch den Stier berufen konnte. Die zeitliche Korrelation ist Schmale zufolge nicht zufällig: Die Eroberung und Erforschung von fremden Gebieten außerhalb Europas führte zu einem gesteigerten Interesse am eigenen Kontinent. Auch Europa wurde in der Folge als neu zu entdeckendes Fremdes zunehmend wissenschaftlich (geografisch, kulturgeschichtlich, politisch) vermessen und erforscht. Die Form aber, mit der Fremdheit aus der Sicht der mehrheitlich männlichen Eroberer ausgedrückt wurde, ist die weibliche (vgl. Schmale 2000: 225f.). So stellten europäische Eroberer in ihren Berichten die für sie neuen und fremden Erdteile als Frauen dar, die es zu gewinnen und zu zähmen galt (vgl. Schülting 1997). Und auch auf den im sechzehnten Jahrhundert entstehenden Landkarten des eigenen Kontinents erscheint Europa zunehmend als weibliche Form (vgl. Schmale 2000: 222ff.). »Der Fremdheitserfahrung wäre damit eine spezifische Begehrensordnung eingeschrieben: Ein europäisches männliches Subjekt steht den ›fremden Welten‹ und den ›wilden Frauen‹ gegenüber, die als seine (Lust-)Objekte fungieren« (Schülting 1997: 13).[139] Der weibliche Körper als mediale Form für Europa symbolisiert nach Schmale (2000: 220) neben zu zähmender Fremdheit auch einen begrenzten Raum und die christliche Einheit der verschiedenen protonationalen Staaten (der einzelnen Glieder des Körpers, die zusammen ein Ganzes ergeben). Auch Erdteilallegorien, wie die hier ausgestellte, greifen ihm zufolge (Schmale 2000: 229) auf diese Symbolik zurück, inszenieren Europa als kulturelle Einheit, die zu anderen Gesamtheiten ins Verhältnis gesetzt wird, und drücken dabei meist ein – in diesem Falle rassifiziertes und von Religion bestimmtes – Machtverhältnis aus.

Entscheidend für die Analyse von weiblichen Allegorien ist nach der Philosophin Cornelia Klinger (1995: 51ff.), dass nur ein Geschlecht auf der Ebene des Symbolischen angesiedelt wird – das weibliche. Weiblichkeit dient in Allegorien als Verkörperung abstrakter, nicht einfach darstellbarer Konzepte und Begriffe oder absoluter, höherer Werte wie Weisheit, Gerechtigkeit, Freiheit, Schönheit (vgl. Schmale 2000: 214). Es ist dabei kein Zufall, dass weibliche Allegorien in einer Zeit aufkamen, in der realen Frauen öffentliche Handlungsräume zunehmend versperrt wurden (vgl. Assmann, A. 1994: 25; Schade et al.1994: 2f.; Braun 2011: 4): In Frankreich symbolisiert Weiblichkeit in Form der *Marianne* die Freiheit, die mit der Französischen Revolution erreicht werden sollte – gleichzeitig war Frankreich eines der letzten Länder in Europa, das Frauen gleiche politische Rechte wie Männern zusprach (vgl. Warner 1985: xix f). Gesellschaften, die Männlichkeit

---

[139] Es »findet eine Feminisierung des (fremden) Raums statt, dessen Eroberung durch männliches Begehren motiviert wird. Dies führt zur Vorstellung des geographischen Raums, als dessen Allegorie die Gestalt eines weiblichen Körpers fungiert« (Schülting 1997: 24).

höher bewerten als Weiblichkeit, in denen also der öffentliche Raum eher von Männern als Frauen dominiert wird, tendieren nach Cornelia Klinger (1995: 51ff.) dazu, Weiblichkeit und den weiblichen Körper als Projektionsfläche für abstrakte und daher unverfügbare Konzepte zu denken. Die Form für Entzogenheit, Abstraktheit und Unverfügbarkeit ist aus einer männlichen Perspektive das Andere: die weibliche Form. Der Blick, den Weiblichkeit als Allegorie adressiert, ist also ein männlich gedachter. Die paradoxe Struktur der Exklusion realer Frauen aus der Öffentlichkeit und von Handlungsmöglichkeiten bei gleichzeitiger Überhöhung von Weiblichkeit auf der symbolischen Ebene ist dabei eine Bedingung für männlich dominierte Gesellschaften. »Gerade weil realen Frauengestalten die spezifisch männlichen Handlungsräume versperrt sind, dürfen sie umso zahlreicher die Welt seiner Träume, Wünsche, Ideale bevölkern. [...]. Der weibliche Körper konnte zum Zeichen werden unter der Bedingung seiner gesellschaftlichen und politischen Neutralisierung.« (Assmann, A. 1994: 25; vgl. auch Klinger 1994; Braun 2011: 4) Weiblichkeit auf der Ebene des Symbolischen anzusiedeln und gleichzeitig Frauen aus dem öffentlichen Leben weitgehend auszuschließen, führt daher zu einer Dichotomie aus allegorisch-symbolischer Weiblichkeit und Männlichkeit, die sich in Abgrenzung dazu als handelnd, entscheidend, denkend, aktiv entwirft (Assmann, A. 1994: 24; Klinger 1995: 52f.).

Dieser paradoxale Mechanismus des Ein- und Ausschlusses von Weiblichkeit lässt sich auch an mehreren Stellen in der Inszenierung Europas und europäischer Geschichte in der Dauerausstellung des DHM beobachten. Während die Ausstellung fast ausschließlich von männlichen historischen Persönlichkeiten und deren Erfahrungswelten erzählt, ihre Portraits zeigt und ihre Namen nennt, kommen Frauen als handelnde Persönlichkeiten nur sehr marginalisiert vor.[140] Hier zeigt sich zudem eine Verschränkung mit der Strukturkategorie *Class*, denn

---

140 Wenn Frauen vorkommen, dann auch oft in Bezug auf körperliche Schönheitsnormen, so zum Beispiel in den Abschnitten »Frauen im Kaiserreich«, in einem Raum zu den 20er Jahren (ohne Titel) und im Abschnitt zur europäischen Integration der BRD. Dort heißt es in einem Text zum Thema »Kulturnation Frankreich«: »Aus Paris kamen Modetrends: Christian Dior entwarf damenhafte und elegante, aber teure Haute Couture. Doch er tröstete: *Jede Frau kann elegant sein...Einfachheit, guter Geschmack und Pflege sind drei Grundgesetze, deren Beachtung sie kein Geld kostet.*« Gegenüber ist in einer Vitrine ein Cocktailkleid ausgestellt, das dem Beschreibungstext zufolge die Miss Germany und Miss Europa Margit Nünke getragen hat und dessen Taillenumfang 49cm beträgt. »Im Wirtschaftswunder wollten deutsche Frauen wieder schön sein und sich entsprechend kleiden« fährt der Text fort. Wie Männerkörper auszusehen haben oder wann sie als schön gelten, thematisiert die Ausstellung dagegen an keiner Stelle. Damit setzt die Ausstellung einen männlich gedachten Blick als die Norm, von der aus das weibliche Andere definiert und beurteilt wird. Männlichkeit wird zudem mit Handlungsmacht und politischen Gestaltungsmöglichkeiten konnotiert, während Weiblichkeit auf eine abstrakte, sym-

die dominant ausgestellten männlichen Persönlichkeiten sind mehrheitlich Angehörige der oberen Gesellschaftsschichten (Fürsten, Befehlshaber, Eroberer, Staatsoberhäupter). Auch verwendet die Ausstellung in ihren Texten durchgängig die männliche Form zur Bezeichnung von Menschen aller Geschlechter. Europäische Geschichte, so scheint es, ist ein mit Männlichkeit konnotiertes Narrativ. Andere Geschlechter als das männliche kommen darin als eigenständige Akteur_innen kaum vor. Im Gegensatz zu diesem Ausschluss auf der Handlungsebene ist Weiblichkeit auf einer symbolischen Ebene sehr präsent in der Ausstellung des »europäischen Charakters deutscher Geschichte«: Als Allegorien personifizieren weibliche Körper hohe Werte wie die Tugend, Laster wie die Wollust (im Abschnitt »Aufklärung«, siehe unten), abstrakte Konzepte wie die deutsche Nation (»die trauernde Germania« im Abschnitt »Wege zum Nationalstaat«, siehe unten) oder Europa und ihr Anderes in der Erdteilallegorie im Abschnitt zum Überseehandel.

Anhand der weiblichen Allegorie Europas und der anderen Kontinente lässt sich zeigen, dass Weiblichkeit aufgrund von *gendered boundaries* gleichzeitig als Teil Europas und als sein Anderes inszeniert wird: Als allegorische Weiblichkeit hat sie Teil an der Geschichte, die das DHM erzählt; als reale historische Persönlichkeiten sind Frauen dagegen ausgeschlossen. Die Geschichten, die erzählt werden, sind die männlicher Eroberer und Seefahrer. Die museale Inszenierung Europas braucht aber das als weiblich markierte Andere, um als männlich bestimmte Geschichte erzählt werden zu können, und um Männlichkeit – im Gegensatz zur symbolischen Weiblichkeit – als denkend, handelnd und aktiv zu entwerfen.

Die Etablierung dieses Narrativs funktioniert dabei auf zwei verschiedenen Ebenen, die die mediale Konstellation aus Allegorie und Text miteinander verwebt: Auf der Exponatebene visualisieren historische Darstellungen Weiblichkeit als Allegorie und etablieren sie damit zeitgenössischen Konventionen folgend als Anderes denkender, rationaler Männlichkeit sowie als außereuropäische Fremdheit. Auf der Ebene der heutigen Rahmung dieser Exponate und ihrer Einbettung in die Ausstellung reproduzieren Texte diese gegenderten und rassifizierten Dichotomien, ohne sie vom heutigen Standpunkt aus zu hinterfragen. Damit inszeniert das Zusammenspiel aus zeitgenössischer Allegorie und heutigem Text als Europamedium ein Narrativ europäischer Geschichte, das männlich, weiß und von herrschenden Klassen dominiert erscheint.

---

bolische Ebene ausgelagert wird: Weiblichkeit steht entweder für normative Schönheit oder sie verkörpert als Allegorie Europa und sein Anderes. Dass beides zusammengehört, zeigt das Cocktailkleid der Miss Europa.

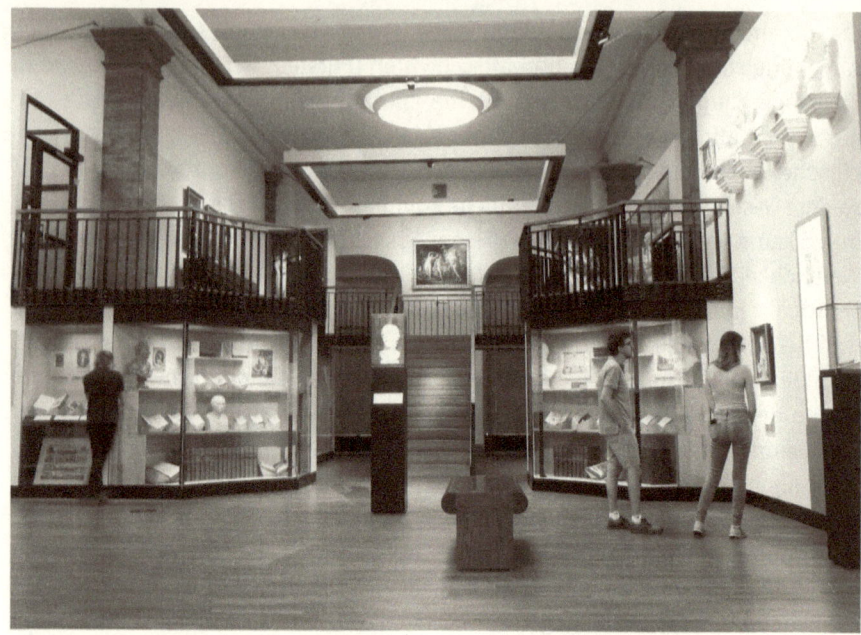

Abb. 9: Ausstellungsraum »Die Aufklärung«

Männliche Vernunft versus weibliche Laster

Die Dichotomie, die die Ausstellung so zwischen konkreter Männlichkeit und symbolischer Weiblichkeit entwirft, erweist sich auch im nächsten Abschnitt als entscheidend für die Inszenierung Europas. Am Ende des zweiten Gangs laufen die Besucher_innen auf ein Ausstellungsdisplay zu, das durch die architektonische Besonderheit eines Balkons und durch klassische Musik attraktiv erscheint (Abb. 9).

Der Hauptweg führt nach rechts und die Farbe der Wände ändert sich von Hellgelb auf Grün – es wird klar, dass sich mit diesem Abschnitt etwas Grundlegendes in der Geschichte verändert. Unter der Überschrift »Die Herrschaft der Vernunft« erklärt eine Texttafel an der rechten Wand des Displays »Die Aufklärung war eine europäische Bewegung«, die auf Fortschritt und Rationalität ausgerichtet gewesen sei. Als Impulsgeber der Aufklärung nennt der Text französische und deutsche Philosophen. Weiße Büsten dieser Männer bilden ein zentrales Element dieses Displays. So steht mittig im Raum eine Vitrine, die eine Büste Johann Wolfgang von Goethes zeigt. Die Büste wird von einem Lichtspot von oben angestrahlt, so dass ihre herausgehobene Position noch deutlicher wird. Das Fundament des Balkons, der die Entstehung der deutschen Kulturnation behandelt, bilden rechts und links der Treppe Vitrinen, in denen Bücher,

Kupferstiche und ebenfalls weiße Büsten deutscher und französischer Philosophen ausgestellt sind (Diderot, Kant, Voltaire und andere). Ihre Namen nennen jeweils kurze Texte an der Vitrine. Die architektonische Gestaltung legt damit die Lesart nahe, dass die Denker und ihre Schriften das Fundament für die deutsche Kulturnation bildeten. An der rechten Wand hängen auf Höhe des Balkons zudem fünf weiße Büsten von Schriftstellern und Philosophen, deren Namen ein Schild auf dem Balkon anzeigt. Jede Büste wird von einem Lichtspot hervorgehoben. Unten, neben dem Einleitungstext, hängt Johann Heinrich Tischbeins Gemälde »Die trauernde Elektra« von 1784, auf dem die mythologische Figur der Elektra eine Urne hält und nach oben in Richtung der fünf Büsten schaut. Die Büsten sind so angebracht, dass man zunächst wie Elektra zu ihnen aufschaut, und wenn man sich auf dem Balkon auf eine Höhe mit ihnen begibt, sie den gesamten eben zurückgelegten Abschnitt der Ausstellung zu Kriegen im Inneren und Bedrohungen von außen überblicken. Die Aufklärung wird somit durch die Ausstellungsarchitektur als vorläufiger Endpunkt einer konfliktreichen Entwicklung inszeniert.

Während Männlichkeit dabei in Form individueller Denker überhöht und ihre Singularität und Bedeutung für diesen vorläufigen Höhepunkt der europäischen Geschichte gestalterisch und textuell betont werden (durch die Lichtspots, die singuläre Stellung der Büsten, die Anlage des Displays, in dem die Schriften und Büsten der männlichen Denker das Fundament des Aufstiegs zur deutschen Kulturnation bilden), kommt Weiblichkeit auch hier nur in Form einer mythologischen Figur vor, die zudem so angebracht ist, dass sie die männlichen Büsten von unten her bewundernd ansieht. Diese symbolische Weiblichkeit steht des Weiteren wiederum für abstrakte Größen, die zeitgenössische Darstellungen und rahmende Ausstellungstexte entweder als Teil Europas oder als sein Anderes inszenieren: Steigen die Besucher_innen die Treppe zum Balkon hoch, stehen sie dem Gemälde »Herkules am Scheideweg« von Wilhelm Tischbein aus dem Jahr 1751 gegenüber. Darauf ist Herkules in Gestalt eines nackten Mannes zu sehen, nach dem sich eine halbnackte Frau reckt. Links von ihm deutet eine weitere Frau in einer Art Rüstung auf einen steilen Berg, auf dem ein gewundener Weg zu einem antiken Pavillon führt. Die Bildunterschrift, die das Gemälde vom heutigen Standpunkt aus erklärt, ordnet auch hier die geschlechtlich codierten Personifikationen nicht als historische Darstellungen ein, sondern bestärkt durch Nichtnennung die Dichotomie zwischen heroisch handelnder Männlichkeit und symbolischer Weiblichkeit:

> In der Parabel ›Herkules am Scheideweg‹ muss der junge Held wählen zwischen dem verlockenden und bequemen Weg der Lust oder dem mühevollen Weg der Tugend. In der Aufklärung wurde Herkules' Wahl des schweren Wegs der Tugend gleichgesetzt mit der Entscheidung, sich kraft seines Verstandes von Irrtümern, Aberglauben und Vorurteilen zu befreien.[141]

Eine der weiblichen Allegorien verkörpert die Tugenden, auf die sich Europa in der Aufklärung laut Einleitungstext besann: Vernunft, Rationalität und Fortschritt. Die andere dagegen, die durch ihre Nacktheit mehr Körper als Geist ist, steht für das Andere, von dem sich Europa abwendet: Wollust, Bequemlichkeit, Aberglaube, Irrtümer und Vorurteile. Durch die rein illustrativen Beschreibungen bestätigen die Ausstellungstexte diese Vorstellung Europas aus dem achtzehnten Jahrhundert und verlängern sie ins Heute. Während Männlichkeit über konkrete historische Persönlichkeiten gezeigt wird, die zudem mit Wissen, Rationalität, Vernunft und Handlungsmacht assoziiert werden, wird Weiblichkeit in zeitgenössischen Gemälden und erläuternden Texten auf die handlungsunfähige symbolische Ebene verbannt und mit abstrakten Tugenden oder körperlichen Lastern konnotiert. Weiblichkeit wird folglich auch hier anhand der Gegenüberstellung von weiblichen Allegorien und konkreten männlichen Persönlichkeiten als das Andere Europas inszeniert.

Europa und sein Anderes: Zwischenfazit
Wie in der bisherigen Analyse deutlich geworden ist, arbeiten verschiedene Medienkonstellationen an der musealen Historiografie Europas in der Dauerausstellung des DHM, die ich als Europamedien bezeichnet habe: Landkarten, Texte, Bilder, weibliche Allegorien. In ihrem Zusammenspiel inszenieren sie Europa und europäische Geschichte über zwei miteinander verschränkte Mechanismen. Zunächst präsentiert die Ausstellung mittels der räumlichen Anordnung des Narrativs als kontinuierliches Nacheinander eine Abfolge von Ereignissen als europäisch und Teil einer Geschichte Europas. An jeder dieser Stellen sind es die einleitenden oder rahmenden Texte, die die Ereignisse als europäisch benennen: die Kreuzzüge, die »Entdeckung der Welt«, die Bedrohung durch die Osmanen, die Überwindung des Dreißigjährigen Krieges, die Aufklärung. In der

---

141 Diese Bildunterschrift wurde offensichtlich zwischen meinen Besuchen im Juli 2012 und September 2015 verändert. Im September 2015 lautete sie »Herkules wendet sich der Tugend in Gestalt der Minerva zu, die ihm Ruhm am Ende des steilen, dornenbewachsenen Weges verheißt. Er widersteht der Wollust zu seiner Rechten, die ihm ein luxuriöses Leben verspricht.« An meinem Hauptargument, der Bedeutung weiblicher Allegorien für die Inszenierung Europas und europäischer Geschichte, ändert das aber nichts.

Präsentation dieser Ereignisse inszenieren die Texte, Landkarten, Bilder und historische Allegorien Europa als Einheit mit bestimmten gemeinsamen Merkmalen. Dies geschieht, und das ist der zweite Mechanismus, auch und besonders in Abgrenzung zu einem als nicht-europäisch konstruierten Anderen, das verschiedene Formen annimmt: die Osmanen, die Türken, der muslimische Kulturkreis, der Orient, das Fremde, nicht-weiße Menschen und Weiblichkeit. Es sind wiederum die Texte der Ausstellung, die diese Kategorien etablieren und bestärken, indem sie sie nennen oder im Fall zeitgenössischer Darstellungen unbefragt übernehmen. Landkarten visualisieren Europa und sein Anderes und verorten sie im Raum, machen sie fassbar und suggerieren eine Einheit, beispielsweise die »des muslimischen Kulturkreises« und des »christlichen Europas«. Bilder des Anderen und seiner Beziehung zu Europa inszenieren schließlich auch zeitgenössische Darstellungen, wie der Wandteppich und die Erdteilallegorie. Und auch hier tragen die rahmenden Ausstellungstexte wesentlich zur Etablierung eines rassifizierten, geschlechtlich und religiös als Anderer Markierten bei. Denn anstatt die stereotypen Darstellungen als historisch spezifische Blickweisen zu identifizieren, deren Vorannahmen offenzulegen und sie damit zu hinterfragen, wiederholen die Texte die dichotome Aufteilung zwischen Europa und seinem Anderen und reifizieren sie so.

Europa entwerfen die herausgearbeiteten Europamedien in dieser Dichotomie als das, was der Andere nicht ist: christlich, westlich, abendländisch, weiß, männlich dominiert, tolerant, vernünftig, rational, kulturvoll. Die Grenzziehungen zum als nicht-europäisch konstruierten Anderen, deren Bedeutung schon der überarbeitete erste Raum der Ausstellung anzeigt, erweisen sich somit als entscheidend für die museale Historiografie Europas: Was Europa oder europäisch ist, steht nicht fest, sondern wird mittels immer wieder neu gezogener Grenzen verhandelt. Die museale Historiografie Europas braucht das geschlechtlich codierte, rassifizierte und religiös markierte Andere, um Europa und europäisch als das Gegenteil zu entwerfen. Das Andere hat damit unauflöslich Teil an dem entworfenen Europa und seiner Geschichte. Dabei bauen diese *boundaries* auf intersektional miteinander verschränkten Strukturkategorien auf: sie sind *racialized*, wie im Falle der Konstruktion eines »dunkelhäutigen, exotischen Fremden« im Abschnitt »Die Entdeckung der Welt«, kulturell oder religiös rassifiziert, wie im Beispiel der Kreuzzüge, oder gegendert wie im Fall der weiblichen Allegorie Europas und ihrer Anderen in den Abschnitten »Überseehandel« und »Aufklärung«. Weiblichkeit wird dabei auf zweifache Weise als das Andere Europas entworfen: Einerseits indem sie im Gegensatz zu einer als denkend, gestaltend, handelnd entworfenen Männlichkeit auf einer symbolischen Ebene angesiedelt wird und dort Europa oder Merkmale Europas symbolisiert; und andererseits indem sie zur verkörperten Form für außereuropäische Fremdheit gemacht wird, die gleichzeitig rassifiziert und religiös markiert wird. Diese grundsätzliche Intersektionalität der Inszenierung Europas und seines Anderen zeigt sich beispielhaft an der Analyse der Erdteilallegorie: Die Anderen haben die Form weiblicher Allegorien, werden aber auch durch stereotype Darstellungen und Benennungen im Text, die dies bestärken, rassifiziert und als religiös Andere markiert.

3.1.3.2 Vergleichender Blick: Landkarten, Tabellen, PC-Stationen

Die Konzeptionen des DHM betonen unablässig die Notwendigkeit, neben der nationalen Geschichte auch europäische Verbindungen und Verflechtungen zu zeigen. »Der europäische Charakter der deutschen Geschichte ist zu betonen« kann als Leitsatz dieses Vorhabens gelten (Stölzl 1988: 612). Das Nationalmuseum setzt sich damit das Ziel, seinen primären Bezugsrahmen – die Nation – zu übertreten und zu hinterfragen. Neben die Nation tritt Europa. Für das Ausstellen Europas und seiner Geschichte sind, wie der erste Raum der Ausstellung im DHM deutlich macht, Grenzziehungen fundamental: Die museal inszenierten Grenzziehungen zwischen Europa und Nicht-Europa entwerfen nicht nur ein (gegendertes, rassifziertes und religiös markiertes) außereuropäisches Anderes, sondern zeigen als *Double Exposure* nach Mieke Bal (1996) auch, wie das sich davon abgrenzende Europa gedacht ist: christlich, abendländisch, westlich, weiß, männlich.

Zusätzlich zu den Grenzen nach außen lenkt der erste Raum den Blick aber auch auf Grenzziehungen *innerhalb* Europas und auf ihre historische Veränderlichkeit. »Europas innere Grenzen haben sich im Lauf der Zeit immer wieder verändert« leitet der Text die Ausstellung ein, und die Landkartenprojektion führt diesen Gedanken visuell vor Augen (Abb. 11). Durch die Visualisierung von Grenzen als weiße Linien zwischen farblich voneinander abgesetzten Territorien etabliert die Projektion dabei einen Blick, der die verschiedenen Territorien und ihre Entwicklung innerhalb Europas miteinander vergleicht. Dieser direkt zu Beginn begründete vergleichende Blick innerhalb des museal konstruierten Europas erweist sich im Verlauf der Ausstellung neben den oben herausgearbeiteten zwei Mechanismen – Abgrenzung nach außen und Inszenierung gemeinsamer Merkmale nach innen – als zentrales Element für die museale Historiografie Europas im DHM. Er soll deshalb im Folgenden näher daraufhin untersucht werden, welcher Art das dadurch entworfene Europa ist.

Auflisten und Vergleichen: Landkarten und Tabellen

Zwei Abschnitte, in denen der »europäische Charakter der deutschen Geschichte« maßgeblich über das Zeigen innereuropäischer Grenzverläufe verhandelt wird, sind der Erste und der Zweite Weltkrieg, denen die Ausstellung relativ viel Raum

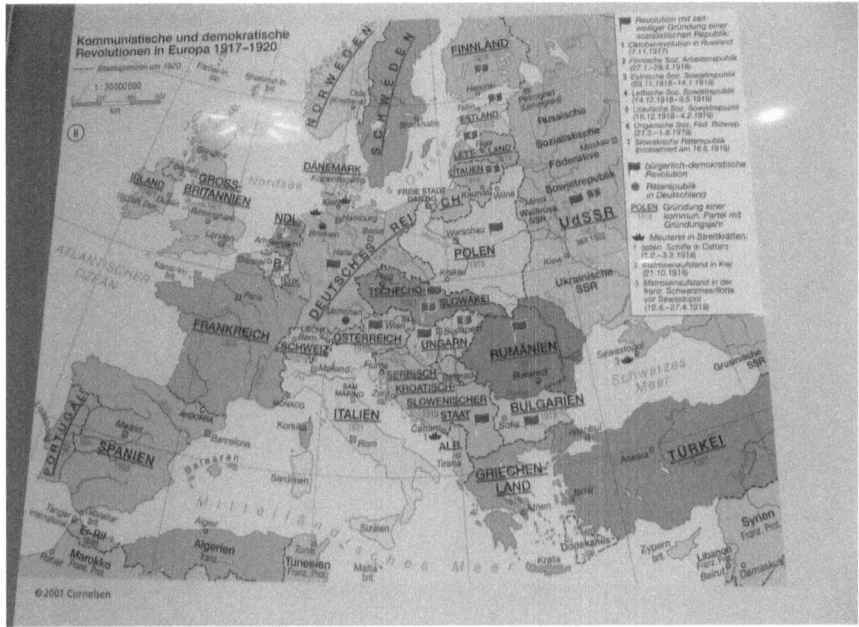

Abb. 10: Landkarte »Kommunistische und demokratische Revolutionen in Europa 1917–1920«

gibt.¹⁴² Wenngleich es sich, wie die Texte der Ausstellung klar stellen, um internationale und globale Ereignisse handelt, liegt der Schwerpunkt der Ausstellung auf den Kriegshandlungen in Europa und den europäischen Dimensionen beider Kriege.¹⁴³ Den Ersten Weltkrieg behandelt die Ausstellung in vier Räumen am Ende der ersten Etage, von denen hier der letzte interessiert: Unter der Überschrift

---

142 Das Material, das die Ausstellung zu den Weltkriegen präsentiert, geht weit über das hinaus, was ich in dieser Analyse ansprechen kann. Meine Auswahl der besprochenen Displays orientiert sich nicht an Vollständigkeit, sondern an der Fragestellung nach den Medienkonstellationen, die die europäischen Dimensionen deutscher Geschichte verhandeln. Diese Frage bearbeite ich im Folgenden exemplarisch anhand ausgewählter Stellen.

143 So heißt es auf der einleitenden Lichtsäule zum Ersten Weltkrieg »Der Sprung ins Dunkle«, Ursachen für den Krieg seien unter anderem »die machtpolitischen Gegensätze im europäischen Staatensystem« gewesen. Der Text zählt die verschiedenen europäischen Bündnispartner auf und stellt klar, dass sich die Hauptkriegsschauplätze in Europa befunden hätten. Eine andere Texttafel zu »Hunger und Streik« benennt Hunger, Krankheiten, Nahrungsmangel und Kriegsmüdigkeit als Begleiterscheinungen des Krieges in verschiedenen europäischen Ländern. Und der oben erwähnte Text auf der Lichtsäule zum Kriegsende nennt Veränderung staatlicher Verhältnisse, Nationalitätenprobleme und kriegerische Konflikte als Folgen des Ersten Krieges, die in ganz Europa spürbar waren.

Gesamtverluste im Ersten Weltkrieg

	Gefallene	Verwundete	Gefangene
Deutschland	1.808.000	4.247.000	618.000
Frankreich	1.385.000	3.044.000	446.000
Großbritannien	947.000	2.122 000	192.000
Italien	460.000	947.000	530.000
Österreich-Ungarn	1.200.000	3.620.000	2.200.000
Russland	1.700.000	4.950.000	2.500.000
Türkei	325.000	400.000	k. A.
USA	115.000	206.000	4.500
andere	900.000	2.000.000	k. A.

Kriegskosten (in Milliarden Goldmark)

Deutsches Reich	194
Großbritannien und Empire	268
Frankreich	134
USA	129
Russland	106
Österreich-Ungarn	99
Italien	63
übrige Länder	23
insgesamt	1.016

Abb. 11: Tabellen »Gesamtverluste im Ersten Weltkrieg« und »Kriegskosten«

»1918–1919 Kriegsende und Revolution« thematisiert der Raum das Kriegsende und staatliche Veränderungen infolge des Krieges. Ein Text auf der einführenden Lichtsäule erklärt, das Kriegsende habe in Europa und im Nahen Osten zur Veränderung staatlicher Verhältnisse, Nationalitätenproblemen und kriegerischen Konflikten geführt. Die Leiden des Krieges hätten sich in vielen Staaten Europas in revolutionären Erschütterungen entladen. Bewegt man sich um die Lichtsäule herum, zeigt eine Landkarte »kommunistische und demokratische Revolutionen in Europa 1917–1920«, wobei Europa hier die Türkei, Westrussland und Nordafrika einschließt (Abb. 10).

Des Weiteren listen zwei Tabellen die Gesamtverluste und Kriegskosten verschiedener Länder. Der Eintrag »Deutschland« beziehungsweise »Deutsches Reich« stehen in beiden Tabellen an erster Stelle (Abb. 11).

Auch den Zweiten Weltkrieg benennt die Ausstellung als globales Geschehen (vgl. die Lichtsäule »1939–1941 Der Zweite Weltkrieg«: »Der Krieg hatte von Anfang an einen globalen Charakter.«), behandelt im Folgenden in Texten, Landkarten, Tabellen und Objekten aber vor allem militärisch-strategische Kriegshandlungen in Europa.

Die vom Text als (auch) europäisch benannten Ereignisse (Kriegsleiden, staatliche Umbrüche, Revolutionen) werden hier von einer Medienkonstellation aufgegriffen und konkretisiert, die sich als entscheidend für die museale Historiografie Europas im DHM erweisen: Landkarten und Tabellen.

Produktion von Fakten
Tabellen und Listen sind, wie der Medientheoretiker Jack Goody (1977: 53) zeigt, sehr alte und wirkungsmächtige Aufschreibesysteme, die dazu dienen, Daten zu sammeln und so zusammenzustellen und aufzubereiten, dass sie schnell erfassbar sind. Durch die graphisch-geometrische Anordnung in Spalten (Listen) oder in einer Matrix aus Zeilen und Spalten (Tabellen) werden Tabellen und Listen eher als Bild, denn als Text gelesen und bieten einen schnellen Überblick, auch wenn ihre Konstellation nicht narrativ hergeleitet wird (vgl. Berg 2011: 22). Wie der Historiker Benjamin Steiner (2008: 236ff.) zeigt, waren Tabellen ab der Frühen Neuzeit gerade für die Herausbildung wissenschaftlicher Geschichtsschreibung essentiell, da sie durch das Sammeln und Kompilieren von Daten und durch die mathematisch-geometrische Regelmäßigkeit ihrer Darstellung dazu beitrugen, historische Fakten zu produzieren. Tabellen bieten einen quasi naturwissenschaftlichen Überblick über gesammelte Daten, eine Art Inventur, die durch die sofort eingängige Klarheit ihrer Darstellung als Bild Evidenz erzeugt (vgl. Steiner 2008: 242ff.; Berg 2011: 19).

Wie Goody (1977: 52ff.) in seiner Untersuchung zur Räumlichkeit von Schrift argumentiert, sammeln, speichern und ordnen Tabellen und Listen jedoch nicht nur Daten, sondern sie prägen auch entschieden das so organisierte Wissen mit. Sie tun dies insbesondere durch zwei Merkmale: erstens durch die Festsetzung von Kategorien, unter die Daten subsumiert werden, und zweitens durch die räumliche Anordnung dieser Kategorien in Zeilen und Spalten (vgl. Goody 1977: 53, 82). Tabellen und Listen produzieren klare Grenzen und Unterscheidungen zwischen verschiedenen Größen – die abstrakten Kategorien, die sie etablieren, werden erst durch diese Grenzziehungen erkennbar: »[...] [T]he existence of boundaries, external or internal, brings greater visibility to categories, at the same time as making them more abstract.« (Goody 1977: 81). Die Anordnung von diskontinuierlichen Einheiten in fixierten Kategorien und in einem graphischen Raster gibt bestimmte Kategorien vor und konstruiert zudem eine Beziehung zwischen ihnen (vgl. Berg 2011: 22). So kann eine Tabelle in alle Richtungen gelesen werden, »both sideways and downwards, up and down, as well as left and right« (Goody 1977: 81), und die horizontale oder vertikale Leserichtung stellt eine Beziehung zwischen den aufgelisteten Dingen her. Tabellen und Listen verbinden Dinge dabei nach Maßgabe von Ähnlichkeit oder Opposition. In jedem Fall aber vergleichen sie verschiedene Dinge miteinander.

Europa als nationales Nebeneinander

Auch die Tabellen in der Dauerausstellung des DHM bilden nicht neutral Daten ab, sondern sie tragen dazu bei, Europa und europäische Geschichte auf eine bestimmte Art zu entwerfen. Das in Tabellen entworfene Europa erscheint dabei jedoch nicht als ein gemeinsames Ganzes, das die Nation als historiografischen Bezugsrahmen hinterfragt, sondern im Gegenteil als nationalisiertes Europa, das die Nation als primäre Ebene der musealen Historiografie stärkt. So auch die Tabellen auf der Lichtsäule zum Ende des Ersten Weltkriegs: Die obere Tabelle »Gesamtverluste im Ersten Weltkrieg« listet in drei Spalten die Anzahl von Gefallenen, Verwundeten und Gefangenen; die linke Spalte zählt untereinander acht Staaten und die Kategorie »andere« auf. Und auch die untere Tabelle reiht in ihrer linken Spalte untereinander verschiedene nationale Kategorien auf, denen in der rechten Spalte Kriegskosten zugeordnet werden. Die Kategorisierung der aufgelisteten Zahlen in nationale Einheiten und die Anordnung der Zahlen in Spalten und Zeilen inszeniert einen vergleichenden Blick zwischen nationalen Größen, die seriell untereinander angeordnet sind: Die horizontale Lesrichtung ordnet in der ersten Tabelle die Opfer einem Nationalstaat zu und schlüsselt sie in verschiedene Kategorien (Gefallene, Verwundete und Gefangene) auf. Liest man die Tabelle von oben nach unten, stellt sich ein vergleichender Blick zwischen den in Serie gelisteten Nationen ein, der die Opferzahlen den einzelnen Nationen zuordnet und sie in Bezug auf ihre Höhe in Beziehung setzt: Die Tabelle scheint zu fragen, welche Nation am meisten Opfer zu beklagen hatte. Diesem Prinzip eines Blickes, der verschiedene Nationen miteinander vergleicht, folgt auch die zweite Tabelle, die die Kosten der am Krieg beteiligten Länder in zwei Spalten auflistet: links sind untereinander die Nationen aufgeführt, rechts die Zahlen. Die Tabellen kategorisieren damit die aufgelisteten Zahlen als Größen, die innerhalb eines nationalen Bezugsrahmens in Beziehung zueinander gesetzt werden: Die Gesamtverluste und Kosten, die die Tabellen versammeln, werden als nationale Verluste verglichen. Durch die geometrische Anordnung der Daten in Tabellen erschließt sich diese Lesart sofort, auch wenn sie nicht narrativ in einem begleitenden Text hergeleitet wird.

Die serielle Auflistung verschiedener Länder und ihnen zugeordneter Daten in Tabellen greift drei Punkte auf, die die Landkarte, die über den Tabellen zu sehen ist, bereits etabliert hat und die an dieser Stelle für die Inszenierung Europas und europäischer Geschichte entscheidend sind: Erstens geben Landkarte und Tabelle einen Überblick über Europa, indem sie Daten als Bild zeigen.

Sie sind schnell erfassbar und erzeugen dadurch Evidenz. Zweitens ziehen sie Grenzen, die Europa in nationale Kategorien aufteilen, und drittens ordnen sie diese Kategorien zu einer Serie an, die einen vergleichenden Blick zwischen den nationalen Größen hervorbringt. Europa erscheint somit nicht als etwas die einzelnen Nationen Überschreitendes, sondern als Nebeneinander verschiedener Nationen. Während die Landkarte Revolutionen in verschiedenen Ländern als Folge des Krieges zeigt, sammeln und vergleichen die Tabellen Daten zum Krieg (Kriegskosten und Verluste). Was sie aber eint, ist das Denkmuster der Grenzziehung und des Vergleichs zwischen nationalen Einheiten. Den Linien auf der Landkarte, die die Grenzen zwischen den Staaten anzeigen, entsprechen die Zeilen der Tabelle, die zwischen den einzelnen Nationen unterscheiden. Beide machen nationale Kategorien sichtbar und etablieren einen vergleichenden Blick zwischen ihnen.

Die Anordnung verschiedener nationaler Einheiten innerhalb Europas zu einer tabellarischen Serie erweist sich auch als bestimmendes Ordnungsprinzip des Ausstellungsraumes zum Ende des Ersten Weltkriegs, den die Lichtsäule mit den Tabellen einleitet. In der räumlichen Gestaltung finden sich die Linien der Landkarte und der Tabellen wieder, die nationale Kategorien voneinander unterscheiden: Die Wände des Raumes zeigen in einer Art vertikalem Fächer schwarz-weiße Fotografien von Siegesfeiern und -paraden in sehr ähnlicher Ästhetik (Abb. 12).

Jeweils eine Wand des Fächers, die man als Spalte einer Tabelle lesen kann, ist dem Kriegsende in einem Land oder einer Region gewidmet: Deutschlands Verbündete, Übersee, Europa, USA, Benelux-Länder, Großbritannien, Frankreich. Die Wände sind alle auf die gleiche Art gestaltet: Oben hängt jeweils ein großes schwarz-weißes Foto, das jubelnde Menschenmassen auf Plätzen oder Straßen zeigt, darunter erklärt ein Text, um welches Land oder welche Region es geht, und neben dem Text zeigt die Wand einen Rahmen aus hellem Holz, in dem untereinander jeweils drei kleinere Fotografien angeordnet sind. Auf jeder Wand des Fächers ist die Anordnung dieselbe, wodurch sich auch hier der Eindruck einer Serie verschiedener, vornehmlich nationaler Einheiten ergibt, zwischen denen der Blick vergleichend umherschweift. Anders als die Tabellen fördert dieser vergleichende Blick hier aber nicht vorrangig Unterschiede zwischen den Nationen zutage, sondern die Gemeinsamkeiten: Als europäisch wird hier der Jubel über das Kriegsende entworfen. Entscheidend für diese Inszenierung einer europäischen Dimension des Kriegsendes ist auch hier die Grenzziehung zwischen verschiedenen, vornehmlich innereuropäischen nationalen Einheiten und das vergleichende In-Beziehung-Setzen: Die Kanten der Fächerwand entsprechen den Grenzziehungen auf der Landkarte und den Linien zwischen den Zeilen der Tabelle. Sie alle unterscheiden nationale Einheiten und ordnen sie zu

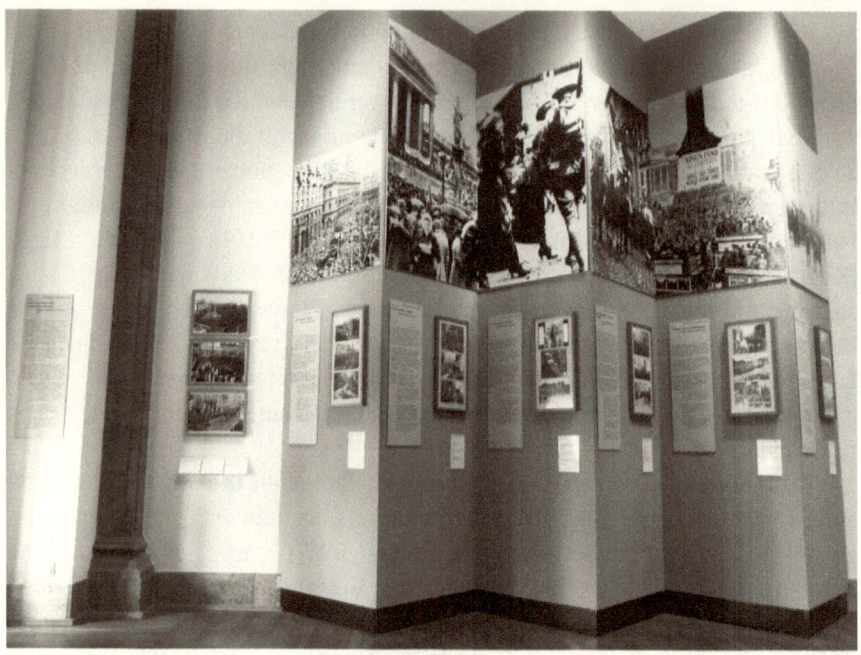

Abb. 12: Ausstellungsraum »Kriegsende und Revolution«

einer vergleichbaren Serie an. Die museale Historiografie Europas funktioniert so über Grenzziehungen innerhalb Europas und der Etablierung eines vergleichenden Blicks zwischen den derart hervorgehobenen nationalen Größen. Diese Mechanismen lassen sich sowohl auf der Landkarte, als auch in den Tabellen, als auch im Display zum Kriegsende beobachten.

Gesamteuropäischer Opferstatus
Auch in einem ausgewählten Abschnitt zum Zweiten Weltkrieg greift die Ausstellung auf die Konstellation aus Landkarte und Tabelle zurück, um die europäische Dimension des Krieges zu zeigen. Die Lichtsäule mit dem Titel »1943–1945 *Totaler Krieg* und Völkermord (kursiv im Original)«[144] zeigt zwei Tabellen, von denen die

---

[144] »Totaler Krieg« ist wie viele andere durch die Nationalsozialisten geprägte Begriffe zwar kursiv gesetzt, jedoch werden diese Kursivsetzungen an keinem Punkt der Ausstellung erklärt. Hochproblematische Begriffe wie »Lebensraum im Osten«, »arische Volksgemeinschaft« oder eben »totaler Krieg« werden von der Ausstellung nicht kontextualisiert oder kritisiert, sondern reproduziert.

Opfer der Kriegshandlungen unter Soldaten und Zivilbevölkerung der europäischen Staaten			
	Soldaten	Zivilbevölkerung	Gesamtverluste
Sowjetunion	9.000.000	17.000.000	26.000.000
Deutsches Reich	3.250.000	3.800.000*	7.050.000
Polen	k. A.	k. A.	6.000.000
Jugoslawien	k. A.	k. A.	1.000.000
Rumänien	k. A.	k. A.	730.000
Italien	350.000	180.000	530.000
Österreich	260.000	215.000	475.000
Frankreich	250.000	170.000	420.000
Griechenland	20.000	400.000	420.000
Ungarn	140.000	300.000	440.000
Tschechoslowakei	k. A.	k. A.	340.000
Litauen	k. A.	k. A.	302.000
Großbritannien	240.000	60.000	300.000
Niederlande	12.000	198.000	210.000
Lettland	k. A.	k. A.	209.000
Estland	k. A.	k. A.	144.000
Belgien	10.000	90.000	100.000
Finnland	86.000	2.000	88.000
Albanien	k. A.	k. A.	28.000
Bulgarien	10.000	10.000	20.000
Norwegen	5.000	8.000	13.000
Luxemburg	3.200	3.300	6.500
Dänemark	k. A.	k. A.	6.300

* einschließlich der Volksdeutschen in Osteuropa

Die Opfer des nationalsozialistischen Völkermords an den europäischen Juden aus den einzelnen Ländern:	
Polen	2.900.000 – 3.100.000
Sowjetunion	950.000 – 1.050.000
Rumänien	275.000 – 295.000
Ungarn	270.000 – 300.000
Tschechoslowakei	250.000 – 260.000
Deutsches Reich	160.000 – 165.000
Litauen	140.000 – 150.000
Niederlande	100.000 – 102.000
Frankreich	76.100 – 77.100
Lettland	65.000 – 70.000
Österreich	65.000 – 65.500
Jugoslawien	60.000 – 65.000
Griechenland	58.900 – 59.200
Belgien	25.000 – 25.700
Italien	5.600 – 7.000
Luxemburg	ca. 1200
Estland	
Norwegen	930 – 1.000
Dänemark	765
	116

Abb. 13: Tabellen »Opfer der Kriegshandlungen unter Soldaten und Zivilbevölkerung der europäischen Staaten« und »Opfer des nationalsozialistischen Völkermords an den europäischen Juden«

linke die »Opfer der Kriegshandlungen unter Soldaten und Zivilbevölkerung der europäischen Staaten« und die rechte »Opfer des nationalsozialistischen Völkermords an den europäischen Juden« auflisten (Abb. 13).

In der linken Spalte sind jeweils europäische Länder untereinander aufgeführt, in den rechten Spalten die Zahlen der Opfer, die die linke Tabelle noch einmal in Soldaten, Zivilbevölkerung und Gesamtverluste aufschlüsselt. Die Nation mit den höchsten Opferzahlen ist jeweils in der ersten Zeile benannt. Als gesamteuropäisch inszenieren diese Tabellen den Opferstatus, den sie zugleich aber in seine einzelnen nationalen Bestandteile zerlegen: Durch die Auflistung der Zahlen und die serielle Untereinanderreihung der Staaten betonen sie die Ähnlichkeit und zeigen, dass die Opfer aus allen Ländern Europas kamen. Gleichzeitig führt die Listung nationaler Kategorien und die Anordnung nach der Höhe der Opferzahlen aber auch zu einer Nationalisierung dieses gesamteuropäischen Opferstatus und zu einem Vergleich zwischen den einzelnen Nationen: Alle haben Opfer zu beklagen, aber einige mehr als andere. Die europäische Dimension der Historiografie bedeutet auch hier die Grenzziehung zwischen nationalen Kategorien, die in Tabellen so angeordnet werden, dass sie miteinander verglichen werden können. Zudem führt die Zusammenstellung der beiden Tabellen ziviler beziehungsweise militärischer und jüdischer Opfer des Holocaust zu einer Parallelisierung des Völkermords an den Juden mit kriegsbedingten Opfern in der Zivilbevölkerung und unter Soldaten. Es entsteht der Eindruck eines universellen Opferstatus Europas.

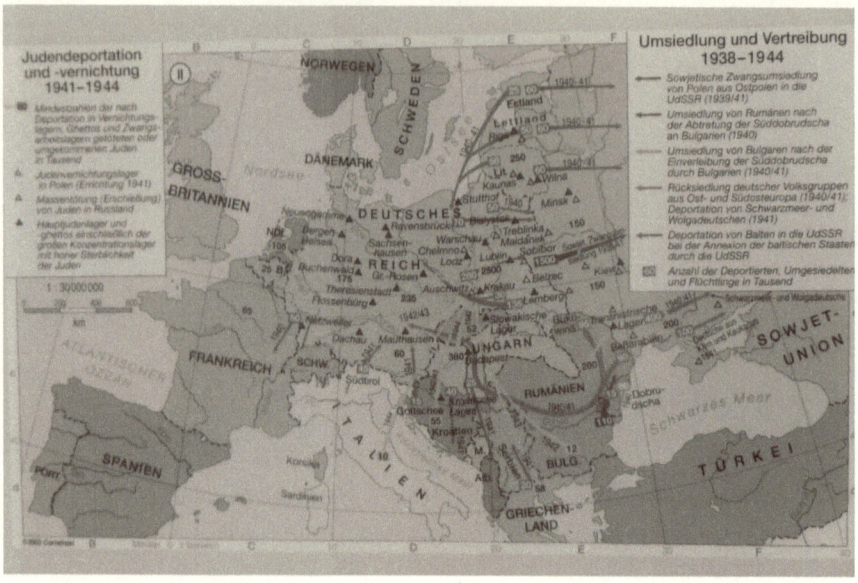

Abb. 14: Landkarten »Judendeportation und -vernichtung 1941–1944« und »Umsiedlung und Vertreibung 1938–1944«

Diese Rhetorik greift in diesem Ausstellungsabschnitt auch eine Landkarte Europas auf, auf der die verschiedenen Länder wiederum farblich unterschiedlich hervorgehoben und die Grenzen zwischen ihnen durch schwarze Linien markiert sind (Abb. 14).

Verschieden farbige Pfeile stellen laut Legende »Judendeportation und -vernichtung 1941–1944« und »Umsiedlung und Vertreibung 1938–1944« dar, wobei kleine Zahlen auf den Pfeilen die jeweilige Opferzahl anzeigen. So stehen gelbe Pfeile für Deportationen von Jüd_innen in Vernichtungslager, Ghettos und Zwangsarbeitslager, grüne Pfeile für sowjetische Zwangsaussiedlung von Pol_innen aus Ostpolen in die UdSSR, rote für die Umsiedlung von Rumän_innen, hellgrüne für die Umsiedlung von Bulgar_innen, orange für die Rücksiedlung deutscher Volksgruppen aus Ost- und Südosteuropa und für die Deportation von Schwarzmeer- und Wolgadeutschen und hellrote Pfeile für die Deportation von Balt_innen in die UdSSR, wie die Legenden in den oberen Ecken der Karte erklären. Die bunten Pfeile auf der Karte zeigen ein buntes Wirrwarr aus und in fast alle Länder Europas. Diese Parallelisierung des Völkermords an den Juden mit der Vertreibung und Umsiedlung verschiedener Volksgruppen lässt wie auch in den Tabellen den Eindruck entstehen, ganz Europa sei Opfer gewesen. Zugleich schlüsselt die Landkarte durch die farblichen Codierungen der Pfeile für verschiedene Nationalitäten diesen Opferstatus in nationale Kategorien auf und wiederholt so das Denkmuster des Vergleichs. Besucher_innen werden auch hier dazu aufgefordert, die durch farbliche Markierungen und Grenzziehungen voneinander unterschiedenen nationalen Einheiten in Bezug auf die Höhe ihrer Opfer zu vergleichen.

Nationalisiertes Europa
Diese Konstellation aus Landkarten, Texten und Tabellen erweist sich, wie in diesem Kapitel gezeigt, an den besprochenen Stellen als eines der Europamedien in der Dauerausstellung des DHM, da sie mit daran arbeiten, was als Europa und europäisch gezeigt wird. Sie tun dies mithilfe zweier Mechanismen: In räumlicher Anordnung und Grenzziehungen in Form von Linien bringen sie nationale Kategorien hervor, die dann in der Denkfigur des Vergleichs zueinander in Beziehung gesetzt werden. Dieser Vergleich baut auf der Grenzziehung, also der Unterscheidung von zumeist nationalen Kategorien in Landkarten, Tabellen und seriellen Anordnungen von Ausstellungsdisplays auf. Europa zerfällt damit in einzelne Nationen – es wird in Tabellen und Landkarten nationalisiert. Der Vergleich nationaler Einheiten fördert Gemeinsamkeiten und Unterschiede zutage: Gemein ist den europäischen Nationen die Entwicklung zu Nationalstaaten und das Leid, die Verluste und die Opfer, die beide Weltkriege bedeuteten.

Zugleich aber bleibt die Nation durch die serielle Anordnung nationaler Einheiten in Tabellen, Listen und auf Landkarten der bestimmende Referenzrahmen der musealen Historiografie: Verglichen und der Größe nach sortiert werden Ereignisse, Zahlen und Daten, die weiterhin national gerahmt bleiben. »Europäisch« meint damit kein gemeinsames gesamteuropäisches Narrativ, sondern das vergleichende Nebeneinander-Setzen von zumeist national gerahmten Daten. Die Nation wird somit, bis auf kleine Brechungen, nicht – wie in den Konzeptionen des DHM gefordert – übertreten und hinterfragt, sondern im Gegenteil als dominantes Ordnungsprinzip der musealen Historiografie bestärkt.

Dass die Kombination aus Landkarten und Tabellen Europa auch anders, nämlich als Einheit entwerfen kann, zeigt sich an anderer Stelle. Hier bricht die Ausstellung diesen Mechanismus aus Universalisierung von Opfern bei gleichzeitiger Etablierung nationaler Kategorien, zwischen denen ein vergleichender Blick hergestellt wird. Der universellen und anonymen Masse von Opfern ohne Eigennamen, die die Tabellen und die Landkarte inszenieren, setzt sie im Vertiefungsraum links von der Lichtsäule eine individuelle Lebensgeschichte entgegen, die ebenfalls in der Konstellation aus Landkarte und tabellarisch angeordnetem Text erzählt wird. Anhand der Biografie des Künstlers Felix Nussbaum thematisiert die Ausstellung hier beispielhaft Verfolgung und Vernichtung von Juden während der Herrschaft der Nationalsozialisten. Eine Leuchttafel zeigt eine Landkarte Europas, einen tabellarisch angeordneten Text und die Reproduktion eines von Nussbaums Gemälden. Im Gegensatz zu anderen Landkarten in der Ausstellung ist die Karte an dieser Stelle ganz in Blau gehalten und es sind keine Grenzen markiert – Europa erscheint hier als einheitlicher Raum ohne innere Grenzen. Rote Punkte heben lediglich einzelne Städte hervor, die der Text darunter in den verschiedenen Feldern der Tabelle aufgreift, um die Lebensstationen von Nussbaum zu erzählen, die von der erzwungenen Migration innerhalb Europas geprägt sind. Die individuelle Biografie übersteigt offensichtlich die Einordnung in nationale Kategorien und bildet damit einerseits einen Gegenpol zur Universalisierung von Opfern in Zahlenkolonnen und andererseits zum vergleichenden Blick, der zwischen verschiedenen nationalen Größen unterscheidet und Europa damit nationalisiert.

Europa am Rand: PC-Stationen

Historisch ausgerichtete Museen arbeiten im Gegensatz zu anderen historiografischen Medien mit Objekten, die in der Ausstellungssituation zu historischen werden und dort aufgrund ihres auratisch-originalen Status und ihrer physischen Anwesenheit und Sichtbarkeit Vergangenes in der Gegenwart präsent halten sollen (vgl. Crane 2000a: 109ff., siehe Kapitel 2.3). Auch die Denkschriften und Konzeptionen des DHM betonen unablässig die Zentralität von Originalobjekten und ihrer angenommenen Authentizität für die museale Präsentation (siehe Kapitel 3.1.2). »Ein historisches Museum hat zu dokumentieren. Eine seiner besonderen Chancen gegenüber geschriebenen Darstellungen besteht darin, daß es mit Überresten aus der Vergangenheit selbst bekanntmacht, aus ihnen Deutungen gewinnt und zum Umgang mit ihnen kritisch anleitet« heißt es in den Konzeptionen von 1986 und 1987 (Stölzl 1988: 314, 614). »[...] die spezifisch geschichtliche Anmutungsqualität, die nur in der Authentizität des ausgestellten Gegenstands besteht, muß unter allen Umständen erhalten bleiben« betont auch die Denkschrift von 1982 diesen Punkt (Stölzl 1988: 65). Der Authentizität und »historischen Anmutungsqualität« der Originalobjekte stellen die Planungspapiere des DHM sogenannte »Apparaturen« und »mediendidaktische Tricks« gegenüber: »Der Versuchung, den anfänglichen Mangel an eigenen Ausstellungsobjekten durch ein Übermaß an Mediendidaktik zu ersetzen, ist strikt zu widerraten. Die Kommission empfiehlt, zugunsten der Betrachter auf Apparaturen sowie auf aktualisierte Tricks, wie sie von mediendidaktischer und museumspädagogischer Seite gerne verwandt werden, zu verzichten.« (Stölzl 1988: 65) Im Gegensatz zu Originalobjekten, die durch ihre historische Qualität und Authentizität als zentral für die museale Wissensvermittlung gelten, stehen »Medien« und

»Apparaturen« in der Konzeption des DHM für Tricks und Unechtheit und sollten darum sparsam verwendet werden.

Europa und europäische Geschichte jedoch haben, wie die bisherige Analyse gezeigt hat, in der Dauerausstellung des DHM kaum sogenannte primäre Originalobjekte, die für die Rhetorik des Museums zentral sind, und auf die die Konzeptionen des Museums großen Wert legt. Stattdessen findet die museale Historiografie Europas in anderen Medienkonstellationen, nämlich in genau den »trickhaften« sekundären Medien statt, vor denen die Konzeptionen warnen. Als Sinnbild dafür kann der erste Raum der Ausstellung gelten: In dem Moment, in dem er überarbeitet und auf Europa ausgerichtet wurde, zeigt er überhaupt keine Objekte mehr und ist bis auf eine Landkartenprojektion und Textwände leer. Beispielhaft lässt sich dieser mediale Mechanismus auch an einem anderen Ausstellungsabschnitt zeigen, der zudem die wichtigsten Gedanken dieses Kapitels zusammenführt: der Abschnitt zu Nationalbewegungen in Europa.

Europa als Leerstelle

Die einleitenden Texte auf Lichtsäulen benennen Revolutionen, Nationalbewegungen und das Streben nach Nationalstaaten als europäisches Phänomen.[145] Während der Raum zu Revolutionen in Europa und der davon abgehende Vertiefungsraum nationale Geschichte anhand vieler verschiedener und eindrucksvoller Objekte, wie beispielsweise des Kopfes einer Statue des Königs Friedrich Wilhelm von Preußen mit Einschusslöchern, zeigen, findet sich das in den Texten genannte Europäische der gezeigten Geschichte in den ausgestellten Objekten kaum wieder. Zwei Vitrinen thematisieren die Revolutionen in Frankreich und Österreich anhand von Texttafeln (»Paris 1848«, »Wien 1848«), Gemälden, deutscher zeitgenössischer Berichterstattung und jeweils einem Objekt: Für Frankreich steht eine Fahne der Nationalgarde und für Österreich ein Säbel der Wiener Nationalgarde. Im Gegensatz zu diesen spärlich wirkenden Vitrinen finden sich in dem von diesem Raum abgehenden Vertiefungsraum zu nationalen Symbolen

---

145 Vgl. die Lichtsäule »1848–1849 Epochenschwelle zur Moderne«: »1848/49 brache eine Revolutionswelle über Europa herein und erfasste den größten Teil des Kontinents. [...]. Zentrales Anliegen der politisch aktiven Bevölkerung in den meisten Kernräumen der Revolution war die Schaffung von Nationalstaaten« und die
Lichtsäule »Auf dem Weg zum Nationalstaat«: »Nach der Niederschlagung der Revolutionen von 1848/49 wurden vielerorts in Europa die nationalen Bewegungen unterdrückt und demokratische Rechte zurückgenommen. Der nationale Gedanke überlebte die Phase der verschärften Reaktion«.

in Deutschland deutlich mehr im museologischen Sinn primäre Objekte, so zum Beispiel Stimmzettel der Deutschen Nationalversammlung in Frankfurt.

Der sich daran anschließende Raum, der »Wege zum Nationalstaat« behandelt und in seinem Einleitungstext den »nationalen Gedanken« als europäisch benennt, zeigt gar kein Objekt zu einer anderen als der deutschen Nationalbewegung. Stattdessen wird der Raum von einer großen Statue der »trauernden Germania« dominiert, die in der Mitte platziert ist. Abgesehen davon, dass Weiblichkeit hier wiederum auf die symbolische Ebene ausgelagert wird, um ein dominant männlich geprägtes Narrativ von Kämpfen und Kriegen erzählen zu können (siehe Kapitel 3.1.3.1), zeigen diese Räume und ihre Objekte, dass das nationale Narrativ das dominante der musealen Historiografie ist. Während die Einleitungstexte das Europäische, das Gemeinsame, die Verflechtungen benennen, bleibt das Europäische der gezeigten Geschichte auf der Exponatebene eine Leerstelle. Nur sehr marginal dienen sogenannte primäre Objekte dazu, auch andere als eine national gerahmte Geschichte zu zeigen. Diese sind in Vitrinen wiederum so angeordnet, dass »europäisch« auch hier, wie in den Tabellen und Landkarten, die Addition verschiedener als national ausgestellter Ereignisse meint. Das Europäische der gezeigten Geschichte besteht hier wiederholt in einem vergleichenden Blick. Dieser schaut von einem dominant nationalen Narrativ aus auf kurz angerissene andere nationale Einheiten und vergleicht sie durch die Anordnung nebeneinander stehender nationaler Einheiten miteinander.

Europa am Rand des nationalen Narrativs
Beides, die Dominanz des nationalen Narrativs und die Verlagerung des Europäischen der museal geschriebenen Geschichte in einen vergleichenden Blick am Rand, greift der letzte Raum zum Thema Nationalbewegungen auf. Zudem führt er zusammenfassend vor Augen, was dieses Kapitel als Europamedien herausgearbeitet hat. Der Raum behandelt Themen des deutsch-französischen Krieges 1870/71 und der Gründung des Deutschen Reichs, die die Ausstellung als Wendepunkt und vorläufigen Höhepunkt der gezeigten Geschichte markiert. Auf einer Texttafel zur Reichsgründung heißt es »Die Mehrheit der deutschen Bevölkerung erblickte darin die Erfüllung der nationalen Wünsche und einen Höhepunkt der deutschen Geschichte«. Dieser Höhepunkt wird vor allem durch die Ausstellungsarchitektur in Szene gesetzt: Der Raum befindet sich am Ende des vierten Ausstellungsgangs der ersten Etage und ist so angelegt, dass sich danach die Laufrichtung der Besucher_innen um 180 Grad ändert. Den Ausgang aus dem Raum bildet ein riesiges Triumphgemälde, das Germania erhöht auf einem Thron sitzend beim Ergreifen der Kaiserkrone zeigt. Dieses Gemälde haben die Besucher_innen schon einmal gesehen: Es bildet den Fluchtpunkt der Blickachse, die

die Ausstellung zu Beginn im ersten Raum vom Display zur deutschen Sprache aufbaut. Die räumliche Anordnung schlägt hier einen Bogen von den Anfängen der deutschen Sprache zum vorläufigen Höhepunkt der Ausstellung, der deutschen Reichsgründung, und setzt damit ein nationales Narrativ als das bestimmende.

Doch auch in diesem Raum, der die nationale Rahmung der gezeigten Geschichte so zentral setzt, findet sich »der europäische Charakter der deutschen Geschichte«: Versteckt in einer Ecke steht eine PC-Station zum Thema »Nationalbewegungen und staatliche Entwicklungen in Europa«.[146] Die Pfeile auf dem Boden weisen die Besucher_innen jedoch in die andere Richtung, so dass sich Europa wie auch an vielen der bisher behandelten Stellen am Rand der Ausstellung wiederfindet. Die Station greift darüber hinaus die in dieser Analyse erarbeiteten Medienkonstellationen europäischer Historiografie im DHM auf und führt sie zusammen: Der Startbildschirm zeigt eine Landkarte Europas, auf der die einzelnen Nationalstaaten farblich voneinander abgesetzt und durch Grenzlinien getrennt sind. Klickt man auf einen Staat, zeigt der Bildschirm eine Tabelle, die in der linken Spalte mehrere Merkmale zur Auswahl bietet und in der rechten Spalte in Texten und Bildern den ausgewählten Staat beschreibt. So kann man sich beispielsweise über Nationalflaggen, Hauptstädte, Sprachen, Regierungsformen, Nationalfeiertage oder die Nationalhymnen informieren. Im Unterpunkt »Nationalbewegung/staatliche Entwicklung« zeigt die rechte Spalte zudem in mehreren Fällen weibliche Allegorien als Symbole der Nationen, wie zum Beispiel die Germania. Eine ähnliche PC-Station findet sich im Ausstellungsraum zum Ersten Weltkrieg: Dort steht ebenfalls versteckt am Rand eine Station, an der Informationen zum Krieg in den beteiligten Staaten und ihrer Kolonien abgerufen werden können. Im Unterschied zu der Station zu Nationalbewegungen liegt der Fokus hier nicht auf einer europäischen, sondern auf einer globalen Perspektive; der Aufbau der Station ist jedoch vergleichbar: Auch hier zeigt der Startbildschirm eine Landkarte und nach der Auswahl eines Landes eine Tabelle, die Daten versammelt und vergleicht. Während der Ausstellungsraum von großen Vitrinen mit Kriegsobjekten wie Waffen und Uniformen dominiert wird, ist der die Nation überschreitende Blick auch an dieser Stelle an den Rand und in ein »trickhaftes«, sekundäres Objekt ausgelagert.

Die PC-Station funktioniert damit als ein multimediales Europamedium, das die für die europäische Historiografie im DHM entscheidenden Medienkonstellationen zusammenführt: Diese Medien sind nicht sogenannte primäre

---

146 Ich beziehe mich hier auf den Stand der Ausstellung vom Juli 2012. Bei einem wiederholten Besuch im Oktober 2015 war die Station entfernt worden.

Originalobjekte, keine historischen Objekte, auf denen die Rhetorik des Museums als *presence of the past* (Crane 2000a) aufbaut, und deren Zentralität die Konzeption des DHM immer wieder betont. Europa und europäische Geschichte haben kaum solche Objekte. Stattdessen findet europäische Historiografie in der Ausstellung oft abseits vom Hauptweg, in Ecken, an Rändern und in genau jenen »mediendidaktischen Tricks« statt, vor denen die Konzeption aufgrund des Verdachts der Unechtheit und Unauthentizität warnt: Landkarten, Texte, Tabellen, Computer-Stationen. Es sind diese medialen Konstellationen, die als Europamedien Europa und europäische Geschichte im DHM wahrnehmbar machen.

3.1.3.3 »Grenzen in Europa« und »das Gedächtnis der Nation«: Fazit DHM

Im Lauf der Arbeit an dieser Analyse wurde nicht nur der erste Raum der Ausstellung neu gestaltet, sondern auch der letzte, der den Schlusspunkt der Ausstellung bildet. Dort behandelt die Ausstellung den Zeitraum von 1989 bis 1994 unter der Überschrift »Friedliche Revolution und deutsche Wiedervereinigung«. Im Mittelpunkt des Raumes stehen Reste der Berliner Mauer und eine Installation aus Transparenten von Montagsdemonstrationen, dahinter sind Bildschirme angebracht, die zeitgenössische Fernsehberichterstattung zeigen. Besucher_innen sehen und hören über die Mauer kletternde Menschen, vor Freude weinende Leute, hupende Trabis, die jubelnd empfangen werden. Die deutsche Einheit bildet den triumphalen Abschluss des Ausstellungsnarrativs. Die Überarbeitung des Raumes verstärkt und betont diese nationale Rahmung des Schlusspunkts der Ausstellung: Während die Überarbeitung im ersten Raum mit dem Thema »Grenzen in Europa« die Ausrichtung auf einen europäischen Rahmen meinte, wurde im März 2014 im letzten Raum direkt vor dem Ausgang »das Gedächtnis der Nation« installiert, ein Zeitzeug_innenprojekt zur deutschen Geschichte des zwanzigsten Jahrhunderts.

Auf zwei Computerbildschirmen können rund 5000 Videos mit Ausschnitten aus Interviews mit verschiedenen Menschen zu unterschiedlichen Themenschwerpunkten sowie kurze Einführungsfilme zu verschiedenen Epochen abgerufen werden (vgl. DHM 2014b). Zwei größere Bildschirme über der Station zeigen kurze Sequenzen aus Filmen zur deutschen Geschichte sowie einen Imagefilm des Projekts »Gedächtnis der Nation«. Dieses geht auf eine Idee des ehemaligen ZDF-Redakteurs und Historikers Guido Knopp zurück, der 2006 in Zusammenarbeit mit dem Chefredakteur des Magazins Stern Hans-Ulrich Jörges den Verein »Unsere Geschichte. Das Gedächtnis der Nation« gründete. Bereits seit 1998 hatte die ZDF-Redaktion Zeitgeschichte mit dem sogenannten »Jahrhundertbus«, einem mobilen Aufnahmestudio, auf mehreren Touren durch Deutschland etwa 6000 Interviews gesammelt (vgl. Gedächtnis der Nation o. J. a, o. J. b). Daneben gibt es die Möglichkeit, eigene Videos in einem youtube-Kanal hochzuladen. Ziel des Projekts ist es, »Zeitzeugenstimmen zu Alltagserfahrungen und zentralen Momenten der deutschen Geschichte« zu sammeln und online zugänglich zu machen (vgl. Gedächtnis der Nation o. J. c). Von der Integration des »Gedächtnisses der Nation« in die Dauerausstellung verspricht sich das DHM die Verknüpfung von Präsentationen zur Zeitgeschichte mit persönlichen Erfahrungen von Zeitzeug_innen, sowie die Vertiefung von Themenschwerpunkten der Ausstellung (vgl. DHM 2014b: 1).

Neben dieser Integration persönlicher Lebensgeschichten und individueller Erinnerungen in die Ausstellung bedeutet die Installation des »Gedächtnisses der Nation« jedoch auch die dominant nationale Rahmung des Ausstellungsschlusspunkts. Wie der Name des Vereins »Unsere Geschichte. Das Gedächtnis der Nation« verdeutlicht, geht es hier um eine nationale Gemeinschaft, die eine als ihre eigene gedachte Geschichte sammelt und ausstellt: »Unsere Geschichte« meint deutsche Geschichte. Mit dieser Installation adressiert die Ausstellung Besucher_innen als Mitglieder einer nationalen Gemeinschaft, die sich der Konzeption des DHM zufolge durch den Blick in die als gemeinsam inszenierte Geschichte »selbst erkennen« und »selbst bestimmen« soll (Stölzl 1988: 641, siehe Kapitel 3.1.2). Der Name des Projekts, das nun den Endpunkt der Ausstellung bildet, suggeriert zudem, die Nation habe ein Gedächtnis, ein einziges, das sich sammeln und ausstellen ließe. Die museal geschriebene Geschichte ist folglich, wie Kapitel 2.4 argumentiert, von Entwürfen kollektiver Gedächtnisse und Identitäten nicht zu trennen. Museale Historiografie schließt kollektive Gedächtnis- und Identitätsverhandlungen ein. Diese werden am Ende der Ausstellung im DHM klar national gerahmt.

Wenngleich der letzte Raum der Ausstellung sich mit dem Fokus auf die deutsche Wiedervereinigung und der Neuinstallation des »Gedächtnisses der Nation« deutlich auf eine nationale Geschichtsschreibung konzentriert, findet sich auch hier ein Hinweis auf den »europäischen Charakter der deutschen Geschichte«. Rechts neben der Station zum »Gedächtnis der Nation« zeigt eine unscheinbare Vitrine am Rand zwei Mappen: Die »Charta von Paris für ein neues Europa«, mit der, wie die Beschriftung erklärt, »die Staats- und Regierungschefs der Teilnehmerstaaten der KSZE im November 1990 die Spaltung von Europa für beendet erklärten«, und eine Kopie des »Vertrages für die abschließende Regelung in Bezug auf Deutschland«. Vor der Überarbeitung des Ausstellungsraumes stand diese Vitrine in der Mitte des Raumes vor dem Ausgang – an genau der Stelle, an der seit 2014 das »Gedächtnis der Nation« zu sehen ist. Der ohnehin schon marginale Verweis auf die europäische Dimension der deutschen Wiedervereinigung am Ende der Ausstellung wurde damit durch eine dominant nationale Rahmung ersetzt und noch weiter an den Rand verdrängt.

Während der Beginn der Ausstellung mit der Überarbeitung also europäisiert wurde und einen deutlichen Verweis auf Europa und europäische Geschichte an den Anfang setzt, so dominiert im letzten Raum eine klar nationale Historiografie: Den Schlusspunkt der Ausstellung bilden die Nation und ihr Gedächtnis. Die beiden Räume, »Grenzen in Europa« und »das Gedächtnis der Nation« können deshalb als die zwei Pole gelesen werden, zwischen denen sich die museale Historiografie in der Dauerausstellung des DHM aufspannt und zwischen denen sie hin- und herschwankt: zwischen Nation und Europa.

3.2 Europa vereinen: Das Europäische Solidarność Zentrum Gdańsk (ECS)

Das Thema der Grenzen in Europa, das sich als zentral für die museale Historiografie Europas im DHM erwiesen hat, steht auch im Mittelpunkt des Europäischen Solidarność Zentrums in Danzig. Das im August 2014 eröffnete Museum beschäftigt sich mit der Teilung Europas nach dem Zweiten Weltkrieg und mit der Geschichte des antikommunistischen Widerstands in Polen und anderen ostmitteleuropäischen Ländern von 1956 bis 1989/1990. Im Zentrum steht die Geschichte der polnischen Solidarność, der ersten freien Gewerkschaft im kommunistisch regierten Ostblock. Die Solidarność wurde im September 1980 nach einem Streik auf der Danziger Werft und einer dadurch ausgelösten landesweiten Massenstreikwelle in Danzig gegründet. Innerhalb eines Jahres war sie zu einer gesellschaftlichen Massenbewegung geworden, in der etwa zwei Drittel der polnischen Bevölkerung, knapp zehn Millionen Menschen, organisiert waren. Auch nach ihrer offiziellen Auflösung durch die kommunistische Regierung im Oktober 1982 und der Inhaftierung großer Teile ihrer Führung bildete die Solidarność weiterhin eine Gegengesellschaft zum kommunistischen Regime, die selbst durch die Verhängung des Kriegsrechts im Dezember 1981 nicht mehr aufgehalten werden konnte (vgl. Jaworski et al. 2000: 350ff.; Davies 2001: 14ff.). Wegen dieser massenhaften Mobilisierung der Gesellschaft über verschiedene politische Lager hinweg und wegen ihres Prinzips der Gewaltlosigkeit gilt die Solidarność-Bewegung als Vorbild für den friedlichen Kampf gegen die kommunistische Herrschaft (vgl. Davies 2001: 16f.). Sie lieferte Anstöße für Widerstandsbewegungen in den anderen Ländern des Ostblocks und trug maßgeblich zum Ende des Kalten Krieges und zur Wiedervereinigung Europas bei (vgl. Holzer 2007: 87, 91).[147]

---

[147] Für eine ausführlichere Geschichte der Solidarność-Bewegung (auf Polnisch) vgl. Skórzyński 2014.

Das ECS bezeichnet sich als europäisch, weil es nicht nur die Geschichte der polnischen Solidarność-Bewegung, sondern auch deren europäische Dimensionen, Verflechtungen und Auswirkungen zeigen möchte. Die folgende Fallstudie fragt deshalb danach, was »europäisch« in der Dauerausstellung des ECS genau meint, was die Ausstellung als europäisch und Europa entwirft, und wie, das heißt mit welchen Europamedien, sie das tut. Dazu stelle ich zunächst die Entstehungsgeschichte des ECS im Kontext der polnischen Geschichtspolitik seit 1989 dar, um die erste Person des musealen Sprechakts zu klären (vgl. Bal 1996: 3f.). Wer sind die Hauptakteur_innen in der Entstehung des ECS und wie sind sie historisch und politisch positioniert? In einem zweiten Schritt geht es um die inhaltliche Ausrichtung des ECS zwischen nationaler und europäischer Historiografie. Welche Ziele verfolgt das ECS und wie lassen sich diese im Spannungsfeld zwischen Nation und Europa einordnen? Das dritte Kapitel der Fallstudie analysiert schließlich ausgesuchte Displays der Dauerausstellung daraufhin, wie dort Europa und europäische Geschichte entworfen werden. Es wird sich zeigen, dass hier, ebenso wie im DHM, Grenzen eines der Grundmotive der musealen Historiografie Europas bilden. Doch geht es im ECS vordergründig nicht darum, Europa nach innen und außen zu begrenzen, sondern im Gegenteil darum, Grenzen zu überwinden und Europa zu vereinen. Wie diese Historiografie der Vereinigung Europas funktioniert, will die Fallstudie zeigen.

3.2.1 Entstehungsgeschichte des ECS vor dem Hintergrund polnischer Geschichtspolitik seit 1989

»To był rok muzeów« – »Das war das Jahr der Museen« konstatierte die Historikerin Dorota Jarecka im Dezember 2005 in der polnischen Tageszeitung Gazeta Wyborcza (vgl. Jarecka 2005). Sie beschrieb damit ein Phänomen, das auch »der polnische Museumsboom« genannt wird (vgl. Peters 2015: 2). Seit Beginn der 2000er Jahre werden in Polen immer mehr neue Museen gegründet und angekündigt: das Museum des Warschauer Aufstandes (2004 eröffnet), das Museum der Geschichte Polens (2006 gegründet), das Museum für Moderne Kunst in Warschau (2007 eröffnet), das Museum in der ehemaligen Fabrik Oskar Schindlers in Krakau (2010 eröffnet) oder das Museum des Zweiten Weltkriegs in Danzig (2017 eröffnet). Unter den neuen Museen erfahren insbesondere historisch ausgerichtete Museen mit großer nationaler und internationaler Reichweite eine Konjunktur. Vor allem das im April 2013 in Warschau eröffnete Museum der polnischen Juden (Polin), das in Danzig entstandene Museum des Zweiten Weltkriegs und das hier behandelte Europäische Solidarność Zentrum (ECS) markierten Beobachter_innen zufolge eine Wende im öffentlichen Umgang mit der polnischen

Geschichte: Nach dem Ende des kommunistischen Regimes waren Geschichte und Erinnerung in Polen zum Gegenstand heftiger und stark polarisierender politischer Kämpfe geworden. Bezeichnend ist hier die Metapher vom »Gedächtnis als Schlachtfeld«, die diese Kämpfe in der Fachliteratur beschreibt (vgl. Duda 2003; Flierl/Müller 2010). Insbesondere der Zweite Weltkrieg, die polnisch-jüdischen und polnisch-deutschen Beziehungen, die Aufstände des neunzehnten. und zwanzigsten Jahrhunderts sowie der Widerstand gegen das kommunistische Regime waren und sind die Hauptthemen, die in diesen Auseinandersetzungen verhandelt werden (vgl. Loew 2008). Das ECS und das Museum der Geschichte der polnischen Juden bringen zwei dieser Themen ins Museum und setzen damit der »polnischen Streitgeschichte« ein vorläufiges Ende.[148] Wegen ihrer transnationalen Ausrichtung bezeichnet der Historiker Florian Peters (2015: 5f.) diese beiden Museen als neuen Typus polnischer Nationalmuseen, der mit der »nationalen Bauchnabelperspektive« breche und stattdessen auf Multiperspektivität und transnationale Kontexte setze.

Die Musealisierung der Solidarność und der antikommunistischen Opposition ist vor diesem Hintergrund innenpolitisch besonders brisant, da große Teile der Opposition von damals Politiker_innen verschiedener Parteien von heute stellen und jedes politische Lager die Geschichte der Solidarnosc für ihre eigenen Zwecke instrumentalisiert. Diese geschichtspolitischen Kämpfe haben die Entstehung des ECS entscheidend beeinflusst, weshalb es notwendig erscheint, sich zunächst genauer der erwähnten »polnischen Streitgeschichte« seit 1989 zu widmen. Dabei wird ersichtlich, dass das ECS, wie auch die anderen hier untersuchten Museen, stark in nationaler Politik verwurzelt und von ihr abhängig ist. Im Unterschied zu den anderen Fällen ist die Beziehung zwischen Museum und nationaler Politik im Fall des ECS jedoch noch enger und umkämpfter, was damit zu tun haben mag, dass die Geschichte, die das ECS musealisiert, erst drei Jahrzehnte zurückliegt und viele der entscheidenden Akteure in seiner Entstehung selbst Teil der Solidarność-Bewegung gewesen sind. Die Geschichte, die das Museum zeigt, ist ihre eigene Geschichte. Diese Verbindung zwischen dem Museum und der nationalen Politik herauszuarbeiten, ist Anliegen des folgenden Abschnitts zur Entstehungsgeschichte des ECS. Zusätzlich zu dieser nationalen Verankerung der Institution zeigt die Entstehungsgeschichte aber auch, dass sich in der Gründung des Museums verschiedene Ebenen ineinander schieben: sowohl eine regional-städtische, als auch eine nationale und europäische, denn

---

148 Anlässlich der Eröffnung des Museums des Zweiten Weltkriegs in Danzig ist diese Streitgeschichte mittlerweile heftiger denn je neu entflammt. Das letzte Kapitel dieser Studie widmet sich diesen neuesten Entwicklungen.

das ECS ist ein europäisiertes Nationalmuseum, das auf eine lokale Initiative zurückgeht. Die Entstehungsgeschichte lässt sich demzufolge in drei Hauptphase einteilen, die im Folgenden im Kontext der polnischen Geschichtspolitik vorgestellt werden.

Kontext: Geschichtspolitik in Polen nach 1989
Der Begriff »Geschichtspolitik« wurde in den 1980er Jahren in Westdeutschland im sogenannten Historikerstreit geprägt und später in politische und wissenschaftliche Diskurse aufgenommen.[149] Er meint »jene Diskurse und Handlungen, mit denen die Deutung von Geschichte als gegenwärtige öffentliche Repräsentation einer kollektiv relevanten Vergangenheit zu politischen Zwecken betrieben wird« (zit. nach Troebst 2014: 3). Als Geschichtspolitik bezeichne ich demzufolge den öffentlichen Umgang politischer Akteur_innen mit einer als gemeinsam vorgestellten Geschichte zu politischen Zwecken, so zum Beispiel die Einrichtung und Zelebrierung von Jahres- und Gedenktagen, die Gründung von Denkmälern und Museen, das Erinnern an historische Persönlichkeiten, die Einrichtung von Institutionen zur Beschäftigung mit der Vergangenheit.

Ins Polnische wurde der deutsche Begriff Geschichtspolitik als »polityka historyczna« Mitte der 2000er Jahre übernommen,[150] doch hat auch vorher in Polen schon Geschichtspolitik im oben skizzierten Sinn stattgefunden: Deutungen der Vergangenheit sind bis heute für die Politik in Polen extrem wichtig und waren

---

149 War der Begriff zunächst im Historikerstreit abwertend gegen den Umgang der CDU/CSU-FDP-Koalitionsregierung unter Helmut Kohl mit der deutschen Geschichte gerichtet, wurde er mit der Wende 1989 und dem zunehmenden Interesse an kulturwissenschaftlicher Erinnerungsforschung auch zu einem wissenschaftlichen Begriff. Heute bezeichnet »Geschichtspolitik« sowohl ein Politikfeld (den Umgang politischer Akteur_innen mit Geschichte), als auch ein Forschungsfeld. Unter Historiker_innen ist dieses aber umstritten. So sehen beispielsweise Reinhard Koselleck und Norbert Frei in Geschichtspolitik die Gefahr der ideologischen Instrumentalisierung. Dem gegenüber müsse Geschichte als Wissenschaft immer ideologiefrei verfahren (vgl. Troebst 2014).

150 Obwohl der Begriff in seiner (west)deutschen Prägung als Akteur_innen meist politische Eliten (Parteien, Regierungen) adressiert, meint Geschichtspolitik nach Troebst (2014) kein Diktat einer Partei oder eines Autokraten, sondern gesellschaftliche Aushandlungsprozesse. Im Gegensatz dazu wurde der Terminus in Polen als »polityka historyczna« Mitte der 2000er Jahre vom rechtskonservativen Lager übernommen und für nationalkonservative Zwecken instrumentalisiert. So zielte die Geschichtspolitik der Regierung der Partei Recht und Gerechtigkeit (Prawo i Sprawiedliwość – PiS) unter dem Präsidenten Lech Kaczyński von 2005 bis 2007 auf die »Stärkung des Polentums« und den Ausbau eines polnischen Opfermythos ab (vgl. Pufelska 2010: 34ff.; Smolar 2008: 50; Ruchniewicz 2007: 2, Loew 2008: 100). Mit »Geschichtspolitik in Polen« meine ich aber nicht ausschließlich diese Bedeutung des Begriffs, sondern die oben skiz-

insbesondere nach 1989 politisch stark umkämpft (vgl. Haslinger 2007: 2).[151] Auch für die Oppositionsbewegung gegen die kommunistische Regierung in den 1970er und 1980er Jahren war die Auseinandersetzung mit Geschichte schon zentral gewesen und das »Entlügen« der kommunistisch gedeuteten Vergangenheit ein Hauptanliegen, weshalb Geschichte und Erinnerung insbesondere in der Auseinandersetzung mit der Solidarność und dem antikommunistischen Widerstand nach 1989 zentral sind (vgl. Peters 2015: 3f.; Kowitz 2003: 81f.). Die Hauptkämpfe um Deutungen der Vergangenheit spielen sich dabei grob gesprochen zwischen einem nationalkonservativen und einem pro-europäischen, liberaldemokratischen Lager ab (vgl. Pufelska 2010: 53).

1989–2005: Pluralisierung, Regionalisierung. Phase I ECS: Gründung der Vorgängerinstitution auf lokaler Ebene

Nachdem es unter dem kommunistischen Regime zwischen 1945 und 1989 keine offenen Debatten über Geschichte und Erinnerung gegeben hatte, stattdessen Zensur und ein staatlich verordnetes Geschichtsbild geherrscht hatten, war die Zeit ab 1989 durch eine zunehmende Pluralisierung von Geschichtsnarrativen und geschichtspolitischer Akteur_innen gekennzeichnet (vgl. Pufelska 2010: 36ff.; Traba 2011: 72ff.; Törnquist-Plewa 2016: 140f.).[152] Neue Geschichtslehrbücher wurden erarbeitet, kommunistische Denkmäler gestürzt und neue errichtet, Straßen umbenannt sowie nationale Feiertage (wieder) eingeführt (vgl. Ruchniewicz 2007: 3; Loew 2008: 87; Smolar 2008: 54). Dabei verfolgten die postkommunistischen Regierungen von 1989 bis 2005 jedoch keine absichtsvolle, langfristige Agenda zur politischen Nutzung von Vergangenheitsdeutungen. Unter dem Schlagwort des »dicken Strichs«, der unter die Vergangenheit gezogen werden

---

zierte: den öffentlichen Umgang von politischen Akteur_innen mit Geschichte zur Legitimierung politischer Zwecke. Geschichtspolitik in diesem Sinne hat in Polen auch vor der Übernahme des Begriffs ins Polnische stattgefunden.

151 Haslinger (2007: 1) versteht im Gegensatz zu Troebst unter Geschichtspolitik »die Instrumentalisierung von Erinnerung durch politische Systeme«.

152 Dem Historiker Krzysztof Ruchniewicz (2007: 2) zufolge kontrollierte der kommunistische Staat jedoch nie vollständig die Vergangenheitsdeutung, da es in Polen aufgrund der langen Geschichte der Unfreiheit während der polnischen Teilungen (1772, 1793, 1795) eine tief verwurzelte Tradition der mündlichen Weitergabe von Geschichten innerhalb von Familien gab. Diese familiäre Tradition führte Ruchniewicz zufolge dazu, dass das Misstrauen gegenüber dem Staat in Polen verbreiteter war als in anderen kommunistischen Ländern. Zur Geschichtspolitik des kommunistischen Regimes in Polen vgl. auch Kowitz 2003: 80f.

müsse,[153] waren sie eher an einem pragmatischen Blick nach vorn interessiert und kümmerten sich vordergründig um den Aufbau demokratischer Strukturen und den Übergang zur kapitalistischen Marktwirtschaft. Geschichte geriet so auf staatlicher Ebene in den Hintergrund (vgl. Loew 2008: 85f.). Auf regionaler und lokaler Ebene hingegen gewannen Geschichte und Erinnerung zunehmend an Bedeutung: Es gründeten sich zahlreiche zivilgesellschaftliche Initiativen, die sich der Erforschung von Minderheiten- und Regionalgeschichten widmeten, und vorher unterdrückte Themen wurden zunehmend öffentlich verhandelt, so zum Beispiel die polnischen Beziehungen zu Juden, Ukrainern und Deutschen (vgl. Wolff-Powęska 2013: 69; Ruchniewicz 2007: 4f.).

Die erste Idee zur Gründung eines Museums zur Geschichte der polnischen Oppositionsbewegung und der Gewerkschaft Solidarność entstand in diesem Kontext der Pluralisierung und Regionalisierung von Erinnerungen. Treibende Kraft hinter dem Projekt war der Bürgermeister der Stadt Gdańsk Paweł Adamowicz (Platforma Obywatelska, Bürgerplattform – PO), der im März 1998 zusammen mit dem Historiker Jerzy Kukliński unter dem Namen »Polnische Wege zur Freiheit« erstmals die Idee für ein solches Museum festhielt. Adamowicz war in den 1980er Jahren selbst im antikommunistischen Widerstand aktiv gewesen. Auf seine Initiative gründeten im Dezember 1999 die bis heute existierende Gewerkschaft Solidarność, die Danziger Werft, die Regierung der Wojewodschaft Pommern und der Danziger Erzbischof Tadeusz Goclowski die Stiftung Solidarność Zentrum (Fundacja Centrum Solidarności). Die Stiftung war zunächst eine regional-lokale Institution, deren Ziel in der Schaffung des ECS bestand. In das Projekt waren prominente Figuren der Solidarność-Bewegung eingebunden: So unterstützte der ehemalige Oppositionsführer Lech Wałęsa die Stiftung und zum Gründungspräsident wurde Bogdan Lis berufen, der für die Gewerkschaft Solidarność Streiks organisiert hatte und stellvertretender Vorsitzender der Gewerkschaftsleitung in der Region Danzig gewesen war (vgl. ECS o. J. d). In den folgenden Jahren baute die Stiftung die Ausstellung »Drogi do Wolności« (Wege zur Freiheit) auf, die bis 2014 in Danzig und anderen europäischen Städten gezeigt und danach in die Sammlung des ECS eingegliedert wurde. Im Gegensatz zur aktuellen Dauerausstellung des ECS folgte diese Ausstellung einem stark national ausgerichtetem

---

[153] Mit diesen Worten versuchte der erste nichtkommunistische Ministerpräsident Tadeusz Mazowiecki in seiner ersten Rede im polnischen Parlament, Debatten über die Vergangenheit zu vertagen. Er zielte damit jedoch nicht darauf ab, die Aufarbeitung der Vergangenheit zu verhindern, wie es die politische Rechte später behauptete. In der Phase des gesellschaftlichen und wirtschaftlichen Umbruchs nach 1989 standen andere Probleme zunächst im Vordergrund (vgl. Loew 2008: 85f.).

Narrativ, dem zufolge Polen in den Umbrüchen von 1989–1991 die Führungsrolle übernommen habe (siehe Kapitel 3.2.2)

Zum ersten Direktor der neuen lokalen Kulturinstitution wählte der Danziger Bürgermeister den Dominikanerpriester Maciej Zięba, der ebenfalls Mitglied der Solidarność gewesen war. Laut der Aussage des Leiters der »Abteilung für gesellschaftliches Denken« im ECS, Jacek Kołtan, war das eine kluge, wenn auch nicht demokratische Wahl, denn »Pater Zięba«, wie die Mitarbeiter_innen des ECS ihn nennen, genoss sehr hohes gesellschaftliches Ansehen und verfügte über gute Kontakte in die Politik. Diese und der Enthusiasmus, mit dem Zięba Veranstaltungen zur Geschichte der Solidarność organisierte, verhalfen der Stiftung nach und nach zu nationaler Bedeutung (vgl. Kołtan, Knoch, Interview, ECS, 3. März 2015).

2005–2007: Nationalkonservative Geschichtspolitik. Phase II ECS: Von der lokalen Stiftung zum nationalen Museumsprojekt

Bis zum Regierungswechsel 2005 blieb die Reichweite der Vorgängerinstitution des ECS, der Stiftung Centrum Solidarności, auf die lokale und regionale Ebene beschränkt. Für den Wandel von einer lokalen Stiftung zu einem Nationalmuseum Mitte der 2000er Jahre waren zwei Faktoren entscheidend: die Wende in der Geschichtspolitik unter der neuen nationalkonservativen Regierung ab 2005 und die weitreichenden politischen Kontakte des Stiftungsdirektors Maciej Zięba.

Die Zeit des Kommunismus sowie die polnische Oppositionsbewegung wurden bis zum Regierungswechsel 2005 auf staatlicher Ebene kaum thematisiert. Zwar beriefen sich fast alle politischen Gruppen in den 1990er Jahren auf die Tradition der Solidarność, doch aufgrund der Zersplitterung der Gewerkschaftsbewegung in verschiedene politische Lager nach 1989 war die Deutung der Solidarność heftig umstritten. So waren sowohl die Führung der postkommunistischen Regierungen nach 1989, als auch der nationalkonservativen Partei Recht und Gerechtigkeit (Prawo i Sprawiedliwość – PiS), sowie der liberalen Regierung nach 2007 Mitglieder der Solidarność und im Widerstand gegen das kommunistische Regime aktiv gewesen. Die gemeinsame Solidarność-Vergangenheit bildet jedoch keinen Konsens, sondern ist vielmehr zum Objekt politischer Grabenkämpfe geworden: Das nationalkonservative Lager um die Partei PiS, der auch die heutige Gewerkschaft Solidarność nahesteht, deutet die Geschichte der Solidarność im Sinne eines nationalen Kampfes gegen fremde Unterdrücker, während eher links und proeuropäisch orientierte Kräfte, wie die Partei PO unter dem ehemaligen Ministerpräsident Donald Tusk (2007–2014), neben der nationalen Dimension auch die europäische Bedeutung von Solidarność als Beitrag zur Wiedervereinigung des Kontinents herausstellen. Auch zur Rolle von Führungspersonen der Bewegung wie Lech Wałęsa, dem politische Gegner aus dem rechtskonservativen Lager immer wieder Kontakte zu den kommunistischen Geheimdiensten vorwerfen, sowie zur Frage nach dem Erfolg oder dem Scheitern der

Bewegung gibt es bis heute keinen gesellschaftlichen Konsens (vgl. Loew 2008: 96; Kerski, Interview, ECS 31. März 2015).

Der Regierungswechsel im Herbst 2005 bedeutete einen fundamentalen Wandel in der polnischen Geschichtspolitik und dadurch auch neuen Schwung für das Projekt des ECS. Entgegen der »Politik des Schlussstrichs« der postkommunistischen Regierungen übernahm die Regierung der rechtskonservativen Partei PiS (2005–2007) unter den Zwillingsbrüdern Lech (Präsident) und Jarosław Kaczyński (Ministerpräsident) den Begriff »Geschichtspolitik« aus dem deutschen Diskurs und wendete ihn im Sinne einer nationalkonservativen Deutung der Vergangenheit. Ziel dieser rechtskonservativen »polityka historyczna« war die »Festigung des Polentums« und die Stärkung des polnischen Opfermythos, der die »Vorstellung von Polen als ewigem und unschuldigem Opfer feindlicher Gewalt und fremder Intrigen« beinhaltet (vgl. Pufelska 2010: 38; vgl. auch Smolar 2008: 50; Ruchniewicz 2007: 2; Loew 2008: 100). Nach Ansicht der PiS-Regierung habe das Land bis zu diesem Zeitpunkt keine wirkliche Geschichtspolitik gehabt, so dass ein nationales Geschichtsbewusstsein und Patriotismus verloren gegangen seien. Diese Kritik richtete sich vor allem an die linksliberal und pro-europäisch orientierten Vorgängerregierungen, denen die PiS den »Verlust der nationalen Einheit« vorwarf (vgl. Pufelska 2010: 35f., 42f.). Deshalb brauche Polen eine geplante Geschichtspolitik, um, wie Jaroslaw Kaczyński in seiner Regierungserklärung von 2006 verkündete, das »polnische Nationalbewußtsein zu konsolidieren, den Stolz der Polen aufzubauen« (zitiert nach Loew 2008: 100).

Einschub: Museen in der polnischen Geschichtspolitik

Museen bilden seit Beginn der 2000er Jahre eines der Hauptfelder, auf denen die »polnische Streitgeschichte« ausgetragen wird.[154] So wirkte der damalige Warschauer Oberbürgermeister und spätere polnische Präsident Lech Kaczyński (PiS) ab 2002 auf die Gründung eines Museums zum Warschauer Aufstand hin,

---

154 Die enge Verwicklung mit der Geschichte der polnischen Nation ist Nationalmuseen in Polen indes seit ihrer Entstehung eingeschrieben: Im neunzehnten Jahrhundert, als es aufgrund der Teilungen keinen polnischen Staat gab, bildeten Museen dem Kunsthistoriker Adam Labuda (2006) zufolge zentrale Stützen der nationalen Identitätspolitik. Die Kunsthistorikerin Karoline Kaluza (2011) und der Museologe Kazimierz Mazan (2011) geben einen Überblick über die Entwicklung der Institution und des Begriffs des polnischen Nationalmuseums von der ersten polnischen Teilung 1795 bis 2010. Die Teilungen Polens und die Unterdrückung nationaler Einigungsbestrebungen durch die Teilungsmächte machen Museen diesen Studien zufolge zu wichtigen Stützen in der Konstruktion der polnischen Nation. Aufgrund der Nichtexistenz staatlicher Strukturen kamen die ersten Initiativen zur Gründung von Nationalmuseen aus der Zivilgesellschaft und das erste polnische Nationalmuseum wurde 1869 im Schweizer Exil gegründet (vgl.

das 2004 eröffnet wurde und den Aufstand von 1944 zu einem nationalen Gründungsmythos des polnischen Opfer- und Märtyrertums macht. Ziel des Museums ist die patriotische Erziehung der Besucher_innen (vgl. Pufelska 2010: 44ff.; Politt 2010). Das Museum entwickelte sich schnell zu einem Publikumsmagneten und nimmt mit der multimedialen Gestaltung seiner Ausstellung eine Vorreiterrolle für spätere Museumsprojekte in Polen ein (vgl. Peters 2015:2). Ein weiteres geschichtspolitisches Großprojekt der PiS ist das 2006 gegründete Museum der Geschichte Polens (Muzeum Historii Polski, MHP), das die polnische Geschichte vom zehnten Jahrhundert bis heute als aufopfernden Kampf um Freiheit zeigen soll, um das polnische Nationalbewusstsein und den Patriotismus zu stärken (vgl. Loew 2008: 100; Pufelska 2010: 48ff.; Politt 2010). Am stärksten griff die nationalkonservative Regierung der PiS in die Planungen des Museums des Zweiten Weltkriegs in Danzig ein, das Anfang 2017 kurz vor seiner Eröffnung gestoppt und mittlerweile inhaltlich massiv umgestaltet wurde (vgl. Machciewicz 2018, siehe Kapitel IV).

Und auch das Projekt eines Museums zur antikommunistischen Oppositionsbewegung, aus dem das ECS werden sollte, bekam unter der Regierung der PiS Auftrieb. Im Zuge ihrer staatlich verordneten Geschichtspolitik wurde die Erinnerung an die Solidarność zum ersten Mal zu einem gesellschaftlich breit verankerten Thema (vgl. Loew 2008: 96; Kerski, Interview, ECS 31. März 2015; Knoch, Kołtan, Interview, ECS, 3. März 2015).[155] Im August 2005 feierte die polnische Regierung den 25. Jahrestag der Gründung der Solidarność mit einem groß

Kaluza 2011: 160). Heutzutage bezeichnet der Begriff »Nationalmuseum« in Polen vornehmlich Kunstmuseen, von denen nur drei vom Kulturministerium finanziert werden (vgl. Mazan 2011: 670).

Als Standardwerk zur Herausbildung der polnischen Nation gilt Kizwalter 2013 (orig.: 1999). Zur Geschichte des polnischen Nationalismus vgl. auch Zloch 2010, die sich auf die Zeit zwischen den Weltkriegen konzentriert, in ihrer Einführung aber auch einen Überblick über die Forschungen zur Konstruktion der polnischen Nation im neunzehnten Jahrhundert gibt. Für den Vergleich von polnischem Nationalismus mit anderen osteuropäischen Ländern vgl. Puttkamer 2007.

155 Schon vor ihrer Machtübernahme hatte die PiS als Opposition immer wieder die Aufarbeitung des Kommunismus und eine konsequente *Lustracja* (Durchleuchtung) und »Dekommunisierung« der politischen Kräfte gefordert, die die postkommunistischen Regierungen seit 1989 ihrer Ansicht nach nicht konsequent verfolgt hätten (vgl. Pufelska 2010: 37; Smolar 2008: 58). 1997 verabschiedete die Regierung daraufhin ein erstes Lustrationsgesetz, das eine beschränkte Öffnung der Archive der Geheimdienste vorsah. Ein Jahr später wurde das »Institut für Nationales Gedenken« (Institut Pamięci Narodowej – IPN) gegründet, das den Zugang zu den Akten kontrollieren sollte. Eine vollständige »Durchleuchtung« von Politiker_innen fand jedoch nicht statt, so dass die Opposition PiS unter anderem mit diesem Thema bei den Parlamentswahlen 2005 siegen konnte (vgl. Loew 2008: 98).

angelegten Festakt auf der Danziger Werft. Anlässlich dieses Festakts unterzeichneten 29 Vertreter_innen, darunter Premierminister und Präsidenten 22 europäischer Länder, den Gründungsakt des Europäischen Solidarność Zentrums (vgl. ECS o. J. d). Da zu diesem Zeitpunkt weder ein Gebäude noch die Finanzierung des Projekts gesichert waren, stellte dies zunächst einen symbolischen Akt dar, mit dem aus der lokalen Initiative ein nationales Museumsprojekt wurde (vgl. Kerski, Interview, ECS, 31. März 2015). Dass dieses nationale Projekt zudem mit einer europäischen Bedeutung versehen wurde, lässt sich an der Rede ablesen, die der damalige EU-Kommissionspräsident Manuel Barroso anlässlich der Unterzeichnung des Gründungsaktes hielt. Darin stellte er die Bedeutung der polnischen Solidarność-Bewegung für Europa und die EU heraus. Solidarność deutete er nicht nur als zentrales Ereignis für die polnische Geschichte, sondern als Beitrag zur Freiheit in Europa und zur Entwicklung der Europäischen Union (siehe Kapitel 3. 2.2). Darüber hinaus sicherte Barroso die Beteiligung der EU an den Baukosten des ECS zu (vgl. Knoch, Kołtan, Interview, ECS, 3. März 2015).

Europäisierung nationaler Erinnerungsorte. Der Ort des ECS: Die Danziger Werft
Diese Deutung der Solidarność als Beitrag nicht nur zur nationalen, sondern europäischen Geschichte steht im breiteren Kontext eines Prozesses der Europäisierung nationaler Erinnerungsorte in Polen, der mit den Vorbereitungen zum EU-Beitritt Polens im Jahr 2004 einsetzte (vgl. Kowalski 2015). In Folge der institutionellen Annäherung Polens an die Europäische Union und des endgültigen Beitritts im Mai 2004 wurde die Betonung europäischer Traditionen und der Topos der »Rückkehr nach Europa« in Polen zu einem zentralen Element der Rhetorik politischer und intellektueller Eliten (vgl. Loew 2008: 100, 2004: 47ff.; Holzer 2007: 95ff.; Sapper/Weich 2011: 5). So lancierte beispielsweise die polnische Regierung im Mai 2002 eine groß angelegte Kampagne für den EU-Beitritt Polens, die den polnischen Bürger_innen verdeutlichen sollte, dass »Polen immer zu Europa gehörte« (Bartig 2002).[156]

---

156 Dem Historiker Peter Oliver Loew (2004: 20ff.) zufolge zieht sich die Spannung zwischen dem Topos »Polen als immer schon europäisch« und der gleichzeitigen Angst vor dem Verschwinden der »eigenen« nationalen Werte durch die Übernahme »westlich-europäischer« seit den Teilungen Polens im neunzehnten Jahrhundert durch die polnische Geschichte, da es seit den Teilungen in Polen das Gefühl gebe, von Westeuropa nicht genügend unterstützt und beachtet zu werden.

Konkret materialisiert sich diese Rhetorik beispielsweise in der Vergabe des European Heritage Label an die Danziger Werft im Dezember 2014.[157] Dieses Label wurde 2006 von den Regierungen der EU-Mitgliedsstaaten gegründet und wird seit 2011 von der EU an Orte vergeben, die eine bedeutende Rolle in der europäischen Geschichte und Kultur oder in Aufbau der EU gespielt haben (vgl. Kowalski 2015: 66; Europäische Kommission o. J.). Die Danziger Werft, auf deren Gelände das ECS errichtet wurde, spielt in der polnischen Erinnerungskultur eine zentrale Rolle und gilt nach 1989 als Symbol für den polnischen Kampf für Freiheit und für den Sieg über das kommunistische Unterdrückungssystem (vgl. Kowalski 2015: 69).[158] Neben dieser Bedeutung für eine national gerahmte Historiografie wird mit der Vergabe des European Heritage Labels und mit der Gründung des ECS auch eine europäische Deutung dieses Ortes virulent: Der polnische Kampf für Freiheit wird dabei universalisiert zu einem allgemeinen Kampf für Freiheit, der in der europäischen Vereinigung in der EU gipfelt. Zudem betont diese Europäisierung des nationalen Erinnerungsortes Danziger Werft den Beitrag Polens zur Beendigung des Kalten Kriegs und nimmt die polnische Geschichte in ein als westeuropäisch wahrgenommenes Narrativ der europäischen Integration auf (siehe Kapitel 3.2.2). Problematische, oftmals widersprüchliche nationale Deutungen treten angesichts dieser Europäisierungsbewegung in den Hintergrund (vgl. Kowalski 2015: 70).

Wie im oben angeführten Zitat des EU-Kommissionspräsidenten Barroso deutlich wird, fügt sich das ECS seit seiner Gründung im August 2005 in diese Rhetorik eines europäisierten nationalen Erinnerungsortes ein: Ohne die Solidarność-Bewegung gäbe es heute keine Freiheit in Europa und der EU, so Barroso. Diese europäische Dimension des Projekts gewann zunehmend an Bedeutung, nachdem im Herbst 2007 die nationalkonservative Regierung der PiS

---

157 Das Label bezieht sich auf vier Orte: das Eingangstor, an dem die Streikenden im August 1980 ihre 21 Forderungen anbrachten, den Raum für Arbeitssicherheit und Hygiene (Sala BHP), der während des Streiks 1980 als Hauptquartier diente und in dem am 31. August 1980 die Solidarność gegründet wurde, den Platz vor dem Eingangstor mit dem Denkmal für die gefallenen Werftarbeiter, das an die gewaltvolle Niederschlagung von Arbeiteraufständen durch die Regierung im Dezember 1970 erinnert (vgl. Kowalski 2015: 67f.), sowie das Gebäude des ECS (vgl. ECS o. J, e)

158 Der Ethnologe Krzysztof Kowalski (2015: 69f.) weist auch darauf hin, dass die Deutungen dieses Ortes keineswegs unumstritten sind – es gibt keine einheitliche nationale Erzählung, sondern viele verschiedene Schichten und konkurrierende, widersprüchliche Diskurse, die je nach politischem Kontext aktualisiert werden (»national palimpsest«). Zur kontrovers diskutierten Geschichte der Solidarność vgl. auch Mielczarek 2013 und Vetter 2014.

durch eine Koalition der liberalen, pro-europäischen Bürgerplattform (PO) und der Polnischen Bauernpartei (PSL) abgelöst wurde.

2007–2015: Pro-europäischer Freiheitsdiskurs. Phase III ECS: Gründung und Europäisierung
Die neue Regierung unter Premierminister Donald Tusk (2007–2014) und Premierministerin Ewa Kopacz (2014–2015) lehnte die national-autoritäre Geschichtspolitik ihrer Vorgänger ab und verfolgte stattdessen einen pro-europäischen »freiheitsorientierten Diskurs« (Pufelska 2010: 50f.). Ziel war es, ein Bild von Polen als ein Land zu stärken, das in seiner Vergangenheit konstant für Freiheit gekämpft habe, und diesen Kampf als Beitrag Polens zur europäischen Geschichte zu zeigen. Anstelle der nationalen Fokussierung der Vorgängerregierung trat das Bemühen, auch transnationale und europäische Bezüge der polnischen Geschichte herauszustellen. Als Hauptthemen kristallisierten sich dabei der Zweiten Weltkrieg und die polnische Oppositionsbewegung gegen das kommunistische Regime heraus (vgl. Pufelska 2010: 50f.).

Sichtbar wurde diese geschichtspolitische Wende wiederum auch in der Museumspolitik: Das von der PiS-Regierung vorangetriebene Projekt eines Museums der Geschichte Polens (MHP) legte die Regierung Tusks wegen seiner national-patriotischen Ausrichtung auf Eis und trieb stattdessen zwei andere Museumsvorhaben voran: das Museum des Zweiten Weltkriegs und das Europäische Solidarność Zentrum, das zu einem zentralen geschichtspolitischen Projekt der neuen Regierung unter Tusk wurde (vgl. Loew 2008: 101; Pufelska 2010: 53; Knoch, Interview, ECS 24. März 2015). Direkt nach der Wahl im Oktober 2007 wurde das ECS auf Bestreben von Tusk offiziell gegründet. Am 8. November 2007 unterzeichneten der Minister für Kultur und Nationales Erbe Kazimierz Michał Ujazdwoski, der Danziger Bürgermeister Adamowicz, der Marschall der Wojewodschaft Pommern, die Gewerkschaft Solidarność sowie die seit 1999 bestehende Stiftung Centrum Solidarności den Gründungsvertrag, der die Aufgaben und den strukturellen Aufbau der Institution festlegt (vgl. Kerski 2012: 116; o. V. 2007). Im Gegensatz zum symbolischen Gründungsakt von 2005 stellt dieser Vertrag eine rechtliche Verpflichtung der Gründungsparteien dar, aus der heraus die Institution ihre Arbeit in einem Gebäude auf der Werft aufnehmen konnte. Sie bekam den Namen »Europäisches Solidarność Zentrum« (Europejskie Centrum Solidarności) (o. V. 2007: 1). Als Hauptaufgabe des ECS legt der Gründungsvertrag »die Erinnerung, die Bewahrung und die Verbreitung des Erbes und der Botschaft der Idee ›Solidarność‹ und der demokratischen antikommunistischen Opposition in Polen und anderen Ländern« fest. (o. V. 2007: 2, Übersetzung: S.C.). Die Stiftung Centrum Solidarności verpflichtete sich, ihre Ausstellung »Wege zur

Freiheit« an das ECS zu übergeben, die damit zu einem Anfang der Sammlung des ECS wurde.[159] Zeitgleich mit der offiziellen Gründung fand der internationale Architekturwettbewerb für die Gestaltung des Museumsgebäudes statt, den das Danziger Architekturbüro Fort gewann. Sein Entwurf sah ein rechteckiges Gebäude mit geneigten Wänden aus rostendem Stahl vor, das an einen Schiffsrumpf erinnern soll (vgl. ECS o. J. d).

In den ersten Jahren nach der Gründung 2007 bestand die Arbeit des ECS vornehmlich im Aufbau einer Sammlung, in der internationalen Vernetzung und in der Vorbereitung der Dauerausstellung. Nachdem der Gründungsvertrag von 2007 die programmatischen Grundzüge des Zentrums festgelegt hatte, fand 2008 ein öffentlicher Wettbewerb für die inhaltliche Gestaltung der Dauerausstellung statt, den die Warschauer Firma Media Kontakt gewann. Unter Leitung des ehemaligen Solidarność-Mitglieds und Oppositionellen Mirosław Chojecki erarbeitete sie in der Folge ein erstes inhaltliches Konzept, das im Juni 2009 fertiggestellt wurde (vgl. Media Kontakt 2009). Die Gestaltung der Dauerausstellung wurde von dem Danziger Design- und Architekturbüro Studio 1:1 erarbeitet (vgl. Knoch, Interview, ECS, 24. März 2015). Neben der Arbeit an der Dauerausstellung realisierte das ECS in den ersten Jahren nach seiner Gründung auch vorbereitende Ausstellungen. Vom 26. Mai bis 17. Juni 2009 zeigte es beispielsweise »Die friedliche Revolution – Weg zur Freiheit« im Deutschen Bundestag, die den Prozess der Befreiung Polens von der kommunistischen Diktatur der Jahre 1945–1989 präsentierte (vgl. ECS 2009; siehe Kapitel 3.2.2).

Wie im Namen der Institution mit der Formulierung »Zentrum« angezeigt, versteht sich das ECS jedoch nicht nur als Museum, sondern auch als Bildungs- und Forschungseinrichtung. Es möchte eine »Agora« sein – »a space for people and ideas that build and develop a civic society, a meeting place for people who hold the world's future dear« (vgl. ECS o. J. d). Deshalb baut das ECS seit 2008 ein Archiv zur Solidarność-Bewegung auf, verfügt über eine öffentliche Bibliothek und einen wissenschaftlichen Verlag, der die Zeitschrift »New Eastern Europe« herausgibt. 2011 gründete der Direktor Kerski zudem die Abteilungen für »gesellschaftliches Denken« und für »zivilgesellschaftliche Kultur«, die sich wissenschaftlich mit Oppositionsbewegungen und dem Fall des Kommunismus in Ostmitteleuropa, sowie mit internationalen gesellschaftlichen Bewegungen

---

159 Wegen des starken nationalen Fokus dieser Ausstellung übernahm das ECS sie »mit Bauchschmerzen« (Kerski, Interview, ECS, 30. März 2015). Letztendlich wurden nur zwei Objekte dieser Ausstellung in die Dauerausstellung des ECS übernommen. Die Stiftung sollte eigentlich mit Eröffnung des ECS aufgelöst werden, besteht aber bisher weiterhin. Beide Institutionen arbeiten für Bildungsveranstaltungen zusammen (vgl. Kołtan, Email, 21. März 2016).

beschäftigen und ein breites kulturelles Programm zur Stärkung der Zivilgesellschaft sowie Vorträge und Kolloquien organisieren (vgl. Kerski 2012: 122ff.). So fand beispielsweise 2012 in Kooperation mit dem Europäischen Netzwerk Erinnerung und Solidarität und der Bundesstiftung zur Aufarbeitung der SED-Diktatur ein Symposium zum »Gedächtnis Europas« in Danzig statt (vgl. Kerski 2012: 126), und im Mai 2016 veranstaltete das ECS ein Diskussionsforum zum Thema »Europa mit Blick auf die Zukunft«. Aus diesen Aktivitäten wird ersichtlich, dass das ECS seit seiner Gründung an einer breiten europäischen Vernetzung interessiert war.

2011–2015: Von der Grundsteinlegung zur Eröffnung
2011 war in der Geschichte des ECS ein entscheidendes Jahr. Nachdem der Danziger Bürgermeister Adamowicz Ende 2010 den bisherigen Direktor des ECS Maciej Zięba abgesetzt hatte, wählten Vertreter_innen des ECS, des Kulturministeriums, der Wojewodschaft sowie der Gewerkschaft Solidarność im März 2011 den deutsch-polnisch-irakischen Politikwissenschaftler und Publizisten Basil Kerski zum neuen Direktor. Diese Wahl geschah gegen den heftigen Widerstand von Lech Wałęsa, der den bisherigen Präsidenten der Stiftung Centrum Solidarnośi Bogdan Lis unterstützt hatte. Auch in der polnischen Politik und Presse wurde diese Entscheidung kontrovers diskutiert, da Kerski kein Solidarnosc-Mitglied gewesen war, aus einer polnisch-irakischen Familie stammt, in Berlin lebt und zum Zeitpunkt seiner Wahl nicht die polnische Staatsbürgerschaft besaß. Insbesondere die damalige Oppositionspartei PiS wehrte sich gegen Kerski als Direktor einer nationalen Kulturinstitution, da er vor allem aufgrund seines Engagements in den deutsch-polnischen Beziehungen nicht in ihr Bild einer monolithisch gedachten polnischen Kultur passte (vgl. Kołtan, Knoch, Interview, ECS, 3. März 2015).

Nichtsdestotrotz nahmen unter Kerski sowohl das Gebäude als auch die Dauerausstellung des ECS konkrete Formen an. Im Mai 2011 legte der damalige Präsident Polens Bronisław Komorowski den Grundstein für den Bau des ECS (vgl. ECS o. J. d). Kerski gründete eine Abteilung mit 25 Mitarbeiter_innen, die auf der Grundlage eines ersten, sehr allgemeinen Konzepts der Firma Media Kontakt aus dem Jahr 2008 die Dauerausstellung erarbeitete (vgl. Knoch, Interview, ECS, 24. März 2015). Neben dem Direktor und dieser Abteilung nehmen zwei Gremien Einfluss auf die inhaltliche Ausrichtung der Dauerausstellung: Im Beirat sitzen Vertreter_innen der Gründungsinstitutionen des ECS, also größtenteils Politiker_innen der städtischen und nationalen Ebene, die oftmals selbst Mitglieder der Solidarność-Bewegung gewesen sind, beispielsweise Bogdan Borusewicz, der bis 2015 Präsident des polnischen Senats war, oder Wojciech Duda, der Donald Tusk während dessen Regierungszeit als Berater zur Seite stand und darüber hinaus als enger Freund des ECS-Direktors Kerski gilt (vgl. Knoch, Interview, ECS, 24. März 2015).[160] Der Beirat entscheidet über die inhaltlichen Grundlinien und das Budget und ist damit der Ort, an dem die Einbindung des ECS in die nationale Geschichtspolitik strukturell am sichtbarsten ist (vgl. Oleszek 2013: 5). Das zweite Gremium, der wissenschaftliche Beirat, hat dagegen nur beratende Funktion. Es besteht aus 22 Mitgliedern, hauptsächlich angesehenen polnischen Historikern, die oftmals ebenfalls selbst bei der Solidarność aktiv gewesen sind (vgl. Oleszek 2013: 6; Knoch, Interview, ECS, 24. März 2015). Von 22 Mitgliedern des Beirats sind derzeit 21 Männer (vgl. ECS 2014a: 278).

Insbesondere für die inhaltliche Ausrichtung des ECS war die Wahl Kerskis zum Direktor entscheidend: Nachdem das Projekt bis 2011 eher national ausgerichtet war und darauf abzielte, Polen als Hauptmotor für die Umbrüche von 1989 und die europäische Vereinigung zu zeigen, setzte sich Kerski entschieden für eine breitere europäische und globale Perspektive ein (Kołtan, Knoch, Interview, ECS, 3. März 2015; Kerski, Interview, ECS, 31. März 2015, siehe Kapitel 3.2.2). Am 31. August 2014 wurde das ECS schließlich mit einem Festakt eröffnet (vgl. ECS o. J. d). Bisher gilt es als sehr erfolgreiches Museum: Bis Mai 2016 hatten 270.000 Menschen die Dauerausstellung des ECS gesehen, Hunderttausend weitere das Zentrum genutzt (vgl. Hassel 2016).

Das Ineinandergreifen der verschiedenen Schichten in der Gründungsgeschichte des ECS (städtisch-regional, national, europäisch) findet sich auch in der Finanzierung des Projekts. Diese ist eine Mischung aus städtischen, nationalen und europäischen Geldern. Bereits 2005 hatte EU-Kommissionspräsident Barroso anlässlich der symbolischen Unterzeichnung des Gründungsaktes im Rahmen der Feierlichkeiten zum 25. Jahrestag der Solidarność-Gründung zugesagt, dass die EU 50% der Baukosten übernehmen würde. Fünf Jahre später einigten sich der polnische Kulturminister Bogdan Zdrojewski und der Danziger Bürgermeister Paweł Adamowicz darauf, den Rest der Kosten unter sich aufzuteilen (vgl. ECS o. J. d). Die Kosten für die Dauerausstellung hingegen übernahm das polnische Kulturministerium, das Ministerium für Kultur und Nationales Erbe, nach einer Entscheidung von Premierminister Tusk allein (vgl. Knoch, Interview, ECS, 24. März 2015).

---

160 Der Beirat besteht aus fünf Vertreter_innen der Stadt Danzig, vier Vertreter_innen des Kulturministeriums, zwei der Wojewodschaft Pommern, zwei der Gewerkschaft Solidarność, einem Vertreter der Stiftung Centrum Solidarności, einem Vertreter von Lech Wałęsa und dem Vorsitzenden des wissenschaftlichen Beirats.

2015–heute: Staatlich gesteuerte Geschichtspolitik?

Seit Herbst 2015 regiert in Polen abermals die nationalkonservative Partei PiS. Wie sich die Geschichtspolitik unter dieser Regierung entwickeln wird, ist noch nicht final bewertbar. Es zeichnet sich jedoch ab, dass eine national ausgerichtete, einseitig heroisierende Perspektive auf die polnische Geschichte als opferreichem Kampf der Polen um ihre nationale Selbstbehauptung wie auch schon in der Regierungszeit zwischen 2005 und 2007 leitend sein wird. So berief der polnische Präsident Andrzej Duda im November 2015 Wissenschaftler_innen und Direktor_innen von Museen und Kultureinrichtungen ein, um mit ihnen eine Strategie für die polnische Geschichtspolitik zu erörtern. Laut einem Bericht der FAZ habe der Senator Jan Żaryn bei diesem Treffen gesagt, in der Geschichtspolitik solle keine Demokratie herrschen, der Staat müsse darin die für ihn nützliche Sichtweise durchsetzen (vgl. Stach 2016a).[161] Museen, insbesondere historisch ausgerichtete Museen, werden dabei erneut zum Spielball der nationalen Geschichtspolitik: Im April 2016 verkündete das Kulturministerium unter Piotr Gliński, das zu diesem Zeitpunkt fast fertiggestellte Museum des Zweiten Weltkriegs, das ein Prestigeprojekt der Vorgängerregierung unter Donald Tusk gewesen war, solle gestoppt und mit einem von der PiS-Regierung neu geplanten Museum auf der Danziger Westerplatte zusammengelegt werden (vgl. Gliński 2016a, Machcewicz 2018). Im Gegensatz zum Museum des Zweiten Weltkriegs, das sich in seinen Planungspapieren vor allem durch eine geplante europäische Perspektive auf den Zweiten Weltkrieg auszeichnet, sollte das neue Museum eine national zentrierte Geschichte der heldenhaften polnischen Verteidigung zeigen (vgl. Gliński 2015). Wegen heftiger nationaler und internationaler Proteste konnte das Museum Anfang 2017 dennoch in seiner ursprünglich geplanten Form eröffnen. Kurz darauf wurde jedoch die Direktion entlassen, durch linientreuere Historiker ersetzt und die Dauerausstellung inhaltlich dahingehend umgestaltet, dass nun eine national-patriotische Perspektive überwiegt (vgl. Machcewicz 2018, siehe Kapitel IV).

Auf das ECS wirkt sich die erneute Wende in der polnischen Geschichtspolitik bislang eher indirekt aus. Laut dem Leiter der »Abteilung für gesellschaftliches

---

161 Des Weiteren stellte der Berater des Kulturministers einen Strafantrag gegen einen führenden Historiker der polnischen Geschichte, Jan Tomasz Gross, wegen Verleumdung des polnischen Volkes. Dieser hatte im Herbst 2015 in einem Artikel in der deutschen Zeitung Die Welt die Weigerung Polens Flüchtlinge aufzunehmen mit der unzureichenden Aufarbeitung der Mitschuld Polens am Holocaust erklärt. Das Außenministerium prüft seitdem, ob dem Historiker der Verdienstorden der Republik Polen entzogen werden sollte. Gross hatte 2000 mit seinem Buch *Nachbarn* über das Massaker von Jedwabne im Jahr 1941 eine heftige Debatte über polnisch-jüdische Beziehungen entfacht (vgl. Stach 2016a, 2016b).

Denken«, Jacek Kołtan, hat das Museumsteam noch keinen direkten Angriff durch die Regierung erlebt. Dennoch sei zu spüren, dass die Regierung mit dem Programm des ECS unzufrieden sei (Mail Kołtan 25. August 2018). Auch in der polnischen Presse wird das Museum zunehmend negativ besprochen. Es zeichnet sich ab, dass die Regierung unter Kaczyński nach dem Museum des Zweiten Weltkriegs auch das ECS ihren national-konservativen Vorstellungen entsprechend umorganisieren möchte. Laut der Süddeutschen Zeitung berichten polnische Medien im Frühjahr 2016 über ein Gespräch zwischen dem Vertrauten Kaczyńskis, Jacek Kurski, und dem Direktor des ECS, Basil Kerski, in dem Kurski einen Kurswechsel und personelle »Säuberungen« verlangt habe. Deshalb sei auch das ECS nicht mehr vor inhaltlichen Eingriffen durch die Regierung sicher, ließ Kerski verlauten (vgl. Hassel 2016).

Deutlich wird an diesen Kontroversen in der polnischen Geschichtspolitik seit der Machtübernahme der PiS, dass der Hauptstreitpunkt vor allem im Spannungsfeld zwischen nationaler und europäischer Historiografie besteht: die PiS steht für eine national zentrierte Perspektive, die um die beiden Topoi polnisches Heldentum und polnischer Opferstatus kreist, während liberalere Gruppierungen, die eher der PO nahe stehen, sich um die Einbettung der polnischen Geschichte in europäische Zusammenhänge bemühen. Darüber hinaus zeichnet sich ab, dass Museen in diesen Kontroversen eine zentrale Rolle spielen. Insbesondere Nationalmuseen, die es sich wie das ECS zum Ziel setzen, die polnische Geschichte in transnational-europäische Zusammenhänge einzubinden, werden derzeit in Polen heftig umkämpft.

Zwischenfazit: Das ECS als europäisiertes Nationalmuseum
Das ECS nennt sich »Zentrum« und nicht »Museum«, und vom offiziellen Status her ist es eine lokale, keine nationale Institution (vgl. o. V. 2007: 1). Dennoch bezeichne ich es in dieser Analyse als Nationalmuseum. Dies hat folgende Gründe: Die Bezeichnung als Zentrum soll deutlich machen, dass sich das ECS nicht nur der Vergangenheit zuwenden, sondern auch Gegenwart und Zukunft mitgestalten möchte. »Discover history and decide about the future« lautet dementsprechend das leitende Motto (vgl. ECS o. J. c). Dass das ECS in dieser Studie dennoch als Museum bezeichnet werden kann, ergibt sich aus zwei Gründen: Wie in den Kapiteln 2.1 und 2.3 gezeigt, arbeite ich mit einem konstruktivistischen Verständnis des Begriffs Museum: Museen geht es nie nur um Vergangenheit, da sie vom Standpunkt der Gegenwart aus gegründet werden, um bestimmte Ziele in der Gegenwart und für die Zukunft zu erfüllen. Diese Bedeutung des Begriffs Museums, die das ECS mit der Bezeichnung als Zentrum betont, denke ich in den Analysen mit. Darüber hinaus steht im Fokus dieser Analyse die

Dauerausstellung des ECS und damit seine Funktion als Museum: Es setzt sich das Ziel, die Geschichte der Solidarność für die Zukunft zu erhalten, indem es Dinge sammelt, konserviert und ausstellt (siehe Kapitel 3.2.2).

Als *National*museum bezeichne ich das ECS, um die nationale Positionierung der ersten Person des musealen Sprechakts (vgl. Bal 1996: 3f.) zu markieren. Wie bisher deutlich geworden ist, geht die Wirkung des ECS weit über einen städtischen und lokalen Rahmen hinaus. Seine Entstehungsgeschichte ist aufs Engste mit der polnischen Politik verbunden, in der polnische Geschichte im Allgemeinen und die Solidarność-Bewegung im Besonderen Gegenstand heftiger politischer Kontroversen waren (und seit 2015 wieder sind). Eine mögliche Erklärung für diese enge Verzahnung des Museums mit der Politik ist, dass die Geschichte, die das ECS musealisiert, noch nicht lang zurückliegt und bis in die Besetzung von leitenden Funktionen im ECS, in die Ausstellungsgestaltung und die Finanzierung nachwirkt: Der Großteil der Hauptakteure in der Entstehungsgeschichte war Aktivist oder Sympathisant der Solidarność – die Geschichte, die sie im ECS erzählen, ist somit auch ihre eigene. Diese persönliche Involviertheit erklärt die enge Verflechtung des ECS mit der polnischen Politik: sowohl der Initiator des ECS Adamowicz, der prominente Unterstützer Lech Wałęsa, der Autor des Konzepts für die Dauerausstellung Miroslaw Chojecki, Mitglieder des Beirats als auch die entscheidenden Akteure auf staatlicher Ebene, der ehemalige Präsident Lech Kaczyński und die ehemaligen Ministerpräsidenten Jaroslaw Kaczyński und Donald Tusk waren Teil der antikommunistischen Opposition. Da sie jedoch unterschiedliche Deutungen der Solidarność verfolgen, erfuhr die Ausrichtung des ECS mit jedem politischen Wechsel einen Wandel: von einer lokalen Institution zu einem nationalen Projekt unter Kaczynski und zu einem nationalen Prestigeprojekt mit transnationaler und europäischer Ausrichtung unter Tusk. Aufgrund seiner Gründungsgeschichte und der daraus ersichtlich gewordenen engen Verbindung zur polnischen Politik bezeichne ich das ECS als Nationalmuseum.

Damit ist jedoch kein einfacher Top-Down-Ansatz gemeint: die erste Person des musealen Sprechakts meint kein klar identifizierbares Individuum, nicht den polnischen Staat, die polnische Regierung oder einen Politiker, der die Inhalte des ECS kontrollieren würde. Wie in der Gründungsgeschichte deutlich geworden ist, besteht die erste Person des Sprechakts aus einem schwer zu entwirrenden Geflecht politischer Akteure. Die Entstehung des ECS stellt sich als unübersichtlicher Aushandlungsprozess verschiedener Motive dar, in dem die entscheidenden Akteure auf städtischer und vor allem nationaler Ebene positioniert sind. »National-« in Nationalmuseum zeigt diese nationale Positionierung der ersten Person an: Es meint erstens die Rahmung des ECS durch die polnische Politik, die die Möglichkeiten zur Gründung schuf, das Projekt vorantrieb, mitfinanzierte und inhaltliche Akzente setzte. So ist das Ministerium für Kultur und Nationales Erbe Gründungsmitglied des ECS und stellt Vertreter_innen im Beirat, der über das Budget und die inhaltlichen Grundlinien des ECS entscheidet. Darüber hinaus finanziert das Ministerium die Dauerausstellung. Ohne die Unterstützung der polnischen Regierung wäre die Entstehung des ECS somit nicht möglich gewesen. »National-« meint zweitens die nationale Positionierung der Hauptakteure in der Gründungsgeschichte, ihre persönliche Involviertheit in die Geschichte, die das ECS zeigt, sowie die besondere Stellung dieser Geschichte in der polnischen Politik und Gesellschaft. Hier zeigt sich darüber hinaus, wie in den anderen Fallstudien auch, eine Verbindung der Strukturkategorien Nation und *Gender*: die Hauptakteure in der Entstehung des ECS sowie seiner Dauerausstellung sind nicht nur national positioniert, sondern zum allergrößten Teil männlich. Auf die Auswirkungen, die das auf das in der Dauerausstellung etablierte Narrativ europäischer Geschichte hat, gehe ich in der Ausstellungsanalyse ein (siehe Kapitel 3.2.3).

Neben dieser starken nationalen Positionierung der ersten Person des musealen Sprechakts wird in der Entstehungsgeschichte des ECS jedoch auch eine europäische Ebene sichtbar, die sich insbesondere in der Benennung des Zentrums als europäisch, in der Betonung der Bedeutung der Solidarność-Bewegung für Europa, sowie in der Finanzierung zeigt. Ich bezeichne das ECS deshalb nicht nur als Nationalmuseum, sondern als europäisiertes Nationalmuseum. Dieser Begriff soll das Schwanken des Projekts zwischen nationaler und europäischer Ebene benennen. Dieser Status des Dazwischens zeigt sich insbesondere in der inhaltlichen Ausrichtung des ECS, um die es im Folgenden gehen soll.

3.2.2 »Der polnische Weg zur Freiheit«: Konzeptionelle Ausrichtung zwischen nationaler und europäischer Historiografie

Nachdem die Entstehungsgeschichte die nationale Positionierung des ECS sowie das Ineinandergleiten der nationalen, lokalen und europäischen Ebenen deutlich gemacht hat, soll dieses Kapitel seine Stellung zwischen einer nationalen und europäischen Ebene in inhaltlicher Hinsicht zeigen. Wie in den Fällen der anderen hier untersuchten Museen lassen sich in den inhaltlichen Planungen des ECS die Mechanismen musealer Historiografie zwischen Nation und Europa herausarbeiten, die ich in Kapitel 2.3–2.6 beschrieben habe: Zunächst möchte das ECS Vergangenheit mittels der Ausstellung materieller Dinge erfahrbar machen und eine *presence of the past* ermöglichen (vgl. Crane 2000a). Diese Vergangenheit wird zweitens als gemeinsame einer Gruppe vorgestellt, deren kollektive Identität durch die museale Historiografie gestärkt werden soll. Schließlich rahmt das ECS diese Historiografie auf verschiedenen Ebenen: Die vorgestellte gemeinsame Geschichte und kollektive Identität werden als nationale, europäische und globale inszeniert.

Die Gewichtung der verschiedenen Ebenen hat sich während der oben skizzierten Entstehung des ECS mehrmals verschoben. Aus einer lokalen Initiative wurde ein Museumsprojekt mit nationaler Bedeutung, dessen europäische und global-universellen Dimensionen zunehmend wichtiger wurden. Diese Einteilung stellt jedoch keine kontinuierliche Bewegung von einer lokalen über eine nationale hin zu einer europäischen und globalen Ebene dar. Auch wenn sich jeweils verschiedene Schwerpunktsetzungen erkennen lassen, schieben sich diese Ebenen vielmehr in Schichten ineinander. Diese Schichten zu entwirren und die Stellung des ECS zwischen nationaler und europäischer Historiografie zu zeigen, ist das Anliegen dieses Abschnitts. Der Fokus liegt dabei auf der Entwicklung der Dauerausstellung.

Presence of the past **durch Objekte mit historischem Wert**
In seinen Konzeptpapieren und Selbstbeschreibungen vermeidet das ECS die Bezeichnung als Museum. Stattdessen versteht es sich als Zentrum, da es sich nicht nur der Vergangenheit, sondern auch der Gegenwart und Zukunft zuwenden und eine Bildungs- und Forschungseinrichtung, sowie eine Begegnungsstätte zur Stärkung der Demokratie sein möchte (vgl. Kerski 2012: 113). Dennoch arbeitet auch das ECS mit der Grundrhetorik historisch ausgerichteter Museen, die ich in Kapitel 2.3 herausgearbeitet habe: Mittels der Sammlung, Bewahrung und Ausstellung von Überresten der Vergangenheit soll Vergangenes anwesend und erfahrbar gemacht werden. Als erstes und wichtigstes Ziel des ECS definiert der Gründungsvertrag von 2007 »die Erinnerung, die Bewahrung und die Verbreitung des Erbes und der Botschaft der ›Solidarność‹ und der antikommunistischen demokratischen Opposition in Polen und anderen Ländern« (o. V. 2007: 2, Übersetzung: S.C.). Dieses Ziel übernimmt auch die aktuelle Website des ECS (vgl. ECS o. J. c). In einer Informationsbroschüre ergänzt der Direktor Basil Kerski, es gehe dem ECS als Museum um die »Verbreitung historischem (sic) Wissen über die Solidarność-Bewegung« (ECS o. J. h: 3). Um dieses Ziel der Wissensvermittlung zu erreichen, besteht die Hauptaufgabe des ECS laut seiner Satzung von 2013 im Aufbau einer Dauerausstellung zur Geschichte der Solidarność (vgl. Oleszek 2013: 3; Kerski et al. 2014: 4). Deren Grundlage wiederum bildet die Sammlung des ECS (vgl. Oleszek 2013: 3), die die Website als »a large collection of materials to document Solidarity's history [...]« beschreibt (ECS o. J. b). Diese Sammlung besteht neben Archivdokumenten, Filmen, Fotografien und Kunstwerken vor allem aus »Objekten mit historischem Wert« (Übersetzung: S.C.), die

die Geschichte dokumentieren sollen, wie beispielsweise die 21 Forderungen der Streikenden der Danziger Werft an die Regierung vom August 1980, die mit Farbe auf Holzbretter gemalt sind, eine Tür des Werftkrankenhauses mit Einschusslöchern aus dem Protesten vom Dezember 1970, Printmaschinen, mit denen Untergrundpublikationen hergestellt wurden oder den Pullover, den Lech Wałęsa bei der Unterzeichnung des August-Abkommens 1980 trug (ECS o. J. f).

Was in dieser Aufzählung und Beschreibung der gesammelten und ausgestellten Dinge mitschwingt, ist ihr Status als Originale, als authentisch-echte Museumsdinge (primäre Dinge, siehe Kapitel 2.3): Den gesammelten Dingen wird ein historischer Wert zugeschrieben, weil sie als originale, echte Zeugnisse der Vergangenheit gelten. »The visitors will be shown the authentic exhibits and at the same time given access to 3D projections and electronic displays of photographs, archive films, documents, maps, biography abstracts, calendars, press releases [...]«, verspricht eine Informationsbroschüre für Besucher_innen (ECS 2013: 3). Wie hier ersichtlich, soll die Ausstellung nicht nur authentische Dinge mit historischem Wert zeigen, sondern sie auch in interaktive Medieninstallationen einbetten (vgl. auch Kerski et al. 2014: 4). Insbesondere ein auf der Homepage des ECS gezeigter Werbefilm betont den Einsatz von »state-of-the-art-technology«, wie Touchscreens oder Simulationen auf Computerbildschirmen (vgl. ECS o. J. a).[162] Im Gegensatz zu den sogenannten primären Dingen kommt diesen, in den (Selbst-)Beschreibungen des ECS als »Medien« bezeichneten Dingen jedoch nur eine Hilfsfunktion zu: Sie sind da, um die Originale einzubetten und zu erklären. Die Objekte hingegen, denen historischer Wert zugesprochen wird, haben aufgrund ihres Status als primäre Originalobjekte die Funktion, Vergangenes in der Gegenwart präsent zu halten und so Geschichte zu erzählen. Die Dauerausstellung sei eine narrative Ausstellung, so der Katalog, deren »basic narrative consists of historical storytelling [...]« (Kerski et al. 2014: 4). Für das angestrebte *storytelling* sind Objekte, denen historischer Wert zugeschrieben wird, zentral. Denn sie sind es, die »die Geschichte der Solidarność anschaulich dokumentieren« (ECS o. J. h) und Besucher_innen »in die Geschichte eintauchen lassen« (ECS o. J. a, Übersetzung: S.C.). Das ECS arbeitet hier mit der in der Museologie üblichen

---

[162] Wegen dieses intensiven Gebrauchs sogenannter multimedialer Installationen gilt das ECS in Polen als »nowoczesny«, als modern, und beansprucht eine Vorreiterrolle in der polnischen Museumsgestaltung (vgl. Peters 2015: 5; Kerski et al. 2014: 4). »Medien« wird hier eher umgangssprachlich verwendet und meint, wie in oben genanntem Video ersichtlich, vor allem sogenannte »neue Medien« wie Touchscreen- und Videoinstallationen. Im Gegensatz zu diesen (Selbst-)Beschreibungen des ECS verwende ich den Begriff wie in Kapitel 2.2 dargelegt, in einem differenzierteren Sinne, um alles das zu beschreiben, was im Museum und seinen Ausstellungen zur Bedeutungsproduktion beiträgt.

Unterscheidung zwischen primären und sekundären Dingen (vgl. Fayet 2007) und mit dem Topos einer *presence of the past* (vgl. Crane 2000a, siehe Kapitel 2.3): In dieser Perspektive sind es die als primär, authentisch und echt klassifizierten Museumsobjekte, die Vergangenes präsent und anschaubar machen sollen.

Presence of the past **als gemeinsame Geschichte: Zwischen nationalem Erbe, europäischer Identität und global-universeller Tradition**
Die Vergangenheit, die das ECS in seiner Dauerausstellung mittels der authentischen, historischen Objekte zeigen will, wird in den Planungen des ECS darüber hinaus als gemeinsame Geschichte konzipiert, deren Ausstellung die Identität verschiedener Gruppen stärken soll. Auch wenn das Vorwort des Katalogs zur Dauerausstellung darauf hinweist, dass es unmöglich sei, eine gemeinsame Geschichte aller Besucher_innen zu erzählen (vgl. Kerski et al. 2014: 4), lässt sich dieser Mechanismus in den Konzepten des ECS besonders auf zwei Ebenen beobachten: einer nationalen und einer europäischen. Die Geschichte der Solidarność wird sowohl als polnische, als auch europäische und sogar als global-universelle Geschichte gerahmt und mit Konzepten nationaler und europäischer Identität in Verbindung gebracht. Dabei haben sich die Gewichtung und Bedeutung dieser unterschiedlichen Ebenen während der Entstehung des ECS entsprechend der drei im vorigen Kapitel herausgearbeiteten Phasen mehrmals verschoben: In einer ersten Phase (1999–2005) wurde aus der lokalen Initiative zur Gründung eines Solidarność-Museums ein Projekt mit nationaler Bedeutung. Doch auch eine europäische Dimension ist schon in dieser Phase erkennbar. Das Projekt wandelte sich in einer zweiten Phase ab 2005 und stärker noch ab 2007 zu einem zentralen Anliegen der nationalen Geschichtspolitik. Gleichzeitig wurde die europäische Dimension des Projekts wichtiger. Die dritte Phase (2011–heute) schließlich ist durch eine weitere transnationale und europäische Öffnung bis hin zu einer globalen und universellen Ebene gekennzeichnet. Für die Stellung des ECS zwischen nationaler und europäischer Historiografie sind insbesondere die zweite und dritte Phase entscheidend, weshalb ich mich im Folgenden auf diese beiden konzentriere.

2005–2011: Zwischen nationalem Erbe und europäischer Identität
Solidarność als nationales Erbe
Nachdem die nationalkonservative Regierung der PiS von 2005 bis 2007 unter anderem mit dem Projekt des ECS erstmals auf nationaler Ebene das Interesse für die Geschichte der Solidarność geweckt hatte, nahm die inhaltliche Ausrichtung des Museumsprojekts unter der neuen, eher liberal und proeuropäisch orientierten Regierung unter Premierminister Donald Tusk (2007–2014) und

Premierministerin Ewa Kopacz (2014–2015) ab Herbst 2007 klarere Konturen an. Dabei wurden sowohl die nationale als auch die europäische Dimension des Projekts deutlicher erkennbar. Die nationale Dimension äußert sich zunächst strukturell, denn das polnische Kulturministerium, das »Ministerium für Kultur und Nationales Erbe«, stellte eine der Parteien, die im November 2007 den Gründungsvertrag des ECS unterschrieben (vgl. ECS o. J. g). Damit sitzen vier Vertreter der Regierung im Beirat des ECS, der über die inhaltliche Ausrichtung mitbestimmt (vgl. Oleszek 2013: 5). Mit dem Gründungsvertrag wird die Geschichte der Solidarność offiziell zum nationalen Erbe deklariert.

Die Idee eines Erbes, das der Nation gehört, stammt aus dem ausgehenden achtzehnten Jahrhundert, als sich von Frankreich ausgehend in Europa die Vorstellung durchsetzte, Kulturbestände seien »als Medium für die ideologische Etablierung der Nationalstaaten« für kommende Generationen zu erhalten (Willer et al. 2013: 25, 14ff.; vgl. auch Willer 2013: 165). Die Sammlung und Bewahrung materieller Hinterlassenschaften der Vergangenheit sollte der Legitimierung und Stärkung der neu entstehenden Nationalstaaten und der Ideen nationaler Identitäten dienen – die Nation wurde zur Trägerin eines Erbes und das Erbe bekam identitätsstiftende Funktion (vgl. Poulot 1992; Willer et al.2013: 25). Neben der Verknüpfung mit der Nation ruft der Begriff des Erbes seit dem ausgehenden achtzehnten Jahrhundert auch die Logik familiärer Abstammung auf. Im Gegensatz zu vorherigen religiösen Konzeptionen von Erbe ist der Begriff seitdem sowohl national als auch familiär gedacht: Vererbt wird nicht mehr an Klöster und Pfarreien, sondern an kommende Generationen innerhalb einer nationalen oder familiären Gemeinschaft (vgl. Willer et al. 2013: 14ff.).[163] Der Topos des nationalen Erbes in der inhaltlichen Planung des ECS impliziert folglich, dass die Geschichte der Solidarność innerhalb einer als national-familiär gedachten Gemeinschaft weitergegeben werden und damit der Identitätsvergewisserung dieser nationalen Gemeinschaft dienen soll.[164] Solidarność wird auf dieser nationalen Ebene in den Konzeptionen primär als zentrales Ereignis für die polnische Geschichte gerahmt. So heißt es beispielsweise im Katalog zur Dauerausstellung: »The

---

163 Auch die Welterbekonvention der Unesco (»Übereinkommen zum Schutz des Kultur- und Naturerbes der Welt«), die bis heute bestimmend für den Kulturerbe-Diskurs ist, bleibt dem Literaturwissenschaftler Stefan Willer (2013: 161, 193) zufolge diesem nationalstaatlichen und familiären Denken verpflichtet.

164 Dieser Gedanke wird in der Fallstudie zum MuCEM weiterentwickelt (siehe Kapitel 3.3.3).

agreements signed with strikers in August and September of 1980 were a breakthrough in Polish history« (Knoch 2014: 87).[165]

In diesem Sinne sagte der ehemalige Solidarność-Anführer Lech Wałęsa anlässlich des symbolischen Gründungsaktes des ECS im August 2005 auf der Danziger Werft »Damit [mit dem ECS, Anmerkung: S.C.] wollen wir die Ideen, die wir damals hatten, an die heutige Zeit und für zukünftige Generationen übergeben« (ECS o. J. d, Übersetzung: S.C.). Dieses kollektive Wir, das die im ECS gezeigte Vergangenheit als gemeinsame Geschichte einer Gruppe rahmt, wird auch im Katalog zur Dauerausstellung und in Informationsbroschüren verwendet. Dort ist die Rede von »unserem Stolz auf Solidarność« (Kerski et al. 2014: 5; ECS o. J. h: 6; ECS 2013: 3). Wen dieses Kollektivsubjekt meint, das mit dem ECS das Erbe der gemeinsamen Vergangenheit an künftige Generationen weitergeben will, wird aus der Entstehungsgeschichte des ECS deutlich: »Wir« umfasst ehemalige Aktivisten des polnischen antikommunistischen Widerstands, die heute als Politiker an der Gründung des ECS beteiligt sind. »Unser Stolz« meint den nationalen Stolz auf die gemeinsame nationale Geschichte. »Wir« bezeichnet die national positionierte erste Person in der *gesture of exposure* (vgl. Bal 1996: 3f.), die das ECS gründet: Wir Polen übergeben euch, den heutigen und künftigen Generationen, stolz das nationale Erbe der Solidarność.

Die Idee des nationalen Erbes greift auch der Gründungsvertrag des ECS vom November 2007 gleich zu Beginn auf. Als erstes Ziel verfolge das ECS, wie oben eingeführt, »die Erinnerung, die Bewahrung und die Verbreitung des *Erbes* und der Botschaft der ›Solidarność‹ und der antikommunistischen demokratischen Opposition in Polen und anderen Ländern« (o. V. 2007: 2, Übersetzung, Hervorhebung: S.C.). Diese Rahmung der Geschichte der Solidarność als nationales Erbe, das innerhalb einer nationalen Gemeinschaft weitergegeben werden soll, übertritt der Vertrag jedoch auch sofort: Das Erbe der Solidarność soll nicht nur innerhalb der Nation, sondern auch in anderen Ländern bekannt gemacht werden. Die Frage des Zielpublikums adressiert auch der Katalog zur Dauerausstellung (vgl. Kersik et al. 2014: 4). Demnach richtet sich das ECS an sehr diverse Gruppen: ehemalige Aktivist_innen der Solidarność, die die gezeigten Ereignisse

---

165 Siehe auch: »Visitors will learn how the revolution proceeded in Poland, turning a society marginalized by the Yalta agreement into a major protagonist of global history.« (Kerski et al. 2014: 4)
»Solidarity revived the sense of community, marked by awareness of common fate and interests. As French sociologist Alain Touraine noted ›in Gdansk and Szczecin, Solidarity came to life at a moment, when workers‹ demands merged with national aspirations and the need for democracy and political freedom‹. This, in turn, allowed it to become a fully democratic workers‹ movement on the one hand, and a fully democratic national movement on the other.« (Knoch 2014: 91)

selbst miterlebt haben, jüngere Generationen und Besucher_innen aus Europa und der ganzen Welt (vgl. auch Kerski 2012: 117). In der zweiten Person des musealen Sprechakts (vgl. Bal 1996: 3f.) schieben sich somit eine nationale, europäische und globale Ebene ineinander. Dies zeigt sich auch in den weiteren Kernzielen des ECS, die der Gründungsvertrag von 2007 aufzählt: Durch die Weitergabe der als gemeinsames Erbe gerahmten Geschichte der Solidarność solle das ECS »neue kulturelle, gesellschaftliche, [...] nationale und europäische Initiativen mit universeller Dimension« inspirieren und »die Errungenschaften des friedlichen Kampfes für Freiheit, Gerechtigkeit, Demokratie und Menschenrechte mit denen teilen, denen sie vorenthalten werden« (o. V. 2007: 2, Übersetzung: S.C.). Damit wolle das ECS, so sein Direktor Kerski, zur Weiterentwicklung der Demokratie in Europa beitragen, sowie »im Geist der Solidarność-Revolution [...] die Vergangenheit und die Zukunft Polens und Europas in einen fruchtbaren Dialog treten« lassen (ECS o. J. h: 3).

Neben der nationalen Ebene, die sich im Topos des nationalen Erbes verdichtet, klingen hier sowohl eine europäische, als auch eine global-universelle Schicht an: Die Planungen des ECS konzipieren die Geschichte der Solidarność nicht nur als nationale, sondern auch als europäische Geschichte mit global-universeller Dimension. Insbesondere die europäische Rahmung wird von Beginn der inhaltlichen Planungen an betont. Die Bedeutung dessen, was »europäisch« meint, hat sich dabei im Laufe der Entwicklung des Projekts verschoben: von einem eher additiv und national gedachten Verständnis (2005–2011) hin zu Verflechtungen und gemeinsamen Erfahrungen mit universeller Reichweite (ab 2011).

Solidarność als nationaler Beitrag zur europäischen Identität: Dominoeffekt
»Without the Solidarity movement we would not have had the European Union that we have today. And we know that there is no Europe without freedom and solidarity. Thank you to Solidarity for everything you have done for freedom in Europe«, sagte der damalige EU-Kommissionspräsident Manuel Barroso anlässlich der Unterzeichnung des ECS-Gründungsaktes im August 2015 auf der Danziger Werft (ECS o. J. d). Solidarność wird hier nicht nur als zentrales Ereignis für die polnische Geschichte, sondern als Beitrag zur Freiheit in Europa und zur Entwicklung der Europäischen Union gedeutet: Ohne Solidarność hätte es die europäische Vereinigung in der EU nicht gegeben. »Europäisch« meint in dieser Phase des ECS vor allem die Europäische Union, die wiederum für Freiheit steht – ein Topos, der in der Analyse der Dauerausstellung zentral sein wird (siehe Kapitel 3.2.3).

Diese Rahmung der Vergangenheit als europäisch nimmt auch der Gründungsvertrag des ECS vom Herbst 2007 auf. Das ECS verfolge das Ziel, »aktiv am

Aufbau einer europäischen Identität und einer neuen internationalen Ordnung mitzuwirken« (2007: 2, Übersetzung: S.C., o. V.). Diese Zielstellung findet sich ebenso auf der aktuellen Website der Institution (vgl. ECS o. J. c). Vertrag und Website greifen hier explizit den Topos einer europäischen Identität auf, der seit den 1970er Jahren von der EU lanciert wurde (siehe Kapitel 2.6). Kulturwissenschaftlichen Erinnerungs- und Gedächtnisforschungen zufolge hält nichts Gemeinschaften so sehr zusammen, wie eine als gemeinsam vorgestellte Vergangenheit – museale Historiografie kann somit als eine Basis für die Inszenierung kollektiver Identitäten angesehen werden (siehe Kapitel 2.4). Der Gründungsvertrag des ECS arbeitet mit dieser Denkfigur und hebt sie auf eine europäische Ebene: Die museale Historiografie der Solidarność-Bewegung soll nicht nur der Stärkung einer als national, sondern auch einer als europäisch vorgestellten Gemeinschaft dienen.

Dabei wird die Geschichte, die das ECS erzählen soll, jedoch in dieser Phase des ECS nicht als gemeinsame europäische Geschichte vorgestellt, sondern eindeutig national gerahmt: Solidarność ist in den Konzeptionen des ECS zunächst eine polnische Geschichte. Statt um eine *gemeinsame* europäische Geschichte zur Stärkung einer europäischen Identität (wie in den Konzeptionen des DHM, siehe Kapitel 3.1.2) geht im Fall des ECS um die Aufnahme dieser als national gerahmten Geschichte in ein Narrativ der europäischen Geschichte und Identität, das als westeuropäisch und deutsch dominiert wahrgenommen wurde. So sagte der damalige polnische Präsident Bronislaw Komorowski 2011 in seiner Rede zur Grundsteinlegung des ECS »We remember our concern that other important events became the icons of Europe's transformations. We want Polish Solidarity to be the symbol of changes for the better and of the end of the totalitarian system. We need to share our pride here in Gdańsk« (ECS o. J. d). Das ECS verfolgt deshalb auch das Ziel, dem dominierenden ikonischen Bild vom Fall der Berliner Mauer andere Bilder entgegenzusetzen, die das Ende der kommunistischen Herrschaft und den Beginn der europäischen Vereinigung symbolisieren können, so zum Beispiel das Bild des Runden Tischs (vgl. Kołtan, Interview, ECS, 12. März 2015).

Als Sinnbild für dieses Bestreben, eine als national gedeutete Geschichte in ein gesamteuropäisches Narrativ aufzunehmen, kann der sogenannte Dominoeffekt gelten, eine Installation, die zwischen 2009 und 2011 als Schlusspunkt der Dauerausstellung des ECS geplant war. Das erste Konzept für die Dauerausstellung vom Juni 2009 sah eine nationale Erzählung der Solidarność vor, die am Ende der Ausstellung mit dieser Installation in einen europäischen Kontext eingeordnet werden sollte. Sieben Säulen in Form von zwei bis zweieinhalb Meter hohen Dominosteinen sollten für jeweils ein ostmitteleuropäisches Land oder eine Region stehen (Polen, Ungarn, DDR, CSSR, Baltikum, Rumänien, Russland) und auf Bildschirmen Fotografien und Filme der Umbrüche von 1989 bis 1991 zeigen. Das Konzept sah vor, dass der erste Stein – Polen – fast am Boden liegen sollte, während die anderen zu fallen beginnen sollten (vgl. Media Kontakt 2009: 120).[166] Die polnische Solidarność nahm in dieser Deutung die Führungsrolle in der Auflösung des Ostblocks und im Beginn der europäischen Vereinigung ein (vgl. Media Kontakt 2009: 119). Ein nationales Narrativ – die Solidarność als polnischer Kampf für Freiheit – sollte als Grundlage »der Geburt des vereinigten Europas« gezeigt werden (Media Kontakt 2009: 2, Übersetzung: S.C.). Die europäische Dimension äußerte sich in diesem Stadium der Planungen in dem Bestreben, eine dominant national gerahmte Geschichte zu einer als europäisch vorgestellten Geschichte zu hinzuzufügen. »Europäisch« meinte darin die Addition nationaler Historiografie, die jedoch keine gemeinsame Geschichte Europas bildeten, sondern weiterhin wie die Dominosteine als einzelne Entitäten bestehen blieben.

Ab 2011: Solidarność als gemeinsame europäische Erfahrung und als Teil global-universeller Traditionen

Die national-additive Perspektive auf die europäische Dimension der Geschichte der Solidarność, für die das Bild des Dominoeffekts steht, änderte sich in den inhaltlichen Planungen des ECS ab 2011 mit dem neuen Direktor Basil Kerski. Dieser wendete sich strikt gegen ein nationales Narrativ und die am Ende der Dauerausstellung vorgesehene Domino-Installation, die ihm zufolge »Zeugnis polnischer Minderwertigkeitskomplexe« gewesen sei (Kerski, Interview, ECS, 31. März 2015). Geschichte verlaufe niemals monokausal, linear oder hierarchisch und die Entwicklungen in den einzelnen Ländern Ostmitteleuropas seien zu unterschiedlich gewesen, als dass sie einem polnischen Vorreitermodell untergeordnet

---

[166] Das Bild des Dominoeffekts ist im Kontext einer breit angelegten Kampagne zu sehen, die die polnische Regierung 2009 ins Leben gerufen hatte. Unter dem Slogan »Es begann in Polen« waren in Berlin Plakate zu sehen, auf denen der Runde Tisch zu sehen war. Sie verfolgte, wie die Dominoinstallation in Berlin das Ziel, dem Bild des Berliner Mauerfalls als Symbol für die politischen Umbrüche in Europa 1989–1991 Bilder der polnischen Geschichte entgegen zu setzen. Auch in der Vorgängerausstellung der Stiftung Centrum Solidarności »Polnische Wege zur Freiheit« (bis 2014) und in der Ausstellung »Solidarność – eine friedliche Revolution«, die das ECS vom 26. Mai bis 17. Juni 2009 im deutschen Bundestag zeigte, kam diese Installation vor (vgl. ECS 2009: vorderer Umschlag; Kerski, Interview, ECS, 31. März 2015). Die Ausstellung verfolgte das Ziel, die Solidarność in Deutschland bekannter zu machen und ihren Beitrag zum Fall der Berliner Mauer vor Augen zu führen. Das gleiche Ziel verfolgte die Dominoinstallation, die im Herbst 2009 anlässlich des 20jährigen Jubiläums des Mauerfalls in Berlin gezeigt wurde. Lech Wałęsa wurde eingeladen und durfte den ersten Stein anstoßen, was in Polen das befriedigende Gefühl hervorrief, beachtet zu werden (vgl. Kołtan, Interview, ECS, 12. März 2015).

werden könnten. Darüber hinaus sei es eine der wichtigsten Aufgaben des ECS, transnationale Bündnisse zu schaffen, weswegen Oppositionsbewegungen in anderen Ländern in der Ausstellung nicht fehlen dürften (vgl. Kerski, Interview, ECS, 31. März 2015).[167] »Solidarność war nicht nur eine nationale Geschichte, sondern sie gehört [...] zur Geschichte der europäischen Freiheit« bekräftigte auch der Leiter der »Abteilung für gesellschaftliches Denken«, Jacek Kołtan, die Abwendung von einer nationalen Zentrierung des ECS unter Basil Kerski (vgl. Kołtan, Interview, ECS, 12. März 2015).[168] Um die transnationale und europäische und Dimension der Solidarność stärker zu zeigen, sahen die inhaltlichen Planungen der Dauerausstellung statt des Dominoeffekts ab 2011 zwei thematische Schwerpunkte vor: Solidarność als gemeinsame europäische Erfahrung, sowie die Einordnung der Solidarność in eine global-universelle Tradition des friedlichen Kampfes für Freiheit und Menschenrechte.

Gemeinsame europäische Erfahrung
Der Wandel von einem national-additiven Verständnis der europäischen Dimension des ECS hin zu einer gesamteuropäischen Bedeutung lässt sich besonders in den Planungen des vorletzten Raumes der Dauerausstellung beobachten. Unter dem Titel »Triumf Wolności (Triumph der Freiheit)« beschreibt der Direktor Basil Kerski im Katalog zur Ausstellung statt des Dominoeffekts die Verflechtungen und Gleichzeitigkeiten, die in verschiedenen Ländern Europas und der Welt Ende der 1980er und Anfang der 1990er Jahre zu entscheidenden Umwälzungen geführt haben (vgl. Kerski 2014: 184ff.). Die polnische Solidarność-Bewegung habe darin keine Vorreiterrolle eingenommen, sondern reihe sich ein in diverse Transformationsprozesse, die ganz Europa erfasst hätten (vgl. Kerski 2014: 187). An anderer Stelle schreibt Kerski (2012: 115f.):

---

[167] Neben dem geplanten Ende der Dauerausstellung änderte sich unter Kerski auch ihr Anfang: Sahen die Planungen bis 2011 vor, mit dem Ende des Zweiten Weltkriegs zu beginnen, um eine Kontinuität des polnischen Kampfes für Freiheit vom Widerstand gegen die nationalsozialistischen Besetzer bis zur Solidarność zu zeigen, entschied Kerski, die museale Erzählung Ende der 1950er Jahre einzusetzen. Diese Entscheidung lag auch darin begründet, dass zu diesem Zeitpunkt die Gründung des Museums des Zweiten Weltkriegs in Danzig bereits feststand, das sich diesem Thema ausführlich widmen soll (vgl. Kerski, Interview, ECS, 31. März 2015).
[168] Kołtan bezog sich hier auf die Arbeiten des französischen Soziologen Alain Tourain, der in den 1980er Jahren über die Solidarność-Bewegung geschrieben und die Bewegung in seinen Schriften in eine Reihe mit der von Mahatma Ghandi angeführten Unabhängigkeitsbewegung und anderen Freiheitsbewegungen gestellt hatte (vgl. Kołtan, Interview, ECS, 12. März 2015).

> Als eine Gemeinschaft demokratischer Nationen stützt sich die EU auf grundlegende Werte, Normen und Überzeugungen, die auf dem Weg gemeinsamer historischer Erfahrungen erarbeitet worden sind. Die Geschichte der *Solidarność* [kursiv im Original] stellt den polnischen Bestandteil des ›acquis historique‹ [einer gemeinsamen historischen Erfahrung, Ergänzung: S.C.] dar.[169]

Europa, verstanden als die EU, sei nicht nur ein wirtschaftlicher oder politischer Verbund, sondern eine Gemeinschaft, deren Zusammenhalt sich auf eine gemeinsame Geschichte stütze. Solidarność sei Teil dieser kollektiven Geschichte EU-Europas und müsse daher bekannter gemacht werden. Auch wenn sich hier noch die additive Logik erkennen lässt, nach der sich das Europäische aus der Addition nationaler Historiografien zusammensetzt, steht unter Kerski die gemeinsame europäische Erfahrung des Umbruchs 1989/90 im Vordergrund: »From the European perspective, ECS is one of the most important projects that incorporate Poland's fate into the *collective European experience of history*« hält das Vorwort des Katalogs zur Dauerausstellung fest (Kerski et al. 2014: 4, Hervorhebung: S.C.).

Dieser Topos der gemeinsamen europäischen Vergangenheit, die die heutige Gemeinschaft in der EU ausmache, wird bestärkt durch die Vergabe des European Heritage Labels an die Danziger Werft und das ECS im Dezember 2014 durch Vertreter_innen der EU-Mitgliedsstaaten (siehe Kapitel 3. 2.1). Die Geschichte der Solidarność wird damit zusätzlich zu ihrer Bedeutung als nationales Erbe zum europäischen Erbe deklariert: »The role of the Label is to ease learning about and developing *our* knowledge of *our* shared cultural heritage [...]« (ECS o. J. e, Hervorhebung: S.C.). »Wir« und »unser« meint jetzt nicht mehr die polnische Nation, sondern »uns Europäer_innen« – ein Kollektivsubjekt EU-Europa mit gemeinsamer Geschichte, die als Erbe bezeichnet wird und damit der Gemeinschaftsstärkung dienen soll: »The purpose of the Label is to mark those sites which have played an important role in European history and culture and relate to the idea of uniting [...]« (ECS o. J. e).

Solidarność bezeichnen die Planungstexte des ECS in dieser Perspektive als europäische Revolution, die im kollektiven Gedächtnis der Europäer_innen verankert werden soll. Auf der Website des ECS (o. J. c) heißt es:

---

169 Den »acquis historique« erklärt Kerski (2012: 115) im Satz davor: »Aus der europäischen Perspektive ist das ECS eines der wichtigsten Projekte, die den Beitrag Polens zum Aufbau des europäischen ›acquis historique communautaire‹, das heißt einer gemeinsamen europäischen Erfahrung dokumentieren.«

> Wir wollen die Erfahrung der Solidarność als friedliche europäische Revolution im *Gedächtnis der Polen und Europäer* halten, so dass Solidarność in der *Gemeinschaft* der europäischen Demokratien zu einem wichtigen Teil des *Gründungsmythos Europas* wird [Übersetzung, Hervorhebung: S.C.].[170]

Hier lässt sich der Mechanismus musealer Historiografie beobachten, den ich zu Beginn des Kapitels beschrieben habe: Mittels der Ausstellung sogenannter historischer Originalobjekte soll Vergangenheit in die Gegenwart verlängert werden (»die Erfahrung der Solidarność aufrechterhalten«). Diese wird in einem zweiten Schritt als gemeinsame Geschichte einer Gruppe vorgestellt (»collective European experience of history«), deren angenommene kollektive Identität damit aufgebaut oder gestärkt werden soll (»die Gemeinschaft der europäischen Demokratien«). Dies wird schließlich sowohl auf nationaler als auch auf europäischer Ebene gerahmt (»im Gedächtnis der Polen und Europäer«). So soll Solidarność sowohl als nationales Erbe, als auch als gemeinsame europäische Erfahrung gezeigt werden und damit den Stolz eines nationalen »Wir«, wie auch eine europäische Identität stärken.

Für diese europäische Ausrichtung bekam das ECS 2016 den Preis des Europarates für das Europäische Museum des Jahres 2016 verliehen. Auch dieser Preis arbeitet mit dem Topos eines europäischen Erbes und einer gemeinsamen Vergangenheit zur Stärkung einer europäischen Gemeinschaft: »The Council of Europe Museum Prize is a unique award intended to highlight the need to preserve and promote the European cultural heritage as a factor uniting the Council of Europe's 47 member states« (European Museum Forum o. J. a) Der Preis wird verliehen an Museen, »which put particular emphasis on a clearly understandable presentation of a European perspective, showing initiative in presenting themes of European relevance« (European Museum Forum o. J. a). Im Gegensatz zum European Heritage Label meint »europäisch« in der Auszeichnung des Europarates nicht nur die EU, sondern die 47 Mitgliedsstaaten des Europarates, die unter anderem die Türkei und Russland umfassen.[171] Daran zeigt sich die grundsätzliche Variabilität und Nicht-Essentialisierbarkeit dessen, was »Europa« und

---

[170] »Chcemy zachować w pamięci Polaków i Europejczyków doświadczenie Solidarności jako pokojowej europejskiej rewolucji, aby we wspólnocie europejskich demokracji Solidarność była ważną częścią mitu założycielskiego Europy.«

[171] Der Europarat ist eine internationale Organisation, die im Mai 1949 gegründet wurde. Sie umfasst heute 47 Staaten und ist ein Forum für Debatten über allgemeine europäische Fragen, hat aber keine politische Entscheidungsgewalt. Das Ziel des Europarats besteht in der allgemeinen Zusammenarbeit der Mitgliedsstaaten und in der Förderung von wirtschaftlichem und sozialen Fortschritt (vgl. Council of Europe o. J.).

»europäisch« im ECS meinen, was im Gang durch die Dauerausstellung noch weiter herausgearbeitet wird (siehe Kapitel 3.2.3).

Solidarność als Teil einer global-universellen Tradition
Neben dem Topos von Solidarność als Teil einer gemeinsamen, verflochtenen europäischen Geschichte bildete sich in der inhaltlichen Ausrichtung des ECS unter Kerski ab 2011 ein weiterer Schwerpunkt heraus. Anstelle des national zentrierten Narrativs des »Es begann alles in Polen« trat zunehmend die Tendenz, Solidarność in eine Tradition des friedlichen Kampfes für Freiheit und Menschenrechte einzuordnen, die sowohl den nationalen als auch den europäischen Rahmen übersteigt. Die Geschichte, die das ECS erzählen will, wird so als global und universell gerahmt: »to convey the history of a universal idea that found a new expression in Solidarity« stellt laut Katalog eines der Hauptziele des ECS dar (Kerski et al. 2014: 4). Die »universelle Idee«, für die Solidarność in dieser Perspektive stehe, sei der Kampf für Freiheit, Gerechtigkeit, Demokratie und Menschenrechte (vgl. ECS o. J. c; Kerski 2012: 116). Der antikommunistische Widerstand in Polen reihe sich in die globale Tradition einer »Kultur des friedlichen Wandels« ein, die zum Beispiel die europäische Aufklärung, Mahatma Ghandi, Martin Luther King und Nelson Mandela umfasse (vgl. Kołtan 2014: 244f.). »The Solidarity movement in Poland and the peaceful revolutions in most countries of Central and Eastern Europe were all part of the tradition of seeking peaceful solutions to social and political conflicts« (Kołtan 2014: 245). Die Solidarność-Bewegung und der antikommunistische Widerstand in anderen ostmitteleuropäischen Ländern hätten darüber hinaus ihrerseits als globales Vorbild für friedliche Wandlungsprozesse gewirkt (vgl. Kerski et al. 2014: 5; Knoch 2014: 187). Durch die »universelle Sprache« der Solidarność wolle das ECS deshalb auch weiterhin Initiativen zur Durchsetzung von Freiheit, Demokratie und Menschenrechten inspirieren (vgl. Kerski et al. 2014: 5; ECS o. J. c).

Am deutlichsten lässt sich dieser inhaltliche Wandel wiederum in den Planungen der letzten zwei Räume der Dauerausstellung beobachten. Statt der Dominoinstallation sehen die Konzepte ab 2011 ein Labyrinth zum Thema Menschenrechte sowie einen Raum zum Thema »Kultur des friedlichen Wandels« vor (vgl. Kołtan 2014: 245).[172] Diese Themen bildeten einen gemeinsamen Bezugspunkt für vergangene und aktuelle Oppositionsbewegungen in verschiedenen Ländern,

---

172 Der Wandel vom Bild des Dominoeffekts hin zum Thema transnationale Menschenrechte findet sich laut Aussage des ECS-Mitarbeiters Konrad Knoch (Interview, ECS, 31. März 2015) nicht in schriftlichen Dokumenten wieder, sondern wurde eher als »work in progress« mündlich be-

so der Leiter der »Abteilung für gesellschaftliches Denken« Jacek Kołtan (Interview, ECS, 12. März 2015), und erlaubten es darüber hinaus die Geschichte der Solidarność in eine europäische Kontinuität von der französischen Revolution bis zum Ende des Kalten Krieges und zur europäischen Vereinigung in der EU zu stellen (vgl. Brill 2015). Die Geschichte der Solidarność wird in dieser Perspektive universalisiert zu einem allgemeinen, globalen Kampf für Freiheit, Demokratie und Menschenrechte, der nicht nur zu Freiheit in Europa und zur europäischen Vereinigung in der EU beigetragen habe, sondern auch Zeit und Raum transzendiere.

Die inhaltliche Ausrichtung des ECS schwankt, wie in diesem Kapitel gezeigt, zwischen nationaler, europäischer und global-universeller Historiografie. Wie sich diese verschiedenen Schichten in der Dauerausstellung wiederfinden, was dort als europäische Geschichte inszeniert wird und welche Medienkonstellationen dafür ausgestellt werden, diesen Fragen gehe ich im folgenden Kapitel auf einem Rundgang durch die Ausstellung nach.

3.2.3 Europa teilen, vereinen und universalisieren: Europamedien in der Dauerausstellung des ECS

Wie das DHM und das MuCEM ist das Europäische Solidarność Zentrum ein Nationalmuseum, das den Rahmen der nationalen Historiografie übertreten und europäische Dimensionen nationaler Geschichte zeigen möchte. Solidarność, so die inhaltliche Ausrichtung des ECS, war nicht nur ein Wendepunkt in der polnischen Geschichte, sondern sollte auch als Teil einer gemeinsamen europäischen Vergangenheit und einer globalen Tradition gesehen werden und damit Gemeinschaftsgefühle jenseits der Nation stärken. Nachdem das vorangegangene Kapitel die Stellung des ECS zwischen einer lokal-regionalen, nationalen, europäischen und global-universellen Ebene in seiner Entstehungsgeschichte und inhaltlichen Ausrichtung gezeigt hat, geht es im Folgenden darum, wie sich dieses Dazwischen in der Dauerausstellung manifestiert. Dabei gehe ich vom Namen des Museums aus und mache die Selbstbezeichnung als europäisch zum Ausgangspunkt der Analyse: Was wird mit welchen Medienkonstellationen als europäisch gezeigt, welche Medienkonstellationen fungieren also als

---

schlossen. Lediglich ein internes Protokoll vom Dezember 2011 hält fest, dass statt der geplanten Dominoinstallation im vorletzten Raum der Ausstellung ein Labyrinth zum Thema Menschenrechte gezeigt werden soll. Dieses Protokoll war mir jedoch nicht zugänglich.

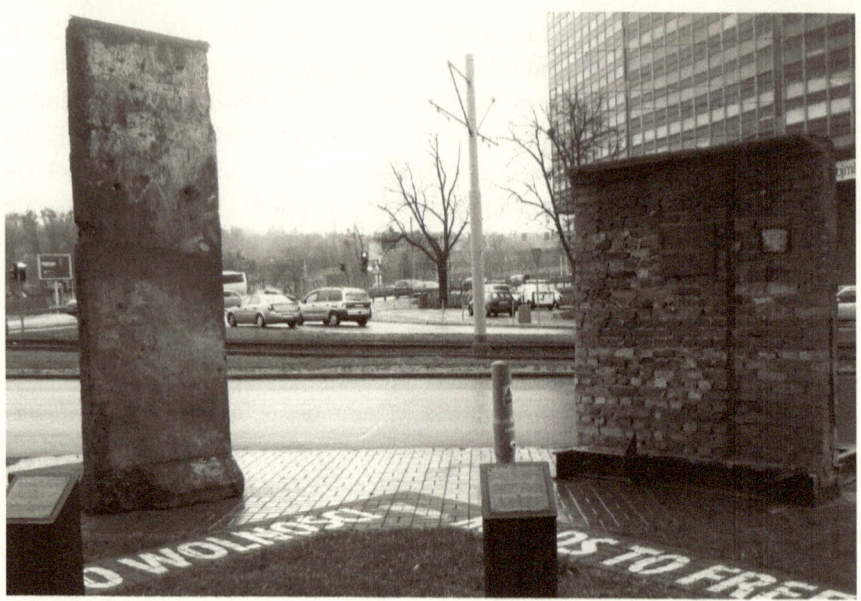

Abb. 15: Mauerfragmente auf dem Weg zum ECS in Danzig

Europamedien, und welche Bedeutungen von »europäisch« und »Europa« produzieren sie? Was bedeuten »europäisch« und »Europa« in der Dauerausstellung des ECS?

Eine erste Antwort auf diese Fragen stellt sich den Besucher_innen schon auf dem Weg zum Museum in den Weg. Nähert man sich dem ECS vom Danziger Stadtzentrum über eine viel befahrene Hauptverkehrsstraße, kommt man auf Höhe des Hauptsitzes der Gewerkschaft Solidarność an zwei Mauerfragmenten vorbei, die nebeneinander aufgestellt sind (Abb. 15).

Laut einer Tafel am Boden handelt es sich um ein Stück der Mauer der ehemaligen Lenin-Werft in Gdańsk und um einen Teil der Berliner Mauer. Beide gehören dem ECS (vgl. Kerski, Interview, ECS, 31. März 2015). »Zur Erinnerung an den Kampf der ›Solidarność‹ für Freiheit und Demokratie und den Beitrag Polens zur Wiedervereinigung Deutschlands und für ein politisch geeintes Europa« ist die Mauer aus Berlin mit einer Plakette beschriftet. Obwohl es außerhalb des Museums platziert ist, funktioniert das Mauerfragment hier als historisches Objekt (vgl. Crane 2000a: 3, 176) und führt die Grundrhetorik historisch ausgerichteter Museen vor (siehe Kapitel 2.4): Durch die textuelle Rahmung wird das als authentisches Original ausgewiesene materielle Ding zum Zeichen für etwas Anderes als sich selbst. Es steht dort nicht als Mauer, sondern um etwas Vergangenes in der Gegenwart präsent zu halten: den Kampf der Solidarność für Freiheit und Demokratie und für die Einheit Europas. Durch seinen von der Plakette zugeschriebenen Status als Originalobjekt sowie durch seine Materialität und physische Anwesenheit im Hier und Jetzt kommt ihm die Aufgabe zu, eine *presence of the past* zu ermöglichen (vgl. Crane 2000a: 106).

An diesem Mauerstück kondensiert sich die Hauptbeobachtung dieser Studie für den Fall des ECS: Im Gegensatz zur nationalen Historiografie hat die museale Historiografie Europas keine Objekte. Das Mauerfragment ist das einzige historische Objekt des ECS, das europäisch gedeutet wird – und es befindet sich außerhalb seiner Ausstellung sowie seines Gebäudes. Innerhalb der Dauerausstellung hingegen gibt es wenig traditionelle, primäre Museumsobjekte. Die Objekte, die gezeigt werden, benutzt die Ausstellung für ein nationales Narrativ. Insbesondere der vorletzte Raum der Dauerausstellung, der die europäische Dimension der Solidarność-Bewegung behandelt, kommt ganz ohne Objekte aus. Aufgrund dieser Leerstelle findet die museale Historiografie Europas auch im ECS in anderen Medienkonstellationen als sogenannten primären Originalobjekten statt, die ich als Europamedien bezeichnet habe (siehe Kapitel 2.6).

Annäherung: Ort und Aufbau der Dauerausstellung des ECS

Das ECS liegt im nördlichen Teil von Gdańsk auf dem Gelände der ehemaligen Lenin-Werft, auf der 1980 die Streiks der Arbeiter_innen zur Gründung der ersten freien Gewerkschaft im sowjetisch kontrollierten Ostblock, der Solidarność, führten. Im Hintergrund ragen riesige, zum Teil noch arbeitende Werftkräne in den Himmel, doch die Brachfläche, auf der das ECS errichtet wurde, wirkt verlassen. Vom touristischen Stadtzentrum mit seinen hübsch renovierten Häusern aus ist das ECS zu Fuß zu erreichen. Ein weißer Schriftzug auf dem Boden, der auf verschiedenen Sprachen den »Weg zur Freiheit« markiert, führt Besucher_innen vorbei am Hauptsitz der ebenfalls noch immer aktiven Gewerkschaft Solidarność, wo ein gesprühtes Graffiti auf dem Boden verkündet: »Solidarność walczy« (Solidarność kämpft).[173] Schon auf dem Weg zum Museum wird damit klar, dass die Geschichte, der sich das ECS widmet, weniger vergangen ist als die in den anderen hier behandelten Museen. Die Werft, auf der die Streiks begannen, sowie die Gewerkschaft, die aus ihnen hervorging, existieren und arbeiten noch, wenn auch unter anderen Vorzeichen. Die enge Verbindung zwischen Vergangenheit und Gegenwart, sowie die sich daraus ergebende Einbettung des ECS in die polnische (Geschichts-)Politik (siehe Kapitel 3.2.1.) thematisiert das ECS durch seine

---

[173] Ob es sich um ein aktuelles Graffiti oder die Nachbildung eines historischen Vorbilds handelt, wird nicht erklärt.

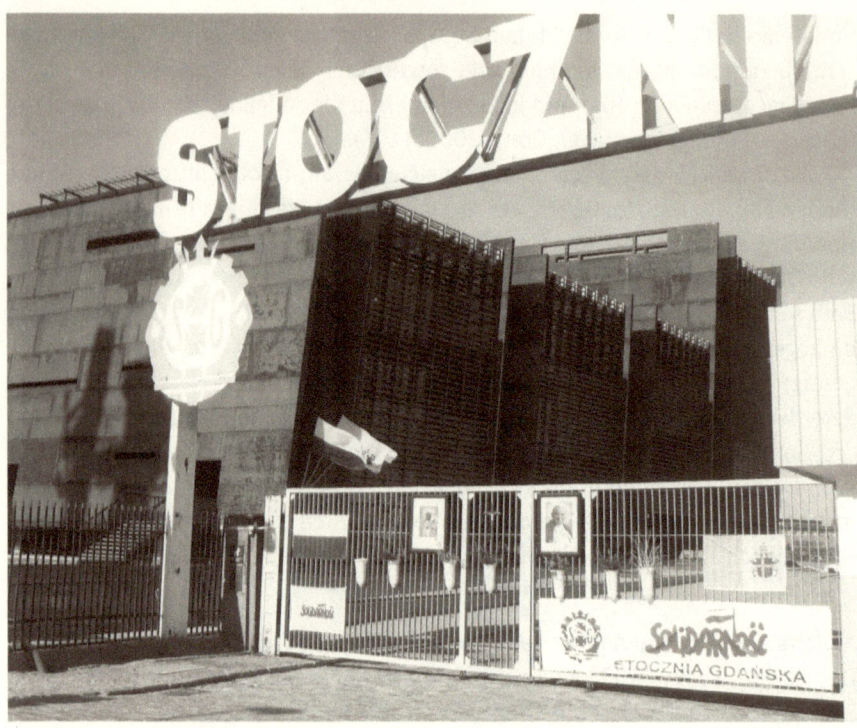

Abb. 16: Das Tor der Danziger Werft und das Gebäude des ECS

Lage auf der Werft sowie durch seine Architektur. Diese ist so angelegt, dass sich an den Übergängen zwischen den einzelnen Räumen während des Rundgangs durch die Ausstellung immer wieder Ausblicke auf die Werft ergeben. Auch die Dachterrasse des Gebäudes bietet einen Überblick über das Gelände. Zudem wurde das ECS in unmittelbarer Nachbarschaft zum Denkmal der gefallenen Werftarbeiter errichtet. Dieses Mahnmal wurde 1980 auf Initiative der Solidarność errichtet, um an die gewaltvolle Niederschlagung von Arbeiteraufständen durch die Regierung im Dezember 1970 zu erinnern. Der Ausstellungsrundgang endet im letzten Raum mit einer Aussicht auf dieses Denkmal. Das ECS steht somit nicht nur an dem Ort, an dem die Geschichte, die es erzählt, geschehen ist, sondern auch an einem Ort, der auf die enge Verwicklung von Geschichte und erinnerungskultureller Gegenwart, von Historiografie und Geschichtspolitik in Polen verweist (vgl. Peters 2015: 2).

Hinter dem Denkmal und dem Eingangstor zur Werft erhebt sich der imposante Bau des ECS, der mit seiner rotbraunen Fassade aus verrostendem Metall und den geneigten Außenwänden an einen Schiffsrumpf erinnert (Abb. 16).

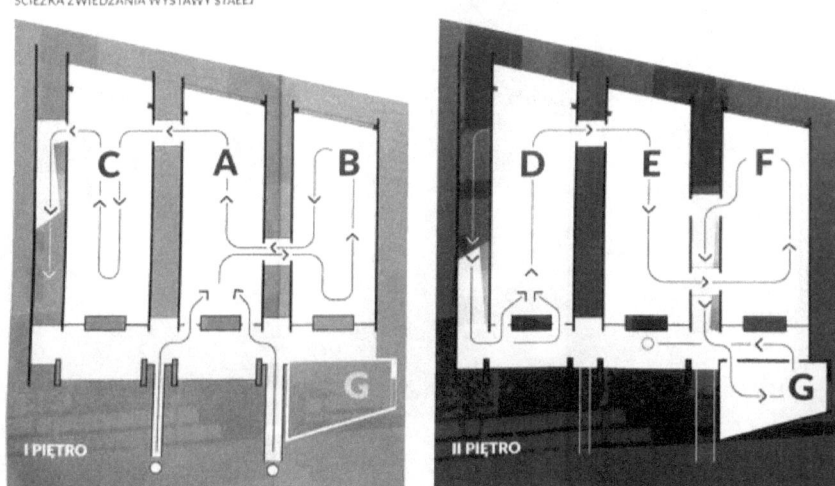

Abb. 17: Aufbau der Dauerausstellung des ECS (vgl. ECS 2015)

Im Inneren empfängt ein sehr großer und hoher Raum die Besucher_innen, der Wintergarten genannt wird und an ein Gewächshaus oder ein Forschungslabor denken lässt. In Beeten auf dem Boden wachsen Bäume und Sträucher, von den Wänden rankeln sich Kletterpflanzen, die Szene wird von hellem Licht beschienen. Über Rolltreppen sind von hier aus die Ausstellungsräume, die Bibliothek, das Archiv sowie ein Vorlesungssaal und ein Bereich für Kinder zu erreichen. Geräuschfetzen aus der Ausstellung dringen herunter und hallen nach. Im Zeitraum meiner Feldforschung vom 1. März bis 4. April 2015 waren im Gegensatz zu den anderen beiden Museen im ECS wenig Besucher_innen, dagegen aber sehr viel Sicherheitspersonal anwesend, das jede meiner Bewegungen zu verfolgen schien. Dadurch war nicht immer klar, wer Beobachtende und wer Beobachtete_r ist. Im Empfangsraum und seiner Labor- oder Gewächshausstimmung fühlte ich mich selbst wie ein Forschungsobjekt: Im grellen Licht wurde ich neugierig beobachtet und befragt.

Die Dauerausstellung des ECS verteilt sich auf sieben Räume (A–G) im ersten und zweiten Stockwerk des Gebäudes (Abb. 17).

Bis auf den ersten Raum (A) behandelt sie in chronologischer Reihenfolge die Geschichte des antikommunistischen Widerstands in Polen und anderen Ländern Ostmitteleuropas von 1956 bis zum Beginn der 1990er Jahre. Der Fokus liegt dabei auf der polnischen Solidarność -Bewegung, ihrer Vorgeschichte, Entstehung, ihrer Arbeit, dem Verbot im Dezember 1981 durch die polnische

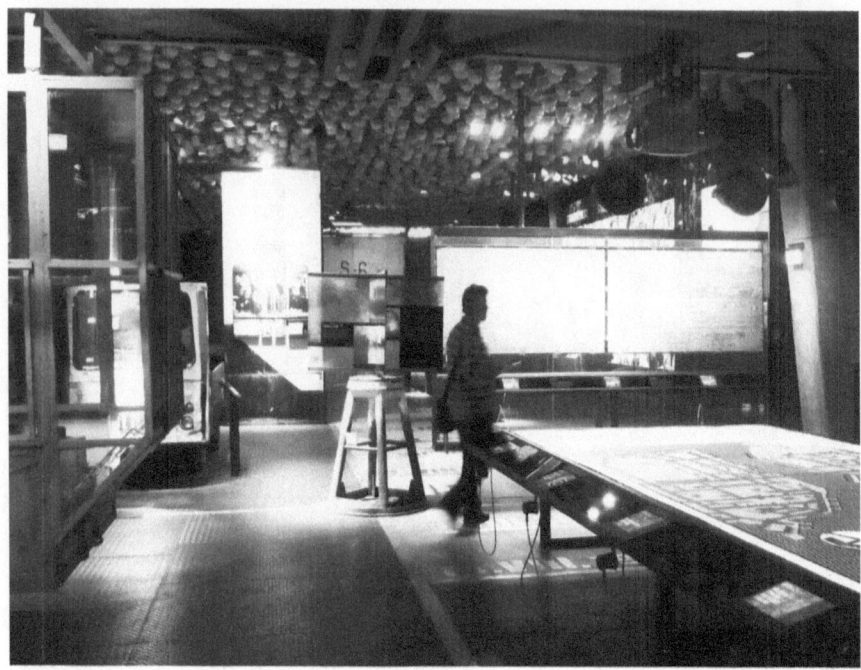

Abb. 18: Der erste Ausstellungsraum der Dauerausstellung im ECS »Narodziny Solidarności/The Birth of Solidarity«

Regierung sowie auf ihrer Wirkung über Polen hinaus. Beim Betreten der Ausstellung schlägt den Besucher_innen eine überfordernde Vielzahl an Eindrücken entgegen: Den ersten Raum (A) eröffnet eine sehr laute und packende Geräuschkulisse aus Rufen, Pfiffen und dramatisch treibender Musik, auf deren Höhepunkt der Ausruf »Strajk!« (Streik)[174] zu hören ist. Passend zur Musik wechselt die Beleuchtung des Raumes von dunkel zu hell, während an der Decke Lichtkegel wie Suchscheinwerfer hin- und herschnellen. In diesen Schlaglichtern lässt sich der Raum erahnen, der mit seinem metallenen Boden an eine Fabrikhalle erinnert (Abb. 18).

An der Decke hängen gelbe Arbeitshelme, in einer Krankabine wird ein Videointerview projiziert, auf dem Boden führen Datumsangaben zu einem Holztor, die linke Wand besteht aus abgenutzt aussehenden Metallkästen, in denen Bildschirme historische Fotos und Videoaufnahmen der Werft zeigen. Von

---

174 Die Ausstellung ist durchgängig zweisprachig Polnisch/Englisch gehalten. Meine Übersetzungen beziehen sich auf die polnische Variante, wenn ich nicht auf Englisch zitiere.

oben ertönt aus unsichtbaren Lautsprechern eine Stimme, die auf Polnisch den Ausbruch des Streiks in der Danziger Leninwerft erzählt. Rechts informiert ein Modell der Werft über die Details des Streiks. Überall fordern Touchscreens dazu auf, Texte zu lesen, Bilder oder Filme anzusehen oder Audiosequenzen anzuhören; weiter hinten im Raum flimmert eine Collage aus Schwarz-Weiß-Fotografien und animierten Illustrationen über einen raumhohen Bildschirm, und eine große Leinwand am Ende zeigt einen weiteren Film aus zusammengeschnittenen zeitgenössischen Aufnahmen des Streiks und der Verhandlungen mit der Regierung.

In diesem überbordenden und überfordernden Raum gibt es nur zwei Objekte, die hinter Glas gezeigt und nicht berührt werden dürfen. Eine Holztafel mit den 21 Forderungen der Streikenden vom August 1980 sowie ein Tisch aus der Werft halten die Besucher_innen auf Distanz und werden durch diese Rahmung als Original inszeniert. Bis auf diese Ausnahmen handelt es sich bei den Exponaten um Rekonstruktionen oder umgebaute Originale, die die Besucher_innen dazu auffordern, sie anzufassen, in sie hineinzuklettern, mit ihnen zu interagieren. So kann man beispielsweise in einem kleinen gelben Auto Platz nehmen, das an das Gefährt erinnert, auf dem Lech Wałęsa die Gründung der Solidarność verkündete, oder in die Krankabine klettern, die dem Arbeitsplatz von Anna Walentynowicz nachempfunden ist, deren Entlassung 1980 zum entscheidenden Streik auf der Werft führte. Weiter hinten im Raum laden Sitzhocker dazu ein, an einem Tisch aus der Kantine der Werft Platz zu nehmen, der auf einem Touchscreen eine interaktive Installation aus digitalen Fotografien zeigt.

Aufgrund der starken Ton- und Lichtregie, des Erzählers von oben aus dem Off sowie des Eindrucks der Distanzlosigkeit der gezeigten Dinge vermittelt dieser erste Raum die grundlegende Stimmung der Ausstellung: Der Rundgang erzeugt den Eindruck einer Theaterkulisse, die sorgfältig aufgebaut wurde, damit Besucher_innen sich ein kontinuierliches Narrativ erlaufen. Die Fülle an Sinneseindrücken spricht dabei zunächst nicht auf der kognitiven, sondern auf einer emotionalen Ebene an. Während des Gangs durch die einzelnen Räume erläuft man sich ein Narrativ, das durch Gefühle und Stimmungen geprägt ist: von einem dramatischen und mutigen Beginn (Räume A–B) zu einer leichten, hoffnungsvollen Zeit des legalen Existierens der Solidarność (Raum C), über die bedrohliche und gefährliche Phase des Kriegszustandes (Raum D) bis hin zur erhebenden Einigung am Runden Tisch (Raum E) und zur spektakulären, triumphalen Wiedervereinigung Europas (Raum F). Die Ausstellung endet mit einem friedvollen Ausblick auf weltweite Freiheitsbewegungen (Raum G).

Die Bewegungsrichtung durch die Ausstellung geben Wegweiser mit Pfeilen und das allgegenwärtige, streng wirkende Sicherheitspersonal auf autoritäre Weise vor; es ist deshalb nicht möglich, sich zu verlaufen oder die Ausstellung in einer anderen Reihenfolge anzusehen. Dabei folgt der Gang durch die Ausstellung einem räumlichen Aufstieg – Besucher_innen bewegen sich von unten nach oben durch das Gebäude. Oben angekommen wartet die Einigung Europas als triumphaler Endpunkt der Ausstellung. Dieser Aufbau legt eine kontinuierliche und teleologische Lesart nahe: von den dunklen Kapiteln der Teilung Europas hin zur europäischen Wiedervereinigung und zum globalen Kampf für Menschenrechte und Freiheit. Diese Aufstiegs- und Fortschrittserzählung wird verstärkt durch die Licht- und Tonregie: sind die ersten Räume in dunklen Tönen gehalten und mit düsterer, bedrohlicher Musik beschallt, werden sie zum Ende der Ausstellung heller und ruhiger. Der letzte Raum (G) ist vollkommen in Weiß gehalten, leer und mit leiser Meditationsmusik erfüllt.[175] Zudem zeigt eine Einführungstafel vor jedem Ausstellungsraum neben einem einleitenden Text einen waagerechten Zeitstrahl in Form eines Pfeils, der den einzelnen Räumen Daten von Juli 1980 bis Dezember 1989 zuordnet. Die Geschichte, die die Ausstellung erzählen will, erscheint dadurch von Beginn an als ein ordentliches, kontinuierliches und auf einen triumphalen Erfolg hin ausgerichtetes Nacheinander. Dieser Erfolg ist Europa, das im vorletzten Raum (F) unter der Überschrift »Der Triumph der Freiheit« den vorläufigen Endpunkt der Ausstellung bildet. Den Weg dorthin zeigt die Ausstellung als überwiegend nationales Narrativ des Kampfes der Solidarność für Freiheit.

Dieses nationale Narrativ löst sich dabei im Laufe der Ausstellung zunehmend in zwei Ebenen jenseits der Nation auf: eine europäische und eine global-universelle. Der polnische Widerstand gegen das kommunistische Regime wird so zur Erzählung eines europäischen und sogar universellen Kampfes für Freiheit und Menschenrechte. Die Revolution der Solidarność war nicht nur zentral für die polnische, sondern auch für die europäische und globale Geschichte, denn sie veränderte das Gesicht Europas und reiht sich ein in eine weltweite Tradition des friedlichen Kampfes für Freiheit, so das Narrativ der Ausstellung. Das Ineinandergleiten einer nationalen, europäischen und global-universellen Ebene, das die Analyse der konzeptionellen Ausrichtung des ECS gezeigt hat (siehe Kapitel 3.2.2.), ist somit auch in der Dauerausstellung beobachtbar. Im Folgenden geht es darum, diese verschiedenen Ebenen der musealen Historiografie, insbesondere die europäische, auf ihre Bedeutungen und Medien zu befragen.

Wie dabei deutlich werden wird, besteht die museale Historiografie Europas im ECS aus drei Schichten, die sich als Teilung und Addition nationaler Historiografie, als freiheitlich-vereintes Europa, das in ein nationales Nebeneinander zerfällt, und als Universalisierung sowohl nationaler als auch europäischer

---

[175] Diese kontinuierliche Erfolgserzählung legt auf dem Weg zum ECS bereits der Schriftzug »Wege zur Freiheit« an, der auf den Fußwegen durch die Stadt zum ECS führt.

Geschichte beschreiben lassen. Die ersten fünf Ausstellungsräume (A–E) behandeln das geteilte Europa von 1956 bis 1989 und stellen – mit gelegentlichen Verweisen auf Oppositionsbewegungen in anderen ostmitteleuropäischen Ländern – ein nationales Narrativ in den Vordergrund. Solidarność wird dabei als nationaler Beitrag zu einer – vom polnischen Standpunkt aus – als westeuropäisch dominiert wahrgenommenen Geschichte Europas gezeigt. Diesen Schwerpunkt hatten die inhaltlichen Planungen des ECS bis 2011 vorgesehen (siehe Kapitel 3.2.2.). Europa bedeutet auf dieser ersten Ebene ein geteiltes Europa sowie den Beitrag Polens zur Überwindung dieser Teilung. Die zweite und dritte Schicht, das vereinte Europa als nationales Nebeneinander, sowie die Universalisierung des polnischen und europäischen Kampfes für Freiheit, zeigen der vorletzte (F) und letzte Raum (G) der Ausstellung. Auf dem folgenden Rundgang durch die Ausstellung beschreibe ich diese Bedeutungsschichten der musealen Historiografie Europas im ECS anhand sechs ausgesuchter Displays. Da die europäische und global-universelle Rahmung insbesondere am Ende der Ausstellung wichtig werden, konzentriere ich mich vor allem auf die letzten beiden Räume der Ausstellung.

3.2.3.1 Geteiltes Europa und Addition nationaler Geschichte: Landkarte und Tabelle

Europa begegnet den Besucher_innen des ECS zum ersten Mal auf einer Texttafel, die unter der Überschrift »Die Geburt der Solidarność« den ersten Ausstellungsraum (A) einleitet. Mit der Entscheidung zum Streik am 14. August 1980 »gingen die Arbeiter der Lenin-Werft in Gdańsk den ersten Schritt auf dem Weg zum historischen Wandel, der Europa veränderte [Übersetzung: S.C.]« heißt es dort. Damit ist der Grundpfeiler des Rundgangs gesetzt: Die Geschichte, die die Ausstellung erzählt, wird von Beginn an nicht nur als polnische, sondern als europäische gerahmt und Europa als das Ziel der Ausstellung angelegt. Am Ende steht das durch einen historischen Wandel veränderte Europa. Bis auf diese Setzung zu Beginn stellen die ersten fünf Ausstellungsräumen jedoch ein nationales Narrativ in den Vordergrund. Es geht, mit gelegentlichen Verweisen auf Oppositionsbewegungen in anderen ostmitteleuropäischen Ländern, um die Entstehung der Solidarność, um ihre Vorgeschichte, ihre Arbeit in der Zeit ihres kurzen legalen Bestehens zwischen Sommer 1980 und Dezember 1981, sowie um den Kampf der Solidarność im Untergrund bis hin zu den Verhandlungen am Runden Tisch im Frühjahr 1989.

Europa wird in den ersten fünf Ausstellungsräumen nur an einer Stelle explizit thematisiert, und das in einer Medienkonstellation, die bereits als zentral für die museale Historiografie Europas herausgearbeitet wurde: Im zweiten Raum

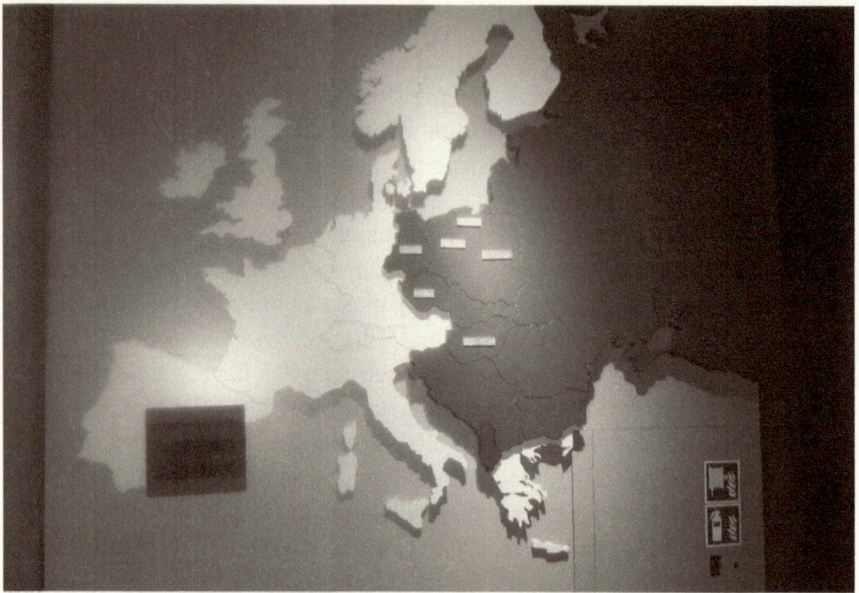

Abb. 19: Landkarte »Der Eiserne Vorhang«

(B), der die Errichtung des kommunistischen Systems in Polen nach 1945 und Proteste gegen dieses System in den 1950er-1970er Jahren behandelt, laufen Besucher_innen auf eine ungefähr zehn Meter breite Installation aus einer Landkarte und einem tabellarisch aufgebauten Regal zu (Abb. 19 und 20).

Die Kombination aus Landkarte und Tabelle erweist sich auch hier als Europamedium, denn sie entwirft ein Bild Europas, das die erste Schicht dessen bildet, was Europa im ECS bedeutet. Es ist das Bild des geteilten Europas, das dank des Kampfes verschiedener ostmitteleuropäischer Nationen, vor allem der polnischen, schließlich wiedervereinigt wurde. Eine ungefähr vier Meter hohe und breite Reliefkarte zeigt das geteilte Europa (Abb. 31): Der Westen ist in Weiß, der Osten in Rot gehalten, schmale Linien zeigen die Grenzen zwischen Nationalstaaten an, und innerhalb des roten Teils kennzeichnen Metallschildchen fünf Städte. Im Mittelpunkt steht jedoch die Grenze zwischen Ost und West. Neben dem farblichen Kontrast ist sie zusätzlich dadurch hervorgehoben, dass der rote Teil der Karte um wenige Zentimeter erhaben ist. Dadurch entsteht der Eindruck, der in alarmierendem Rot gehaltene Osten breite sich aus. Ein vermutlich nicht intendiertes Detail verstärkt diese expansive Wirkung: Direkt unter dem roten Teil Europas zeigt ein Piktogramm einen in einer Luke darunter verstauten Feuerlöscher an. Das Rot des Zeichens ist dasselbe wie das der Karte, so dass der östliche Teil Europas als um sich greifende, zu löschende Gefahr erscheint. Düstere Musik

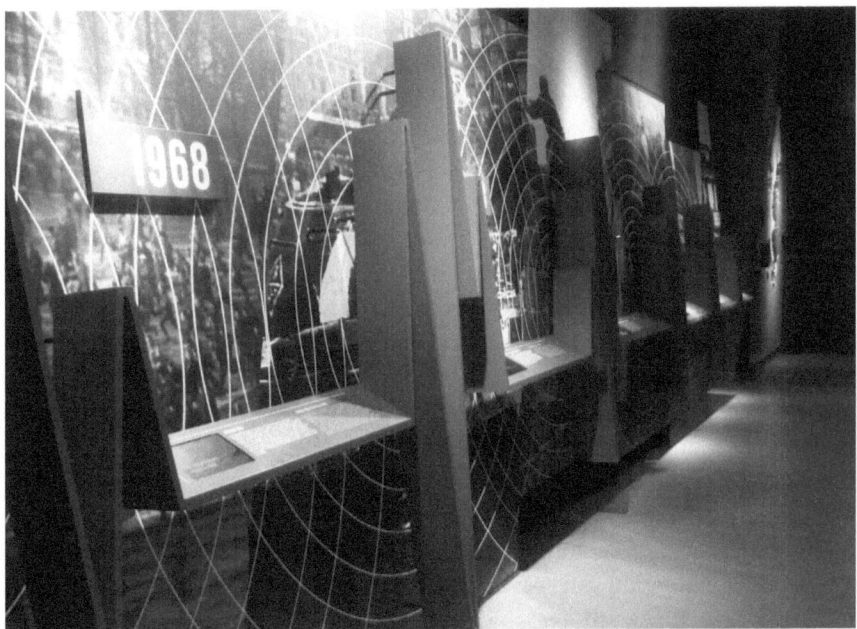

Abb. 20: Installation »Seismograf« mit Landkarte zum Eisernen Vorhang im Hintergrund

von einem Film, der weiter hinten im Raum gezeigt wird, intensiviert die bedrohliche und gefährliche Stimmung. Gesteigert wird dieser Eindruck der Gefahr durch das berühmte Zitat des britischen Premierministers Winston Churchill vom März 1946 über die Teilung Europas durch den »Eisernen Vorhang«, das auf einer schwarzen Tafel unter der Landkarte zu lesen ist:

> From Stettin in the Baltic to Trieste in the Adriatic, an iron curtain has descended across the continent. Behind that line lie all the capitals of the ancient states of Central and Eastern Europe. [...]. All those famous cities [...] lie in what I must call the Soviet sphere, and are all subject [...] to a very high and [...] increasing measure of control from Moscow.

Wie in der Fallstudie zum DHM herausgearbeitet, liegt die Leistung von Landkarten darin, das Gezeigte auf einen Blick erfassbar zu machen (siehe Kapitel 3.1.3.1 und 3.1.3.2). Das Europa, das der Einleitungstext zur Ausstellung erwähnt, wird auf dieser zweifarbigen Karte zu einem eingängigen Bild: das geteilte Europa, das der Kampf der Solidarność-Bewegung schließlich verändert hat. Da Landkarten jedoch keine Abbilder der Welt sind, inszenieren sie auch einen bestimmten Blick auf das Gezeigte (vgl. Haslinger/Oswalt 2012: 9; Schneider 2004: 9). Im Mittelpunkt dieser Karte steht die Spaltung Europas in einen westlichen und einen östlichen Teil. Die Farbgebung visualisiert dabei, was das Ausstellungsnarrativ an verschiedenen Stellen nahelegt: Der Westen wird gleichgesetzt mit Freiheit und Demokratie, der Osten mit Unterdrückung, Diktatur und Gefahr. Grenzen oder Unterscheidungen innerhalb dieser zwei als monolithisch gezeigten Blöcke spielen auf der Landkarte eine untergeordnete Rolle. Sie teilt Europa in zwei fundamental unterschiedliche Blöcke, von denen der eine Freiheit und der andere Bedrohung bedeutet.

Nach dieser Teilung Europas durch die Landkarte vollführt die Installation links daneben eine Art Zoombewegung in den östlichen Teil Europas hinein. Dies wird in der Farbgebung in Rot sowie im Aufgreifen der auf der Landkarte markierten Städte deutlich.

Die »Seismograf« genannte Installation behandelt Aufstände gegen die kommunistische Herrschaft in verschiedenen Ländern, von 1953 in der DDR, über Ungarn 1956, den Bau der Berliner Mauer 1961 und den Prager Frühling 1968 bis zur politischen Krise 1968 in Polen. Ein in Hüfthöhe angebrachtes rotes Brett ist durch senkrechte, zackenförmige Linien in sechs Abteile gegliedert, über denen jeweils eine Jahreszahl angebracht ist. Jedes Abteil behandelt einen Aufstand und entspricht einem auf der Landkarte markierten Ort. Neben einem gedruckten Text an der Wand zeigt es jeweils einen Touchscreen, auf dem zeitgenössische Fotografien zu sehen sind. Den Hintergrund der Installation bilden sechs großformatige Schwarz-Weiß-Fotografien von protestierenden Menschenmassen, auf denen weiße Kreise wie bei einem Erdbeben Erschütterungen symbolisieren. Die Zacken zwischen den Abteilen, die ebenfalls an die Messung von Erdbeben oder Herztönen denken lassen, werden in Laufrichtung höher. Dadurch und durch die Beziehung der Ähnlichkeit, die die Installation mit ihrem Aufbau zwischen den einzelnen nationalen Aufständen inszeniert, entsteht der Eindruck einer transnationalen, sich zuspitzenden Krise.

Die Touchscreeninstallation lässt sich dabei als räumliche Tabelle lesen: sie sammelt Daten, bündelt sie in Kategorien und ordnet sie in Zeilen und Spalten so an, dass sie schnell erfassbar sind (siehe Kapitel 3.1.3.2). Den Spalten der Tabelle entsprechen die senkrechten Trennungen zwischen den einzelnen Abschnitten. Von den Zeilen ist auf den ersten Blick nur eine sichtbar, sie zeigt in jeder Spalte einen kurzen Text auf Polnisch und Englisch sowie einen Touchscreen. Dieser ist jedoch immer gleich aufgebaut: Nach einem Startbildschirm zeigt er eine Serie von Fotografien der Aufstände, die sich ästhetisch sehr ähneln. Die Zeilen der Tabelle sind somit in die Ebenen des Touchscreens verlagert. Die Kategorie, nach denen diese Installation die gesammelten Daten (Fotografien und Texte) organisiert, ist zunächst eine zeitlich-chronologische. Jede Spalte steht für ein Jahr. Nimmt man jedoch dazu die Landkarte in den Blick, zeigt sich die Nation als organisierende Kategorie für den hier inszenierten Blick auf Europa: Die Linien, die die Grenzen zwischen einzelnen Nationalstaaten auf der Landkarte anzeigen, entsprechen den Trennwänden zwischen den Abteilen der Touchscreeninstallation. Die Spalten der Tabelleninstallation stehen damit jeweils für eine Nation, denen die Zeilen Informationen in Form von Texten und Fotografien zuordnen.

Wie in der Fallstudie zum DHM gezeigt, besteht die Wirkung von Tabellen in dieser Verräumlichung von Informationen Durch die Festsetzung von Kategorien und die räumliche Anordnung dieser Kategorien in Zeilen und Spalten sammeln und speichern sie jedoch nicht nur Daten, sondern prägen einen bestimmten Blick auf das Gezeigte. Sie produzieren klare Grenzen und Unterscheidungen zwischen den von ihnen gesetzten Kategorien und konstruieren durch die Anordnung eine Beziehung zwischen ihnen (vgl. Goody 1977: 81; Berg 2011: 22). Die Beziehung, die die tabellenartige Installation an dieser Stelle im ECS zwischen den in Spalten aufgelisteten Nationen herstellt, ist die des Vergleichs und der Ähnlichkeit zwischen verschiedenen nationalen Kategorien. Die Abteile der Installation sowie die Touchscreens sind immer gleich aufgebaut: Die auf den Bildschirmen zu einer Serie montierten Fotografien zeigen protestierende Menschenmengen, Panzer sowie Kampfszenen und ähneln sich in ihrer Ästhetik. Wie im DHM inszeniert auch diese Installation einen vergleichenden Blick auf nationale Größen, die seriell nebeneinander angeordnet sind.

Damit nimmt die Touchscreeninstallation auf, was die Landkarte neben ihr tut: Zunächst visualisieren beide das Europa, das der Text zu Beginn der Ausstellung als Ziel des Rundgangs erwähnt, und geben einen Überblick, indem sie Daten als Bild zeigen: Das ist Europa. Sie teilen daraufhin dieses Europa durch Grenzziehungen erstens in die zwei antagonistischen Blöcke West und Ost, und zweitens in einzelne Nationalstaaten, zwischen denen sie schließlich einen vergleichenden Blick inszenieren. Dieser bringt Gemeinsamkeiten und Ähnlichkeit zum Vorschein: Verschiedene osteuropäische Nationen eint der Kampf gegen den von der Landkarte als bedrohlich und expansiv gezeigten roten Block sowie gegen die Teilung Europas. Die Denkfigur der Grenzziehung und des Vergleichs zwischen nationalen Einheiten, die Landkarte und Tabelle hier als Europamedien etablieren, erweist sich damit hier wie auch im DHM als ein zentrales Element der musealen Historiografie Europas. Europa, so Landkarte und Installation, meint in den ersten Räumen der Ausstellung nicht ein Gemeinsames, sondern es zerfällt in zwei Blöcke und innerhalb dieser in nationale Kategorien. Landkarte und Tabelle zeigen Europa als Teilung, die durch den Kampf einzelner Nationen schließlich überwunden wird. Die Nation bleibt damit, wie auch im DHM, der dominierende Bezugsrahmen der musealen Historiografie Europas.

Neben dieser Bedeutung als geteiltes Europa bildet Europa gleichzeitig auch das Ziel des Ausstellungsrundgangs, denn – das nimmt der einleitende Text vor dem ersten Ausstellungsraum vorweg – die Teilung Europas wurde schließlich durch den Kampf Polens und anderer ostmitteleuropäischer Länder überwunden. Diesen Kampf, den Landkarte und Tabelle vor Augen führen, bezeichnet der Direktor des ECS Basil Kerski in der Informationsbroschüre, die Besucher_innen durch die Ausstellung führt, als »the Polish road to freedom« (ECS 2015). Auf dieser zweiten Bedeutungsebene wird Europa mit Freiheit gleichgesetzt, was sich schon am Titel des Ausstellungsraumes ablesen lässt, in dem der Rundgang chronologisch endet: Der polnische Weg zur Freiheit gipfelt (auch architektonisch) im europäischen »Triumph der Freiheit«. Wie sich zeigen wird, ist auch für diesen Topos von Europa als Überwindung der Teilung die Medienkonstellation aus Landkarte und tabellarischen Touchscreeninstallationen entscheidend. Vor der Analyse dieses Raumes am Ende des Rundgangs erscheint es jedoch notwendig, die nationale Rahmung des »polnischen Weges zur Freiheit« näher zu untersuchen, weil sich daran eine Verknüpfung der Strukturkategorien Nation und *Gender* beobachten lässt, die für die museale Historiografie Europas im ECS zentral ist.

»Der polnische Weg zur Freiheit« als männliche Heldengeschichte
Den dominanten Rahmen der Erzählung des Weges vom geteilten zum vereinten, freiheitlichen Europa bildet in den ersten fünf Ausstellungsräumen die polnische Nation. Es scheint der Ausstellung zunächst darum zu gehen, den Besucher_innen den Beitrag Polens zum in der EU geeinten Europa vor Augen zu führen: »We believe that even today we can draw civic energy from the experience of the Polish road to freedom, while a spring of ideas to invigorate Europe still flows from the heritage of Solidarity« schreibt der Direktor Kerski in dem Faltblatt, das den Besucher_innen den Weg durch die Ausstellung weist (ECS 2015). Europa wird hier mit Freiheit gleichgesetzt, und der Weg dorthin als national gerahmt. Das zeigt sich schon vor dem Betreten der Ausstellung an dem Zeitstrahl auf den einführenden Tafeln vor jedem Raum: Die dort aufgelisteten Daten bezeichnen wichtige Eckpunkte der polnischen Geschichte. Von wenigen Verweisen auf andere ostmitteleuropäische Oppositionsbewegungen abgesehen behandeln die ersten fünf Ausstellungsräume diesem Rahmen folgend die Solidarność-Bewegung als nationale Geschichte.

Diesen nationalen Fokus des »polnischen Weges zur Freiheit« hebt auch die oben besprochene Landkarte hervor: Im Zentrum der Karte liegt Polen, das von einem Lichtspot hervorgehoben wird. Zudem ist die Karte in den polnischen Nationalfarben Rot und Weiß gestaltet. Die nationale Rahmung zeigt sich darüber hinaus auch in der benachbarten Touchscreeninstallation. Jeder der sechs Bildschirme sowie die Texte daneben benennen ein Land und eine Jahreszahl (»Uprising in Hungary 1956«, »Czechoslovakia 1968«) – nur die Abteile, die Polen behandeln, kommen ohne nationale Bestimmung aus (»Poznan 1956«, »Marzec 1968«). Die nationale Position, von der aus die Ausstellung spricht, wird somit als gegeben und nicht erklärungsbedürftig vorausgesetzt. An dieser nationalen Fokussierung des Ausstellungsnarrativs in den ersten fünf Räumen lässt sich eine Verbindung der Strukturkategorien Nation und *Gender* zeigen, die für die museale Historiografie Europas im ECS entscheidend ist: Europa zerfällt nicht nur in zwei getrennte Blöcke und in das mit Freiheit gleichgesetzte Ziel der Überwindung dieser Teilung, sondern auch in eine männlich dominierte nationale Erfolgsgeschichte. Der polnische Weg zur europäischen Freiheit wird als männlich codierte Heldengeschichte erzählt.

Solidarność erscheint darin als fast ausschließlich männliche Bewegung in einem zum allergrößten Teil männlich dominierten Arbeitsumfeld, deren Hauptakteure später die politische Führung Polens übernahmen. Frauen kommen in diesem Narrativ, bis auf sehr wenige Ausnahmen, überhaupt nicht vor oder spielen eine extrem untergeordnete Rolle. Wie die amerikanische Slawistin Shana Penn in ihrer Studie »Solidarity's Secret« (2008) jedoch gezeigt hat, waren Frauen entscheidend für die Entstehung und Aufrechterhaltung der Bewegung.[176] Die Hälfte der Mitglieder der Solidarność und ein Drittel der Belegschaft der Werft war demnach weiblich (vgl. Penn 2008: 9; Metropolitanka 2012). Der entscheidende Streik auf der Danziger Werft brach aus, als die Kranführerin Anna Walentynowicz entlassen wurde, weil sie sich seit den 1960er Jahren für die Rechte der Arbeiter_innen eingesetzt hatte (vgl. Penn 2008: 33f.). Ebenfalls waren es nach Penn (2008: 55ff.) Frauen, die dafür sorgten, dass der Streik nach ersten Zugeständnissen der Regierung im Sommer 1980 weitergeführt wurde, indem sie das Tor der Werft blockierten. Die Arbeiter hätten sich ansonsten mit Lohnerhöhungen zufriedengegeben und den Streik beendet (vgl. Kulawik 2014). Auch im Überbetrieblichen Streikkomitee, das im Sommer 1980 die August-Vereinbarung mit der Regierung aushandelte, spielten zwei Frauen eine entscheidende Rolle,

---

176 Penn hatte Anfang der 1990er Jahre Interviews mit polnischen Frauen geführt, die in der Solidarność aktiv gewesen waren. Die Studie erschien 2003 erstmals auf Polnisch und 2005 auf Englisch. Bereits 1994 hatte Penn in den USA Ausschnitte ihrer Arbeit in einem Artikel veröffentlicht (vgl. Penn 1994a), der im gleichen Jahr in einer Krakauer feministischen Zeitschrift auf Polnisch erschienen war (vgl. Penn 1994b). Dieser wurde zu einer wichtigen Inspiration für die zu dieser Zeit in Polen entstehenden Gender Studies (vgl. Penn 2008: 28).
Zur Rolle von Frauen in der Solidarność sowie der Bedeutung von *Gender* für die polnische Historiografie der Bewegung vgl. auch die Arbeiten von Kenney (1999), Kondratowicz (2001), Graff (1999, 2006), Kulawik (2014) sowie den Film »Solidarność według kobiet« (2014) von Marta Dzido und die Herstory-Initiative »Stocznia jest kobietą« (»Die Werft ist eine Frau«) des Danziger Vereins Metropolitanka (vgl. Metropolitanka o. J., siehe FN 181).

die die Forderungen anderer Betriebe in Polen sortierten und schließlich die 21 Forderungen der Arbeiter_innen formulierten (vgl. Metropolitanka 2012). Insbesondere während des Kriegsrechts zwischen Dezember 1981 und Juli 1983, als die Solidarność von den kommunistischen Machthabern verboten und fast die gesamte männliche Führung verhaftet worden war, waren es nach Penn (2008: 10ff., 148ff.) Frauen, die die Bewegung am Leben hielten, indem sie das Netzwerk der Solidarność im Untergrund neu organisierten, geflohene Mitglieder versteckten, geheime Treffen arrangierten, Geld schmuggelten und eine lebhafte Untergrundpresse etablierten, aus der nach den Umbrüchen von 1989/90 die erste freie Zeitung Polens hervorging.

In der Ausstellung des ECS kommen diese Frauen und ihre Geschichten, bis auf die entlassene Kranführerin Anna Walentynowicz, nicht oder nur sehr versteckt vor. Frauen thematisiert die Ausstellung, wenn überhaupt, anhand von unscheinbaren Texten und Fotografien in Ecken oder am Rand des Rundgangs oder auf unteren Ebenen von Touchscreens. Bis auf die Krankabine von Anna Walentynowicz am Anfang des Rundgangs gibt es kein Objekt, das weiblichen Geschichten zugeordnet wird. Zusätzlich werden diejenigen Frauen, die die Ausstellung erwähnt, in Bezug auf Männer definiert oder als Hilfsfiguren der Hauptakteure dargestellt. So zeigt beispielsweise eine Filminstallation im Raum D, der die Zeit des Kriegsrechts und der Illegalität der Solidarność behandelt, Ausschnitte aus Interviews mit Frauen von Solidarność-Aktivisten, die während des Kriegsrechts ihr Leben verloren. Dies ist eine der seltenen Stellen, an denen die Ausstellung Frauen eine Stimme gibt, doch anstatt den laut Penns Studie entscheidenden Beitrag von Frauen zum Überleben der Solidarność in der Illegalität zu thematisieren, sprechen diese Frauen ausschließlich über ihre zu Helden gewordenen Männer.

Auf diese Beobachtung angesprochen, reagierten meine Gesprächspartner im ECS alle mit dergleichen Abwehr- und Abwertungshaltung: Es stimme nicht, dass die Ausstellung Frauen marginalisiere. Wenn man genau hinsehe, fände man Frauen und ihre Geschichten. Konrad Knoch, der für die Dauerausstellung mitverantwortlich ist, schickte mir ein internes Dokument, das meine Beobachtung widerlegen soll, indem es aufzählt, an welchen Stellen die Ausstellung Frauen und ihre Geschichten zeigt.[177] In diesem internen Papier heißt es: »Die Dauerausstellung des ECS zeigt die Rolle von Frauen in vielen Dimensionen

---

[177] Ursprünglich richtete sich dieses Dokument an den Danziger Verein Metropolitanka, der das ECS vor der Eröffnung der Dauerausstellung vor der Marginalisierung von Frauen gewarnt hatte (vgl. Knoch, Interview, ECS, 31. März 2015; Kołtan, Interview, ECS, 31. März 2015, siehe FN 181).

[Übersetzung: S.C.]«, und es folgt eine detaillierte Aufzählung der Frauen, die die Ausstellung erwähnt (vgl. ECS 2014b: 1). Das Problem besteht jedoch darin, dass es dieses Dokument braucht, um die Anwesenheit von Frauen in der Ausstellung nachzuweisen. Besucher_innen müssen bereits wissen, dass es Frauen in der Solidarność gab, um in der Ausstellung gezielt nach ihnen suchen zu können, da sie sehr versteckt in unteren Ebenen von Touchscreens und unscheinbaren Installationen gezeigt werden. »You have to look carefully in order to see the women«, rechtfertigte sich Knoch im Gespräch. Genau darin liegt das Problem: Besucher_innen ohne diese Vorbildung, die ohnehin nicht zum Allgemeinwissen innerhalb der polnischen Geschichte zählt, präsentiert die Ausstellung eine eindeutig männlich dominierte Geschichte.

Im Vordergrund dieses Narrativs steht fast omnipräsent die Figur Lech Wałęsas, die als Nationalheld gezeigt wird. Beispielhaft lässt sich das im ersten Raum der Ausstellung (A) beobachten. Ein umgebautes Werftauto[178] und ein Touchscreen zeigen den »Anführer des Streiks (Lider Strajku)« Wałęsa auf Fotografien und in Texten als heldenhaften, volksnahen und unermüdlichen Kämpfer. In dem Auto zeigt ein weiterer Bildschirm Zusammenschnitte aus Filmen über Wałęsa. Man sieht Wałęsa in siegreicher Pose umringt von ihm zujubelnden Menschenmassen sowie als sympathischen Kämpfer im Interview mit einem Journalisten. Vom Ende des Raumes schallt dramatische Musik aus einem weiteren Film auf einer fast raumhohen Leinwand herüber, der Wałęsa ebenfalls prominent in Siegerpose und umringt von jubelnden Menschen zeigt.[179] Dieser Film bildet den Höhepunkt am Ende des Raumes, auf den sowohl ein Zeitstrahl auf dem Boden als auch die Raumarchitektur hinführen. Im Gegensatz zu diesen attraktiven und Aufmerksamkeit auf sich ziehenden Exponaten ist es leicht, eine Installation zu übersehen, die den entscheidenden Beitrag von Frauen zur Weiterführung des Streiks behandelt. Vier rechtwinklig angeordnete Glasplatten zeigen Schwarz-Weiß-Fotografien von Frauen sowie einen kleingedruckten Text über die Blockade der Werfttore durch Frauen. Im Gegensatz zum allgegenwärtigen Wałęsa gesteht die Ausstellung den Frauen keine eigene Stimme zu und macht ihren Beitrag im wahrsten Sinn des Wortes unsichtbar: Vor dem Hintergrund der überbordenden Geräuschkulisse und dem multimedialen Überangebot des Raumes sind die Frauen und ihre Geschichten auf den Glasplatten kaum zu erkennen. Sie werden durchsichtig und versteckt. Auf diese Weise reproduziert die Ausstellung

---

178 Ob es sich um eine Rekonstruktion eines solchen Autos oder um ein echtes Auto handelt, wird nicht gekennzeichnet.
179 Wałęsa in Siegerpose, umringt von jubelnden Menschenmassen, begegnet den Besucher_innen auch in Raum C und D.

eine symbolische Geschlechterordnung aus primärer, aktiver und gestaltender Männlichkeit und sekundärer, stummer und unsichtbarer Weiblichkeit.

Dabei sind nicht nur die in der Ausstellung gezeigten Handlungsträger fast ausschließlich männlich, sondern auch diejenigen, die die gezeigte Geschichte erklären. An mehreren Stellen der Ausstellung legen männliche Experten, wie Geschichtsprofessoren und Politiker, in filmischen Interviews vom Standpunkt der Gegenwart aus die Bedeutung der Solidarność dar.[180] Auch alle Texte im Katalog zur Dauerausstellung sind von Männern verfasst. Die Ausstellung wiederholt damit die Tilgung anderer als männlicher Akteur_innen und Stimmen aus der offiziellen Historiografie der Solidarność, die Wissenschaftlerinnen wie Shana Penn kritisieren (vgl. Penn 2008: 2f.; Kenney 1999: 401; Kulawik 2014: 3).[181]

Die Verbindung der Strukturkategorien Nation und *Gender* zeigt sich jedoch nicht nur an der Auslassung und Unsichtbarmachung von Frauen in der Solidarność-Bewegung, sondern auch und vor allem an der Inszenierung bestimmter Vorstellungen von Weiblichkeit und Männlichkeit. Wie der Historiker Padraic Kenney (1999: 400) in Bezug auf die Geschichte der Solidarność schreibt, sollte die Beschäftigung mit *Gender* und (National-)Geschichte nicht dabei stehen bleiben, zu zeigen, dass Frauen auch dabei waren. Es geht nicht um eine simple Addition von Akteurinnen, sondern um die Frage, wie Historiografie durch Vorstellungen von Geschlecht organisiert wird. In diesem Sinne geht es mir nicht nur um eine Korrektur der von der Ausstellung erzählten Geschichte im Sinne einer Addition der beteiligten Frauen, sondern vor allem um die Beobachtung geschlechtlich codierter musealer Geschichtserzählungen. Dabei lässt sich feststellen, dass die Ausstellung des ECS Männlichkeit als aktiv, entscheidend, mutig, heroisch und sichtbar inszeniert, während sie Weiblichkeit als sekundär oder abwesend, in jedem Fall aber als weniger sichtbar zeigt. Männliche Akteure werden exponiert, benannt und bekommen eine Stimme, andere als männliche Akteur_innen hingegen bleiben größtenteils unsichtbar, entnannt und stumm. Die national gerahmte Geschichte der Solidarność, die die Ausstellung unter dem Schlagwort des »polnischen Weges zur Freiheit« als Beitrag Polens zu Europa zeigt, ist eine eindeutig männlich codierte.[182]

---

180 Zum Beispiel im Raum B Station zur Détente-Politik Ende der 1970er Jahre oder im Raum C an den Stationen zu »Solidarność – a peaceful revolution« und »Solidarność and the world«.
181 »Andere als männlichen Akteur_innen« meint nicht nur Frauen. So erzählt beispielsweise der Dokumentarfilm »ciągle wierzę/I still believe« (Magda Mosiewicz 2011) die Geschichte der Transfrau und Solidarność-Aktivistin Ewa Hołuszko.
182 Eine Gegenlektüre bietet der Danziger Verein Metropolitanka an, der unter dem Titel »Stocznia jest kobietą« (»Die Werft ist eine Frau«) Rundgänge über die Werft und das ECS, sowie einen alternativen Audioguide zur Geschichte der Werft anbietet. Die Initiative Metropolitanka

Diese Erzählung der Solidarność als männliche Heldengeschichte, die sich nach 1989 in Polen durchsetzt, dient dabei der polnischen Politikwissenschaftlerin Teresa Kulawik (2014) und der Literaturwissenschaftlerin Agnieszka Graff (1999) zufolge einem bestimmten Ziel: der Wiederherstellung einer patriarchalen Ordnung. Die verbreitete Darstellung, der Sozialismus sei in der polnischen Geschichte eine Unterbrechung der »normalen« Geschichte gewesen, legen Kulawik und Graff als geschlechtlich codierte Erzählung dar. Das kommunistische Regime, das offiziell auf Gleichberechtigung der Geschlechter setzte, wird darin als Frauenherrschaft, als Unterdrückung des Männlichen und als symbolische Kastration wahrgenommen. Die Geschichte der Solidarność wird deshalb als männlich dominierte Geschichte erzählt, um die patriarchale Ordnung wiederherzustellen und Männer zu dem zu machen, was sie laut der offiziellen nationalen Geschichtsschreibung immer waren: Helden (vgl. Kulawik 2014: 3).

Der Weg nach Europa als christlich geprägter Kampf
Eine weitere Strukturkategorie, die sich neben *Gender* für die im ECS gezeigte Geschichte Europas als zentral erweist, ist Religion. Dies ergibt sich ebenfalls aus der Konzentration auf eine national geprägte Perspektive in den ersten fünf Ausstellungsräumen: Die Strukturkategorien Nation und Religion sind eng miteinander verbunden, denn die nationale Geschichte der Solidarność zeigt die Ausstellung als eine stark von der katholischen Religion beeinflusste Bewegung. In diesem Abschnitt geht es, anders als im vorhergehenden zur Strukturkategorie *Gender*, nicht darum, auf eventuelle Auslassungen der Ausstellung hinzuweisen.

---

wurde 2010 von hauptsächlich weiblichen Freiwilligen in Kooperation mit dem städtischen Kulturinstitut Gdańsks als Herstory- Projekt gegründet, um den Anteil von Frauen in der Geschichte sichtbar zu machen. Seit 2012 organisieren die Gründerinnen Rundgänge über das Werftgelände und durch das ECS, die von ehemaligen Werftarbeiterinnen und Solidarność -Aktivistinnen geführt werden (vgl. Metropolitanka o. J.). Seit 2016 gibt es den Audioguide auch als App (Vgl. Metropolitanka 2012).
Die Beziehung zwischen diesem Verein und dem ECS erschien mir während meiner Feldforschung als angespannt. Meine Interviewpartner im ECS werteten die Arbeit des Vereins konstant ab und warfen ihm Unprofessionalität, Unsachlichkeit, Ignoranz und Übertreibung vor. Metropolitanka hatte vor Eröffnung der Dauerausstellung um ein Treffen gebeten und davor gewarnt, die Rolle von Frauen in der Solidarność außer Acht zu lassen. Laut meinen Interviewpartnern im ECS seien die Mitarbeiterinnen von Metropolitanka jedoch von vornherein »ignorant« und »zu wütend« gewesen (vgl. Knoch, Interview, ECS, 31. März 2015; Kołtan, Interview, ECS, 31. März 2015). Der Vorwurf der Emotionalität und Unsachlichkeit ist eine gängige Strategie, um feministische Kritik an sexistischen Strukturen abzuwerten und den Status Quo aufrecht zu erhalten – die im ECS dominante Männlichkeit erscheint deshalb als recht brüchig und bedroht.

Dass die Solidarność entscheidend vom Katholizismus geprägt wurde, ist unumstritten. Ziel dieses Abschnittes ist es stattdessen, zu beschreiben, wie die museale Historiografie Europas im ECS durch die Kategorie Religion strukturiert wird.

Die Bedeutung der Strukturkategorie Religion für die im ECS gezeigte Geschichte liegt in der – im Vergleich zu den anderen untersuchten Museen – engeren thematischen Ausrichtung des ECS auf einen bestimmten Zeitabschnitt und ein historisches Phänomen begründet. Dieses Phänomen, der antikommunistische Widerstand in Polen, war in hohem Maße durch die katholische Religion beeinflusst (vgl. Holzer 1985: 82). Polen war und ist bis heute überwiegend katholisch geprägt; zur Zeit der Solidarność waren über 95 % der Bevölkerung Katholik_innen (vgl. Bingen 2011: 12). Die katholische Kirche besaß während des Kommunismus enormen Einfluss auf das gesellschaftliche und politische Leben Polens, da sie die einzige vom kommunistischen System unabhängige Institution bildete. Zwischen Staatsmacht und gesellschaftlicher Opposition nahm sie die Rolle einer unterstützenden und mäßigenden Mittlerin ein (vgl. Micewski 1988: 12). Auch für die Solidarność-Bewegung spielte der Katholizismus eine zentrale Rolle (vgl. Davies 2001: 300; Holzer 1985: 79, 2007: 141). Weite Teile der katholischen Kirche, vor allem Papst Johannes Paul II. unterstützten sie von Anfang an (vgl. Jaworski et al. 2000: 354; Micewski 1988: 17ff.). Schon die Wahl des Kardinals Karol Wojtyla zum Papst im Oktober 1978 hatte in Polen zur Herausbildung eines neuen politischen Bewusstseins, eines Gefühls der Stärke und der geistigen Unabhängigkeit von den kommunistischen Machthabern geführt (vgl. Holzer 1985: 79ff., 2007: 140; Jaworski et al. 2000: 354). Die Schriften des Papstes sowie seine offenen Parteinahmen für die Opposition gaben wichtige Impulse zur Stärkung der polnischen Dissidentenbewegung (vgl. Bartoszewski 2005: 162).[183] Von Bedeutung waren dabei insbesondere die drei Reisen des Papstes in seine Heimat zwischen 1979 und 1987, die ein riesiges öffentliches und mediales Interesse fanden und durch die Unterstützung Johannes Paul II. für die Solidarność zu politischen Großkundgebungen gerieten (vgl. Holzer 2007: 140; Bingen 2011: 14). In seinen Predigten sprach sich der Papst während dieser Reisen für ein unabhängiges Polen (vgl. Micewski 1988: 157ff.) und ein vereintes Europa aus (vgl. Riccardi 2012: 97, Stricker 2009). Darüber hinaus traf der Papst mehrmals den Streikanführer Lech Wałęsa, sogar als dieser während des Kriegsrechts unter Hausarrest stand und die Solidarność verboten war (vgl. Micewski 1988: 72ff., 136,

---

[183] Der Papst äußerte sich jedoch nicht offen antikommunistisch, um die Stellung der Kirche als Vermittlerin zwischen den kommunistischen Machthabern und der Gesellschaft nicht zu gefährden (vgl. Riccardi 2012: 440). Sein diplomatisches Ziel bestand darin, die Freiräume der Kirchen im Ostblock zu erweitern (vgl. Riccardi 2012: 449).

161). Auch gegenüber der politischen Führung Polens kritisierte der Papst offen das Verbot der Solidarność und forderte die Einhaltung der Menschenrechte (vgl. Micewski 1988:165). Der religiöse Charakter der Solidarność-Bewegung äußerte sich des Weiteren zum Beispiel darin, dass in den bestreikten Industriebetrieben Messen abgehalten wurden, Arbeiter_innen gemeinsam religiöse Lieder sangen, die katholische Kirche mit Seelsorgern in den streikenden Betrieben arbeitete und in den Büros der Solidarność Kruzifixe an der Wand hingen (vgl. Bartoszewski 2005: 167f., Holzer 2007: 140). Während des Kriegsrechts und der Illegalität der Solidarność war die katholische Kirche ebenfalls eine große Unterstützung für die Oppositionsbewegung. Sie half Gefangenen und Internierten sowie deren Familien, bot Verfolgten Unterschlupf und stellte Räumlichkeiten für Versammlungen und Veranstaltungen zur Verfügung (vgl. Micewski 1988: 13, 53ff.). Auch an den Verhandlungen am Runden Tisch im Frühjahr 1989 nahmen Geistliche teil, die als Vermittler zwischen Regierung und Opposition fungieren sollten (vgl. Holzer 2007: 140f.).

Diese religiöse Prägung der Solidarność-Bewegung wird schon vor dem Betreten des Gebäudes sichtbar. Der Bau des ECS erhebt sich direkt hinter dem Denkmal für die gefallenen Werftarbeiter, das mit drei in den Himmel ragenden Kreuzen an die Opfer antikommunistischer Arbeiteraufstände vom Dezember 1970 erinnert (Abb. 21).[184]

Das Denkmal sowie das Werftgelände, vor dem es steht, bilden einen der wichtigsten Orte in der polnischen Erinnerungskultur und sind eng mit der katholischen Religion verbunden. Das Denkmal enthält eine Urne mit Erde aus Rom, die der Papst Johannes Paul II. Polen als Geschenk gemacht hat. Ein Auszug aus einem Gebet des Papstes sowie ein Psalm sind an der Wand zwischen Denkmal und ECS angebracht (vgl. Kowalski 2015: 68f.). Das Eingangstor zur Werft, durch das Besucher_innen auch zum Gebäude des ECS gelangen, zieren ein Bild des Papstes sowie der Schwarzen Madonna von Tschentochau, die in Polen als heiligste Reliquie verehrt wird und das Ziel von Wallfahrten bildet. Und auch innerhalb der Dauerausstellung finden sich in fast jedem Raum Hinweise auf die Verknüpfung der Geschichte der Solidarność mit der katholischen Religion. So geht beispielsweise der zweite Raum (B) auf die Stärkung der polnischen Opposition

---

[184] Der Streik im August 1980 war nicht der erste Aufstand der polnischen Arbeiter_innen gegen die kommunistische Regierung. Bereits im Dezember 1970 brachen in Gdynia, Szczecin und Gdańsk als Reaktion auf drastische Preiserhöhungen für Lebensmittel Aufstände aus, die jedoch gewaltsam niedergeschlagen wurden. Eine der wichtigen Errungenschaften der Solidarność bestand zehn Jahre später darin, in mehreren polnischen Städten Denkmäler für die Opfer dieser Aufstände errichten zu dürfen (vgl. Kowalski 2015: 67).

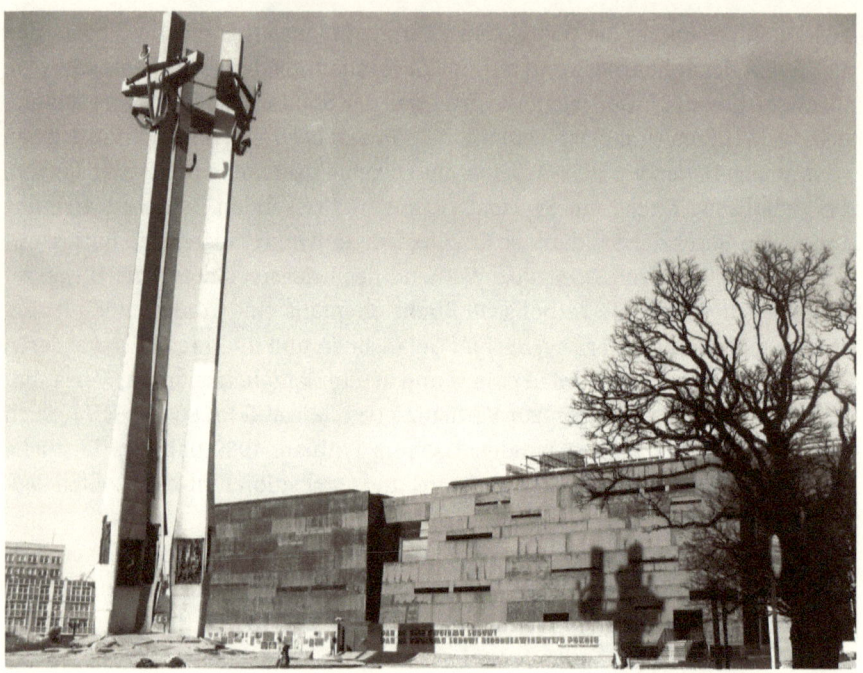

Abb. 21: Das »Denkmal für die gefallenen Werftarbeiter« und das Gebäude des ECS

durch die Wahl eines polnischen Kardinals zum Papst 1978 und dessen erste Reise nach Polen 1979 ein und zeigt auf einer Videostation Mitschnitte einer Messe. Im dritten Raum (C) zeigt ein Display über die Ethik der Solidarność-Bewegung neben einem Foto des französischen Soziologen Alain Touraine ein Bild des katholischen Priesters und Philosophen Józef Tischner sowie Ausschnitte aus dessen Rede vor der Solidarność-Führung im September 1981. Darin sieht man die Männer zusammen beten. In Raum D wird auf einer weiteren Videostation die Ermordung des Priesters Jerzy Popiełuszko im Herbst 1984 durch den polnischen Staatssicherheitsdienst behandelt, und Raum E widmet sich direkt vor der Installation des Runden Tisches in einem Raum dominierenden Display dem dritten Besuch des Papstes in Polen im Juni 1987. Der letzte Raum der Ausstellung (G) trägt als Widmung sogar den Namen des Papstes Johannes Paul II.

An diesen Beispielen zeigt sich die enge Verbundenheit der nationalen Rahmung der präsentierten Geschichte mit der Kategorie Religion und damit auch die Bedeutung dieser Kategorie für das im ECS inszenierte Bild Europas und europäischer Geschichte: Europa bildet, wie am Anfang der Ausstellung gesetzt, das Ziel der musealen Historiografie im ECS. Den Weg dorthin, den Weg nach Europa, zeigt die Ausstellung vorwiegend als national gerahmten Kampf der polnischen

Solidarność-Bewegung – es geht darum, einen nationalen Beitrag zum vereinigten Europa sichtbar zu machen. Wie die letzten beiden Abschnitte gezeigt haben, ist diese nationale Rahmung wiederum verschränkt mit den Strukturkategorien *Gender* und Religion. Der Weg nach Europa erscheint so nicht nur als national, sondern auch als männlich und katholisch geprägter. Wie sich am Ende des Ausstellungsrundgangs zeigen wird, strukturieren diese Kategorien jedoch nicht nur die vorwiegend national gerahmte Geschichtsschreibung in den ersten fünf Ausstellungsräumen, sondern auch die transnationale Öffnung auf einen europäischen und global-universellen Bezugsrahmen. Auch das wiedervereinigte Europa erscheint als das Ergebnis eines überwiegend männlich geprägten Kampfes, und die Einordnung der Solidarność in eine globale Tradition des friedlichen Kampfes für Menschenrechte wird katholisch gerahmt (siehe Kapitel 3.2.3.3).

3.2.3.2 Das vereinte Europa als nationales Nebeneinander: Landkarten, tabellarische Touchscreens, filmische Zeitzeug_innen

Europa, so hat die Analyse bis hierher gezeigt, meint in den ersten fünf Ausstellungsräumen das geteilte Europa, sowie das von Beginn der Ausstellung an feststehende Ziel der Vereinigung und Freiheit. Den Weg zu diesem Ziel zeigt die Ausstellung als überwiegend national, männlich und katholisch dominierte Geschichte: Es geht nicht um eine gemeinsame europäische Geschichte, sondern um die Sichtbarmachung eines als national konzipierten Beitrags zur Überwindung der Teilung Europas. Europäische Geschichte bedeutet hier die Addition einer nationalen Geschichte aus Ostmitteleuropa zu einem westeuropäisch geprägten Narrativ von Europa als Friedens- und Freiheitsprojekt. Die polnische Nation bleibt damit im ECS in fünf von sieben Räumen der Ausstellung der bestimmende Bezugsrahmen für die museale Historiografie Europas.

Während diese nationale Geschichte zumindest punktuell auch anhand von traditionellen Museumsobjekten, sogenannten primären, authentisch-auratischen Dinge erzählt wird, die, wie in Kapitel 2.4 gezeigt für die Rhetorik von Museen als Orten der Authentizität und Anwesenheit fundamental sind, kommt die museale Historiografie Europas ohne solche Objekte aus. Auch wenn die Ausstellung generell wenig Objekte und sehr viele andere Medien, wie zum Beispiel Filmstationen, Fotografien und Hands-On-Installationen zeigt, so beziehen sich die Objekte, die es gibt, alle auf ein nationales Narrativ, beispielsweise die Krankabine Anna Walentynowicz‹ oder das Auto Lech Wałęsas. Europa und seine Geschichte dagegen haben keine Objekte. Sie werden, wie in den anderen beiden hier untersuchten Fällen auch, in anderen Medienkonstellationen musealisiert. Der Mangel an europäischen Objekten, der sich in den ersten Räumen nur andeutet, wird besonders deutlich auf dem Höhepunkt der Ausstellung, im Raum zum

»Triumph der Freiheit« (F), der die Überwindung der Teilung Europas sowie das Thema Menschenrechte behandelt. Im Gegensatz zu den vorhergehenden Ausstellungsräumen zeigt dieser überhaupt keine Objekte. In dem Moment, wo die Ausstellung den nationalen Bezugsrahmen verlässt und sich auf eine transnationale europäische Ebene öffnet, findet die museale Historiografie ausschließlich in anderen Medien als sogenannten primären Originalobjekten statt. Diese, in der Museologie klassischerweise als sekundär bezeichneten Dinge (siehe Kapitel 2.4) werden hier aber nicht als sekundär oder ergänzend zu Objekten ausgestellt. Stattdessen werden sie zum eigentlichen Ausstellungsobjekt, denn andere gibt es nicht. Eine entscheidende Rolle spielen hier wiederum eine Landkarte und Touchscreens, die sich schon im DHM wie auch im oben untersuchten Raum als Europamedien erwiesen haben. Darüber hinaus bildet dieser Raum zur Vereinigung Europas nicht nur den Höhepunkt des Ausstellungsrundgangs, sondern er kann auch als Verdichtung dieser Studie gelesen werden, denn die Touchscreens, die hier gezeigt werden, führen mehrere der erarbeiteten Europamedien zusammen: Landkarten, Tabellen, Texte und filmische Zeitzeug_innen. Die museale Historiografie Europas lässt sich deshalb an drei Displays in diesem Raum konzentriert beschreiben.

Überwindung der Teilung: Landkarte
»Die unblutige Revolution in Polen ebnete den Weg für den Fall der Berliner Mauer und der Diktaturen in anderen ostmitteleuropäischen Ländern. […]. Der Aufbau einer neuen politischen und ökonomischen Ordnung in Europa hatte begonnen [Übersetzung: S.C.]« leitet eine Texttafel den Raum zum »Triumph der Freiheit« (F) ein. Der Zeitstrahl darunter zeigt an, dass mit diesem Raum der chronologische Endpunkt der Ausstellung erreicht ist. Im Gegensatz zu den vorherigen Räumen herrscht feierliche, fast andächtige Ruhe. Auch hat dieser Raum als erster des Rundgangs ein Fenster und wirkt dadurch heller und friedlicher. Er gibt den Blick frei auf das heutige Werftgelände und signalisiert damit nach dem Gang durch die Geschichte die Ankunft in der Gegenwart. Wir sind am Ziel, scheint der Raum zu sagen.

Dieses Ziel heißt Europa. Es zeigt sich beim Betreten des Raumes in einer etwa drei Meter hohen und fünf Meter breiten Landkarte an der rechten Wand, die Europa von Portugal bis Westrussland und von Griechenland bis Norwegen darstellt (Abb. 22).

Der Kontinent ist in Hellgrau vom dunkleren Untergrund abgesetzt, breite Linien markieren die Grenzen der einzelnen Nationalstaaten. Bis auf den Titel »Rozpad Bloku Wschodniego/Decomposition of the Eastern Block« ist die Karte nicht beschriftet. Die Auflösung des Ostblocks führt sie durch die Beleuchtung vor, die sich ungefähr im Fünf-Sekunden-Takt verändert. Zu Beginn erscheint die Landkarte als Kopie der oben besprochenen Karte in Raum B, die Churchills berühmtes Zitat über den Eisernen Vorhangs visualisiert: Europa ist durch eine stark hervorgehobene Grenze in einen weißen Teil im Westen und einen roten im Osten geteilt. Obwohl einzelne Nationalstaaten durch die Grenzziehungen erkennbar sind, liegt der Fokus eindeutig auf den zwei sich gegenüberstehenden, farblich deutlich voneinander abgesetzten Blöcken. Durch die Wiederholung der Markierung in Rot und Weiß greift die Karte die in der Ausstellung bereits etablierte Gleichsetzung von Westen = Freiheit versus Osten = Gefahr und Unterdrückung auf.[185] Nach einigen Sekunden leuchtet rechts neben der Landkarte ein kleiner Bildschirm auf, der eine Art Countdown zeigt. »Poland/Polska 04-06-1989« ist der erste Eintrag. Zeitgleich erlischt auf der Landkarte die rote Beleuchtung hinter dem Bereich, der Polen zeigt – und Polen wird weiß inmitten eines noch rot dominierten Blocks. Nach weiteren fünf Sekunden wechselt die Beleuchtung hinter Ungarn von rot auf weiß, der Countdown zeigt dazu »Ungarn/Węgry 23-10-1989«. Auf diese Weise löst sich der rote Block nach und nach auf und der gesamte auf der Landkarte gezeigte Bereich wird zu einem in weiß gehaltenen Ganzen. Die Grenze durch Europa verschwindet. Durch die zu einer Serie zusammengefügten einzelnen Bilder, die der Countdown anzeigt, inszeniert die Landkarte die Idee einer Bewegung und eines kontinuierlich voranschreitenden Fortschritts: Aus zwei geteilten, sich feindlich gegenüberstehenden Blöcken wird eine Einheit. Der Eiserne Vorhang, den die erste Landkarte in der Ausstellung visualisiert hat, löst sich auf. Am Ende der Serie erscheint Europa als ein nach innen grenzenloses Ganzes.

Das vereinte Europa als Nebeneinander nationaler Historiografien: Tabellarische Touchscreens

Wie in den zuvor analysierten Displays wird die Landkarte auch in diesem Raum mit einem tabellenartigen Medium kombiniert: Statt Objekten zeigt der Raum an verschiedenen Stellen Touchscreens, die wiederum mehrere Medien kombinieren. In Texten, Filmen, Fotografien, Biografien, Landkarten und filmischen Interviews mit Zeitzeug_innen greifen diese die Geschichte der Vereinigung Europas auf, die die Landkarte am Eingang des Raumes erzählt, und führen sie fort. Dabei sind sie so im Raum angeordnet und derart aufgebaut, dass sie wie multimediale Tabellen funktionieren. Sie kombinieren mehrere der in dieser Analyse

---

185 Der ganze Raum setzt diese Konnotation fort, da er den »Triumph der Freiheit« in hellen, beruhigenden Farben behandelt.

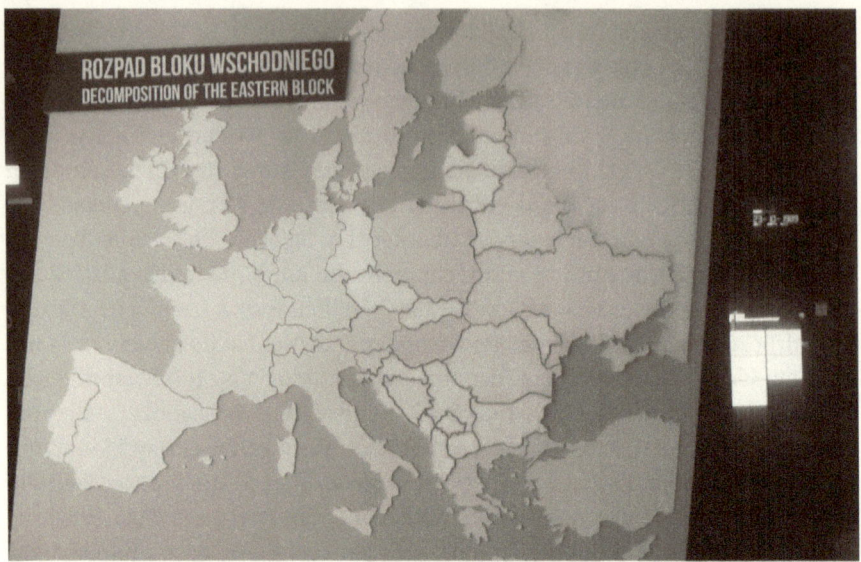

Abb. 22: Installation »Rozpad Bloku Wschodniego/Decomposition of the Eastern Block«

besprochenen Europamedien und ordnen sie tabellarisch an. Im Zentrum dieses Abschnitts steht deshalb die Frage, was die Touchscreens als Europamedien tun: wie erzählen sie die Geschichte der Vereinigung Europas?

Direkt neben der Karte sowie an der angrenzenden Wand sind auf Kopfhöhe der Besucher_innen neun Bildschirme angebracht, die den Fall des kommunistischen Regimes in je einem Land Ostmitteleuropas behandeln.[186] Der Bildschirm direkt neben der Karte ist etwas größer und thematisiert die Auflösung der Sowjetunion; die restlichen acht Screens hängen an der benachbarten Wand, die mit rostbraunem Metall verkleidet ist. Ausgestanzte Buchstaben ergeben die Wörter »Empire«, »Falling«, »Imperium« und »Rozpad (Auflösung)«. Im unteren Drittel wird die Wand von einem beleuchteten Fries durchbrochen, der, wie auch die Wand hinter den Schriftzügen Fotografien unbestimmter, jubelnder und Fahnen schwenkender Menschenmengen zeigt. Die Wand an sich ist leicht nach hinten geneigt, was den Eindruck der Nicht-Stabilität und des Umbruchs verstärkt. Unter dem Fries sind an einer Schiene acht gleich große Touchscreens mit jeweils einem Kopfhörer befestigt. Sie sind alle gleich aufgebaut. Oben links markiert ein Titel das jeweilige Land, und nachdem man die Sprache Polnisch oder Englisch

---

186 Auf je einem Bildschirm zusammengefasst sind Russland, die Ukraine, Belarus und Moldawien sowie die baltischen Länder.

ausgewählt hat, präsentiert sich ein Startbildschirm, auf dem verschiedene Kategorien in einer Art Tabelle zur Auswahl stehen: ein zwei- bis dreiminütiger Film über die Geschichte des Landes vom Ende des Zweiten Weltkriegs bis zu den Umbrüchen von 1989, ein einleitender Text sowie eine chronologische Übersicht der Ereignisse in Form eines Kalenders. Manche der Screens bieten im gleichen Design außerdem die Kategorien Fotografien, Biografien von Oppositionellen sowie Informationen zur heutigen Gedenkkultur und erinnerungskulturellen Institutionen, wie zum Beispiel Museen, Gedenkstätten und Archive, im jeweiligen Land zur Auswahl an.

Mit diesem Aufbau und ihrer Aufstellung im Raum funktionieren die Bildschirme wie eine Tabelle: Sie versammeln Daten, bündeln sie durch Grenzziehungen in Kategorien und ordnen diese Kategorien in Spalten und Zeilen so an, dass sie zueinander in Beziehung gesetzt werden. Durch diese räumlich-graphische Anordnung von Daten sind sie schnell erfassbar und erzeugen Evidenz (siehe Kapitel 2.1.3.1). Den Spalten einer Tabelle entsprechen hier die einzelnen Bildschirme, die jeweils eine Nation behandeln und nebeneinander angeordnet sind. Die Zeilen einer Tabelle hingegen sind nicht auf den ersten Blick erkennbar, da sie in die einzelnen Touchscreens verlagert sind: Sie entsprechen den auf den Bildschirmen zur Auswahl stehenden Elementen (Film, Text, Fotos und so weiter). Damit grenzen die Screens verschiedene Nationen voneinander ab und setzen sie zueinander in Beziehung, und zwar in eine Beziehung des Vergleichs. Sie vergleichen Nationalgeschichten im Hinblick auf die Kategorien, die der Startbildschirm zeigt. Der hier etablierte vergleichende Blick fördert so zunächst die Ähnlichkeiten zwischen den nationalen Kategorien zu Tage: Es eint sie der Kampf für den Fall des kommunistischen Regimes sowie die Tatsache, dass sie von diesem Umbruch direkt betroffen waren. Visuell wird diese Beziehung der Ähnlichkeit nicht nur durch den gleichen Aufbau der Screens, sondern auch durch die Ähnlichkeit der fotografischen Bilder umgesetzt, die die Screens sowie die Wand hinter ihnen zeigen. Man sieht Menschenmengen auf öffentlichen Plätzen, Panzer, protestierende Menschen sowie in Mikrofone sprechende und Hände schüttelnde Politiker. Um welches Land es dabei genau geht, ist diesem Arrangement zufolge nicht auf den ersten Blick wichtig, denn es geht zunächst um ein großes Ganzes: die Überwindung der Teilung Europas durch den Kampf nationaler Bewegungen in Ostmitteleuropa. Neben Europa erscheint hier somit wiederum die Nation als historiografische Hauptkategorie. Sowohl der Countdown neben der Landkarte als auch die erlischende rote Beleuchtung, wie auch die Touchscreens markieren verschiedene ostmitteleuropäische Nationen, die als Motor für die Vereinigung Europas erscheinen. Europa bedeutet hier folglich die Überwindung der Teilung, die das dominante Narrativ bis zu diesem Punkt bildete, und die Vereinigung in einem Ganzen durch einzelne nationale Beiträge.

Die Touchscreens greifen dabei auf und führen weiter, was die Landkarte eingangs vorbereitet hat. Die Überwindung der Teilung Europas zeigen sie als das vergleichende Nebeneinander Setzen einzelner Nationalhistoriografien. Durch die Anordnung jeweils einer Nation auf einem Bildschirm wie in den Spalten einer Tabelle greifen sie die Kategorisierung des Countdowns sowie die Grenzziehungen auf der Karte auf: Bestimmende Kategorie der Historiografie Europas ist die Nation. Dies zeigt sich auch an den kurzen Filmen, die die Touchscreens bei Berührung der Kategorie »watch movie« zeigen, sowie an den Fotografien an der Wand hinter den Bildschirmen. Jeder der neun Filme beginnt mit einer Landkarte Europas, auf der der jeweilige Nationalstaat durch rote Einfärbung und Grenzmarkierungen in Schwarz kontrastreich hervorgehoben ist. Am Ende der Filme sowie auf vielen der Fotografien an der Wand und im beleuchteten Fries sieht man Menschenmengen, die Nationalfahnen schwenken. Den Grenzziehungen auf den Landkarten und dem Moment des Umschaltens auf dem Countdown entsprechen die Spalten der durch die Touchscreens etablierten räumlichen Tabelle: Sie produzieren voneinander unterscheidbare nationale Größen, die entweder nacheinander (Countdown und Landkarte) oder nebeneinander (Touchscreens) zu einer vergleichbaren Serie angeordnet werden. In dieser seriellen Anordnung ergeben sie ein Ganzes: Europa, das die Teilung in einen Ost- und einen Westblock überwindet und schließlich als vereinigtes Ganzes für Freiheit, Demokratie und Menschenrechte steht.

Dieser Topos von Europa als Triumph der Freiheit, Demokratie und Menschenrechte ist diesem Raum nicht nur als Titel gegeben, sondern auch in sein Zentrum gestellt. Eine labyrinthähnliche Installation aus weißen Backsteinwänden behandelt dort das Thema Menschenrechte. Ein Zitat Vaclav Havels bildet den Eingang zu dieser Installation und fasst den von Landkarte und Touchscreen vorgeführten Topos zusammen: »What collapsed at that time? First of all a lot of high walls which divided people, nations and all continents in defiance of common sense. The Iron Curtain, which separated European nations subordinated to the soviet empire from nations which celebrated freedom, collapsed [...].«

Der Triumph der Freiheit als männliche Erfolgsgeschichte
Den Weg zu diesem europäischen »Triumph der Freiheit« zeigen die Touchscreens, wie auch die Ausstellungsräume bis hierhin, als überwiegend männlich dominierten. Wählt man auf dem Startbildschirm den Punkt »Biogramy/Biographies«, präsentiert der Bildschirm eine Serie fotografischer Portraits in Schwarz-Weiß, die Besucher_innen mit einer Wischgeste horizontal bewegen können. Tippen sie auf eines der Fotos, erscheint ein kurzer biographischer Text über die jeweilige Person. Es handelt sich, so wird beim Betrachten der Serie klar, um

Oppositionelle und Widerstandskämpfer_innen aus dem Land, das der Screen behandelt. Von insgesamt 263 gezeigten Personen sind lediglich 18 weiblich. Der Kampf für den »Triumph der Freiheit« in Europa erscheint so als fast ausschließlich männlicher. Männer sind, was sie durch die Ausstellung hinweg waren: Helden.

Die Ausstellung wiederholt und bestärkt hier die von Beginn an etablierte Geschlechterordnung aus aktiver, öffentlicher, heldenhafter und sichtbarer Männlichkeit und abwesender, sekundärer und unsichtbarer Weiblichkeit. Sie greift damit die Ordnung der Geschlechter auf, die seit der Ausrichtung der Historiografie auf die Nation als dominanten Bezugsrahmen Mitte des neunzehnten Jahrhunderts für die Geschichtsschreibung leitend war (siehe Kapitel 2.5). Die Nation und nationale Geschichte beruhen auf dichotom und hierarchisch gedachten Vorstellungen von Männlichkeit und Weiblichkeit (vgl. Apelt 1999). Transnationale Historiografie stellt deshalb für feministische Historikerinnen eine Chance dar: Die Öffnung auf transnationale Rahmungen von Geschichte und Geschichtsschreibung verbinden sie mit der Hoffnung, diese Geschlechterordnung zu hinterfragen und zu überwinden (vgl. Epple/Schaser 2009: 15, siehe Kapitel 2.5). Doch die Dauerausstellung des ECS wie auch die des DHM lösen diese Hoffnung nicht ein, sondern wiederholen im Gegenteil diese für die nationale Geschichtsschreibung bestimmende Geschlechterordnung auf transnationaler, europäischer Ebene: Europa und seine Geschichte gründen sich auf als aktiv, heldenhaft und öffentlich gezeigter Männlichkeit, sowie auf sekundärer und in weiten Teilen unsichtbarer Weiblichkeit, von der sich das männlich codierte Narrativ des heldenhaften Triumphes der Freiheit abgrenzt. Anders als im MuCEM, aber ähnlich wie im DHM bringt die Ausweitung des musealen Bezugsrahmens von der Nation auf Europa am Ende der Ausstellung des ECS keine Veränderung innerhalb der Strukturkategorien mit sich, die die Nation und nationale Geschichte organisieren. Europa und seine Geschichte werden, wie die Nation und ihre Geschichte, auch weiterhin männlich gedacht. Die Verantwortung für diese Perspektive übernimmt die Ausstellung an keiner Stelle. Stattdessen präsentiert sie, was sie zeigt, als Tatsachen. Ein »verantwortlicher Blick« (Rogoff 1993), auf den feministische und postkoloniale Museumskritiker_innen mit der zunehmenden Bewegung zu transnationalen Ausrichtungen von Museen gehofft hatten, wird damit nicht eingelöst (siehe Kapitel 2.1).

Die Überzeugung, nur zu zeigen, wie es tatsächlich gewesen ist, zeigte sich auch in den Gesprächen, die ich mit dem Verantwortlichen der Dauerausstellung Konrad Knoch und dem Leiter der Abteilung für gesellschaftliches Denken Jacek Kołtan geführt habe. »We don't show gender, we show history. The history that we show is not connected with some ideology, left, right, gender, no gender, it's just history«, sagte beispielsweise Knoch (Interview, ECS, 31. März 2015). Die gezeigte Geschichte sei »natürlich eine Männergeschichte«, fügte Kołtan hinzu, da Männer aufgrund ihrer physischen Kraft die Hauptakteure gewesen seien (Interview, ECS, 31. März 2015). Es geht mir hier, darauf sei noch einmal hingewiesen, nicht darum, Differenzen und Ein- und Ausschlüsse in Museen an sich in Frage zu stellen (siehe Kapitel 2.1). Museen gehen wie jede Wissensproduktion unumgänglich selektiv vor. Das Problem besteht darin, dass die Ausstellung des ECS die Kategorien, nach denen sie Ein- und Ausschlüsse produziert, nicht offenlegt und die präsentierte Geschichte damit als »natürliche« und tatsächliche zeigt. Ein verantwortlicher Blick hingegen, also die Offenlegung der eigenen Sprechposition und die Bewusstmachung der damit einhergehenden selektiven und partialen Perspektive, würde die gezeigte Geschichte nicht als vollständiges, tatsächliches »so ist es gewesen«, sondern als verhandelbar und veränderbar zeigen. Das Museum würde damit zu einem Ort der Verhandlung und der Auseinandersetzung.

Gegenerzählung vom Rand: Filmische Zeitzeug_innen
Eine Gegenerzählung zu dieser männlich dominierten Erfolgs- und Heldengeschichte bietet eine weitere Touchscreeninstallation am Rand des Raumes zum »Triumph der Freiheit« (F). In einer der hinteren Ecken abseits des Hauptwegs durch den Raum stehen sich zwei weiße Sitzbänke gegenüber, zwischen ihnen befindet sich ein ebenfalls weißer Tisch. Die Tischplatte bildet ein ungefähr 2 × 1,5 Meter großer Touchscreen (Abb. 23).

Die Station heißt »Relacje/Stories« und zeigt Ausschnitte aus 58 gefilmten Interviews von 15 Sekunden bis anderthalb Minuten Länge mit Menschen unterschiedlichen Alters aus fünf mittel- und osteuropäischen Ländern (ehemalige DDR, Ungarn, Polen, Slowakei, Tschechien). Der Bildschirm zeigt zwei Interviews gleichzeitig, die so angeordnet sind, dass Besucher_innen, auf den zwei gegenüberliegenden Bänken sitzend, jeweils eines sehen können. Über eine rechteckige Schaltfläche kann man das Land auswählen, ein Tippen mit dem Finger auf das Filmbild startet das Interview. Eine Bildunterschrift nennt den Namen und die Stadt der Person und während sie spricht, übersetzt ein eingeblendeter Untertitel das Gesagte auf Englisch. Die Menschen, die zu Wort kommen, sind in nahen Einstellungen an öffentlichen Plätzen gefilmt und blicken frontal in die Kamera, so als richteten sie sich persönlich an die Betrachter_innen. Um den Ton zu hören, muss man einen der beiden Kopfhörer ans Ohr halten, die am Rand des Tisches angebracht sind. So entsteht in der ansonsten recht lauten Ausstellung der Eindruck eines vertrauten Zwiegesprächs zwischen Interviewten und Betrachtenden.

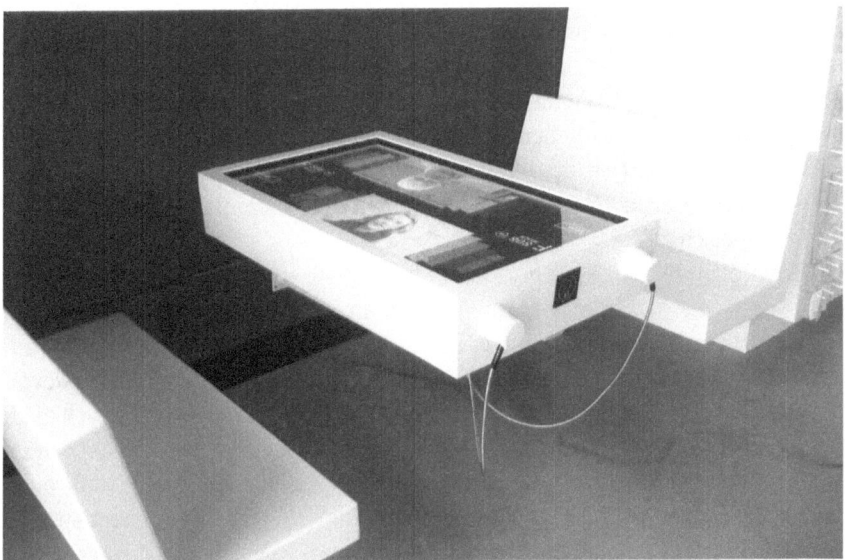

Abb. 23: Installation »Relacje/Stories«

Filmische Zeitzeug_innen, wie die hier gezeigten Personen, sind seit einigen Jahren zu einem weit verbreiteten Medium in Museen geworden (vgl. de Jong 2015, 2012: 94f.; Kaiser 2011a: 2). Ihren Anfang nahm diese Entwicklung in Ausstellungen von Museen und Gedenkstätten zum Holocaust und Zweiten Weltkrieg. Angeregt von der zunehmenden Popularisierung und Verbreitung der Figur der Zeitzeug_innen in der Geschichtswissenschaft seit Ende der 1970er Jahre und in den Massenmedien seit dem Eichmann-Prozess 1961 in Jerusalem, begannen diese zunächst Audio- und später Filminterviews mit Überlebenden zu produzieren, zu sammeln und auszustellen (vgl. de Jong 2018). Ein wichtiger Motor dieser Entwicklung ist die Angst vor dem Verlust der Erinnerungen der Zeitzeug_innen mit deren zunehmendem Alter und Sterben. Die »era of the musealization of the witness« (de Jong 2018: 253) lässt sich mittlerweile nicht mehr nur für Museen und Ausstellungen zu Holocaust und Zweitem Weltkrieg beobachten. So stellen beispielsweise Migrationsmuseen und Museen zu Europa und europäischer Geschichte zunehmend Filminterviews mit Zeitzeug_innen aus, wie die Cité Nationale de l'Histoire de l'Immigration in Paris (vgl. Neef 2013), das Musée de l'Europe in Brüssel in seiner Eröffnungsausstellung »C'est notre histoire!« (2007) (vgl. de Jong 2011b; Kaiser et al: 162ff.; Kaiser 2011a), das Besuchszentrum des Europäischen Parlaments (vgl. Europäisches Parlament o. J. b) oder das in Brüssel entstehende Haus der Europäischen Geschichte (vgl. Europäisches Parlament o. J. a). Gründe für das Ausstellen von filmischen Zeitzeug_innen sind einerseits der Mangel an Objekten und andererseits der Wunsch, durch die Integration von »Geschichten von unten« etablierte (nationale) *master narratives* zu vermeiden (vgl. de Jong 2011a).[187] Filmische Zeitzeug_innen dienen in der Europäisierung von Museen unterschiedlichen Zielen und entwerfen verschiedene Geschichten Europas, doch es eint sie, dass sie als Europamedium untersucht werden können, da sie dazu beitragen, Bilder und Narrative dessen zu inszenieren, was als Europa und europäisch gilt.

Inhaltlich geht es in den kurzen Filmsequenzen an der Station »Relacje/Stories« um die persönlichen Erinnerungen an die Umbrüche von 1989 und um die Bewertung der Veränderungen aus heutiger Perspektive. Die meisten der Protagonist_innen sind Zeitzeug_innen, das heißt, sie haben selbst miterlebt, wovon sie erzählen (vgl. Sabrow 2008: 1, siehe Kapitel 3.3.3.3). Einige sind jedoch auch nach 1989 geboren und berichten darüber, was sie von Eltern oder aus der Schule wissen. Im Gegensatz zur bisherigen Ausstellung kommen an dieser Stelle auch andere Menschen als berühmte Männer zu Wort. Die gezeigten Personen sind keine Helden, keine Politiker, Streikanführer, Widerstandskämpfer oder Professoren, sondern unbekannte Menschen. Der bisher eher politikgeschichtlich ausgerichteten Erfolgsgeschichte eines kontinuierlichen Kampfes, der im »Triumph der Freiheit« gipfelt, setzen die Zeitzeug_innen persönliche Perspektiven entgegen, die auch Kritik an den Umbrüchen von 1989 Raum lassen. So berichten mehrere der Interviewten von Arbeitslosigkeit, Korruption und dem Gefühl des Identitätsverlustes infolge des abrupten Systemwandels.[188] Damit werden die filmischen

---

[187] Ob die Figur des Zeitzeug_in, insbesondere in filmisch vermittelter und bearbeiteter Form tatsächlich über kritisches oder subversives Potential verfügt, ist, wie auch in der Fallstudie zum MuCEM gezeigt, umstritten (siehe Kapitel 3.3.3.3). Zeitzeug_innen gehören inzwischen zum Mainstream populärer Geschichtsdiskurse und sind auch in Museen weit verbreitet (vgl. Sabrow 2008: 11; de Jong 2018). Mir kommt es hier jedoch darauf an, dass an dieser Zeitzeug_innen-Station zum ersten Mal in der Ausstellung auch andere als männliche Akteur_innen gezeigt und kritischeren Perspektiven auf die Umbrüche von 1989 Raum gegeben werden. Insofern bilden die filmischen Zeitzeug_innen eine Gegenerzählung zum Ausstellungsnarrativ eines kontinuierlichen, heldenhaften und triumphalen Weges zur Freiheit.

[188] Kritische Stimmen wie diese finden in der Dauerausstellung des ECS ansonsten keinen Raum. Eine benachbarte Ausstellung auf dem Werftgelände thematisiert jedoch auch die negativen Seiten des Systemwandels von 1989/90. Diese Ausstellung zur Geschichte der Solidarność mit dem Titel »Drogi do porozumienia (Wege zur Einigung)« wird von der Gewerkschaft NSZZ Solidarność unterhalten. Sie ist im historischen Sala BHP untergebracht, der den Streikenden 1980 als Hauptquartier diente und in dem im August 1980 die Solidarność gegründet wurde. Im Vergleich zum ECS ist die Ausstellung der Gewerkschaft ungleich kleiner, mit weniger finanziellen Mitteln ausgestattet und inhaltlich strikt national ausgerichtet. Im Gegensatz zur Ausstellung des ECS behandelt die Ausstellung auch den Niedergang der Werft und wirtschaftliche Schwie-

Zeitzeug_inneninterviews ausgestellt, um die Funktion zu erfüllen, die der Figur des Zeitzeug_in seit ihrer Entstehung nach dem Zweiten Weltkrieg oft zugeschrieben wird: die einer »demokratischen Gegenerzählung von unten« (Sabrow 2008: 9ff.). Die ersten so bezeichneten Zeitzeug_innen waren Überlebende des Holocaust, deren Berichte zunächst im Kontext der juristischen Aufarbeitung des Nationalsozialismus und später in ihrer massenmedialen Verbreitung seit dem Eichmann-Prozess 1961 als Gegengeschichten zu Geschichtserzählungen aus der Perspektive der Täter_innen dienten.[189] Abstrakten Faschismustheorien setzten sie das konkrete Erleben Einzelner entgegen (vgl. Sabrow 2008: 9ff.). Sammlungen und Ausstellungen von Zeitzeug_innenberichten verfolgen bis heute oft das Ziel, »to give back faces and voices to the victims« (de Jong 2018: 107). Der Mechanismus einer Gegenerzählung von unten ist auch in der Station »Relacje/Stories« zu beobachten: Aus marginalisierter Perspektive erzählen Menschen von ihren Erfahrungen, die bisher in der Ausstellung nicht vorkamen. Diese Gegenerzählungen zu dem in der Ausstellung etablierten heldenhaften, männlich dominierten Erfolgsnarrativ des triumphalen Weges zur Freiheit verweist die Ausstellung wiederum an den Rand des Rundgangs in eine wenig beachtete Ecke. Auch der Pfeil, der im Flyer zur Ausstellung die Gangrichtung anzeigt, weist in die entgegengesetzte Richtung.

Filmische Zeitzeug_innen stehen in Museen oftmals nicht nur für die Integration (scheinbarer) Gegenerzählungen und Multiperspektivität, sondern auch für einen unmittelbaren, emotionalen und persönlichen Zugang zu Vergangenheit. Sie sind Personen, die miterlebt haben, wovon sie erzählen (Sabrow 2008:

---

rigkeiten in Polen nach dem Fall des Kommunismus 1989. Auch erfahren Besucher_innen der Werft erst hier, dass die Gewerkschaft Solidarność noch existiert, was die Ausstellung im ECS nicht erwähnt.

Die Beziehung zwischen dem ECS und der Gewerkschaft war meinem Eindruck während der Feldforschung nach von gegenseitigem Misstrauen bis hin zu offener Ablehnung gekennzeichnet. Dem Direktor des ECS Basil Kerski (Interview, ECS, 31. März 2015) zufolge sei die Gewerkschaft national, konservativ und christlich orientiert, bestehe aus veralteten Strukturen und sperre sich gegen Modernisierungen, Europäisierung und Säkularisierung. Das ECS sehe sie als »Eroberer« und reagiere ablehnend auf dessen europäische Ausrichtung (vgl. auch Knoch, Interview, ECS, 31. März 2015).

Nach der Gründung des ECS war geplant, die Ausstellung der Gewerkschaft in das ECS zu integrieren. Aufgrund der Spannungen zwischen der Gewerkschaft und dem ECS und der »Kultur des nationalen Stolzes« der Gewerkschaft wurde das bisher nicht umgesetzt, jedoch entstünden Kooperationen zwischen beiden Parteien, wie beispielsweise der Ausbau des touristischen Pfads namens »Wege zur Freiheit«, der Tourist_innen aus dem Stadtzentrum zum Werftgelände leitet (vgl. Kerski, Interview, ECS, 31. März 2015).

189 Zur Begriffsgeschichte des Zeitzeugen vgl. Sabrow 2008.

1; Wieviorka 2000: 152). Und trotzdem die Station »Relacje/Stories« keine wirklichen Menschen, sondern inszenierte, gefilmte und bearbeitete Interviewausschnitte zeigt, wirken die filmischen Zeitzeug_innen wie spontane, unmittelbare und persönliche Berichte. Durch Kameraeinstellung, Einstellungsgröße sowie das Fehlen von Fragen und Schnitten wirkt es, als richteten sich die Menschen direkt an die Betrachter_innen, um mit ihnen ihre individuellen Erinnerungen zu teilen. Stimmlage, Betonung und Mimik emotionalisieren und authentifizieren das Gesagte, die filmischen Mittel steigern den Eindruck von Unmittelbarkeit und Präsenz. Anders als in der Zeitzeuginneninstallation, die ich im Fall des MuCEM bespreche, ist die mediale Anordnung der Zeitzeug_inneninterviews hier jedoch eine andere, denn die einzelnen Sequenzen sind nicht hintereinander zu einem Film montiert und auf eine Leinwand projiziert, sondern auf einem Touchscreen zu einer wischbaren Serie angeordnet. Statt um eine formale Analyse der Interviews und der Vertiefung des hier angerissenen Aspekts des Unmittelbarkeits- und Präsenzeindrucks, denen sich ein Kapitel in der Analyse des MuCEM widmet (siehe Kapitel 3.3.3.3), geht es hier deshalb im Folgenden um eine Untersuchung dieses berührbaren Seriencharakters.

Europa als Serie

Ebenso wie die Touchscreens zur Auflösung des Ostblocks kann auch der Bildschirm an der Zeitzeug_innen-Station »Relacje/Stories« als Tabelle gelesen werden. Auch er versammelt Daten in Form von gefilmten Interviews und beschriftenden Texten und ordnet sie in Spalten und Zeilen so an, dass sie miteinander in Beziehung gebracht werden. Die Spalten markiert ein Kästchen am linken Bildrand, das verschiedene Länder zur Wahl stellt. Die einzige Zeile der Tabelle ergibt sich aus dieser Wahl: Eine Art horizontaler Fächer bietet verschiedene Interviews mit Menschen aus dem jeweiligen Land an, von denen das gerade ausgewählte oben aufzuliegen scheint. Rechts und links sieht man die Kanten der anderen »darunterliegenden« Interviews, durch die man mit einer Wischgeste navigieren kann. Die Zeile gerät so in Bewegung und präsentiert eine Serie aus elf bis zwölf Interviews pro Land. Anders als klassische Tabellen wie im DHM oder die tabellenartige Touchscreeninstallation zur Auflösung des Ostblocks ist diese nicht auf einen Blick zu erfassen, denn sie zeigt ihre Spalten, also das, was sie zueinander in Beziehung setzt, nicht auf einmal, sondern erst auf Aktion der Betrachter_innen nacheinander. Dennoch arbeitet auch dieser Touchscreen mit einer Operation, die sich als ein Grundprinzip musealer Historiografie Europas herauskristallisiert: die serielle Anordnung nationaler Einheiten.

Das sich vereinigende Europa, das die Landkarte am Eingang des Raumes als etwas vorführt, das aus zwei getrennten Blöcken zu einem Ganzen wird, löst sich so in den beiden Touchscreeninstallationen wiederum in nationale Kategorien auf. Anstelle der einen trennenden Grenze durch Europa, die die Landkarte verschwinden lässt, treten mehrere Grenzziehungen in Form von Spalten der tabellenartigen Touchscreeninstallationen. Diese unterteilen Europa, das die Landkarte noch als ein Ganzes zeigt, in nationale Einheiten, zwischen denen sie durch den tabellenartigen Aufbau einen vergleichenden Blick inszenieren. Die filmischen Zeitzeug_innen werden nicht als Europäer_innen markiert, sondern als Angehörige verschiedener Nationen. Der Topos eines vereinten Europas, das für Freiheit und Menschenrechte steht, zerfällt so auf den Touchscreens in verschiedene national codierte Geschichten. Das vereinte und freie Europa, so das Zusammenspiel von Landkarte und Touchscreens in diesem Raum, besteht aus einer Serie von Nationen, die für diese Einheit und Freiheit gekämpft haben. Europäische Geschichte meint nicht ein Gemeinsames, sondern das serielle Nebeneinander verschiedener als dominant national gerahmter Einzelgeschichten.

Besonders auf den polnischen Beitrag zu diesem als Höhepunkt der Ausstellung inszenierten vereinten und freiheitlichen Europa weist der Raum noch einmal hin: Die gesamte hintere Wand nimmt der raumdominierende Schriftzug »Solidarność« ein, der von mehreren Lichtspots hervorgehoben wird (Abb. 1). Er besteht aus roten und weißen Kärtchen, auf denen Besucher_innen ihre Eindrücke und Kommentare hinterlassen können. Darüber prangen die Jahreszahlen '56, '68, '70, '80, die für antikommunistische Aufstände in Polen stehen und auf das bisherige Ausstellungsnarrativ des polnischen Kampfes für die europäische Vereinigung zurückverweisen.[190] Steht man vor den Touchscreens an der gegenüberliegenden Wand, die die Wiedervereinigung Europas behandeln, spiegelt sich darin dieser Schriftzug. Von der polnischen Solidarność zum vereinten und freiheitlichen Europa, scheint der Raum zu sagen.

Anfassen, wischen, tippen: Von der *presence of the past* zur Präsenz der Gegenwart

Dieses Europa hat, wie zu Beginn des Abschnitts beschrieben, keine Objekte. Statt klassischer Museumsobjekte zeigt die Ausstellung ab dem Moment, da sie sich auf einen europäischen Rahmen öffnet, Installationen aus verschiedenen anderen Europamedien, von denen hier insbesondere die allgegenwärtigen Touchscreens interessieren. Im Gegensatz zu traditionellen Museumsdisplays, die Betrachter_innen Objekte zwar vor Augen stellen, sie aber gleichzeitig auf Distanz halten, fordern die Touchscreens in diesem Raum allerorts zum Berühren, Anfassen,

---

[190] Die Installation orientiert sich an einem Werbeplakat für die Solidarność von 1980 (vgl. Jaworski et al. 2000: 359).

Wischen und Auswählen mit dem Finger auf. Im Folgenden soll deshalb die Berührung des Fingers mit der Touchscreenoberfläche im Zentrum der Frage nach dem Funktionieren der musealen Historiografie Europas stehen: Wie arbeiten die hier gezeigten Touchscreens und die Gesten des Anfassens, Wischens und Antippens, zu denen sie auffordern, mit an der Geschichte Europas?[191]

Digitale interaktive Technologien, wie zum Beispiel Touchscreens, sind mittlerweile in Museen aller thematischen Ausrichtungen weit verbreitet, ihre Erforschung steht dagegen noch am Anfang (vgl. Damala et al. 2016: 1).[192] Neben der Wahrnehmungspsychologie beschäftigen sich vor allem ein Teilgebiet der Informatik, die Human-Computer-Interaction (HCI), sowie die *Museum Studies* mit diesem Thema. Dabei lässt sich sowohl in Arbeiten der HCI als auch in museumswissenschaftlichen Texten eine klare Dichotomie zwischen Medien, insbesondere digitalen Medien, und Museumsobjekten herausarbeiten (siehe Kapitel 2.2): Der Einsatz interaktiver digitaler Medien wird im Museum oft mit dem Vorwurf der Ablenkung von den »echten« Dingen des Museums begleitet (vgl. Damala et al. 2016: 1; Rodekamp 2012: 5). Dahinter steht die allgemeinere Befürchtung des Verlusts eines phantasmatischen unmittelbaren Umgangs mit der Welt durch digitale Medien (vgl. Robben/Schelhowe 2012: 8). Wie die Warnung vor einem Zuviel an digitalen Medien in Museen baut diese Befürchtung auf der Idee einer strikten Trennung zwischen medialer Digitalität und realer, materieller Welt auf.

Die zentrale Funktion der Institution Museum besteht seit ihrer Entstehung im achtzehnten und neunzehnten Jahrhundert in der Versammlung, Bewahrung und Ausstellung dieser materiellen Welt. Sie sammelt und zeigt Dinge, die genau aufgrund ihrer Materialität und physischen Präsenz in den Ausstellungen Vergangenes in der Gegenwart bewahren sollen. Wie kaum eine andere kulturelle Einrichtung baut das Museum auf diese Rhetorik der Anwesenheit von

---

191 Da Tochscreens nicht nur im ECS als Europamedien vorkommen, behandle ich weitere Aspekte dieser Frage in der Fallstudie zum MuCEM in Kapitel 3.3.3.2.

192 Die Begriffe »interaktiv« und »interactives« erleben seit den späten 1980er Jahren in Museen weltweit eine Konjunktur und bezeichnen im Allgemeinen Museumsdisplays, die ein computerisiertes Medium, ein physisches Ausstellungsobjekt sowie ein Werkzeug vereinen, das von Betrachter_innen physische Aktivität fordert (vgl. Witcomb 2011: 354). Sie stehen meist für Besucher_innenbeteiligung, Aktivität, Unterhaltungswert, und Modernität (vgl. Witcomb 2011: 355). Entgegen diesem technisch-mechanistischem Verständnis von Interaktivität plädiert die Museumswissenschaftlerin Andrea Witcomb (2011: 360) für einen differenzierteren Ansatz, der Interaktivität nicht als automatische Folge von digitalen Medien betrachtet, sondern als Dialog, den Museen auch mit anderen Medien anstoßen können. Ich meine mit »interaktiv« Museumsdisplays, die auf Aktionen der Betrachter_innen direkt reagieren.

Als »digital« bezeichne ich Medien, die durch diskrete Zahlen codierte Informationen verarbeiten (vgl. Heilmann 2010: 128).

Abwesendem durch die Präsenz »echter«, authentisch-auratischer Dinge (vgl. Crane 2000a: 106, siehe Kapitel 2.3). Es ist deshalb nicht verwunderlich, dass (digitale) Medientechnologien in Museen besonders umkämpft und das Festhalten an den sogenannten Originalobjekten weit verbreitet sind. So beschreibt der Historiker Thomas Thiemeyer (2010a: 123) beispielhaft die Zentralität, die Museumstheorien orginalen, echten und authentischen Objekten zuweisen:

> Das Originalobjekt unterscheidet das Museum nämlich von allen anderen Massenmedien und ihrer Welt des Scheins. Stimmt die These, ›[...] dass das heutige Museumsrenommée von einem antimedialen Authentizitätseffekt herrühre [...]‹, das Museum also gerade deshalb so gut besucht ist, weil es echte Relikte aus fernen Zeiten zeigt, dann würde das Museum mit einem Verzicht auf Original-Exponate seine wichtigste Attraktion verlieren. Weniger spekulativ ist, dass authentische Exponate Glaubwürdigkeit garantieren, weil sie als Spur aus einer fernen Zeit bezeugen, dass bestimmte Dinge sich tatsächlich zugetragen haben. Diese Zeugenschaft begründet die Aura des Originals, seine besondere ›Anmutungsqualität‹.

Im Gegensatz zu diesen Museumsobjekten, die für Authentizität, Originalität, Echtheit, Aura, Glaubwürdigkeit und Antimedialität, also Unmittelbarkeit stehen, werden Medien in dieser Denkrichtung mit Unechtheit, Schein, Distanz und Vermittlung zusammengedacht.

> Anders als Massenmedien setzen Museen und Ausstellungen auf den unmittelbaren Kontakt mit dem originalen Gegenstand, mit dem authentischen Objekt. Museen sind [...] Orte einer authentischen Konträrfaszination in einer Welt, in der Medien ubiquitär, in der Second-Hand-Informationen und vermittelte Erfahrungen die Regel geworden sind. (Korff/Roth 1990: 15)

Insbesondere Bildschirmbasierte, digitale Medien stehen dabei im Verdacht, Besucher_innen von dem zu entfernen, was Museen in dieser Lesart ausmacht: die Begegnung mit »den unmittelbaren Zeugen der Vergangenheit« (Korff 2000: 42) und die dadurch ermöglichte »authentische Konträrfaszination«. (Digitale) Medien sollten deshalb sparsam und immer sekundär zu den Originalobjekten eingesetzt werden, um diese nicht zu verdrängen.[193]

An diese Maßgabe hält sich das ECS nicht. Digitale interaktive Medieninstallationen mit Touchscreens sind im Gegenteil in der Ausstellung omnipräsent und

---

[193] So schreibt beispielsweise der ehemalige Vorsitzende des Deutschen Museumsbundes Volker Rodekamp (2012: 5) im Vorwort zu »Medien für Museen«: »Bei ihrem Einsatz [von Medien, Anmerkung: S.C.] zählt die Verhältnismäßigkeit der Mittel und nicht nur aus Geldmangel gibt es in jüngster Zeit einen Trend zum ›weniger ist mehr‹. Der technische Fortschritt ermöglicht gestalterisch klug eingesetzte Medien, die das Objekt nicht überlagern und ihre Informationen dem Besucher aufdrängen, sondern die Informationen nur dann geben, wenn sie auch gewünscht ist.«

bilden insbesondere im Raum zur europäischen Vereinigung die Hauptausstellungsobjekte. Anders als im MuCEM werden die Bildschirme darüber hinaus hier nicht mit traditionellen Museumsobjekten kombiniert. Die Touchscreens beziehen sich nicht als sekundäre Dinge auf vermeintlich echtere Objekte, sondern auf die anderen Medieninstallationen in diesem Raum. Sie unterlaufen damit die Trennung in primäre, »echte« Objekte und sekundäre digitale Medien, sowie die in dingliche Materialität versus digitale Medialität. Sie sind sowohl digitale Medien als auch die primären Ausstellungsobjekte in diesem Raum und haben als solche eine Materialität.

Die Materialität digitaler Medien meint dabei mehr als ihre physische Stofflichkeit, wie der Informatiker Bernard Robben (2012) zeigt. Materiell sind digitale Medien ihm zufolge nicht nur, weil sie aus Materialien bestehen, sondern vor allem, indem sie Wahrnehmung, Wissen, Gesellschaft und, im Fall der Touchscreens im ECS, Geschichtsschreibung prägen (vgl. Robben 2012: 25f.). Die materielle Dimension der Screens liegt demzufolge darin, wie sie Europa und europäische Geschichte erzählen. Sie tun dies einerseits durch ihren tabellenartigen Aufbau, der europäische Geschichte in den seriellen Vergleich nationaler Geschichten zerlegt, und andererseits durch die Gesten des Anfassens, Berührens, Tippens und Wischens, zu denen sie auffordern. Mit diesen Gesten verflechten die Touchscreens die dichotom gedachten Kategorien von originalen Objekten aus der materiellen, »realen« Welt versus digitale Medien miteinander und ordnen sie neu: Sie sind sowohl Teil der materiellen Welt als auch digitale Medientechnologien, insofern sie sich anfassen, berühren und manipulieren lassen.

Diese Überwindung des Dualismus zwischen der »echten«, materiellen Welt auf der einen und der digitalen Welt auf der anderen Seite durch Taktilität beschreibt in der HCI der Begriff der »be-greifbaren Interaktionen« (Robben/Schelhowe 2012). Er bezeichnet einen Forschungsansatz, der die Bedeutung von Berührungs-, Tast- und Bewegungssinnen in Mensch-Computer-Interaktionen untersucht (vgl. Robben/Schelhowe: 10). Zentrale Beobachtung dabei ist, dass digitale Medien entgegen dem »Mythos der Entkörperung« (Robben 2012: 20ff.)

Um digitale Technologien und traditionelle Museumsobjekte zusammenzubringen und so eine Alternative zum Entweder-Oder zu entwickeln, beschäftigen sich einige Arbeiten in der HCI derzeit mit der Entwicklung sogenannter »tangible and embodied exhibitions«. Dies steht für Ausstellungen, in denen digitale Eigenschaften und Informationen in physische und bewegliche Objekte eingearbeitet werden, so dass Besucher_innen sie anfassen, bewegen und mit ihnen interagieren können. Ziel ist es, die Bindung und Interaktion der Besucher_innen mit den Museumsobjekten zu verstärken (vgl. Damala et al. 2016: 1; Zancanaro et al. 2016; meSCH o. J.). Die Trennung in (digitale) Medien und »echte« Objekte bleibt aber auch hier virulent.

nicht im Gegensatz zur materiellen Welt stehen, sondern diese zunehmend durchdringen und formen und dabei die scheinbar gegensätzlichen Kategorien von materiell/real versus entkörpert/digital miteinander verweben (vgl. Robben/ Schelhowe 2012: 7ff.). Sie tun dies erstens, da sie zunehmend allgegenwärtig sind (*ubiqutous computing*), und zweitens, indem sie als digitale Technologien Körperlichkeit, Materialität und Sinnlichkeit, kurz: das Taktile, in die Interaktion mit Computern integrieren (vgl. Robben/Schelhowe: 9f.).

Ansätze der HCI beschreiben, wie menschliche Körper und Wahrnehmung zunehmend derart mit digitalen Medien verwoben sind, dass beide sich immer weniger in unabhängige, separate Einheiten unterscheiden lassen. Menschen und Medien existieren demnach nicht getrennt voneinander, sondern sind unentwirrbar miteinander verwoben. Das zentrale Glied dieser Verwobenheit innerhalb der Mensch-Computer-Interaktion bildet Ansätzen der HCI zufolge der Tastsinn: Die taktilen Gesten, mit denen Menschen digitale Medien bedienen, bilden die Schnittstelle der Verwicklung von menschlichen Körpern und digitalen Medien. Digitale Medien, wie die hier besprochenen Touchscreeninstallationen sind begreifbar im Sinne von materiell fassbar, anfassbar, spürbar. Sie bilden greifbare Schnittstellen (*tangible interfaces*) zwischen Mensch und Computer. Als *tangible (user) interfaces* (TUI) werden »anfassbare, greifbare Gegenstände für die Interaktion mit digitalen Repräsentationen und Informationen« bezeichnet (Hornecker 2008: 236). Typischerweise ist dabei die Schnittstelle (interface) zwischen Mensch und Computer nicht wie bisher zweidimensional, sondern dreidimensional und haptisch-taktil erfahrbar, zum Beispiel in Form von anfassbaren und beweglichen Objekten (vgl. Hornecker: 236f.). Die hier analysierten Touchscreeninstallationen sind nach dieser Definition keine wirklichen TUI, denn die Interaktion mit dem Computer verläuft nicht über greifbare Gegenstände, sondern über eine zweidimensionale Oberfläche, den Screen. Dennoch spielt das Anfassen, die Berührung hier eine zentrale Rolle für die in und durch die Touchscreens inszenierte Geschichte Europas: Besucher_innen betrachten nicht von ihnen distanzierte Objekte, sondern sie werden dazu aufgefordert, Bildschirme zu berühren und zu manipulieren, um Daten mit der Hand auszuwählen und zu bewegen. Insofern das Taktile dabei im Mittelpunkt steht, stellen sie greifbare Schnittstellen, also *tangible interfaces* dar.

Mit der Integration von Touchscreens und anderen *tangible interfaces* in Ausstellungen wird das museale Sehen taktil. Dies bringt eine andere Art der musealen Geschichtsschreibung hervor, insbesondere dann, wenn sogenannte echte Museumsobjekte komplett fehlen, wie im hier behandelten Raum des ECS. Das Taktile spielt in der medienwissenschaftlichen Forschung eine besondere Rolle für die Wahrnehmung (vgl. McLuhan 1992; Engell 2013). Und auch in der wissenschaftlichen Beschäftigung mit Museen erfährt der Zusammenhang zwischen

Taktilität und Wahrnehmung zunehmend Aufmerksamkeit, da seit Ende der 1980er Jahre sogenannte Hands-On-Installationen zunehmend Einzug in Museen halten (vgl. Witcomb 2011). Den Tastsinn zeichnet dem Medienwissenschaftler Marshall McLuhan (1992) zufolge aus, dass er die Partikularisierung der anderen Sinne überkommt und alle anderen Sinne in sich vereint. Das Taktile meint für McLuhan nicht nur die Berührung der Haut oder das Ertasten von Objekten, sondern das Zusammenspiel aller Sinne bei der Wahrnehmung. Die herausragende Rolle des Taktilen und der greifenden Hand in der Erfahrung und Aneignung der Welt zeigt sich auch in der Sprache:

> Unser Wort ›erfassen‹ oder ›begreifen‹ selbst schon weist auf die Art und Weise hin, wie wir eine Sache durch eine andere verstehen, wie wir viele Seiten gleichzeitig durch mehr als einen Sinn zur selben Zeit manipulieren und aufnehmen. Es beginnt nun klarzuwerden, daß das ›Tastgefühl‹ nicht die Haut ist, sondern das Wechselspiel aller Sinne, [...]. (McLuhan 1992: 78)[194]

Und weil der Tastsinn mehr als einen Sinn anspricht, steht er für McLuhan und an ihn anschließende Forschung im Gegensatz zu anderen Sinnen, insbesondere dem Sehsinn, der auf Distanz angewiesen ist, für Nähe und Immediatät: »For McLuhan, touch or the tactile is a sense of integration and of closeness or even immediacy, where other senses, namely vision, are distinctive and distant. Touch, according to McLuhan, integrates all other senses into one interplay, thus overcoming the separation and specialisation of the senses.« (Engell 2013: 3, siehe auch Kapitel 3.3.3.2).[195]

Neben dem Eindruck von Nähe und Unmittelbarkeit zählen dem Medienwissenschaftler Lorenz Engell (2013: 3) auch Gleichzeitigkeit und Instantaneität zu den Eigenschaften des Taktilen. Im Gegensatz zu traditionellen Museumsdisplays können Betrachter_innen die Touchscreens und das auf ihnen Gezeigte nicht nur sehen, sondern auch berühren und im Fall der Zeitzeug_innen-Station »Relacje/Stories« hören.[196] Was ich sehe und höre, ändert sich dabei augenblicklich durch

---

[194] Auch der einschlägige Sammelband zum »tangible computing«/ Mensch-Computer-Interaktion auf Deutsch weist schon im Titel »Be-greifbare Interaktionen« auf diesen Zusammenhang hin (Robben/Schelhowe 2012).

[195] Den Gedanken, dass der Tastsinn mehr als einen Sinn anspricht und daher Wahrnehmung und Lernen fördert, findet sich auch in der HCI, beispielsweise bei Hornecker 2008 und Robben 2012.

[196] Das Betrachten musealer Displays betrifft auch ohne Touchscreens oder andere anfassbare Dinge nicht nur den Sehsinn, sondern den ganzen Körper, da sich Museumsbesucher_innen mit ihrem Körper durch Ausstellungen bewegen und sich so ein Narrativ erlaufen. Die Wahrnehmung mit mehr als einem Sinn ist also auch ohne Touchscreens für das Museum zentral.

meine Berührung. So erzeugen die Touchscreens und die taktilen Gesten des Anfassens, Wischens und Tippens, zu denen sie auffordern, den Eindruck eines nahen und direkten Zugriffs auf die Geschichten, die sie erzählen. Dies wird an der Zeitzeug_innenstation verstärkt durch die filmischen Mittel der Kameraeinstellung, der Perspektive und der Montage, die zusätzlich Nähe, Direktheit und Intimität inszenieren. An die Stelle des distanzierten Betrachtens originaler Objekte tritt ein distanzauflösendes, unmittelbar wirkendes Zusammenspiel mehrerer Sinne mit den ausgestellten Medien, das in der Berührung des Bildschirms mit dem Finger kulminiert.[197]

Die durch Berührung erschaffene Nähe und Unmittelbarkeit führt Engell (2013: 3) zufolge zu einem Gefühl der Präsenz im »tactile universe«: Indem ich berühre, nehme ich sowohl das berührte Objekt als auch meinen berührenden Körper wahr – den Körper, der im Hier und Jetzt präsent ist. Und auch Forschungen zu digitalen Medien in Museen, wie den hier ausgestellten Touchscreens, gehen davon aus, dass diese – im Gegensatz zu traditionellen Museumsobjekten – eher das Gefühl von Präsenz, denn von historischer Distanz hervorrufen. Um etwas als historisch wahrzunehmen, sei ein Zusammenspiel aus unüberbrückbarer Distanz und gleichzeitiger Nähe zentral (vgl. Hoskins/Holdsworth 2015: 24). Die ersten Sammler historischer Objekte hatten dies im achtzehnten und neunzehnten Jahrhundert als »historical sublime« beschrieben: Beim Betrachten von Überresten der Vergangenheit, wie zum Beispiel Ruinen, kam ihnen die Vergangenheit präsent und vor Augen gestellt, zugleich aber auch fern und unzugänglich vor. Aufgrund dieses auratisch aufgeladenen Zusammenspiels aus Nähe und Distanz wurden aus Überresten historische Objekte (vgl. Crane 2000a: 3, 176, siehe Kapitel 2.3). Digitale Medien dagegen »don't just bridge historical distance:

Dennoch bildet die Distanz zwischen Betrachter_innen und ausgestellten Objekten, für die der Sehsinn nach McLuhan (1992) steht, ein Fundament musealen Zeigens. So entwickelte sich die Idee authentisch-auratischer Originalobjekte gerade aus dem Zusammenspiel aus Nähe und Distanz. Historische Objekte, die das Museum zeigt, stammen aus einer Zeit, die Besucher_innen nicht zugänglich ist, und sind dennoch im Hier und Jetzt präsent; sie sind den Besucher_innen vor Augen gestellt, und gleichzeitig oftmals von ihnen ferngehalten. Es ist dieser Status zwischen Anwesenheit und Abwesenheit, der nach Korff (1995: 24) die Aura musealer Objekte und damit ihre Fähigkeit, zwischen Vergangenheit und Gegenwart zu vermitteln ausmache (siehe Kapitel 2.4). Diese Distanz lösen *tangible user interfaces* auf.

197   Auch die anderen in diesem Raum gezeigten Installationen setzen auf Taktilität als distanzauflösendes, unmittelbar wirkendes Zusammenspiel mehrerer Sinne. So sind einzelne Artikel der Erklärung für Menschenrechte so in die Mauern der Installation in der Mitte des Raumes eingelassen, dass man sie mit den Fingern lesen kann. Und auch die größte Installation im Raum, der Schriftzug »Solidarność«, arbeitet mit haptischer Wahrnehmung, indem sie Besucher_innen nicht nur zum Lesen der bereits hängenden Zettel, sondern auch zum Schreiben und Aufhängen eigener auffordert.

they crush it« (Hoskins/Holdsworth 2015: 24). Anstatt für unzugängliche Vergangenheit stehen digitale Medien in Museen diesen Forschungen zufolge für unmittelbaren Zugriff auf Informationen in der Gegenwart (vgl. Hoskins/Holdsworth 2015: 24), und mehr noch: für das Kollabieren der Trennung zwischen Vergangenheit und Gegenwart, für die immer zugängliche Präsenz (vgl. Hoskins 2018: 2).

Mit dem Fokus auf körperliche Präsenz durch die Gesten des Tippens, Wischens und Tastens auf digitalen Touchscreens löst sich der Ausstellungsraum zum »Triumph der Freiheit« komplett von der Idee, die für das moderne Museum zentral wurde: die Schaffung einer *presence of the past* durch originale, echte Dinge aus der Vergangenheit (vgl. Crane 2000a: 106). An die Stelle der Anwesenheit der »unmittelbaren Zeugen der Vergangenheit« (Korff 2000: 42) treten die Präsenz der Berührung sowie der Eindruck von Unmittelbarkeit, Nähe und Gegenwärtigkeit, den sie schafft. Körperliche Interaktion durch Berührung in der Gegenwart ersetzt das distanzierte Betrachten von Objekten aus der Vergangenheit. Dies lässt sich insbesondere an der Station »Relacje/Stories« beschreiben: Das polnische »Relacja« (Plural: Relacje) bedeutet nicht nur, wie die englische Übersetzung der Station angibt »Stories«, also Berichte oder Geschichten, sondern auch »Beziehung« – und genau darum scheint es hier vor allem zu gehen. Der räumliche Aufbau der Station fordert Besucher_innen dazu auf, sich einander gegenüber zu setzen und durch Wisch- und Tippgesten einzelne Zeitzeug_innenberichte auszuwählen und anzusehen. Vor allem aber legt diese Anordnung Betrachter_innen nahe, miteinander wortwörtlich über die Berichte der Zeitzeug_innen ins Gespräch zu kommen: Wie hast du den Fall der Mauer erlebt? Kannst du dich an die Umbrüche von damals erinnern? Oder: Was bedeutet Europa für dich, sind Fragen, die die Berichte anregen. Im Fokus stehen hier nicht die Präsenz einer Vergangenheit durch Objekte, sondern die soziale Interaktionen in der Gegenwart, die die Touchscreeninstallation performativ hervorbringen. Statt um das anwesend Machen von Abwesendem durch originale Objekte geht es um die Inszenierung von Gegenwärtigkeit durch taktile Medien.

Die Ausstellung öffnet an dieser Stelle nicht nur Europa und europäische Geschichte auf die Gegenwart, sondern sie widmet sich auch gegenwärtigen Fragen an die Institution Museum. Das Medium, das nicht mehr primär für die Überdauerung der Vergangenheit, sondern für Präsenz und Gegenwärtigkeit steht – Touchscreens – , führt zu einer aktuellen Selbstreflektion, indem es Überlegungen zum Museum selbst anstößt: Welchen Platz nehmen sogenannte Originalobjekte für das Gelingen musealer Historiografie ein? Und was geschieht, wenn es keine solchen Objekte in der Ausstellung gibt? Mit der Loslösung von der Idee der dauerhaften Sicherung und Feststellung von Vergangenem in originalen Objekten nähert sich dieser Ausstellungsraum der Bedeutung des griechischen Wortes *Mouseion* an, auf die der lateinische Begriff Museum zurückgeht. Das

Mouseion bezeichnete in der antiken Philosophie den Ort, an dem sich die Musen versammelten, um zu tanzen (vgl. Fliedl 2004: 4f.). Musen sind in der griechischen Mythologie die Töchter von Zeus und Mnemosyne, der Göttin der Erinnerung – ihr Tanz diente dazu, Erinnerungen an Vergangenes aufzuführen. Dieses *Mouseion* kommt wie der hier besprochene Raum ohne Objekte aus, denn es geht dabei nicht vordergründig um die Präsenz von Vergangenem durch das Besitzen und Zeigen von Dingen, sondern um die Präsenz der Aufführung in der Gegenwart. »Diese Form des Gedächtnisses [...] bedarf keiner materiellen Stütze, keiner Gegenstände [...]. Die Musen sammeln nicht, sie tanzen« (Fliedl 2004: 5). Das Fehlen von Objekten, auf deren Versammlung und Ausstellung sich die Institution des modernen Museums gründet, zeigt, dass es den Touchscreens der Station »Relacje/Stories« nicht mehr vordergründig um die Präsenz von Vergangenem geht. Sie erzählen zwar im Zusammenspiel mit der Landkarte eine Geschichte Europas als Überwindung der Teilung und als Serie nationaler Geschichten. Ihre Hauptleistung liegt jedoch darin, diese Geschichte auf die Gegenwart zu öffnen, indem sie Fragen zur aktuellen Lage Europas sowie Gespräche zwischen Besucher_innen in der Gegenwart anregen. Statt einer *presence of the past* inszeniert die Touchscreeninstallation vor allem eine Präsenz der Gegenwart.

3.2.3.3 Universalisierung nationaler und europäischer Geschichte: leer

Das Ziel des Rundgangs durch die Dauerausstellung des ECS bildet nicht nur Europa, sondern auch eine globale und universelle Dimension der Solidarność -Bewegung. Dabei spitzt sich der hier herausgearbeitete Mechanismus, dass museale Historiografie jenseits der Nation nicht in klassischen, als echt und authentisch ausgestellten Museumsdingen stattfindet, zu: Unter dem Titel »A Culture of Peaceful Change« widmet sich der letzte Raum der Ausstellung (G) der globalen Dimension der Solidarność -Bewegung und stellt diese in eine weltweite und lange Tradition des gewaltlosen Kampfes für Freiheit und Menschenrechte. »The ideas of solidarity and the non-violent struggle for human rights in the name of freedom have been spread all over the world in all epochs by people of various nationality, race or creed [...]« beschreibt das Faltblatt zur Dauerausstellung diesen Raum (ECS 2015). Mit diesem Verweis auf eine Zeit und Raum transzendierende »Kultur des friedlichen Wandels« universalisiert der letzte Ausstellungsraum sowohl den Kampf der polnischen Solidarność, als auch den Topos von Europa als Triumph der Freiheit, in dem dieser gipfelt. Die Geschichte der Solidarność erscheint so am Ende der Ausstellung nicht nur als Beitrag zum europäischen »Triumph der Freiheit« und zur Vereinigung Europas, sondern auch als Teil einer globalen Tradition des friedlichen Kampfes für Freiheit und Menschenrechte. Von der polnischen Solidarność-Bewegung zum vereinten und

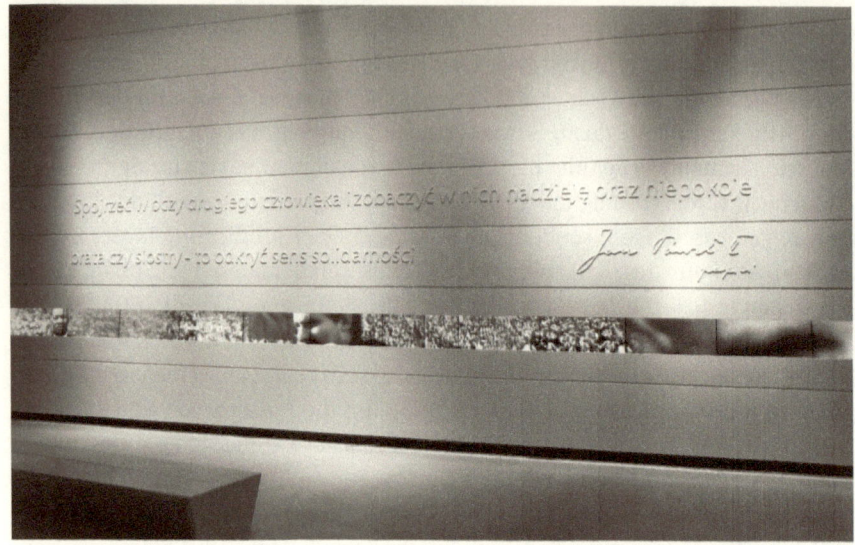

Abb. 24: Der letzte Raum der Dauerausstellung im ECS »Kultura Pokojowych Przemian/A Culture of Peaceful Change«

freiheitlichen Europa und zum universellen Streben nach Freiheit ist das Narrativ, das die Ausstellung etabliert.

Im Gegensatz zu allen vorherigen Ausstellungsräumen ist dieser sowohl transnational als auch transeuropäisch ausgerichtete Raum komplett leer (Abb. 24).

Ganz in Weiß und Rostrot gehalten und mit ruhiger, meditativer Musik erfüllt, bietet er nach dem lauten und fordernden Ausstellungsrundgang die Möglichkeit zum Innehalten und Ausruhen. Bis auf Fotografien von Freiheitskämpfer_innen wie Mahatma Ghandi, Mutter Theresa, Martin Luther King, Lech Wałęsa, des Papstes Johannes Paul II. und anderen, die in einem horizontalen Fries in Zeitlupe vorbeiziehen, und ein an der Wand angebrachtes Zitat des ehemaligen Papstes Johannes Paul II. zeigt dieser Raum nichts. Je weiter der Rahmen der musealen Historiografie wird, desto weniger Objekte zeigt die Ausstellung.

Vorbereitet wird diese Ausweitung des Bezugsrahmens der musealen Historiografie von einer Installation im vorhergehenden Raum (F). In dessen Zentrum steht ein Labyrinth aus weißen Backsteinwänden, das sich dem Thema Menschenrechte widmet. Ein Touchscreen zeigt die allgemeine Erklärung der Menschenrechte auf 68 Sprachen. Einzelne Artikel der Erklärung sind, ebenfalls auf unterschiedlichen Sprachen, in die Wände des Labyrinths eingelassen. Dazu hört man eine vielsprachige Audioinstallation, die diese Artikel vorliest. Der Boden des Raumes besteht aus einer Landkarte Europas, die durch das ungestörte Flanieren auf ihr die Idee eines grenzenlosen Europas aufgreift, die die Landkarte schon zu Beginn des Raumes etabliert hat. Im Zentrum der Karte auf dem Boden liegt Polen. Von hier aus ist die Audioinstallation am besten zu hören. Im Inneren des Labyrinths projizieren mehrere Beamer die Silhouetten von Menschen auf die weißen Wände, die, begleitet von Schussgeräuschen, wiederholt von Panzern umgefahren werden, jedoch immer wieder aufstehen. Das Labyrinth wurde in der Ausstellung anstelle der bis 2011 in den Planungen vorgesehenen Installation eines Dominoeffekts realisiert. Diese sollte die zentrale Vorreiterrolle Polens für die Umbrüche von 1989/90 und zur Vereinigung Europas zeigen (»Es begann in Polen«) (siehe Kapitel 3.2.2). Die jetzige Installation steht mit ihrem Fokus auf die allgemeinen Menschenrechte folglich auch für die Abkehr von einem dominant nationalen Bezugsrahmen und für die Hinwendung zu einer europäischen und global-universellen Ebene am Ende der Ausstellung. Polen erscheint so am Ende des »Weges zur Freiheit« in Europa angekommen und Europa wiederum als Ort des unermüdlichen Kampfes gegen Grenzen und für Freiheit, als Ort universeller Menschenrechte.

Diesen Topos der Universalisierung des polnischen und europäischen Kampfes und Triumphs der Freiheit greift der letzte, leere Raum der Ausstellung (G) auf und macht ihn zum Schlusspunkt des Rundgangs. »Championing this notion of the peaceful struggle for human rights in the name of freedom have been people of every nationality, skin color and religion, the whole world over and throughout history« lesen Besucher_innen, bevor sie den leeren Raum betreten. Nachdem die Ausstellung bisher einen deutlichen Fokus auf polnische, weiße, christliche und männliche Protagonisten gelegt hat, öffnet sie sich mit diesem letzten Raum auf prinzipiell alle Menschen. Strukturkategorien, die bisher die museale Geschichtsschreibung organisiert haben, sollen hier keine Rolle mehr spielen, denn, so dieser letzte Raum, der friedliche Kampf für Freiheit und Menschenrechte übersteige diese Kategorien. Er sei ein allgemein menschlicher und unabhängig von Geschlecht, Religion oder *Race*.[198]

Dennoch ist auch diese Öffnung auf einen inklusiven, alle Menschen umfassenden, universellen Topos weiterhin durch eine Kategorie strukturiert, die für das bisherige Ausstellungsnarrativ zentral war: Der Raum ist dem ehemaligen polnischen Papst Johannes Paul II. gewidmet, der für die Solidarność-Bewegung

---

[198] Die Broschüre, die durch die Ausstellung führt, spricht nicht von »skin color«, sondern explizit von der Strukturkategorie *Race*: »The ideas of solidarity and the non-violent struggle for human rights in the name of freedom have been spread all over the world in all epochs by people of various nationality, race or creed [...]« (ECS 2015).

eine zentrale Rolle gespielt hat (siehe Kapitel 3.2.3.1). Ein Zitat des Papstes, in dem er Solidarność/Solidarität mit christlicher Nächstenliebe assoziiert, prangt mit seiner Unterschrift an zentraler Stelle des Raumes (Abb. 40).[199] Das einzige Fenster des Raumes gibt den Blick frei auf die drei Kreuze des Denkmals der gefallenen Werftarbeiter vor dem Gebäude des ECS und verweist damit auf den Beginn des Ausstellungsrundgangs: den polnischen Kampf für Freiheit, den die Ausstellung als dominant christlich geprägten zeigt. Dadurch erscheint der als transnational, universell und alle Menschen umfassend inszenierte Kampf für Freiheit und Menschenrechte vor allem als christlich (und spezifischer: katholisch) geprägter. Des Weiteren setzen die beiden letzten Ausstellungsräume mit ihrer Botschaft von Europa als Ort, an dem Mauern eingerissen und Grenzen im Namen der Freiheit überwunden werden, gerade im Kontext der sogenannten »Flüchtlingskrise« seit 2015 in Europa einen unkritischen Schlusspunkt unter die Ausstellung. Dass Europa mitnichten ein Ort grenzenloser Freiheit und universeller Menschenrechte für alle ist, dass stattdessen zunehmend neue Mauern und Zäune nach innen und außen errichtet werden, findet in der euphorischen Preisung des »Triumphes der Freiheit« keine Beachtung. Die Solidarität, die das ECS als europäische fördern möchte, scheint somit eher eine historische, denn eine aktuelle zu sein.

3.2.3.4 Nationalisiertes und universalisiertes Europa: Fazit ECS

Das ECS ist eine nationale Kulturinstitution (siehe Kapitel 3.2.1), die sich selbst europäisch nennt und damit ein Spannungsfeld zwischen nationaler und europäischer Historiografie eröffnet. Diese Selbstbezeichnung als europäisch diente als Anlass für die Frage, was »europäisch« und »Europa« in der Dauerausstellung des ECS bedeuten und welche Medienkonstellationen diese Bilder, Topoi und Narrative Europas hervorbringen.

Auf der Suche nach Antworten auf diese Frage bestätigt die Dauerausstellung des ECS zunächst die zentrale Beobachtung dieser Studie: Museale Historiografie jenseits der Nation, die hier am Beispiel Europas untersucht wird, hat keine Objekte, auf denen die Rhetorik historisch ausgerichteter Museen als Orte der *presence of the past* gründet. Stattdessen findet sie in anderen Medienkonstellationen, in sogenannten sekundären Dingen, statt. Landkarten, Tabellen, Touchscreens und filmische Zeitzeug_innen werden zu Europamedien, indem

---

199 »In die Augen des Nächsten schauen und in ihnen Hoffnung und Ängste eines Bruders oder einer Schwester sehen – das ist die wahre Bedeutung von Solidarność/Solidarität zu verstehen. [Übersetzung: S.C.].« Ob die Bewegung Solidarność oder Solidarität im Allgemeinen gemeint ist, wird nicht klar.

sie Narrative Europas und europäischer Geschichte entwerfen. Diese Europamedien sind damit nicht sekundär, sondern im Gegenteil zentral für die museale Historiografie Europas im ECS. Denn was als europäische Geschichte gilt, wird durch die Medialität dieser Europamedien geformt. So entwerfen Landkarten, Tabellen, Touchsceens und filmische Zeitzeug_innen ein Narrativ europäischer Geschichte, das nicht eine gemeinsame Geschichte Europas meint, sondern die Addition und das serielle Nebeneinander nationaler Historiografien. Die dominante historiografische Kategorie der Nation, die transnationale, europäische Geschichtsschreibung eigentlich hinterfragen soll, bleibt damit der hauptsächliche Bezugsrahmen der musealen Historiografie Europas.

Auf inhaltlicher Ebene wird schon auf dem Weg zum Gebäude des ECS anhand der beiden Mauerfragmente deutlich, was die Ausstellung später setzt: Europa steht erstens für das politisch vereinte Europa in der Europäischen Union und bildet als solches das Ziel des Ausstellungsrundgangs. Die Selbstbezeichnung als europäisch meint zweitens die Beschreibung Polens und der polnischen Geschichte als europäisch. Es geht der Dauerausstellung zu großen Teilen darum, den Beitrag Polens (und mittels vereinzelter Verweise auch anderer ostmitteleuropäischer Nationen) zum vereinten Europa zu zeigen. Den Weg nach Europa zeigt sie überwiegend als Addition nationaler Geschichte zu einem als bestehend und westeuropäisch dominiert wahrgenommenen Geschichtsnarrativ. Dieser nationale Bezugsrahmen der musealen Historiografie ist drittens eng mit den Strukturkategorien *Gender* und Religion verknüpft. Sie arbeiten mit daran, wer als Akteur_innen der Geschichte sichtbar wird, wessen Geschichte also als Beitrag zum heutigen Europa gezeigt wird. Die hier präsentierte Geschichte Europas aus nationaler Perspektive erscheint als zum allergrößten Teil männliche und christlich geprägte.

Europa steht viertens am Ende der Dauerausstellung für die Überwindung von Grenzen, für Freiheit, Demokratie und Menschenrechte. Gleichzeitig zerfällt diese Einheit, wie hier gezeigt, auf Landkarten und tabellarischen Touchscreens in nationale Kategorien, zwischen denen ein vergleichender Blick inszeniert wird. Europa erscheint demnach als das serielle Nebeneinander verschiedener nationaler Historiografien. Zugleich wird der Kampf für Freiheit und Menschenrechte, der hier als europäisch gezeigt wird, am Ende der Ausstellung auch in einen global-universellen Rahmen gestellt, indem ihn der letzte Raum als Teil einer weltweiten Tradition zeigt. Die verschiedenen Bezugsrahmen der musealen Historiografie schieben sich somit, wie auch schon in der Konzeption des ECS beobachtet (siehe Kapitel 3.2.2) ineinander: Europa wird am Ende der Ausstellung sowohl nationalisiert als auch universalisiert.

Die Ausweitung des Bezugsrahmens der musealen Historiografie auf eine europäische sowie global-universelle Ebene führt schließlich jedoch nicht zur grundlegenden Hinterfragung der Differenzkategorien, die die museale Historiografie bis zu diesem Punkt organisiert haben. Wie das nationale Narrativ der ersten fünf Ausstellungsräume erscheint auch der als europäisch gezeigte Kampf für Freiheit und Menschenrechte dominant männlich, und die Universalisierung dessen geschieht innerhalb der Rahmung der katholischen Religion. Einen verantwortlichen Blick, der dieses Narrativ als Ergebnis standortbegründeter Priorisierungen und Selektionen einordnen würde, löst die Ausstellung nicht ein. Stattdessen präsentiert sie das entworfene Narrativ als Tatsache: Europa als männlich und christlich geprägter Kampf für grenzenlose Freiheit und universelle Menschenrechte.

3.3 Europa dezentrieren: Das Musée des civilisations de l'Europe et de la Méditerranée Marseille (MuCEM)

Das MuCEM ist das Kind einer Krise: Das Musée des Civilisations de l'Europe et de la Méditerranée, das am 7. Juni 2013 in Marseille eröffnet wurde, ist aus der Krise ethnologischer Nationalmuseen in Europa in den 1980er und 1990er Jahren entstanden. Wie viele andere ethnologische Nationalmuseen sah sich auch seine Vorgängerinstitution, das Musée National des Arts et Traditions Populaires (MNATP) in Paris, seit dem Ende der 1980er Jahre mit Vorwürfen des Ethnozentrismus, Nationalismus, der Feststellung von Kulturen und allgemeiner Antiquiertheit konfrontiert. Die Ausrichtung auf französische Volkskulturen schien nicht mehr zeitgemäß, was sich in sinkenden Besuchszahlen und öffentlichen Mittelkürzungen manifestierte (vgl. Mazé 2013b: 177; Suzzarelli 2012: 17). Die Lösung des Problems sah der damalige Direktor Michel Colardelle 1997 darin, das Museum neu zu erfinden: Unter der Losung »réinventer un musée«[200] wurden die Brechung des nationalen Bezugsrahmens und die Öffnung auf Europa und den Mittelmeerraum zu den neuen Zielen des Museums: »[...] qu'un musée de société à la fin du XXe siècle ne peut pas se cantonner aux frontières nationales mais qu'il doit avoir une dimension internationale en particulier grâce à des échanges interculturels. Proposition est donc faite au musée de s'ouvrir à l'Europe [...]« (Suzzarelli 2012: 18; vgl. auch Colardelle 2002a: 18; Bonnefoy 2013: 40f.; Mazé 2013b: 181).[201] Europa, so Colardelle (2002a: 18) solle sich neben seiner ökono-

---

200 »ein Museum neu erfinden«
201 »dass ein Gesellschaftsmuseum am Ende des zwanzigsten Jahrhunderts nicht an nationalen Grenzen stehen bleiben kann, sondern dass es eine internationale Dimension haben sollte, die es interkulturellem Austausch zu verdanken hat. Der Vorschlag an das Museum lautet daher,

misch-finanziellen Einheit auch seine kulturellen und historischen Grundlagen bewusst machen und diese in Beziehung zum Rest der Welt, insbesondere aber in Beziehung zum Mittelmeerraum sehen:

> L'Europe a besoin d'autres fondements que ceux, matérialistes, de la communauté d'intérêts économiques et de la monnaie unique [...]. Elle ne peut non plus se couper de ses relations avec le reste du monde, particulièrement de la Méditerranée avec laquelle, dans le passé, les interactions culturelles et économiques ont été si fécondes, et avec laquelle, de même, elle construira son avenir ou ne sera pas.[202]

Daran sind zwei Dinge bemerkenswert: Erstens sah der Direktor eines Nationalmuseums den Weg aus der Krise in der Europäisierung seiner Institution. Den Bezugsrahmen des neuen Museums sollte nicht mehr wie bisher die französische Nation, sondern Europa bilden.[203] Europäisierung bedeutet hier also wie auch im DHM und im ECS zunächst die Hinterfragung des nationalen Bezugsrahmens und die Neuausrichtung eines Nationalmuseums auf Europa. Im Gegensatz zu den anderen beiden Fällen bleibt das MuCEM jedoch nicht bei einer europäischen Ausrichtung stehen. Vielmehr hinterfragen seine Konzeptionen im weiteren Planungsprozess auch Europa als Bezugsrahmen des Museums, da, wie Colardelle betont, Europa nicht isoliert vom Rest der Welt betrachtet werden könne. Als Gegenentwurf zu Europa stellen sie deshalb zunehmend den Mittelmeerraum – *la Méditerranée* – in den Mittelpunkt des Museumsprojekts.[204] Die

---

sich auf Europa zu öffnen [...].«

202 »Europa braucht andere Grundlagen als die materialistischen der ökonomischen Interessensgemeinschaft und Währungsunion [...]. Es kann sich nicht länger von seinen Beziehungen zum Rest der Welt abschneiden, insbesondere nicht von denen zum Mittelmeerraum, mit dem der kulturelle und ökonomische Austausch in der Vergangenheit so fruchtbar gewesen ist und mit dem es seine Zukunft gestalten wird oder untergehen wird.«

203 Anders als in Deutschland und Polen war es in Frankreich kein Geschichtsmuseum, das europäisiert wurde, sondern das ethnologische Nationalmuseum. Die Europäisierung ethnologischer Nationalmuseen ist auch in Deutschland zu beobachten. Dort wurde das Museum für Deutsche Volkskunde 1999 in das Museum der Europäischen Kulturen (MEK) umgewandelt (vgl. Mazé 2008; Früh 2010). Da der Fokus dieser Studie jedoch auf historisch ausgerichteten Museen und auf musealer Historiografie liegt, analysiere ich dort, wo sie vorhanden sind, europäisierte nationale Geschichtsmuseen. Deshalb fiel die Wahl in Deutschland statt auf das MEK auf das DHM (siehe Kapitel 1.).

204 *La Méditerranée* kann sowohl mit »das Mittelmeer« als auch mit »der Mittelmeerraum« übersetzt werden. Da es im MuCEM nicht nur um das tatsächliche Mittelmeer, sondern um einen größer gefassten geografischen und kulturellen Raum geht, der angrenzende Länder sowie Europa und große Teile des Nahen Ostens und Afrikas umfasst, wähle ich die Übersetzung »Mittelmeerraum« (vgl. Colardelle 2002b: 230).

Neuausrichtung auf *la Méditerranée* dient in den Planungen des MuCEM dazu, das zu hinterfragen, was Thema dieser Studie ist: museale Inszenierungen Europas, europäischer Geschichte und Identität. Das MuCEM weigert sich, eine kollektive Identität Europas mit bestimmten Merkmalen zu definieren und setzt stattdessen auf Pluralität, Offenheit, Vielfalt und Austauschprozesse. Dafür steht das Konzept *Méditerranée*.

Europa kommt in den aktuellen Konzeptionen des Museums nur noch am Rand vor. Im Zentrum steht dagegen *la Méditerranée*. Die Fokussierung auf den vermeintlichen Rand Europas, den Mittelmeerraum, diene dem Zweck »à décentrer notre regard et à renverser les perspectives comme les approches« (Suzzarelli 2012: 104).[205] Europa ist buchstäblich aus dem Zentrum der Aufmerksamkeit des Museums verschwunden. Diese Dezentrierung Europas durch die inhaltliche Ausrichtung auf den Mittelmeerraum kann als Gegenentwurf zu identitären Definitionen Europas gelesen werden. Die Denkfigur der Dezentrierung zielt darauf ab, ein Zentrum im Sinne stabiler Identitätsfeststellungen zu destabilisieren. Europa wird im MuCEM nicht von einem Zentrum aus gedacht. Es geht nicht darum, einen Kern oder ein Wesen Europas durch den Blick zurück in eine als gemeinsam inszenierte Vergangenheit freizulegen, sondern im Gegenteil darum, mit der Ausrichtung auf den vagen und unbestimmten Begriff *la Méditerranée* Feststellungen Europas und jeglicher Identitäten zu zerstreuen. In der Dezentrierung kommen die Ränder in den Blick, die vermeintlichen Peripherien und das für Identitätsfeststellungen konstitutive Außen (siehe Kapitel 3.3.2).

Doch was genau bedeutet diese angestrebte Dezentrierung Europas in den inhaltlichen Planungen, in der Dauerausstellung des MuCEM und in welchen Medienkonstellationen geschieht sie? Welches Verhältnis entwirft das neue Museum zwischen Europa und dem Mittelmeerraum und was sagt das In-Beziehung-Setzen Europas zum Mittelmeerraum über das museal inszenierte Europa aus? Welche Geschichten Europas und des Mittelmeerraumes entwirft das MuCEM und wie? Um diese Fragen beantworten zu können, rekonstruiert das folgende Kapitel zunächst die Entstehungsgeschichte des MuCEM, bevor in einem zweiten Schritt die aktuelle inhaltliche Ausrichtung herausgearbeitet wird. In einem dritten Schritt widme ich mich diesen Fragen auf einem Gang durch die Dauerausstellung.

---

205 »unseren Blick zu dezentrieren und die Perspektiven wie die Herangehensweisen auf den Kopf zu stellen«

3.3.1 Von der Nation über Europa zum Mittelmeer: Entstehungsgeschichte

Die Entstehungsgeschichte des MuCEM lässt sich in drei Phasen unterteilen.[206] Die erste umfasst die Zeitspanne vom Ende des neunzehnten Jahrhunderts bis 1996: Die Vorgängerinstitution des MuCEM, das ethnologische Nationalmuseum Frankreichs Musée National des Arts et Traditions Populaires (MNATP), geht auf die Weltausstellung von 1878 und das Musée d'Ethnographie du Trocadéro zurück, das 1879 eröffnet wurde (vgl. Suzzarelli 2012: 9ff.). Hundert Jahre später, Ende der 1980er Jahre, geriet das MNATP in eine Krise und transformierte sich infolgedessen zwischen 1996 und 2009 in das MuCEM Marseille. Während dieser zweiten Phase durchlief das Projekt mehrere inhaltliche Neuausrichtungen, von einem ethnologischen Nationalmuseum der französischen Volkskulturen über ein Museum für Europakulturen bis hin zu einem neuen Museumstypen, einem *musée de société/musée de civilisation*, das sich nicht nur Europa, sondern auch dem Mittelmeerraum widmet. Eine dritte Phase des Projekts begann im Jahr 2009, als das MuCEM in eine öffentliche Einrichtung umgewandelt wurde und *la Méditerranée* auf innenpolitischen Druck hin ins Zentrum der inhaltlichen Planungen rückte.

1878–1996: Von der Weltausstellung zum Musée National des Arts et Traditions Populaires
Die Entstehung der Sammlungen des MuCEM reicht bis zum Ende des neunzehnten Jahrhunderts zurück, als zur Weltausstellung 1878 im dafür neugebauten Palais Chaillot in Paris Objekte aus allen vier Kontinenten außer Europa gezeigt wurden. Die Schau sollte die Idee der Moderne und des Fortschritts Europas gegenüber den »exotischen Naturvölkern« verdeutlichen (vgl. Suzzarelli 2012: 10).[207] Vier Jahre später, 1882, wurde, um diese Schau zu verstetigen, das Musée d'Ethnographie du Trocadéro gegründet. In dieser Zeit entwickelte sich die Idee, die Geschichte des französischen Volkes und seiner Traditionen anhand von Objekten zu bewahren und auszustellen (vgl. MuCEM 2013b). Deshalb wurde im Jahr 1884 im Musée d'Éthnographie du Trocadéro der Salle de France eröffnet, der Objekte zur regionalen Vielfalt traditioneller Volkskulturen in Frankreich in lebensweltlichen Dioramen zeigte. Zu den ältesten Objekten in der Sammlung des MuCEM gehören Objekte aus diesem Raum (vgl. Suzzarelli 2012: 11). Die ab Anfang

---

206 Diese Periodisierung ist angelehnt an die Forschungen der Anthropologin Camille Mazé (2013b: 179).
207 Im französischen Original lautet der Ausdruck »indigènes exotiques«.

des zwanzigsten Jahrhunderts einsetzende Verstädterung führte zum allmählichen Verschwinden der in diesem Raum gezeigten ländlichen Volkskulturen Frankreichs, so dass der Ethnologe und Museologe Georges Henri Rivière 1936 die Gründung eines neuen Museums vorschlug. Dieses sollte sich ausschließlich den Volkskulturen und -traditionen Frankreichs widmen. Auf diesen Vorschlag hin gründete die französische Regierung im Mai 1937 das Musée National des Arts et Traditions Populaires (MNATP), das zunächst weiterhin im Palais Chaillot untergebracht war und die französischen Sammlungen des Musée d'Ethnographie du Trocadéro beherbergte. Die nicht-französischen und außereuropäischen Sammlungen dieses Museums wurden in das neu gegründete Musée de l'Homme überführt (vgl. Segalen 2005).

Die inhaltliche Ausrichtung des MNATP bestimmte in den folgenden Jahrzehnten maßgeblich sein Gründer Georges Henri Rivière. Dessen Vision war ein Museum, das eng mit der Forschung verzahnt und dennoch für jedermann verständlich sein sollte. So bestand das MNATP ab 1965 bis zu seiner Schließung im Jahr 2005 aus einem Museum und einem Forschungszentrum; seine Ausstellungen orientierten sich an Begriffen aus dem ländlichen Alltagsleben wie »Brot«, »von der Wiege bis zum Grab«, »Glauben« oder »Musik« (vgl. Suzzarelli 2012: 12ff.). 1972 zog das Museum in einen Neubau an der Pariser Peripherie im Bois de Boulogne um, der in einen Ausstellungs- und einen Forschungsbereich unterteilt war (vgl. Bonnefoy 2013: 39; Suzzarelli 2012: 14). Der Fokus der Ausstellungen lag auf den materiellen Objekten der ländlichen Volkskulturen Frankreichs, die durch die museale Szenografie auratisch aufgeladen wurden und Besucher_innen auf respektvoller Distanz hielten: In dunklen Ausstellungsräumen zeigten Vitrinen einzelne Objekte und Objektensembles, die durch Lichtspots hervorgehoben wurden, so zum Beispiel eine Reihe von Umhängen und Reliquien eines Trauerzuges.[208] Doch diese Zusammenstellung von Objekten zu thematischen Ensembles machte es unmöglich, die Präsentation zu modifizieren, so dass die Ausstellungen des MNATP in dreißig Jahren fast überhaupt nicht verändert wurden und bald veraltet wirkten (vgl. Suzzarelli 2012: 14f.). Sinkende Besuchszahlen, staatliche Mittelkürzungen, Unstimmigkeiten zwischen Ethnolog_innen und Museumsmitarbeiter_innen, die ungünstige Lage an der Pariser Peripherie

---

208 Zusätzlich zu Objekten sammelte das MNATP auch immaterielle Zeugnisse französischer Volkskulturen wie Märchen, Lieder und Gesänge, die im Département de l'ethnomusicologie aufgenommen wurden (vgl. Suzzarelli 2012: 16).

sowie größere Umwälzungen in der französischen und Pariser Museumslandschaft[209] führten schließlich ab Ende der 1980er Jahre zu der eingangs geschilderten Krise des MNATP (vgl. Segalen 2005).

1996–2009: Von französischen Volkskulturen zum *espace euro-méditerranéen*
Die weitere Entwicklung des Museums und die Entstehung des MuCEM ist eng mit dem Konservator Michel Colardelle verbunden. 1996 wurde er vom französischen Kultur- und Kommunikationsministerium zum neuen Direktor des MNATP ernannt, der die Institution aus der Krise führen sollte. Einen Weg sah Colardelle darin, den bisherigen Fokus auf die Nation zu brechen und das Museum auf einen europäischen Bezugsrahmen zu öffnen. Zu diesem Ergebnis kam 1997 das Kolloquium »réinventer un musée« (Collardelle 2002a; vgl. auch Suzzarelli 2012: 18; Bonnefoy 2013: 40f.; Mazé 2013b: 181).[210] Um das Museum zu europäisieren, schlug Colardelle vor, die französischen Sammlungen des MNATP um die europäischen Sammlungen des Musée de l'Homme zu erweitern und damit in Paris ein »Musée de la civilisation européenne« zu gründen (vgl. Mazé 2013b: 181f.). Das Ziel dieses Museums der europäischen Kultur[211] sollte laut Colardelle (2002b : 235) »une construction de l'Europe fondée sur le sentiment d'appartenance à une culture commune, non pas exclusive, mais citoyenne du monde«[212] sein. Das Museum sollte zwar die kulturelle Einheit Europas und das Gefühl der Zugehörigkeit zu einer gemeinsamen Kultur vorantreiben, jedoch keine exklusive Identität propagieren. Stattdessen betonte Colardelle wiederholt, ein Museum der europäischen Kultur müsse ebenso die Verflechtungen Europas mit dem Rest der Welt thematisieren und dürfe Europa nicht als geschlossene Einheit

---

209 Zu diesen Umwälzungen gehörten die Entstehung von sogenannten Écomusées in verschiedenen Regionen Frankreichs, die das ländliche Leben oftmals lebendiger zeigten als das MNATP, sowie verschiedene Neugründungen und die einsetzende Diversifizierung von Museen in Paris (vgl. Poulard 2007; Pippel 2013: 15f.).
210 »ein Museum neu erfinden«
211 Das französische »Civilisations« kann im Deutschen sowohl mit »Kulturen« als auch mit »Zivilisationen« übersetzt werden. Ich wähle »Kulturen« und folge damit Philippe Bénéton (1975) und Camille Mazé (2008). »Civilisation« kommt der etymologischen Studie Bénétons zufolge im Französischen im achtzehnten Jahrhundert auf und wandert in der Zeit der Aufklärung als »Kultur« in die deutsche Sprache ein (vgl. Bénéton 1974: 37). Mehr zur Begriffsgeschichte des Begriffs »civilisations« findet sich in Kapitel 3.3.2 im Abschnitt »*La Méditerranée* – zwischen *diversité* und *identité*«.
212 »Die Konstruktion Europas aufbauend auf dem Gefühl, einer gemeinsamen Kultur anzugehören, die jedoch nicht exklusiv ist, sondern eine Weltbürgerschaft meint.«

zeigen (vgl. Colardelle 2002a: 18; Mazé 2008: 119).[213] Auf der Ebene der Sammlungen wurde die Trennung in Europa und »den Rest der Welt« jedoch bestärkt, denn während die europäischen Sammlungen des Musée de l'Homme 2005 in das geplante Musée de la civilisation européenne, aus dem später das MuCEM werden sollte, eingegliedert wurden, kamen die Sammlungen außereuropäischer Objekte in den Besitz des neu gegründeten Musée du Quai Branly (vgl. Suzzarelli 2012: 27). Dieses widmet sich den sogenannten *arts premiers*, den Künsten außereuropäischer Kulturen (vgl. Pippel 2013: 105ff.). Entgegen dem Ziel Colardelles, Verflechtungen zwischen Europa und der Welt zu zeigen, schafft die Aufteilung der Sammlungen des Musée de l'Homme eine klare Unterscheidung zwischen europäischen und außereuropäischen Kulturen (vgl. Mazé 2008: 116).[214]

Das Konzept einer kulturellen Einheit Europas des geplanten Musée de la civilisation européenne erfuhr eine erste Wendung, als das Kulturministerium unter Catherine Tasca im Mai 2000 auf Antrag von Colardelle den Umzug des Museums von Paris nach Marseille entschied.[215] Durch den neuen Standort veränderte sich die inhaltliche Konzeption des Projekts: Ging es vorher um ein Museum der europäischen Kultur, so legten Planungspapiere den Fokus des Projekts nun auf den Mittelmeerraum und Europa (vgl. Mazé 2013b: 185). Ziel des Museums, so sein damaliger Direktor Colardelle (2002b: 230), sei es, kulturelle und ökonomische Austauschprozesse zwischen Europa und dem Mittelmeerraum innerhalb des *espace euro-méditerranéen* zu zeigen. Schlagworte wie »métissage«, »mélange«,

---

213 So zum Beispiel: »Man darf in den Museen bei der Propagierung einer europäischen Identität nicht in den gleichen Fehler verfallen wie bei den nationalen Identitäten. Das wäre sehr gefährlich.« (zitiert nach Mazé 2008: 117).
214 Auch heute lässt sich diese Trennung auf Sammlungsebene noch beobachten, denn der Großteil der außereuropäischen Objekte in der Dauerausstellung des MuCEM besteht aus Leihgaben des Musée du Quai Branly.
215 Das Museum wurde damit zur ersten nationalen Kulturinstitution Frankreichs außerhalb von Paris. Innenpolitisch war diese Entscheidung durch die Politik der Dezentralisierung motiviert, die seit Beginn der 2000er Jahre das Ziel verfolgte, staatliche Institutionen vermehrt außerhalb von Paris anzusiedeln (vgl. Grigoleit 2005: 180; Suzzarelli 2012: 18). Nachdem Anfragen an die Städte Lille und Lyon negativ ausgegangen waren, fiel durch persönliche Kontakte des Direktors Colardelle sowie die politische Unterstützung des Projekts durch den damaligen Staatspräsidenten Jacques Chirac die Wahl auf Marseille (vgl. Grigoleit 2005: 180; Mazé 2013b: 186). Die Errichtung des Museums im und um die Festungsanlage des Fort St. Jean am Hafeneingang der Stadt bot sich zudem im Zuge des Stadterneuerungsprojekts »Euroméditerranée« an, in dessen Rahmen seit 1989 unter anderem die Meeresfront Marseilles grundlegend umgestaltet und aufgewertet wurde (vgl. Gourarier, Interview, MuCEM, 15. Oktober 2013). Da in diesem Programm ein kulturelles Projekt fehlte, konnte das MuCEM von finanzieller Förderung durch die »Euroméditerranée« profitieren (vgl. Jacotin, Führung, MuCEM 10. Oktober 2013). Zudem gehörte das Fort St. Jean dem französischen Staat, was die Wahl des Ortes vereinfachte (vgl. Suzzarelli 2012: 18).

»hybridation« und »contact«[216], die von 2000 an die inhaltliche Ausrichtung des Museums bestimmen, zeigen diese Neukonzeption an (vgl. Mazé 2013b: 189, siehe Kapitel 3.3.2).[217] Auch die Wahl des Standorts des Museums am Eingang des Hafens in Marseille betont die neue Leitidee des kulturellen Austauschs, da sich das Museum damit auf die Geschichte der Stadt als Ort der Ein- und Auswanderung und der kulturellen Durchmischung bezieht (vgl. Suzzarelli 2012: 97).

Neben der Betonung von kulturellen Austauschprozessen zwischen Europa und dem Mittelmeerraum wurden mit der Fokusverschiebung des Projekts von einem Museum der europäischen Kultur zu einem Museum der Mittelmeer- und Europakulturen zwei weitere Bezugsrahmen wichtig: der globale und der lokale. So sollten die Ausstellungen des neuen Museums in dieser Planungsphase einerseits um globale Themen kreisen, die sich nicht auf Europa oder den Mittelmeerraum einschränken lassen, wie zum Beispiel Geschlecht, Himmel, Wasser, oder die Stadt (vgl. Suzzarelli 2012: 19f.; Mazé 2013b: 190). Andererseits war ab 2002 ein Team des Museums damit beauftragt, das Projekt lokal in Marseille und im Stadtentwicklungsprogramm »Euroméditerranée«[218] zu verankern, ein Netzwerk aufzubauen, sowie vorbereitende Ausstellungen zu konzipieren (vgl. Suzzarelli 2012: 18f.). So thematisierte beispielsweise die Ausstellung »Zwischen Stadt und Meer: die Pierres Plates« (20. Mai–13. November 2006) den geplanten Standort des Museums im Fort St. Jean am Hafeneingang von Marseille (vgl. Mazé 2013a: 507). In den vorbereitenden Ausstellungen ging es auch darum, in Marseille lebende Migrant_innen und ihre Nachkommen in das Projekt einzubinden, so zum Beispiel mit der ersten Ausstellung »Marseille/Alger. Au miroir des mémoires« (9. November 2003–15. März 2004) (vgl. Mazé 2013a: 190f.). Die lokale Verankerung in Marseille ist auch heute noch ein wichtiges Ziel des MuCEM.[219]

---

216 »Verflechtung«, »Vermischung«, »Hybridisierung« und »Kontakt«
217 Zu dieser neuen Ausrichtung trug ebenfalls die Gründung des »Netzwerks der Europamuseen (NEM)« im Jahr 2000 in Turin bei. Das Netzwerk ist eine informelle Arbeitsgruppe, in der sich vier Museen aus Deutschland, Belgien, Frankreich und Italien zusammengeschlossen haben (Museum für Deutsche Volkskunde bzw. Museum Europäischer Kulturen Berlin, Musée de l'Europe Brüssel, MNATP bzw. MuCEM sowie das Museion per l'Europa aus Italien). Alle setzen sich Europa und die Schaffung »einer gemeinsamen europäischen Kultur und Identität« zum Thema (vgl. Mazé 2008: 115). Das Museum in Marseille war das einzige, das Europa in Hinblick auf seine Verwobenheit mit anderen Kulturräumen behandeln wollte, was Camille Mazé (2013b: 184) zufolge zur Festigung dieser Ausrichtung beitrug.
218 »Euroméditerranée« ist ein 1989 begonnenes Stadterneuerungsprojekt in Marseille. Es wird vom französischen Staat, von den betroffenen Gemeinden und Regionen, der Stadt Marseille, der Europäischen Union aber auch von privaten Investoren finanziert (vgl. Euroméditerranée o. J.).
219 Zum MuCEM als Akteur in der Stadtentwicklung vgl. Suzzarelli 2012: 98ff.

Um die inhaltliche Ausrichtung des Museums zu diskutieren und zu präzisieren, fanden in den Jahren 2000 bis 2008 mehrere Seminare, Debatten und wissenschaftliche Konferenzen statt.[220] Parallel dazu wurden die Sammlungen des MNATP ab 2000 verstärkt um Objekte aus Europa und dem Mittelmeerraum erweitert (vgl. Suzzarelli 2012: 19). Dazu wurden die europäische Sammlung des Musée de l'Homme in den Besitz des neuen Museums überführt sowie vermehrt Ankäufe getätigt (vgl. Geoffroy-Schneiter 2013: 24; Gourarier 2015: 18ff.). Um die Sammlungen zu beherbergen, plante die Architektin Corinne Vezzoni ab 2004 den Neubau des Centre de Conservation et de Recherche (CCR) in einem ehemaligen Industrieviertel von Marseille. Ebenfalls 2004 gewann der Architekt Rudy Ricciotti den Architekturwettbewerb für den Neubau des Ausstellungsgebäudes am Hafeneingang auf der Mole J4 (vgl. MuCEM o. J. c; Suzzarelli 2012: 18). Ein Jahr später begannen die Bauarbeiten im mittelalterlichen Fort St. Jean, das heute ebenfalls Ausstellungs- und Museumsräume beherbergt. Das Museum bekam im Juni 2005 per Dekret den offiziellen Namen »Musée des civilisations de l'Europe et de la Méditerranée« (vgl. MuCEM o. J. c).

Der in diesem Namen manifeste Schwerpunkt des Projekts auf Europa und den Mittelraum, für den sich der Museumsdirektor Michel Colardelle eingesetzt hatte, verschob sich nach der Wahl von Nicolas Sarkozy zum neuen Präsidenten Frankreichs im Jahr 2007 noch einmal. Im Kontext seiner Idee einer »Union für das Mittelmeer« (Union pour la Méditerranée)[221] verlagerte sich der inhaltliche Fokus des Projekts weg von Europa auf das Mittelmeer, so dass der Begriff Europa außer im Namen der Institution in den Konzeptpapieren und Selbstbeschreibungen nur noch am Rande vorkommt (vgl. Mazé 2013b: 197). Für Sarkozy wurde das MuCEM zu einem wichtigen politischen und symbolischen Projekt,

---

220 Diese sind ausschnitthaft dokumentiert in Colardelle 2002a: 95ff. und in Suzzarelli 2012: 67ff.

221 Die Idee zu dieser Union hatte Sarkozy im Wahlkampf 2007 vorgebracht, um die Machtposition Frankreichs in der EU und im Mittelmeerraum zu festigen. Am 13. Juli 2008 wurde die Union als zwischenstaatliche Organisation der EU-Mitgliedstaaten und der Anrainerstaaten des Mittelmeeres in Paris gegründet. Das Ziel der 43 Staaten umfassenden Gemeinschaft ist der Dialog und die Zusammenarbeit zwischen den Mitgliedern. Dazu fördert die Union seit 2010 konkrete Projekte, wie zum Beispiel die Umweltsanierung des Mittelmeeres, die Schaffung eines gemeinsamen Katastrophenschutzes sowie Bildungsprojekte. Die Gründung der Union geht zurück auf die euro-mediterrane Partnerschaft (EUROMED), die bereits 1995 auf der Außenministerkonferenz der EU ins Leben gerufen wurde (Barcelona-Prozess) (vgl. Bundeszentrale für politische Bildung 2008; Bundesministerium für wirtschaftliche Zusammenarbeit und Entwicklung). Als Dialogforum gilt die Union heute als weitestgehend gescheitert, da der Nahostkonflikt die Zusammenarbeit der Mitgliedsstaaten blockiert. Zudem erschwert die Weigerung der Mitgliedsstaaten, die Union finanziell auszustatten, die Arbeit der Union (vgl. Sebald 2013).

das er ab 2007 verstärkt vorantrieb. Auch personell hatte der Regierungswechsel Folgen für das Museum: Das Ministerium für Kultur und Kommunikation unter Frédéric Mitterand setzte den bisherigen Direktor Michel Colardelle ab und berief an dessen Stelle Bruno Suzzarelli, der bis dahin den Posten eines hohen Staatsbeamten innegehabt hatte. Im gleichen Zuge wurde der Konservator Zeev Gourarier zum wissenschaftlichen und kulturellen Leiter des MuCEM bestimmt (vgl. Mazé 2013b: 193ff.; Suzzarelli 2012: 20).

Das MuCEM seit 2009: Vom *espace euroméditeranéen* zur *Méditerranée*

Unter der Regierung Nicolas Sarkozys und der Führung Bruno Suzzarellis baute das MuCEM seine Ausrichtung auf den Mittelmeerraum weiter aus. Jedoch führte die Ausrichtung auf ein solch vages und nicht klar definiertes Territorium im Laufe des Planungsprozesses zunehmend zu Kritik an dem Projekt. *La Méditerranée* sei zu wenig greifbar, um es zur Grundlage eines Museums zu machen; des Weiteren werde es schwierig, eine eigene Sammlung zu einem solch diffusen Territorium aufzubauen, warnten Kritiker_innen. Aufgrund fehlender inhaltlicher Präzisierungen stagnierte das Projekt zunehmend. Erst die Wahl Marseilles zur Kulturhauptstadt Europas im Jahr 2013, die 2008 bekannt gegeben wurde, brachte neuen Auftrieb (vgl. Suzzarelli 2012: 20). Ein im Auftrag des Kulturministeriums durchgeführtes Audit empfahl 2009 daraufhin die Gründung eines Gründungsvereins, der unter der Leitung des ehemaligen Botschafters Yves Aubin de La Messuzière die Aufgabe bekam, die Ausrichtung des Museums zu konkretisieren und die Eröffnung im Kulturhauptstadtjahr 2013 vorzubereiten (vgl. Suzzarelli 2012: 108).

Des Weiteren wurde das MuCEM 2009 im Zuge dieser Neustrukturierung in eine öffentliche Einrichtung umgewandelt. Dadurch wurde aus dem Projekt eine nationale Institution mit hohem symbolischen Stellenwert.[222] Das Museum wird seitdem von der höchsten Staatsebene kontrolliert, da der Direktor direkt dem Kulturministerium untersteht (vgl. Mazé 2013b: 195). Die Folge dieser Umwandlung in inhaltlicher Hinsicht war eine von Sarkozys Idee der Union für das Mittelmeer unterstützte und auf innenpolitischen Druck hin forcierte Zentrierung des Projekts auf den Begriff der *Méditerranée* und eine weitgehende Abkehr vom Begriff Europa (vgl. Suzzarelli 2012: 20). »Le Musée de l'Europe, ce ne sera surement pas nous [...]. On est là pour obéir au politique. Les orientations devront

---

222 »Le Musée des Civilisations de l'Europe et de la Méditerranée (MuCEM) [...] est l'un des projets majeurs du ministère de la Culture et de la Communication« schreibt der französische Kulturminister in einem Brief an den Direktor des MuCEM vom Juli 2010 (abgedruckt in Suzzarelli 2012: 109ff.).

être validées au plus haut niveau«[223], fasst der neue Direktor Bruno Suzzarelli die Neuausrichtung zusammen (zitiert nach Mazé 2013b: 198). Aus dem geplanten Museum der europäischen Kultur war das Museum der Mittelmeerkulturen geworden. Als solches öffnete das MuCEM am 7. Juni 2013 seine Türen für die Öffentlichkeit.

Das MuCEM versteht sich jedoch nicht nur als Museum, sondern als »une véritable cité culturelle« (vgl. MuCEM o. J. a), ein kulturelles Forum, das neben seinen Dauer- und Wechselausstellungen auch ein diverses Kulturprogramm bietet. Regelmäßig finden Kolloquien, Filmreihen, Konzerte und Theateraufführungen statt, die sich mit aktuellen Fragen aus dem Mittelmeerraum befassen und die Ausstellungen des MuCEM begleiten, so zum Beispiel eine Filmreihe mit Diskussionsrunden zu Geschlechtervielfalt im Mittelmeerraum anlässlich der Wechselausstellung »Au Bazar du Genre« (7. Juni 2013–6. Januar 2014), ein Kolloquium zu Diversität und Toleranz oder eine Konferenz zu Grenzen in der heutigen Welt (vgl. MuCEM o. J. d). Das MuCEM ist außerdem darum bemüht, so viele verschiedene Besucher_innen wie möglich anzusprechen. So laden die Terrasse des Neubaus und das Open-Air-Gelände im Fort St. Jean mit freiem Eintritt zu Spaziergängen und Picknicks ein, was Tourist_innen wie Marseillaiser_innen gern nutzen. Spezielles Personal soll Besucher_innen an den Eingängen willkommen heißen und sich darum kümmern, auch soziale Schichten für den Besuch des MuCEMs zu begeistern, die bisher nicht in Museen gehen (vgl. Suzarelli 2012: 44ff.). Des Weiteren betreibt das MuCEM ein Institut (Institut méditerranéen des métiers du *patrimoine*), an dem Ausbildungen in denkmalpflegerischen Berufen angeboten werden und wissenschaftliche Forschung zu Mittelmeerkulturen stattfindet (vgl. Gourarier 2015: 17; Suzzarelli 2012: 73).

Zwischenfazit: Das MuCEM als europäisiertes Nationalmuseum
Verschiedene Theoretiker_innen haben das MuCEM bisher als Europamuseum thematisiert und untersucht (vgl. Grigoleit 2005; Kreis 2008; Colardelle 2002a; Mazé 2013a; de Cesari 2017). Entgegen dieser Einordnung verstehe ich das Museum aus seiner Gründungsgeschichte und seiner Organisationsstruktur heraus als europäisiertes Nationalmuseum – als Museum zwischen Nation und Europa (siehe Kapitel 2.7). Als Nationalmuseum bezeichne ich das MuCEM aus folgenden Gründen: Zunächst ist es aus einer nationalstaatlichen Institution heraus entstanden, die in kulturvergleichender Perspektive darauf ausgelegt war,

---

223 »Das Europamuseum, das werden ganz sicher nicht wir sein […]. Wir sind da, um der Politik zu gehorchen. Die Ausrichtung wird auf höchster Ebene entschieden.«

materielle Hinterlassenschaften der Nation zu sammeln und sie Dingen außereuropäischer Kulturen gegenüber zu stellen, um Fortschritt und Moderne zu zeigen. Die Vorgängerinstitution des MuCEM, das MNATP, das aus dieser Sammlung entstand, hatte demnach einen klaren nationalen Fokus. Es wurde aus dem Impuls heraus gegründet, vom Verschwinden bedrohte nationale Volkskulturen für die Zukunft zu bewahren. Das MuCEM, das diese nationale Sammlung geerbt hat, ist zwar thematisch nicht mehr auf die Nation ausgerichtet, jedoch strukturell und finanziell vom französischen Nationalstaat abhängig. Die Kosten des Museums von 167 Millionen Euro trägt zu 65 % der französische Staat, die restlichen 35 % teilen sich das Departement und die Region (vgl. Bommelaer 2013). Zudem wurden die entscheidenden Wendepunkte in der Entstehungsgeschichte des Museums jeweils von der französischen Regierung oder dem Kulturministerium initiiert: Präsident Chirac war dem Projekt wohlgesonnen und unterstützte den Umzug nach Marseille aus innenpolitischen Gründen der Dezentralisierung; sein Nachfolger Sarkozy machte das Projekt zu einem Aushängeschild seiner Politik einer Union für das Mittelmeer und ließ einen neuen Direktor einsetzen, einen hohen Staatsbeamten, der diesen Schwerpunkt voranbringen sollte. Die Umwandlung in eine staatliche Institution im Jahr 2009 hat die Ausrichtung des Museums als nationales Projekt von hohem symbolischen Wert und mit öffentlichem Bildungsauftrag noch verstärkt, denn seitdem untersteht das Direktorium direkt dem Kulturministerium und damit dem Staat, der so auch Einfluss auf die inhaltliche Ausrichtung nimmt. Des Weiteren gehören die Sammlungen des Museums dem französischen Nationalstaat (vgl. Suzzarelli 2012: 108). Der Präsident des Gründungsvereins bezeichnet das MuCEM deshalb explizit als »Musée national par son statut, rattaché directement au ministère de la culture et donc à l'État« (vgl. Messuzière 2012: 5).[224]

Die Bezeichnung als Nationalmuseum soll die Positionierung der ersten Person des musealen Sprechakts (vgl. Bal 1996: 3f.) markieren: Es ist der französische Staat, der die »civilisations de l'Europe et de la Méditerranée« ausstellt. Ein *europäisiertes* Nationalmuseum ist das MuCEM, weil es sich als nationale Institution zum Ziel setzt, die Nation als Hauptrahmung zu hinterfragen und sich auf Europa und darüber hinaus auf *la Méditerranée* zu öffnen. Was diese Öffnung in inhaltlicher Hinsicht bedeutet, behandelt der folgende Abschnitt.

---

224 »Ein Nationalmuseum von seinem Status her, das direkt an das Kulturministerium und damit dem Staat zugeordnet ist.«

3.3.2 »Décentrer notre regard«: Konzeptionelle Ausrichtung des MuCEM

Die inhaltliche, strukturelle sowie institutionelle Ausrichtung des MuCEM hat sich, wie oben gezeigt, in seiner Entstehungsgeschichte mehrfach verschoben: »[...] le MuCEM change [...] d'horizon et se transforme en profondeur. Il change à la fois de site de Paris à Marseille, de territoire de référence de la France à la Méditerranée et à l'Europe, de champ disciplinaire, de l'ethnologie à l'ensemble des sciences humaines«[225] schreibt der derzeitige Direktor Bruno Suzzarelli (2012: 7) einleitend im Projet scientifique et culturel (PSC), das die Grundlinien der inhaltlichen Konzeption festhält. Von einem ethnologischen Nationalmuseum mit nationalem Fokus auf die Geschichte und Traditionen französischer Volkskulturen wurde es zu einem *musée de société*, das sich zunächst einer europäischen Kultur widmen sollte, seit der Entscheidung zum Umzug nach Marseille 2000 jedoch die »civilisations de l'Europe et de la Méditerranée« ins Zentrum seiner Aktivitäten stellt. Europa- und Mittelmeerkulturen, sowie die vielfältigen Austauschprozessen zwischen ihnen bilden seitdem den Kern der inhaltlichen Ausrichtung des Museums.[226] Dabei ist der Gedanke, das Museum inhaltlich nicht nur auf Europa und europäische Geschichte auszurichten, sondern *la Méditerranée* einzubeziehen, ab dem Jahr 2000 zentral für das Projekt: Europa, so der frühere Direktor Michel Colardelle (2002a : 18, 2002b: 230), dürfe nicht als abgeschlossene Einheit

---

[225] »Das MuCEM verwandelt sich vollkommen. Es verändert gleichzeitig seinen Standort von Paris nach Marseille, seinen Bezugsraum von Frankreich auf den Mittelmeerraum und Europa, und seine disziplinäre Einbindung von der Ethnologie auf die gesamten Sozial- und Geisteswissenschaften.«

[226] Weder »civilisation« noch »Kultur« lassen sich allgemeingültig definieren. Was die Begriffe »civilisations de l'Europe et de la Méditerranée«/»Mittelmeer- und Europakulturen« in den Konzeptionen des MuCEM bedeuten, soll dieses Kapitel klären.
Obwohl sowohl dem MuCEM als auch dieser Analyse ein konstruktivistisches Verständnis von »civilisations«/Kulturen zugrunde liegt, sie also davon ausgehen, dass es sie nicht im Sinne stabiler, definierbarer Einheiten gibt, stehen sowohl die Museumskonzeptionen als auch mein Text vor dem Problem, dass die Dekonstruktion von Konzepten immer Gefahr läuft, genau diejenigen Konzepte zu wiederholen und damit zu bestärken, die eigentlich hinterfragt werden sollen (vgl. Hall 1994a: 142). So verwende ich in diesem Kapitel beständig Begriffe wie »Mittelmeer- und Europakulturen« oder auch »andere Kulturen« und übernehme und festige damit Konzepte, die das MuCEM hinterfragen will. Doch wie Judith Butler (in Bezug auf Geschlecht) schreibt, ist es notwendig, Begriffe zunächst zu verwenden, um sie kritisieren zu können: »Dass der Begriff fragwürdig ist, bedeutet nicht, dass wir ihn nicht gebrauchen dürfen, aber die Notwendigkeit, ihn zu verwenden, bedeutet wiederum auch nicht, dass wir ihn nicht andauernd über die Ausschlüsse befragen müssen, mit denen er vorgeht« (zitiert nach Dietze 2014 S. 9f.).
Diese Bewegung zwischen Kritik an und Wiederholung von identitären Feststellungen in den Konzeptionen des MuCEM nachzuzeichnen, ist Anliegen des Kapitels.

oder exklusive Identität gezeigt, sondern müsse in Hinblick auf seine Beziehungen zum Rest der Welt und insbesondere zum Mittelmeerraum gedacht werden. Ziel des Museums solle es sein, die Verflechtungen und Vermischungen von Europa- und Mittelmeerkulturen zu beschreiben.

Diese Kritik an eurozentristischen, exklusiven Europabildern setzt auch der jetzige Direktor Suzzarelli im aktuellen PSC fort. Für ein Museum im einundzwanzigsten Jahrhundert sei es demnach notwendig, eine Haltung zu entwickeln, die die Welt nicht allein anhand europäischer Maßstäbe messe. Stattdessen sollten Austauschprozesse und Beziehungen zwischen Kulturen (civilisations) im Mittelpunkt stehen. Europa müsse deshalb als mit dem Mittelmeerraum verbunden konzipiert werden. Das MuCEM, so fasst Suzzarelli (2012: 104) die Bestrebungen des Museums zusammen, ziele darauf ab »à décentrer notre regard et à renverser les perspectives comme les approches« – »unsere« Blicke sollen dezentriert, Perspektiven und Herangehensweisen verändert werden. Aufgrund der oben herausgearbeiteten Positionierung des MuCEM als europäisiertes Nationalmuseum in Frankreich wird deutlich, wen Suzzarelli mit der Formulierung »notre regard« meint: Französ_innen und Europäer_innen, deren Blicke und Perspektiven auf Europa durch den Fokus auf *la Méditerranée* dezentriert werden sollen. Europa wird dazu im MuCEM nicht von einem europäischen Zentrum her gedacht, sondern von seinem vermeintlichen Rand her: Die Ausrichtung des MuCEM auf *la Méditerranée* dient der Dezentrierung und damit der Hinterfragung des Konzepts Europa (siehe Kapitel 3.3.1).

Diese Dezentrierung ist auch in meiner Analyse wirksam, und zwar in Form einer Störung. Mit der Verschiebung der inhaltlichen Ausrichtung – weg von der Nation und Europa, europäischer Geschichte oder Kulturen hin zum kaum fassbaren Begriff *la Méditerranée* – stört das MuCEM Kategorien und Konzepte, die diese Analyse leiten: Nation, Europa, kollektive Identität und gemeinsame Geschichte. Im MuCEM geht es auf den ersten Blick überhaupt nicht mehr um Europa, europäische Geschichte oder Identität, sondern um *la Méditerranée*. Doch genau mit dieser Fokusverschiebung leistet das MuCEM einen wichtigen Beitrag zur aktuellen musealen Historiografie Europas. Wie diese Störung von Kategorien, diese Dezentrierung Europas in den inhaltlichen Planungen des MuCEM angelegt ist, zeigt das Kapitel anhand der aktuellen Konzeptionen des Museums.[227] Dazu arbeite ich sechs Schichten der Dezentrierung Europas sowie

---

227 Das Hauptdokument, auf das ich mich beziehe, ist das Projet scientifique et culturel von 2012 (PSC), das die inhaltlichen Ziele des MuCEM darlegt (Suzzarelli 2012). Es wurde von dem derzeitigen Direktor Bruno Suzzarelli herausgegeben. Darüber hinaus arbeite ich mit den Faltblättern zur Dauerausstellung Galérie de la Méditerranée und zum Garten auf dem Fort St. Jean,

eine gegenläufige Tendenz der identitären Rezentrierung heraus: Kollektive Identitäten werden im MuCEM gleichzeitig dekonstruiert und bestärkt.

La Méditerranée als Gegenentwurf zur kulturellen Identität Europas
Die Verschiebung des inhaltlichen Fokus weg von Europa hin zum Mittelmeerraum erklärt der Direktor des MuCEM Bruno Suzzarelli (2012: 23) wiefolgt:

> Choisir pour domaine d'investigation *la Méditerranée* plutôt que la seule Europe, c'est non seulement s'ouvrir à un plus vaste domaine, mais c'est aussi privilégier le jeu des échanges entre les cultures plutôt que l'analyse d'une identité culturelle quelconque – sous-jacente au terme d'Europe qualifiée également d'Occident et jadis assimilée à la chrétienté.[228]

Europa wird hier mit kultureller Identität, Abendland und Christentum assoziiert – die Ausrichtung eines Museums lediglich auf Europa würde, so der Direktor, Gefahr laufen, eine christlich und abendländisch konnotierte kulturelle Identität feststellen zu wollen. In der aktuellen Konzeption des MuCEM steht Europa für Geschlossenheit, Identitätsfeststellungen und -zuschreibungen, denen sich das MuCEM verweigert. Diesem Europabild entgegen setzt das MuCEM das Konzept der *Méditerranée*, dessen Stärke gerade in seiner Uneindeutigkeit und Nicht-Definierbarkeit läge: »[...] [L]e monde méditerranéen qui, sans véritables frontières, sans unité politique, religieuse ou linguistique, échappe à la notion d'identité culturelle sous-jacente au terme d'Europe, jadis assimilé à l'Occident et à la chrétienté« (Bonnefoy 2013: 41).[229] Der Mittelmeerraum ließe sich weder politisch, noch religiös, noch sprachlich als Einheit fassen. Die Ausrichtung auf das schwer fassbare Konzept *la Méditerranée* dient damit als Gegenentwurf zu Europa im Sinne einer stabilen kulturellen Identität mit bestimmten Eigenschaften. Anstatt identitäre Merkmale Europas und europäischer Geschichte auszustellen, zielt das MuCEM darauf ab, die Verflechtungen und Uneindeutigkeiten von Europa- und

---

die Besucher_innen im MuCEM vor Betreten der Ausstellungen bekommen, mit der Website des MuCEM, einem Katalog der Hauptobjekte der Dauerausstellung (Gourarier 2015), sowie mit einer Broschüre über das MuCEM (Bonnefoy 2013).

228 »Den Mittelmeerraum anstelle Europas als Untersuchungsgegenstand auszuwählen, bedeutet, nicht nur sich auf ein größeres Gebiet zu öffnen, sondern auch den Austausch zwischen Kulturen der Analyse einer wie auch immer gearteten kulturellen Identität vorzuziehen, die im ehemals mit Abendland und Christentum gleichgesetzten Begriff Europa mitschwingt.«

229 »[...] die Mittelmeerwelt [...] hat keine wirklichen Grenzen, bildet keine politische, religiöse oder sprachliche Gemeinschaft und lässt sich deshalb nicht mit dem Begriff der kulturellen Identität fassen, der im ehemals mit Abendland und Christentum gleichgesetzten Begriff Europa mitschwingt.«

Mittelmeerkulturen vor Augen zu führen. *la Méditerranée* bedeutet deshalb nicht die Abkehr vom Konzept Europa, sondern einen Vorschlag, Europa anders zu denken: nicht als singuläre Einheit mit feststellbaren Merkmalen, sondern als mit anderen Kulturen verwobenen, nicht abgeschlossenen Prozess. Die Abkehr vom Referenzrahmen Europa und die Hinwendung zum Konzept der *Méditerranée* kann deshalb als Kritik an dem Konzept einer europäischen Identität und Geschichte gelesen werden (siehe Kapitel 2.6), als eine erste Schicht der Dezentrierung Europas: Statt um Identitätsfeststellungen Europas geht es dem MuCEM um Offenheit, Nicht-Feststellbarkeiten, Pluralität und Diversität des Mittelmeerraumes. Dennoch orientiert sich insbesondere die Dauerausstellung »La Galérie de la Méditerranée« auch an identitären Definitionen des Mittelmeerraumes. Sie ist nach vier Themen angeordnet, die als singuläre Charakteristika von *la Méditerranée* ausgestellt werden (siehe Kapitel 3.3.3).[230] Das Spannungsfeld, in dem sich die inhaltliche Ausrichtung des MuCEM bewegt, besteht daher anders als in den anderen hier behandelten Museen aus einer weiteren Ebene: Das MuCEM schwankt als europäisiertes Nationalmuseum nicht nur zwischen den beiden Polen Nation und Europa, sondern es lotet auch den Bereich zwischen identitären Feststellungen einerseits und kultureller Diversität, Offenheit und Pluralität andererseits aus.

La Méditerranée **als Konzept für** *diversité*
Pluralität, Offenheit, Diversität und Dialog sind Schlagworte, die die Selbstbeschreibungen des MuCEMs in Planungspapieren, Ausstellungsbroschüren und auf der Website bestimmen. »Le pluriel est ici un principe fondateur [...]«[231] heißt es schon im Vorwort des Project scientifique et culturel (Messuzière 2012: 5). Dem Faltblatt zur Dauerausstellung ist ein Zitat des Historikers Fernand Braudels vorweg gestellt, das die Pluralität und Verwobenheiten verschiedener Mittelmeerkulturen zum Leitmotiv der Ausstellung macht: »Qu'est-ce que *la Méditerranée*? Mille choses à la fois [...], non pas une civilisation, mais des civilisations

---

230 Inzwischen wurde die »Galérie de la Méditerranée« grundlegend umgestaltet: Seit November 2017 heißt sie »Galérie de la Méditerranée 2« und widmet sich unter der Überschrift »connectivité« den Verbindungen und dem Austausch zwischen den Städten des Mittelmeerraumes im sechzehnten/siebzehnten Jahrhundert und heute (vgl. MuCEM o.J.g.). Die Analysen in dieser Studie beziehen sich auf den Stand der Ausstellungen von Herbst 2013.
Parallel dazu wurde auch die Website des MuCEM komplett überarbeitet. Die Angaben im Literaturverzeichnis zeigen an, auf welchen Stand der Website sich der jeweilige Quellenverweis bezieht.
231 »Der Plural ist hier ein Grundprinzip.«

entassées les unes sur les autres« (MuCEM 2013a: 1).[232] Mittelmeerkulturen entwerfen die Konzeptionen nicht als homogene Einheit, sondern sie betonen die innere Heterogenität und Diversität dieser Region: »[...] cette diversité [de l'Europe, Anmerkung: S.C.] a vocation à être mise en relation avec le monde méditerranéen, lui-même innervé [...] par ses différentes composantes[...]« (Suzzarelli 2012: 23).[233] Deshalb lasse sich *la Méditerranée* nicht eindeutig definieren, und eigne sich als Gegenentwurf zum Konzept einer kulturellen Identität Europas. Die Betonung der Diversität des Mittelmeerraumes stellt deshalb eine zweite Schicht der Dezentrierung Europas dar.

Der Begriff der *diversité* taucht in den Konzeptionen und Beschreibungen des MuCEM seit dem Beschluss zum Umzug der Institution nach Marseille im Jahr 2000 und der dadurch bedingten inhaltlichen Neuausrichtung auf den Mittelmeerraum auf. In den weiteren Planungen entwickelt er sich zu einem Kernkonzept des Museums. Diese Entwicklung ist im Kontext der französischen Kulturpolitik der 2000er Jahre zu sehen, für die *diversité* in dieser Zeit zu einem politisch gewünschten und geförderten Ziel wurde. Diversität, zumeist verstanden als kulturelle Vielfalt, wurde zudem 2001 und 2005 auf internationaler Ebene in Konventionen der UNESCO als förderungswürdiger Wert verankert, was die Verbreitung und Akzeptanz des Begriffs noch steigerte (vgl. Pippel 2013: 12, 47f.).[234] Auch nach 2000 gegründete französische Nationalmuseen widmen sich zunehmend dem Konzept der *diversité* im Sinne kultureller Begegnungen, wie beispielsweise das Musée du Quai Branly, das außereuropäische Künste ausstellt (vgl. Pippel 2013: 105ff.), oder die Cité Nationale de l'Histoire de l'Immigration (CNHI), die die Geschichte der Immigration nach Frankreich in die offizielle Nationalhistoriografie aufnehmen möchte (vgl. Bodenstein 2011: 290; Neef 2013).

---

232 »Was ist das Mittelmeer/der Mittelmeerraum? Tausend Dinge gleichzeitig [...], nicht eine Kultur, sondern Kulturen, die miteinander verwoben sind.«

233 »[...] diese Diversität (Europas, Anmerkung : S.C.) ist dazu berufen, mit der Mittelmeerwelt in Beziehung gesetzt zu werden, die selbst von ihren verschiedenen Bestandteilen lebt.«

234 Trotz der großen Verbreitung und politischen Förderung des Konzepts der *diversité culturelle* wird der Begriff im politischen Diskurs Frankreichs kaum präzise bestimmt. Nadine Pippel (2013) arbeitet jedoch heraus, dass Diversität darin oft einseitig als ethnische Vielfalt verstanden wird, die insbesondere durch Immigration zustande komme. Der Begriff trägt damit zu einer Festigung von stigmatisierenden identitären Zuschreibungen bei, die das Konzept eines ethnisch Anderen beständig konstruiert. Darüber hinaus verschleiere der Begriff der *diversité* andere strukturelle Ungleichheiten zum Beispiel nach *Gender* oder *Class* und diene damit oftmals der Rechtfertigung sozialer Probleme im Namen der kulturellen Diversität, so zum Beispiel nach den Unruhen in französischen Vorstädten im Herbst 2005.

Auch in den Konzeptionen des MuCEM meint *diversité* vor allem die kulturelle Diversität des Mittelmeerraumes. Das Museum verstehe sich als »scène d'expression de la diversité culturelle« (Bonnefoy 2013: 10) – als Bühne kultureller Diversität des Mittelmeerraumes, die das MuCEM bekannt machen möchte. Das MuCEM, so der französische Präsident Hollande in seiner Rede zur Eröffnung des Museums am 4. Juni 2013, erzähle die Geschichte dieser *diversité*.[235] Die Diversität des Mittelmeerraumes besteht laut der Konzeptionen darin, ein Ort der Weltoffenheit, der Begegnung, des Austauschs und der Beziehungen verschiedener Kulturen zu sein: »Le pluriel est ici un principe fondateur; la réciprocité aussi, car il ne s'agit pas d'affirmer la primauté d'une civilisation sur une autre mais au contraire de trouver les termes d'une relation fécondante entre les cultures et les civilisations« (Messuzière 2012: 5).[236] Das MuCEM versteht sich als weltoffenes Museum, das sich der Begegnung und den Verbindungen verschiedener Kulturen widmet (vgl. Suzzarelli 2012: 97). Die Kulturen, deren Begegnungen und Verwobenheiten das MuCEM herausstellen soll, umspannen in globaler Perspektive die ganze Welt (vgl. Suzzarelli 2012: 25). Insbesondere geht es jedoch darum, die Begegnung zwischen Europa- und Mittelmeerkulturen voranzutreiben: »Devenir un lieu phare de la rencontre des civilisations, entre Méditerranée et Europe, c'est ouvrir un espace de rencontres entre des mondes et des sociétés qui s'opposent trop souvent sans se comprendre.« (Suzzarelli 2012: 44)[237] Als »Brücke zwischen Europa und dem Mittelmeerraum und ihren Kulturen« solle das MuCEM Europa und den Mittelmeerraum einander näher bringen und damit zu gegenseitigem Verständnis und Anerkennung beitragen (vgl. Suzzarelli 2012: 103, 12).[238]

---

235 »Mais ces expositions du MUCEM permettent de mieux comprendre l'histoire, votre histoire et celle de la Méditerranée, l'histoire de cette diversité qui fait votre unité.« (Hollande 2013) Übersetzung: »Die Ausstellungen des MuCEM ermöglichen es, die Geschichte besser zu verstehen, Ihre Geschichte und die des Mittelmeerraumes, die Geschichte dieser Diversität, die Ihre Einheit ausmacht.«

236 »Der Plural ist hier ein Grundprinzip, ebenso die Reziprozität, denn es geht nicht darum, die Vorherrschaft einer Kultur über eine andere zu bestätigen, sondern im Gegenteil darum, eine fruchtbare Beziehung zwischen den Kulturen und Zivilisationen aufzudecken.«
Siehe auch: »Plus encore, il est une manière nouvelle de considérer la Méditerranée comme espace d'ouverture et de partage [...]« (MuCEM o. J. a). Übersetzung: »Es ist vielmehr eine neue Art, den Mittelmeerraum als Raum der Öffnung und des Teilens zu betrachten.«

237 »Ein Leuchtturm der Begegnung zwischen Kulturen, zwischen dem Mittelmeerraum und Europa zu werden, bedeutet, einen Begegnungsraum zwischen Welten und Gesellschaften zu öffnen, die sich viel zu oft gegenüberstehen ohne sich zu verstehen.«

238 Siehe auch: »Concevoir un musée des civilisations centré sur la Méditerranée et ouvert à des regards multiples, c'est donner une chance de relier les cultures entre elles, loins des murs et des peurs, et c'est offrir au public l'opportunité de comprendre et de partager« (Suzzarelli

Entgegen einer Konfrontation von Kulturen wie sie der Politikwissenschaftler Samuel Huntington (1996) propagiert hatte, verstehen die Planungen des MuCEM Diversität positiv als Beitrag zur Weltoffenheit Frankreichs sowie als »Ort des Austauschs« zwischen Europa und den anderen Ufern des Mittelmeeres:

> Le MuCEM est appelé à devenir un lieu d'échanges entre les rives nord et sud de la Méditerranée. [...] La Méditerranée est en effet trop souvent un lieu de confrontation de cultures [...]. Marseille est à cet égard un microcosme [...] où la diversité est à l'œuvre, où la relation à l'Autre est sans cesse interrogée [...]. (Suzzarelli 2012: 44)[239]

Für diese Zielstellung der Diversität im Sinne des Dialogs und Austauschs zwischen Kulturen zeichnete der Europarat das MuCEM als Museum des Jahres 2015 aus. Die Begründung der Preisvergabe unterstreicht die europäische Ausrichtung des MuCEM sowie die gleichzeitige Hinterfragung eines exklusiven europäischen Rahmens durch das Konzept der *diversité*.[240]

2012: 6) Übersetzung: »Ein Museum zu konzipieren, das auf den Mittelmeerraum ausgerichtet ist und vielfältigen Perspektiven offen steht, bedeutet eine Möglichkeit, Kulturen miteinander zu verbinden und – weit von Wänden und Ängsten entfernt – der Öffentlichkeit die Möglichkeit zum Verstehen und Teilen zu geben.«
»[...] [A]fin de montrer au public toutes les facettes du monde méditerranéen et de son dialogue permanent avec l'Europe« (Suzzarelli 2012: 109). Übersetzung: »[...] Um der Öffentlichkeit alle Facetten des Mittelmeerraumes und seines dauerhaften Dialogs mit Europa zu zeigen [...]«
239 »Das MuCEM ist dazu aufgerufen, ein Ort des Austauschs zwischen dem Nord- und Südufer des Mittelmeeres zu werden. [...] Das Mittelmeer ist zu oft ein Ort der Konfrontation von Kulturen. [...] Marseille ist in dieser Hinsicht ein Mikrokosmos [...], wo Diversität am Werk ist, wo die Beziehung zum Anderen ohne Unterlass befragt wird [...].«
Siehe auch: »[...] [C]e musée est par sa situation même un grand projet pour la Méditerranée dont il redessine l'horizon, désormais point de rencontre de ses deux rives« (MuCEM o. J. a). Übersetzung: »[...] Dieses Museum ist schon aufgrund seines Ortes ein großes Projekt für den Mittelmeerraum, dessen Horizont es erweitert, indem es einen Begegnungsort seiner zwei Ufer darstellt.«
240 »The museum's concept is based on the idea of the Mediterranean as the founding basin of European civilization. How the idea of citizenship was born in cities around the Mediterranean is addressed in the museum, forcing the visitor to reflect upon – and be challenged by – the different perspectives on European history, to deal with the complexity of Europe and the Mediterranean world, to explore differences and visions, from the birth of Europe, through its evolution, right up to the present day and contemporary, society-wide issues. The Museum's concept and program show how a museum can extend its scope and mission – from traditional scientific, historical and cultural functions to a focus on the citizen, and to urban and social dimensions. [...] The Museum builds a permanent bridge between European and Mediterranean cultures.« (European Museum Forum o. J. b)

Selbst/Anderes

Museen, insbesondere historische und ethnologische Nationalmuseen, haben seit ihrer Gründung im Europa des achtzehnten und neunzehnten Jahrhunderts maßgeblich dazu beigetragen, das Konzept einer eigenen Kultur, Geschichte und Identität denkbar und vorstellbar zu machen, indem sie Objekte als materielle Beweise der *imagined communities* (Anderson 1996) versammelten und vor Augen stellten. Zentral war hierfür die Unterscheidung zwischen angenommenem Selbst und Anderem, zwischen eigener und fremder Kultur, Geschichte, Identität (siehe Kapitel 2.5). Das MuCEM hingegen setzt sich zum Ziel, durch die inhaltliche Ausrichtung des Museums auf *la Méditerranée* als Ort kultureller Diversität diese Unterscheidung, die Grenze zwischen Selbst und Anderem zu hinterfragen und zu verwischen. Die Störung der Kategorien Selbst und Andere_r bildet daher eine dritte Schicht der Dezentrierung Europas in den inhaltlichen Planungen des MuCEM.

Kulturen (civilisations), so der Direktor Suzzarelli (2012: 26) im aktuellen Projet scientifique et culturel, seien immer das Ergebnis von Begegnungs- und Austauschprozessen zwischen Selbst und Anderem: »[...] [L]es cultures dont elles traitent [les musées de société, Anmerkung: S.C.] sont des constructions résultant de rencontres entre soi et l'Autre«.[241] Die Fokussierung des MuCEM auf *la Méditerranée* und damit auf kulturelle Diversität im oben herausgearbeiteten Sinn von Austausch und Begegnung zwischen Kulturen ruft, wie hier ersichtlich wird, den Begriff des Anderen auf. Diversität impliziert nach Suzzarelli die ständige Neubefragung der Beziehung zu ein_r_m Anderen. Diese Beziehung, so der Direktor, bilde eine der globalen Konstanten der Menschheit; in allen Kulturen sei die Frage nach dem_r Anderen fundamental, denn Kulturen seien immer das Ergebnis von Begegnungs- und Austauschprozessen zwischen Selbst und Anderem (vgl. Suzzarelli 2012: 9, 105). Die neu entstehenden *musées de société* und mit ihnen das MuCEM setzten sich deshalb das Ziel, den Anderen und das Eigene nicht wie ihre Vorgängerinstitutionen, die ethnologischen Museen, voneinander isoliert zu behandeln, sondern deren Begegnungen und Verflechtungen zu zeigen. Denn es seien diese Begegnungen, aus denen das entsteht, was die Museen behandeln: Kulturen im Plural : »Il ne peut plus être question [...] d'isoler un Autre irréductible à nos propres constructions culturelles et il ne peut non plus être question de considérer les musées du proche ou du Soi [...] sans

---

[241] »Die Kulturen, die sie [Gesellschaftsmuseen, Anmerkung: S.C.] zum Thema haben, sind Konstruktionen, die aus der Begegnung zwischen Selbst und Anderem entstehen.«

concevoir leur objet comme résultats de rencontres avec d'autres cultures« (Suzzarelli 2012: 26).²⁴²

Was genau das Eigene und der_die Andere meint, spezifiziert Suzzarelli an dieser Stelle nicht. Dennoch bieten die Konzeptionen des MuCEM in den Projets scientifiques et culturels von 2002 und 2012 eine Antwort auf die Frage, wer mit »Soi« und »l'Autre« gemeint ist: Wie in der Entstehungsgeschichte der Institution herausgearbeitet, ist die erste Person des musealen Sprechakts (vgl. Bal 1996: 3f.) im Fall des MuCEM eindeutig national positioniert: Es ist der französische Staat, der in einer französischen Metropole Mittelmeer- und Europakulturen ausstellt, weil die Ausrichtung der Vorgängerinstitution allein auf das Eigene – französische Volkskulturen – nicht mehr zeitgemäß schien. Stattdessen sollen nun die Begegnungen und der Austausch mit dem Anderen im Mittelpunkt stehen – das Eigene meint französisch-europäische, das Andere die Kulturen des Mittelmeerraumes. Diese Lesart unterstützt eine Passage aus dem Projet scientifique et culturel von 2002: Dort begründet der damalige Direktor Michel Colardelle (2002a: 18) die Umwandlung des Museums der französischen Volkskulturen MNATP in das MuCEM mit der ökonomischen und kulturellen Verwobenheit Frankreichs und Europas mit dem »Rest der Welt« und insbesondere mit dem Mittelmeerraum:

> C'est la raison pour laquelle [die Verwobenheit Europas und Frankreichs mit dem Mittelmeerraum, Anmerkung: S.C.] nous avons proposé – et le gouvernement a pris une décision éminemment politique, qui contribuera à une meilleure compréhension de *notre culture* et à la *diversité* de son enracinement – la transformation du musée national des Arts et Traditions populaires en musée des Civilisations de l'Europe et de la Méditerranée [...] [Hervorhebung: S.C.].²⁴³

»Notre culture« meint die Kultur Frankreichs, das Andere den Mittelmeerraum. Deren Verwobenheit soll das Museum durch die Verschiebung des Referenzrahmens von Frankreich über Europa auf den Mittelmeerraum zeigen. Ein Ziel des Museums ist es deshalb, kulturelle, intellektuelle und künstlerische Produktionen des Mittelmeerraumes bekannter zu machen, ihnen ein Forum zu bieten und dadurch zu einem »lieu de [...] reconnaissance« zu werden – zu einem Ort der

---

242 »Es darf nicht mehr sein, einen Anderen von unseren eigenen kulturellen Konstruktionen auszuschließen und genauso darf es nicht mehr sein, Museen des Nahen oder Eigenen zu planen [...] ohne ihr Objekt als Ergebnis von Begegnungen mit anderen Kulturen zu betrachten.«
243 »Das [die Verwobenheit Europas und Frankreichs mit dem Mittelmeerraum, Anmerkung: S.C.] ist der Grund weshalb wir die Umwandlung des Musée National des Arts et Traditions Populaires in das Museum der Europa- und Mittelmeerkulturen vorgeschlagen haben – und die Regierung hat eine äußerst politische Entscheidung getroffen, die zu einem besseren Verständnis *unserer Kultur* und der *Diversität* ihrer Wurzeln führen wird.« (Hervorhebung: S.C.)

Anerkennung für das Andere und seine Verflechtungen mit dem Eigenen (Suzzarelli 2012: 26).

Andererseits geht es aber auch darum, genau diese Trennung in »eigen-europäisch/französisch« und »Andere_r-méditerranéen« zu stören, so dass die Kategorien »europäisch« und »nicht-europäisch« hier nicht gelten können:

> Il lui [dem MuCEM, Anmerkung: S.C.] appartient de relier la Méditerranée à l'Europe, de bâtir un pont entre ces cultures [...]. Cela ne relève pas d'une simple construction de territoires, mais d'une invitation à traverser les frontières, supposées infranchissables entre civilisations, et à connecter les cultures [...]. (Suzzarelli 2012: 103f.)[244]

Wie dieses Spannungsfeld zwischen der Inszenierung eines Selbst/Anderen und der Störung dieser Kategorien in der Dauerausstellung wirksam ist, stellt eine der leitenden Fragen des zweiten Teils dieser Fallstudie dar (siehe Kapitel 3.3.3).

Das MuCEM erkennt, dass die Frage danach, was Europa oder europäisch ist, die Frage nach dem Anderen und seine Verwicklungen mit dem Eigenen einschließt. Es geht sogar darum, nicht das Eigene in den Mittelpunkt zu stellen, sondern es zu dezentrieren, indem der Fokus nicht auf das vermeintliche Selbst Europa, sondern auf das Andere *la Méditerranée* gelegt wird. Da dieses vermeintlich Andere für Nicht-Feststellbarkeit, Austausch und Vermischung von Kulturen steht, geht es nicht darum, Kulturen, Geschichten und Identitäten in Abgrenzung von anderen zu definieren, sondern im Gegenteil um die Hinterfragung solcher Grenzziehungen.

Grenzziehungen zwischen *imagined communities* (Anderson 1996) sind dabei oftmals gegendert und/oder rassifiziert: Sie beruhen auf Vorstellungen von Geschlecht, *Race*, sowie damit verwobenen Kategorien. Strukturkategorien wie *Gender*, *Race*, *Class* oder Religion spielen eine entscheidende Rolle in der Inszenierung eines kollektiven »Wir« (siehe Kapitel 2.1 und 2.5). Für die Analyse der Dauerausstellung des MuCEM stellt sich deshalb die Frage, welche Strukturkategorien wirksam sind, wenn Grenzziehungen zwischen Selbst und Anderem hinterfragt werden sollen. Auf welchen Vorstellungen von Geschlecht, Religion, *Race* oder *Class* baut die Inszenierung von *la Méditerranée* als vielfältigem, durchmischtem und nicht-feststellbarem Gegenkonzept zu Europa auf? Welche Kategorien strukturieren die Dezentrierung Europas? Bevor ich mich diesen Fragen widme, geht es im Folgenden zunächst um drei weitere Schichten der

---

244 »Ihm [dem MuCEM, Anmerkung: S.C.] kommt die Aufgabe zu, den Mittelmeerraum mit Europa zu verbinden, eine Brücke zwischen den Kulturen zu bauen [...]. Es geht dabei nicht darum, Gebiete zu markieren, sondern um eine Einladung, Grenzen zwischen Kulturen zu überwinden, die als unüberwindbar gelten, und darum, Kulturen miteinander zu verbinden [...].«

Dezentrierung Europas, die sich in den konzeptionellen Planungen des MuCEM herausarbeiten lassen.

Erinnerungskriege

Die Diversität des Mittelmeerraumes, die im Mittelpunkt der konzeptionellen Ausrichtung des MuCEM steht, verstehen die Konzeptionen des MuCEM im Sinne einer Begegnung von Kulturen, des Austauschs, der Offenheit, der Nichtfeststellbarkeit und der Verwischung der Kategorien von Selbst und Anderem. Neben diesen Aspekten meint die Ausrichtung auf *la Méditerranée* als Inbegriff von Diversität die Vielfalt von Erinnerungen und Geschichten verschiedener sozialer und kultureller Gruppen. Im Mittelmeerraum, so der Direktor Suzzarelli (2012: 25), träfen verschiedenste, oftmals konfliktbeladene Vergangenheitsdeutungen aufeinander; *la Méditerranée* sei deshalb der Schmelztiegel eines möglichen »guerre des mémoires«, eines Krieges der Erinnerungen. Die verschiedenen, oftmals antagonistischen Erinnerungen unterschiedlicher Gruppen gingen insbesondere auf den Kolonialismus und damit verbundene Kriege und Völkermorde zurück. Durch Migrationsbewegungen, so Suzzarelli weiter, kämen diese konfliktvollen Erinnerungen und Vergangenheitsbezüge verschiedener Gruppen »im Herzen der europäischen Gesellschaften« an und führten oftmals zu Spannungen, so beispielsweise zwischen Frankreich und Algerien.

Da es sich das MuCEM zum Ziel setzt, ein Ort der Inklusion zu sein, an dem sich alle Menschen angesprochen fühlen sollen, müsse sich das MuCEM diesen Konflikten stellen. Ziel sei eine Stimmung der Gastfreundschaft (hospitalité) und der Anerkennung (reconnaissance) verschiedenster Gruppen. Dazu gehöre insbesondere die Thematisierung gewaltvoller und konfliktreicher Geschichten (vgl. Suzzarelli 2012: 46). Die Ausrichtung auf die Geschichte verschiedener Kulturen, insbesondere von Mittelmeer- und Europakulturen, bedeutet keine gemeinsame Geschichte im Sinne einer kontinuierlichen, harmonischen Erzählung, sondern eine geteilte Geschichte, in der auch spannungsvolle und konfliktvolle Vergangenheitsbezüge Platz finden sollen. Durch die Sichtbarmachung einer so verstandenen Geschichte möchte das MuCEM zur Befriedung der »Erinnerungskriege« und zu gegenseitigem Verständnis beitragen (vgl. Suzzarelli 2012: 25). Ziel sei es, eine Versöhnung der verschiedenen Sichtweisen herbeizuführen (vgl. Bonnefoy 2013: 10). Die Diversität der Erinnerungen und Geschichten versteht der Museumsdirektor im Sinne dieser angestrebten Versöhnung nicht als Quelle von Unverständnis und Spannungen, sondern als »une opportunité et une richesse«

(vgl. Suzzarelli: 2012: 46)²⁴⁵. Es zeigt sich erneut, dass die *diversité* des Mittelmeerraumes in den Konzeptionen des MuCEM positiv verstanden wird als Bereicherung und als Chance für die erste Person des musealen Sprechakts – die französische Nation. Die Ausrichtung auf *la Méditerranée* und seine Diversität stellt damit nicht nur ein ideelles, sondern auch ein politisches Gegenkonzept zur französischen Nation und zu Europa dar.

Themen statt kollektiver Geschichte
An den Aspekt der »Erinnerungskriege« und der Diversität von kollektiven Vergangenheitsbezügen, denen sich das MuCEM widmen möchte, schließt sich ein weiterer Aspekt der Dezentrierung Europas an: Laut seinen Konzeptionen soll das Museum keine kontinuierliche Geschichte Europas und des Mittelmeerraumes erzählen, sondern stattdessen thematische Schwerpunkte in den Mittelpunkt seiner Sammlungen und Ausstellungen stellen. Die großen Themen, um die die Aktivitäten des MuCEM kreisen sollen, beschreibt der Direktor Suzzarelli (2012: 9, 105) als »universelle Konstanten der Menschheit«, und er nennt »l'Autre, la vie, l'amour, la création, l'au-delà ou la destinée«.²⁴⁶ Anhand dieser Themen (der Andere, das Leben, die Liebe, die Schöpfung, das Jenseits oder das Schicksal) sollen in kulturvergleichender und historischer Perspektive die Verflechtungen, Gemeinsamkeiten, aber auch Unterschiede zwischen Mittelmeer- und Europakulturen und »dem Rest der Welt« gezeigt werden (vgl. Suzzarelli 2012: 25). Die Ausrichtung auf diese »grandes questions de l'humanité« (vgl. Suzzarelli 2012: 9), große Fragen der Menschheit, erlaubt es, ganz im Sinne dessen, wofür das Konzept *la Méditerranée* steht, statt einer bestimmten Kultur Austauschprozesse zwischen Kulturen in den Blick zu nehmen, und diese Kulturen nicht als exklusive Einheiten, sondern als miteinander verwobene Größen zu konzipieren. So zeigt beispielsweise die Installation »Les âges de la vie« (»Lebensabschnitte«) in der ehemaligen Kapelle des Fort St. Jean Objekte verschiedenster Herkunft zu unterschiedlichen Abschnitten des menschlichen Lebens, wie zum Beispiel Taufkleider, Hochzeitsmitgiften, Handwerksgesellenstücke und Särge. Durch

---

245   »eine Gelegenheit und Reichtum«.
246   Zunächst sollte auch *Gender* einen Schwerpunkt bilden (vgl. Suzzarelli 2012: 19f.), der dann aber in die temporäre Ausstellung »Au Bazar du Genre« (7. Juni 2013–6. Januar 2014) ausgelagert wurde. Das MuCEM ist damit das einzige der hier behandelten Museen, das die Konstruktion von Geschlechtern und die Hinterfragung von Geschlechterrollen und geschlechtlich kodierten Normen explizit thematisiert. Die Dezentrierung kultureller nationaler und europäischer Identität durch die Ausrichtung auf *la Méditerranée* scheint auch die Hinterfragung geschlechtlicher Identitäten mit sich zu bringen (siehe Kapitel 3.3.3.3).

die thematische Hängung geraten Ähnlichkeiten und Unterschiede, sowie Austauschbeziehungen zwischen verschiedenen kulturellen Prägungen in den Blick (siehe Kapitel 3.3.3.2). Das Ziel dieser kulturvergleichenden Perspektive sei es »de comprendre les civilisations à partir d'éléments communs« (Jacotin, Führung, MuCEM, 10. Oktober 2013) – im Mittelpunkt dieser thematischen Ausrichtung stehen die Gemeinsamkeiten zwischen verschiedenen Kulturen.

Die Ausrichtung auf kulturvergleichende Themen geht mit der Transformation eines ethnologischen Museums in ein *musée de civilisation* (vgl. Suzzarelli 2012: 9) oder *musée de société* (vgl. Suzzarelli 2012: 6f.) einher. Diese Kategorien wurden Anfang der 1990er Jahre in die französische Museologie eingeführt (vgl. Suzzarelli 2012: 17) und bezeichnen keinen neuen Museumstyp, sondern einen Zusammenschluss verschiedener Museumsarten (siehe Kapitel 2.3). Beide Begriffe lassen sich nicht exakt voneinander abgrenzen, ein Unterscheidungsmerkmal nennt jedoch Suzzarelli (2012): Während *musées de société* sich allgemeinen Fragen widmen, fokussieren *musées de civilisation* eine bestimmte Region, zum Beispiel den Mittelmeerraum und Europa.[247] Das MuCEM bezeichnet Suzzarelli (2012: 9, 105) sowohl als *musée de société*, weil es sich allgemeinen Fragen der Menschheit widmet, als auch als *musée de civilisation*, weil es diese Fragen im Speziellen anhand des Mittelmeerraums und Europas behandelt. Gemeinsam ist den vielfältigen Museen, die als *musée de société* oder als *musée de civilisation* bezeichnet werden, dass sie die historische und soziale Entwicklung des Menschen in seinen Gesellschaften und die Begegnungen und Austauschprozesse von Kulturen zeigen wollen (vgl. Ligot o. J.: 1; Suzzarelli 2012: 17, 26).[248] Ziel dieser Museen ist es, durch das Ausstellen der Entwicklung von Gesellschaften oder Kulturen in der Vergangenheit aktuelle Fragen und Thematiken zu erklären (vgl. Suzzarelli 2012: 9). So solle das MuCEM untersuchen, wie sich vergangene Entwicklungen auf aktuelle politische Fragen wie zum Beispiel Demokratieentwicklung, ökonomisches Wachstum oder die Stellung der Frau in der arabischen Welt auswirken (vgl. Suzzarelli 2012: 106). Ein weites Beispiel für solche aktuellen Fragen ist die sogenannte Flüchtlingskrise. So wurde während meines Aufenthalts im MuCEM im September 2013 darüber debattiert, ein im Herbst desselben Jahres

---

[247] Das liegt auch in der Begriffsgeschichte von »civilisation« begründet: Bezeichnete der Begriff im achtzehnten Jahrhundert die gesamte Menschheit (als Prozess der Verfeinerung der Sitten, als Fortschritt), so verschob sich im neunzehnten Jahrhundert die Bedeutung auf civilisations im Plural. »Civilisation« meint seitdem die Kultur einer räumlich begrenzten Gruppe (vgl. Bénéton 1974).

[248] Es sind Museen, die »die gleiche Zielvorstellung teilen: die Entwicklung der Menschheit in ihren sozialen und historischen Komponenten zu studieren und Elemente zu vermitteln, um die verschiedenen Kulturen und Gesellschaften zu verstehen« (Murauskaya 2010: 268f.).

vor Lampedusa gesunkenes Flüchtlingsboot in die Sammlungen des MuCEM aufzunehmen.

Obwohl die Ausstellungen des MuCEM und insbesondere die Dauerausstellung historisch ausgerichtet sind, geht es dabei also nicht um die Präsentation der gemeinsamen Ursprungsgeschichte einer bestimmten Kultur, das der Inszenierung einer kollektiven Identität in der Gegenwart dient, sondern um das Herausstellen von kulturellen Austauschprozessen in Vergangenheit und Gegenwart. Dies soll anhand von Themen geschehen, die helfen, aktuelle Fragen besser zu verstehen. Dabei setzt sich das MuCEM, wie im vorigen Abschnitt gezeigt, explizit zum Ziel, auch konfliktvolle und konkurrierende Vergangenheitsdeutungen sichtbar zu machen.

Multiperspektivität von Objekten
Wie das MuCEM die bisher erarbeiteten Aspekte der Dezentrierung Europas in seinen Ausstellungen umsetzen möchte, zeigt der Blick auf die Konzipierung der Objekte in den Planungspapieren des Museums. Die zentrale Aufgabe des Museums sieht der Gründungsverein darin »de [...] conserver, restaurer, étudier, enrichir et rendre accessibles au public le plus large les collections [...] témoignant des civilisations de l'Europe et de *la Méditerranée*« (Suzzarelli 2012: 108).[249] Der Begriff des Zeugen (témoin) taucht in den Konzeptionen des MuCEM immer wieder auf, wenn es darum geht, die Funktion der Objekte in den Sammlungen und Ausstellungen zu beschreiben. Die Objekte, die das MuCEM sammelt, bewahrt, restauriert und ausstellt, werden als Zeugen für vergangene und aktuelle Entwicklungen von Mittelmeer- und Europakulturen verstanden, die es zu bewahren gelte: »Cela implique qu'il [le MuCEM, Anmerkung: S.C.] participe [...] à la sauvegarde d'objets ou de collections témoins dans tous les domaines [...]« (Suzzarelli 2012: 102).[250] Die Rettung oder Bewahrung von Objekten jeglicher Provenienz sei deshalb notwendig, weil diese als »traces matérielles« für vergangene und aktuelle Entwicklungen von Kulturen und die Verwobenheiten untereinander stünden (vgl. Suzzarelli 2012: 105).

Obwohl die Planungspapiere des MuCEM dies nicht explizit thematisieren, schwingt in der Konzeption der Objekte als »Zeugen« und »materielle Spuren« die Idee von authentischen Originalobjekten mit: Das Museum setzt sich zum Ziel,

---

[249] »[...] die Sammlungen, die von den Kulturen Europas und des Mittelmeerraumes zeugen, zu bewahren, zu restaurieren, zu studieren, zu vergrößern und dem größtmöglichen Publikum zugänglich zu machen.«
[250] »Dies bedeutet, dass es [das MuCEM, Anmerkung: S.C.] an der Rettung von Objekten oder Sammlungen mitwirkt, die Zeugen aller Gebiete sind [...].«

sogenannte primäre Museumsdinge zu sammeln und auszustellen (vgl. Fayet 2007). Durch die Sammlung, Konservierung und Ausstellung dieser »materiellen Spuren« wolle das MuCEM dazu beitragen, Wissen über Europa und den Mittelmeerraum, sowie ihre historischen und aktuellen Verbindungen zu vermitteln:

> de conserver et de présenter au public, en les situant dans leur perspective historique et anthropologique, des biens culturels représentatifs des arts et des civilisations de l'Europe et de la Méditerranée. Il contribue [...] à l'étude et à la connaissance de ces civilisations et à l'exploration des liens qui unissent l'Europe et la Méditerranée. (MuCEM o. J. b)[251]

Mit dieser Zielsetzung der Rettung von materiellen Spuren, die gesammelt und ausgestellt werden, um in der Gegenwart Wissen über Vergangenes zu ermöglichen, greift das MuCEM die Rhetorik einer *presence of the past* auf (vgl. Crane 2000a: 106, siehe Kapitel 2.3), auf der die Autorität von Museen als Orte einer »Ästhetik der Anwesenheit« aufbaut (Korff 2000: 42f.): Museen sammeln, bewahren und präsentieren Dinge, die in ihrer Materialität und Sichtbarkeit in den Ausstellungen ansonsten Abwesendes (die Vergangenheit, andere Kulturen) präsent und erfahrbar machen sollen. Dabei ist der Status der Dinge als Originale entscheidend, denn nur diese sogenannten primären Dinge können in dieser Lesart die Vermittlung zwischen Abwesendem und Gegenwart leisten. Es ist die Anwesenheit materieller, originaler Dinge aus vergangenen Zeiten oder entfernten Räumen, die in dieser Lesart die Besonderheit des Mediums Museum ausmacht (siehe Kapitel 1.4). Dadurch sind Museen von einem »realistischen Diskurs« gekennzeichnet (Bal 2011: 530f., 2006: 83) – sie scheinen mit der Präsentation von sogenannten primären Dingen lediglich zu zeigen, was da ist (siehe Kapitel 2.1).

Diesen realistischen Diskurs modifizieren die Konzeptionen des MuCEM jedoch insofern, als sie beständig die Multiperspektivität und Nicht-Essentialisierbarkeit der gesammelten und ausgestellten Objekte betonen. Die Dinge des Museums solle das MuCEM, anders als seine Vorgängerinstitution MNATP, nicht als Repräsentanten für Kulturen, nicht als »marquer des identités culturelles« ausstellen, sondern seinen Fokus gemäß der inhaltlichen Ausrichtung auf Dynamiken, Austauschprozesse und unterschiedliche Sichtweisen legen (Suzzarelli 2012: 27f.). Museale Objekte, so Suzzarelli, könnten in den *musées de civilisation* nicht mehr nur als ethnographische Objekte dafür ausgestellt werden, was sie in

---

[251] »[...] kulturelle Güter, die für die Künste und Kulturen Europas und des Mittelmeerraumes repräsentativ sind, zu konservieren und der Öffentlichkeit zu präsentieren, indem sie in historischer und anthropoloischer Perspektive gezeigt werden. Es [das MuCEM, Anmerkung: S.C.] trägt somit [...] zum Studium und zur Kenntnis von Kulturen sowie zur Erforschung der Beziehungen bei, die Europa und den Mittelmeerraum einen.«

einzelnen Kulturen bedeuten, sondern das Museum solle neue Perspektiven auf die ausgestellten Dinge aufzeigen.[252] Durch vielfältige Perspektiven auf Objekte, die das MuCEM anstrebt, könne beispielsweise gezeigt werden, in welche sozialen und kulturellen Praktiken Objekte in verschiedenen Kulturkreisen eingebunden sind. Dies könne helfen, die Trennung in eigene und andere Kulturen zu überwinden (vgl. Suzzarelli 2012: 26f.). So sei es zum Beispiel möglich, anhand von Kopfbedeckungen aus verschiedenen Ländern und Regionen einerseits in kulturvergleichender Perspektive Ähnlichkeiten und Unterschiede des alltäglichen Lebens, und andererseits die Geschichte der Industrialisierung der Textilindustrie im Mittelmeerraum sowie die damit einhergehenden kulturellen und ökonomischen Verflechtungen zu zeigen (vgl. Suzzarelli 2012: 27f.). Um kulturelle Dynamiken und Austauschprozesse zeigen zu können, sammelt das MuCEM darüber hinaus nicht nur materielle Dinge, sondern auch immaterielle (vgl. Suzzarelli 2012: 27, 102).

Die Idee einer europäischen Identität, die durch die Bewahrung und Rettung von »historischen Objekten« (vgl. Crane 2000a: 3, 176) im Museum anwesend und erfahrbar gemacht werden könnte, hinterfragt das MuCEM jedoch nicht nur durch die Betonung der Multiperspektivität und Nicht-Essentialisierbarkeit der Objekte. Es geht dem Museum darüber hinaus in seinen vielfältigen Aktivitäten und den Ausstellungen nicht nur darum, mittels der Präsentation von Dingen Wissen über Kulturen zu vermitteln. Es versteht sich nicht als Ort der trockenen Wissensvermittlung: lebendig soll es sein und durch konstante Weiterentwicklung seiner Sammlungen aktuellen Fragestellungen gerecht werden (vgl. Suzzarelli 2012: 6). Das Ziel solle nicht nur »connaissance«, also Wissen/Erkenntnis sein, sondern »plaisir« – Spaß, Freude und Vergnügen: »Les sujets abordés [...] ne sont pas à présenter de facon livresque mais à développer sous la forme de parcours qui suscitent l'émotion, l'étonnement et même l'émerveillement « (Suzzarelli 2012: 9).[253] Suzzarelli bezieht sich an dieser Stelle auf die Tradition der Kuriositätenkabinette

---

[252] Um die angestrebte Multiperspektivität und Nicht-Essentialisierbarkeit von Objekten umsetzen zu können, hat sich mit der Umwandlung des MuCEM von einem ethnologischen in ein *musée de civilisation* auch die wissenschaftlich-disziplinäre Einbettung der Institution erweitert: Während für das MNATP die Ethnologie den wissenschaftlichen Rahmen bot, öffnet sich das MuCEM der gesamten Breite der Geistes- und Sozialwissenschaften (vgl. MuCEM o. J. a; Suzzarelli 2012: 6f.). Es solle »une véritable cité pluridisciplinaire« werden und dazu beitragen, disziplinäre Grenzen zu überwinden (vgl. Suzzarelli 2012). Die Diversität der disziplinären Zugänge helfe dabei, die Themen und Objekte des MuCEM aus verschiedenen Blickwinkeln zu befragen (vgl. Suzzarelli 2012: 27; MuCEM o. J. a).
[253] »Die Themen werden nicht trocken präsentiert, sondern als Rundgang, der Gefühle, Erstaunen und sogar Entzücken hervorruft.«

der Renaissance und der Wunderkabinette des Mittelalters – wie diese solle das MuCEM Staunen, Verwunderung und Entzücken hervorrufen. Die ausgestellten Dinge sollen nicht für eine Kultur im Singular, deren Geschichte und kollektive Identität stehen, sondern neben der Bewusstmachung von Dynamiken, Nicht-Definierbarkeiten und vielfältigen Blickwinkeln auch Staunen, Vergnügen und sich Wundern hervorrufen.

Die materiellen und immateriellen Dinge, die das MuCEM sammelt und ausstellt, stehen in seinen Konzeptionen für Nicht-Essentialisierbarkeit, Prozesse, Multiperspektivität und Vergnügen. Obwohl das MuCEM seit den 2000er Jahren bestrebt ist, seine Sammlungen durch Leihgaben und Ankäufe um Objekte aus dem Mittelmeerraum zu ergänzen, umfassen diese zum überwiegenden Teil die französischen Sammlungen seiner Vorgängerinstitution: Objekte zu ländlichen Volkskulturen Frankreichs, die die Geschichte des französischen Volkes erzählen sollten. Das Museum und seine Sammlungen gehen somit auf einen eindeutig nationalen Bezugsrahmen zurück (siehe Kapitel 3.3.1). Für die Analyse der Dauerausstellung stellt sich deshalb die Frage, wie das MuCEM mit seinen überwiegend nationalen Sammlungen dynamisch gedachte Mittelmeer- und Europakulturen sowie ihre Verwobenheiten und Vielfalt ausstellt. Auf einer allgemeineren Ebene frage ich danach, wie ein Museum, das unumgehbar aus- und feststellt, überhaupt Dynamiken, Prozesse und Nicht-Feststellbarkeiten zeigen kann. Dass die angestrebte Loslösung von identitären Feststellungen schon in den inhaltlichen Konzeptionen des MuCEM von der Gegenbewegung einer nationalen Rezentrierung begleitet wird, zeigen die folgenden zwei Abschnitte.

La Méditerranée: Zwischen *diversité* und *identité culturelle*

Das Konzept *la Méditerranée*, der Mittelmeerraum, dient in den Konzeptionen des MuCEM, wie hier gezeigt, als Gegenentwurf zum Begriff Europa im Sinne einer kulturellen Identität mit bestimmten Merkmalen. Die Ausrichtung des Museums auf *la Méditerranée* verfolgt dabei das Ziel, Europa anders zu denken, Europa zu dezentrieren: *la Méditerranée* steht für Nicht-Definierbarkeit, kulturelle Vielfalt, Austauschprozesse zwischen Mittelmeer- und Europakulturen, für das Übertreten von Grenzen zwischen Selbst und Anderem und für Multiperspektivität statt eindeutiger Feststellungen. Die Idee einer kollektiven Identität und Geschichte Europas wird somit wortwörtlich dezentriert: Mit der Perspektivverschiebung weg von Europa auf den Mittelmeerraum hinterfragen die Konzeptionen des MuCEM die Idee eines lokalisierbaren, definierbaren Zentrums, eines Wesens und eines Kerns Europas. Stattdessen schlagen sie vor, Europa nur am Rand mitzudenken: als vielfältige Kulturen, die mit *la Méditerranée*, deren Diversität und Nicht-Feststellbarkeit verwoben und daher nicht identitär feststellbar sind. Die

»civilisations de l'Europe et de la Méditerranée«, die Mittelmeer- und Europakulturen, denen sich das MuCEM widmet, werden in den Konzeptionen des Museums nicht als definierbare, voneinander abgrenzbare Entitäten gedacht, sondern als heterogene, diverse, miteinander verbundene, sich wandelnde Größen.

Neben dieser Verweigerung von kollektiven Identitätsfeststellungen Europas und des Mittelmeerraumes findet sich in den Konzeptionen des MuCEM jedoch auch eine gegenläufige Bewegung, die der angestrebten Dezentrierung eine Rezentrierung entgegen setzt: So wiederholen der Name der Institution sowie ihre Planungspapiere beständig das Konzept der »civilisations de l'Europe et de *la Méditerranée*« und bestärken damit die Idee, es gäbe diese Mittelmeer- und Europakulturen als feststehende und ausstellbare Größen.[254] »Civilisation« kommt im Französischen seit dem achtzehnten Jahrhundert vor und war zunächst als universeller Begriff auf die gesamte Menschheit bezogen. Der Begriff bezeichnete den Prozess des Fortschritts und der Verfeinerung der Sitten (vgl. Moras 1930: 11; Bénéton 1974: 33). Im Kontext des europäischen Imperialismus und Kolonialismus diente er als Rechtfertigung für die Unterwerfung von Menschen im Namen der »Zivilisierung« (vgl. Bénéton 1974: 33ff.). Seit dem neunzehnten Jahrhundert meint »civilisation« nicht mehr die gesamte Menschheit, sondern bestimmte Gruppen, zum Beispiel die »civilisation française« oder die »civilisation de l'Europe« (vgl. Bénéton 1974: 40ff.). Im zwanzigsten Jahrhundert wandelte sich die Bedeutung des Begriffs zu seinem heutigen Gebrauch: Er bezeichnet nicht mehr den Weg zu einem universellen Ideal, sondern die Traditionen und Gebräuche einer spezifischen Gruppe (vgl. Bénéton 1974: 82f.). Das Konzept »civilisation de....« identifiziert und benennt folglich Gruppen von Menschen und ihre Eigenarten in Abgrenzung zu anderen Gruppen (vgl. Bénéton 1974: 131).

Im Deutschen übersetzt man »civilisations« seit der Aufklärung mit »Kulturen« (vgl. Bénéton 1974: 37). Auch wenn der Begriff »Kulturen« keine allgemeingültige Bedeutung hat, so wird er sowohl in der Alltagssprache als auch in wissenschaftlichen Diskursen häufig verwendet, um Menschen in Gruppen einzuteilen, diese Gruppen zu benennen und sie durch die Identifizierung kollektiver Merkmale von anderen Gruppen abzugrenzen, etwa in der reduktionistischen These

---

[254] Vereinzelt findet sich in den Konzeptionen auch der Begriff »cultures de la Méditerranée/ de l'Europe« (vgl. Gourarier 2015: 17, 25, 124, 128), der synonym mit »civilisation« gebraucht wird. Meist geht es jedoch um die »civilisations«. Diese Wortwahl dient Camille Mazé (2013: 189) zufolge der Abgrenzung von der Vorgängerinstitution des MuCEM, dem MNATP, und seinem Fokus auf »cultures populaires«, französische Volkskulturen.

vom »Kampf der Kulturen« (vgl. Huntington 1996)²⁵⁵, in der Interkulturalitätsforschung (vgl. Hall 2005)²⁵⁶, oder in der massenmedialen Berichterstattung über eine angeblich frauenfeindliche »muslimische Kultur« im Zuge der sogenannten Flüchtlingskrise in Europa, die oftmals von kulturellem Rassismus geprägt ist (vgl. Hall 2000: 11; Balibar 1990a: 28; siehe Kapitel 2.1).²⁵⁷ Sowohl das französische »civilisation« als auch seine deutsche Übersetzung »Kultur« kommen dem Konzept kollektiver Identität nahe (siehe Kapitel 2.4), insofern sie oftmals der Einteilung von Menschen in Gruppen und der Feststellung bestimmter Eigenschaften dieser Gruppen dienen.

Neben aller Betonung von Offenheit, Vielfalt und Nicht-Definierbarkeit von »civilisations«/Kulturen folgt das MuCEM in seinen Konzeptionen auch dieser Denkrichtung, denn es soll zeigen, was Kulturen des Mittelmeerraumes, und – da es um die Verflechtungen von *la Méditerranée* mit Europa geht – damit auch Europas, in Abgrenzung zu anderen Kulturen ausmacht. Die Dauerausstellung »La Galérie de la Méditerranée« bietet »une découverte des grandes caractéristiques des civilisations méditerranénnes«²⁵⁸ und möchte den Besucher_innen »les traits de personnalités singuliers des cultures nées sur le pourtour *de la*

---

255 In seiner Entgegnung auf Huntington weist der Wirtschaftswissenschaftler Amartya Sen (2007: 55) darauf hin, dass auch Kritiker_innen der These vom »Kampf der Kulturen« oftmals dazu beitragen, die Idee von verschiedenen Kulturen, in die man Menschen einteilen könnte, zu stützen, indem sie zum Beispiel zum Dialog und zur Verständigung mit »anderen Kulturen« aufrufen.

256 Edward Hall (2005) gilt als »Gründungsvater des interkulturellen Diskurses« (Kalscheuer 2005: 223). Er geht davon aus, dass Menschen verschiedenen Kulturen angehören und diese Kulturen bestimmte Identitäten haben. Ziel interkultureller Trainings sei es in dieser Sicht, Kenntnisse über »andere Kulturen« zu vermitteln und damit zur Verständigung beizutragen. Auch im aktuellen Diskurs über Interkulturalität und interkulturelle Trainings findet sich diese Idee beständig wieder, so zum Beispiel bei Alexander Thomas (2005), einem einflussreichen Psychologen mit dem Schwerpunkt interkulturelle Psychologie. Kritik an diesem Kulturkonzept in Diskursen zur Interkulturalität äußert beispielsweise Wolfgang Welsch (2005) mit seinem Konzept der Transkulturalität.

257 So zum Beispiel in der Berichterstattung in der deutschen Presse nach den Attacken auf Frauen in der Silvesternacht 2015/2016 in Köln und anderen Städten. Das Cover der Süddeutschen Zeitung vom 8. Januar 2016 zeigte beispielsweise eine Grafik, auf der eine schwarze Hand einer weißen Frau zwischen die Beine fasst. Die Bildunterschrift lautete »Viele junge Muslime können nicht entspannt dem anderen Geschlecht begegnen. Das sind jedesmal hochsexualisierte Situationen. Auch das ist der Boden für den Exzess von Köln«. Das Bild sorgte aufgrund seines Rassismus und Sexismus für heftige Kritik, der Chefredakteur entschuldigte sich nach ein paar Tagen (vgl. Meedia Redaktion 2016).

258 »eine Entdeckungsreise zu den wichtigsten Merkmalen der Mittelmeerkulturen«

Méditerranée«²⁵⁹ begreifbar machen (MuCEM 2013a: 1). Die Ausstellung ist deshalb chronologisch nach vier thematischen Singularitäten (singularités) aufgebaut, die Mittelmeerkulturen in der Geschichte von anderen unterschieden: Erfindung der Landwirtschaft/Geburt der Götter, Monotheismen, Staatsbürgerschaft und Reisen zu unbekannten Zielen (vgl. Gourarier 2015: 26f.).²⁶⁰ Es seien diese vier Merkmale, so die Beschreibung der Dauerausstellung, die Mittelmeerkulturen in historischer Perspektive von allen anderen »ensembles culturels« unterschieden (vgl. Suzzarelli 2012: 34f.; Gourarier 2015: 26). Die Ausrichtung auf diese vier Themen soll den Besucher_innen die gemeinsame Geschichte von Mittelmeer- und Europakulturen bewusst machen, um in der Gegenwart in Dialog treten zu können: » [...] [I]l est une manière nouvelle de considérer la Méditerranée comme espace d'ouverture et de partage, d'envisager *une histoire commune*, de percevoir le dialogue des civilisations [...]« (MuCEM o. J. a, Hervorhebung: S.C.).²⁶¹ Die Ausrichtung auf eine gemeinsame Geschichte meint dabei zwar, wie oben gezeigt, keine bruchlose, kontinuierliche Erzählung, sondern schließt explizit konfliktvolle und antagonistische Vergangenheitsdeutungen ein. Dennoch geht es in der Dauerausstellung darum, eine gemeinsame Geschichte der »civilisations de l'Europe et de la Méditerranée« zu erzählen.

Patrimoine: **Das Erbe des Vaters**
Neben der Verweigerung von Identitätsfeststellungen und der Betonung von Pluralität, Vielfalt und Diversität geht es dem MuCEM also auch um die Definition singulärer Charakteristika und um das Vor-Augen-Führen einer gemeinsamen Geschichte. Und mehr noch: Auch wenn *la Méditerranée* keine Einheit bilde und keine klar benennbaren Grenzen habe, solle das MuCEM, so sein Direktor Suzzarelli (2012 : 26) ein *patrimoine* des Mittelmeerraumes versammeln und bekannt machen: »Pourtant, cette difficulté à cerner un sujet et le danger de créer des ensembles culturels a posteriori ne doivent pas être considérés comme des

---

259 »die einzigartigen Persönlichkeitszüge der Kulturen, die um das Mittelmeer herum entstanden sind«
260 Vgl. auch: »La Galérie de la Méditerranée du MuCEM sera donc construite autour d'un nombre restreint de singularités du monde méditerranéen, traits qui, rassemblés, constituent un univers longtemps distinct d'autres ensembles culturels« (Suzzarelli 2012 : 34f.). Übersetzung : »Die Galérie de la Méditerranée des MuCEM wird deshalb um eine bestimmte Anzahl einzigartiger Merkmale des Mittelmeerraumes herum angeordnet werden, Merkmale, die zusammengenommen eine Welt darstellen, die sich lange Zeit von anderen kulturellen Einheiten unterschied. «
261 »Es [das MuCEM, Anmerkung: S.C.] stellt eine neue Art dar, den Mittelmeerraum als Raum der Öffnung und des Teilens zu sehen, eine *gemeinsame Geschichte* zu betrachten, den Dialog zwischen Kulturen wahrzunehmen [...].« (Hervorhebung: S.C.)

obstacles à la constitution d'un patrimoine méditerranéen.«[262] Der Begriff des *patrimoine* ist für die Konzeption des MuCEM zentral, da er die Hauptaufgabe des Museums beschreibt: »Le musée [...] aura pour mission de faire connaître et aimer ce patrimoine [de la Méditerranée, Anmerkung : S.C.[« (Suzzarelli 2012: 107) – das MuCEM soll das *patrimoine* des Mittelmeerraumes sammeln, bekannt machen und lieben lehren.[263] Der Impuls, dem das MuCEM mit der Rhetorik des *patrimoine* folgt, ist der einer Rettung bedrohter materieller und immaterieller Güter: Das Museum solle, so Suzzarelli, Objekte retten und bewahren, die von Mittelmeer- und Europakulturen zeugen. Diese Objekte wiederum sollten in das *patrimoine* aufgenommen werden und als solches vom MuCEM bewacht werden, damit sie in der Zeit überdauern können. Das MuCEM erfülle damit, »un rôle de veille patrimoniale« (Suzzarelli 2012: 102).

Der Begriff *patrimoine* wurde in Frankreich aus ebenso einer Situation des empfundenen drohenden Verlusts, nämlich während der Französischen Revolution geprägt, und bezeichnet das Erbe eines Individuums oder das kulturelle Erbe einer Gruppe, klassischerweise der Nation (vgl. Poulot 1992; Bodenstein 2011: 293). Nach dem Gesetz, das in Frankreich das *patrimoine* bestimmt, umfasst dieses Erbe in einem sehr breiten Verständnis »l«ensemble des biens, immobiliers ou mobiliers, relevant de la propriété publique ou privée, qui présentent un intérêt historique, artistique, archéologique, esthétique, scientifique ou technique« (o. V. 2016), also alle mobilen oder immobilen Güter, die Privatpersonen oder öffentlichen Einrichtungen gehören und von historischem, künstlerischem, ästhetischem, wissenschaftlichem oder technischem Interesse sind. Die Idee eines nationalen Kulturerbes entwickelte sich, wie bereits in der Fallstudie zum ECS gezeigt, im neunzehnten Jahrhundert überall in Europa und wurde für patriotische Zwecke instrumentalisiert: Die Sammlung und Bewahrung des Kulturerbes sollte der Legitimierung und Stärkung der neu entstehenden Nationalstaaten und der Ideen nationaler Identitäten dienen (vgl. Poulot 1992: 15f., 26, siehe Kapitel 3.2.2). Darüber hinaus ruft der Begriff *patrimoine* das »Vaterland«, la »patrie« und den Vater (pater) auf – es ist das Erbe des Vaters oder des Vaterlandes, das in einer Logik familiärer Abstammung weitergegeben werden soll und damit auch der Machterhaltung dient (vgl. Neef 2013: 75; Poulot 1992: 6f.).

---

262 »Dennoch sollten diese Schwierigkeit, ein Subjekt einzukreisen, und die Gefahr, im Nachhinein kulturelle Einheiten zu konstruieren, der Schaffung eines kulturellen Erbes (patrimoine) des Mittelmeerraumes nicht im Weg stehen.«
263 Siehe auch: »[...] le MuCEM se propose de faire connaître le patrimoine de ce territoire d'émergence de civilisations [...]« (Bonnefoy 2013: 10). Übersetzung: »[...] das MuCEM nimmt sich vor, das *patrimoine* dieses Entstehungsraumes von Kulturen bekannt zu machen [...].«

Patrimoine meint ein national und patriarchal gedachtes Kulturerbe, das innerhalb einer als familiär vorgestellten Gruppe weitergegeben wird und so der Inszenierung und Re-Inszenierung kollektiver nationaler Identitäten dient.

Wenn das MuCEM als französisches Nationalmuseum das *patrimoine de la Méditerranée* versammeln und präsentieren möchte, greift es folglich auf eine gegenderte Rhetorik nationalkultureller Setzungen zurück: Die französische Nation sammelt Dinge aus dem Mittelmeerraum und Europa, um sie in das Erbe des Vaters, des Vaterlands Frankreich aufzunehmen. Das *patrimoine* steht damit als machtvolle Setzung auf der anderen Seite des Spannungsfeldes, in dem sich die konzeptionelle Ausrichtung des MuCEM bewegt: Einerseits wurde das Nationalmuseum europäisiert und setzt sich zum Ziel, Europa durch den Fokus auf den Mittelmeerraum zu dezentrieren. *La Méditerranée* steht als Gegenentwurf einer ausstellbaren kulturellen Identität Europas für Diversität, Offenheit und Nicht-Festgestelltheit. Mit dem Fokus auf *la Méditerranée* soll die Idee feststehender Kulturen hinterfragt werden. Andererseits will das MuCEM Mittelmeer- und Europakulturen über das Ausstellen »singulärer Charakteristika«, einer gemeinsamen Geschichte und eines gemeinsamen Erbes identitär definieren. Neben die angestrebte Dezentrierung tritt eine nationalkulturelle Rezentrierung im Sinne identitärer Festellungen und Aneignungen.

Doch wessen Erbe stellt das MuCEM in seiner Dauerausstellung aus? Wer wird als Teil dieser Erbengemeinschaft inszeniert? Und wie finden auf der anderen Seite die hier herausgearbeiteten Strategien der Dezentrierung Europas, die Ideen von kultureller Vielfalt, von Austausch und Nicht-Definierbarkeit Eingang in die Ausstellung? Wie sich dieses Spannungsfeld in der Dauerausstellung des MuCEM wiederfindet, untersucht das nächste Kapitel.

3.3.3 Zwischen transnationaler *diversité* und nationaler Zähmung: Europamedien im MuCEM

Die Ausstellungen des MuCEM verteilen sich auf drei Orte: das mittelalterliche Fort St. Jean am Hafeneingang von Marseille, den im Gegensatz dazu futuristisch anmutenden Neubau des Architekten Rudy Ricciotti auf einer ehemaligen Hafenmole, der durch eine schmale Fußgängerbrücke mit dem Fort verbunden ist, und das Centre de la Conservation et de la Recherche (CCR), das etwas weiter entfernt in einem ehemaligen Industrieviertel von Marseille liegt. Den Gegenstand der

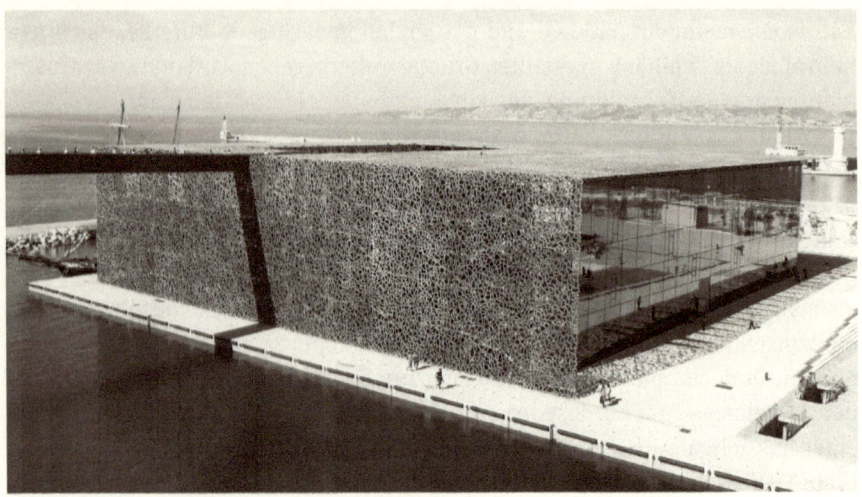

Abb. 25: Der Neubau des MuCEM auf der Mole J4

folgenden Analyse bilden die Dauerausstellung »Galérie de la Méditerranée«[264] im Erdgeschoss des Neubaus auf der Mole, sowie Teile der Ausstellungen im Fort St. Jean, die im Gegensatz zu den Wechselausstellungen ebenfalls auf längere Dauer angelegt sind (vgl. Suzzarelli 2012: 44, Abb. 25).

Wie das vorangegangene Kapitel gezeigt hat, geht es im MuCEM nicht mehr vorrangig um Europa oder europäische Geschichte. Ziel des Museums ist es stattdessen, eurozentrische Perspektiven zu stören und Europa zu dezentrieren. Dazu dient der Fokus auf *la Méditerranée*, den Mittelmeerraum: *La Méditerranée* entwerfen die Konzeptionen des MuCEM als alternatives Konzept zu einem als feststehende kulturelle Identität mit bestimmten Merkmalen gedachten Europa. Es steht für kulturelle Diversität, Begegnungen und Austausch, für die Hinterfragung der Kategorien Selbst/Andere_r und für eine generelle Nicht-Feststellbarkeit von Kulturen (civilisations). Gleichzeitig ist in den Konzeptionen des Museums jedoch auch eine Gegenbewegung in Form identitärer Setzungen zu erkennen: so soll das MuCEM das *patrimoine* von Mittelmeer- und Europakulturen versammeln

---

[264] Die »Galérie de la Méditerranée« wird als semi-permanente Ausstellung beschrieben und alle drei bis fünf Jahre überarbeitet (vgl. Suzzarelli 2012: 34). Die hier erarbeitete Analyse betrachtet eine Momentaufnahme der Ausstellungen und bezieht sich auf den Stand im Zeitraum vom 30. September bis 17. Oktober 2013. Seit Herbst 2017 ist eine neue Version der »Galérie de la Méditerranée« zu sehen (siehe Fußnote 229).

und bewahren und zeigen, was diese im Vergleich zu anderen Regionen ausmacht (siehe Kapitel 3.3.2).

Die leitende Frage für die folgende Analyse ist deshalb, wie sich dieses Spannungsfeld zwischen der Problematisierung kollektiver Identitätskonstruktionen durch die Betonung kultureller Vielfalt einerseits und identitären Setzungen andererseits in den Ausstellungen des MuCEM manifestiert. Welche Europamedien werden ausgestellt, um kulturelle Vielfalt, Dynamiken und Nicht-Feststellbarkeiten zu zeigen? Mit Europamedien meine ich im Fall des MuCEM, anders als in den Fallstudien zum DHM und zum ECS, nicht diejenigen Medienkonstellationen, die Bilder von Europa und europäisch entwerfen, sondern die, die Europa dezentrieren, also im Sinne einer kollektiven Identität hinterfragen. Ich suche nach Medienverbünden, die Kategorien von europäisch versus nichteuropäisch / eigen versus fremd stören und Europa anders entwerfen: nicht als Einheit mit einer gemeinsamen Geschichte, einem Wesen oder Kern, sondern als Ort am Rand, der mit der Diversität und Heterogenität des Mittelmeerraumes verwoben und daher selbst nicht eindeutig bestimmbar ist.

3.3.3.1 Migration und kulturelle Vielfalt: Pflanzen und anthropomorphisierende Texte

Vom Alten Hafen aus betreten Besucher_innen das MuCEM nach strengen Sicherheitskontrollen über eine ehemalige Festungsanlage, das Fort St. Jean (Abb. 26).[265]

Dieses im siebzehnten Jahrhundert auf Anordnung von Ludwig dem XIV. gebaute Fort geht auf eine Siedlung des Johanniterordens aus dem 7. Jahrhundert zurück, und wurde im Zweiten Weltkrieg durch eine Explosion stark zerstört. Für das MuCEM wurde die Ruine aufwendig restauriert und ist zum ersten Mal in der Geschichte der Stadt für die Öffentlichkeit zugänglich. Heute beherbergt das Fort auf 15.000 m Ausstellungen des MuCEM zum Thema Feste und Freizeit, die vor allem die Sammlungen des ehemaligen MNATP präsentieren, sowie künstlerische Wechselausstellungen und das Institut méditerranéen des métiers du *patrimoine* (I2MP), das denkmalpflegerische Aus- und Weiterbildungen anbietet (vgl. MuCEM o. J. e, f). Eine der faszinierendsten Ausstellungen des MuCEM befindet sich jedoch nicht in, sondern *auf* dem Fort St. Jean: der »Jardin des Migrations« (Abb. 27).

Dieser Garten verteilt sich über die gesamte Anlage des Forts und lädt zu einem Spaziergang auf dem Museum, bevor man den spektakulären Neubau des

---

265 Eine frühere Version dieses Kapitels erscheint als Czerney 2019.

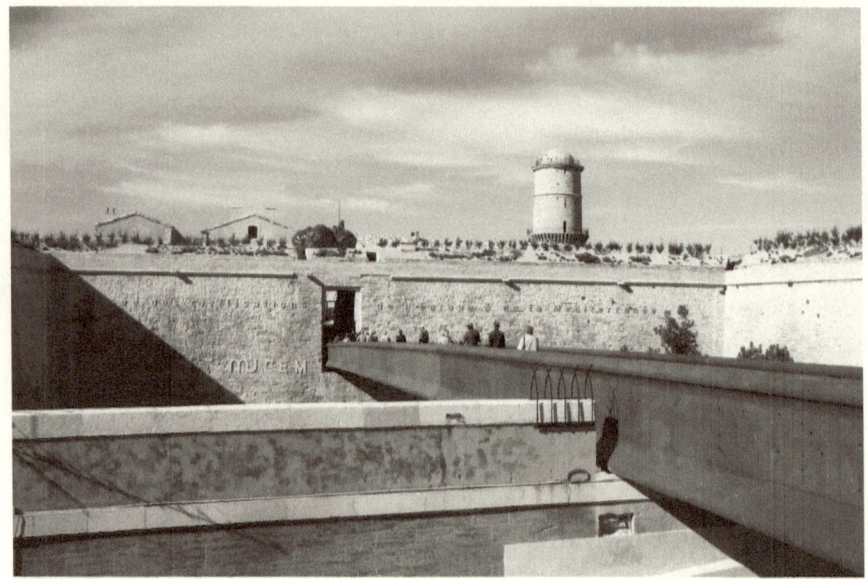

Abb. 26: Eingang zum MuCEM über das Fort St. Jean

MuCEM überhaupt betreten hat. Um diese Open-Air-Ausstellung zu besuchen, müssen Besucher_innen keinen Eintritt zahlen, und viele Familien, Reisegruppen und Schulklassen nutzen den Ort zum Sonnen, Picknicken oder genießen die Aussicht auf den Alten Hafen, der vom Wahrzeichen Marseilles, der Kirche Notre Dame de la Garde, bewacht wird.

Der »Jardin des Migrations« ist in 15 Stationen aufgeteilt, die Pflanzen und ihre Nutzung in verschiedenen Europa- und Mittelmeerkulturen zum Thema haben. An jeder der Stationen findet sich eine Erklärungstafel mit Text und Bild der jeweiligen Pflanze, sowie Pflanzen in Kübeln, Beeten oder auf den Mauern der Festungsanalage. Jede Pflanze ist wiederum mit einem Schild versehen, das ihren Namen auf Französisch und Latein sowie ihre Herkunft angibt. An der einführenden Station des Rundgangs im Hof des Forts erklärt eine Tafel das Anliegen des Gartens:

> Le Jardin des Migrations évoque le *brassage des cultures* autour de *la Méditerranée* et des plantes qui les accompagnent. [...] [U]n parcours à la fois sensoriel et didactique décrivant les cheminements multiples de *l'intégration des plantes* dans les paysages et les cultures.

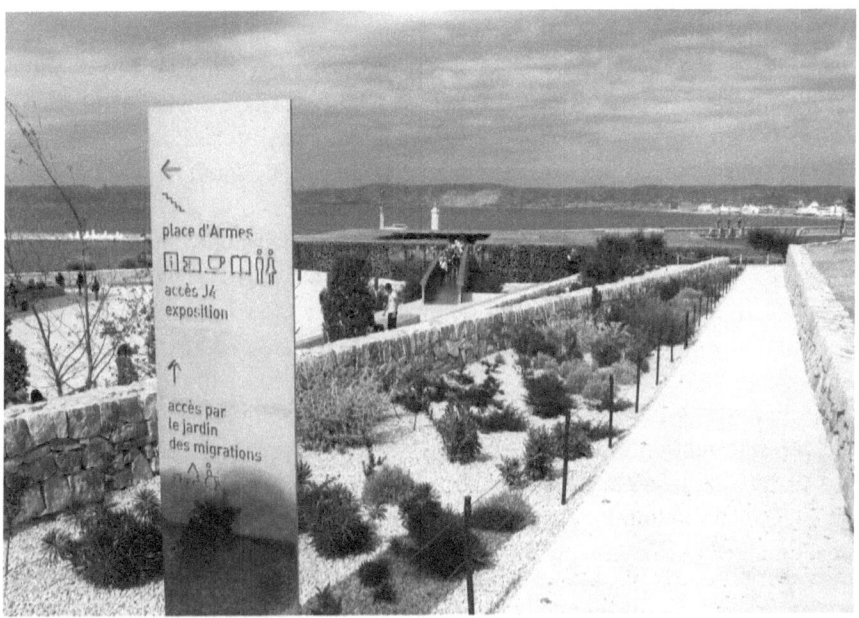

Abb. 27: Der »Jardin des migrations« (Garten der Migrationen)

Il propose un ›jardin culturel‹ au cœur du MuCEM, reflet de la *biodiversité*, qui offre une perspective originale sur les *migrations de plantes*.²⁶⁶ (Station: Le Jardin des Migrations, Hervorhebungen: S.C.)

Anhand von bepflanzten Flächen auf dem Fort St. Jean thematisiert der Garten Migrationsbewegungen von Pflanzen, ihre Integration in verschiedene Kulturen rings um das Mittelmeer, sowie die Vermischung von Kulturen. Insbesondere die Trennung in ein Nord- und Südufer des Mittelmeeres wolle der Garten der Migration verwischen: Er erzähle, so die erste Station, »une histoire de métissage et de migration, où la séparation des deux rives de *la Méditerranée* paraît imperceptible, presque irréelle« (Station 1: La cour des orangers). Damit widerspricht die Ausstellung der Idee von abgrenzbaren und feststellbaren Kulturen: statt um die

---

266 »Der Garten der Migrationen erinnert an die *Vermischung der Kulturen* ringsum das Mittelmeer und der Pflanzen, die sie begleiten. [...] Ein sensorischer und didaktischer Rundgang, der die *vielfältigen Entwicklungen der Integration von Pflanzen in Landschaften und Kulturen* beschreibt. Der Rundgang stellt einen ›kulturellen Garten‹ im Herzen des MuCEM dar, der die *Biodiversität* reflektiert und eine originelle Perspektive auf die Migration von Pflanzen anbietet«. (Hervorhebungen: S.C.)

Feststellung kultureller Identitäten geht es um *biodiversité* – um die Vielfalt von Pflanzen, für die Migrationen, wie der Garten zeigt, ein wesentlicher Bestandteil sind. Im Laufe des Rundgangs wird jedoch schnell klar, dass das Thema dieser Ausstellung nicht nur die Migrationen von Pflanzen umfasst, sondern auch die von Menschen. Es geht nicht nur um Biodiversität, sondern um kulturelle Diversität.

Diese Parallelisierung von pflanzlichen und menschlichen Migrationen, von *biodiversité* und *diversité culturelle*, gelingt dabei durch die Ausstellung von Pflanzen in Kombination mit anthropomorphisierenden Texten. So lassen die Beschreibungen der Pflanzen und ihrer Migrationen auf den Texttafeln auf dem Rundgang durch die Ausstellung immer wieder an Menschen denken. Über die Pflanzenart der Windblüter heißt es zum Beispiel: »Quelques plantes à fleurs [...] ont choisi le vent pour célébrer leurs amours. [...]. Les plantes anémophiles sont des plantes sociales, aimant vivre avec leurs congénères« (Station 7: Le jardin du vent).[267] Neben dieser Zuschreibung menschlicher Eigenschaften wie sozial, liebend, die Liebe feiernd oder Entscheidungen treffend finden sich auch Erzählungen von Pflanzenbiografien im Stil von Biografien über Menschen: »L'olivier par exemple est né dans le Croissant fertile; il serait originaire de Syrie [...]. Après un passage en Grèce, il a été introduit en Italie puis en Provence par les Phocéens vers 600 avant J.-C.« Die Geschichte dieser Reise könne der Baum selbst erzählen: »Ces abres peuvent tous raconter l'histoire de leur voyage, souvent lointain dans le temps, quelquefois lointain en distance« (Station 9: Les jardins de la colline).[268] Die Geschichte des Olivenbaums, der wie die Tafel erklärt, aus Syrien stammend über Griechenland und Italien nach Frankreich gekommen ist, lässt unweigerlich an aktuelle Flucht- und Migrationsbewegungen von Menschen denken und ruft damit Fragen nach europäischer Flüchtlings- und Migrationspolitik, nationaler und europäischer Identität, kultureller Vielfalt und Rassismus in Europa auf. Auf diese Weise thematisieren die ausgestellten Pflanzen und Texttafeln nicht nur die biologische Vielfalt von mediterranen Pflanzen, sondern kulturelle Diversität des menschlichen Zusammenlebens, sowie Fragen, die sich daraus ergeben. Da diese *diversité*, wie oben herausgearbeitet, als Gegenentwurf zu kollektiven Identitätsfeststellungen Europas im Zentrum der konzeptionellen Ausrichtung des MuCEM

---

267 »Einige Blütenpflanzen [...] haben den Wind gewählt, um ihre Liebe zu feiern. [...] Windblütler sind soziale Pflanzen, die gern mit ihren Artgenossen zusammenleben.«
268 »Der Olivenbaum wurde zum Beispiel im fruchtbaren Halbmond geboren, er kommt ursprünglich aus Syrien [...]. Nach einer Überfahrt nach Griechenland wurde er von den Phöniziern um 600 v. Chr. nach Italien und später in die Provence eingeführt.« »Diese Bäume können alle die Geschichte ihrer Reise erzählen, die oft vor langer Zeit und in vielen Fällen von weither passierte.«

steht (siehe Kapitel 3.3.2), erweist sich das Zusammenspiel aus Pflanzen und anthropomorphisierenden Texten als eines der Europamedien im MuCEM.

Museale Selbstreflexion I: Selbst und Andere_r

Mit dem Wissen um die Anthropomorphisierungen von Pflanzen liefert die erste Tafel des Rundgangs einen weiteren Hinweis darauf, wie das MuCEM kulturelle Vielfalt ausstellt. Dort heißt es, der Garten sei »Source d'inspiration et de réflexion sur la migration des plantes, notamment sur l'opposition entre *plantes indigènes ou exotiques* [...]« (Station 1: Le Jardin des Migrations, Hervorhebung : S.C.).[269] Damit greift der »Jardin des Migrations«, wie in der Konzeption des MuCEM angelegt, eine der wichtigsten Kategorisierungen der Institution Museum auf und problematisiert sie zugleich: die Trennung zwischen Selbst und Anderem, zwischen einheimisch (indigène) und exotisch (exotique). Museen als Orte der Repräsentation, als Orte der Identitätsstiftung produzieren unumgehbar Ausschlüsse: Indem sie das als eigen Angenommene (die Geschichte, die Kultur, die Traditionen) ausstellen, setzen sie auch fest, wer oder was als Andere_r gilt (vgl. Muttenthaler/Wonisch 2006: 13f., siehe Kapitel 2.1). Damit diese machtvollen Setzungen des Museums als nicht naturgegeben erfahrbar werden, fordern verschiedene feministische Museumstheoretiker_innen einen »verantwortlichen Blick« in Museen: Museen sollten in ihren Ausstellungen nicht versuchen, Ausschlüsse zu vermeiden, sondern stattdessen die Konstruktions- und Selektionsmechanismen von Kategorien wie Selbst und Andere_r offenlegen und sie damit als veränderbar sichtbar machen (vgl. Rogoff 1993: 43; Muttenthaler/Wonisch 2002b: 106, 2006: 15, siehe Kapitel 2.1).

Das MuCEM löst diese Forderung nach Selbstreflexion an verschiedenen Stellen des »Jardin des Migrations« ein, so zum Beispiel an der sechsten Station des Rundgangs, die sich dem mediterranen Gemüsegarten widmet. Neben Beeten mit Tomaten, Paprika, Aubergine, Zucchini und anderen Gemüsesorten erklärt eine Tafel, dass gerade das Gemüse, das als typisch mediterran gilt, nicht »von hier« kommt und erst im achtzehnten Jahrhundert den Weg in die Gärten des Mittelmeerraums gefunden hat: »Le potager raconte l'épopée des légumes de la Méditerranée, qu'ils soient *originaires d'ici* ou d'ailleurs. [...]. Et pourtant ce sont eux [das Gemüse, das nicht »von hier« kommt, Anmerkung: S.C.] qui, aujourd'hui, sont les légumes emblématiques de la cuisine méditerranéenne (Hervorhebung:

---

[269] »Quelle der Inspiration und der Reflektion über die Migration von Pflanzen, insbesondere über die Opposition zwischen *einheimischen und exotischen* Pflanzen.« (Hervorhebungen: S.C.)

S.C.)« (Station 6: Le potager méditerranéen).[270] Auch die als typisch südfranzösisch angesehene Landschaft mit Feigen-, Mandel- und Olivenbäumen wird als »mosaique de paysages« beschrieben, das durch Migration dieser Baumarten entstand. Oliven-, Mandel- und Feigenbäume habe es im mediterranen Wald nie gegeben und dennoch seien sie zu Symbolen Südfrankreichs geworden.[271]

Die Kombination aus ausgestellten Pflanzen, die als typisch für südfranzösische Kulturen gelten (Tomaten, Zucchini, Aubergine, Paprika, Olivenbäume), und anthropomorphisierenden Texten führt an dieser Stelle einen im MuCEM zentralen Aspekt kultureller Vielfalt und damit der Dezentrierung Europas vor Augen: die Störung der Trennung in »eigene« und »andere« Kulturen. Durch Migrationsbewegungen, so die Aussage des »Jardin des Migrations«, ist das als eigen Angesehene immer auch vom Fremden durchdrungen und das Fremde wird Teil des Eigenen.

Museale Selbstreflexion II: Ursprung, *Origine*, Originalobjekt
Neben der Hinterfragung der Kategorien Einheimisch-Eigen versus Exotisch-Fremd verweist der »Jardin des Migrations« auf eine weitere wichtige Rhetorik der Institution Museum und problematisiert sie: die Rhetorik des Ursprungs. Insbesondere historisch ausgerichtete Nationalmuseen wurden im neunzehnten Jahrhundert in Europa gegründet, um eine kollektive Herkunft der nationalen *imagined community* (Anderson 1996) zu beweisen und dadurch die neu entstehenden Nationalstaaten zu legitimieren (vgl. Maconald 2000, siehe Kapitel 2.5). Die Rhetorik eines »woher wir kommen, wo wir stehen, wohin wir gehen«, also des Ausstellens eines als gemeinsam gedachten Ursprungs zur Festigung angenommener kollektiver Identitäten in der Gegenwart und für die Zukunft, findet sich auch heute noch häufig in historisch ausgerichteten Museen, beispielsweise im DHM Berlin (siehe Kapitel 3.1). Als materielle Beweise dieser Ursprungsphantasien stellen Museen klassischerweise sogenannte authentische Originalobjekte, primäre Dinge aus, die durch ihre physische Anwesenheit im Hier und Jetzt

---

270 »Der Gemüsegarten erzählt das Epos der mediterranen Gemüsearten, seien sie ursprünglich von hier oder anderswo. [...] Und dennoch sind es sie [die Gemüsearten, die nicht »von hier« kommen, Anmerkung: S.C.], die heute als Sinnbild für die mediterrane Küche gelten.« (Hervorhebung: S.C.)
271 »La forêt méditerranéenne n'a jamais porté en son sein d'olivier, d'amandier, ni même de figuier, pourtant tous devenus des plantes emblématiques des paysages du Midi de la France.« (Station 9: Les jardins de la colline; vgl. auch Station 4: Les figuiers suspendus) Übersetzung: »Im mediterranen Wald gab es weder Oliven-, noch Mandel-, noch Feigenbäume. Dennoch sind sie alle Symbole für die Landschaft Südfrankreichs geworden.«

der Ausstellung Vergangenes erfahrbar machen und die Gegenwart in eine Kontinuität mit der Vergangenheit stellen sollen (siehe Kapitel 2.3).

Der »Jardin des Migrations« verweigert diese Konzepte von Originalität, Authentizität und Ursprung. Pflanzen sind keine authentischen Originalobjekte, sie wachsen, werden gegessen, reproduzieren sich oder vergehen. Sie stehen in dieser Ausstellung nicht für einen imaginierten Ursprung, nicht für eine gemeinsame Herkunft, sondern im Gegenteil für die Prozesshaftigkeit, Nicht-Feststellbarkeit und Durchmischung von Kulturen. Die Kulturen, um die es im MuCEM geht, Mittelmeer- und Europakulturen, bezeichnet der Garten der Migrationen wiederholt als vorwiegend religiös geprägte Einheiten. Es gehe, so eine Erklärungstafel auf dem Dach des Fort St. Jean, um »les utilisations traditionnelles des plantes dans les cultures musulmanes et judéo-chrétiennes« (Station 1: le parcours ethnobotanique de la Méditerranée). Diesen muslimisch, christlich und jüdisch geprägten Kulturen ordnet die Ausstellung die gezeigten Dinge – Pflanzen – jedoch nicht als Eigenes oder Originäres zu. Stattdessen möchte der Garten zeigen, wie Pflanzen durch ihre Reisen im Mittelmeerraum dazu beigetagen haben, Verbindungen und Gemeinsamkeiten zwischen diesen Kulturen wachsen zu lassen. Lorbeer sei beispielsweise eine »plante multiculturelle«, die in allen Mittelmeerkulturen einen Initiationsritus symbolisiere. Nach der Herausstellung dieser Gemeinsamkeit erklärt der Text vor dem Lorbeerbeet den unterschiedlichen Gebrauch von Lorbeer in einzelnen Kulturen und nennt eine griechische, maghrebinische und eine jüdische Kultur (civilisation) (vgl. Station 2: Le jardin des myrtes). Ähnlich verfährt der Abschnitt der Ausstellung, der sich der Verwendung von Kräutern in verschiedenen Kulturen widmet (vgl. Station 11: parcours ethnobotanique de la Méditerranée). Hier zeigen Erklärungsschilder an, dass die dort wachsenden Kräuter in verschiedenen Mittelmeer- und Europakulturen ähnlich genutzt wurden: Minze, Salbei und Seifenkraut gelten beispielsweise in Europa, Afrika und Asien als Heilkräuter. Lorbeer und verschiedene Kräuter stehen somit für die Nicht-Abgrenzbarkeit und Verwobenheit verschiedener Kulturen.

Neben dieser Verweigerung der Zuordnung einzelner Pflanzen zu Kulturen problematisiert der Garten der Migrationen die Logik eines nationalkulturellen Ursprungs weiterhin durch die Störung musealer Klassifikationen. Klassischerweise ordnen Museen in ihren Sammlungen und Ausstellungen Objekte eindeutig nach ihrer Herkunft ein (vgl. Poehls 2011: 339). In Ausstellungen sind dafür meist Schilder oder Tafeln mit gedrucktem Text verantwortlich. Auch neben den Pflanzen, die der »Jardin des Migrations« zeigt, finden sich an allen Stationen Schilder, die den Namen der Pflanze sowie ihre Herkunft anzeigen. Jedoch umfassen die geografischen Angaben bei vielen Pflanzen ein derart unbestimmtes und riesiges Gebiet, dass sich eine Pflanze, die so weit verbreitet ist, nicht für eine Kultur vereinnahmen lässt. Thymian wird beispielsweise dem »Westen des mediterranen Beckens« zugeordnet, Salbei Asien, Europa und Nordafrika, und Gamander kommt laut Beschriftung in Ostasien, Südeuropa und Nordafrika vor (vgl. Station 9: Les herbes de la Saint-Jean). Oftmals findet sich auf den Erklärungstafeln auch der Hinweis »origine incertaine«, was sich wie eine Parodie auf die Klassifikationswut des Museums liest (vgl. Station 5: Les aromatiques; Station 4: Les figuiers suspendus). Mit der medialen Konstellation aus Pflanzen und anthropomorphisierenden Texten führt der Garten hier vor, dass es, so wie die ausgestellten Pflanzen keine Originalobjekte sind und keine eindeutig feststellbare Herkunft haben, keine ursprünglichen, originalen Kulturen mit klar abgrenzbarer Herkunft und Identität geben kann.

Vom Rand her denken
Mit dieser Inszenierung problematisiert das MuCEM identitäre Setzungen wie »typisch französisch«, »typisch europäisch« und entwirft stattdessen kulturelle Identitäten als durchmischt und nicht als eigen oder fremd bestimmbar, fixierbar oder determinierbar. Der »Jardin des Migrations« zeigt kollektive Identitäten nicht als ursprüngliche Essenzen, die im Museum repräsentiert oder abgebildet werden könnten, sondern als nicht abschließbare Konstruktionsprozesse, die unter anderem entlang der Trennlinie Eigen versus Fremd arbeiten. Damit dezentriert die Ausstellung die Idee einer existierenden europäischen Identität, denn sie denkt Europa nicht von einem stabilen Wesenskern, sondern von seinem scheinbaren Rand her: dem Mittelmeerraum, der für kulturelle Diversität im Sinne der herausgearbeiteten Hinterfragung von Eigen und Fremd, der Verwobenheit und generellen Nicht-Feststellbarkeit von Kulturen steht. Europa erscheint hier nicht als Zentrum, nicht als Identität, die durch das Ausstellen einer gemeinsamen Geschichte bestärkt werden könnte, sondern als diverse Kulturen, als nicht ursprünglich, nicht final definierbar, sondern als von kulturellem Austausch und Migrationen geprägt.

Der »Jardin des Migrations« befragt dabei nicht nur die Idee der kulturellen Reinheit und Identität Europas, sondern auch die Institution Museum selbst. Im Wortsinn am Rand des MuCEM, nämlich *auf* seinen Ausstellungsräumen gelegen, problematisieren die Pflanzen und Texte auch leitende museale Kategorien und legen sie offen: die Unterscheidung zwischen Eigen und Fremd, sowie die Rhetorik eines Ursprungs, einer gemeinsamen Herkunft, die durch das Fehlen von sogenannten Originalobjekten vorgeführt wird. Damit lehrt der Garten einen verantwortlichen Blick, der diese Funktionsweisen des Museums reflektiert. Die ausgestellten Pflanzen und Texte führen vor, dass Museen durch das Ausstellen von sogenannten authentischen Originalen, die der eigenen *imagined community* in Abgrenzung zu anderen zugeordnet werden, dazu beitragen, diese Gemeinschaften erst zu erschaffen. Solchen identitären Setzungen versucht der Garten mit dem Fokus auf Nicht-Ursprünglichkeit, Nicht-Einordbarkeit und Vielfalt von Pflanzen zu entgehen, die durch anthropomorphisierende Texte mit menschlichen Kulturen parallelisiert werden. Dennoch ist in dieser Ausstellung auch die andere Seite des in der Konzeption des MuCEM herausgearbeiteten Spannungsfeldes zwischen *diversité* und *identité* wirksam: eine nationale Rezentrierung der inszenierten kulturellen Vielfalt.

Nationale Rezentrierung kultureller Vielfalt
An der bereits erwähnten Station zum mediterranen Gemüsegarten möchte der »Jardin des Migrations« die scheinbare Opposition zwischen einheimischen und exotischen Pflanzen hinterfragen, indem er in Texten und Gemüsebeeten vorführt, dass die meisten der als typisch französisch geltenden Pflanzen nicht »von hier«, sondern durch Migrationsbewegungen nach Frankreich gekommen sind. Dass die oben herausgearbeitete Störung der Kategorien von einheimischem Selbst und exotischem Anderen sowie die Inszenierung kultureller Vielfalt eine weitere, gegenläufige Schicht hat, wird an der Frage nach dem Ort und der Sprache dieses Ausstellungsaktes deutlich. »Le potager raconte l'épopée des légumes de *la Méditerranée*, qu'ils soient originaires d'ici ou d'ailleurs«[272] erklärt die Texttafel neben den Tomaten-, Zucchini- und Auberginenbeeten (Station 6: le potager méditerranéen). Das »ici«, also der Ort, von dem aus die Ausstellung spricht, ist Frankreich: Es ist der französische Nationalstaat, der als erste Person des musealen Sprechakts in Frankreich einer zweiten Person etwas über Mittelmeer- und Europakulturen sagt (Bal 1996: 3f.). Diese seien von Migrationen und kultureller Vielfalt geprägt, nicht als eigen oder fremd bestimmbar und hätten keinen feststellbaren Ursprung oder Identität, sagt die Ausstellung. »Une histoire de métissage et de migration, où la séparation des deux rives de *la Méditerranée* paraît imperceptible, presque irréelle«[273] möchte der Garten erzählen (Station 1: La cours des orangers). Er tut dies jedoch auf nur einer Sprache, der Sprache der ersten Person des Sprechakts, Französisch, und offenbart damit auch, an wen

---

272 »Der Gemüsegarten erzählt das Epos der mediterranen Gemüsearten, seien sie ursprünglich von hier oder anderswo.«
273 »Eine Geschichte der Vermischung und der Migration, in der die Trennung in die zwei Ufer des Mittelmeeres nicht mehr wahrnehmbar, fast irreal erscheint.«

sich diese Inszenierung kultureller Durchmischung und Diversität vorwiegend richtet: an ein nationales Publikum.[274]

Damit wird die erwähnte Trennung in zwei Ufer des Mittelmeeres, die der Garten der Migrationen überwinden möchte, als sehr real erhalten: Die Macht, über die Vielfalt verschiedener Kulturen zu sprechen und Migrationen von Anderen ins Eigene entweder als Bereicherung oder als unerwünschte Fremdheit zu deuten, verbleibt im »ici« der Ausstellungsgeste – in Frankreich. So stellt der Garten Migrationen und kulturelle Diversität überwiegend als positiv und als bereichernd dar: Von »woanders« kommendes exotisches Gemüse habe beispielsweise die einheimisch-eigene französische und mediterrane Küche bereichert (vgl. Station 6: le potager méditerranéen). Andere exotisch-fremde Arten seien in Frankreich dagegen unbeliebt und unerwünscht gewesen, wie zum Beispiel der japanische Götterbaum, dessen Geschichte der Garten auf dem Dach des einen Festungsturmes erzählt. Dieser Baum sei im achtzehnten Jahrhundert wegen seiner Funktion in der Textilproduktion nach Frankreich importiert worden, jedoch mit dem Aufkommen synthetischer Stoffe während der Industriellen Revolution schnell unbeliebt geworden. »Voici la triste histoire d'une espèce exotique devenue mal-aimée, voire considérée comme indésirable...«[275] schließt der Text diese Geschichte (Station 13: le jardin des ailantes). Die Einteilung in fremd und eigen hinterfragt die Ausstellung zwar, doch die Deutungsmacht darüber, was als Bereicherung und was als unerwünschte Fremdheit gilt, verbleibt bei der ersten Person des musealen Sprechakts, der französischen Nation.

Auch die in der Konzeption des MuCEM herausgearbeitete Rhetorik des *patrimoine* bestärkt diese nationale Rezentrierung der inszenierten Vielfalt und Diversität: das *patrimoine* ist das Erbe des Vaterlandes (la patrie), es konnotiert als familiär und national gedachte Gemeinschaften, innerhalb derer das Erbe weitergegeben und bewahrt wird. Wenn die französische Nation in Frankreich auf Französisch in einem Nationalmuseum das Erbe der Mittelmeerkulturen als divers, durchmischt und nicht feststellbar präsentiert, entsteht bei aller dekonstruktiven Leistung der Ausstellung auch der Eindruck, dass hier vor allem einer nationalen Gemeinschaft ihre Diversität positiv vor Augen geführt werden soll.[276]

---

274 An einer Stelle des Rundgangs wird dieses Publikum auch explizit auf Französisch adressiert und in ein größeres »Wir« einbezogen: »Nous sommes ici...« (»Wir stehen hier...«) (Station 2: le jardin des myrtes).
275 »Hier sehen Sie die traurige Geschichte einer exotischen Art, die zunächst unbeliebt war und dann als unerwünscht gesehen wurde...«
276 Auch die Geschichte des Fort St. Jean, in dem die Ausstellung zu sehen ist, lässt sich als Geschichte einer solchen nationalen Rezentrierung lesen: Ludwig, der XIV. ließ die Festungsanlage erbauen, um die rebellische Stadt Marseille zu zähmen und staatliche Macht auch außerhalb von

Die Anderen und wahrhaft Fremden und ihre Sprachen bleiben im »Jardin des Migrations« weiterhin ausgeschlossen.

3.3.3.2 Religiöse Pluralität: Objekte und Touchscreens

Das Hauptanliegen des MuCEM besteht darin, die Idee einer christlichen und okzidentalen Identität Europas zu hinterfragen. Aus diesem Grund stellt das Museum *la Méditerranée* und deren Beziehungen mit Europa in den Fokus seiner Aktivitäten und Ausstellungen. Den Mittelmeerraum stellt das MuCEM dabei, wie exemplarisch im »Jardin des Migrations« vorgeführt, als nicht eindeutig eingrenzbar oder definierbar aus und es zeigt Mittelmeer- und Europakulturen als von Migrationen, Begegnungen zwischen »Einheimischem« und »Exotischem«, kulturellen Durchmischungen und Vielfalt gekennzeichnet. Dabei gehört es zum Programm des Museums, die Kulturen, die es behandelt, nicht eindeutig zu kategorisieren. Der Garten der Migrationen deutet jedoch an einigen Stellen an, dass diese Kulturen vor allem religiös verstanden werden, und nennt die drei monotheistischen Religionen als Hauptprägungen des Mittelmeerraumes und Europas. Damit problematisiert das MuCEM Gl[T]he index is the bodily residence of what we mostly call eichsetzungen von Europa und Christentum, die sich beispielsweise im DHM und im ECS beobachten lassen (siehe Kapitel 3.1.3.1, 3.2.3.1, 3.2.3.3) und widerspricht weit verbreiteten Diskursen von Muslim_a_en als Anderen Europas (vgl. Vieten 2012: 2; El-Tayeb 2015: 40f.).

Was der »Jardin des Migrations« nur andeutet – dass sowohl Christentum, als auch Judentum und Islam Mittelmeer- und Europakulturen geprägt haben, Europa also nicht als christlich definiert werden könne – führt ein anderer Teil der Ausstellungen im Fort St. Jean deutlicher aus: die Installation »Les âges de la vie« (»Lebensabschnitte«), die ich im Folgenden als ein Beispiel der Dezentrierung Europas im MuCEM untersuche. Die Installation ist Teil der Ausstellung »Le temps des loisirs« (»Zeitalter der Freizeit«, die in verschiedenen Räumen des Fort St. Jean zu sehen ist und Traditionen des Feierns und Festtagsgebräuche thematisiert (vgl. MuCEM 2013d: 4). Die Analyse folgt der Frage, wie die Ausstellung die Idee einer christlich geprägten Identität Europas hinterfragt. Was sich sowohl im DHM und ECS, als auch im »Jardin des Migrations« bereits gezeigt hat, dient dabei ebenso hier als leitende These: Sowohl die Ausweitung des musealen

---

Paris zu demonstrieren (vgl. MuCEM 2013c: 2). Dies klingt auch in der Entstehungsgeschichte des MuCEM an (siehe Kapitel 3.3.1): Das Museum ist die erste nationale Kulturinstitution in Frankreich, die im Zuge der Politik der Dezentralisierung außerhalb von Paris gegründet wurde. Die staatliche Macht soll dezentralisiert werden, indem nationale Kulturinstitutionen in die Provinz gebracht werden. Dies kann auch als nationale Kontrolle kultureller Vielfalt gelesen werden.

Bezugsrahmens von der Nation auf Europa als auch darüber hinaus auf transeuropäische Ebenen wie den Mittelmeerraum oder die ganze Welt arbeitet mit anderen Medienkonstellationen als mit traditionellen, sogenannten primären Museumsdingen (vgl. Fayet 2007: 16): Landkarten, Tabellen, Touchscreens, filmische Zeitzeug_innen und Pflanzen, die ich als Europamedien bezeichne. Im Fall der im Folgenden untersuchten Installation steht ein Europamedium im Mittelpunkt, das bereits als zentral für die museale Historiografie Europas herausgearbeitet wurde: Touchscreens (siehe Kapitel 3.2.3.2). Anders als im ECS geht es den Touchscreens im MuCEM jedoch nicht darum, eine exklusive europäische Geschichte und Identität zu entwerfen, sondern im Gegenteil darum, Verwicklungen Europas mit anderen Regionen am Beispiel des Mittelmeerraumes zu zeigen. Wie sie das tun, behandelt dieses Kapitel.

Erweiterung des Bezugsrahmens: Universalisierungen
Wie in der Konzeption des MuCEM herausgearbeitet, bedeutet Europäisierung im Fall des MuCEM nicht nur die Erweiterung des musealen Bezugsrahmens von der Nation auf Europa, sondern auch die Hinterfragung eben dieser europäischen Ebene durch die Konzentration auf einen weiteren, schwer fassbaren Rahmen: den Mittelmeerraum. Im Zuge dieser Problematisierung einer Ausrichtung ausschließlich auf Europa gewinnen im MuCEM neben dem Hauptfokus *la Méditerranée* auch andere Bezugsrahmen an Bedeutung: der lokale und der globale (siehe Kapitel 3.3.1). So setzt sich das MuCEM neben der lokalen Verankerung der Institution und der Thematisierung von Lokalgeschichte auch das Ziel, seinen Bezugsrahmen von Europa und dem Mittelmeerraum auf eine global-universelle Ebene zu öffnen. Anhand von Themen, die die Konzeptionen des MuCEM als universell benennen (das Leben, die Liebe, die Schöpfung, das Jenseits und der »Andere«), soll es die Vielfalt der gesamten Menschheit zeigen (vgl. Suzzarelli 2012: 9).

Diese Ausweitung des Referenzrahmens auf die ganze Welt und die Universalisierung von Themen bildet eine der Schichten der Dezentrierung Europas, die sich in der Installation »Les âges de la vie« manifestiert. Im Mittelpunkt stehen hier nicht mehr nur Mittelmeer- und Europakulturen, sondern die gesamte Menschheit. Ein einleitender Text, der auf einer Plakette an einer der Mauern des Forts angebracht ist, erklärt, die Ausstellung erzähle »une histoire universelle des fêtes«, eine universelle Geschichte des Feierns, die alle Menschen einschließt. Einen Teil dieser Ausstellung bildet die Installation »Les âges de la vie«, die in der ehemaligen Kapelle des Fort St. Jean untergebracht ist. Sie widmet sich einzelnen Lebensstufen und den Übergangsriten, die zum Beispiel Geburt, Aufnahme in die Gemeinschaft der Erwachsenen, Hochzeit oder Tod begleiten.

Feiern zu diesen Anlässen, so der einleitende Text weiter, fänden sich seit jeher in allen Kulturen. Abschnitte des Lebens und sie begleitende Festlichkeiten inszeniert der Text als anthropologische Konstanten, die die Einteilung von Menschen in politisch, religiös oder geografisch gerahmte Gruppen wie Nationen oder Kulturen übersteigen. Was statt solcher Einteilungen im Fokus der Ausstellung steht, ist zunächst das gemeinsame Mensch Sein, das durch ein inklusives »Wir/Nous« in den Texten der Ausstellung unterstrichen wird. So heißt es im Einleitungstext zum Tod: »Les cérémonies de deuil sont les plus anciennes et les plus universelles. Pour nous aider à comprendre et à accepter qu'un proche ne reviendra plus jamais, les rites funéraires [...] sont nécessaires.«[277] Mit dieser Universalisierung von Themen trägt die Installation zur Dezentralisierung Europas bei: Europa wird aus dem Zentrum der Betrachtung heraus gerückt und als eine von vielen Regionen der Welt betrachtet.

Religiöse Vielfalt
Neben der Eingangstür zur Kapelle heißt ein weiterer einleitender Text die Besucher_innen willkommen: »Ici le temps s'est arrêté: 205 objets font revivre les fêtes qui jalonnent le déroulement d'une vie. Souvenirs de baptême ou de rentrée des classes, objets de communion chrétienne, de circoncision juive ou musulmane, cadeaux de fiançailles et de mariages [...]. Bienvenue au palais des mille et une vies!«[278] Neben der von der Ausstellung angestrebten Universalisierung und der Erweiterung des Bezugsrahmens auf »alle Kulturen« und die gesamte Menschheit wird hier deutlich, dass »alle Kulturen« vor allem die drei monotheistischen Religionen meint. Es geht in der Installation »Les âges de la vie« um christliche, jüdische und muslimische Bräuche. Und auch den geografischen Bezugsrahmen schränkt die Installation ein: »Les objets exposés permettent de montrer autour d'un même événement, comme celui de la naissance, la diversité et la richesse des pratiques en Europe et en Méditerranée«[279] erklärt das pädagogische Begleitheft (vgl. MuCEM 2013d: 4). Auch diese Installation verschreibt sich der in den

---

277 »Trauerzeremonien sind die ältesten und universellsten Zeremonien. Um uns zu helfen, zu verstehen und zu akzeptieren, dass ein naher Mensch niemals wiederkommen wird, sind Bestattungsriten [...] notwendig.«
278 »Hier ist die Zeit stehen geblieben : 205 Objekte lassen die Feste lebendig werden, die den Verlauf eines Lebens markieren. Erinnerungen an Taufen oder an Schuleintritte, Dinge der christlichen Kommunion, der jüdischen oder muslimischen Beschneidung, Verlobungs- und Vermählungsgeschenke [...]. Willkommen im Palast der tausend und einem Leben!«
279 »Die ausgestellten Dinge ermöglichen es, zu ein und demselben Ereignis, wie zum Beispiel einer Geburt, die Diversität und den Reichtum der Praktiken in Europa und im Mittelmeerraum zu zeigen.«

Konzeptionen des MuCEM immer wieder betonten Diversität des Mittelmeerraumes und Europas (siehe Kapitel 3.2). Diese führt sie anhand von Ereignissen aus dem menschlichen Leben vor, die als universelle Themen und anthropologische Konstanten gezeigt werden. Diversität wird dabei an dieser Stelle als religiöse Vielfalt verstanden: Es geht um christlich, muslimisch und jüdisch geprägte Kulturen in Europa und dem Mittelmeerraum. Begreift man Europa nicht als abgeschlossene Einheit, nicht als Zentrum, sondern als mit anderen Regionen, wie dem Mittelmeerraum verbunden, so stellt schon der einleitende Text klar, kann es nicht als dominant von einer Religion (dem Christentum) geprägt gesehen werden. Stattdessen gerät religiöse Diversität in den Blick. Der Fokus auf gemeinsame Themen erlaubt es gleichzeitig, auch Verbindungen mit einem global-universellen Rahmen (dem gemeinsamen Menschsein) herzustellen.

Umwidmung des Ortes
Neben dieser Einstimmung auf ein verbindendes Menschsein sowie auf die religiöse Vielfalt Europas und des Mittelmeerraumes durch die einführenden Ausstellungstexte informiert die Broschüre, die Besucher_innen durch das Fort St. Jean führt, über eine weitere Schicht der Dezentrierung einer christlichen europäischen Identität. Die Broschüre erklärt, die Kapelle St. Jean ginge auf eine im Mittelalter durch den Johanniterorden erbaute christliche Kapelle zurück, die Teil der Verteidigungsanlagen der Stadt gewesen sei. Der Johanniterorden habe das Fort St. Jean und die Kapelle genutzt, um Kreuzfahrer zu empfangen und sie für den Krieg im »Heiligen Land« zu bewaffnen. In den Kreuzzügen versuchte das christliche Europa, muslimische Gebiete im Nahen Osten unter dem Deckmantel der »Befreiung« zu erobern (vgl. MuCEM 2013c: 2). Das Fort und die Kapelle bilden also einen Ort, der für europäisch-christliche Expansionskriege gegen muslimische Regionen steht – einen Ort, der christlich-europäische Vorherrschaftsansprüche gegenüber dem Islam symbolisierte.

Mit der Installation »Les âges de la vie« in der Kapelle St. Jean schlägt das MuCEM eine Gegenlektüre und eine Umwidmung dieses Ortes vor: anstelle von Expansions- und Missionierungskriegen des christlichen Europa tritt die Botschaft religiöser Vielfalt Europas und des Mittelmeerraumes. Anstatt von religiösen Kriegen erzählt die Installation anhand feierlicher Traditionen von Gemeinsamkeiten zwischen Religionen. Religiöse Diversität wird dabei explizit nicht als Ursache von Konflikten oder gar Kriegen verstanden, sondern im Gegenteil in Abwendung von der Geschichte des Ortes positiv als Reichtum bezeichnet: so sollen die in der Installation präsentierten Objekte »la diversité et la richesse des pratiques en Europe et en Méditerranée« zeigen (vgl. MuCEM 2013d: 4).

Lecture aléatoire: **Verweigerung musealer Ordnung**
Nach dieser Einstimmung auf positiv konnotierte und friedliche religiöse Vielfalt betreten Besucher_innen die Kapelle durch eine große schwere Tür und findet sich in einem kleinen, dunklen Raum wieder, der durch eine sakrale Atmosphäre geprägt ist. Bis auf eine einzige zwölf Meter hohe und ungefähr sechs Meter breite Vitrine im Chorraum ist die Kapelle leer. Diese Vitrine empfängt die Besucher_innen mit einer nicht sofort erfassbaren Fülle an Objekten, die auf verschiedenen Ebenen vom Boden bis zum Dach der Kapelle angeordnet ist. Einzelne Objekte oder Objektensembles werden von Lichtspots hervorgehoben, insgesamt fügt sich die Installation aber in die schummrige Raumatmosphäre ein (Abb. 28).

Nach einem ersten Moment der staunenden Überforderung erkennt man einen goldenen Eiffelturm, der von der Decke hängt, weiße Kleider, bunte Kegel, Grabsteine, ein Bett mit einem zeltartigen Dach, Geschirr und lebensgroße Puppen mit traditionellen Gewändern. Die Zusammenstellung erinnert an ein buntes Sammelsurium oder ein Kuriositätenkabinett, in dem nicht erkennbar ist, nach welchem Muster die gezeigten Dinge angeordnet sind oder ob die Anordnung überhaupt einer Ordnung folgt. Sonst im Museum übliche Beschriftungen der Objekte an oder neben der Vitrine, die die Dinge räumlich und zeitlich kategorisieren, fehlen – auf den ersten Blick verweigert die Installation die Einordnung der gezeigten Objekte. Sie bricht darüber hinaus mit der klassischen musealen Anordnung mehrerer Vitrinen in Serie, die sich seit dem Beginn des zwanzigsten Jahrhunderts vor allem in historisch ausgerichteten Museen durchsetzte, damit sich Besucher_innen ein kontinuierliches Narrativ erlaufen (vgl. Bennett 2011: 270). In der Kapelle gibt es nur eine einzige Vitrine, vor der die meisten Besucher_innen für längere Zeit in kontemplativer Stille stehen bleiben und schauen.

Statt auf museale Kategorisierungen setzt die Installation auf »une lecture aléatoire«, auf eine zufällige Lesart der gezeigten Dinge (vgl. MuCEM 2013d: 6). Bestimmendes Prinzip ist hier nicht das geordnete Nacheinander eines klassischen musealen Narrativs, sondern die Gleichzeitigkeit vieler, vor allem visueller Eindrücke. Im Mittelpunkt stehen das Staunen der Besucher_innen angesichts der Fülle der Objekte und eine ästhetische Erfahrung. »C'est une invitation à la contemplation, à la méditation et à l‹émerveillement [...]« stellt die Begleitbroschüre zur Ausstellung das Ziel der Installation heraus (MuCEM 2013d: 6). Es geht hier in erster Linie nicht um die Vermittlung von Wissen über die Kulturen Europas und des Mittelmeerraumes anhand der Ausstellung von Objekten, nicht um Vollständigkeit, sondern um einen am Zufall orientierten, emotionalen Zugang, um Faszination, Begeisterung und um persönliche Erinnerungen, die durch die ausgestellten Objekte geweckt werden. Durch diese Verweigerung der Einordnung der Objekte in ein kontinuierliches Narrativ hinterfragt die Installation die Idee feststehender, klar voneinander abgrenzbarer Kulturen: Die Objekte stehen auf

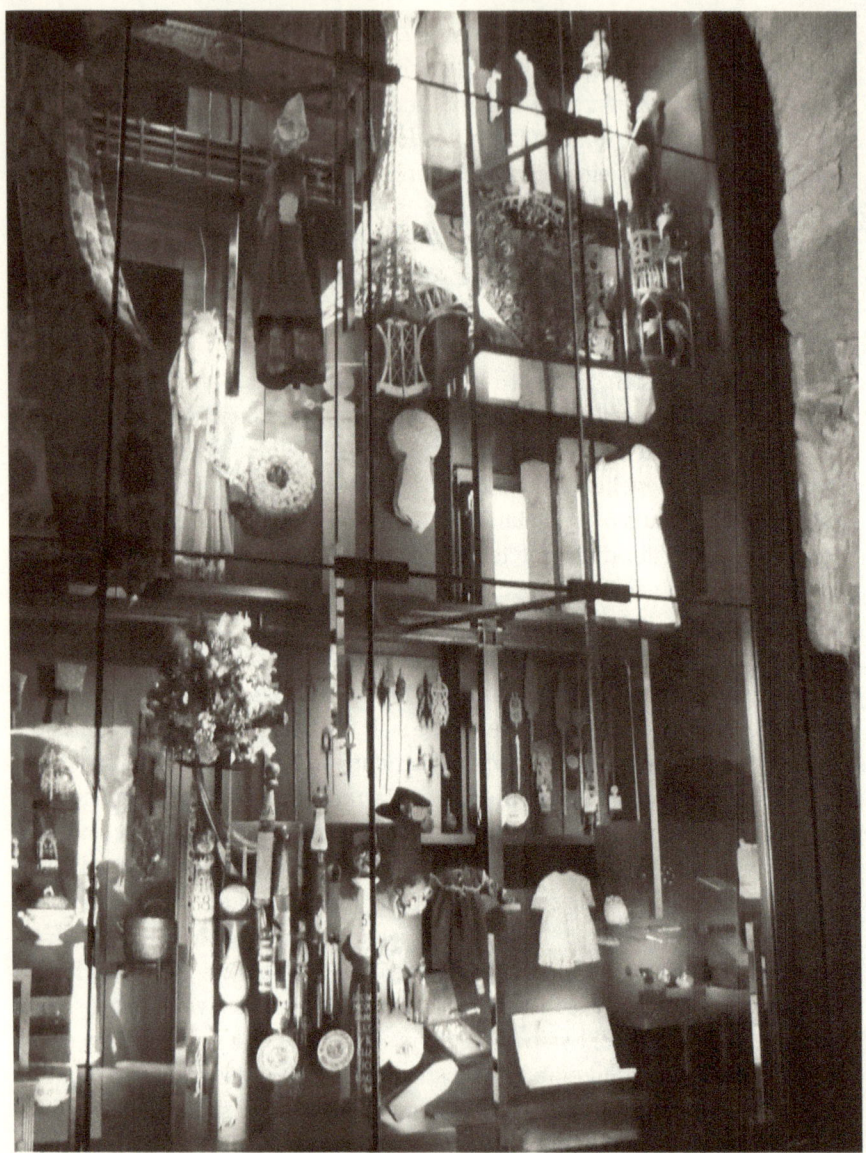

Abb. 28: Die Installation »Les âges de la vie« (Lebensabschnitte)

den ersten Blick nicht für Kulturen, sondern für »émerveillement« – Staunen, Bewunderung und lustvolles Betrachten einer ästhetisch ansprechenden Installation. Es geht zunächst nicht um das Ausstellen und Kategorisieren von Kulturen und ihren Eigenschaften. Darüber hinaus eröffnet die Nicht-Einordnung der Objekte einen Raum, in dem die Besucher_innen individuelle und ganz verschiedene Perspektiven auf die gezeigten Dinge entwickeln können. So kann zum Beispiel ein weißes Kleid, das in der rechten unteren Ecke der Vitrine hängt, als Taufkleid gelesen werden und Erinnerungen an die Taufe der eigenen Kinder wecken, es kann aber auch über die Symbolik der Farbe Weiß in verschiedenen Kulturen nachdenken lassen, sowie Gedanken zu unbezahlter und gegenderter *care work* anstoßen oder an den Prozess der Stoffherstellung denken lassen. Die Abwesenheit schriftlicher Einordnungen der gezeigten Dinge setzt somit die in der Konzeption des Museums betonte Nicht-Essentialisierbarkeit und Multiperspektivität der Objekte um (siehe Kapitel 3.3.1) und problematisiert damit die Idee einer Identität Europas, die durch das Ausstellen von »historischen Objekten« anwesend und erfahrbar gemacht werden könnte (vgl. Crane 2000a: xf., 105ff.).

Verdopplung des realistischen Diskurses
Haben sich die Augen an die Dunkelheit des Raumes und an die überbordende, nicht erklärte Fülle der Präsentation gewöhnt, bemerken Betrachter_innen zwei Bildschirme, die rechts und links im Raum im Abstand von ungefähr drei bis vier Metern zu der Vitrine aufgestellt sind. Es handelt sich um Touchscreens ungefähr im A3-Format, die hochkant auf Oberkörperhöhe der Besucher_innen so ausgerichtet sind, dass eine Blickachse von dem Bildschirm auf die Vitrine entsteht. Der Startbildschirm zeigt unter der Überschrift »Les âges de la vie« eine virtuelle Verdopplung der Installation in der Vitrine in Form eines Fotos, sowie acht Textbalken, die wie ein Raster auf dem Foto angebracht sind und einzelne Lebensabschnitte benennen, wie zum Beispiel »Entrée dans la vie« (Eintritt ins Leben), »Mariage« (Hochzeit), »Mort« (Tod) oder »Service militaire« (Wehrdienst).

Neben der Überschrift fordert der Bildschirm die Besucher_innen auf, einen Abschnitt auszuwählen; unten rechts auf dem Screen stehen drei verschiedene Sprachen zur Auswahl (Französisch, Englisch, Spanisch). Tippt man einen Textbalken an, zeigt der Bildschirm digitale Bilder einzelner Objekte aus der Vitrine, die damit einem Lebensabschnitt zugeordnet werden, sowie digitale Fotografien, die wie Familienbilder aussehen und Szenen des ausgewählten Rituals, beispielsweise einer Hochzeit zeigen. Eine weitere Textzeile fordert die Besucher_innen dazu auf, mit dem Finger ein Objekt auszuwählen. Danach sieht man ein vergrößertes Bild des ausgewählten Objekts vor schwarzem Hintergrund, darunter einen kurzen Text, der die räumliche und zeitliche Herkunft des Objekts, sein Material und das besitzende Museum anzeigt, sowie eine längere Beschreibung seiner Bedeutung für die Installation und eine Grafik, die seine Position in der Vitrine markiert. Darunter sind Bilder anderer Objekte aus der Vitrine zu sehen, die der Screen demselben Ritual zuordnet, und die man ebenfalls antippen kann, um mehr über sie zu erfahren.

Anders als im ECS stehen die Touchscreens in dieser Installation nicht allein, sondern sie werden mit klassischen Museumsobjekten kombiniert (siehe Kapitel 3.2.3.2). Was diese Kombination hier als Europamedium tut, steht im Zentrum der folgenden Überlegungen. Zentral dafür ist die Geste der Berührung mit dem Finger, die die Touchscreens fordern. Touchscreens wie der hier gezeigte führen das bisher in Museen privilegierte Sehen (vgl. Bennett 2011: 276f.) mit dem Taktilen zusammen: Besucher_innen sehen Objekte, die eine Vitrine von mir fernhält, können sie gleichzeitig aber scheinbar auf einer digitalen Verdopplung anfassen. Die virtuelle Verdopplung der Vitrine mit ihren Objekten auf dem Touchscreen sowie die Geste des Auswählens und Zeigens auf ein Objekt mit dem Finger, die dieser Screen fordert, ahmt Seh- und Zeigegewohnheiten aus der physikalischen Welt nach (vgl. Kaerlein 2013: 11ff.): Ich sehe etwas, kann es anfassen und dadurch passiert etwas. Darüber hinaus spielt das Taktile, wie im Kapitel zu den Touchscreens im ECS ausgeführt, deshalb eine herausragende Rolle für die Wahrnehmung, weil es nicht nur einen Sinn, sondern das Zusammenspiel mehrerer Sinne bezeichnet (vgl. McLuhan 1992: 78; Engell 2013; Robben/Schelhowe 2012; Hornecker 2008; Robben 2012). Deshalb steht das Taktile in medienwissenschaftlichen Forschungen sowie in Arbeiten der HCI für Nähe und Unvermitteltheit (vgl. Engell 2013: 3; Kaerlein 2013: 11ff.). Zudem ist das Taktile durch Gleichzeitigkeit und Instantaneität gekennzeichnet (vgl. Engell 2013: 3): Auf den Touchscreens sehe ich etwas, kann es anfassen und sofort verändert sich das, was ich sehe. Ein- und Ausgabe fallen durch die Berührung des Fingers in eins.

Damit suggeriert das Zusammenspiel aus Objekten und Touchscreen unmittelbaren Zugriff auf die gezeigten Objekte sowie ihre Bedeutungen: Durch die Berührung eines Objekts auf dem Screen, der ein Abbild der Vitrine vor mir zu sein scheint, liefern Texte im Moment der Berührung die Kategorisierung und Erklärung des von mir gewählten Objekts. Mit diesem »Unmittelbarkeitsversprechen« des Touchscreens (Kaerlein 2013: 11ff.) verstärkt die Kombination aus Vitrine und Touchscreen den »Effekt des Realen« und die Idee des unmittelbaren Zugriffs auf Abwesendes, die kennzeichnend für Museen sind (vgl. Bal 2011: 530, 2006: 76). Was Museen zeigen, wirkt unvermittelt und real im Sinne von nichtkonstruiert und echt, weil sie materielle Objekte als Beweise vor Augen führen (vgl. Porter 2004: 106). Der museale Sprechakt sagt »Das ist real«, indem er sogenannte echte, authentische Dinge wie die Objekte in der Vitrine »Les âges de la vie« zeigt (siehe Kapitel 2.1).²⁸⁰ Indem die Installation diese Dinge durch virtuelle Abbilder auf den Touchscreens darüber hinaus scheinbar physisch greifbar macht und ihre Erklärung auf Fingerzeig mitliefert, verstärkt sie diesen Effekt. Sie scheint nur zu zeigen, was da ist, und so wie gezeigt: universelle, kulturüberschreitende menschliche Konstanten sowie Diversität. Damit problematisiert die Installation die Idee einer definierbaren Identität oder Kultur Europas, indem sie zunächst das gemeinsame Menschsein in den Mittelpunkt stellen: Menschen überall auf der Welt vereine, dass sie Lebensetappen mit bestimmten (religiösen) Feiern und Traditionen begleiten; es sei deshalb nicht möglich, eine von anderen abgrenzbare europäische Kultur zu definieren. Die physische Präsenz der ausgestellten Objekte, sowie deren durch die Touchscreens suggerierte Greifbarkeit und unmittelbare und eindeutige Lesbarkeit scheinen diese Lesart zu beweisen. Damit inszeniert die mediale Konstellation aus Objekten und Touchscreens universelle anthropologische Konstanten und Diversität innerhalb dieser Konstanten als Gegenentwurf zu einem identitär feststellbaren Europa. Dass dieses Europamedium dabei jedoch auch ein bestimmtes, unkritisches Bild von Diversität entwirft, zeigt der folgende Abschnitt.

Handhabbarmachung von Uneindeutigkeit
Nachdem die erste Betrachtung der Vitrine angesichts der Vielfalt der Objekte und deren fehlender Einordnung von überfordernder Fülle, Gleichzeitigkeit vielfältiger visueller Eindrücke und Uneindeutigkeiten geprägt war, zähmen die Touchscreens diese Gleichzeitigkeit und Uneindeutigkeit durch die Kategorisierung und Erklärung der Objekte. Sie machen die Installation lesbar und im wahrsten Sinne des Wortes handhabbar: Es ist die Berührung des Bildschirms mit der Hand, die die Objekte instantan einordnet und erklärt. Wählt man zum Beispiel den Abschnitt »la Mort« aus, zeigt der Bildschirm digitale Fotografien von Kreuzen, Grabsteinen, eines Blumenkranzes und eines Kleides aus der Vitrine, die damit diesem Abschnitt zugeordnet werden. Ein begleitender Text erklärt, Trauerriten seien die ältesten und universellsten Riten der Menschheit: »Les cérémonies de deuil sont les plus anciennes et les plus universelles. Pour nous aider à comprendre et à accepter qu'un proche ne reviendra plus jamais, les

---

280   Ob die Dinge wirklich Originale und damit sogenannte »primäre Museumsdinge« (Fayet 2007: 24) sind, ist dabei nicht entscheidend. Es kommt vielmehr darauf an, dass das museale Dispositiv sowie die auratisch aufgeladene Präsentationsweise in der Vitrine die Lesart nahelegen, dass es sich um echte, authentische Objekte handelt. Wie in Kapitel 2.3 gezeigt, ist es die Institution Museum selbst, die das Konzept des bewahrenswerten Originalobjekts hervorbringt.

rites funéraires [...] sont nécessaires.«[281] Die Objekte zeigt der Screen damit als Zeichen für Todes- und Trauerrituale, die wiederum als universell, als ein allgemeines menschliches »nous« betreffend inszeniert werden.

Wählt man eins der Objekte aus, zum Beispiel ein verziertes Kreuz aus Metall, zerfällt dieses allgemein menschliche Wir jedoch in religiös definierte Gruppen. Der Bildschirm zeigt dann das Bild eines isolierten Objekts vor weißem Hintergrund sowie einen Text, der Todes- und Trauerrituale in den drei monotheistischen Religionen miteinander vergleicht. Die Objekte stehen dann nicht mehr für ein universelles, inklusives »nous« (Wir), sondern für einzelne Religionen. So zeigt der Touchscreen für den Lebensabschnitt »Le Mariage« (Hochzeit) beispielsweise drei Kleider, die in der Mitte der Vitrine hängen. Durch die serielle Anordnung auf dem Screen fällt zunächst die Ähnlichkeit der Kleider ins Auge: Alle drei sehen kostbar aus und sind reich verziert. Die Beschreibungen auf dem Touchscreen ordnet dann jedoch jedes Kleid einer Religion zu. Sie stehen nicht mehr für einen als universell und alle Menschen umfassenden Ritus, sondern für die Religionen Christentum, Islam und Judentum. Auf diese Weise legt der Touchscreen eine Art Raster über die zunächst nicht eingeordnete Fülle der Vitrine und wandelt damit die Uneindeutigkeiten des ersten Betrachtens in eine klassische museale Ordnung. In dieser wird jedes Objekt einer Religion zugeordnet und mit einer Beschreibung versehen. Durch den jeweils gleichen Aufbau der Beschreibungen, sowie die serielle Anordnung der Objekte in der Vitrine und auf den Touchscreens lädt die Installation zum Vergleich zwischen religiös kategorisierten Einheiten ein. Der Touchscreen inszeniert so, ähnlich wie die Tabellen im DHM und die tabellenartigen Touchscreens im ECS, einen vergleichenden Blick, der durch die Kategorisierung der Objekte in christliche, jüdische und muslimische diese Kategorien ins Zentrum der Aufmerksamkeit stellt und bestärkt. Die zunächst als universell und allgemein menschlich erscheinende Diversität zerfällt so in drei religiös markierte Einheiten, denen die Objekte in der Vitrine eindeutig zugeordnet werden.

Darüber hinaus präsentiert die Installation auf dem Touchscreen auch eine bestimmte normative Vorstellung davon, wie ein menschliches Leben abläuft. Die Ausstellung zeige, so der Einleitungstext an der Kapelle, »les fêtes qui jalonnent le déroulement d'une vie«.[282] Und zum Abschnitt Geburt heißt es auf den Touchscreens »Dans *toutes les communautés*, les étapes naturelles de l'existence font

---

281 »Trauerzeremonien sind die ältesten und universellsten Zeremonien. Um uns zu helfen, zu verstehen und zu akzeptieren, dass ein naher Mensch niemals wiederkommen wird, sind Bestattungsriten [...] notwendig.«
282 »[...] die Feste, die den Verlauf eines Lebens markieren.«

l'objet des cultes. La naissance s'accompagne *universellement* du don de son nom au nouveau-né« (Hervorhebungen: S.C.).[283] Den Lebensverlauf, der hier als universell und natürlich präsentiert wird, gliedert der Touchscreen in die Abschnitte Geburt, Eintritt in die Gemeinschaft der Erwachsenen, Verlobung, Hochzeit, Einzug ins eigene Heim, Militärdienst, Eintritt ins Berufsleben und Tod. Lebensentwürfe jenseits dieses engen Rasters finden keine Beachtung. Es zeigt sich, dass nicht die gesamte universelle Menschheit gemeint ist, sondern traditionelle und religiöse Lebensentwürfe.

Zudem sind die hier präsentierten Lebensverläufe klar gegendert und inszenieren starre Vorstellungen von Männlichkeit und Weiblichkeit: Die Texte, die die Objekte auf den Touchscreens beschreiben, verwenden fast ausschließlich die männliche Form, um die als universell präsentierten Lebensverläufe zu beschreiben (»le chrétien« (der Christ), »le jeune juif« (der junge Jude), »l'ouvrier« (der Arbeiter)). Frauen werden dagegen nur bei den Etappen Hochzeit und Haushaltsgründung extra benannt und auf Fotos gezeigt. Lebensbereiche, die Vernunft, Denken, Schaffen, Kämpfen und Subjektstatus implizieren, wie das Erwachsen Werden (»l'âge de raison«), der Eintritt ins Berufsleben oder der Militärdienst, erscheinen so als ausschließlich männliche Domäne; Weiblichkeit wird hingegen mit Fürsorge und Objektstatus (die Frau als Objekt, das verheiratet wird) verbunden. Jungen werden in der Inszenierung »Les âges de la vie« zu denkenden, kämpfenden Männern; Mädchen zu fürsorgenden Ehefrauen und Müttern. Dass es sich dabei um die Darstellung bestimmter traditioneller Lebensentwürfe handelt, verdeckt die setzende Sprache der beschreibenden Texte, die durch die ausschließliche Verwendung des Präsens den Eindruck ahistorischer Wirklichkeiten erweckt.

Es wird deutlich, dass die Installation »Les âges de la vie« die transnationale und transeuropäische Öffnung des musealen Bezugsrahmens im Gegensatz zu den Dauerausstellungen des DHM und des ECS mit der Hinterfragung der Strukturkategorie Religion verbindet, die für die Vorstellung nationaler Gemeinschaften zentral war. Die Herausbildung nationaler Geschichten und Identitäten ab dem achtzehnten Jahrhundert war oftmals durch die Vorstellung einer privilegierten und exklusiven religiösen Zugehörigkeit strukturiert (siehe Kapitel 2.5). Die Installation »Les âges de la vie« ist, wie das DHM und das ECS auch, nicht mehr nur auf die Nation, sondern auf Europa und darüber hinaus auch einen transeuropäischen Rahmen, den Mittelmeerraum, ausgerichtet. Im Gegensatz zum DHM und

---

283 »In *allen Gemeinschaften* sind die natürlichen Lebensabschnitte Teil eines Kultes. Die Geburt wird *universell* mit der Vergabe eines Namens an das Neugeborene verbunden.« (Hervorhebung: S.C.)

zum ECS, wo der transnationale Bezugsrahmen statt zu einer Hinterfragung eher zu einer Bestärkung der Vorstellung einer christlichen Identität Europas führt (siehe Kapitel 3.1.3.1, 3.2.3.1 und 3.2.3.3), zeigt die Installation des MuCEM, dass Europa- und Mittelmeerkulturen durch religiöse Vielfalt bestimmt sind. Religiöse Diversität inszeniert sie als Gegenentwurf zu einer kollektiven, christlich geprägten Identität Europas. Denkt man Europa nicht als Zentrum der Welt, sondern als mit dem Mittelmeerraum verwoben, so die Installation, kann es nicht als exklusiv christlich konzipiert werden. In dieser transnationalen und transeuropäischen Problematisierung der Strukturkategorie Religion bleibt jedoch eine andere Kategorie unhinterfragt, die für die Vorstellung nationaler Gemeinschaften ebenfalls zentral ist: *Gender*. Die Installation wiederholt und bestärkt klassische Vorstellungen von Geschlecht, die für die Herausbildung von Nationen entscheidend waren (siehe Kapitel 2.5), auf transnationaler Ebene. Männlichkeit wird darin mit Öffentlichkeit, rationalem Denken, Aktivität und Subjektstatus assoziiert, Weiblichkeit hingegen mit Privatheit, Fürsorge und Objektstatus. Die transnationale Öffnung des musealen Bezugsrahmens geht an dieser Stelle folglich mit der Hinterfragung der Kategorie Religion einher, lässt jedoch andere Strukturkategorien wie *Gender* außer Acht.[284]

Récits croisés: Multiperspektivität

Über die Herstellung von zum Teil normativer Eindeutigkeit hinaus thematisiert die Installation auf dem Touchscreen anhand mancher Objekte auch Verflechtungen zwischen Kulturen und löst damit eines der Hauptanliegen der Konzeption ein (siehe Kapitel 3.3.2). Wie oben gezeigt, verleitet die Vitrine zu einer Betrachtungsweise, die eher vom Zufall, denn von Linearität oder Kontinuität geleitet ist. »Une lecture aléatoire de ces rites est proposées dans la vitrine ›Les âges de la vie‹, pour lesquels les œuvres ne sont pas disposées selon une seule orientation, mais selon des *récits croisés*.« (MuCEM 2013c: 6, Hervorhebung: S.C.).[285] Eine solche verflochtene Geschichte erzählt beispielsweise der Text, der ein weißes Kleid in der rechten unteren Ecke der Vitrine beschreibt. Es handle sich, so die Erklärung auf den Touchscreens, um eine jüdische Trauertunika aus Lorraine in Frankreich aus dem zwanzigsten Jahrhundert. Der erklärende Text hingegen stellt nicht eine jüdische Kultur in den Mittelpunkt, sondern die Farbe Weiß als

---

284 An anderer Stelle führt die transnationale und transeuropäische Öffnung des MuCEM jedoch auch zur Thematisierung von *Gender* (siehe Kapitel 3.3.3.3).
285 »Der Schaukasten ›Lebensabschnitte‹ bietet eine zufällige Lektüre dieser Riten, für die die Werke nicht nach einer einzigen Ausrichtung angeordnet sind, sondern nach überkreuzten/verflochtenen Erzählungen.«

Farbe der Trauer. Bis ins sechzehnte Jahrhundert hätten trauernde Frauen in Frankreich weiß getragen, bis sich danach im Christentum Schwarz durchgesetzt habe. Für Muslime und Juden hingegen bliebe bis heute Weiß die Farbe der Trauer, so der Text. Das Objekt steht hier nicht für eine Kultur, sondern für Mehrdeutigkeiten und verschiedene Perspektiven. Neben der Inszenierung religiöser Vielfalt durch die Zuordnung der Objekte zu religiös markierten Kulturen auf den Touchscreens, stellt dies eine weitere Schicht der Dezentrierung eines christlichen Europas durch Objekte und Touchscreen dar: Der vergleichende Blick, den der Touchscreen etabliert, bestärkt zwar die Idee homogener, klar voneinander abgrenzbarer religiöser Kulturen, doch hinterfragen die erklärenden Texte an einigen Stellen auch genau diese Idee, indem sie, wie in den Konzeptionen des MuCEM gefordert, Verflechtungen, gemeinsame Praktiken betonen und multiple Perspektiven auf Objekte eröffnen.

Darüber hinaus erlauben die Touchscreens eine weitere Multiplikation des Blicks, indem sie entschieden auf das Prinzip der Selektion und auf die Gestaltungsmacht der Besucher_innen verweisen: Die Installation lässt sich nicht linear und vollständig lesen und ruft stattdessen zur Auswahl auf. Im Gegensatz zu einem klassischen Museumsrundgang entlang von Vitrinen, der ebenfalls selektiv vorgeht, verändert sich durch die Aktion der Besucher_innen hier zusätzlich, was diese sehen. Je nachdem, was ich auf dem Bildschirm berühre, sieht das Display anders aus – es ist der Zeigefinger der Besucher_innen, der bestimmt, was die Ausstellung erklärt und auf welcher Sprache sie das tut. »[...] [T]he index is the bodily residence of what we mostly call ›will‹ or ›intention‹«, hebt Lorenz Engell (2013: 1) die Gestaltungsmacht des Zeigefingers auf Touchscreens hervor. Aufgrund dieser Geste bezeichnet er Touchscreens als »technology of the will« und als »magic tools«, als deren Vorläufer er die Fernbedienung und die Computermaus betrachtet. Mit diesen »magischen Technologien« üben Benutzer_innen ihren Willen (oder, wie Engell präzisiert, was sie für ihren Willen halten) auf Bilder und Prozesse auf Bildschirmen aus, die sich auf Tastendruck oder Fingerzeig verändern (vgl. Engell 2013: 5).[286] Statt eines geschlossenen Narrativs bietet die Installation auf Fingerzeig multiple Zugänge, die sich am Willen oder Interesse der Besucher_innen orientieren. Mit diesen Multiplikationen von Perspektiven durch die Geste des Tippens auf Touchscreens entwirft die Ausstellung die

---

[286] »[...] [P]ressing the mouse button means having the initial impulse of a movement turn into a flux of energy which goes beyond the body and finally, in an unknown or even magic way, arrives on the screen, where it has an effect on the movements which take place there.« (Engell 2013: 5) In ähnlicher Weise beschreibt Engell (2013: 64) das Fernsehen als Medium der Selektion, das sich in der Fernbedienung als »Selektionsmaschine« verdichtet.

gezeigten Objekte als nicht vollständig und final erklärbar oder für eine Kultur essentialisierbar.

Dennoch führen diese Angebote von punktueller Multiperspektivität in der Installation »Les âges de la vie« nicht dazu, dass – wie in der Konzeption gefordert – konfliktvolle oder konkurrierende Vergangenheitsdeutungen thematisiert werden (siehe Kapitel 3.3.2). Insbesondere der Abschnitt »service militaire« (Wehrdienst), in dem zum Beispiel eine Thematisierung Frankreichs kolonialer Herrschaft erwartbar wäre, zeichnet ein überaus harmonisches und festliches Bild des Militärdienstes. So thematisieren die Texte anhand von Hüten, Geschirr mit bildlichen Darstellungen von Einberufenen, Abzeichen und Kegel vor allem die Vorfreude auf und die Festlichkeiten zum Ende eines Militärdienstes. Mehrere Objekte, die der Touchscreen diesem Lebensabschnitt zuordnet, stammen aus Algerien und den 1960er Jahren, in denen das Land gegen Frankreich um seine Unabhängigkeit kämpfte. Diesen Krieg und die damit verbundenen bis heute reichenden postkolonialen Erinnerungskonflikte thematisiert die Ausstellung an keiner Stelle.[287] Auch wird nicht erklärt, wie diese Objekte aus der Kolonialzeit in den Besitz des MuCEM gekommen sind.[288] Stattdessen entwirft die Ausstellung ein harmloses, friedliches und positiv konnotiertes Bild von religiöser Diversität und von Verbindungen zwischen Kulturen als Reichtum. Es stellt sich deshalb die Frage, wer durch die Ausstellung von Diversität bereichert werden soll.

Nationale Rezentrierung religiöser Vielfalt
Die Beschreibung der Objekte auf den Touchscreens verzeichnen den Herkunftsort und das Entstehungsjahr des jeweiligen Objekts. Dabei fällt auf, dass der Großteil der Objekte aus Frankreich oder anderen europäischen Ländern stammt. Einige wenige Objekte kommen aus dem kolonialen Algerien, wie zum Beispiel sogenannte »Quilles«, Kegel, die das Ende des Militärdienstes anzeigen. Eine der Herausforderungen, vor denen das MuCEM als französisches Nationalmuseum steht, bildet, wie in Kapitel 3.3.2 herausgearbeitet seine Sammlung, die auf die nationale Sammlung zu französischen Volkskulturen des MNATP und die

---

287 Zu aktuellen postkolonialen Erinnerungsdiskursen in Frankreich vgl. Middell 2013.
288 Im Kontext einer Hinwendung zu größerer musealer Selbstreflexivität (durch Transnationalisierung, postkoloniale Deutungskämpfe etc.) werden Provenienzforschung und die Thematisierung dieser Forschungen in den Ausstellungen selbst zunehmend wichtiger für Museen (vgl. American Association of Museums 2005). Auch und gerade für Museen, die sich europäisieren, sollte die Offenlegung der Herkunft der Objekte zentral sein, um alte nationale Meistererzählungen zu hinterfragen und diverse, nicht mehr national codierte Perspektiven auf die Objekte zu ermöglichen. Leider wird dies, wie hier analysiert, im MuCEM nicht eingelöst.

europäischen Sammlungen des Musée de l'Homme zurückgeht. Eine der Fragen, die sich aus der Darstellung der Konzeption ergeben haben, ist, wie das MuCEM mit einer überwiegend nationalen und zum Teil europäischen Sammlung Europa dezentriert, also die Idee einer europäischen Identität mit bestimmten Merkmalen hinterfragt. Zwei Mechanismen lassen sich in der Installation »Les âges de la vie« beobachten: Erstens hinterfragen die Nicht-Einordnung der gezeigten Fülle von Objekten und die Universalisierung des Bezugsrahmens auf ein allgemeines Menschsein die Idee, dass museale Dinge für voneinander abgrenzbare Kulturen oder kollektive Identitäten stehen könnten. Die Dinge in der Vitrine stehen zunächst nicht für Kulturen, sondern für Staunen, visuelle Attraktivität und persönliche Assoziationen. Zweitens zeichnet sich ab, dass dieses Hinterfragen Europas in den Ausstellungen des MuCEM in andere Medien als sogenannte »primären Originalobjekte« (Fayet 2007: 24) ausgelagert wird. Wie im »Jardin des Migrations«, wo Pflanzen und anthropomorphisierende Texte kulturelle Diversität als Gegenentwurf zu einer europäischen Identität zeigen, lässt sich das auch in der Installation »Les âges de la vie« beobachten: Hier sind es vor allem die Touchscreens, die Vielfalt, Gemeinsamkeiten und Verflechtungen zwischen Kulturen inszenieren. Diversität wird dabei in dieser Installation als religiöse Vielfalt verstanden, die die Idee eines christlichen Europas hinterfragt. Den Fokus auf Europas Verflechtungen mit dem Mittelmeerraum zu legen bedeutet, so die Installation, die religiöse Vielfalt von Mittelmeer- und Europakulturen anzuerkennen. Dabei schafft die Installation in einer ästhetisch ansprechenden Präsentation eine positive Erzählung von Diversität als Gegenentwurf zu einer monokulturellen oder monoreligiösen Identität Europas. Diversität bedeutet hier Bereicherung – Konflikte oder Kriege kommen nicht vor. Zusammengehalten wird diese Vielfalt von der Klammer des gemeinsamen Menschseins und der als universell inszenierten Übergangsriten menschlichen Lebens.

Diese Inszenierung positiv konnotierter religiöser Vielfalt als Dezentrierung Europas geschieht dabei jedoch unter französischer Schirmherrschaft. Die Objekte sowie die Sprechposition des MuCEM bleiben national situiert: Es ist der französische Staat, der eine überwiegend nationale Sammlung ausstellt. Den Referenzpunkt, von dem aus religiös markierte Kulturen auf den Touchscreens verglichen und deren Diversität als Bereicherung ausgestellt werden, bildet weiterhin die französische Nation. Deutlich wird das zum Beispiel im Abschnitt »Chef-d'oeuvre«, der den Berufseinstieg als eine der »universellen« Konstanten der Menschheit zeigt, dann aber anhand dreier Objekte aus Frankreich ausschließlich den Werdegang französischer Handwerker thematisiert. Auch der Text zum Militärdienst behandelt diesen zunächst in verschiedenen Ländern, legt seinen Fokus dann jedoch auf Frankreich. Die Objekte, die diesem Abschnitt zugeordnet werden, stammen ausschließlich aus Frankreich und seiner ehemaligen Kolonie

Algerien. Wie die algerischen Kegel so eignet sich der französische Nationalstaat hier im Namen der Weltoffenheit auch eine positiv verstandene Diversität an. Auch visuell wird dieses Bild der nationalen Rezentrierung religiöser Vielfalt beim Betrachten der Vitrine sehr deutlich: Über der bunten und reichen Fülle der Objekte schwebt ein großer goldener Eiffelturm, der von mehreren Lichtspots hervorgehoben wird und das Ensemble dominiert.

3.3.3.3 Dezentrierung Europas und *Gender*: Filmische Zeitzeuginnen

Wie im vorangegangenen Abschnitt gezeigt, bringt das Übertreten des nationalen Referenzrahmens und die Ausrichtung auf Europa und den Mittelmeerraum im MuCEM auch andere Strukturkategorien als die Nation in Bewegung. Mit der Hinterfragung einer definierbaren europäischen Identität und dem Gegenentwurf der von Diversität, Nicht-Feststellbarkeit und Austausch gekennzeichneten *Méditerranée* geht einher, dass Strukturkategorien, die soziale Zugehörigkeiten zu Gemeinschaften wie zum Beispiel Nationen organisieren (siehe Kapitel 2.5), explizit thematisiert und offengelegt werden. So zeigt das MuCEM beispielsweise in der Installation »Les âges de la vie«, dass Europa, wenn man es als mit dem Mittelmeerraum verbunden konzipiert, nicht nur als vom Christentum geprägt gedacht werden kann. Die Dezentrierung Europas und die Ausrichtung auf *la Méditerranée* fördern stattdessen religiöse Vielfalt und Verflechtungen zu Tage. Die Installation aus Objekten und Touchscreens zeigen Europa- und Mittelmeerraumkulturen als grundlegend von den drei monotheistischen Religionen geprägt. Sowohl das Christentum, als auch der Islam und das Judentum seien Haupteinflüsse für Mittelmeer- und Europakulturen.

Doch anders als in dieser Installation thematisiert das MuCEM in seiner Dauerausstellung »Galérie de la Méditerranée« durch die Dezentrierung Europas und die Ausrichtung auf den Mittelmeerraum nicht nur die Strukturkategorie Religion und ihre Verbindungen mit Europa, sondern auch die Verschränkung von Europa und *Gender*. Schon im inhaltlichen Planungsprozess des Museums hat dieser Punkt anfänglich eine wichtige Rolle gespielt (siehe Kapitel 3.3.2). Neben der programmatischen ersten Wechselausstellung des Museums »Au Bazar du Genre. Féminin/Masculin en Méditerranée« (7. Juni 2013–6. Januar 2014) behandelt insbesondere ein Abschnitt in der »Galérie de la Méditerranée« die Frage nach vergeschlechtlichten Geschichtsnarrativen: die »mur de portraits« (Wand der Portraits), eine Raumdominierende Installation, in der gefilmte Interviews mit neun Frauen gezeigt werden.[289] Diese filmischen Zeitzeuginnen analysiere ich in diesem Kapitel als Europamedien. Leitend sind dabei folgende Fragen: Wie trägt die Ausstellung hier zur Dezentrierung Europas bei? Wie thematisieren die filmischen Zeitzeuginnen dabei die Strukturkategorie *Gender* und welche Narrative Europas und des Mittelmeerraumes entwerfen sie?

Transnationale *CITOYENNEté* – die »mur de portraits« in der »Galérie de la Méditerranée«

Vom Fort St. Jean aus betritt man den Neubau des MuCEM über eine lange und schmale Fußgängerbrücke (Abb. 42).[290] Die Fassade des würfelförmigen Baus bilden gemusterte Platten aus einem eigens dafür entwickelten Beton, die, je nach Standpunkt, an ein dichtes Geflecht aus verworrenen Linien oder an eine bewegte Wasseroberfläche denken lassen. Die Passerelle führt die Besucher_innen auf das Dach des Gebäudes, auf dem diese Konstruktion angenehmen Schatten spendet und Liegestühle sowie eine Bar zum Verweilen einladen. Durch die Fassade hindurch bietet sich ein Ausblick auf das Meer, den Hafen oder das Fort St. Jean, den man auch weiterhin vor Augen hat, wenn man sich auf Weg nach unten in Richtung der Dauerausstellung macht (Abb. 29).

Die »Galérie de la Méditerranée« ist im Erdgeschoss des Neubaus untergebracht und behandelt die Geschichte von Mittelmeer- und Europakulturen vom Neolithikum bis heute. Ziel der Ausstellung ist es, die Besonderheiten dieser Kulturen zu zeigen (siehe Kapitel 3.3.2). Sie ist in vier etwa gleich große Räume aufgeteilt, die jeweils eine »singularité de la Méditerranée« behandeln (Gourarier 2015: 26, Abb. 30).[291]

Durchgehende, raumhohe Fenster lassen die Räume hell und lichtdurchflutet wirken und geben, nur verdeckt von transparenten Vorhängen, den Blick frei auf das schillernde Mittelmeer, das durch die grazile Betonfassade hindurch Lichtreflexe in die Ausstellungsräume wirft. Die Räume geben bis auf den Ein- und Ausgang keine Laufrichtung vor, so dass sich trotz der chronologisch angelegten

---

[289] Seit der Überarbeitung der »Galérie de la Méditerranée« im November 2017 ist diese Installation leider nicht mehr Teil der Ausstellung.
[290] Eine vorherige Version dieses Kapitels ist als Czerney 2015b erschienen.
[291] Seit November 2017 ist nur noch der erste dieser Räume in der hier beschriebenen Form zu sehen. Die anderen drei Räume widmen sich unter dem Titel »connectivité« der Geschichte von Austausch und Verflechtungen zwischen Städten im Mittelmeerraum. Im Sinne einer Geschichte der »longue durée«, die nicht auf Ereignisse fokussiert, sondern Kontexte und langsame Veränderungen in den Mittelpunkt stellt, geht es dabei um die Verbindungen des Habsburger und des Osmanischen Reiches im sechzehnten/siebzehnten Jahrhundert, sowie Europas mit dem Mittelmeerraum heute (vgl. MuCEM o.J.g).

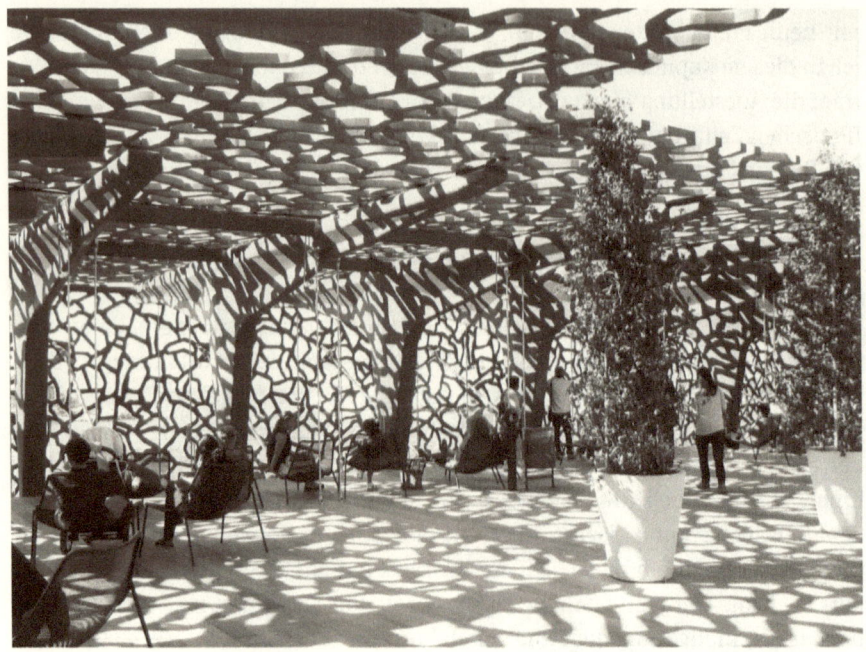

Abb. 29: Auf der Terasse des MuCEM

Ausstellung keine kohärente, auf Vollständigkeit ausgelegte Geschichte, sondern eher ein Mosaik aus verschiedenen, von persönlichen Interessen und Zufällen geleiteten Eindrücken ergibt. Der in der Konzeption bewusst formulierten Offenheit und Nicht-Feststellbarkeit des Konzepts *la Méditerranée* wird so gestalterisch Rechnung getragen (siehe Kapitel 3.3.2).

Die »mur de portraits« ist eine der beeindruckendsten Installationen der Ausstellung. Sie befindet sich im dritten Raum, der unter der Überschrift »*citoyenneté*s et droits de l'homme« (Staatsbürgerschaft und Menschenrechte) die historische Entwicklung des Konzepts (Staats)Bürgerschaft ausstellt.[292] Der einleitende Text weist darauf hin, dass Diskriminierungen aufgrund von Geschlecht

---

[292] »Citoyenneté« meint im Französischen die Eigenschaft, »citoyen« oder »citoyenne« zu sein. »citoyen/ne« und damit auch »citoyenneté« hat zwei Bedeutungen: Erstens meint es Mitglieder einer politischen Gemeinschaft, zum Beispiel eines Nationalstaates. Diese Bedeutung würde man im Deutschen mit »Staatsbürger_in« übersetzen. Zweitens meint »citoyen/ne« allgemeiner diejenigen, die die demokratischen Grundrechte achten. Dieser Bedeutung entspricht die Übersetzung »Bürger_in« (vgl. Atilf o. J.). Welche der beiden Bedeutungen von »citoyen/ne« in der »mur des portraits« vorherrscht, ist nicht eindeutig bestimmbar. Die eingeblendeten Schriftzüge

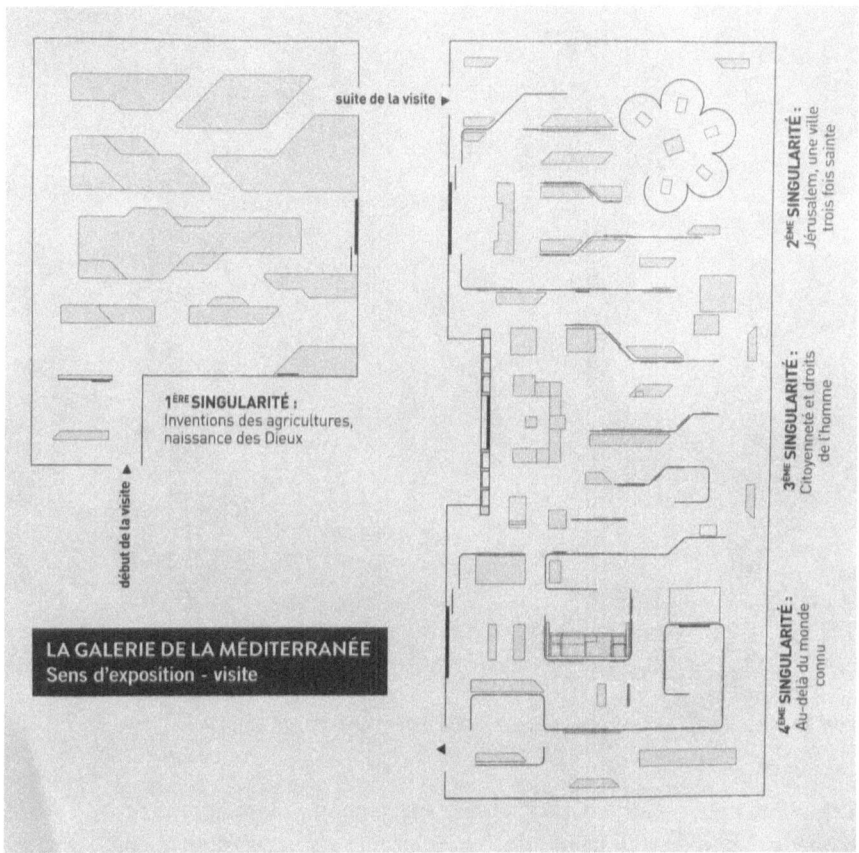

Abb. 30: Aufbau der »Galérie de la Méditerranée« (vgl. MuCEM 2013a: 7)

oder sozialer Stellung in diesem Abschnitt der Ausstellung eine herausgehobene Rolle spielen. Der Text historisiert die Idee der *citoyenneté* und erklärt, Bürger_in einer Gesellschaft zu sein und aktiv an ihr teilhaben zu können, sei nicht naturgegeben, sondern in der Geschichte und zum Teil heute noch immer umkämpft. Im antiken Griechenland und im Römischen Reich sei dieses Recht allein Männern vorbehalten gewesen, während Frauen und Sklaven nicht als *citoyens* galten, lesen die Besucher_innen, bevor sie den Raum betreten.

---

ordnen die Frauen zwar als Mitglieder eines Nationalstaats ein und die Sprecherinnen beziehen sich auf spezifische nationale Situationen. Jedoch geht es auch um allgemeines zivilgesellschaftliches Engagement und damit eher um die zweite allgemeinere Bedeutung als Bürgerinnen.

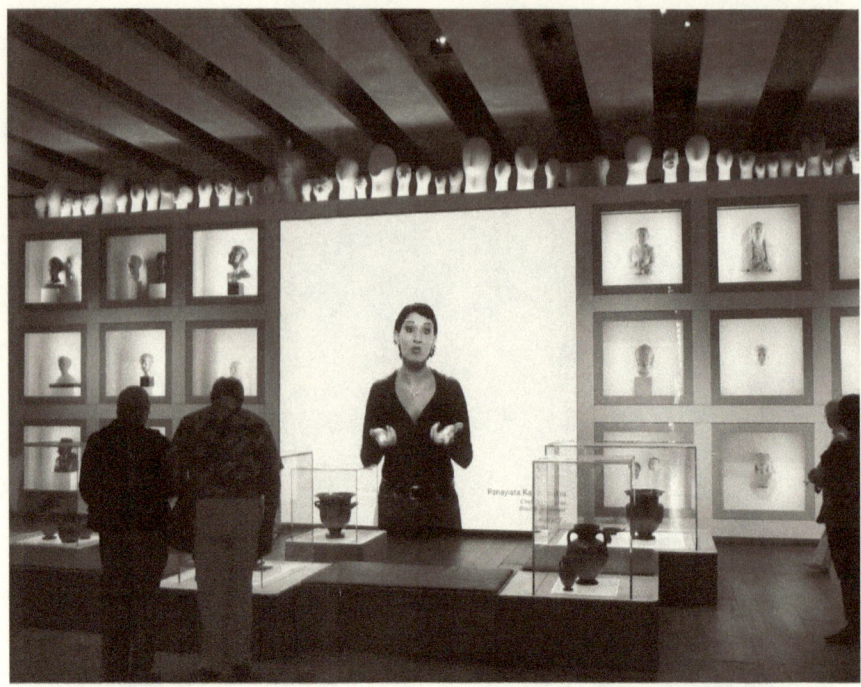

Abb. 31: Installation »Le mur de portraits« (Wand der Portraits) im MuCEM

Dort sind antike Masken in Vitrinen, freistehende männliche Statuen, Stadtmodelle, Texte und Filme auf flachen Bildschirmen ausgestellt. Dominiert wird der Raum von der Installation »mur de portraits«, die von jedem Standpunkt im Raum aus sichtbar ist (Abb. 31).

Ein ungefähr vier mal vier Meter großer Bildschirm wird von 18 Vitrinen gerahmt, die Portraits und Büsten aus verschiedenen Epochen von der Antike bis heute ausstellen, zum Beispiel ägyptische Totenmasken oder das Portrait eines römischen Herrschers aus Marmor. Oben auf den Vitrinen steht eine Reihe stilisierter Büsten aus Gips, die meist kein Gesicht haben und Teil einer Kunstinstallation sind. Der Bildschirm in der Mitte zeigt zwei- bis dreiminütige Ausschnitte aus Filminterviews mit neun Frauen unterschiedlichen Alters aus verschiedenen Ländern Europas und des Mittelmeerraumes.[293] Thematisch kreisen

---

[293] Die Interviews sind unter der Leitung der Regisseure Bernard Dumas und Jimmy Glasberg entstanden und wurden von der Marseiller Produktionsfirma Films du Soleil produziert. Woran sich die Auswahl der Frauen orientiert hat, erklärt die Installation nicht.

die Interviewsequenzen um das gesellschaftliche und politische Engagement der gezeigten Frauen in ihrem jeweiligen Land.

Filmische Zeitzeug_innen halten, wie in Kapitel 3.2.3.2 ausgeführt, derzeit verbreitet Einzug in Museen (vgl. de Jong 2011a: 246, 2015: 70), auch und insbesondere in Museen zu Europa und europäischer Geschichte (vgl. Kaiser et al. 2012: 162ff.; Kaiser 2011a). Sie können als Europamedien analysiert werden, da sie dazu beitragen, Bilder und Narrative dessen zu entwerfen, was als europäisch gilt. So inszenieren beispielsweise die im ECS ausgestellten Filminterviews mit Zeitzeug_innen europäische Geschichte als Serie nationaler Einzelgeschichten (siehe Kapitel 3.2.3.3). Der Fall des MuCEM ist, wie in der Analyse der Konzeptionen gezeigt, etwas anders gelagert (siehe Kapitel 3.3.2): Zunächst geht es hier nicht mehr darum, Europa und europäische Geschichte auszustellen, um eine kollektive Identität Europas zu stärken, sondern darum, die Idee einer solchen Identität an sich zu hinterfragen. Das Konzept *la Méditerranée* dient dazu, Europa in diesem Sinne zu dezentrieren, da es für Austauschprozesse zwischen Mittelmeer- und Europakulturen und eine generelle Nicht-Feststellbarkeit von kollektiven Identitäten steht. Als Europamedien im MuCEM bezeichne ich deshalb Medien(konstellationen), die dazu beitragen, Europa im Sinne einer Identität mit einer gemeinsamen Geschichte und bestimmten Merkmalen zu problematisieren. Die filmischen Zeitzeuginnen der »mur de portraits« können als ein solches Europamedium gelten, da sie die Fokusverschiebung des MuCEM weg von Europa und hin zum Mittelmeerraum deutlich vor Augen führen: Im Mittelpunkt der Installation steht nicht Europa, sondern *la Méditerranée*. Die Frauen, die der Bildschirm zeigt, weist ein eingeblendeter Text als Vertreterinnen neun verschiedener Ländern aus, die an das Mittelmeer grenzen: Tunesien, Israel, Italien, Libanon, Syrien, Ägypten, Algerien, Marokko und Griechenland. Das schwer fassbare Konzept *la Méditerranée* wird hier in Form dieser nationalen Vertreterinnen greifbar: Es meint hier zunächst die Länder, die am Mittelmeer liegen.

Darüber hinaus meint *la Méditerranée* aber auch, was die Frauen in den Filmsequenzen erzählen. Inhaltlich geht es darum, Frauen, nachdem sie die meiste Zeit der Menschheitsgeschichte aus dem Konzept der *citoyenneté* ausgeschlossen waren, eine Stimme zu geben und sie als politische und gesellschaftliche Akteurinnen zu zeigen. Das steht in Gegensatz zum weit verbreiteten Einsatz filmischer Zeitzeugen in anderen Europamuseen. Dort werden sie oftmals als Beitrag zum »Gründervätermythos« gezeigt (Kaiser et al. 2012: 158ff.) – Politiker, die davon erzählen, wie sie Europa aufgebaut haben. In der »mur de portraits« sind dagegen exklusiv Frauen ausgestellt. In den Interviews erzählen sie davon, was es für sie heißt, in ihrem Land eine *citoyenne* zu sein: Sie erzählen von ihrem Engagement in Wissenschaft und Forschung, im Umweltschutz, im Kampf gegen repressive politische Systeme während des Arabischen Frühlings seit 2010 und für Geschlechtergerechtigkeit. Aktiv am öffentlichen Leben teilzuhaben, etwas verändern zu können, Nein zu sagen, Allianzen zu bauen, Raum einzunehmen und als Frau eine Stimme zu haben sind die Themen, die verhandelt werden. So erzählt zum Beispiel eine oppositionelle Radiomacherin aus Syrien von ihrer Zeit im Gefängnis. Das Schlimmste während der Gefangenschaft sei die erzwungene Sprachlosigkeit gewesen. Nach ihrer Freilassung habe sie deshalb einen Radiosender gegründet, um ihre Stimme als Frau wiederzugewinnen und andere politisieren zu können. So sei sie »une citoyenne active« geworden, die den »Titel einer syrischen citoyenne verdient« (Caroline Ayoub 00:13:32, Übersetzung: S.C.).[294]

Mit dem Europamedium der filmischen Zeitzeuginnen erweitert die Ausstellung an dieser Stelle also nicht nur den Bezugsrahmen von Europa auf den Mittelmeerraum im Sinne einer Dezentrierung Europas, sondern sie verschränkt diese Dezentrierung mit der Strukturkategorie *Gender*. Die Ausweitung über Europa hinaus bringt in den Filminterviews, wie in der Installation »Les âges de la vie« auch, eine Befragung anderer Strukturkategorien mit sich, die Gemeinschaftsbildung, Zugang zu Ressourcen und damit auch Machtverteilung organisieren.[295] Diskriminierungen und Gewalt aufgrund von Geschlecht, weibliche Lebenswelten und feministisches Engagement thematisieren die Filminterviews explizit und exponiert. Aufgrund der Größe und Lautstärke der Installation ist es nicht möglich, diese Themen zu überhören oder die Frauen zu übersehen. Insbesondere in Kontrast mit der im Einleitungstext des Abschnitts herausgestellten für lange Zeit exklusiv männlichen *citoyenneté* wird die in den Interviews beschriebene weibliche *CITOYENNEté* relevant: Nachdem Frauen lange Zeit vom aktiven, öffentlichen Leben als (Staats-)Bürger ausgeschlossen waren, inszenieren die filmischen Zeitzeuginnen nun eine starke Gegenerzählung: die einer »citoyenneté et de démocratie pour tous«[296], wie der erklärende Text neben der Installation herausstellt.

---

294 Die Zeitangaben beziehen sich auf die Zusammenstellung der Interviews auf einer DVD, die mir freundlicherweise vom Produktionsbüro Les films du soleil zur Verfügung gestellt wurde. In der Ausstellung sind die Interviews in einem Loop in derselben Reihenfolge wie auf der DVD zu sehen, nur lässt sich dort keine Startzeit festlegen.
295 Vereinzelt gibt es in den Interviews auch Hinweise auf die Strukturkategorie Religion. Beispielsweise spricht die tunesische Physikerin Faouzia Charfi über die wissenschaftlichen Errungenschaften der muslimischen Welt in früheren Zeiten und demgegenüber die aktuelle Abhängigkeit der Forschung von den »pays du Nord«. Im Vordergrund steht jedoch in allen Interviews das Engagement als Frau und was es heißt, eine *citoyenne* zu sein.
296 »Staatsbürgerschaft und Demokratie für alle«

Posieren und postulieren: Aneignung männlich konnotierter Traditionen
Nach dem Rundgang durch bisher schon zwei große Ausstellungsräume nehmen die meisten Besucher_innen das Angebot der Installation gern an und setzen sich vor dem Bildschirm auf eine Bank, die um eine große Vase in einer Vitrine herum angeordnet ist. Ein Text erklärt, dass das Versammeln um eine Vase im antiken Griechenland ein Ritual war (das Bankett), bei dem die Bürger, also ausschließlich wohlhabende Männer, bei Essen und Wein zusammenkamen, um sich Heldengeschichten und Legenden zu erzählen. Die Installation greift dieses Ritual auf, wiederholt es und bricht es gleichzeitig: die Menschen, denen die Besucher_innen zuhören, sind nicht heldenhafte Männer, sondern Frauen, die sich als Bürgerinnen an einem filmisch erschaffenen, öffentlichen Ort versammeln, um über ihr Engagement in Politik, Wissenschaft und Gesellschaft zu sprechen. Damit löst das MuCEM an dieser Stelle eine zentrale Forderung der feministischen und postkolonialen Museumskritik ein: Frauen und Bewohner_innen ehemals kolonisierter Gebiete als Akteurinnen zu zeigen, ihnen eine Stimme zu geben, damit sie nicht nur als angeschaute Objekte, sondern als handelnde Subjekte in Ausstellungen präsent sind (vgl. Muttenthaler/Wonisch 2002b: 3, siehe Kapitel 2.1). So erzählt zum Beispiel eine Informatikerin und Bloggerin aus Tunesien davon, wie sie als Mädchen dem Imam der benachbarten Moschee einen Brief schrieb, weil dieser in seinen Predigten gegen Frauen gehetzt hatte. Daraufhin seien die Predigten des Imams weniger frauenfeindlich geworden. Die Erfahrung, dass ihre Stimme zähle und sie etwas verändern könne, habe sie seitdem in ihrem Weg geprägt (Shahinaz Abdelsalam 00:14:49 – 00:18:18).

Nachdem Frauen die meiste Zeit der Menschheitsgeschichte nicht als aktive Subjekte an politischen und gesellschaftlichen Gemeinschaften Teil haben durften, macht die »mur de portraits« sie überdeutlich als Akteurinnen hör- und sichtbar. Dabei rekurriert sie, wie auch die im ECS gezeigten filmischen Zeitzeug_innen, auf die Funktion einer »demokratischen Gegenerzählung von unten« (Sabrow 2008: 9ff., siehe Kapitel 3.2.3.2), die Zeitzeug_innen seit ihrer Entstehung nach dem Zweiten Weltkrieg bis in die 1990er Jahre oftmals zugeschrieben wurde.[297] Anders als die ersten so bezeichneten Zeitzeug_innen sind die Frauen in der »mur de portraits« jedoch keine Holocaust-Überlebenden und keine Opfer;

---

297 Der Historiker Martin Sabrow (2008: 11) weist jedoch auch darauf hin, dass die Figur des Zeitzeugen inzwischen selbst im Mainstream populärer Geschichtsdiskurse angekommen ist und dadurch ihr kritisches Potential zur Aufbrechung von etablierten Narrativen eingebüßt hat. Ähnliches arbeitet die Kulturwissenschaftlerin Steffi de Jong (2015: 80ff.) für Holocaust-Museen heraus, wo filmische Zeitzeug_innen insbesondere durch die ästhetische Standardisierung und die Postproduktion der Interviews oft nicht als Gegenerzählung, sondern nur als Illustration des

ihre Geschichten sind Erzählungen von erfolgreichen Kämpfen und Einflussnahmen. Dennoch ist auch hier der Ansatz einer Gegenerzählung aus marginalisierter Perspektive zu beobachten, der den Einsatz filmischer Zeitzeug_innen traditionell kennzeichnet: Durch die Re-Inszenierung des Banketts mit weiblichen Protagonistinnen setzt die Installation einer männlich dominierten Geschichte von (Staats-)Bürgerschaft die Geschichten von Frauen entgegen.

Dies zeigt sich auch in der Wiederholung und Aneignung einer weiteren männlich konnotierten Tradition: der des Portraits. Die Büsten und Portraits, die den Bildschirm der Installation rahmen, sind hauptsächlich männlich, und erinnern daran, dass das Posieren für ein öffentliches Portrait beispielsweise von Eroberern, Nationalhelden für Jahrhunderte ein Privileg der herrschenden männlichen Klasse war und der Demonstration männlicher Macht diente (vgl. Held/Schneider 2007: 105). Der Erklärungstext der Installation verweist explizit auf diese gegenderte und machtsichernde Tradition des Porträts: »Depuis des millénaires le portrait est une forme d'affirmation de soi. Dans l'Antiquité, les notables de la cité, notamment les patriciens, font réaliser leur portrait pour affirmer leur pouvoir«. Die Filmbilder in der Mitte imitieren diese männlich konnotierte Tradition des Portraits, denn die Frauen posieren vor einer Kamera, um öffentlich ausgestellt zu werden. Gleichzeitig inszenieren die filmischen Bilder auch etwas Neues, denn hier werden keine Politiker, Künstler oder führende Wissenschaftler ausgestellt, sondern unbekannte Frauen. Auch das Medium der Pose ist ein anderes: nicht Ton oder Gips, sondern Film. Die gefilmten Frauen bewegen sich, lachen und sprechen im Gegensatz zu den Büsten um sie herum. Die Interviews und ihre Installation in der Ausstellung können somit als Aneignung der männlich konnotierten Traditionen des Portraits und des Banketts im Medium Film gelesen werden.

Dieses Medium gilt in der Museologie als »sekundäres Museumsding« (Fayet 2007: 24). Im Gegensatz zu sogenannten »primären Dingen«, wie zum Beispiel den Büsten und Masken in den Vitrinen um den Bildschirm herum, werden sekundäre Dinge als »deutungsrelevante Zusatzelemente«, nicht aber als eigenständige Museumsobjekte eingestuft (Fayet 2007: 24). Wie in Kapitel 2.3 gezeigt, baut diese Einteilung auf der Idee von Museen als Orten der Authentizität und Anwesenheit auf, die auf die Entstehungsgeschichte moderner Museen zurückgeht. Museen wurden im achtzehnten und neunzehnten Jahrhundert gegründet, um damals im Kontext einer breiteren Historisierungsbewegung entdeckte

---

musealen Narrativs dienen. Diese Bewegung zwischen subversivem Potential und Unschädlichmachung von Multiperspektivität zeichne ich hier für die in der »mur de portraits« ausgestellten Interviews nach.

»historische Objekte« zu retten, zu sammeln und auszustellen. Den als echt, original-auratisch und historisch ausgestellten Objekten kam dabei die Aufgabe zu, mittels ihrer Materialität und physischen Anwesenheit in der Ausstellungssituation zwischen Vergangenheit und Gegenwart zu vermitteln und eine *presence of the past* zu ermöglichen (vgl. Crane 2000a: 105ff.). Diese Idee von Museen als Orte der Authentizität, Anwesenheit und Originalität von »primären Dingen« übernehmen auch die Konzeptionen des MuCEM, in denen die zu sammelnden und auszustellenden Objekte wiederholt als »Zeugen« und als »materielle Spuren« der Vergangenheit bezeichnet werden (vgl. Suzarelli 2012: 102, 105, siehe Kapitel 3.3.2). Was in der Kategorisierung von Museumsdingen in primäre und sekundäre mitschwingt, ist eine klare Trennung in originale, authentisch-auratische Objekte und ihnen nachgeordnete sekundäre Dinge, die die eigentliche Aufgabe des Museums, die Anwesenheit von Abwesendem, nicht erfüllen können. Auch die Filminterviews der »mur de portraits« wären in dieser Lesart sekundäre Museumsdinge und den als primär gedachten Originalen um sie herum nachgeordnet. Die oben beschriebene Gegenerzählungen der Frauen und die Aneignung männlich konnotierter Traditionen erschienen so als Inszenierung von Frauen und ihren Geschichten als sekundär, als nachträgliche Addition von Frauen in ein männlich dominiertes Narrativ.

Diese Lesart unterstützt ein weiterer Effekt, den die Wahl des Mediums Film für das Aufbrechen männlicher Privilegien und Rituale und für das Ausstellen von Frauen und ihren Geschichten hat: Filmische Installationen führen Mündlichkeit in Museen ein, die traditionellerweise von Schriftlichkeit und Objekten dominiert werden. Die »mur de portraits« lässt sich damit als Referenz auf den *Gender gap* der Historiografie lesen: Die Gründung der akademischen Geschichtswissenschaft im neunzehnten Jahrhundert führte dazu, dass vielfältige andere Formen des Geschichtenerzählens und -schreibens als unprofessionell gebrandmarkt und aus dem Feld der »seriösen« geschichtlichen Wissensproduktion verbannt wurden, wie zum Beispiel die empfindsame Geschichtsschreibung (vgl. Epple 2003). Während die sogenannte professionelle akademische Geschichte von da an von männlichen Experten geschrieben wurde und sich vor allem auf schriftliche Quellen stützte, wurden mündliche Erinnerungen von Frauen als amateurhaft abgewertet. Diese symbolische Geschlechterordnung von Männlichkeit, die mit Schriftlichkeit und sogenannten primären Dingen in Verbindung gebracht wird, versus Weiblichkeit, die sich in einem sogenannten sekundären Museumsding und in Mündlichkeit und Körperlichkeit ausdrückt, scheint in der »mur de portraits« reproduziert zu werden: Während die primären Museumsdinge in dem Raum (die Büsten, Statuen und die Vase des Banketts) für die Geschichte einer exklusiven und männlich dominierten (Staats-)Bürgerschaft stehen, kommen Gegenerzählungen von Frauen in einem sekundären Museumsding vor und implizieren Mündlichkeit und Körperlichkeit. Das Ausstellen von Frauen und ihren mündlich erzählten Lebensgeschichten im Medium Film könnte so als Inszenierung von Sekundarität und oder als nachträgliche Addition gelesen werden, die an einer männlich dominierten Geschichte nichts grundsätzlich verändert. Betrachtet man jedoch genauer, was das Medium der filmischen Zeitzeuginnen in der Ausstellungssituation tut, ist auch eine andere Lesart möglich. So zeigt die formale Analyse der Interviewsequenzen im nächsten Abschnitt, dass die Mittel des Films sowie die filmische Montage die Rhetorik von Museen als einer *presence of the past* verstärken und damit die Trennung in primäre Männlichkeit und sekundäre Weiblichkeit hinterfragen.

Filmische Zeitzeuginnen: Ver-Körperung von Vergangenheit
In einer Sequenz aus den Interviews der »mur de portraits« erzählt die Bloggerin und IT-Ingenieurin Shahinaz Abdelsalam aus Ägypten von der Gründung ihres Blogs im Jahr 2005, auf dem sie kritische Texte über die Regierung, Politik und gesellschaftliche Themen wie die Stellung der Frau in Ägypten veröffentlicht (vgl. Einstellungsprotokoll im Anhang, Sequenz 1). Der Blog habe dazu beigetragen, auch andere Menschen zu politisieren und sie dazu zu bringen, sich 2011 den Protesten gegen die Regierung anzuschließen. Abdelsalam ist, wie alle anderen Frauen der Installation in halbnaher Einstellung gefilmt, wirkt jedoch aufgrund der Größe des Bildschirms überlebensgroß und dominiert den Raum. Sie spricht Arabisch und wird auf Französisch übertitelt.[298] Ein unten rechts eingeblendeter Schriftzug nennt ihren Namen, ihren Beruf sowie ihr Herkunftsland auf Französisch und Englisch. Shahinaz Abdelsalam spricht schnell und lebhaft und gestikuliert dabei ausladend, um Gesagtes zu unterstreichen (siehe Einstellungsprotokoll im Anhang, Sequenz 1). Diese Gesten, ihre Mimik sowie die Intonation ihrer Stimme lassen erkennen, dass ihr am Herzen liegt, wovon sie spricht. Durch die Größe des Bildschirms sowie die Hör- und Sichtbarkeit ihres persönlichen Engagements wirkt es fast, als sei die Frau in der Ausstellung körperlich präsent. Dieser Eindruck von Präsenz wird in mehreren Interviews dadurch unterstützt, dass was die Frauen erzählen, wie eine spontane, natürliche Erzählung wirkt. So unterbricht sich zum Beispiel die Verlegerin Dalila Nadjem aus Algerien mehrmals selbst, bringt Sätze nicht zu Ende, überlegt mit einem gedehnten »euh« und springt in ihrer Erzählung, weil ihr etwas anderes einfällt (vgl. Einstellungsprotokoll im Anhang, Sequenz 2).

---

[298] Da ich kein Arabisch spreche, bin ich in der Analyse auf die französischen Untertitel angewiesen.

Was die Frauen präsent, natürlich und lebendig erscheinen lässt, liegt in der Figur der Zeitzeug_in begründet: Zeitzeug_innen sind Personen, »die einen historischen Vorgang selbst miterlebt haben« (Sabrow 2008: 1, siehe Kapitel 3.2.3.2). Was sie erzählen, haben sie mit eigenen Augen gesehen und an ihrem eigenen Körper erfahren – dem Körper, der durch das Medium Film in der Ausstellungssituation scheinbar anwesend und sichtbar gemacht wird. Doch nicht nur die Körper der Zeitzeug_innen sind in der Ausstellung sichtbar und scheinbar anwesend, sondern auch ihre Stimmen, die ebenfalls Präsenz und Authentizität suggerieren, da sie mit den sichtbaren Körpern verbunden sind und das Erzählte emotionalisieren. Die Geschichten von Zeitzeug_innen wirken authentisch, weil sie in der ersten Person von derjenigen erzählt werden, die sie erlebt hat. Der Klang der Stimme trägt ebenfalls zum Eindruck von Präsenz und Lebendigkeit bei, da er Emotionen wie Wut, Begeisterung und Freude verrät und die Betrachter_innen somit daran teilhaben lässt. Was die Figur der Zeitzeug_in kennzeichnet, ist nach der Historikerin Annette Wieviorka (2000: 152) genau diese Authentifizierung der Erzählung durch die körperliche und stimmliche Präsenz und die Sichtbarkeit der Emotionen. Aufgrund dieser Präsenz bezeichnet Wieviorka Zeitzeug_innen als »Träger von Geschichte« und als »Erinnerungs-Mensch, der belegen konnte, daß die Vergangenheit nach wie vor ist«.

Auch wenn die Vergangenheit, von der die Frauen in der »mur de portraits« sprechen, in manchen Fällen erst sehr kurz zurückliegt,[299] fügt sich die Figur der Zeitzeug_innen in die Rhetorik einer Vergegenwärtigung der Vergangenheit ein, die für historisch ausgerichtete Museen konstitutiv ist (siehe Kapitel 2.3): Durch ihre körperliche und stimmliche Anwesenheit verlängern sie die Vergangenheit in die Gegenwart, da sich die Vergangenheit in ihren Körpern eingeschrieben hat und diese Körper im Hier und Jetzt anwesend scheinen. Zeitzeug_innen wirken deshalb im wahrsten Sinn des Wortes als Ver-Körperung von Vergangenheit. Als solche liegt ihre Funktion der Medienwissenschaftlerin Judith Keilbach (2008: 141f., 197) zufolge im Gegensatz zu juridischen Tat- oder Augenzeugen nicht in der Beglaubigung eines vorher umrissenen Sachverhalts, sondern in der Produktion und in der Emotionalisierung von Geschichten. Was diese Geschichten authentisch und lebendig wirken lässt, ist Keilbach zufolge die Sichtbarkeit der Erinnerungsarbeit und der Emotionen, die diese Arbeit mit sich bringt. So beschreibt beispielsweise die in Frankreich geborene und aufgewachsene algerische Verlegerin Dalila Nadjem, wie das französische Schulsystem ihr ein Bild Algeriens als

---

[299] Kaum eine Frau nennt Jahreszahlen, doch aus dem Erzählten und dem meist jungen Alter ergibt sich, dass vor allem die Frauen aus Syrien, Ägypten und Algerien von den Revolutionen ab Ende 2010 sprechen, die unter dem Namen Arabischer Frühling bekannt geworden sind.

kulturloses und unzivilisiertes Land vermittelt habe. Erst als sie selbst dorthin gereist sei, habe sie die reiche Geschichte und Kultur des Landes kennengelernt, die sie nun mit ihrem Verlag bekannt machen wolle. Während sie erzählt, gestikuliert sie eindringlich mit ihren Händen. Durch ihre Gestik, Sprachmelodie und Mimik, die ihre Gefühle zum Gesagten zum Ausdruck bringen, verleiht sie ihren Worten Nachdruck (vgl. Einstellungsprotokoll im Anhang, Sequenz 2). Es ist dieser Eindruck von Ver-Körperung, Authentizität und Natürlichkeit der Zeitzeug_innen, der eine »Imagination der unmittelbaren Begegnung mit der Vergangenheit« ermöglicht (Sabrow 2008: 14).

Bei der Figur der Zeitzeug_in handelt es sich jedoch, darauf weist Annette Wieviorka (2000: 136) hin, um ein mediales Phänomen, da ihre Entstehung von Beginn an mit den modernen Massenmedien Radio und Film verbunden war.[300] Auch die »mur de portraits« stellt keine wirklichen Frauen aus, sondern Filmaufnahmen von Gesprächen mit ihnen. Dabei verdoppelt die filmische »impression de réalité« (Metz 1983: 14) den Eindruck der Unmittelbarkeit und Präsenz der Zeitzeug_innen: Es handelt sich zwar um in hohem Maße standardisierte und inszenierte Filme, jedoch macht das Medium Film diesen Produktionsprozess unsichtbar, indem es nicht ein Abbild vergangener Bewegungen zu zeigen scheint, sondern als aktuelle, gegenwärtige Bewegungen wahrgenommen wird (vgl. Metz 1983: 18; de Jong 2015). Dies wird durch die folgenden formalen Mittel erreicht (vgl. Einstellungsprotokoll im Anhang): Die Einstellungsperspektive ist die Normalsicht, bei der sich die Kamera auf Augenhöhe der gefilmten Person befindet (vgl. Faulstich 2002: 118ff.; Hickethier 2001: 42ff.). Die Frauen blicken und sprechen direkt in die sich nicht bewegende Kamera, als wendeten sie sich persönlich an die Besucher_innen der Ausstellung. Einige der Frauen verstärken diesen persönlichen Bezug zusätzlich durch eine direkte Anrede der Betrachter_innen (Dalila Nadjem 00:18:41, vgl. Einstellungsprotokoll im Anhang, Sequenz 2) oder durch Gesten, die auf die Zuschauer_innen zeigen (00:03:50). Die Einstellungsgröße und -perspektive sowie der dadurch bewirkte direkte, auf Augenhöhe an die Betrachter_innen adressierte Blick vermitteln ein persönliches Verhältnis zu den gefilmten Frauen. Durch dieses Setting sowie durch ihre persönlichen Geschichten, die durch direkte Ansprachen und Gesten unterstrichen werden, erweckt die Ausstellungssituation den Eindruck eines vertrauten Zwiegesprächs mit den Frauen. Diese Simulation einer Gesprächssituation wird verstärkt durch das weiche Überblenden der Schnitte zwischen den Einstellungen und durch

---

[300] So entstand die Figur der Zeitzeug_innen laut Wieviorka (2000: 136) mit dem Eichmann-Prozess in Jerusalem 1961, in dessen Rahmen zum ersten Mal die Aussagen der Zeugen weltweit im Fernsehen ausgestrahlt wurden.

das Fehlen der Fragen durch den_die Interviewer_in. Dabei wird an einigen Stellen deutlich, dass jemand Fragen gestellt hat, denn die Frauen antworten darauf mit Phrasen wie »Écoutez...« (Hören Sie...) (vgl. Einstellungsprotokoll im Anhang, Sequenz 2). Durch das nachträgliche Zusammenfügen der Einstellungen zu Sequenzen und das Herausschneiden der Fragen entsteht der Eindruck, die Frauen würden ganz spontan und auf Anhieb kohärent von ihren Erinnerungen erzählen.

Dazu sind sie alle vor einem neutralen hellgrauen Hintergrund gefilmt, was Zeitlosigkeit und reine Präsenz suggeriert (vgl. de Jong 2018: 117f.). Durch die Montage der einzelnen Interviewsequenzen zu einer Serie und insbesondere durch das zwischen die Sequenzen geschnittene Raster entsteht der Eindruck, die Frauen hätten sich in einem gemeinsamen Raum getroffen, um scheinbar spontan über ihr Engagement zu sprechen. Die filmischen Mittel suggerieren Anwesenheit und Unmittelbarkeit der Frauen und steigern so den Eindruck der Präsenz von Abwesendem. So greifen die filmischen Zeitzeuginnen die Museumsrhetorik einer *presence of the past* auf und treiben sie auf die Spitze: Der Realitätseindruck, den Film durch das Zeigen und die Montage von Bewegung und Körperlichkeit der Zeitzeuginnen produziert, lässt die Frauen präsenter und lebendiger wirken als die so genannten primären und männlich konnotierten Büsten um sie herum. Zudem sind die filmischen Zeitzeug_innen räumlich so angeordnet, dass sie als das Hauptexponat in dieser Installation wirken. Auf diese Weise hinterfragt die Installation die Unterscheidung in sogenannte primäre und sekundäre Museumsdinge sowie die damit einhergehende Lektüre von mündlicher und körperlicher Weiblichkeit als nachträglicher Addition zu männlich dominierter Geschichte von (Staats-)Bürgerschaft. Die filmischen Zeitzeuginnen werden hier nicht als Supplement zu »echten« Museumsdingen und nicht als Zusatz zu einer männlich dominierten Geschichte ausgestellt, sondern sind Exponate aus sich selbst heraus. Durch den Eindruck der Ver-Körperung von Vergangenheit in der Figur der Zeigzeugin und durch die Verdopplung dieses Unmittelbarkeitseffektes im Medium Film steigern sie die Grundrhetorik von Museen: den Eindruck der Anwesenheit von Abwesendem. Damit wird in der »mur de portraits« auch die symbolische Geschlechterordnung aus primärer Männlichkeit und sekundärer Weiblichkeit zur Disposition gestellt.[301]

---

[301] *Gender* wird dabei zwar als Gesellschaft, Politik und Geschichte ordnende Kategorie thematisiert, beruht jedoch auf einem binären und dichotomen Modell von Geschlecht: Weiblichkeit und Männlichkeit. Andere Geschlechter kommen nicht vor. Das Überschreiten der Strukturkategorie Nation und Europa führt nicht zur Hinterfragung von binär gedachten Geschlechterkategorien, sondern im Gegenteil zur Verfestigung der Kategorien »Mann« und »Frau«. Die erste

Des Weiteren thematisiert die Installation *Gender* als Strukturkategorie, produziert dabei aber auch neue Ausschlüsse entlang der Linie *Class*:[302] Die gezeigten Frauen haben fast alle einen akademischen Hintergrund, sie sind Professorinnen, Ingenieurinnen, Verlegerinnen oder Filmemacherinnen, sie sind schick angezogen, selbstbewusst und offensichtlich daran gewöhnt, vor Publikum zu sprechen. Die Geschichten, die sie erzählen, sind Erfolgsgeschichten. »Car nous croyons qu'à travers l'éducation, la science [...] les gens peuvent mieux se comprendre, être tolérants. L'acceptation de la différence d'autrui s'accroît [...]. La notion de différence, on essaie tout simplement de l'arracher de ses racines«[303] sagt die Chemikerin aus Israel (Rachel Mamlok-Naaman 00:24:34). Dadurch, dass jedoch nur akademisch gebildete, erfolgreiche Frauen zu Wort kommen, reproduziert die Installation mit ihrer Botschaft von universellen Menschenrechten auch Differenzen und Ausschlüsse: Frauen aus ärmeren Verhältnissen und Geschichten des nicht gehört Werdens, von Machtlosigkeit und Scheitern finden kein Gehör.

Transnationale *citoyenneté*: Multiplikation der Sprechposition
An der »mur de portraits« wird nicht nur die Verschränkung der Dezentrierung Europas mit der Strukturkategorie *Gender* sichtbar, sondern auch das Bemühen der Ausstellung um eine transnationale Rahmung, die die Nation und Europa gleichermaßen als ordnende Kategorien hinterfragen soll: *la Méditerranée*. Die in der Konzeption des Museums bewusst als unbestimmt und vage entworfene Größe *la Méditerranée* wird in dieser Installation fassbar. Die Frauen kommen aus verschiedenen an das Mittelmeer grenzenden Ländern und sprechen unterschiedliche Sprachen, so dass sich ein multilinguales Audio-Mosaik ergibt. Durch die identische formale Gestaltung der einzelnen Sequenzen und durch die Montage der Interviews zu einer Serie stehen die Frauen dabei nicht nur als Vertreterinnen für jeweils ein Land, sondern auch für ein größeres Ganzes, das

---

Wechselausstellung des MuCEM »Au Bazar du Genre. Féminin/Masculin en Méditerranée« (7. Juni 2013–6. Januar 2014) ging darüber hinaus, indem sie auch Geschlechter jenseits der Zweigeschlechtlichkeit thematisierte (vgl. Suzzarelli 2013).
302 Wie es sich mit den anderen beiden in dieser Studie untersuchten Strukturkategorien *Race* und Religion verhält, darüber sagt die Installation nichts aus. Die Frauen bezeichnen sich nicht als weiß oder Schwarz und nur vereinzelt als Angehörige einer Religion, wohl aber wiederholt und explizit als Frauen. Deshalb konzentriere ich mich in dieser Analyse auf die Kategorie *Gender*.
303 »Denn wir glauben, dass Bildung und Wissenschaft dazu beitragen, dass Menschen sich besser verstehen. So können wir leichter die Differenz des Anderen akzeptieren. [...] Wir versuchen einfach, den Begriff der Differenz vollkommen auszumerzen.«

nationale Grenzen übersteigt: für politisch-gesellschaftliche Teilhabe von Frauen und weibliche *citoyenneté* im Mittelmeerraum. Visuell greift die Installation das Bild eines Mosaiks, in dem die einzelnen Teile zusammengehören, durch das erwähnte Raster auf, das zwischen den einzelnen Sequenzen gezeigt wird. In diesem sind alle neun Frauen in jeweils einem Kästchen zu sehen, doch scheinen sie zwischen den Linien miteinander kommunizieren zu können (Abb 56).

Das Konzept *la Méditerranée*, das laut der Konzeption des MuCEM sowohl die Nation als auch Europa als ordnende Kategorien hinterfragen soll, meint hier zweierlei: zunächst das vergleichende nebeneinander Setzen von Vertreterinnen verschiedener Nationen durch die filmische Montage und die Beschriftung der Frauen als Vertreterinnen eines Landes. *La Méditerranée* besteht demnach aus nationalen Einheiten, die in vergleichender Perspektive neben- und nacheinander montiert werden. Die Figur des transnationalen Vergleichs führt dabei, wie auch in den Landkarten und Tabellen des DHM und ECS, zu einer Bestärkung der Nation als leitender Kategorie der musealen Historiografie (siehe Kapitel 3.1.3.2 und 3.2.3.2). Gleichzeitig inszeniert die Installation aber auch ein gemeinsames Projekt, das sowohl den Rahmen der Nation als auch Europas übersteigt: das feministische Grundanliegen, Frauen eine Stimme zu geben.

Die Ausrichtung auf den Mittelmeerraum als Ausweitung der nationalen und europäischen Ebene bedeutet hier deshalb auch die Multiplikation der Sprechposition in der Ausstellung: Es spricht nicht mehr nur eine unsichtbare und unmarkierte erste Person, die einer zweiten etwas drittes zeigt (vgl. Bal 1996: 3f.), sondern das ausgestellte Objekt spricht selbst. Es wird (zumindest teilweise) zum Subjekt, zum Ich der Ausstellungsgeste, die dieses Ich auch explizit als solches benennt (»Je«): Die Frauen sprechen in der ersten Person in ihrem eigenen Namen. Mit dieser Multiplikation der Sprechpositionen geht zudem eine Vervielfältigung der Sprachen einher. Während die Ausstellung sonst vorrangig auf Französisch gestaltet ist und nur die Einleitungstexte auf Englisch und Spanisch übersetzt sind, finden an der »mur de portraits« andere Sprachen Gehör: Arabisch, Hebräisch, Griechisch und Italienisch. Vor dem Hintergrund der in Kapitel 3.3.1 herausgearbeiteten nationalen Positionierung der ersten Person ist dies einer der wenigen Momente der Ausstellung, in der neben Frankreich (verstanden als die französische Regierung, der der Direktor des Museums direkt untersteht) auch jemand anders spricht. Die Ausstellung adressiert ihre Besucher_innen an mehreren Stellen als gemeinsames »Wir«, das auf Französisch formuliert ist und somit vorrangig ein nationales Publikum meint.[304] Auch in der »mur de portraits« fällt

---

304 Beispielsweise im Einleitungstext zum Ausstellungsabschnitt »Construction, Deconstruction, Reconstruction« in der »Galérie de la Méditerranée« oder in den Texten der Installation »Les âges de la vie« (siehe Kapitel 3.3.3.2).

in fast allen Interviews ein wiederkehrendes »nous« auf, doch meint dieses Wir verschiedene Gruppen, die über die französische Nation hinausgehen: »bei uns in Tunesien«, »wir Muslime« (Faouzia Charfi 00:00:25–00:03:42), »wir Wissenschaftler_innen« (Rachel Mamlok-Naaman 00:04:10–00:06:13), wir marokkanische Köch_innen (Meryem Cherkaoui 00:28:43–00:29:54). Dieses in verschiedenen Sprachen geäußerte »chez nous« (bei/für uns), das in jeder Sequenz etwas anderes bedeutet, macht deutlich, dass die Standpunkte und Sprachen, von und in denen die Ausstellung hier spricht, multiple sind. Diese sind zudem, im Sinne der feministischen Museumskritik eines »verantwortlichen Blicks« klar markiert und situiert (Rogoff 1993: 43, siehe Kapitel 2.1): Besucher_innen sehen, wer spricht und die eingeblendeten Schriftzüge stellen den nationalen und damit den ungefähren politischen, sowie den beruflichen Kontext der Sprecherinnen klar. Europa Dezentrieren bedeutet in der »mur de portraits« neben der Thematisierung von *Gender* als Strukturkategorie die bewusste, situierte und transnationale Multiplikation von Sprechpositionen.

Das Erbe des Vaters: Frankophone Zähmung der Vielstimmigkeit
Diese Vervielfältigung der Sprachen und Standpunkte fängt die Installation jedoch auch gleichzeitig wieder ein, denn die Frauen sprechen zwar verschiedene Sprachen, sind jedoch nur auf Französisch untertitelt. Dabei sind die Untertitel am oberen Bildrand angebracht und überschreiben damit autoritär die mündliche Vielsprachigkeit (siehe Einstellungsprotokolle im Anhang). Die Übertitelung kann deshalb als nationale Zähmung der Vielstimmigkeit gelesen werden. Vielfalt wird zwar zugelassen und wie im Fall der anderen hier besprochenen Displays als positiv und fortschrittlich gezeigt: Dass Frauen in Mittelmeer- und Europakulturen nach einer langen Zeit der Ungleichbehandlung aufgrund von Geschlecht jetzt offiziell die gleichen Rechte wie Männer haben, ist die augenscheinliche Botschaft der Installation. Anderssprachige Weiblichkeit wird integriert, aber gleichzeitig national überschrieben, die Sprechposition damit wie auch im »Jardin des Migrations« und in der Installation »Les âges de la vie« rezentriert. Die Installation kann nur verstehen, wer Französisch oder alle Sprachen der Inteviews spricht. Letztendlich ist es die weiterhin unmarkierte und unsichtbare, national positionierte erste Person des musealen Sprechakts, die auf Französisch spricht.

Diese Lesart bestärkt auch die in der Konzeption des MuCEM herausgearbeitete Logik des *patrimoine* (siehe Kapitel 3.3.2). Das MuCEM soll das *patrimoine* von Mittelmeer- und Europakulturen bewahren, versammeln und ausstellen. *Patrimoine* meint jedoch ein traditionell national gedachtes Kulturerbe, das innerhalb familiär vorgestellter Gemeinschaften weitergegeben wird. Zudem ruft der Begriff das Vaterland (patrie) und den Vater (pater) auf (vgl. Neef 2013: 75; Poulot

1992: 6f.): Es ist das Erbe des Vaterlandes oder des Vaters, das für die Zukunft bewahrt werden soll. Im Begriff des *patrimoine* schwingt diese nationale und männliche Codierung mit. Die »mur de portraits« stellt zwar transnationale Vielfalt in Gestalt von Frauen und ihren Geschichten aus verschiedenen Ländern aus und thematisiert Diskriminierungen aufgrund von Geschlecht. Doch holt sie die inszenierte Vielfalt mit der Überschreibung auf Französisch in einer Geste der nationalen Rezentrierung herein in das national und männlich gedachte *patrimoine*. Teil des *patrimoine* kann nur sein, wer Französisch spricht. Damit stellt die erste Person des musealen Sprechakts im Sinne einer *Double Exposure* nicht nur Mittelmeer- und Europakulturen, sondern vor allem auch sich selbst aus (vgl. Bal 1996: 2): Es entsteht der Eindruck, die Nation eigne sich die im MuCEM proklamierte transnationale Diversität an, um ihre eigene Offenheit und Fortschrittlichkeit zu zeigen.

3.3.3.4 »Circle of confusion«: Transnationale Verwirrung versus nationale Rezentrierung. Fazit MuCEM

Am Ende des Rundgangs durch die »Galérie de la Méditerranée« stehen die Besucher_innen vor einer Raumhohen Fotografie, die eine Luftaufnahme einer Stadt am Meer zeigt. Auf der Fotografie fehlen hier und dort Teile des Bildes und darunter kommt ein Spiegel zum Vorschein, der den Betrachter_innen je nach Standpunkt entweder das hinter ihnen glitzernde Mittelmeer oder ihre eigene Reflektion zeigt. Diese »Circle of confusion« genannte Installation besteht, so ein daneben angebrachter Text, aus 3000 einzelnen Fotos, die eine Luftaufnahme von Beirut zeigen und nach und nach entfernt werden. »Au fur et à mesure que les photos sont retirées, *la vision se trouble*. Cela évoque la réalité de la Méditerranée contemporaine: une *mosaïque insaisissable* aux reflets multiples. [Hervorhebungen: S.C.]«[305] Das Hauptanliegen des MuCEM wird so am Ende der Dauerausstellung noch einmal deutlich vor Augen geführt: Im Zentrum steht nicht mehr Europa, sondern sein vermeintlicher Rand, das Mittelmeer, das als nicht fassbares, mosaikhaftes Konzept Europa verwirren, problematisieren und damit dezentrieren soll.

Die Hauptfrage, die der Rundgang durch die Ausstellungen verfolgt hat, war, wie das MuCEM mit einer überwiegend nationalen Sammlung die Ideen von Nicht-Feststellbarkeit, von transnationaler Dynamik, Vielfalt und Offenheit

---

305 »Wenn nach und nach die Fotos weggenommen werden, *gerät die Sicht durcheinander*. Darin klingt die Realität des heutigen Mittelmeerrauems an: Ein unentwirrbares *Mosaik multipler Spiegelungen*.« (Hervorhebung: S.C.)

umsetzt, für die *la Méditerranée* in den Konzeptionen des Museums als Gegenentwurf zu Europa als vermeintlichem Zentrum, als kultureller Identität, steht (siehe Kapitel 3.3.2). Neben Leihgaben und Ankäufen, mit denen das MuCEM seine Sammlungen transnationalisiert, sind es, wie das Kapitel gezeigt hat, auch hier andere Medienkonstellationen als klassische, sogenannte primäre Museumsdinge, die daran arbeiten, Europa zu dezentrieren: Pflanzen, Touchscreens und filmische Zeitzeuginnen. Wie in der konzeptionellen Ausrichtung des Museums herausgearbeitete, ist für die Dezentrierung Europas im MuCEM das Spannungsfeld zwischen *diversité*, Offenheit, Nicht-Festgestelltheit auf der einen und identitären Setzungen auf der anderen Seite bestimmend: Einerseits geht es darum, *la Méditerranée* als nicht final definierbar, von kulturellem Austausch und Begegnungen gekennzeichnet, als transnationales, offenes, dynamisches Konzept zu zeigen. Andererseits verfolgt das MuCEM aber auch das Anliegen, die Singularitäten des Mittelmeerraumes und Europas in Abgrenzung zu anderen Kulturen zu präsentieren und ein *patrimoine* zu errichten, das nationalkulturelle Setzungen konnotiert (siehe Kapitel 3.3.2). Wie sich dieses Spannungsfeld in den Ausstellungen des MuCEM äußert, habe ich versucht, in den drei Displayanalysen nachzuzeichnen.

Die Diversität und Offenheit, für die *la Méditerranée* in der Konzeption des Museums steht, meint dabei verschiedene Aspekte: Migration und kulturelle Vielfalt im »Jardin des Migrations«; religiöse Vielfalt und die Problematisierung von Vorstellungen von Europa als christlich in der Installation »Les âges de la vie«, sowie die Sichtbarmachung von Frauen und weiblichen Geschichten in der »mur de portraits«. Deutlich geworden ist des Weiteren, dass das Überschreiten sowohl des nationalen als auch des europäischen Bezugsrahmens durch den Fokus auf *la Méditerranée* neben der Nation und Europa auch weitere Strukturkategorien befragt, insbesondere die von Eigen und Fremd, Religion und *Gender*. So hinterfragen Pflanzen und anthropomorphisierende Texte im »Jardin des Migrations« die Trennung in eigene und fremde Kulturen, Touchscreens und auf den ersten Blick nicht eingeordnete Objekte entwerfen Mittelmeer- und Europakulturen als von religiöser Pluralität gekennzeichnet und filmische Zeitzeuginnen thematisieren Diskriminierungen und Ausschlüsse aufgrund von Geschlecht.

Die transnationale und transeuropäische Ausweitung des musealen Bezugsrahmens führt indes nicht dazu, dass die Strukturkategorie Nation keine Rolle mehr spielt. Es lässt sich im Gegenteil, wie auch in den Konzeptionen des MuCEM (siehe Kapitel 3.3.2), an allen hier untersuchten Stellen eine Bewegung der nationalen Rezentrierung transnationaler und transeuropäischer Diversität beobachten. Die erste Person des musealen Sprechakts, ihre politische und institutionelle Einbindung, der Ort der Ausstellung, die Sammlung sowie die Sprache bleiben national positioniert. Es ist die französische Nation, die in Frankreich überwiegend auf Französisch das *patrimoine* des Mittelmeerraumes sammelt und ausstellt. An der Sprache der Ausstellungen zeigt sich auch, an wen sich das Museum vorwiegend richtet: an ein frankophones Publikum. Die Definitionsmacht darüber, was als Erbe von *la Méditerranée* im Sinne einer positiv verstandenen Diversität zählt, verbleibt dabei bei der ersten Person des Sprechakts: der französischen Nation. Diese Aneignungsgeste findet sich auch in den Objektbezeichnungen in den Ausstellungen wieder. Der Großteil der Objekte, die aus anderen Ländern als Frankreich stammen, gehört dennoch französischen Museen. Wie sie in deren Besitz gekommen sind, wird nicht thematisiert.

Eine mögliche Lesart der Dauerausstellungen des MuCEM ist deshalb die einer nationalen Zähmung transnationaler Verwirrung und Vielfalt: Als französisches Nationalmuseum stellt das MuCEM die Diversität, Vielsprachigkeit, Unbestimmtheit des Mittelmeerraumes als positive Bereicherung aus. Gleichzeitig zähmt es aber diese Vielfalt und Nicht-Festgestelltheit durch ihre Eingliederung in ein nationalkulturelles Erbe. »La Méditerranée a une adresse: le MuCEM« lautete der Slogan des Museums auf seiner Website.[306] Die Vielstimmigkeit, Offenheit und Unbestimmtheit des Mittelmeerraumes hat demnach einen, und zwar nur einen Ort und wird im MuCEM lokalisierbar und beherrschbar: durch die Nation, die sich in einem Nationalmuseum ihrer Diversität versichert und sie als ihren eigenen Reichtum ausstellt.

---

306 »Der Mittelmeerraum hat eine Adresse: das MuCEM.« Im Lauf der Arbeit an dieser Fallstudie wurde der Text auf der Website des MuCEM offensichtlich verändert und dieser Satz gelöscht. Er ist jedoch auf der Website der Presseagentur archiviert, die die Texte für das MuCEM schreibt (vgl. Claudin Colin Communication 2013).

4 Schluss: Museen zwischen Nation und Europa

»Krieg um das Museum« (Wojna o muzeum) – mit diesem Ausdruck beschrieb die polnische Zeitung Gazeta Wyborcza im September 2016 die erbitterte Debatte um das Museum des Zweiten Weltkriegs in Danzig. 2008 auf Initiative des damaligen polnischen Premierministers Donald Tusk gegründet, wurde es im März 2017 eröffnet. Es setzt sich zum Ziel, die polnischen Erfahrungen während des Zweiten Weltkriegs in ihren europäischen Bezügen zu zeigen, und damit ein breites europäisches Publikum anzusprechen. In einem 2009 veröffentlichen Artikel zur Konzeption schreibt der Direktor des Museums: »Die Erinnerung an den Zweiten Weltkrieg spaltet immer noch die Europäer. [...]. Aus diesen Gründen ist es sinnvoll, [...] ein Museum zu gründen, das die verschiedenen historischen Gedächtnisse der Europäer miteinander verbindet, [...] um den Zweiten Weltkrieg als europäische Tragödie zu zeigen« (Machcewicz 2009: 3f.). Um die vorwiegend national geprägten Vergangenheitsdeutungen der Europäer_innen einander anzunähern und den Krieg als europäische Geschichte zu beschreiben, solle das Museum gemeinsame sowie unterschiedliche Kriegsgeschichten zeigen (vgl. Machcewiz/Majewski 2008: 1f.).[307] Dadurch wolle das Museum zu gegenseitigem Verständnis und Annäherung verschiedener europäischer Nationen beitragen: »It is our intention that the Museum of the Second World War [...] should become a joint endeavour of many nations. Our cooperation will help us to understand each other's past and present and contribute to a rapprochement of historic memory« (Tusk 2009: 1). »Vermutlich ist es europaweit das erste Museum, das den Krieg in all seinen europäischen Zusammenhängen [...] darstellen will«, fasste der Historiker Włodzimierz Borodziej, der Mitglied des wissenschaftlichen Beirats des Museums ist, die europäische Ausrichtung des Museums zusammen (Augstein 2016).

Aufgrund dieser Ausrichtung des Museums zwischen nationaler und europäischer Historiografie lässt es sich, ebenso wie die drei in dieser Studie analysierten Fälle, als ein weiteres Museum zwischen Nation und Europa beschreiben: Als polnisches Nationalmuseum gegründet, möchte es nicht nur polnische, sondern europäische Geschichte erzählen und damit zu Gemeinschaftsbildungen jenseits

---

307 In einer ersten Konzeption von 2008 heißt es dazu: »The War-time experience of Poland and the Poles will understandably be the Museums's focus (...). But this focus will not diminish the experiences of other nations [...]. [I]t is not our intention to create a museum devoted solely to either the Polish nation's martyrdom or the glory of the Polish armed struggle. Rather, it is to be a place with universal appeal in which the events that took place in Poland represent only one piece of a bigger picture« (Machcewiz/Majewski 2008: 1f.).

der Nation anregen. Wie brisant und aktuell das Spannungsfeld zwischen nationaler und europäischer musealer Historiografie ist, zeigt sich im Fall des Museums des Zweiten Weltkriegs am erwähnten »Krieg um das Museum«: Kurz vor der geplanten Eröffnung Ende 2016 beschloss die nationalkonservative Regierung Polens, ohne den wissenschaftlichen Beirat oder den Direktor zu konsultieren, die Fertigstellung des Museums zu stoppen, und es stattdessen mit einem neu gegründeten Museum auf der Westerplatte in Danzig zusammenzulegen. Dieses eigens hierfür Ende 2015 gegründete Museum existierte jedoch nur auf dem Papier. Es soll eine heldenhafte, national zentrierte Geschichte des polnischen Widerstandes zeigen, die sich in der Verteidigung der Westerplatte durch polnische Kämpfer gegen den Angriff der Deutschen am 1. September 1939 symbolhaft verdichtet (vgl. Gliński 2016a). Nach massiven Protesten durch nationale sowie internationale Historiker_innen, Museumsschaffende und andere Intellektuelle konnte das Museum des Zweiten Weltkriegs am 23. März 2017 zunächst dennoch mit seiner ursprünglich geplanten Ausrichtung eröffnen. Bereits zwei Wochen später entließ die Regierung jedoch den bisherigen Direktor Paweł Machcewicz sowie das gesamte Direktorium und den bis dahin internationalen Beirat und ersetzte sie durch linientreuere Personen (vgl. Machcewicz 2018, Hassel 2018). Dies hat inzwischen auch inhaltliche Auswirkungen auf die Dauerausstellung, die im Sinne einer national zentrierten Historiografie des polnischen Heldentums umgestaltet wird.[308] So endete die Ausstellung beispielsweise mit zwei Filminstallationen, die die Folgen des Zweiten Weltkriegs im geteilten Europa thematisierten und schließlich zu einem Film über aktuelle Kriege verschmolzen. Anstatt dieser Installation zeigt die Ausstellung nun einen progagandistischen Film mit dem Titel »Die Unbesiegbaren«, demzufolge Polen den Weltkrieg quasi im Alleingang gewonnen hat (vgl. Wilke 2017; Hassel 2018).[309]

Der Grund für die massive personelle und inhaltliche Umgestaltung des Museums des Zweiten Weltkriegs liegt darin, was diese Studie ins Zentrum der Untersuchung gestellt hat: die europäische Ausrichtung eines Nationalmuseums.[310] Das Museum des Zweiten Weltkriegs ist der Regierungspartei Prawo i

---

308 Zur inhaltlichen Ausrichtung des neuen Museums vgl. Gliński 2015 und 2016a.
309 Machciewicz und sein Team haben gegen diese Veränderungen Klage eingereicht, da sie ihr Urheberrecht an der Ausstellung verletzt sehen. Der Prozess begann im Juli 2018 in Danzig.
310 Das konfliktreiche Spannungsfeld zwischen nationaler und europäischer Historiografie zeigt sich im Fall des Museums des Zweiten Weltkriegs indes nicht erst nach dem polnischen Regierungswechsel im Herbst 2015, sondern war dem Projekt von Beginn an eingeschrieben: Seine Gründung geht auf eine Initiative des damaligen polnischen Premierministers Donald Tusk zurück. Dieser hatte Ende 2007 die bis dahin geplante polnische Mitarbeit in der Stiftung Flucht Vertreibung Versöhnung, einem in der Planung befindlichen Dokumentations- und Aus-

Sprawiedliwość (PiS) nicht polnisch genug ausgerichtet (vgl. Barnavie et al. 2016; Hassel 2016, 2018; Augstein 2016; Stach 2016b). Der ehemalige Ministerpräsident Polens Jarosław Kaczyński hatte das geplante Museum des Zweiten Weltkriegs schon 2008 als »Organ zur Desintegration des polnischen Volkes« bezeichnet und 2013 angekündigt »Wir werden die Gestalt des Museums so verändern, dass die Ausstellung die polnische Sicht wiedergibt« (zitiert nach Hassel 2016). Die Identität junger Polen solle sich, so Kaczyński, nur auf »Würde und Stolz« gründen (vgl. Hassel 2016).[311] »Der Kulturminister macht vorsätzlich ein beachtliches, vor dem Abschluss stehendes liberales Projekt kaputt. Statt einer europäischen Perspektive der Jahre 1939 bis 1945 soll eine ausschließlich nationale gezeigt werden« fasst der Historiker Włodzimierz Borodziej diese nationale Rezentrierung eines europäisierten Nationalmuseums zusammen (Augstein 2016).

Nationalmuseen als Europamedien
Um das Spannungsfeld zwischen nationaler und europäischer Historiografie, das europäisierte Nationalmuseen eröffnen und das im Fall des Museums des Zweiten Weltkriegs in Danzig zu dessen Ende geführt hat, analytisch beschreiben zu können, habe ich vorgeschlagen, Nationalmuseen als Europamedien zu konzipieren. Europamedien, so die Argumentation, machen Europa und europäische Geschichte denkbar, greifbar und vorstellbar, indem sie Bilder, Narrative und Topoi dessen entwerfen, was als europäisch gilt. Dabei bilden sie nicht ein vorgängig existierendes Europa ab, sondern sie bringen Vorstellungen Europas performativ hervor (siehe Kapitel 2.6). Durch ihre Medialität arbeiten sie mit an dem, was sie erschaffen: Sie stellen das, was als Europa und europäisch wahrnehmbar wird, unter Bedingungen, die sie selbst sind. Oder anders gesagt: Europa

---

stellungsprojekt der deutschen Bundesregierung zu Flucht und Vertreibung in Berlin, abgesagt. Auch dieses Projekt schwankt in seiner inhaltlichen Konzeption seit Jahren zwischen nationaler und europäischer Historiografie (vgl. Czerney 2012: 149ff.). Mit ihrer vornehmlichen Ausrichtung auf die Vertreibung der Deutschen nach dem Zweiten Weltkrieg relativere die geplante Ausstellung jedoch die Schuld der Deutschen und stelle ein nationales Opfernarrativ in den Vordergrund, hieß es zur Begründung der Absage aus Polen. Statt der transnationalen Arbeit an einem gemeinsamen Ausstellungsprojekt schlug Tusk vor, ein eigenes, polnisches Museum zu gründen, das sich auf die polnischen (Vertreibungs-)Erfahrungen während des Zweiten Weltkriegs konzentrieren werde: das Museum des Zweiten Weltkriegs in Danzig (vgl. Czerney 2012: 150).
311 »Wir sollten kein Museum bauen, das sich in der Erzählung irgendwelcher universeller Empfindungen verliert, von der ganzen Menschheit während des Zweiten Weltkriegs. Jede Nation, jede große Nation, die an der Tragödie des Zweiten Weltkriegs teilhatte, erzählt doch ihre eigene Interpretation« fasste der stellvertretende polnische Kulturminister diesen Punkt zusammen (zitiert nach Stach 2016b).

existiert nicht außerhalb von medialen Inszenierungen und die Medien dieser Inszenierungen formen, was und wer als Europa und europäisch wahrnehmbar wird (siehe Kapitel 2.2). Zu erproben, was der Begriff der Europamedien für die Analyse europäisierter Nationalmuseen leisten kann, war Ziel dieser Studie.

Motiviert wurde sie von drei Beobachtungen: Erstens gibt es seit einigen Jahren vermehrt Bemühungen, Geschichte nicht mehr vorwiegend als nationale, sondern als transnationale, das heißt als Nationen überschreitende Geschichte zu erzählen. Geschichte auf die Nation als zentralen historiografischen Bezugsrahmen hinterfragenden Ebenen zu schreiben, ist dabei nicht nur eine Herausforderung für die Geschichtswissenschaft, sondern auch der aktuellen europäischen Museumslandschaft: Mehr und mehr Museen in Europa mit verschiedenster Ausrichtung setzen sich zum Ziel, statt der Nation transnationale Bezugsrahmen wie Europa ins Zentrum ihrer Aktivitäten zu stellen (vgl. Kaiser et al. 2012). Auf diese Weise entsteht, was ich Museen zwischen Nation und Europa, europäisierte Nationalmuseen genannt habe (siehe Kapitel 2.7). Zweitens betrifft diese Entwicklung vor allem historisch ausgerichtete Nationalmuseen, die die Geschichte der eigenen Nation durch das Sammeln, Bewahren und Ausstellen von materiellen Dingen in der Gegenwart präsent halten und so ein Gefühl der Kontinuität und Zugehörigkeit hervorrufen wollen (siehe Kapitel 2.3). Musealer Historiografie geht es folglich drittens meist nicht nur um die Vergangenheit, sondern der Blick zurück dient oftmals der Versicherung und Stärkung kollektiver Identitäten in der Gegenwart (siehe Kapitel 2.4). So soll die als gemeinsam gezeigte europäische Geschichte beispielsweise in Zeiten aktueller Krisen in der Europäischen Union die Idee einer europäischen Identität stärken und so die Identifikation der EU-Bürger_innen mit dem politischen System und dessen Legitimation festigen. Vor diesem Hintergrund eröffnen insbesondere historisch ausgerichtete Nationalmuseen ein Spannungsfeld, da sie seit ihrer Entstehung im achtzehnten und neunzehnten Jahrhundert eng mit der Idee der Nation verwoben sind. Sie wurden gegründet, um die Vorstellung nationaler Geschichten und Identitäten zu materialisieren und vor Augen zu führen, und so die neu entstehenden Nationalstaaten zu legitimieren (siehe Kapitel 2.5). Die Vorstellung, kollektive Identitäten durch den Blick zurück in eine als gemeinsam imaginierte Vergangenheit festigen zu können, stellen europäisierte Nationalmuseen folglich in oftmals konfliktvolle, unterschiedliche Rahmungen: nationale und europäische. Dieses Spannungsfeld zwischen nationaler und europäischer Historiografie, das auch Verhandlungen kollektiver Identitäten in der Gegenwart einschließt, bildete die Ausgangsmotivation für diese Studie. Museen zwischen Nation und Europa bringen nicht nur Vorstellungen europäischer Geschichte hervor, sondern sie entwerfen auch Bilder davon, wer heute als Teil Europas angesehen wird.

Die Hauptfrage, die ich aufgrund dieser Beobachtungen verfolgt habe, ist, wie aktuelle historisch ausgerichtete Nationalmuseen den bisher dominanten Bezugsrahmen der Nation übertreten und wie sie Europa und europäische Geschichte entwerfen. Für die Beantwortung dieser Frage kann das Konzept der Europamedien zweierlei leisten: Zunächst lenkt es den Blick auf die medialen und materiellen Bedingungen dessen, was als Europa und europäisch gezeigt wird. Es beschreibt das *Wie* der (musealen) Historiografie mit einem Fokus auf die medialen Konstellationen, die Vorstellungen von Europa und seiner Geschichte erst ermöglichen. Gleichzeitig macht der Begriff klar, dass dieses *Wie* nicht vom *Was* getrennt werden kann: Was die untersuchten Museen als Europa und europäisch zeigen, ist nicht nur abhängig von menschlichen Akteur_innen, sondern auch von den Medien, in denen sie das tun. Die beiden Fragen nach dem Wie und dem Was dienten deshalb als Leitlinien durch die Analyse: Wie, das heißt mit welchen Medien entwerfen historisch ausgerichtete Nationalmuseen Europa und europäische Geschichte? Und welche Narrative, Bilder und Topoi Europas inszenieren sie so? Was heißen »Europa« und »europäisch« in den untersuchten Museen?

Europa als Leerstelle der Objekte

> Ein Museum ist eine gemeinnützige, auf Dauer angelegte, der Öffentlichkeit zugängliche Einrichtung im Dienste der Gesellschaft und ihrer Entwicklung, die zum Zwecke des Studiums, der Bildung und des Erlebens materielle und immaterielle Zeugnisse von Menschen und ihrer Umwelt beschafft, bewahrt, erforscht, bekannt macht und ausstellt.

So lautet die aktuelle Definition eines Museums des International Council of Museums (ICOM 2010). Trotzdem inzwischen auch immaterielle Dinge Eingang in Museen finden, liegt der Fokus der musealen Aktivitäten, wie in dieser Studie gezeigt, seit der Entstehung von Museen im achtzehnten und neunzehnten Jahrhundert bis heute noch immer auf materiellen Originalobjekten (siehe Kapitel 2.3). »Museen stellen ihrer Aufgabe gemäß originale Objekte aus« schreibt beispielsweise die Museumswissenschaftlerin Hildegard Vieregg in ihrem Buch »Museumswissenschaften. Eine Einführung« (2006: 44). Das Konzept authentischer Originalobjekte, sogenannter primärer Dinge (vgl. Fayet 2007: 16), wurde für Museen zentral, weil sie im Kontext einer breiten Historisierungsbewegung seit Ende des achtzehnten Jahrhunderts Objekte sammelten und bewahrten, die von da an als historische und daher erhaltenswerte angesehen wurden (vgl. Crane 2000a: 105ff.). Historische Objekte zeichnet nach Crane (2000a: 106f.) aus, dass sie das Gefühl einer Präsenz von Vergangenem hervorrufen – aufgrund ihrer Materialität und physischen Präsenz im Hier und Jetzt scheint die Vergangenheit in ihnen anwesend zu werden. Die Medialität von Museen, so die verbreitete

Annahme in Museumstheorien und unter Ausstellungsmachenden, besteht demnach darin, dass sie als authentisch angesehene Originalobjekte sammeln, bewahren und ausstellen, um so eine *presence of the past* zu ermöglichen (vgl. Crane 2000a: 106). »Das Originalobjekt unterscheidet das Museum nämlich von allen anderen Massenmedien und ihrer Welt des Scheins« hält der Historiker Thomas Thiemeyer (2010a: 123) diesen Punkt fest (siehe Kapitel 2.3).

Europa hingegen hat in den untersuchten Museen keine solchen Objekte. Um den Rahmen der Nation zu überschreiten und Europa und seine Geschichte zu zeigen, arbeitet keines der drei Museen mit sogenannten primären, authentischen Originalobjekten, die sowohl in Museumstheorien als auch in den Konzeptionen der drei Museen als zentral für die Anwesenheit von Vergangenem herausgestellt werden. Auf Objektebene bleibt Europa eine Leerstelle. Wie die Fallstudien gezeigt haben, findet die museale Historiografie Europas stattdessen in anderen Medienkonstellationen statt, die in der Museologie als sekundär gelten (vgl. Fayet 2007: 24): in Landkarten, Tabellen, Texten, auf Touchscreens, in filmischen Interviews mit Zeitzeug_innen sowie Pflanzen. Für die museale Historiografie Europas sind diese Medien hingegen nicht sekundär, sondern zentral. Sie sind es, die Europa in Nationalmuseen vorstellbar machen. Die Medialität von Museen als Europamedien liegt demnach nicht in Objekten begründet, sondern in diesen anderen medialen Konstellationen. Darüber hinaus sind die untersuchten Museen multimediale Europamedien, die – um Bilder Europas und europäischer Geschichte zu entwerfen – mehrere einzelne Europamedien miteinander kombinieren.

Europamedien in Nationalmuseen: Aktuelle Tendenzen der musealen Historiografie Europas

Die drei Fallstudien dieser Studie haben verschiedene Medienkonstellationen erarbeitet, die in den Dauerausstellungen der untersuchten Museen als Europamedien fungieren. Diese sind sehr unterschiedlich, doch es einen sie zwei Punkte: erstens eine Position am Rand, die sich in allen drei Fällen beobachten lässt. Europa und europäische Geschichte werden, im Gegensatz zur Nation und ihrer Geschichte, in sogenannte sekundäre Dinge ausgelagert, und finden sich oftmals am Rand der Ausstellungen wieder: in Ecken und Nischen abseits vom Hauptweg im DHM, am Ende der Ausstellung im ECS, sowie auf dem Dach des Museumsgebäudes im MuCEM. Obwohl der europäische Bezugsrahmen in den Konzeptionen aller drei Museen als zentraler Punkt betont wird, erscheint Europäisierung, verstanden als das Europäisch-Machen musealer Narrative (siehe Kapitel 2.6), in ihren Dauerausstellungen im Vergleich zu noch immer starken nationalen Narrativen marginal.

Zweitens eint Europamedien in den untersuchten Museen, was sie tun: Sie machen Europa und europäische Geschichte wahrnehmbar. Anstelle einer Kategorisierung dessen, was Europamedien sind, möchte ich deshalb im Folgenden Tendenzen dessen zusammenfassen, was sie tun: Welche Grundmuster der musealen Historiografie Europas lassen sich beobachten? Die drei Fallstudien der Studie stehen dabei jeweils exemplarisch für je eine Tendenz, die in aktuellen musealen Inszenierungen Europas wirksam ist. Diese Kategorisierung verdeckt indes, dass Europäisierung von Nationalmuseen kein so ordentliches Phänomen ist, wie es durch diese Auflistung erscheint. Es ist viel verworrener und vielschichtiger und Elemente aller drei Grundthemen finden sich, wie in den Fallstudien gezeigt, auch in den anderen Fällen. Die folgende Kategorisierung schlägt deshalb einen von vielen möglichen Wegen durch die untersuchten Museen vor. Darüber hinaus besteht keine verallgemeinerbare Kausalität zwischen Europamedien und dem, was sie tun. Europamedien tun verschiedene Dinge in verschiedenen Kontexten. So haben die Fallstudien auch gezeigt, dass beispielsweise Tabellen in den Ausstellungen je nach ihrer Positionierung und Kombination mit anderen Medien unterschiedliche Europanarrative kreieren können. Deshalb lässt sich aus den erarbeiteten Konstellationen kein auf andere Situationen übertragbarer Determinismus ableiten. Was die Analyse jedoch leisten kann, ist eine Schärfung des Blickes auf die Medien musealer Historiografien, die wiederum in anderen Kontexten praktiziert werden kann. Darüber hinaus ist der mittels des Konzepts der Europamedien eingeübte Blick nicht auf Europa beschränkt: Der Fokus auf die Medien von Inszenierungen kollektiver Geschichten und Identitäten kann helfen, auch andere Gemeinschaftskonstruktionen nicht als gegebene Tatsachen hinzunehmen, sondern sie auf ihren Konstruktionscharakter und damit auch auf ihre Veränderbarkeit hin zu befragen.

a Europa begrenzen

Eine erste Tendenz der musealen Historiografie Europas besteht darin, Europa nach außen und innen zu begrenzen. Die Analyse der Dauerausstellung des DHM hat die Zentralität des Begriffs der Grenze für Inszenierungen Europas gezeigt: Nach außen brauchen museale Inszenierungen Europas und europäischer Geschichte ein Anderes, das als nicht-europäisch konstruiert wird, um zeigen zu können, was als europäisch gilt. Landkarten, Texte und Bilder entwerfen dieses Andere Europas im DHM. Diese Grenzziehungen zwischen Europa und seinem Anderen werden darüber hinaus durch verschiedene, miteinander verwobene Kategorien strukturiert; sie sind rassifiziert (racialized) und gegendert. Das Andere Europas nimmt so im DHM verschiedene Formen an: Muslime_a, People of Color sowie Weiblichkeit, die nicht als Teil der präsentierten Geschichte gezeigt werden. Obwohl es nicht explizit thematisiert wird, sagt die Dauerausstellung damit im Sinne einer *Double Exposure* (Bal 1996: 2) auch gleichzeitig etwas darüber aus, wie Europa in Abgrenzung dazu gedacht wird: christlich, weiß und männlich. Und auch im Inneren des in der Ausstellung konstruierten Europas spielen Grenzen eine zentrale Rolle: Durch Grenzziehungen auf Landkarten und in Tabellen zerfällt die als gemeinsam europäisch entworfene Geschichte in ein serielles Nebeneinander nationaler Geschichten. Rahmende Kategorie für die museale Historiografie ist damit nicht Europa, sondern weiterhin die Nation (siehe Punkt d.).

b Europa vereinen
Neben der Abgrenzung nach außen stellt die Vereinigung nach innen ein weiteres Grundmuster der musealen Historiografie Europas dar. Beispielhaft lässt sich das in der Dauerausstellung des ECS in Gdańsk beobachten. Landkarten, Tabellen, Touchscreens und filmische Zeitzeug_innen setzen Europa als triumphales Ziel des Ausstellungsnarrativs. Als solches steht es für als gemeinsam inszenierte Werte: Freiheit, Demokratie und die Wahrung von Menschenrechten. Den Weg zu diesem Ziel eines vereinigten Europas zeigen insbesondere die Landkarten und Touchscreens der Ausstellung als Kampf gegen innere Grenzen im Namen dieser als europäisch proklamierten Werte. Am Ende der Ausstellung steht ein vereinigtes Europa, das als Triumph von Freiheit, Demokratie und Menschenrechten gefeiert wird. Gleichzeitig stellt die Ausstellung diesen Topos von Europa als gemeinsamer Kampf für Freiheit in zwei Rahmungen unter- und oberhalb der Nation: einen nationalen und einen global-universellen. Der Kampf für als gemeinsam europäisch inszenierte Werte wird einerseits als nationale Geschichte gezeigt, und andererseits in eine global-universelle Tradition des friedlichen Widerstandes eingeordnet. Damit einher geht eine Bestärkung derjenigen Strukturkategorien, die für die nationale polnische Historiografie zentral waren und sind: Der Weg nach Europa erscheint als männlich und katholisch geprägte Heldengeschichte.

c Europa dezentrieren
Diese beiden Mechanismen – sowohl die Abgrenzung Europas nach außen, als auch die Vereinigung nach innen – zu stören, ist das Ziel des MuCEM in Marseille. Mit seinem Fokus auf einen vermeintlichen Rand Europas, den Mittelmeerraum, hinterfragt es die Idee eines abgrenzbaren Europas mit bestimmten Werten oder Merkmalen. Pflanzen, Touchscreens und filmischen Zeitzeuginnen dezentrieren Europa, indem sie zeigen, dass es keine stabile, abgrenzbare Identität hat. Stattdessen geraten Nicht-Feststellbarkeiten, kulturelle und religiöse Verflechtungen

sowie innere Vielfalt in den Blick. Dennoch ist auch in diesem Fall eine nationale Rezentrierung der inszenierten Vielfalt Europas zu beobachten, die sich sowohl in der Sprache, am Ort der Ausstellung, der Sammlung, der Position der ersten Person des musealen Sprechakts sowie an der Rhetorik des *patrimoines* – des Erbes des Vaterlandes – zeigt. Da sich ein solcher Widerstand gegen die transnationale Ausweitung des musealen Bezugsrahmens nicht nur im MuCEM, sondern in allen drei untersuchten Fällen herauskristallisiert, soll dies als vierte Tendenz der musealen Historiografie Europas beschrieben werden.

d Widerstände

Diese vierte Tendenz der musealen Historiografie Europas in europäisierten Nationalmuseen beschreibt die Widerstände, an die Europäisierung in den untersuchten Museen stößt. Zwar überwindet die Ausweitung des Bezugsrahmens von der Nation auf Europa Grenzen, wie zum Beispiel die zwischen einzelnen nationalen Historiografien, indem sie Verflechtungen und Gemeinsamkeiten betont. Doch sie schafft auch neue und bestätigt bestehende. Diese Grenzziehungen oder Widerstände betreffen zwei Aspekte: einerseits die Strukturkategorien *Gender, Race* und Religion, und andererseits die Beharrlichkeit der Nation als dominanten Bezugsrahmen musealer Historiografien und Identifikationsangebote.

Europa: Männlich, weiß, christlich

Museen, so eine der Grundannahmen der Studie, bilden Wirklichkeit und Geschichte nicht ab, sondern arbeiten mit an ihrer Erzeugung. Ausstellen und Zeigen sind deshalb keine neutralen, sondern immer situierte Praktiken: Museen und ihrer Ausstellungen sprechen von bestimmten historischen, politischen, kulturellen, wirtschaftlichen und sozialen Positionen aus, die durch strukturelle Kategorien wie *Gender, Race, Class*, Religion, Alter und andere geprägt werden. Diese Positionierung durch Strukturkategorien hat Einfluss darauf, was Museen wie zeigen. Sie wird jedoch meist durch den realistischen Diskurs des Museums verdeckt. Museen scheinen lediglich zu präsentieren, wie es war (vgl. Bal 2011: 530). Um Museen stattdessen als veränderbare Konstruktionen sichtbar zu machen und sie für Neuverhandlungen von Geschichten und Identitäten zu öffnen, lautet eine aus der feministischen und postkolonialen Museumskritik kommende Forderung, die Positionen und Strukturkategorien offenzulegen, von denen aus Museen sprechen und die für museal erzeugte Narrative leitend sind (siehe Kapitel 2.1). Eine Chance für eine solche Neuverhandlung sehen Historikerinnen im Kontext der transnationalen Historiografie in der Ausweitung musealer Bezugsrahmen jenseits der Nation (vgl. Epple/Schaser 2009: 15, siehe Kapitel 2.5).

Wie in den Fallstudien herausgearbeitet, löst die Europäisierung nationaler Museen diese Hoffnungen bisher jedoch nicht ein. Die Ausweitung des Bezugsrahmens von der Nation auf Europa führt nicht zu einer grundsätzlichen Thematisierung der Kategorien, die die präsentierten Geschichten strukturieren. Wer aufgrund welcher Kategorie als Teil Europas und der europäischen Geschichte gezeigt wird, legen die untersuchten Museen nicht offen. Stattdessen bleiben die Kategorien implizit leitend, die auch nationale Historiografien und Identitätskonstruktionen bestimmt haben und noch bestimmen: *Gender, Race* und *Religion*. Europa wird in den untersuchten Museen gegendert, rassifiziert und religiös markiert. Nicht-weiße, nicht-christliche und nicht-männliche Menschen sind darin nicht Teil Europas. Eine Ausnahme bildet die Dauerausstellung des MuCEM, in der die nochmalige Ausweitung des Bezugsrahmens über Europa hinaus auch diese Strukturkategorien in Bewegung bringt. Dort wird auch religiöse und zumindest zweigeschlechtliche Vielfalt als Teil Europas gezeigt. Davon abgesehen erscheinen Europa und seine Geschichte in den untersuchten Museen überwiegend als männlich dominiert, christlich geprägt und weiß positioniert.

Multi-scalarity: Nationale Versionen Europas
Die Europäisierung von Nationalmuseen lässt sich darüber hinaus, wie in den Fallstudien gezeigt, nicht als linearer Prozess beschreiben, der nach und nach nationale Bezugsrahmen durch europäische ersetzen würde. Was Chiara de Cesari und Ann Rigney (2014: 6) mit dem Befund einer »multi-scalarity« allgemein für transnationale kollektive Erinnerungen feststellen, findet sich auch in Museen: In keinem der untersuchten Museen ersetzt Europa die Nation als Rahmen der gezeigten Geschichten und der dadurch gemachten Identifikationsangebote. Stattdessen bleiben lokale, nationale und globale Rahmungen neben europäischen bestehen. Die Europäisierung musealer Narrative ist deshalb eher eine Aushandlung zwischen und in-Beziehung-Treten von lokalen, nationalen, transnationalen und globalen Rahmungen, als eine kontinuierliche Bewegung weg von nationalen und hin zu einem europäischen Rahmen. Besonders deutlich zeigt sich das im MuCEM, wo neben dem europäischen Bezugsrahmen der transeuropäische des Mittelmeerraumes sowie der nationale der französischen Nation zentral sind. Doch auch im DHM und im ECS finden sich multiskalare Tendenzen der Vergrößerung oder Verkleinerung der europäischen Ebene entweder auf lokale, nationale oder globale Geschichte.

Darüber hinaus lässt sich der Befund festhalten, dass den stärksten Widerstand in der Europäisierung musealer Narrative die Nation bildet. Bei allem Bemühen um transnational-europäisches Ausstellen bleibt sie in allen drei Fallstudien die dominante und leitende Kategorie in der musealen Historiografie.

Dies zeigt sich im DHM und ECS vor allem in Landkarten und Tabellen, in denen Europa in eine Serie einzelner nationaler Einheiten zerfällt, die miteinander verglichen werden; im ECS darüber hinaus in dem Bemühen, einen nationalen Beitrag zur europäischen Vereinigung sichtbar zu machen, sowie im MuCEM in der nationalen Rezentrierung der inszenierten Vielfalt. Europäisierung bedeutet folglich nicht das Überstülpen eines gesamtgültigen Europanarrativs, sondern die Einschreibung und das in Beziehung Setzen zu bestehenden nationalen Narrativen. Es existiert kein einheitliches Schema, nach dem Museen sich europäisieren. Stattdessen manifestiert sich die Europäisierung von Museen in einer Vielzahl vor allem nationaler Ausprägungen. Nationalmuseen zwischen Nation und Europa bringen Europa als transnationales Schema hervor, das dann jedoch national variiert wird. Europa gibt es demnach nicht als gesamteuropäisches Narrativ, sondern in verschiedenen nationalen Versionen. Es meint überall und zu jeder Zeit etwas Anderes.

Literaturverzeichnis

Alscher, Ludger, Günter Feist, Peter H. Feist, Kurt Junghanns, Alfred Langer, Georg Münter, Karl-Heinz Otto, Gerhard Strauss und Hermann Weidhaas (Hg.). *Lexikon der Kunst. Architektur, Bildende Kunst, Angewandte Kunst, Industrieformgestaltung, Kunsttheorie*, Bd. I. A–F. Leipzig: E.A. Seemann, 1968.

American Association of Museums. *Vitalizing Memory. International Perspectives on Provenance Research.* Washington: American Association of Museums, 2005

Anderson, Benedict. *Die Erfindung der Nation. Zur Karriere eines folgenreichen Konzepts.* 2. Auflage. Frankfurt/M.: Campus Verlag, 1996.

Anthias, Floya und Nira Yuval-Davis. *Racialized boundaries. Race, Nation, Gender, Colour and Class and the anti-racist Struggle.* New York u.a.: Routledge, 1992.

Appelt, Erna. *Geschlecht, Staatsbürgerschaft, Nation. Politische Konstruktionen des Geschlechterverhältnisses in Europa.* Frankfurt/M., New York: Campus Verlag, 1999.

Arndt, Agnes, Joachim C. Häberlen und Christiane Reinecke (Hg.). *Vergleichen, verflechten, verwirren? Europäische Geschichtsschreibung zwischen Theorie und Praxis.* Göttingen u.a.: Vandenhoeck und Ruprecht, 2011.

Arndt, Susan, Maureen Maisha Eggers, Grada Kilomba und Peggy Piesche (Hg.). *Mythen, Masken und Subjekte. Kritische Weißseinsforschung in Deutschland.* 2. Auflage. Münster: Unrast, 2009.

Arnold-de Simine, Silke. *Mediating Memory in the Museum. Trauma, Empathy, Nostalgia.* Basingstoke u.a.: Palgrave Macmillan, 2013.

Aronsson, Peter und Emma Bentz. »National Museums in Germany. Anchoring Competing Communities«. *Building National Museums in Europe 1750–2010. Conference proceedings from EuNaMus, European National Museums. Identity Politics, the Uses of the Past and the European Citizen.* Hg. Peter Aronsson, Bologna 28. – 30. April 2011, 327–362, http.//www.ep.liu.se/ecp/contents.asp?issue=064undvolume [7. September 2018].

Aronsson, Peter und Gabriella Elgenius (Hg.). *Building National Museums in Europe 1750–2010.* New York u.a.: Routledge, 2015.

Asmuss, Burkhard. »Die Dauerausstellung des Deutschen Historischen Museums. Vorgeschichte, Kritik und Gegenkritik«. *Zeitgeschichte-online*, Juli 2007, http.//www.zeitgeschichte-online.de/thema/die-dauerausstellung-des-deutschen-historischen-museums [7. September 2018].

Assmann, Aleida. »Der Wissende und die Weisheit – Gedanken zu einem ungleichen Paar«. *Allegorien und Geschlechterdifferenz.* Hg. Sigrid Schade, Monika Wagner und Sigrid Weigel. Köln u.a.: Böhlau, 1994, 11–25.

Assmann, Aleida. *Erinnerungsräume. Formen und Wandlungen des kulturellen Gedächtnisses.* München: Beck, 1999.

Assmann, Jan. »Kollektives Gedächtnis und kulturelle Identität«. *Kultur und Gedächtnis.* Hg. Jan Assmann und Tonio Hölscher. Frankfurt/M.: Suhrkamp, 1988, 9–19.

Assmann, Jan. *Das Kulturelle Gedächtnis. Schrift, Erinnerng und politische Identität in frühen Hochkulturen.* München: Beck, 1992.

Assmann, Aleida und Jan Assmann. »Das Gestern im Heute. Medien und soziales Gedächtnis«. *Die Wirklichkeit der Medien. Eine Einführung in die Kommunikationswissenschaft.* Hg. Klaus Merten, Siegried J. Schmidt und Siegfried Weischenberg. Opladen: Westdeutscher Verlag, 1994, 114–140.

Assmann, Aleida und Sebastian Conrad (Hg.). *Memory in a Global Age. Discourses, Practices and Trajectories*. Basingstoke: Palgrave Macmillan, 2010.

Asad, Talal. »Muslims and European Identity. Can Europe Represent Islam?«. *The Idea of Europe. From Antiquity to the European Union*. Hg. Anthony Pagden. Cambridge: Cambridge University Press, 2002, 209–227.

Atilf (o. J.). *Le trésor de la langue française informatisé*, Stichwort »citoyenneté«, http.//atilf.atilf.fr/ [7. September 2018].

Augstein, Franziska. »Abschied von Europa«. *Süddeutsche Zeitung* 19. Mai 2016, Feuilleton, S. 8.

Bal, Mieke. *Double exposures. The subject of cultural analysis*. New York u.a.: Routledge, 1996.

Bal, Mieke, Jonathan Crewe und Leo Spitzer (Hg.). *Acts of Memory. Cultural recall in the Present*. Hanover u.a.: Univ. Press of New England, 1999.

Bal, Mieke. *Kulturanalyse*. Hg. Thomas Fechner-Smarsly und Sonja Neef. Frankfurt/M.: Suhrkamp, 2006.

Bal, Mieke. »Exposing the Public«. *A Companion to Museum Studies*. Hg. Sharon Macdonald. Malden, Mass. u.a.: Blackwell Publishing Ltd., 2011, 525–542.

Balibar, Étienne. »Gibt es einen ›Neo-Rassismus‹?«. *Rasse, Klasse, Nation. Ambivalente Identitäten*. Hg. Étienne Balibar und Immanuel Maurice Wallerstein. Hamburg: Argument Verlag, 1990a, 23–38.

Balibar, Étienne. »Die Nation-Form. Geschichte und Ideologie«. *Rasse, Klasse, Nation. Ambivalente Identitäten*. Hg. Étienne Balibar und Immanuel Maurice Wallerstein. Hamburg: Argument Verlag, 1990b, 107–130.

Balibar, Étienne. »Ideas of Europe. Civilization and Constitution«. *Moving Worlds* 11 (2011), Nr. 2: 12–18.

Balmer, Rudolf. »Angriff auf ein Symbol«. *TAZ online* 15. Juli 2016, http.//www.taz.de/!5323634/ [7. September 2018].

Barnavie, Elie, Jerzy W. Borejsza, Włodzimierz Borodziej, Norman Davies, Ulrich Herbert, Pavel Polian, Krzysztof Pomian, Henry Rousso, Timothy Snyder, Tomasz Szarota und Anna Wolff-Powęska. *Statement of the Advisory Board of the Museum of the Second World War regarding the reviews commissioned by the Ministry of Culture and National Heritage*, 5. August.2016, http.//www.muzeum1939.pl/object.php/act/sho/oid/af80cb6a7098812f05950128db915952 [7. September 2018].

Barroso, Eliane und Emilia Vaillant (Hg.). *Musées et sociétés. Actes du colloque de Mulhouse Ungersheim*. Paris: Direction des musées de France, 1993.

Bartig, Klaus-Dieter. »Alles klar für Polen!«, http.//www.polen-news.de/puw/puw65-13.html [7. September 2018].

Bartoszewski, Władysław. *Und reiß uns den Hass aus der Seele. Die schwierige Aussöhnung von Polen und Deutschen*. Warschau: Deutsch-Polnischer Verlag, 2005.

Baur, Joachim. *Die Musealisierung der Migration. Einwanderungsmuseen und die Inszenierung der multikulturellen Nation*. Bielefeld: transcript, 2009.

Baur, Joachim. »Museumsanalyse. Zur Einführung«. *Museumsanalyse. Methoden und Konturen eines neuen Forschungsfeldes*. Hg. Joachim Baur. Bielefeld: transcript, 2010, 7–14.

Beck, Ulrich. *What is Globalization?* Cambridge: Polity Press, 2004.

Beier-de-Haan, Rosemarie. *Erinnerte Geschichte – Inszenierte Geschichte. Ausstellungen und Museen in der Zweiten Moderne*. Frankfurt/M.: Suhrkamp, 2005.

Beier-de-Haan, Rosemarie. »Deutsches Historisches Museum Rethinking German History Against the Background of a Burdened Past and New Challenges for the 21st Century«.

Entering the Minefields. The Creation of New History Museums in Europe. Conference Proceedings from EuNaMus, European National Museums. Identity Politics, the Uses of the Past, and the European Citizen. Hg. Bodil Axelsson, Brussels 25 Januar 2012, 55–70, http.//www.ep.liu.se/ecp/contents.asp?issue=083undvolume [7. September 2018].

Beise, Karl-Walter, Nele Güntheroth und Inge Hansen-Schaberg (Hg.). *Medien in Museum und Schule*. Münster u.a.: LIT Verlag, 2005.

Bénéton, Philippe. *Histoire de mots. Culture et Civilisation*. Paris: Presses de la fondation nationale des sciences politiques, 1975.

Benjamin, Walter. *Das Kunstwerk im Zeitalter seiner technischen Reproduzierbarkeit*. Bd. I GA. Frankfurt/M.: Suhrkamp, 1972, 471–508.

Bennett, Tony. *The Birth of the Museum. History, Theory, Politics*. New York u.a.: Routledge, 1995.

Bennett, Tony. »Civic Seeing. Museums and the Organization of Vision«. *A Companion to Museum Studies*. Hg. Sharon Macdonald. Malden, Mass. u.a.: Blackwell Publishing Ltd., 2011, 263–281.

Berg, Gunhild. »Tableau humain. Die Tabelle als Narrativ der Anthropologie um 1800«. *Erzählen im Umbruch. Narration 1770–1810 Texte, Formen, Kontexte*. Hg. Rainer Godel und Matthias Löwe. Hannover: Wehrhahn, 2011, 19–49.

Berger, Stefan. »National Historiographies in Transnational Perspective. Europe in the nineteenth and twentieth centuries«. *Storia della Storiografia*, 2006, Nr. 50: 3–26.

Berger, Stefan und Chris Lorenz (Hg.). *The Contested Nation. Ethnicity, Class, Religion and Gender in National Histories*. Basingstoke u.a.: Palgrave Macmillan, 2008.

Bergvelt, Ellinoor, Debora J. Meijers, Lieske Tibbe und Elsa van Wezel (Hg.). *Napoleon's Legacy. The Rise of National Museums in Europe 1794–1830*. Berlin: G+H Verlag, 2009.

Bhabha, Homi. »Die Frage des Anderen«. *Die Verortung der Kultur*. Hg. Homi Bhabha.Tübingen: Stauffenberg, 2000.

Bhambra, Gurminder K. »Postcolonial Europe. Or, Understanding Europe in Times of the Postcolonial«. *The SAGE Handbook of European Studies*. Hg. Chris Rumford. London u.a.: Sage, 2009, 69–85.

Bingen, Dieter. »1000 Jahre wechselvoller Geschichte«. *Informationen zur politischen Bildung* 2 (2011): 4–7.

Blank, Melanie und Julia Debelts. *Was ist ein Museum?* Wien: Turia und Kant, 2002.

Bodenstein, Felicity. »National Museums in France«. *Building National Museums in Europe 1750–2010. Conference proceedings from EuNaMus, European National Museums. Identity Politics, the Uses of the Past and the European Citizen*. Hg. Peter Aronsson. Bologna 28–30 April 2011, 289–326, http.//www.ep.liu.se/ecp/contents.asp?issue=064undvolume= [7. September 2018].

Boer, Pim den, Heinz Durchardt, Georg Kreis und Wolfgang Schmale (Hg.). *Europäische Erinnerungsorte*. München: Oldenbourg, 2012.

Bogdany, Armin von. »Europäische Verfassung und europäische Identität«. *Europawissenschaft*. Hg. Gunnar Folke Schuppert, Ingolf Pernice und Ulrich Haltern. Baden-Baden: Nomos, 2005, 331–371.

Bommelaer, Claire. »Le MuCEM, nouveau phare de Marseille«. *Le Figaro online* 4. Juni 2013, http.//www.lefigaro.fr/arts-expositions/2013/06/04/03015-20130604ARTFIG00230-le-mucem-nouveau-phare-de-marseille.php [7. September 2018].

Bond, Lucy und Jessica Rapson (Hg.). *The transcultural turn. Interrogating Memory between and beyond borders*. Berlin, Boston: de Gruyter, 2014.

Bonnefoy, Françoise. *MuCEM. Esprit du lieu*. Paris: nouvelles éditions scala, 2013.
Bose, Friedrich von. *Das Humboldt-Forum. Eine Ethnographie seiner Planung*. Berlin: Kadmos Kulturverlag, 2016.
Bourdieu, Pierre und Alain Darbel. *L'amour de l'art. Les musées européens et leurs publics*. Paris: Éditions de Minuit, 1966.
Braidotti, Rosi. *Posthumanismus. Leben jenseits des Menschen*. Frankfurt/M., New York: Campus Verlag 2014.
Braun, Christina von. *Gewalt im Spannungsfeld zwischen Frauenrechten und Kulturen*, http.//www.frauenberatungsstelle-bs.de/aktuelles/EhreOrientOkzidentBrunsviga.pdf [7. September 2018].
Braun, Christina von und Inge Stephan (Hg.). *Gender-Studien. Eine Einführung*. Stuttgart, Weimar: Metzler, 2006.
Brill, Klaus. »Volle Kraft voraus«. *Süddeutsche Zeitung online* 1. Januar 2015, http.//www.sueddeutsche.de/kultur/zeitgeschichte-volle-kraft-voraus-1.2287715 [7. September 2018].
Bundeszentrale für politische Bildung. *Union für das Mittelmeer*, http.//www.bpb.de/politik/hintergrund-aktuell/69642/union-fuer-das-mittelmeer-14-07-2008 [7. September 2018].
Bundesministerium für wirtschaftliche Zusammenarbeit und Entwicklung. *Union für den Mittelmeerraum*, http.//www.bmz.de/de/ministerium/wege/ez_eu/eu-wege/mittelmeeranrainer/index.html?follow=adword, 2008, [7. September 2018].
Buschmann, Heike. »Geschichten im Raum. Erzähltheorie als Museumsanalyse«. *Museumsanalyse. Methoden und Konturen eines neuen Forschungsfeldes*. Hg. Joachim Baur. Bielefeld: transcript, 2010, 149–169.
Candau, Joel. *Mémoire et Identité*. Paris: Presses Universitaires de France, 1998.
Cantarel-Besson, Yveline. *La naissance du musée du Louvre, La politique muséologique sous la Révolution d'aprèss les archives des musées nationaux*. Paris: Réunion des musées nationaux, 1981.
Carter, Jennifer. »Narrative and Imagination. Remaking National History at the Musée des Monuments Français Paris«. *National Museums. New studies from around the world*. Hg. Simon J. Knell. New York u.a.: Routledge, 2011, 88–104.
Cavanagh, Clare. »Postcolonial Poland«. *Common Knowledge*, Vol. 10, Issue 1 (Winter 2004): 82–92.
Cesari, Chiara de. »Museums of Europe. Tangles of Memory, Borders, and Race«. *Museum Anthropology* 40/1 (2017): 19–37.
Cesari, Chiara de und Ann Rigney (Hg.). *Transnational Memory. Circulation, Articulation, Scales*. Berlin, Boston: de Gruyter, 2014.
Chancer, Lynn S. und Beverly Xaviera Watkins. *Gender, Race and Class. An Overview*. Malden, Mass. u.a.: Blackwell Publishing Ltd., 2006.
Charléty, Véronique. »L'invention du Musée de l'Europe. Contribution à l'analyse des politiques symboliques européennes«. *Regards sociologiques*, Nr. 27–28 (2004): 149–166.
Cibula, Jan. *Presseerklärung des Präsidenten der Internationalen Romani Union zum Abschluss des Zweiten Roma-Weltkongresses 1978*, http.//rombase.uni-graz.at//cd/data/hist/current/data/self-inter-it-02.de.pdf [7. September 2018].
Clark Smith, Barbara. »A case study of applied feminist theories«. *Gender perspectives. Essays on women in museums*. Hg. Jane R. Glaser. Washington, London: Smithsonian institution press, 1994, 137–146.

Clarke, Loraine und Eva Hornecker. *Experience, Engagement and Social Interaction at a Steam Locomotive Multimodal Interactive Museum Exhibit*, 2013, http.//www.ehornecker.de/Papers/CHI-WIP2013.pdf [7. September 2018].
Claudin Colin Communication. *MuCEM*, 2013, http.//www.claudinecolin.com/fr/743-mucem-musee-des-civilisations-de-l-europe-et-de-la-mediterranee [7. September 2018].
Clifford, James. »On Collecting Art and Culture«. *The Predicament of Culture. Twentieth-Century Ethnography, Literature, and Art*. Cambridge, Mass.: Harvard University Press, 1988, 215–251.
Clifford, James. »Collecting ourselves«. *Interpreting Objects and Collections*. Hg. Susan M. Pearce. New York u.a.: Routledge, 1994, 258–268.
Clifford, James. *Routes. Travel and Translation in the Late Twentieth Century*. Cambridge, Mass., London: Havard University Press, 1997.
CoHERE o.J. »CoHERE objectives« https.//research.ncl.ac.uk/cohere/about/#CoHERE%20Objectives [6.September 2018].
Colardelle, Michel (Hg.). *Réinventer un musée. Le musée des Civilisations de l'Europe et de la Méditerranée à Marseille*. Paris: Réunion des Musées Nationaux, 2002a.
Colardelle, Michel. »Des musées de l'Europe, pour une conscience européenne«. *Comparare* 22 (2002b), Nr. 2: 228–237.
Collins, Patricia Hill. *Black Feminist Thought. Knowledge, Consciousness, and the Politics of Empowerment*. Boston: Unwin Hyman, 1990.
Conrad, Lisa. *Organisation im soziotechnischen Gemenge. Mediale Umschichtungen durch die Einführung von SAP*. Bielefeld: transcript, 2017.
Conrad, Sebastian, Andreas Eckert und Ulrike Freitag (Hg.). *Globalgeschichte. Theorien, Ansätze, Themen*. Frankfurt/M. u.a.: Campus Verlag, 2007.
Council of Europe (o. J.). *Who we are*, http.//www.coe.int/en/web/about-us/who-we-are [7. September 2018].
Crane, Susan A. *Collecting and Historical Consciousness in early nineteenth century Germany*. Ithaca, London: Cornell University Press, 2000a.
Crane, Susan A. *Museums and Memory*. Stanford: Stanford University Press, 2000b.
Crivellari, Fabio, Kay Kirchmann, Marcus Sandl und Rudolf Schlögl. »Die Medialität des Historischen und die Historizität des Medialen«. *Die Medien der Geschichte. Historizität und Medialität in interdisziplinärer Perspektive*. Hg. Fabio Crivellari, Kay Kirchmann, Marcus Sandl und Rudolf Schlögl. Konstanz: UVK Verlagsgesellschaft mbH, 2004, 9–45.
Crownshaw, Rick (Hg.). *Transcultural Memory*. New York u.a.: Routledge, 2014.
Czech, Hans-Jörg. »Deutsche Geschichte in Bildern und Zeugnissen – Ziele und Strukturen der ständigen Ausstellung«. *Deutsche Geschichte in Bildern und Zeugnissen*. Hg. Hans-Jörg Czech und Hans Ottomeyer. Berlin: Edition Minerva, 2009, 9–17.
Czerney, Sarah. »Flucht Vertreibung Versöhnung – zwischen nationaler und europäischer Historiografie«. *Inter Finitimos. Jahrbuch für deutsch-polnische Beziehungsgeschichte*, Bd. 10. Osnabrück: Fibre, 149–158.
Czerney, Sarah. »›Kolonialismus im Kasten?‹ Rezension des kritischen Audioguides zur Dauerausstellung des Deutschen Historischen Museums Berlin«. *Werkstatt Geschichte* 66–67, März 2015a: 190–194.
Czerney, Sarah. »Gendering the transnational. Gender und Medien transnationaler Historiografie im Musée des civilisations de l'Europe et de la Méditerranée Marseille (MuCEM)«. *FKW//Zeitschrift für Geschlechterforschung und visuelle Kultur*, Nr. 58 (2015b): 95–105.

Czerney, Sarah. »Inszenierung kultureller Identitäten und Diversitäten im Musée des civilisations de l'Europe et de la Méditerranée Marseille (MuCEM)« *Identitätsfabrik reloaded. Museen als Resonanzräume kultureller Vielfalt und pluraler Lebensstile.* Hg. Guido Fackler und Brigitte Heck. Münster u.a.: LIT Verlag, 2019.

Damala, Areti, Eva Hornecker, Merel van der Vaart, Loraine Clarke, Gabriela Avram, Hub Kockelkorn und Ian Ruthven. *Evaluating tangible and multisensory museum visiting experiences. Lessons learned from the meSch project*, 2016, http.//mw2016.museumsandtheweb.com/paper/evaluating-tangible-and-multisensory-museum-visiting-experiences-lessons-learned-from-the-mesch-project/ [7. September 2018].

Daum, Denise, Andrea Geier, Iulia-Karin Patrut, Kea Wienand. »Einleitung«. *Ethnizität und Geschlecht. (Post-)Koloniale Verhandlungen in Geschichte, Kunst und Medien.* Hg. Daum, Denise, Andrea Geier, Iulia-Karin Patrut, Kea Wienand. Köln u.a.: Böhlau, 2005, 3–20.

Davies, Norman. *Heart of Europe. The Past in Poland's Present.* Oxford: Oxford University Press, 2001.

Deneckere, Gita und Thomas Welskopp. »The ›Nation‹ and ›Class‹. European National Master-Narratives and Their Social ›Other‹«. *The Contested Nation. Ethnicity, Class, Religion and Gender in National Histories.* Hg. Stefan Berger und Chris Lorenz. Basingstoke u.a.: Palgrave Macmillan, 2008, 135–170.

Derrida, Jacques. *Das andere Kap. Die vertagte Demokratie. Zwei Essays zu Europa.* Frankfurt/M.: Suhrkamp, 1992.

Derrida, Jacques. *Mal d'archive. Une impression freudienne.* Paris: Galilée, 1995.

Derrida, Jacques. »Signatur Ereignis Kontext«. *Limited Inc.* Hg. Peter Engelmann. Wien: Passagen Verlag, 2001, 15–45.

Deuber-Mankowsky, Astrid. »Eine Frage des Wissens. Gender als epistemisches Ding«. *Gender Goes Life. Die Lebenswissenschaften als Herausforderung für die Gender Studies.* Hg. Marie-Luise Angerer und Christiane König. Bielefeld: transcript, 2008, 137–161.

Deutsches Historisches Museum (DHM). *Satzung der Stiftung Deutsches Historisches Museum 2010*, https.//www.dhm.de/fileadmin/medien/relaunch/ueber-uns/Satzung.pdf [7. September 2018].

Deutsches Historisches Museum (DHM). *Deutsche Geschichte in Bildern und Zeugnissen* [Faltblatt zur Dauerausstellung 2012].

Deutsches Historisches Museum (DHM). *Faszination Geschichte. Deutsche Geschichte in Bildern und Zeugnissen* [Faltblatt zur Dauerausstellung 2014a].

Deutsches Historisches Museum (DHM). *Medienstation mit Zeitzeugeninterviews – Eine Kooperation mit »Gedächtnis der Nation«.* Pressemitteilung vom 26. Februar 2014 (2014b), https.//www.dhm.de/fileadmin/medien/relaunch/presse/presseinformationen/03-2014_PM_DHM_Praesentation_Medienstationen_DA_1.pdf [7. September 2018].

Deutsches Historisches Museum (DHM). *Deutsche Geschichte in Bildern und Zeugnissen* [Faltblatt zur Dauerausstellung 2017].

Deutsches Historisches Museum (DHM) (o. J. a). *Über uns,* https.//www.dhm.de/ueber-uns/ [7. September 2018].

Deutsches Historisches Museum (DHM) (o. J. b). *Das Zeughaus,* https.//www.dhm.de/ueber-uns/die-gebaeude/zeughaus.html [7. September 2018].

Deutsches Historisches Museum (DHM) (o. J. c). *Die Stiftung und ihre Gremien,* https.//www.dhm.de/ueber-uns/stiftung.html [7. September 2018].

Deutsches Historisches Museum (DHM) (o. J. d). *Deutsche Geschichte in Bildern und Zeugnissen*, https://www.dhm.de/ausstellungen/dauerausstellung.html [7. September 2018].
Dieckmann, Jan. »Anschlag in Nizza trifft die Seele Europas«. *NDR online* 15. Juli 2016, http://www.ndr.de/kirche/Anschlag-in-Nizza-Lkw-rast-in-Menschenmenge,nizza132.html [7. September 2018].
Dietrich, Anette. *Differenz und Identität im Kontext Postkolonialer Theorien. Eine feministische Betrachtung.* Berlin: Logos-Verlag, 2000.
Dietze, Gabriele. »Race, Gender und Whiteness. Einige Überlegungen zu Intersektionalität«. *FKW // Zeitschrift für Geschlechterforschung und visuelle Kultur* 56 (2014): 9–19.
Dokumentationszentrum und Museum über die Migration in Deutschland e.V. (DOMiD) (o. J.). *Ein Forum für die Zukunft. das zentral Migrationsmuseum*, http://www.domid.org/de/news/ein-forum-f%C3%BCr-die-zukunft-das-zentrale-migrationsmuseum [7. September 2018].
Dori, Aikaterini. »Museum und nationale Identität. Überlegungen zur Geschichte und Gegenwart von Nationalmuseen«. *Museum revisited. Transdisziplinäre Perspektiven auf eine Institution im Wandel.* Hg. Kurt Dröge und Detlef Hoffmann. Bielefeld: transcript, 2010, 209–222.
Dorr, Elisabeth, Astrid Erll, Erin Högerle, Paul Vickers und Jarula Wegner (Hg.). *Between Travel and Locatedness. New Horizons in Media and Cultural Memory Studies.* Special Issue *Journal of Aesthetics and Culture,* 2019.
Doss, Erika. »War, memory, and the public mediation of affect. The National World War II Memorial and American imperialism«. *Memory Studies*, Vol. 1, issue 2 (2008): 227–250.
Duda, Wojciech. »Das Gedächtnis als Schlachtfeld. Wojciech Duda im Gespräch mit den Historikern Wlodzimierz Borodziej, Pawel Machcewicz, Feliks Tych und Grzegorz Motyka«. *Inter Finitimos. Jahrbuch zur deutsch-polnischen Beziehungsgeschichte* 1 (2003): 8–32.
Duncan, Carol. *Civilizing Rituals. Inside public art museums.* New York u.a.: Routledge, 1995.
Eder, Klaus. »Remembering National Memories Together. The Formation of a Transnational Identity in Europe«. *Collective Memory and European Identity. The Effects of Integration and Enlargement.* Hg. Klaus Eder und Wilfried Spohn. London: Ashgate, 2005, 197–220.
Eikelmann, Renate. »Das Bayerische Nationalmuseum«. *Bayerisches Nationalmuseum. Handbuch der kunst- und kulturgeschichtlichen Sammlungen.* Hg. Renate Eikelmann. München: Hirmer 2000, 7–11.
El-Tayeb, Fatima. *Anders Europäisch. Rassismus, Identität und Widerstand im vereinten Europa.* Münster: Unrast, 2015.
El-Tayeb, Fatima. *Undeutsch. Die Konstruktion des Anderen in der postmigrantischen Gesellschaft.* Bielefeld: transcript, 2016.
Engel, Ulf, Matthias Middell und Stefan Troebst (Hg.). *Erinnerungskulturen in transnationaler Perspektive / Memory Cultures in Transnational Perspective.* Leipzig: Leipziger Universitätsverlag, 2012.
Engell, Lorenz. »Die genetische Funktion des Historischen in der Geschichte der Bildmedien«. *Archiv für Mediengeschichte – Mediale Historiographien* 1 (2001): 33–56.
Engell, Lorenz. »Historizität als Medien-Struktur«. *Fernsehgeschichte. Modelle – Theorien – Projekte* (= Hamburger Hefte zur Medienkultur, Nr. 2, 2003). Hg. Joan Kristin Bleicher. 23–35.
Engell, Lorenz. »Kinematographische Agenturen«. *Medien denken. Von der Bewegung des Begriffs zu bewegten Bildern*. Hg. Lorenz Engell. Bielefeld: transcript, 2010, 137–156.

Engell, Lorenz und Joseph Vogl. »Editorial«. *Archiv für Mediengeschichte – Mediale Historiographien* 1 (2001): 5–8.

Engell, Lorenz und Joseph Vogl. »Zur Einführung«. *Kursbuch Medienkultur. Die maßgeblichen Theorien von Brecht bis Baudrillard*. Hg. Lorenz Engell und Joseph Vogl. Stuttgart: DVA 2004, 8–11.

Engell, Lorenz. »The tactile and the index. from the remote control to the hand-held computer, some speculative reflections on the bodies of the will«. *NECSUS European Journal of Media Studies* Autumn 2013, http.//www.necsus-ejms.org/the-tactile-and-the-index-from-the-remote-control-to-the-hand-held-computer-some-speculative-reflections-on-the-bodies-of-the-will/ [7. September 2018].

Engels, David. *Auf dem Weg ins Imperium. Die Krise der Europäischen Union und der Untergang der römischen Republik. Historische Parallelen*. Berlin: Europaverlag, 2014.

Epple, Angelika. *Empfindsame Geschichtsschreibung. Eine Geschlechtergeschichte der Historiographie zwischen Aufklärung und Historismus*. Köln u.a.: Böhlau, 2003.

Epple, Angelika und Angelika Schaser (Hg.). *Gendering Historiography. Beyond National Canons*. Frankfurt/M.: Campus Verlag, 2009.

Erll, Astrid. »Medium des kollektiven Gedächtnisses – ein (erinnerungs-) kulturwissenschaftlicher Kompaktbegriff«. *Medien des kollektiven Gedächtnisses. Konstruktivität – Historizität – Kulturspezifität*. Hg. Astrid Erll und Ansgar Nünning. Berlin, New York: de Gruyter, 2004, 3–24.

Erll, Astrid. *Kollektives Gedächtnis und Erinnerungskulturen*. Stuttgart: Metzler, 2005.

Erll, Astrid. *Prämediation – Remediation. Repräsentationen des indischen Aufstands in imperialen und post-kolonialen Medienkulturen (von 1857 bis zur Gegenwart)*. Trier: Wissenschaftlicher Verlag Trier, 2007.

Erll, Astrid. »Remembering across Time, Space, and Cultures. Premediation, Remediation and the ›Indian Mutiny‹«. *Mediation, Remediation, and the Dynamics of Cultural Memory*. Hg. Astrid Erll und Ann Rigney. Berlin. de Gruyter, 2009, 109–138.

Erll, Astrid. »Travelling memory«. *Parallax* 17.4 (2011): 4–18.

Erll, Astrid. »From ›District Six‹ to District 9 and Back. The Plurimedial Production of Travelling Schemata«. *Transnational Memory. Circulation, Articulation, Scales*. Hg. Chiara de Cesari und Ann Rigney. Berlin, Boston: de Gruyter, 2014, 29–50.

Erll, Astrid. »Media and the Dynamics of Memory. From Cultural Paradigms to Transcultural Premediation«. *Oxford Handbook of Culture and Memory*. Hg. Brady Wagoner. Oxford: Oxford University Press 2017: 305–324.

Ernst, Wolfgang. »Ex-Positionen. Fotografie, Museum, Historie.« *Fotografiegeschichte* 10, 1990: 49–60.

Ernst, Wolfgang. »Medien@rchäologie (Provokation der Mediengeschichte)«. *Schnittstelle. Medien und Kulturwissenschaften*. Hg. Georg Stanitzek. Köln: DuMont, 2001, 250–267.

Eunamus (o. J.). *Publications*, http.//www.ep.liu.se/eunamus/outcomes.html [7. September 2018].

Eunamus. *National Museums Making Histories in a Diverse Europe, 7th Eunamus report*, 2012, http.//liu.diva-portal.org/smash/get/diva2.573632/FULLTEXT01.pdf [7. September 2018].

Euroméditerranée (o. J.). *L'établissement public*, http.//www.euromediterranee.fr/qui-sommes-nous/letablissement-public.html [7. September 2018].

Europäische Kommission. *First report on the consideration of cultural aspects in european community action 1996*, http.//aei.pitt.edu/1329/1/culture_report_COM_96_160.pdf [7. September 2018].

Europäische Kommission. *Ein Europa der Völker bauen. Die Europäische Union und die Kultur,* 2002, http.//bookshop.europa.eu/de/ein-europa-der-voelker-bauen-pbNA4001456/ [7. September 2018].
Europäische Kommission (o. J.). *European Heritage Label,* https.//ec.europa.eu/programmes/creative-europe/actions/european-heritage-label_en [7. September 2018].
Europäisches Parlament. *Resolution on European consciousness and totalitarism, final resolution,* 2. April 2009, http.//www.europarl.europa.eu/sides/getDoc.do?pubRef=-//EP//TEXT+TA+P6-TA-2009-0213+0+DOC+XML+V0//EN [7. September 2018].
Europäisches Parlament (o. J. a). *Haus der europäischen Geschichte,* http.//www.europarl.europa.eu/visiting/de/br%C3%BCssel/haus-der-europ%C3%A4ischen-geschichte [7. September 2018].
Europäisches Parlament (o. J. b). *Parlamentarium,* http.//www.europarl.europa.eu/visiting/de/brussels/parlamentarium [7. September 2018].
European Museum Forum (o. J. a). *Awards,* http.//www.europeanmuseumforum.info/emya.html [7. September 2018].
European Museum Forum (o. J. b). *Museum of the Year Award Winners 2015,* http.//www.europeanmuseumforum.info/emya/emya-2015.html [7. September 2018].
Europejskie Centrum Solidarności (ECS). *Solidarność. Pokojowa Rewolucja / Solidarność. Eine Friedliche Revolution* [Katalog zur Ausstellung]. Danzig: Europejskie Centrum Solidarności, 2009.
Europejskie Centrum Solidarności (ECS). *ECS info* [Broschüre 2013].
Europejskie Centrum Solidarności (ECS). *Wystawa Stała Europejskiego Centrum Solidarności. Katalog.* Danzig: Europejskie Centrum Solidarności, 2014a.
Europejskie Centrum Solidarności (ECS). *Kobiety na wystawie stałej ECS* [internes Arbeitspapier] 2014b.
Europejskie Centrum Solidarności (ECS). *Guide* [Faltblatt zur Dauerausstellung 2015].
Europejskie Centrum Solidarności (ECS). *Europe with a view to the future,* 2016, http.//www.ecs.gda.pl/title,Europa_z_widokiem_na_przyszlosc,pid,636.html [7. September 2018].
Europejskie Centrum Solidarności (ECS) (o. J. a). *The Permanent Exhibition,* http.//www.ecs.gda.pl/title,Exhibition,pid,20.html [7. September 2018].
Europejskie Centrum Solidarności (ECS) (o. J. b). *Archiwum,* http.//www.ecs.gda.pl/Archiwum [7. September 2018].
Europejskie Centrum Solidarności (ECS) (o. J. c). *Mission,* http.//www.ecs.gda.pl/title,Misja,pid,29.html [7. September 2018].
Europejskie Centrum Solidarności (ECS) (o. J. d). *Historia,* http.//www.ecs.gda.pl/title,Historia,pid,28.html [7. September 2018].
Europejskie Centrum Solidarności (ECS) (o. J. e). *European Heritage Label,* http.//www.ecs.gda.pl/title,European_Heritage_Label,pid,432.html [7. September 2018].
Europejskie Centrum Solidarności (ECS) (o. J. f). *Muzealia,* http.//www.ecs.gda.pl/title,Muzealia,pid,324.html [7. September 2018].
Europejskie Centrum Solidarności (ECS) (o. J. g). *The Founders of the European Solidarity Centre,* http.//www.ecs.gda.pl/title,The_Founders_of_the_ECS,pid,49.html [7. September 2018].
Europejskie Centrum Solidarności (ECS) (o. J. h). *Europäisches Solidarność Zentrum Danzig* [Broschüre].

Evans, Jessica und David Boswell. »Introduction. Nation and Representation«. *Representing the Nation. A Reader.* Hg. Jessica Evans und David Boswell. New York u.a.: Routledge, 2002, 1–8.

Fackler, Guido und Brigitte Heck (Hg.). *Identitätsfabrik reloaded. Museen als Resonanzräume kultureller Vielfalt und pluraler Lebensstile.* Münster u.a.: LIT Verlag, 2018.

Faulstich, Werner. *Grundkurs Filmanalyse.* München: Fink, 2002.

Fayet, Roger. »›Ob ich nun spreche oder schweige‹. Wie das Museum seine Dinge mit Bedeutung versieht«. *Im Land der Dinge. Museologische Erkundungen.* Hg. Roger Fayet. Baden: Hier und Jetzt, Verl. für Kultur und Geschichte, 2005, 11–32.

Fayet, Roger. »Das Vokabular der Dinge«. *Österreichische Zeitschrift für Geschichtswissenschaften* 18 (2007), Nr. 1: 7–31.

Fischer, Karin. *Shared Heritage – Teilen und Tauschen in der Kultur- und Museumsarbeit*, 2016, http.//www.deutschlandfunk.de/museumsarbeit-teilen-und-tauschen-und-das-kulturelle-erbe.1301.de.html?dram.article_id=357332 [7. September 2018].

Fliedl, Gottfried. *Museum ohne Objekt*, 2004, http.//www.museumsvolontaere.de/fileadmin/user_upload/volontaere/pdfs/Fortbildungen/2004/Fliedl.pdf [7. September 2018].

Flierl, Thomas und Elfriede Müller (Hg.). *Osteuropa – Schlachtfeld der Erinnerungen.* Berlin: Dietz, 2010, 33–56.

Foucault, Michel. *Sexualität und Wahrheit, Band 1. Der Wille zum Wissen.* Frankfurt/M.: Suhrkamp, 2003.

Foucault, Michel. *Archäologie des Wissens.* Frankfurt/M.: Suhrkamp, 2005.

Foucault, Michel. *Die Ordnung des Diskurses.* Frankfurt/M.: Fischer, 2007.

François, Étienne, Kornelia Kończal, Robert Traba und Stefan Troebst (Hg.). *Geschichtspolitik in Europa seit 1989. Deutschland, Frankreich und Polen im internationalen Vergleich.* Göttingen: Wallstein Verlag, 2013.

Frecot, Janos. »Die Grenzen der Reproduziertbarkeit. Fotografie im Museum«. *Fotografiegeschichte* 10, 1990: 61–66.

Frevert, Ute und Margrit Pernau. »Europa ist eine Frau. jung und aus Kleinasien. Beitrag zum Themenschwerpunkt Europäische Geschichte – Geschlechtergeschichte«. *Themenportal Europäische Geschichte*, 2009, www.europa.clio-online.de/essay/id/artikel-3548 [7. September 2018].

Früchtl, Josef und Jörg Zimmermann. »Ästhetik der Inszenierung«. *Ästhetik der Inszenierung. Dimensionen eines künstlerischen, kulturellen und gesellschaftlichen Phänomens.* Hg. Josef Früchtl und Jörg Zimmermann. Frankfurt/M.: Suhrkamp, 2001, 9–47.

Früh, Anja. »Kulturpolitik und Geschichtspolitik in Europa. Zur Entwicklung ethnografischer Museen in Deutschland und Frankreich 1980–2010«. *Update! Perspektiven der Zeitgeschichte.* Hg. Linda Erker. Innsbruck u.a.: StudienVerlag, 2010, 681–691.

Fulda, Daniel »Historiographic Narration«. *The Living Handbook of Narratology*, 2014. Hg. Peter Hühn et al. Hamburg. Hamburg University, http.//www.lhn.uni-hamburg.de/ [7. September 2018]

Gable, Eric. »Ethnografie. Das Museum als Feld«. *Museumsanalyse. Methoden und Konturen eines neuen Forschungsfeldes.* Hg. Joachim Baur. Bielefeld: transcript, 2010, 95–119.

Gedächtnis der Nation (o. J. a). *Informieren*, http.//www.gedaechtnis-der-nation.de/informieren [7. September 2018].

Gedächtnis der Nation (o. J. b). *Der Verein*, http.//www.gedaechtnis-der-nation.de/informieren/verein [7. September 2018].

Gedächtnis der Nation (o. J. c). *Erzählen Sie uns Ihre Geschichte!* http.//www.gedaechtnis-der-nation.de/dam/jcr.861c1a2c-6284-4e49-b681-d2f6f42f403c/GdN%20Flyer.pdf [7. September 2018].
Geertz, Clifford. *Dichte Beschreibung. Beiträge zum Verstehen kultureller Systeme.* Frankfurt/M.: Suhrkamp, 2003.
Gellner, Ernest. *Nationalismus und Moderne.* Hamburg: Rotbuch, 1995.
Geoffroy-Schneiter, Bérénice. »La naissance d'un musée sociétal«. *Dossier de l'art thématique,* 2013, Nr. 4: 24–29.
Gliński, Piotr. *Zarządzenie Ministra Kultury i Dziedzictwa Narodowego 23.12.2015,* http.//bip.mkidn.gov.pl/media/dziennik_urzedowy/p_60_2015_1.pdf [7. September 2018].
Gliński, Piotr. *Obwieszczenie Ministra Kultury i Dziedzictwa Narodowego 15. April 2016(a),* http.//bip.mkidn.gov.pl/media/dziennik_urzedowy/p_18_2016.pdf [7. September 2018].
Gliński, Piotr. *Obwieszczenie Ministra Kultury i Dziedzictwa Narodowego 6. Mai 2016(b),* [online] http.//bip.mkidn.gov.pl/media/dziennik_urzedowy/p_25-2016.pdf [7. September 2018].
Gliński, Piotr. *Zarządzenie Ministra Kultury i Dziedzictwa Narodowego 7. September 2016(c),* http.//bip.mkidn.gov.pl/modules/dziennik_urzedowy/dlc.php?file=301undid=1473232930 [7. September 2018].
Golay, Laurent (Hg.). *Images du Monde. Une histoire de la cartographie.* Lausanne: Musée Historique de Lausanne, 2004.
Goody, Jack. *The domestication of the savage mind.* Cambridge: Cambridge University Press, 1977.
Gourarier, Zeev (Hg.). *La Galérie de la Méditerranée au MuCEM. Les objets-phares.* Marseille: MuCEM, 2015.
Graff, Agnieszka. »Patriarchat po seksmisji«. *Gazeta Wyborcza* (Warschauer Ausgabe) 19.–20. Juni 1999: 22.
Graff, Agnieszka. »Warum Frauen in Polen ›nicht stören‹«. *Jahrbuch Polen,* 2006: 34–44, http.//www.deutsches-polen-institut.de/assets/webedition/Downloads/ansichten/graff_jb_2006.pdf [7. September 2018].
Grever, Maria. »Fear of Plurality. Historical Culture and Historiographical Canonization in Western Europe«. *Gendering Historiography. Beyond National Canons.* Hg. Angelika Epple und Angelika Schaser. Frankfurt/M.: Campus Verlag, 2009, 45–62.
Grigoleit, Annette. »Europa im Museum. Zur sozialen Konstruktion transnationaler Identität«. *Kultur in Zeiten der Globalisierung. Neue Aspekte einer soziologischen Kategorie.* Hg. Peter-Ulrich Merz-Benz. Frankfurt/M.: Humanities Online, 2005, 163–183.
Gross, Robert A. »The Transnational Turn. Rediscovering American Studies in a Wider World«. *Journal of American Studies,* 34 (2000): 373–393.
Hagemann, Karen und María Teresa Fernández-Aceves. »Gendering Trans/National Historiographies. Similarities and Differences in Comparison. Introduction«. *Journal of Women's History* 19/1 (2007): 151–152.
Hagemann, Karen und Jean H. Quartaert (Hg.). *Geschichte und Geschlechter. Revisionen der neueren deutschen Geschichte.* Frankfurt/M.: Campus Verlag, 2008.
Halbwachs, Maurice. *Das kollektive Gedächtnis.* Frankfurt/M.: Fischer, 1985a.
Halbwachs, Maurice. *Das Gedächtnis und seine sozialen Bedingungen.* Frankfurt/M.: Suhrkamp, 1985b.

Hall, Edward T. »Was ist Kultur?«. *Differenzen anders denken. Bausteine zu einer Kulturtheorie der Transdifferenz.* Hg. Lars Allolio-Näcke, Britta Kalscheuer und Arne Manzeschke. Frankfurt/M.: Campus Verlag, 2005, 227–242.

Hall, Stuart. »Cultural Identity and Diaspora«. *Identity. Community, Culture, Difference.* Hg. Jonathan Rutherford. London: Lawrence und Wishart, 1990, 222–237.

Hall, Stuart. »Der Westen und der Rest. Diskurs und Macht«. *Rassismus und kulturelle Identität. Ausgewählte Schriften 2.* Hamburg: Argument Verlag, 1994a, 137–179.

Hall, Stuart. »Die Frage der kulturellen Identität«, *Rassismus und kulturelle Identität. Ausgewählte Schriften 2.* Hamburg: Argument Verlag, 1994b, 180–222.

Hall, Stuart. »Rassismus als ideologischer Diskurs«. *Theorien über Rassismus.* Hg. Nora Räthzel, Hamburg: Argument Verlag, 2000, 7–16.

Hampe, Theodor. *Das Germanische Nationalmuseum von 1852-1902. Festschrift zur Feier seines fünfzigjährigen Bestehens.* Leipzig: Weber, 1902.

Handler, Richard. »On having a culture. Nationalism and the preservation of Quebec's Patrimoine«. *Objects and Others. Essays On Museums and Material Culture.* Hg. George W. Stocking. Madison, Wis.: University of Wisconsin Press, 1985, 192–217.

Handler, Richard. *Nationalism and the Politics of Culture in Quebec.* Madison, Wis.: University of Wisconsin Press, 1988.

Hannesen, Hans Gerhard. »Einführung«. *Deutsches Historisches Museum. Idee-Kontroversen-Perspektiven.* Hg. Christoph Stölzl. Frankfurt/M.: Propyläen, 1988, 665–669.

Hansen, Peo. »European Integration, European Identity and the Colonial Connection«. *European Journal of Social Theory* 5 (2002), Nr. 4: 483–498.

Haraway, Donna. »Situated Knowledges. The Science Question in Feminism and the Privilege of Partial Perspective«. *Feminist Studies* 14 (1988), Nr. 3: 575–599.

Haraway, Donna. »Teddy Bear Patriarchy. Taxidermy in The Garden of Eden, New York City, 1908-1936«. *Primate Visions. Gender, Race and Nature in the World of Modern Science.* New York: Routledge, 1989, 26–58.

Harding, Sandra. »Rethinking Standpoint Epistemology. What Is ›Strong Objectivity‹?«. *Feminist Epistemologies.* Hg. Linda Alcoff und Elizabeth Potter. New York u.a.: Routledge, 1993, 49–82.

Harding, Sandra (Hg.). *The Feminist Standpoint Theory Reader. Intellectual and Political Controversies.* New York u.a.: Routledge, 2004.

Harding, Sandra. *Science and Social Inequality. Feminist and Postcolonial Issues.* Urbana,Chicago: University of Illinois Press, 2006.

Hartsock, Nancy C. M. »The feminist standpoint. developing the ground for a specifically feminist historical materialism«. *Discovering Reality. Feminist Perspectives on Epistemology, Metaphysics, Methodology, and Philosophy of Science.* Hg. Sandra Harding und Merrill B. Hintikka. Dordrecht, Boston, London: D. Reidel Publishing Company, 1983, 283–310.

Haslinger, Peter. »Erinnerungskultur und Geschichtspolitik in der historischen Forschung zum östlichen Europa«. In: *zeitenblicke* 6 (2007), Nr. 2, http.//www.zeitenblicke.de/2007/2/haslinger/ [7. September 2018].

Haslinger, Peter und Vadim Oswalt. »Raumkonzepte, Wahrnehmungsdispositionen und die Karte als Medium von Politik und Geschichtskultur«. *Kampf der Karten. Propaganda- und Geschichtskarten als politische Instrumente und Identitätstexte.* Hg. Peter Haslinger und Vadim Oswalt. Marburg: Verlag des Herder-Instituts, 2012, 1–12.

Hassel, Florian. »Nichts als Würde und Stolz«. *Süddeutsche Zeitung*, 19. Mai 2016 [elektronische Ausgabe].
Hassel, Florian. »Nacht im Museum«. *Süddeutsche Zeitung*, 3. September 2018 [elektronische Ausgabe].
Hauer, Gerlinde, Roswitha Muttenthaler, Anna Schober und Regina Wonisch. *Das inszenierte Geschlecht. Feministische Strategien im Museum*. Köln u.a.: Böhlau, 1997.
Haupt, Heinz-Gerhard und Jürgen Kocka. *Comparative and Transnational History. Central European Approaches and New Perspectives*. New York, Oxford: Berghahn, 2009.
Hausen, Karin. »Die Nicht-Einheit der Geschichte als historiographische Herausforderung. Zur historischen Relevanz und Anstößigkeit der Geschlechtergeschichte«. *Geschlechtergeschichte und Allgemeine Geschichte. Herausforderungen und Perspektiven*. Hg. Hans Medick und Anne-Charlott Trepp. Göttingen: Wallstein Verlag, 1998, 15–55.
Heesen, Anke te. *Theorien des Museums. Zur Einführung*. Hamburg: Junius, 2012.
Heilmann, Till A. »Digitalität als Taktilität. McLuhan, der Computer und die Taste«. *Zeitschrift für Medienwissenschaft* 3 (2010), Nr. 2: 125–134.
Held, Jutta und Norbert Schneider. »Porträtmalerei«. *Grundzüge der Kunstwissenschaft. Gegenstandsbereiche, Institutionen, Problemfelder*. Hg. Jutta Held und Norbert Schneider. Köln u.a.: Böhlau, 2007, 101–104.
Henning, Michelle. »Museums and media archeology. An interview with Wolfgang Ernst«. *Museum Media*. Hg. Michelle Henning. Chichester, West Sussex: Wiley Blackwell, 2015, 3–22.
Henningsen, Bernd und Hendriette Kliemann-Geisinger und Stefan Troebst (Hg.). *Transnationale Erinnerungsorte. Nord- und südeuropäische Perspektiven*. Berlin: Berliner Wissenschafts-Verlag, 2009.
Hetherington, Kevin. »Foucault and the Museum«. *Museum Theory*. Hg. Andrea Witcomb und Kylie Message. Chichester, West Sussex: Wiley Blackwell, 2015, 21–40.
Hickethier, Knut. »Medienkultur und Medienwissenschaft«. *Medien. Dreizehn Vorträge zur Medienkultur*. Hg. Claus Pias. Weimar: Verlag und Datenbank für Geisteswissenschaften, 1999, 199–219.
Hickethier, Knut. *Film- und Fernsehanalyse*. Stuttgart, Weimar: Metzler, 2001.
Hobsbawm, Eric J. *Nationen und Nationalismus. Mythos und Realität seit 1780*. Frankfurt/M., New York: Campus, 1991.
Hochreiter, Walter. *Vom Musentempel zum Lernort. Zur Sozialgeschichte deutscher Museen 1800–1914*. Darmstadt: Wissenschaftliche Buchgesellschaft, 1994.
Hogan, Jackie. *Gender, Race and National Identity. Nations of Flesh and Blood*. New York u.a.: Routledge, 2009.
Hollande, François. *Intervention du président de la République lors de l'inauguration du MUCEM*, 2013. http://www.elysee.fr/declarations/article/intervention-du-president-de-la-republique-lors-de-l-inauguration-du-mucem/ [10. September 2018].
Holzer, Jerzy. »*Solidarität*«. *Die Geschichte einer freien Gewerkschaft in Polen*. München: C.H. Beck, 1985.
Holzer, Jerzy. *Polen und Europa. Land, Geschichte, Identität*. Bonn: Dietz, 2007.
hooks, bell. *Ain't I a Woman? Black Women and Feminism*. Boston: South End Press, 1981.
Hooper-Greenhill, Eilean. *Museums and the Shaping of Knowledge*. New York u.a.: Routledge, 1992.
Horn, Eva. »Editor's introduction. ›There are no media‹«. *Grey Room* 29 (2007): 6–13.

Hornecker, Eva. »Die Rückkehr des Sensorischen. Tangible Interfaces und Tangible Interaction«. *Mensch-Computer-Interface. Zur Geschichte und Zukunft der Computerbedienung*. Hg. Hans Dieter Hellige. Bielefeld: transcript, 2008, 235–256.

Hoskins, Andrew und Amy Holdsworth. »Media Archealogy of/in the museum«. *Museum Media*. Hg. Michelle Henning. Chichester, West Sussex: Wiley Blackwell, 2015, 23–41.

Hoskins, Andrew. »The restless past: an introduction to digital memory and media«. *Digital Memory Studies. Media Pasts in Transition*. Hg. Andrew Hoskins. New York, London: Routledge, 2018, 1–24.

Hroch, Miroslav. *Das Europa der Nationen. Die moderne Nationsbildung im europäischen Vergleich*. Göttingen: Vandenhoeck und Ruprecht, 2005.

Hubel, Achim. *Denkmalpflege. Geschichte, Themen, Aufgaben. Eine Einführung*. Stuttgart: Philipp Reclam jun., 2006.

Huntington, Samuel P. *Der Kampf der Kulturen. The Clash of Civilizations. Die Neugestaltung der Weltpolitik im 21. Jahrhundert*. München: Europaverlag, 1996.

Huyssen, Andreas. *Twilight Memories. Marking Time in a Culture of Amnesia*. New York [u.a.]: Routledge, 1995.

Imhof, Kurt. »Europäische Museen der Zukünfte«. *Europa als Museumsobjekt*. Hg. Georg Kreis. Basel: Europa Institut, 2008, 48–61.

inirromnja. Rom oder Rrom? 2013, https.//inirromnja.wordpress.com/2013/09/02/rom-oder-rrom/ [10. September 2018].

Innis, Harold A. *The Bias of Communication*. Toronto: University of Toronto Press, 2008.

International Council of Museums (ICOM). *Museumsdefinition*, 2010, http.//www.icom-deutschland.de/schwerpunkte-museumsdefinition.php [10. September 2018].

Jarecka, Dorota. »Podsumowanie roku 2005 w polskiej sztuce«. *Gazeta Wyborcza online* 28. Dezember 2005, http.//wiadomosci.gazeta.pl/wiadomosci/1,114873,3087334.html [10. September 2018].

Jaworski, Rudolf, Christian Lübke und Michael G. Müller. *Eine kleine Geschichte Polens*. Frankfurt/M.: Suhrkamp, 2000.

Joas, Hans und Christof Mandry. »Europa als Werte- und Kulturgemeinschaft«. *Europawissenschaft*. Hg. Gunnar Folke Schuppert, Ingolf Pernice und Ulrich Haltern. Baden-Baden: Nomos, 2005, 541–572.

Jong, Steffi de. »Bewegte Objekte. Einleitende Gedanken zur Musealisierung des Zeitzeugen«. *Politik der Zeugenschaft. Zur Kritik einer Wissenspraxis*. Hg. Sibylle Schmidt. Bielefeld: transcript 2011a, 243–264.

Jong, Steffi de. »Is This Us? The Construction of European Woman/Man in the Exhibition It's Our History!«. *Culture Unbound* 2011b, Nr. 3: 369–383.

Jong, Steffi de. »Mediatized Memory. Video Testimonies in Museums«. *Museum Media*. Hg. Michelle Henning. Chichester, West Sussex: Wiley Blackwell, 2015, 69–93.

Jong, Steffi de. *The Witness as Object. Video Testimony in Memorial Museums*. New York: Berghan Books, 2018.

Kaerlein, Timo. »Aporien des Touchscreens. Faszination und Diskrepanzen eines allgegenwärtigen Interfaces«. *MEDIENwissenschaft* (2013), Nr. 1: 7–25.

Kaiser, Wolfram. »Unreliable Narrators. Witness Accounts and the Institutionalization of European History«. *Eurozine*, 24. November 2011 (2011a), http.//www.eurozine.com/articles/2011-11-24-kaiser-en.html [10. September 2018].

Kaiser, Wolfram. »From Great Men to Ordinary Citizens? The Biographical Approach to Narrating European Integration in Museums«. *Culture Unbound* 3 (2011b): 385–400.

Kaiser, Wolfram, Stefan Krankenhagen und Kerstin Poehls. *Europa Ausstellen. Das Museum als Praxisfeld der Europäisierung*. Köln u.a.: Böhlau, 2012.
Kalscheuer, Britta. »Einleitung Interkulturalität«. *Differenzen anders denken. Bausteine zu einer Kulturtheorie der Transdifferenz*. Hg. Lars Allolio-Näcke, Britta Kalscheuer und Arne Manzeschke. Frankfurt/M., New York: Campus Verlag, 2005, 221–226.
Kaluza, Karoline. »Reimagining the Nation in Museums«. *National Museums. New studies from around the world*. Hg. Simon J. Knell. New York u.a.: Routledge, 2011, 151–162.
Kaplan, Flora E.S. (Hg.). *Museums and the Making of »Ourselves«. The Role of Objects in National Identity*. London, New York: Leicester University Press, 1994.
Karasek, Erika und Elisabeth Tietmeyer. »Das Museum Europäischer Kulturen. Entstehung-Realität-Zukunft«. *Faszination Bild. Kulturkontakte in Europa. Ausstellungskatalog zum Pilotprojekt*. Berlin: Staatl. Museen zu Berlin Preußischer Kulturbesitz, 1999, 13–25.
Kaschuba, Wolfgang. *Einführung in die Europäische Ethnologie*. München: C.H. Beck, 2012.
Kazeem, Belinda, Charlotte Martinz-Turek und Nora Sternfeld (Hg.). *Das Unbehagen im Museum. Postkoloniale Museologien*. Wien: Turia und Kant, 2009.
Keilbach, Judith. *Geschichtsbilder und Zeitzeugen. Zur Darstellung des Nationalsozialismus im bundesdeutschen Fernsehen*. Münster u.a.: LIT Verlag, 2008.
Kellerhoff, Sven Felix. »Hässlicher Abgang am Deutschen Historischen Museum«. *Welt online*, 12. Mai 2016, http.//www.welt.de/geschichte/article155273228/Haesslicher-Abgang-am-Deutschen-Historischen-Museum.html [10. September 2018]
Kennedy, James C. »Religion, Nation and European Representations of the Past«. *The Contested Nation. Ethnicity, Class, Religion and Gender in National Histories*. Hg. Stefan Berger und Chris Lorenz. Basingstoke u.a.: Palgrave Macmillan, 2008, 104–134.
Kenney, Padraic. »The Gender of Resistance in Communist Poland«. *The American Historical Review* 104. 2 (April 1999): 399–425.
Kerski, Basil. »›Denke global, handle lokal‹. Ein Porträt des Europäischen Solidarność-Zentrums in Danzig«. *Inter Finitimos. Jahrbuch zur deutsch-polnischen Beziehungsgeschichte* 10 (2012): 113–126.
Kersi, Basil. »Triumf Wolności«. *Wystawa Stała Europejskiego Centrum Solidarności. Katalog*. Hg. Europejskie Centrum Solidarności (ECS). Danzig: Europejskie Centrum Solidarności, 2014, 184–187.
Kerski, Basil, Paweł Golak und Konrad Knoch. »Preface«. *Wystawa Stała Europejskiego Centrum Solidarności. Katalog*. Hg. Europejskie Centrum Solidarności (ECS). Danzig. Europejskie Centrum Solidarności 2014, 4–5.
Kirshenblatt-Gimblett, Barbara. »Einleitung«. *Die Unruhe der Kultur. Potentiale des Utopischen*. Hg. Jörn Rüsen, Michael Fehr und Annelie Ramsbrock. Weilerswist: Velbrück Wissenschaft, 2004, 187–196.
Kittler, Friedrich. *Aufschreibesysteme 1800–1900*. München: Fink, 2003.
Kizwalter, Tomasz. *Über die Modernität der Nation. Der Fall Polen*. Osnabrück: fibre, 2013.
Klinger, Cornelia. »Beredtes Schweigen und verschwiegenes Sprechen. Genus im Diskurs der Philosophie«. *Genus. Zur Geschlechterdifferenz in den Kulturwissenschaften*. Hg. Hadumod Bußmann und Renate Hof. Stuttgart: Alfred Kröner Verlag, 1995, 34–59.
Knapp, Gudrun-Axeli. »Intersectionality - ein neues Paradigma feministischer Theorie? Zur transatlantischen Reise von ›Race, Class, Gender‹«. *feministische studien* 23 (2005) Nr. 1: 68–81.
Knell, Simon J. (Hg.). *National Museums. New studies from around the world*. New York u.a.: Routledge, 2011.

Knigge, Volkhard und Ulrich Mählert (Hg.). *Der Kommunismus im Museum. Formen der Auseinandersetzung in Deutschland und Ostmitteleuropa*. Köln u.a.. Böhlau 2005.

Knigge, Volkhard, Hans-Joachim Veen, Ulrich Mählert und Franz-Josef Schlichting (Hg.). *Arbeit am europäischen Gedächtnis. Diktaturerfahrung und Demokratieentwicklung*. Köln u.a.: Böhlau, 2011.

Kołtan, Jacek. »Culture of Peaceful Change«. *Wystawa Stała Europejskiego Centrum Solidarności. Katalog*. Hg. Europejskie Centrum Solidarności (ECS). Danzig: Europejskie Centrum Solidarności, 2014, 244–245.

Kondratowicz, Ewa. *Szminka na sztandarze. Kobiety Solidarnośći 1980 – 1989*. Warschau: Sic!, 2001.

Knigge, Volkhard und Ulrich Mählert (Hg.). *Der Kommunismus im Museum. Formen der Auseinandersetzung in Deutschland und Ostmitteleuropa*. Köln u.a.: Böhlau, 2005.

Knoch, Konrad. »Solidarity and Hope«. *Wystawa Stała Europejskiego Centrum Solidarności. Katalog*. Hg. Europejskie Centrum Solidarności (ECS). Danzig: Europejskie Centrum Solidarności, 2014, 86–91.

Kohn, Hans. »Die Bewegungen in der alten Welt, Die Entdeckung der Vergangenheit«. *Die Idee des Nationalismus. Ursprung und Geschichte bis zur Französischen Revolution*. Heidelberg: Verlag Lambert Schneider, 1950, 573–604.

Kolonialismus im Kasten (o. J.). *Kolonialgeschichte im DHM – ein kritischer Audioguide*. http.//www.kolonialismusimkasten.de/ [10. September 2018].

Korff, Gottfried. »Die Eigenart der Museums-Dinge. Zur Materialität und Medialität des Museums«. *Handbuch museumspädagogischer Ansätze*. Hg. Kirstin Fast. Opladen: Leske + Budrich, 1995, 17–28.

Korff, Gottfried. »Speicher und/oder Generator. Zum Verhältnis von Deponieren und Exponieren im Museum«. *Speicher des Gedächtnisses. Bibliotheken, Museen, Archive*. Hg. Moritz Csáky und Peter Stachel. Wien: Passagen Verlag, 2000, 41–56.

Korff, Gottfried. »Zur Eigenart der Museumsdinge«. *Museumsdinge. Deponieren – Exponieren*. Hg. Gottfried Korff. Köln u.a.: Böhlau, 2002, 140–145.

Korff, Gottfried, Martin Roth (Hg.). *Das historische Museum. Labor, Schaubühne, Identitätsfabrik*. Frankfurt/M.: Campus Verlag, 1990.

Kowalski, Krzysztof. »National lieux de mémoire and the European Heritage Label. Some Reflections on the Case of the Gdańsk Shipyard«. *Faces of Identiy and Memory*. Hg. Ewa Kocój. Krakau: Jagiellonian University Press, 2015, 57–73.

Kowalski, Krzysztof und Barbara Törnquist-Plewa. *The Europeanization of Heritage and Memory in Poland and Sweden*. Krakau: Jagiellonian University Press, 2017.

Kowitz, Stephanie. »Der lange Weg zurück. Ausprägung einer europäischen Erinnerungskultur in Deutschland und Polen – Ansätze zu einem Vergleich«. *Inter Finitimos. Jahrbuch zur deutsch-polnischen Beziehungsgeschichte* 1 (2003): 8–92.

Kraft, Claudia. »Gendering the Polish Historiography of the late Eighteenth and Nineteenth Centuries«. *Gendering Historiography. Beyond National Canons*. Hg. Angelika Epple und Angelika Schaser. Frankfurt/M.: Campus Verlag, 2009, 78–101.

Krämer, Sybille. »Was haben ›Performativität‹ und ›Medialität‹ miteinander zu tun? Plädoyer für eine in der ›Aisthetisierung‹ gründende Konzeption des Performativen. Zur Einführung in diesen Band«. *Performativität und Medialität*. Hg. Sybille Krämer. München: Fink, 2004, 13–32.

Krankenhagen, Stefan. »Exhibiting Europe. The Development of European Narratives in Museums, Collections and Exhibitions«. *Culture Unbound* (2011), Nr. 3: 269–278.

Kreis, Georg. »Ist Europa museumsreif? Von den Anstrengungen zur Europäisierung Europas«. *Europa als Museumsobjekt*. Hg. Georg Kreis. Basel: Europa Institut, 2008, 9–17.
Kristeva, Julia. »Die Universalität…wäre sie nicht unsere eigene Fremdheit?«. *Fremde sind wir uns selbst*. Frankfurt/M.: Suhrkamp, 2001, 184–210.
Kulawik, Teresa. »Solidarität und Geschlecht. Von den Aufständen der Frauen in Polen« *Eurozine* 9. Januar 2014. http.//www.eurozine.com/articles/2014-01-09-kulawik-de.html [10. September 2018].
Labuda, Adam. »Residenz-Museen. Sammlungen und Stiftungen in Polen in der ersten Hälfte des 19. Jahrhunderts als Medium der nationalen Identitätspolitik«. *The nineteenth-century process of »Musealization« in Hungary and Europe*. Hg. Ernö Marosi und Gábor Klaniczay. Budapest: Collegium Budapest, 2006, 141–164.
Landsberg, Alison. *Prosthetic Memory. The Transformation of American Remembrance in the age of mass culture*. New York: Columbia University Press, 2004.
Landwehr, Achim. *Historische Diskursanalyse*. Frankfurt/M., New York: Campus Verlag, 2009.
Latour, Bruno. *Die Hoffnung der Pandora. Untersuchungen zur Wirklichkeit der Wissenschaft*. Frankfurt/M.: Suhrkamp, 2002.
Latour, Bruno und Steve Woolgar. *Laboratory Life. The Construction of Scientific Facts*. Princeton: Princeton University Press, 1986.
Läufer, Thomas (Hg.) *Verfassung der Europäischen Union. Verfassungsvertrag vom 29. Oktober 2004*. http.//www.bpb.de/system/files/pdf/OASNMH.pdf [10. September 2018].
Law, John und Annemarie Mol. »Complexities. An Introduction«. *Complexities. Social Studies of Knowledge Practices*. Hg. John Law und Annemarie Mol. Durham, London: Duke University Press, 2002, 1–22.
Lebendiges Museum online (LeMO) (o. J.). *Projekt*, https://www.dhm.de/lemo/projekt [10. September 2018].
Leerssen, Joep. »Nation and Ethnicity«. *The Contested Nation. Ethnicity, Class, Religion and Gender in National Histories*. Hg. Stefan Berger und Chris Lorenz. Basingstoke u.a.: Palgrave Macmillan, 2008, 75–103.
Leggewie, Claus. »Das ist unsere Geschichte. Schwierigkeiten gesamteuropäischer Erinnerung«. *Europa als Museumsobjekt*. Hg. Georg Kreis. Basel: Europa Institut, 2008, 68–75.
Leggewie, Claus. »Battlefield Europe. Transnational memory and European identity«. *Eurozine* 28. April 2009. http.//www.eurozine.com/articles/2009-04-28-leggewie-en.html [10. September 2018].
Leggewie, Claus und Anne Lang. *Der Kampf um die europäische Erinnerung. Ein Schlachtfeld wird besichtigt*. München: Beck, 2011.
Le Rider, Jacques, Moritz Csásky und Monika Sommer-Sieghart (Hg.). *Transnationale Gedächtnisorte in Zentraleuropa*. Innsbruck: Studien-Verlag, 2002.
Lévi-Strauss, Claude. *Traurige Tropen*. Leipzig: Reclam, 1988.
Levy, Daniel und Natan Sznaider. *The Holocaust and Memory in the Global Age*. Philadelphia: Temple Univ. Press, 2006.
Lidchi, Henrietta. »The Poetics and the Politics of exhibiting other cultures«. *Representation. Cultural Representations and Signifying Practices*. Hg. Stuart Hall. London u.a.: Sage Publications, 1997, 151–222.
Ligot, Jack (o. J.). *Musées de société*. http.//www.universalis.fr/encyclopedie/musees-de-societe/ [10. September 2018].

Locher, Birgit und Elisabeth Prügl. »Gender and European Integration«. *Webpapers on Constitutionalism und Governance beyond the State*. 2008, No. 2. https.//www.wiso.uni-hamburg.de/fileadmin/sowi/politik/governance/ConWeb_Papers/conweb2-2008.pdf [10. September 2018].
Loew, Peter Oliver. »Polen denkt Europa«. *Polen denkt Europa. Politische Texte aus zwei Jahrhunderten*. Hg. Peter Oliver Loew. Frankfurt/M.: Suhrkamp, 2004, 11–56.
Loew, Peter Oliver. »Helden oder Opfer? Erinnerungskulturen in Polen nach 1989«. *Osteuropa* 58 (2008), Heft 6: 85-102.
Lorenz, Chris. *Konstruktion der Vergangenheit. Eine Einführung in die Geschichtstheorie*. Köln u.a.: Böhlau, 1997.
Lorenz, Chris. »Representations of Identity. Ethnicity, Race, Class, Gender and Religion. An Introduction to Conceptual History«. *The Contested Nation. Ethnicity, Class, Religion and Gender in National Histories*. Hg. Stefan Berger und Chris Lorenz. Basingstoke u.a.: Palgrave Macmillan, 2008, 24–59.
Lorey, Isabell. »Kritik und Kategorie. zur Begrenzung politischer Praxis durch neuere Theoreme der Intersektionalität, Interdependenz und Kritischen Weißseinsforschung«. *Kritik und Materialität*. Hg. Alex Demirovic. Münster: Verlag Westfälisches Dampfboot, 2008, 132–148.
Lovink, Geert. »Whereabouts of German Media Theory«. *Zero Comments. Blogging and critical Internet culture*. New York u.a.: Routledge, 2008, 83–98.
Macdonald, Sharon. *Theorizing museums. Representing identity and diversity in a changing world*. Malden, Mass. u.a.: Blackwell Publishing Ltd., 1996.
Macdonald, Sharon. »Nationale, postnationale, transkulturelle Identitäten und das Museum«. *Geschichtskultur in der Zweiten Moderne*. Hg. Rosemarie Beier-de-Haan. Frankfurt/M.: Campus Verlag, 2000, 123–148.
Macdonald, Sharon. *Behind the scenes at the Science Museum*. Oxford u.a.: Berg, 2002.
Macdonald, Sharon. »Expanding Museums Studies. An Introduction«. *A Companion to Museum Studies*. Hg. Sharon Macdonald. Malden, Mass. u.a.: Blackwell Publishing Ltd., 2011, 1–12.
Macdonald, Sharon. *Memorylands. Heritage and Identity in Europe Today*. New York u.a.: Routledge, 2013.
Machcewicz, Paweł. »Das Museum des Zweiten Weltkriegs in Danzig«. *PolenAnalysen* 56 (2009): 2–7.
Machcewicz, Paweł und Piotr Majewski. *The Museum of the Second World War in Poland. A concept paper*. 2008. https.//www.google.de/url?sa=tundrct=jundq=undesrc=sundsource=webundcd=2undved=0ahUKEwjRitDatZvQAhWLtBQKHVUbAQsQFgglMAEundurl=https%3A%2F%2Fwww.muzeum1939.pl%2Fobject.php%2Fact%2Fsho%2Foid%2F060dace39c381925572f60c06ab61b45undusg=AFQjCNEeUEk3od6qbZyQF67Sq7Yr8mQYOQundcad=rja [10. September 2018].
Machcewicz, Paweł. *Der umkämpfte Krieg. Das Museum des Zweiten Weltkriegs in Danzig. Entstehung und Streit*. Wiesbaden: Harrassowitz Verlag, 2018.
Malinowski, Bronisław. *Argonauten des westlichen Pazifik. Ein Bericht über Unternehmungen und Abenteuer der Eingeborenen in den Inselwelten von Melanesisch-Neuguinea*. Frankfurt/M.: Klotz, 2001.
Mälzer, Moritz. *Ausstellungsstück Nation. Die Debatte um die Gründung des Deutschen Historischen Museums in Berlin*. Bonn: Friedlich-Ebert-Stiftung, 2005.
Martinz-Turek, Charlotte. »Postkoloniales Ausstellen. Über das Projekt eines ›Museums der Gegenwart‹ auf der Insel Réunion. Ein Interview mit Françoise Vergès«. *Das Unbehagen im

Museum. Postkoloniale Museologien. Hg. Belinda Kazeem, Charlotte Martinz-Turek und Nora Sternfeld. Wien: Turia und Kant, 2009, 143–165.

Mazan, Kazimierz. »National Museums in Poland«. *Building National Museums in Europe 1750–2010. Conference proceedings from EuNaMus, European National Museums. Identity Politics, the Uses of the Past and the European Citizen*, Bologna 28-30 April 2011. Hg. Peter Aronsson. http.//www.ep.liu.se/ecp/contents.asp?issue=064undvolume= [10. September 2018], 667–687.

Mazé, Camille. »Von Nationalmusen zu Museen der europäischen Kulturen«. *Museumskunde* 73 (2008), Nr. 1/08: 110–126.

Mazé, Camille. »Zwischen Geschichts- und Gedächtnispolitik. Die Europäisierung nationaler Museen«. *Geschichtspolitik in Europa seit 1989. Deutschland, Frankreich und Polen im internationalen Vergleich*. Hg. Étienne François, Kornelia Kończal, Robert Traba und Stefan Troebst. Göttingen: Wallstein Verlag 2013a, 491–513.

Mazé, Camille. »Du MNATP au(x) MuCEM. Les vicissitudes du musée français d'ethnologie nationale«. *Les Musées d'ethnologie. Culture, politique et changement institutionnel*. Hg. Frédéric Poulard und Christelle Ventura. Paris: Comité des Travaux Historiques et Scientifiques, 2013b, 177–203.

Mazé, Camille, Frédéric Poulard und Christelle Ventura (Hg.). *Les Musées d'ethnologie. Culture, politique et changement institutionnel*. Paris: Comité des Travaux Historiques et Scientifiques, 2013, 177–203.

McLeod, Corinna. »Negotiating a national memory: The British and Commonwealth Museum«. *Museums in Postcolonial Europe*. Hg. Thomas, Dominic. New York: Routledge, 2010, 32–40.

McLuhan, Marshall. *Die magischen Kanäle. Understanding Media*. Düsseldorf, Wien, New York, Moskau: ECON, 1992.

Media Kontakt. *Scenariusz wystawy stałej ECS* [Konzept für die Dauerausstellung des ECS], internes Arbeitspapier, 2009.

Meedia Redaktion. *Schwarzer Mann bedrängt weiße Frau. SZ-Chef Wolfang Krach entschuldigt sich für Illustration*, 2016. http.//meedia.de/2016/01/11/schwarzer-mann-bedraengt-weisse-frau-sz-chef-wolfang-krach-entschuldigt-sich-fuer-illustration/ [10. September 2018].

Medick, Hans und Anne-Charlott Trepp (Hg.). *Geschlechtergeschichte und Allgemeine Geschichte. Herausforderungen und Perspektiven*. Göttingen: Wallstein Verlag, 1998.

Mersch, Dieter. »Medialität und Undarstellbarkeit. Einleitung in eine ›negative‹ Medientheorie«. *Performativität und Medialität*. Hg. Sybille Krämer. München: Fink, 2004, 75–96.

Mertens, Dieter. »Die Instrumentalisierung der ›Germania‹ des Tacitus durch die deutschen Humanisten«. *Zur Geschichte der Gleichung »germanisch – deutsch«. Sprache und Namen, Geschichte und Institutionen*. Hg. Heinrich Beck. Berlin u.a.: de Gruyter, 2004, 37–101.

meSch (Material EncounterS with digital Cultural Heritage) (o. J.). *Project goals*. http.//mesch-project.eu/About/ [10. September 2018].

Messuzière, Yves-Aubin de la. »Préface«. *Projet scientifique et culturel du Mucem*. Hg. Bruno Suzzarelli. Grenoble: Deux-Ponts, 2012, 5.

Metropolitanka (o. J.). *Projekt herstoryczny*. http.//metropolitanka.ikm.gda.pl/ [10. September 2018].

Metropolitanka. *Stocznia jest kobietą. Audioprzewodnik*, 2012. http.//metropolitanka.ikm.gda.pl/audioprzewodnik-stocznia-jest-kobieta/ [10. September 2018].

Metz, Christian. »A propos de l'impression de réalité au Cinéma«. *Essais sur la signification au cinema*, Band 1. Paris: Klinsieck, 1983, 13–24.

MHP (o.J.). *Exhibitions*. http.//muzhp.pl/en/p/31/wystawy [9. Mai 2018].

Micewski, Andrzej. *Kirche, »Solidarnosc« und Kriegszustand in Polen*. Mainz: Matthias-Grünewald-Verlag, 1988.

Middell, Matthias. »Das Verhältnis von nationaler, transnationaler und europäischer Geschichtsschreibung«. *Der Wert »Europa« und die Geschichte. Auf dem Weg zu einem europäischen Geschichtsbewusstsein*. Hg. Kerstin Armborst und Wolf-Friedrich Schäufele. Mainz, 2007, 96–116.

Middell, Matthias. »Frankreichs Erinnerungslandschaft und die koloniale Vergangenheit«. *Geschichtspolitik in Europa seit 1989. Deutschland, Frankreich und Polen im internationalen Vergleich*. Hg. Étienne François, Kornelia Kończal, Robert Traba und Stefan Troebst. Göttingen: Wallstein Verlag, 2013, 323–355.

Mielczarek, Adam. *Wojna interpretacji. Lata osiemdziesiate XX wieku i upadek komunizmu w swiadomosci potocznej Polaków [Krieg der Interpretationen. Die 1980er-Jahre und der Zusammenbruch des Kommunismus im Alltagsbewusstsein der Polen]. Working Papers on Solidarity Movement*. Nr. 1/2013. http.//solidarnosc.collegium.edu.pl/wp-content/uploads/2013/05/WPSM-1.pdf [10. September 2018].

Moras, Joachim. *Ursprung und Entwicklung des Begriffs der Zivilisation in Frankreich (1756-1830)*. Hamburg: Hans Christians Druckerei und Verlag, 1930.

Müller, Rainer A. *Historische Ausstellungen 1960–1990. Eine Bibliographie der Kataloge*. Paderborn: Schönigh, 1992.

Murauskaya, Hanna, Giovanni Pinna und Maria Bolanos. »Internationale Perspektiven der Museumsforschung«. *Museumsanalyse. Methoden und Konturen eines neuen Forschungsfeldes*. Hg. Joachim Baur. Bielefeld: transcript, 2010, 267–283.

Musée des civilisations de l'Europe et de la Méditerranée (MuCEM). *La Galérie de la Méditerranée* [Faltblatt zur Dauerausstellung], 2013a.

Musée des civilisations de l'Europe et de la Méditerranée (MuCEM). *Le Temps des Loisirs* [Audioguide zur Wechselausstellung], 2013b.

Musée des civilisations de l'Europe et de la Méditerranée (MuCEM). *Le Fort St. Jean* [Faltblatt zur Ausstellung], 2013c.

Musée des civilisations de l'Europe et de la Méditerranée (MuCEM). *Le temps des loisirs. Dossier pédagogique*, 2013d.

Musée des civilisations de l'Europe et de la Méditerranée (MuCEM) (o. J. a). *L'institution*. http.//www.mucem.org/fr/contenu/linstitution [12. Dezember 2016].

Musée des civilisations de l'Europe et de la Méditerranée (MuCEM) (o. J. b). *Textes de références. Conseil d'administration*. http.//www.mucem.org/fr/contenu/textes-de-references#Conseil-d%E2%80%99administration [12. Dezember 2016].

Musée des civilisations de l'Europe et de la Méditerranée (MuCEM) (o. J. c). *L'histoire du MuCEM*. http.//www.mucem.org/fr/contenu/lhistoire-du-mucem [12. Dezember 2016].

Musée des civilisations de l'Europe et de la Méditerranée (MuCEM) (o. J. d). *Au programme*. http.//www.mucem.org/fr/au-programme [12. Dezember 2016].

Musée des civilisations de l'Europe et de la Méditerranée (MuCEM) (o. J. e). *Un musée, trois sites*. http.//www.mucem.org/fr/contenu/un-musee-trois-sites [12. Dezember 2016].

Musée des civilisations de l'Europe et de la Méditerranée (MuCEM) (o. J. f). *Le Fort St. Jean*. http.//www.mucem.org/fr/le-mucem/un-musee-trois-lieux/le-fort-saint-jean [12. Dezember 2016].

Musée des civilisations de l'Europe et de la Méditerranée (MuCEM) (o. J. g). *Connectivités*. http://www.mucem.org/programme/exposition-et-temps-forts/connectivites [11. September 2018].

Musharbash, Yassin. »Angriff auf Europa«. *Zeit online*, 22. März 2016. http.//www.zeit.de/politik/ausland/2016-03/bruessel-anschlaege-terror [10. September 2018].

Muttenthaler, Roswitha. *Museum, Differenz, Vielfalt*, 2007. http.//www.iff.ac.at/museologie/service/lesezone/Muttenthaler_Roswitha_Museum_Differenz_Alteritaet.pdf [10. September 2018].

Muttenthaler, Roswitha und Regina Wonisch. *Zum Schauen geben. Ausstellen von Frauen- und Geschlechtergeschichte im Museum*, 2002a. http.//www.musieum.at/029/pdf/zum_schauen_geben.pdf [10. September 2018].

Muttenthaler, Roswitha und Regina Wonisch. »Visuelle Repräsentationen. Genderforschung in Museen«. *Gender Studies – Denkachsen und Perspektiven der Geschlechterforschung*. Hg. Ingrid Bauer. Innsbruck: Studien-Verlag, 2002b, 95–107.

Muttenthaler, Roswitha und Regina Wonisch. »Grammatiken des Ausstellens. Kulturwissenschaftliche Analysemethoden musealer Repräsentationen«. *Kulturstudien in Österreich*. Hg. Christina Lutter. Wien: Löcker, 2003, 117–133.

Muttenthaler, Roswitha und Regina Wonisch. *Gesten des Zeigens. Zur Repräsentation von Gender und Race in Ausstellungen*. Bielefeld: transcript, 2006.

Muttenthaler, Roswitha und Regina Wonisch. *Rollenbilder im Museum. Was erzählen Museen über Frauen und Männer?* Schwalbach: Wochenschau Verlag, 2010.

National Gallery of Art (o. J.). *Do women have to be naked to get into the Met. Museum?* http.//www.nga.gov/content/ngaweb/Collection/art-object-page.139856.html [10. September 2018].

Neef, Sonja A. J. *Abdruck und Spur. Handschrift im Zeitalter ihrer technischen Reproduzierbarkeit*. Berlin: Kadmos Kulturverlag, 2008.

Neef, Sonja A. J. *Der babylonische Planet. Kultur, Übersetzung, Dekonstruktion unter den Bedingungen der Globalisierung*. Heidelberg: Universitätsverlag Winter, 2013.

Neumann, Birgit. *Erinnerung – Identität – Narration. Gattungstypologie und Funktionen kanadischer Fictions of Memory*. Berlin/New York: de Gruyter, 2005.

Nietzsche, Friedrich. »Unzeitgemässe Betrachtungen. Zweites Stück. Vom Nutzen und Nachtheil der Historie für das Leben«. *Die Geburt der Tragödie, Unzeitgemäße Betrachtungen I–IV. Nachgelassene Schriften 1870–1873*. München: Deutscher Taschenbuch Verlag, 1988, 241–334.

NITMES. *Michael Rothberg (UCLA) on The Implicated Subject. Interview with Ann Rigney (Utrecht University)*, 2016. https.//vimeo.com/186437847 [10. September 2018].

Nora, Pierre. *Les lieux de mémoire*. 3 Bände. Paris: Gallimard, 1984–1992.

Nora, Pierre. *Zwischen Geschichte und Gedächtnis*. Berlin: Wagenbach, 1990.

Oguntoye, Katharina. *Eine afro-deutsche Geschichte. Zur Lebenssituation von Afrikanern und Afro-Deutschen in Deutschland von 1884 bis 1950*. Berlin: Verlag Christine Hoffmann, 1997.

Ohne Verfasser. »Satzungen des Germanischen Museums von 1853«. *Denkschriften des Germanischen Nationalmuseums, Bd. 1, Abth. 1. Das Germanische Nationalmuseum. Organismus und Sammlungen*. Leipzig u.a.: Fleischer, 1856, 1.

Ohne Verfasser. »Dokument über die europäische Identität«. *Bulletin der Europäischen Gemeinschaften*, Dezember 1973, Nr. 12: 131–133. http.//www.europarl.europa.eu/brussels/website/media/Basis/Organe/ER/Pdf/Dokument_Identitaet.pdf [23. November 2016].

Ohne Verfasser. *Umowa o utworzeniu i prowadzeniu jako wspólnej instytucji kultury pod nazwą Europejskie Centrum Solidarności* [Gründungsvertrag ECS 8. November 2007]. http://www.ecs.gda.pl/library/File/BiP/akty_zalozycielskie/umowa_ecs.pdf [29. November 2016].

Ohne Verfasser. »Brutaler Angriff auf unsere Grundwerte«. *Zeit online* 7. Januar 2015 (2015a). http://www.zeit.de/politik/ausland/2015-01/frankreich-terroranschlag-charlie-hebdo-reaktionen? [23. November 2016].

Ohne Verfasser. »Der europäische 11. September, Pressestimmen zu ›Charlie Hebdo‹. *Tagesspiegel online* 8. Januar 2015 (2015b). http://www.tagesspiegel.de/medien/pressestimmen-zu-charlie-hebdo-der-europaeische-11-september/11200466.html [23. November 2016].

Ohne Verfasser. »Politiker verurteilen Anschlag in Paris, ›Angriff gegen europäische Werte‹«. *N24.de* 7. Januar 2015 (2015c). http://www.n24.de/n24/Mediathek/videos/d/5956274/-angriff-gegen-europaeische-werte-.html [23. November 2016]

Ohne Verfasser. »Reaktionen aus aller Welt ›Wir werden unsere Werte verteidigen‹«. *FAZnet* 7. Januar 2015 (2015d). http://www.faz.net/aktuell/politik/ausland/europa/paris-attentat-entsetze-reaktionen-aus-aller-welt-13358383.html [23. November 2016].

Ohne Verfasser. *Code du patrimoine*, 2016. https://www.legifrance.gouv.fr/affichCodeArticle.do;jsessionid=F436C344F68CD73E0D802FF7F04608E4.tpdila19v_2?idArticle=LEGIARTIO00032859983undcidTexte=LEGITEXT000006074236undcategorieLien=idunddateTexte= [8. Dezember 2016].

Ohne Verfasser. *Neue Dauerausstellung für das Deutsche Historische Museum*. 22. April 2017. https://www.welt.de/newsticker/dpa_nt/infoline_nt/boulevard_nt/article163912398/Neue-Dauerausstellung-fuer-das-Deutsche-Historische-Museum.html [12. September 2018].

Oleszek, Bogdan. *Statut Europejskiego Centrum Solidarności* (Satzung des ECS), 2013. http://old2013.ecs.gda.pl/files/e5e4914/ECS.statut_2013.pdf [29. November 2016].

Oswalt, Vadim. »Neue Medien im Museum«. *Museumskunde* 72 (2008), Nr. 2: 82–90.

Ottomeyer, Hans. »Vorwort«. *Deutsche Geschichte in Bildern und Zeugnissen*. Hg. Hans Ottomeyer und Hans-Jörg Czech. Berlin: Edition Minerva, 2009, 5–7.

Oulebsir, Nabila. *Les usages du patrimoine. Monuments, musées et politique coloniale en Algérie (1830-1930)*. Paris: Éditions de la Maison des sciences de l'homme, 2004.

Patel, Kiran Klaus. »Transnationale Geschichte«. *Europäische Geschichte Online*, 3. Dezember 2010. http://www.ieg-ego.eu/de/threads/theorien-und-methoden/transnationale-geschichte/klaus-kiran-patel-transnationale-geschichte/?searchterm=transnationale%20geschichteundset_language=de [12. Dezember 2016].

Penn, Shana. »The national secret«. *Journal of Women's History* 5 (1994a), Nr. 3: 55–69.

Penn, Shana. »Tajemnica państwowa«. *Pełnym Głosem* 2 (1994b): 3–16.

Penn, Shana. *Solidarity's Secret. The women who defeated Communism in Poland*. Ann Arbor: University of Michigan Press, 2008.

Pernau, Margrit. *Transnationale Geschichte*. Göttingen u.a.: Vandenhoeck und Ruprecht, 2011.

Peters, Florian. »Polens Streitgeschichte kommt ins Museum. Wie neue Museen in Danzig und Warschau die polnische Geschichtskultur verändern«. *Zeitgeschichte online*, 2015. https://zeitgeschichte-online.de/geschichtskultur/polens-streitgeschichte-kommt-ins-museum [10. September 2018].

Pias, Claus. »Was waren Medien-Wissenschaften? Stichworte zu einer Standortbestimmung«. *Was waren Medien?* Hg. Claus Pias. Zürich: diaphanes, 2011, 7–30.

Pieper, Katrin. »Resonanzräume. Das Museum im Forschungsfeld Erinnerungskultur«. *Museumsanalyse. Methoden und Konturen eines neuen Forschungsfeldes*. Hg. Joachim Baur. Bielefeld: transcript, 2010, 187–212.
Pilcher, Jane und Imelda Whelehan. *Fifty Key Concepts in Gender Studies*. London u.a.: Sage, 2005.
Pingel, Falk (Hg.). *Macht Europa Schule? Die Darstellung Europas in Schulbüchern der Europäischen Gemeinschaft*. Frankfurt/M.: Diesterweg, 1995.
Pippel, Nadine. *Museen kultureller Vielfalt. Diskussion und Repräsentation französischer Identität seit 1980*. Bielefeld: transcript, 2013.
Plessen, Marie-Louise von. »Die Idee Europa im Museum«. *Der Wert ›Europa‹ und die Geschichte. Auf dem Weg zu einem europäischen Geschichtsbewusstsein*. (Veröffentlichungen des Instituts für Europäische Geschichte Mainz, 2007, Beiheft online 2). Hg. Kerstin Armborst und Wolf-Friedrich Schäufele. Abschnitt 139–151. http://www.ieg-mainz.de/vieg-online-beihefte/02-2007.html [10. September 2018].
Poehls, Kerstin. »Europe, Blurred. Migration, Margins and the Museum«. *Culture Unbound* 3 (2011): 337–353.
Politt, Holger. »Über das Kaczyński-Museum«. *Osteuropa - Schlachtfeld der Erinnerungen*. Hg. Thomas Flierl und Elfriede Müller. Berlin: dietz, 2010, 57–64.
Pomian, Krzysztof. *Der Ursprung des Museums. Vom Sammeln*. Berlin: Wagenbach, 1988.
Pomian, Krzysztof. »Museum und kulturelles Erbe«. *Das historische Museum. Labor, Schaubühne, Identitätsfabrik*. Hg. Gottfried Korff und Martin Roth. Frankfurt/M.: Campus Verlag, 1990, 41–64.
Pomian, Krzysztof. »Museum, Nation, Nationalmuseum«. *Die Nation und ihre Museen*. Hg. Marie-Louise von Plessen. Frankfurt/M., New York: Campus Verlag, 1992, 19–32.
Pomian, Krzysztof. »Europäische Identität. Historische Tatsache und politisches Problem«. *Eurozine* 24. August 2009. http://www.eurozine.com/articles/2009-08-24-pomian-de.html [10. September 2018].
Pomian, Krzysztof. »›Geteiltes Gedächtnis‹. Europas Erinnerungsorte als politisches und kulturelles Phänomen«. *Erinnerungsorte in Ostmitteleuropa. Erfahrungen der Vergangenheit und Perspektiven*. Hg. Matthias Weber. München: Oldenbourg, 2011, 27–41.
Ponzanesi, Sandra und Bolette B. Blaagaard (Hg.). *Deconstructing Europe. Postcolonial Perspectives*. New York u.a.: Routledge, 2012.
Porciani, Ilaria. »Nations on Display. History Museums in Europe«. *Setting the Standards. Institutions, Networks and Communities of National Historiography*. Hg. Ilaria Porciani und Jo Tollebeek. Basingstoke u.a.: Palgrave Macmillan, 2012, 130–150.
Porter, Gaby. »Partial truths«. *Museum Languages. Objects and Texts*. Hg. Gaynor Kavanagh. Leicester, London, New York: Leicester University Press, 1991, 103–117.
Porter, Gaby. »Seeing Through Solidity. A Feminist Perpective on Museums«. *Museum Studies. An Anthology of Contexts*. Hg. Bettina Messias Carbonell. Malden, Mass. u.a.: Blackwell Publishing Ltd., 2004, 104–116.
Poulard, Frédéric. »Les écomusées. Participation des habitants et prise en compte des publics«. *Ethnologie française* 37 (2007): 551–557.
Poulot, Dominique. *Musée, nation, patrimoine*. Paris: Gallimard, 1992.
Poulot, Dominique. *Bibliographie de l'histoire des musées de France*. Paris: Éditions du CTHS, 1994a.
Poulot, Dominique. »Le musée et ses visiteurs«. *La Jeunesse des musées. Les musées de France au XIXe siècle*. Hg. Chantal Georgel. Paris: Musée d'Orsay, 1994b, 332–350.

Poulot, Dominique. »Identity as Self-Discovery. The Ecomuseum in France«. *Museum Culture. Histories, Discourses, Spectacles*. Hg. Daniel J. Sherman. New York u.a.: Routledge, 1994c, 66–86.

Poulot, Dominique. »Une approche historique des musées d'histoire«. *Musées de guerre et mémoriaux. Politiques de la mémoire*. Hg. Jean-Yves Boursier. Paris: Éd. de la Maison des Sciences de l'Homme, 2005a, 17–33.

Poulot, Dominique. *Une Histoire des musées de France XVIIIe-XXe siècle*. Paris: Éd. La Découverte, 2005b.

Poulot, Dominique. *Musée et muséologie*. Paris: La Découverte, 2009.

Pufelska, Agnieszka. »Raub der Clio – die polnische Geschichtspolitik und ihre Exekutoren«. *Osteuropa – Schlachtfeld der Erinnerungen*. Hg. Thomas Flierl und Elfriede Müller. Berlin: dietz, 2010, 33–56.

Puttkamer, Joachim von. »Nationalismus in Ostmitteleuropa – Eine Übersicht«. *Zeitenblicke* 6 (2007), Nr. 2, 24. Dezember 2007. http.//www.zeitenblicke.de/2007/2/puttkamer/index_html [10. September 2018].

Rabinow, Paul. *Reflections on Fieldwork in Morocco*. Berkely, Los Angeles: University of California Press, 1977.

Radaelli, Claudio M. *Whither Europeanization? Concept stretching and substantive change*, 2000. http.//eiop.or.at/eiop/pdf/2000-008.pdf [10. September 2018].

Radstone, Susannah. »What Place Is This? Transcultural Memory and the Locations of Memory Studies«. *Parallax* 17 (2011), Nr. 4: 109–123.

Rapson, Jessica. »Babi Yar. Transcultural Memories of Atrocity from Kiev to Denver«. *The transcultural turn. Interrogating Memory between and beyond borders*. Hg. Lucy Bond und Jessica Rapson. Berlin, Boston: de Gruyter, 2014, 139–161.

Rau, Susanne, Birgit Studt (Hg.). *Geschichte schreiben. Ein Quellen- und Studienhandbuch zur Historiografie (ca. 1350–1750)*. Berlin: Akademie Verlag, 2010.

Renan, Ernest. *Was ist eine Nation? Rede am 11. März 1882 an der Sorbonne*. Hamburg: Europäische Verlagsanstalt, 1996.

Rheinberger, Hans-Jörg. *Experimentalsysteme und epistemische Dinge. Eine Geschichte der Proteinsynthese im Reagenzglas*. Frankfurt/M.: Suhrkamp, 2006.

Riccardi, Andrea. *Johannes Paul II. Die Biografie*. Würzburg: Echter Verlag, 2012.

Riedel, Annette. »Brüssel appelliert an Europäische Werte«. *Deutschlandradio Kultur online*, 2015. http.//www.deutschlandradiokultur.de/reaktionen-auf-pariser-terroranschlag-bruessel-appelliert.2165.de.html?dram.article_id=308133 [10. September 2018].

Rigney, Ann. »Ongoing. Changing Memory and the European Project«. *Transnational Memory. Circulation, Articulation, Scales*. Hg. Chiara de Cesari und Ann Rigney. Berlin, Boston: de Gruyter, 2014, 339–359.

Riotta, Gianni. »›Nur die Kultur verbindet Europa‹ Interview mit Umberto Eco«. *Süddeutsche Zeitung* Nr. 21, 26. Januar 2012: 24.

Robben, Bernard. »Die Bedeutung der Körperlichkeit für be-greifbare Interaktion mit dem Computer«. *Be-greifbare Interaktionen. Der allgegenwärtige Computer. Touchscreens, Wearables, Tangibles und Ubiquitous Computing*. Hg. Bernard Robben und Heidi Schelhowe. Bielefeld: transcript, 2012, 19–39.

Robben, Bernard und Heidi Schelhowe. »Was heißt be-greifbare Interaktion«. *Be-greifbare Interaktionen. Der allgegenwärtige Computer. Touchscreens, Wearables, Tangibles und Ubiquitous Computing*. Hg. Bernard Robben und Heidi Schelhowe. Bielefeld: transcript, 2012, S. 7–15.

Rodekamp, Volker. »Vorwort«. *Museumskunde* 1/2012: 5–6.
Rogoff, Irit. »Der unverantwortliche Blick. Kritische Anmerkungen zur Kunstgeschichte« *Kritische Berichte* 4 (1993): 41–49.
Rothberg, Michael. *Multidirectional Memory. Remembering the Holocaust in the Age of Decolonization*. Stanford: Stanford University Press, 2009.
Rothberg, Michael. »Multidirectional Memory in Migratory Settings. The Case of Post-Holocaust Germany«. *Transnational Memory. Circulation, Articulation, Scales*. Hg. Chiara de Cesari und Ann Rigney. Berlin, Boston: de Gruyter, 2014, 123–145.
Rousso, Henry. »Das Dilemma eines europäischen Gedächtnisses«. *Zeithistorische Forschungen/Studies in Contemporary History*, Online-Ausgabe, 1 (2004), Heft 3, http.//www.zeithistorische-forschungen.de/3-2004/id=4663 [13.Dezember 2016], Druckausgabe: 363–378.
Ruchniewicz, Krzysztof. »Die polnische Geschichtspolitik nach 1989«. *Polen-Analysen* 20 (2007), Nr. 2. Oktober 2007: 2–8.
Rüsen, Jörn. *Historische Orientierung. Über die Arbeit des Geschichtsbewußtseins, sich in der Zeit zurechtzufinden*. Köln u.a.: Böhlau, 1994.
Ryan, Marie-Laure. »Narrative «. *Routledge Encyclopedia of Narrative Theory*. Hg. David Herman, Manfred Jahn und Marie-Laure Ryan. New York u.a.: Routledge, 2005, 344–348.
Sabrow, Martin. *Der Zeitzeuge als Wanderer zwischen zwei Welten*. Eröffnungsvortrag der Tagung »Die Geburt des Zeitzeugen nach 1945« 18.-20. Dezember 2008, Jena. http.//www.zzf-pdm.de/site/mid__2942/ModelD__0/EhPageID__256/420/default.aspx [14. Dezember 2016].
Said, Edward. »Orientalism Reconsidered«. *Cultural Critique* 1 (1985): 89–107.
Sakki, Inari. »Social representations of European integration as narrated by school textbooks in five European nations«. *International Journal of Intercultural Relations* 43 (November 2014), Part A: 35–47.
Sapper, Manfred und Volker Weich. »Europäisch aus Erfahrung«. *Osteuropa*, 61, Jg. 5–6/2011: 5–6.
Sarasin, Philipp. *Geschichtswissenschaft und Diskursanalyse*. Frankfurt/M.: Suhrkamp, 2003.
Sarkisova, Oksana und Péter Apor (Hg.). *Past for the Eyes. East European Representations of Communism in Cinema and Museums after 1989*. Budapest: Central European University Press, 2008.
Sassatelli, Monica. *Becoming Europeans. Cultural Identity and Cultural Policies*. Hampshire u.a.: Palgrave Macmillan, 2009.
Schade, Sigrid, Monika Wagner und Sigrid Weigel. »Allegorien und Geschlechterdifferenz. Zur Einführung«. *Allegorien und Geschlechterdifferenz*. Hg. Sigrid Schade, Monika Wagner und Sigrid Weigel. Köln u.a.: Böhlau, 1994, 1–7.
Schaser, Angelika. »Nation, Identität und Geschlecht. Nationalgeschichtsschreibung und historische Frauen- und Geschlechterforschung«. *Geschichte und Geschlechter. Revisionen der neueren deutschen Geschichte*. Hg. Karen Hagemann und Jean H. Quartaert. Frankfurt/M.: Campus Verlag, 2008, 64–91.
Schmale, Wolfgang. »Europa – die weibliche Form«. *L'Homme. Zeitschrift für feministische Geschichtswissenschaft* 2 (2000): 211–233.
Schmale, Wolfgang. *Geschichte Europas*. Köln u.a.: Böhlau, 2001.
Schmale, Wolfgang. *Geschichte und Zukunft der europäischen Identität*. Stuttgart: Kohlhammer, 2008.

Schneider, Ute. *Die Macht der Karten. Eine Geschichte der Kartographie vom Mittelalter bis heute*. Darmstadt: Primus, 2004.

Scholze, Jana. *Medium Ausstellung. Lektüren musealer Gestaltung in Oxford, Leipzig, Amsterdam und Berlin*. Bielefeld: transcript, 2004.

Scholze, Jana. »Kultursemiotik. Zeichenlesen in Ausstellungen«. *Museumsanalyse. Methoden und Konturen eines neuen Forschungsfeldes*. Hg. Joachim Baur. Bielefeld: transcript, 2010, 121–148.

Schulze-Engler, Frank. »Irritating Europe«. *The Oxford Handbook of Postcolonial Studies*. Hg. Graham Huggan. Oxford: Oxford University Press, 2013, 669–691.

Schülting, Sabine. *Wilde Frauen, Fremde Welten. Kolonisierungsgeschichten aus Amerika*. Reinbek: Rowohlt Taschenbuch Verlag, 1997.

Schuppert, Gunnar Folke. »›Theorizing Europe‹ oder von der Überfälligkeit einer disziplinenübergreifenden Europawissenschaft«. *Europawissenschaft*. Hg. Gunnar Folke Schuppert, Ulrich Haltern und Ingolf Pernice. Baden-Baden: Nomos, 2005, 3–35.

Schüttpelz, Erhard. »Elemente einer Akteur-Medien-Theorie«. *Akteur-Medien-Theorie*. Hg. Tristan Thielmann. Bielefeld: transcript, 2013, 9–70.

Schwarz, Ulrich. »Der Weg in die Kulturnation«. *Die Erfindung der Deutschen. Der Spiegel* 05/2007. Hamburg: Spiegel-Verlag, 2007, 46–53.

Schweibwenz, Werner. »Museums and Web 2.0.« *Handbook of Research on Technologies and Cultural Heritage*. Hg. Koukopoulos Styliaras, Dimitrios Koukopoulos und Fotis Lazarinis. Hershey, PA: Information Science Reference, 2011, 1–15.

Scott, Joan W. »Gender. A Useful Category of Historical Analysis«. *The American Historical Review* 91 (1986), Nr. 5: 1053–1075.

Sebald, Christoph. *Mittelmeerunion. Wunschgebilde oder tragfähige Perspektive?* 2013. http://www.treffpunkteuropa.de/Mittelmeerunion-Wunschgebilde-oder-tragfahige-Perspektive,05638 [10. September 2018].

Segalen, Martine. *Vie d'un musée 1937–2005*. Paris: Édtions Stock. 2005.

Sen, Amartya. *Die Identitätsfalle. Warum es keinen Krieg der Kulturen gibt*. Bonn: Bundeszentrale für Politische Bildung, 2007.

Serres, Michel (Hg.). *Elemente einer Geschichte der Wissenschaften*. Frankfurt/M.: Suhrkamp, 2002.

Sheehan, James. *Geschichte der deutschen Kunstmuseen. Von der fürstlichen Kunstkammer zur modernen Sammlung*. München: Beck, 2002.

Shore, Cris. *Building Europe. The cultural politics of European Integration*. New York u.a.: Routledge, 2000.

Sierp, Aline. »Integrating Europe, Integrating Memories. The EU's Politics of Memory since 1945«. *The transcultural turn. Interrogating Memory between and beyond borders*. Hg. Lucy Bond und Jessica Rapson. Berlin, Boston: de Gruyter 2014a, 103–118.

Sierp, Aline. *History, Memory, and Trans-European Identity. Unifying Divisions*. New York u.a.: Routledge, 2014b.

Simpson, Moira G. *Making representations. museums in the post-colonial era*. New York u.a.: Routledge, 1996.

Sindbaek Andersen, Tea und Barbara Törnquist-Plewa. *Disputed Memory. Emotions and Memory Politics in Central, Eastern and Sout-Eastern Europe*. Berlin, Boston: de Gruyter, 2017.

Singer, Mona. »Feministische Wissenschaftskritik und Epistemologie. Voraussetzungen, Positionen, Perspektiven«. *Handbuch Frauen- und Geschlechterforschung. Theorie,*

Methoden, Empirie. Hg. Ruth Becker und Beate Kortendiek. Wiesbaden: Verlag für Sozialwissenschaften, 2008, 285–294.

Skórzyński, Jan. *Krótka historia Solidarności 1980-1989*. Danzig: Europejskie Centrum Solidarności, 2014.

Smith, Bonnie G. *The Gender of History. Men, Women, and Historical Practice*. Cambridge, Mass., London: Harvard University Press, 1998.

Smith, Bonnie G. »Gendering Historiography in the Global Age. A U.S. Perspective«. *Gendering Historiography. Beyond National Canons*. Hg. Angelika Epple und Angelika Schaser. Frankfurt/M.: Campus Verlag, 2009, 27–44.

Smolar, Aleksander. »Geschichtspolitik in Polen«. *Transit. Europäische Revue* 35 (2008): 50-67.

Smykalla, Sandra. *Was ist Gender?*, 2006. http://www.genderkompetenz.info/w/files/gkompzpdf/gkompz_was_ist_gender.pdf [10. September 2018].

Sodaro, Amy. »Prosthetic trauma and politics in the National September 11 Memorial Museum«. *Memory Studies*, 2017. https://doi.org/10.1177/1750698017720257 [6. September 2018].

Sommer, Roy. »Funktionsgeschichten. Überlegungen zum Funktionsbegriff in der Literaturwissenschaft und Anregungen zu seiner Differenzierung«. *Literaturwissenschaftliches Jahrbuch* 41 (2000): 319–341.

Sow, Noah. *Deutschland Schwarz-Weiß. Der alltägliche Rassismus*. München: Goldmann, 2009.

Speitkamp, Winfried. *Die Verwaltung der Geschichte. Denkmalpflege und Staat in Deutschland 1871 – 1933*. Göttingen: Vandenhoeck und Ruprecht, 1996.

Stach, Stephan. »Wir brauchen eine schönere Historie«. *FAZnet* 25. Februar 2016 (2016a). http://www.faz.net/aktuell/feuilleton/debatten/wie-polens-geschichtswissenschaft-zur-politiksache-wird-14088672.html [29. November 2016].

Stach, Stephan. »Jede Nation hat eben ihre eigene Wahrheit«. *FAZnet* 23. Mai 2016 (2016b). http://www.faz.net/aktuell/feuilleton/debatten/polens-regierung-will-das-weltkriegsmuseum-auf-linie-bringen-14247173.html [14. Dezember 2016].

Stawikowska, Emilia. »Jest decyzja Piotra Glińskiego o Muzeum II Wojny Światowej w Gdańsku. ›To koniec muzeum w tym kształcie‹«. *Gazeta Wyborcza online*, Ausgabe Trójmiasto, 6. September 2016. http://trojmiasto.wyborcza.pl/trojmiasto/1,35636,20659353,wojna-o-muzeum-trwa-adamowicz-to-instrukcje-jaroslawa-kaczynskiego.html?disableRedirects=true [14. Dezember 2016].

Steiner, Benjamin. *Die Ordnung der Geschichte. Historische Tabellenwerke in der Frühen Neuzeit*. Köln u.a.: Böhlau, 2008.

Sternfeld, Nora. »Erinnerung als Entledigung. Transformismus im Musée du Quai Branly in Paris«. *Das Unbehagen im Museum. Postkoloniale Museologien*. Hg. Belinda Kazeem, Charlotte Martinz-Turek und Nora Sternfeld. Wien: Turia und Kant, 2009, 61–75.

Stölzl, Christoph (Hg.). *Deutsches Historisches Museum. Idee-Kontroversen-Perspektiven*. Frankfurt/M.: Propyläen, 1988.

Stölzl, Christoph. »A national History Museum«. *Quelles Perspectives pour les musées d'histoire en Europe? / What are the perspectives for history museums in Europe?* Hg. Laurent Gervereau und Michèle Périssère. Paris: ohne Verlag, 1997.

Stourzh, Gerald (Hg.). *Annäherungen an eine europäische Geschichtsschreibung*. Wien: Verlag der Österreichischen Akademie der Wissenschaften, 2002.

Strath, Bo. *Europe and the Other and Europe as the Other*. Brüssel u.a.: Lang, 2001.

Strath, Bo. »A European Identity. to the Historical Limits of a Concept«. *European Journal of Social Theory* 5 (2002), Nr. 4: 387–401.

Stricker, Gerd. *Er wollte sein Volk aufrütteln*, 2009. http.//www.kirche-in-not.de/allgemeines/2009/09-17-papst-johannes-paul-ii-wunder-der-wende-interview-gerd-stricker-teil2 [1. Dezember 2016].

Suzzarelli, Bruno. *Projet scientifique et culturel du Mucem*. Grenoble: Deux-Ponts, 2012.

Suzzarelli, Bruno (Hg.). *The Gender Bazaar. Feminine/Masculine in the Mediterranean*. Marseille: Caractère, 2013.

Tacitus, Publius Cornelius. *Germania*. Leipzig: Philipp Reclam jun., 1982.

Thielmann, Tristan und Erhard Schüttpelz (Hg.). *Akteur-Medien-Theorie*. Bielefeld: transcript, 2013

Thiemeyer, Thomas. *Fortsetzung des Krieges mit anderen Mitteln. Die beiden Weltkriege im Museum*. Paderborn: Schönigh, 2010a.

Thiemeyer, Thomas. »Geschichtswissenschaft. Das Museum als Quelle«. *Museumsanalyse. Methoden und Konturen eines neuen Forschungsfeldes*. Hg. Joachim Baur. Bielefeld: transcript, 2010b, 73–94.

Thomas, Alexander. »Interkulturelle Kompetenz. Grundlagen, Probleme und Konzepte« *Differenzen anders denken. Bausteine zu einer Kulturtheorie der Transdifferenz*. Hg. Lars Allolio-Näcke, Britta Kalscheuer und Arne Manzeschke. Frankfurt/M., New York: Campus Verlag, 2005, 243–274.

Thomas, Dominic. »Museums in postcolonial Europe. An introduction«. *Museums in Postcolonial Europe*. Hg. Dominic Thomas. New York u.a.: Routledge 2010, 1–11.

Törnquist-Plewa, Barbara. »Cosmopolitan Memory, European Memory and Local Memories in East Central Europe«. *Australian Humanities Review* 59, April/Mai 2016: 136–154.

Traba, Robert. »Zu den Leitmotiven der kollektiven Erinnerung in Polen«. *Arbeit am europäischen Gedächtnis. Diktaturerfahrung und Demokratieentwicklung*. Hg. Volkhard Knigge. Köln u.a.: Böhlau, 2011, 71–81.

Trezise, Bryoni. «Touching virtual trauma. Performative empathics in Second Life«. *Memory Studies*, Vol. 5, issue 4 (2011): 392–409.

Troebst, Stefan. »Introduction. The limits and divisions of a European memory«. *Erinnerungskulturen in transnationaler Perspektive / Memory Cultures in Transnational Perspective*. Hg. Ulf Engel, Matthias Middell und Stefan Troebst. Leipzig: Leipziger Universitätsverlag, 2012, 11–19.

Troebst, Stefan. »Geschichtspolitik«. *Docupedia-Zeitgeschichte*, 2014. http.//docupedia.de/zg/troebst_geschichtspolitik_v1_de_2014 [10. September 2018].

Trotnow, Helmut. »Einführung«. *Deutsches Historisches Museum. Idee-Kontroversen-Perspektiven*. Hg. Christoph Stölzl. Frankfurt/M.: Propyläen, 1988a, 21–24.

Trotnow, Helmut. »Einführung«. *Deutsches Historisches Museum. Idee-Kontroversen-Perspektiven*. Hg. Christoph Stölzl. Frankfurt/M.: Propyläen, 1988b, 55–59.

Trotnow, Helmut. »Einführung«. *Deutsches Historisches Museum. Idee-Kontroversen-Perspektiven*. Hg. Christoph Stölzl. Frankfurt/M.: Propyläen, 1988c, 247–248.

Trotnow, Helmut. »Einführung«. *Deutsches Historisches Museum. Idee-Kontroversen-Perspektiven*. Hg. Christoph Stölzl. Frankfurt/M.: Propyläen, 1988d, 639–640.

Tschirner, Ulfert. *Museum, Photographie und Reproduktion. Mediale Konstellationen im Untergrund des Germanischen Nationalmuseums*. Bielefeld: transcript, 2011.

Tusk, Donald. *Museum of the Second World War Foundation Act* (internes Arbeitspapier, 2009).

Vergo, Peter. »Introduction«. *The New Museology*. Hg. Peter Vergo. London: Reaktion Books Ltd., 1989, 1–5.

Vetter, Reinhold. »Das Schlüsseljahr 1989 in der polnischen Erinnerung«. *Polen-Analysen*, Nr. 149, 2014: 2–8.
Vieregg, Hildegard K. *Museumswissenschaften. Eine Einführung*. Paderborn: Fink, 2006.
Vieregg, Hildegard K. *Geschichte des Museums. Eine Einführung*. Paderborn. Fink, 2008.
Vierhaus, Rudolf. »Einrichtungen wissenschaftlicher und populärer Geschichtsforschung im 19. Jahrhundert«. *Das kunst- und kulturgeschichtliche Museum im 19. Jahrhundert*. Hg. Bernward Deneke und Rainer Kahsnitz. München: Preste, 1977.
Vieten, Ulrike M. *Gender and Cosmopolitanism in Europe. A Feminist Perspective*. Farnham: Ashgate, 2012.
Villa, Paula-Irene. *Sexy Bodies. Eine soziologische Reise durch den Geschlechtskörper*. Wiesbaden: VS Verlag für Sozialwissenschaften, 2006.
Vogelsang, Axel. »The Revolution will be televised. Social media und das partizipative Museum«. *Museumskunde* 1/2012: 33–38.
Vogelsang, Axel, Bettina Minder und Seraina Mohr. *Social Media in Museen. Ein Leitfaden zum Einstieg in die Nutzung von Blog, Facebook, Twitter und Co für die Museumsarbeit*. Berlin: epubli, 2011.
Vogl, Joseph. »Medien-Werden. Galileis Fernrohr«. *Archiv für Mediengeschichte – Mediale Historiographien* 1 (2001): 115–124.
Waidacher, Friedrich. *Handbuch der Allgemeinen Museologie*. Köln u.a.: Böhlau, 1999.
Warner, Marina. *Monuments and Maidens. The Allegory of the Female Form*. Berkely, Los Angeles: University of California Press, 1985.
Weber, Matthias (Hg.). *Erinnerungsorte in Ostmitteleuropa. Erfahrungen der Vergangenheit und Perspektiven*. München: Oldenbourg, 2011.
Welsch, Wolfgang. »Auf dem Weg zu transkulturellen Gesellschaften«. *Differenzen anders denken. Bausteine zu einer Kulturtheorie der Transdifferenz*. Hg. Lars Allolio-Näcke, Britta Kalscheuer und Arne Manzeschke. Frankfurt/M., New York: Campus Verlag, 2005, 314–341.
Wende, Waltraud. »Gender/Geschlecht«. *Metzler Lexikon Gender Studies Geschlechterforschung. Ansätze – Personen – Grundbegriffe*. Hg. Renate Kroll. Stuttgart, Weimar: Metzler, 2002, 141–142.
Wendler, André. »Bach im Kino. Wer und was Geschichte machen.«. Lorenz Engell, Bernhard Siegert und Joseph Vogl (Hg.). *Agenten und Agenturen*. Weimar: Verlag der Bauhaus-Universität Weimar, 93–100.
Werner, Michael und Bénédicte Zimmermann. »Vergleich, Transfer, Verflechtung. Der Ansatz der histoire croisée und die Herausforderung des Transnationalen«. *Geschichte und Gesellschaft* 28 (2002): 607–636.
White, Hayden. *Die Bedeutung der Form. Erzählstrukturen in der Geschichtsschreibung*. Frankfurt/M.: Fischer, 1990.
White, Hayden. *Auch Klio dichtet oder Die Fiktion des Faktischen. Studien zur Tropologie des historischen Diskurses*. Stuttgart: Klett-Cotta, 1991a.
White, Hayden. *Metahistory. Die historische Einbildungskraft im 19. Jahrhundert in Europa*. Frankfurt/M.: Fischer, 1991b.
Wiersing, Erhard. *Geschichte des historischen Denkens. Zugleich eine Einführung in die Theorie der Geschichte*. Paderborn u.a.: Schönigh, 2007.
Wieviorka, Annette. »Die Entstehung des Zeugen«. *Hannah Arendt revisited. »Eichmann in Jerusalem« und die Folgen*. Hg. Gary Smith. Frankfurt/M.: Suhrkamp, 2000, 136–159.

Wilke, Antje. *Die Debatte um das Museum des Zweiten Weltkriegs in Danzig. Eine Fallstudie zu Geschichtskultur in Polen*. Unveröffentlichte Bachelorarbeit, Martin-Luther-Universität Halle-Wittenberg, 2017.

Willer, Stefan. »Kulturelles Erbe. Tradieren und Konservieren in der Moderne«. *Erbe. Übertragungskonzepte zwischen Natur und Kultur*. Hg. Stefan Willer, Sigrid Weigel und Bernhard Jussen. Frankfurt/M.: Suhrkamp, 2013, 160–201.

Willer, Stefan, Sigrid Weigel und Bernhard Jussen. »Erbe, Erbschaft, Vererbung. Eine aktuelle Problemlage und ihr historischer Index«. *Erbe. Übertragungskonzepte zwischen Natur und Kultur*. Hg. Stefan Willer, Sigrid Weigel und Bernhard Jussen. Frankfurt/M.: Suhrkamp, 2013, S. 7–36.

Wissenschaftsrat. *Empfehlungen zur Weiterentwicklung der Kommunikations- und Medienwissenschaften in Deutschland*, 2007. http://www.wissenschaftsrat.de/download/archiv/7901-07.pdf [11. Dezember 2016].

Witcomb, Andrea. »Interactivity. Thinking Beyond«. *A Companion to Museum Studies*. Hg. Sharon Macdonald. Malden, Mass. u.a.: Blackwell Publishing Ltd., 2011, 353–361.

Witcomb, Andrea und Kylie Message. »Introduction. Museum Theory. An Expanded Field«. *Museum Theory*. Hg. Kylie Message und Andrea Witcomb. Chichester, West Sussex: Wiley Blackwell, 2015, xxxv–xiii.

Wohlfromm, Anja. *Museum als Medium. Neue Medien in Museen. Überlegungen zu Strategien kultureller Repräsentation und ihrer Beeinflussung durch digitale Medien*. Köln: Halem, 2002.

Wolff-Powęska, Anna. »Strategien der Erinnerung in Polen – die zivilgesellschaftliche Alternative«. *Geschichtspolitik in Europa seit 1989. Deutschland, Frankreich und Polen im internationalen Vergleich*. Hg. Étienne François, Kornelia Kończal, Robert Traba und Stefan Troebst. Göttingen: Wallstein Verlag, 2013, 68–93.

Wollrad, Eske. »Weißsein und bundesdeutsche Gender Studies«. *Mythen, Masken und Subjekte. Kritische Weißseinsforschung in Deutschland*. Hg. Susan Arndt, Maureen Maisha Eggers, Grada Kilomba und Peggy Piesche. Münster: Unrast, 2009, 416–426.

Wright, Gwendolyn. »National Culture under Colonial Auspices. The École Francaise d'Extrême Orient«. *The Formation of National Collections of Art and Archeology*. Hg. Gwendolyn Wright. Hanover, London: University Press of New England, 1996, 127–142.

Zancanaro, Massimo, Elena Not, Daniela Petrelli, Mark Marshall, Taco van Dijk, Martin Risseeuw, Dick van Dijk, Adriano Venturini, Dario Cavada und Thomas Kubitza. *Recipes for tangible and embodied visit experiences*, 2016. http://mw2015.museumsandtheweb.com/paper/recipes-for-tangible-and-embodied-visit-experiences/ [14. Dezember 2016].

Zloch, Stephanie. *Polnischer Nationalismus. Politik und Gesellschaft zwischen den beiden Weltkriegen*. Köln u.a.: Böhlau, 2010.

Abbildungsverzeichnis

Abb. 1:	Schriftzug »Solidarność« am Ende der Dauerausstellung im ECS in Danzig
Abb. 2:	Das Deutsche Historische Museum (DHM) in Berlin
Abb. 3:	Aufbau der Dauerausstellung des DHM (vgl. DHM 2012)
Abb. 4:	Lichtsäulen in der Dauerausstellung des DHM
Abb. 5:	Landkartenprojektion »Grenzen in Europa«
Abb. 6:	Vertiefungsraum »Die Kreuzzüge«
Abb. 7:	Landkarte »Die Kreuzzüge«
Abb. 8:	Allegorie »Die vier Erdteile«
Abb. 9:	Ausstellungsraum »Die Aufklärung«
Abb. 10:	Landkarte »Kommunistische und demokratische Revolutionen in Europa 1917–1920«
Abb. 11:	Tabellen »Gesamtverluste im Ersten Weltkrieg« und »Kriegskosten«
Abb. 12:	Ausstellungsraum »Kriegsende und Revolution«
Abb. 13:	Tabellen »Opfer der Kriegshandlungen unter Soldaten und Zivilbevölkerung der europäischen Staaten« und »Opfer des nationalsozialistischen Völkermords an den europäischen Juden«
Abb. 14:	Landkarten »Judendeportation und -vernichtung 1941–1944« und »Umsiedlung und Vertreibung 1938–1944«
Abb. 15:	Mauerfragmente auf dem Weg zum ECS in Danzig
Abb. 16:	Das Tor der Danziger Werft und das Gebäude des ECS
Abb. 17:	Aufbau der Dauerausstellung des ECS (vgl. ECS 2015)
Abb. 18:	Der erste Ausstellungsraum der Dauerausstellung im ECS »Narodziny Solidarności/The Birth of Solidarity«
Abb. 19:	Landkarte »Der Eiserne Vorhang«
Abb. 20:	Installation »Seismograf« mit Landkarte zum Eisernen Vorhang im Hintergrund
Abb. 21:	Das »Denkmal für die gefallenen Werftarbeiter« und das Gebäude des ECS
Abb. 22:	Installation »Rozpad Bloku Wschodniego/Decomposition of the Eastern Block«
Abb. 23:	Installation »Relacje/Stories«
Abb. 24:	Der letzte Raum der Dauerausstellung im ECS »Kultura Pokojowych Przemian/A Culture of Peaceful Change«
Abb. 25:	Der Neubau des MuCEM auf der Mole J4
Abb. 26:	Eingang zum MuCEM über das Fort St. Jean
Abb. 27:	Der »Jardin des migrations« (Garten der Migrationen)
Abb. 28:	Die Installation »Les âges de la vie« (Lebensabschnitte)
Abb. 29:	Auf der Terasse des MuCEM
Abb. 30:	Aufbau der »Galérie de la Méditerranée« (vgl. MuCEM 2013a: 7)
Abb. 31:	Installation »Le mur de portraits« (Wand der Portraits) im MuCEM

Liste der Interviews

Gourarier, Zeev, Sammlungsdirektor, Musée des Civilisations de l'Europe et de la Méditerranée, Marseille, 15. Oktober 2013.
Jacotin, Mireille, Konservatorin, Musée des Civilisations de l'Europe et de la Méditerranée, Marseille, 10. Oktober 2013.
Kerski, Basil, Direktor, Europejskie Centrum Solidarności, Danzig, 30. März 2015.
Kerski, Basil, Direktor, Europejskie Centrum Solidarności, Danzig, 31. März 2015.
Knoch, Konrad, Mitarbeiter Dauerausstellung, Europejskie Centrum Solidarności, Danzig, 24. März 2015.
Knoch, Konrad, Mitarbeiter Dauerausstellung, Europejskie Centrum Solidarności, Danzig, 31. März 2015.
Kołtan, Jacek, Leiter der Abteilung für gesellschaftliches Denken, Europejskie Centrum Solidarności, Danzig, 12. März 2015.
Kołtan, Jacek, Leiter der Abteilung für gesellschaftliches Denken, Europejskie Centrum Solidarności, Danzig, 31. März 2015.
Kołtan, Jacek und Konrad Knoch, Leiter der Abteilung für gesellschaftliches Denken und Mitarbeiter Dauerausstellung, Europejskie Centrum Solidarności, Danzig, 3. März 2015.

Einstellungsprotokoll Ausschnitte aus der »mur de portraits«

1. Sequenz: Shahinaz Abdelsalam

Nummer: 1
Zeit: 00:14:47–00:15:24
(Die Zeitangaben beziehen sich auf die Zusammenstellung der Interviews auf einer DVD, die mir freundlicherweise vom Produktionsbüro »Les films du soleil« zur Verfügung gestellt wurden. In der Ausstellung sind die Interviews in einem Loop in derselben Reihenfolge zu sehen, deshalb lässt sich dort keine Startzeit festlegen.)

Handlung
Die Frau spricht auf Arabisch über ihr Engagement als Bloggerin. Sie spricht schnell und lebhaft, gestikuliert dabei mit den Händen, um Gesagtes zu unterstreichen.

Text/Übertitelung
»Shahinaz Abdelsalam, Ingénieur en Informatique, blogeuse IT-engineer, blogger, Egypte«

»J'ai trouvé sur internet quelque chose qui s'appelait ›blog‹, un espace que je pouvais m'approprier et où je pouvais écrire, tous ce que j'avais envie, les choses qui me gênaient dans la société égyptienne, des choses concernant la femme mais aussi parler politique et du régime au pouvoir. Car le régime avait réussi à nous bâillonner. Il nous a rendus silencieux par la peur. J'avais donc envie à travers mon écriture de pouvoir briser cette peur et pousser les gens à s'exprimer.«

Kamera
Halbnahe, Normalsicht, unbewegte Kamera, Schnitt, weiche Überblendung

Screenshot

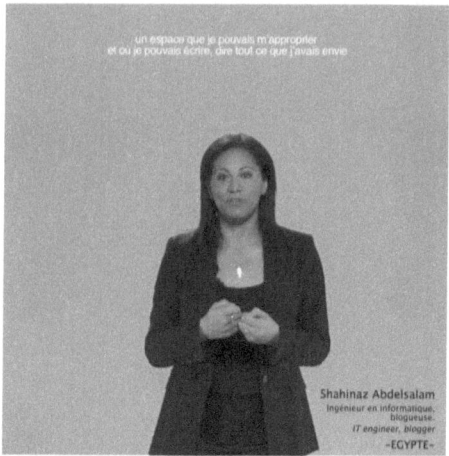

Nummer: 2
Zeit: 00:15:24 – 00:16:16

Handlung
Sie erzählt weiter von ihrer Vorbildfunktion: als Bloggerin habe sie andere Menschen dazu angeregt, sich ebenfalls gegen das Regime zu stellen. 2011 schließlich habe sich das ägyptische Volk endlich getraut, auf die Straße zu gehen, um gegen das Regime zu protestieren. Auch hier verraten ihre Mimik und Gestik, sowie die Intonation, dass ihr das Thema am Herzen liegt.

Text/Übertitelung
»Cela me rendait heureuse, parce que j'ai réussi à faire ce que je voulais. Pouvoir, à travers la liberté d'expression, l'écriture, dévoiler les choses qu'ils voulaient cacher, pousser les gens à bouger, à changer. Se rendre compte que nous ne sommes pas seuls, que d'autres partagent notre ressenti. Les gens se sont dit : ›Il faut donc que nous agissions aussi puisqu'elle le fait déjà.‹ C'est ce qui nous a permis de bouger par la suite pendant des années. J'ai commencé à écrire depuis 2005 et c'est seulement en 2011 que le peuple s'est éveillé. Je pense que c'était comme une progression, on effritait la peur, on encourageait les gens, on les réveillait. Jusqu'à ce qu'en 2011, tout le monde ait abattu le mur de la peur et soit descendu dans les rues pour dire non.«

Kamera
Halbnahe, Normalsicht, unbewegte Kamera, Schnitt, weiche Überblendung

Screenshot

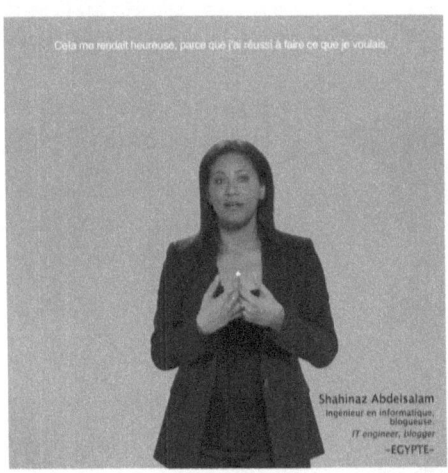

2. Sequenz: Dalila Nadjem

Nummer: 1
Zeit: 00:18:40 – 00:21:12

Handlung
Die Frau spricht über den ihre Arbeit als Verlegerin und den Wiederaufbau der Kultur in Algerien. In Frankreich geboren und aufgewachsen, habe sie ein Bild Algeriens als kulturloses Land vermittelt bekommen. Bei ihrem ersten Besuch in Algerien habe sie von der langen Kulturgeschichte des Landes erfahren, die sien un mit ihrem Verlag bekannt machen möchte. Sie spricht überlegt und ruhig, unterbricht sich oft und sucht nach Worten. Das Gesagte unterstreicht sie durch ihre Mimik, Handbewegungen, die Intonation ihrer Stimme sowie durch Nickbewegungen mit dem Kopf.

Text/Übertitelung
»Dalila Nadjem, éditrice, éditions Dalimen, Publisher, Dalimen editions, Algérie.«

»Bah, écoutez, la culture est un moyen de se battre. La lecture, le livre, euh…le savoir… ça, c'est…. (unterbricht sich). Pendant le terrorisme tout a été détruit. Les bibliothèques, les salles de cinéma, c'était interdit, c'était banni et là depuis quelques années avec une volonté politique de mon pays qui est très forte surtout dans le domaine de la culture, on a mis des moyens financiers colossaux pour justement réhabiliter…euh…les bibliothèques, construire des nouvelles bibliothèques surtout sur tout le territoire national, euh… réhabiliter les salles de cinéma, les salles de théâtre, investir dans des festivals. …Euh…Donc…Euh…Voilà, c'est un travail qui dure depuis quelques années, ça a été long mais qui commence à porter ses fruits et donc les choses changent et ont beaucoup changé…Euh…Puis… Moi en tant qu'éditrice… bah, mon travail c'est de dire… (unterbricht sich). La première idée de…de…euh…vouloir être éditrice, euh… c'est quand je suis arrivée en Algérie. Je ne connaissais pas mon pays. Moi je suis née en France, j'ai appris l'histoire française, nos ancêtres les Gaulois…donc c'est…(lacht und unterbricht sich). Et j'arrive en Algérie, pour moi, c'est un pays….euh…qui n'a pas d'histoire, qui ne…enfin, c'est un pays pauvre, voilà, c'est l'image que l'on me donnait quand j'étais petite. C'est un pays d'indigène, c'est que… (unterbricht sich, dann wird ihre Stimme lauter und höher), c'est un pays colonisé, donc ce sont des images comme ça qui me restent. Donc c'est un pays… euh…(sucht nach Worten)…euh…voilà. Et j'arrive et j'apprends qu'il y a une histoire, qu'il y a ….qu'il y a des auteurs, des écrivains, une culture, qu'il y a plein de choses à raconter et à dire. Et ça était…euh…une de mes…euh…ambitions premières a été de faire connaître d'avantage mon pays à l'international. (mit Nachdruck) Ça c'est important pour moi. C'était donner une nouvelle image, surtout après les années de terrorisme que nous avons eues, c'était donner l'image vraie de l'Algérie. C'est un pays de culture, c'est un pays d'intellectuels, c'était un pays…euh…euh… où…voilà…tout a été à refaire. C'est un pays qui a souffert quand même, et bon…mais les choses se remettent en place. Et..et puis…tout s'ouvre, et le seul moyen de… (sucht nach Worten) de nous sortir de…enfin…de gagner cette bataille, c'était à travers la culture et l'éducation. Et je pense que ça, ça a été bien compris.«

Kamera
Halbnahe, Normalsicht, unbewegte Kamera, Schnitt

382 —— Einstellungsprotokoll Ausschnitte aus der »mur de portraits«

Screenshot

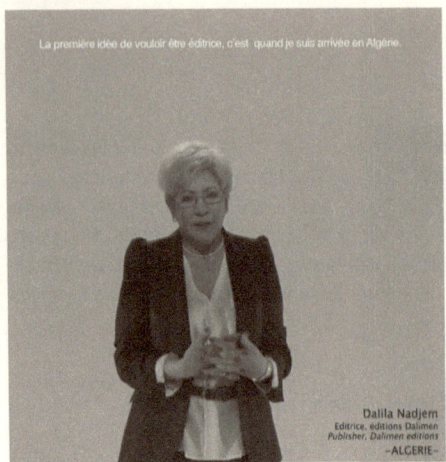

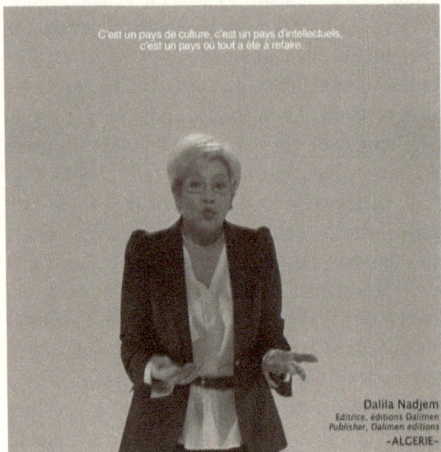

Index

Deutsches Historisches Museum Berlin 36, 112

Europa
europäische Geschichte 2, 4, 5, 6, 9, 13, 15, 24, 26, 31, 34, 35, 36, 37, 46, 49, 79, 93, 95, 99, 103, 105, 111, 113, 127, 135, 138, 145, 147, 158, 164, 171, 174, 176, 177, 200, 201, 207, 229, 244, 248, 253, 266, 267, 288, 300, 319, 334, 336, 337, 338, 339, 340
europäische Identität 77, 83, 87, 88, 89, 90, 91, 93, 128, 205, 347, 365
europäisches Gedächtnis 89, 369
Europäisches Solidarnosc Zentrum Gdansk 176
Europäisierung 2, 6, 7, 8, 9, 77, 78, 80, 83, 84, 85, 86, 95, 106, 142, 185, 186, 187, 238, 239, 255, 300, 339, 340, 342, 343, 359, 361, 363
Europamedien 5, 8, 9, 36, 46, 76, 77, 79, 80, 82, 90, 91, 93, 99, 100, 111, 129, 130, 135, 136, 158, 159, 169, 172, 174, 177, 207, 208, 209, 219, 230, 232, 241, 242, 252, 287, 289, 293, 300, 315, 319, 336, 338, 339, 340
Europamuseum 83, 84, 261, 319
feministische Standpoint Theory 104, 109

Medien
mediale Historiografie 29
Medientheorie 26, 27, 28, 29, 363
Medienwissenschaft 26, 27, 28, 357
Memory Studies X, 49, 53, 54, 55, 56, 58, 59, 89, 351, 358, 368, 371, 372
kollektive Identität 47, 48, 55, 56, 284

kollektives Gedächtnis 47, 55
Musée des civilisations de l'Europe et de la Méditerranée Marseille 254, 350
Museumsanalyse 10, 21, 25, 51, 93, 94, 96, 107, 346, 348, 354, 364, 367, 370, 372
Museumstheorie
feministische und postkoloniale Museumskritik 16
konstruktivistische Museumstheorie 10

Nation
nationale Geschichte V, 2, 9, 15, 71, 75, 83, 127, 171, 199, 203, 220, 225, 229, 235, 341
nationale Identität 76, 127, 351
Nationalmuseum 43, 63, 83, 183, 255, 335, 336, 365, 372

https://doi.org/10.1515/9783110603781-009

www.ingramcontent.com/pod-product-compliance
Lightning Source LLC
Chambersburg PA
CBHW031605210526
45464CB00004B/1436